金水年鉴

JINSHUI NIANJIAN

2019

郑州市金水区地方史志办公室　编

方志出版社

Publishing House of Local Records

图书在版编目(CIP)数据

金水年鉴. 2019/郑州市金水区地方史志办公室编
. — 北京 ：方志出版社， 2019. 12
ISBN 978-7-5144-4081-2

Ⅰ. ①金… Ⅱ. ①郑… Ⅲ. ①区（城市）—郑
州—2019—年鉴 Ⅳ. ①Z526. 14

中国版本图书馆CIP数据核字(2019)第302141号

金水年鉴(2019)

编　　者：郑州市金水区地方史志办公室
责任编辑：陈　菁

出 版 者：方志出版社
地址　北京市朝阳区潘家园东里 9 号（国家方志馆4层）
邮编　100021
网址　http://www.fzph.org
发　　行：方志出版社图书经销中心
电话（010）67110500
经　　销：各地新华书店
印　　刷：河南瑞之光印刷股份有限公司

开　　本：889×1194　　1/16
印　　张：21.75
字　　数：637千字
版　　次：2019年12月第1版　2019年12月第1次印刷
印　　数：001～500册

ISBN 978－7－5144－4081－2　　定价：300.00 元

金水区政区图

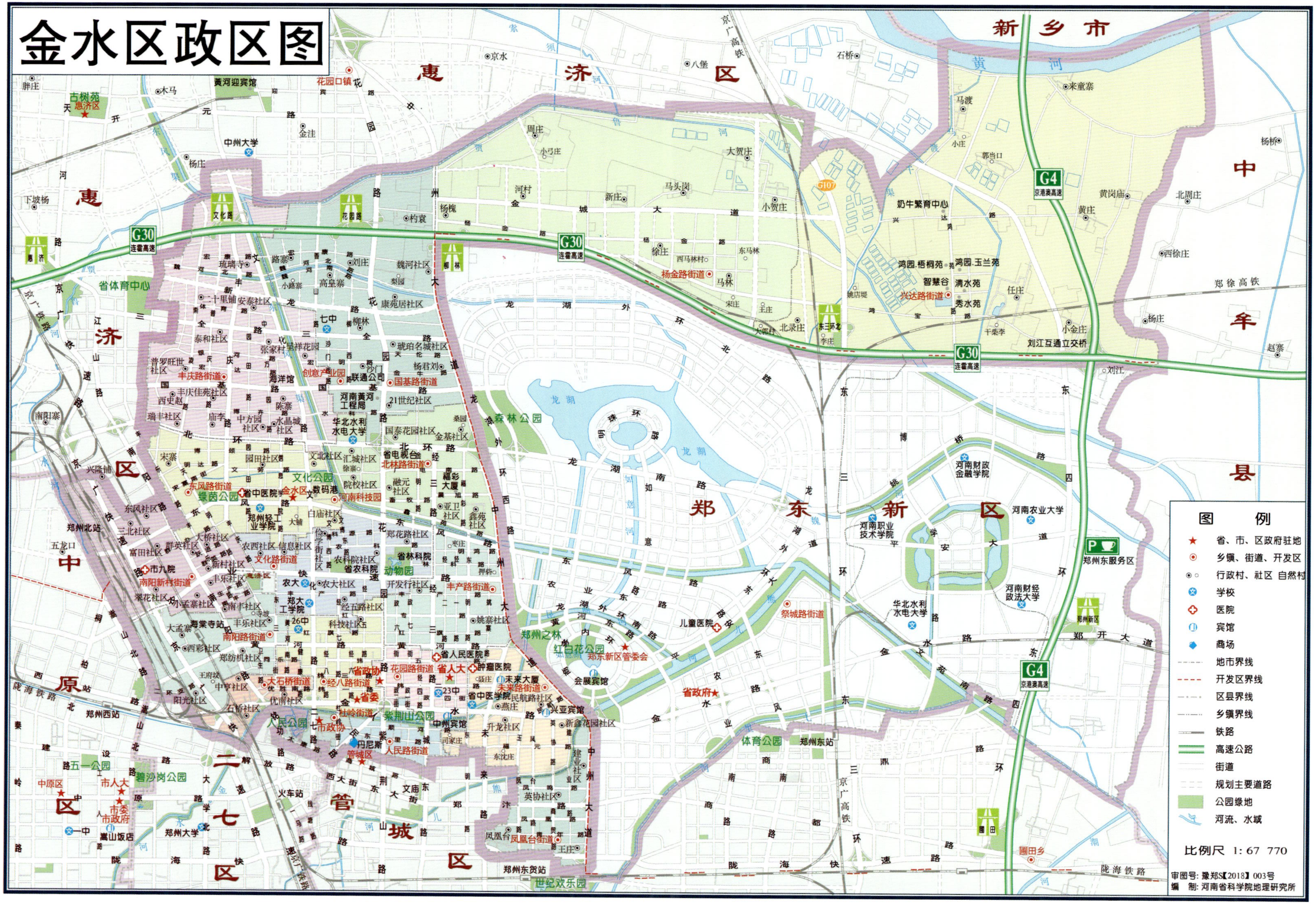

新乡市
中牟县
惠济区
郑东新区
管城区
二七区
中原区
金水区
省委
省政府
省人大
省政协
郑州北站
郑州东站
郑州西站
郑州东货站
龙湖
黄河
G30 连霍高速
G4 京港澳高速
图例
省、市、区政府驻地
乡镇、街道、开发区
行政村、社区 自然村
学校
医院
宾馆
商场
地市界线
开发区界线
区县界线
乡镇界线
铁路
高速公路
街道
规划主要道路
公园绿地
河流、水域
比例尺 1: 67 770
审图号：豫郑S【2018】003号
编 制：河南省科学院地理研究所

生态长廊东风渠

❶ 东风渠沿岸（刘 洋/摄）

❷ 远眺花园路商圈（刘 洋/摄）

❸ 中州大道与农业路高架（刘 洋/摄）

花园路商圈夜景（刘　洋/摄）

海尚商业中心（郭文贺/摄）

建业凯旋广场（郭文贺/摄）

正弘商业中心（郭文贺/摄）

金水路航拍

大石桥夜景（金水摄协/提供）

金水路夜景

《休闲空间》（金水摄协/提供）

紫荆山立交桥（杜海营/摄）

3月,群众到南阳路分局感谢民警帮助其找回遗失手机

6月，东风路分局民警参加全市公安机关长跑健步走比赛

8月，分局民警在公安廉政文化教育基地集中宣誓

7月，郑州市金水区公共机构节能工作领导小组在黄河游览区组织举行“节能降耗 绿色出行”主题活动

11月29日，金水法院少审庭的干警们对金水区第六幼儿园的小朋友们进行普法教育，用浅显易懂的语言，让孩子们了解法律知识

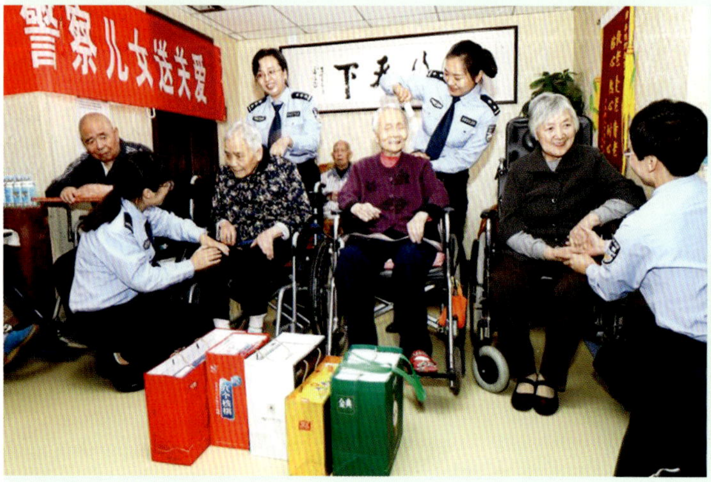

10月，郑州市公安局东风路分局民警走进辖区永宜老年公寓

金水区检察院道德讲堂

5月3日，金水法院少年庭、刑二庭法官们来到河南省财经学校，公开审理了一起非法拘禁案件

10月，金水区工商质监局开展郑州慈善日捐款活动

和谐（郭文贺/摄）

双蝶（郭文贺/摄）

金水区群众日常文化活动

东风渠银杏大道（郭文贺/摄）

郑州市第五届群众艺术文化节（郭文贺/摄）

编辑说明

一、《金水年鉴》以马克思列宁主义、毛泽东思想、邓小平理论、“三个代表”重要思想、科学发展观、习近平新时代中国特色社会主义思想为指导，坚持唯物主义和历史唯物主义立场、观点和方法，继承和发扬我国优秀文化传统，认真学习宣传贯彻党的十九大精神，为各级党政机关、研究部门和社会各界人士及中外投资者了解金水、研究金水、建设金水提供丰富的地情资料。

二、《金水年鉴》是中共郑州市金水区委、郑州市金水区政府领导下，金水区地方史志办公室编辑的年度地情书。《金水年鉴（2019）》全面、系统地记述2018年度内金水区政治、经济、文化等方面的基本情况。

三、《金水年鉴（2019）》采用分类编辑方法，主要内容划分为篇目、类目、条目三个层次。篇目、类目标题使用不同的字体、字号。条目是记述的基本单位，其标题用黑体字外加【】表示。正文后设置主题词索引，主题词索引标目按汉语拼音声母音序分类排列。

四、《金水年鉴（2019）》共设24篇，即特载、大事记、区情概要、组织机构、中共金水区委、郑州市金水区人民代表大会、郑州市金水区人民政府、政协郑州市金水区委员会、人民团体、法治、军事、农业和农村经济、工业和信息化、商贸、财政·税务、经济管理与监督、交通管理、城乡建设与管理、科教文卫、社会事业、园区建设、街道、附录、索引。除文字内容外，为增强实用性、资料性，书中还载录领导活动、城乡面貌及辖区特色彩色图片，力求图文并茂，形象生动。

五、《金水年鉴（2019）》由区直各部、委、办、局、各垂直单位及各街道办事处组织供稿，并经各单位领导审核签字后编辑入鉴，少数内容为编者收集资料自撰，力求编辑内容准确可靠。

六、《金水年鉴（2019）》中有些数据由于来源和使用角度不同，统计方法和项目内涵不同，因而不完全一致。在引用书中数据时，应以金水统计公报资料为准。

《金水年鉴》编辑部

目 录

特 载

大事记

金水区概况

郑州市金水区区情概况

组织机构

·中共金水区委·

·区委工作机构·

·中共金水区纪律检查委员会·

·区委直属各单位·

·金水区人大常委会·

·区人大常委会工作机构·

·金水区人民政府·

·区政府工作机构·

宣传工作

统战工作

信访工作

档案工作

区直机关党工委

精神文明工作

老干部工作

编制工作

党校工作

绩效考核工作

金水区人民代表大会

金水区人民政府

政府工作

政务服务

机关事务管理

政府采购

公务接待

金融服务工作

社会公共管理

政协郑州市金水区委员会

纪检监察

群众团体

总工会

检察

法院

司法行政

军 事

武装工作

人民防空

市场管理

审计工作

投资评审

交通管理

交通运输

城区综合交通管理

城乡建设与管理

国土资源管理

住房和城乡建设

环境保护

城市管理

城市管理综合执法

民政工作

爱国卫生运动

民族与宗教

园区建设

科教园区

河南科技园区管理委员会

国家知识产权创意产业试点园区

滨水产业带

街　道

丰庆路街道

国基路街道

未来路街道

北林路街道

凤凰台街道

杨金路街道

兴达路街道

附　录

特 载

在区委十一届八次全会上
关于区委常委会2018年工作的报告

中共金水区委书记　陈宏伟

（2019年1月22日）

同志们：

受区委常委会委托，我向全会报告过去一年的工作。

2018年，是贯彻落实党的十九大精神的开局之年，是改革开放40周年，也是金水领跑中部城区发展的突破之年。一年来，区委常委会高举习近平新时代中国特色社会主义思想伟大旗帜，深入贯彻党的十九大和十九届二中、三中全会精神，把工作重心统一到中央决策和省委、市委部署上来，把发展方向引领到以党的建设高质量推动经济社会发展高质量上来，把思维和工作方式转变到践行新发展理念上来，紧紧围绕“实现两个率先、领跑中部城区发展”奋斗目标，坚持“四重点一稳定一保证”工作总格局，团结带领全区上下凝心聚力、真抓实干，经济社会持续健康发展，党的建设全面加强，领跑中部城区发展决定性态势全面形成。

一年来，我们坚持思想政治引领，用习近平新时代中国特色社会主义思想和党的十九大精神领航导向，领跑发展的思想根基更加坚实。从区委常委会做起，坚持用习近平新时代中国特色社会主义思想和党的十九大精神武装头脑、指导实践，坚持第一时间学习贯彻习近平总书记重要讲话、指示、批示精神和中央重大决策，时时处处努力向以习近平同志为核心的党中央对标看齐。区委常委模范带头，主动加强自学、以会代训领学、走进党校讲学、深入基层践学，带动广大干部群众推动学习贯彻往深里走、往实里走、往心里走。全年召开22次区委常委会专题研究落实中央和省委、市委重大决策部署，组织中心组集体学习8次，举办“名家讲坛”3场，开展“党的创新理论进基层”宣讲176场，实施“万名党员进党校充电计划”，对全区直管党员进行全员轮训，基本实现了习近平新时代中国特色社会主义思想党员教育培训全覆盖，为领跑发展强化了思想引领，凝聚了共识合力。

一年来，我们坚守政治责任担当，以敬畏之心和永远在路上的毅力抓好巡视整改，领跑发展的内生动力全面激发。作为十九大之后全市首个接受省委直接巡视的城区，我们把服务省委巡视和抓好巡视整改作为践行“四个意识”、落实“两个责任”的重要体现，作为推动全面从严治党向纵深发展的重要契机。区委常委会先后召开2次动员会、16次常委会、34次专题会，深入研究部署巡视整改工作；成立区委整改落实工作领导小组及10个专项小组，制定“1+10+2”系统整改方案，开展45项攻坚整治行动，制定完善94项制度机制，着力在真抓实改、彻查彻改上下功夫；同时提高政治站位，将中央和省委巡视、中央环保督察“回头看”、“扫黑除恶”专项斗争督导等反馈意见整改统筹起来、一并推进，彻底解决了一批影响发展、积弊已久的突出问题。截至年底，131项整改任务办结108项，具体问题全部整改，整改率达81%，巡视整改工作受到省委巡视办、省委第一巡视组的高度评价。通过巡视整改，广大党员干部的政治觉悟、政治担当、政治能力进一步提升，持之以恒推进全面从严治党，以党的建设高质量推动经济社会发展高质量，成为各级党组织的思想共识和行动遵循。全区上下风气更正、氛围更好、人心更齐、干劲更足、动力更强，迸发出领跑发展的磅礴力量。

一年来，我们坚劲保持战略定力，坚决落实中央决策和省市委各项部署，领跑发展的实践体系更加清晰。我们坚持把中央及省市委的决策部署与金水实际相结合，将领跑中部城区发展和建设社会主义现代化强区有机衔接，坚持一张蓝图绘到底、保持定力不换频，按照“三个阶段、三步走”目标体系，坚定不移、主题鲜明的提出2018年要“全面形成领跑中部城区发展的决定性态势”，对“深化全面从严治党，以党的建设高质量推动经济社会发展高质量”进行了整体部署，持续坚持“项目化推进、台账式管理”的工作方法，持续深化“党委加强领导、政府充分履职、人大政协共同参与的责任明晰、工作有序、运转高效”的工作机制，进一步完善了领跑发展的实践体系，确保金水各项事业沿着正确方向不断前进。

一年来，我们坚实筑牢基层基础，全面加强基层组织队伍建设，领跑发展的组织保证更加有力。我们把“两委”换届作为利长远、打基础的奠基性工程抓紧抓实，先后两次召开动员会安排部署，实行区级领导包村责任制，组织纪检、政法部门派驻工作组蹲点指导，结合“扫黑除恶”专项斗争，以“零容忍”“有报必查”“露头就打”的坚决态度，严厉打击拉票贿选等违纪违法行为，营造了风清气正的换届环境，圆满完成了“两委”换届工作，班子配备充分体现了组织意图。换届纪律之严前所未有，换届风气之正前所未有，班子配备之强前所未有，农村换届之彻底前所未有，为领跑发展奠定了坚实的组织基础。

一年来，我们坚定聚焦奋斗目标，真抓实干、务实重干，领跑发展的决定性态势全面形成。经济总量在千亿规模的基础上一年一个台阶，达到1380亿元，增长9.5%，重回中部城区首位；财政总收入完成248.53亿元、增长10.82%，位居中部城区第一；地方财政一般公共预算收入完成61.4亿元，增长10.7%，税收占比达到95%；服务业增加值达到1223亿元，位居中部城区第二，主要指标全部进入中部城区前三。在2018年11月发布的《2018年中国百强区发展白皮书》中，我区作为全省唯一上榜的城区，综合实力排名第25位，位居中部城区第一。

一年来，在抓好大事要事的同时，区委常委会坚持把握全局、聚焦中心、统筹推进各项工作。

一、坚定不移贯彻新发展理念，以新举措推动经济社会转型升级

一年来，我们自觉践行新发展理念，坚持项目化推进、台账式管理，扩总量、激存量、提质量，以点带面、带动全局，推动经济发展实现新突破。

（一）新型城镇化建设提质增效，基础支撑更加坚实。聚焦“以建为主、提升品质、扩大成效”的阶段任务，走好以人为核心的新型城镇化道路。规划的65个安置房项目全部开工建设，新建成安置房293万平方米，网签安置房7072套，累计回迁11.7万人，整体回迁率达到80%。以陈砦、庙李、柳林等22个项目控规获批为标志，安置区控规全部通过市联审联批。全年土地供应量同比增长3倍，完成土地挂牌2300亩，创历史新高。强力推进市政设施建设，丽水路等69条道路开工建设，50条道路背街完成修复整治，铁路沿线等“五项整治”工作强力推进，市政重点工程新增征迁任务圆满完成。

（二）现代产业体系协同发展，质量效益稳步提升。金融、商贸和高技术服务等主导产业支撑作用更加坚实，现代服务业增加值突破900亿元，对经济增长的贡献率达到74%。新兴产业加速崛起，省市两级信息安全产业示范基地正式挂牌，主营业务收

入突破50亿元；共享生态科技产业城O2O孵化器和仓展中心运营在即，全区签约共享应用企业48家。河南科技园区主营业务收入连续3年保持10%以上增长，金水科教园区（郑州金水高新技术产业开发区）正式纳入《中国开发区审核公告目录》（2018年版），国家知识产权创意产业试点园区成功入选世界知识产权组织技术与创新支持中心，中国（郑州）快速维权中心成为全国唯一一家外观设计专利审查免检单位。

（三）开放创新双驱动跨步推进，发展活力持续释放。自贸区进入实质性开发建设阶段，金水“一带一路”经贸产业园挂牌运营，与德国帕西姆空港产业园建立战略合作，注册企业累计突破200家、注册资本超37亿元。自创区引领作用逐步显现，累计吸引院士工作站40家、国家级技术研究中心（重点实验室）4家、国家级孵化器（众创空间）10家、“智汇郑州·1125”人才团队59个。专利申请量突破13000件，被评为省知识产权强县工程示范区。“金典六策”奖补资金兑付1.8亿元，惠及企业近2000家，“新三板”挂牌企业新增5家、累计达到33家，总数稳居全省县（市）区首位。

（四）生态环境治理不断加强，环境状况明显改善。牢固树立“绿水青山就是金山银山”的发展理念，以中央环保督察“回头看”反馈问题整改为契机，强力推进环境治理和生态建设。深化大气污染防治攻坚，狠抓建筑工地扬尘、“散乱污”企业整治等专项治理，$PM_{2.5}$、PM_{10}、臭氧等6项污染物年均浓度全部下降，优良天数同比增加11天，空气质量持续好转。强力推进国家生态园林城市创建，新建公园游园45个，新增绿地168万平方米，更多绿色走进群众生活。加快生态水系建设，索须河故道、石沟河分段治理初见成效，全区黑臭水体基本消除，贾鲁湖基本建成、杲村湖主体完工、贾鲁河两岸绿化景观初具形象，成为城区一道靓丽的风景线。

（五）重点领域改革多点发力，发展动力不断增强。把改革作为破解难题、增强动力、改善民生的关键一招，贯穿各项工作全过程。稳步推进机构改革，召开区委十一届七次全会专题部署，明确了改革的原则目标、方法步骤和纪律要求，全区上下思想认识统一、改革工作有序推进，涉改单位近期将集中挂牌履职。深化纪检监察体制改革，向区一级党和国家机关派驻纪检监察组，在各街道设立派出监察专员办公室，实现监察职能向基层延伸。

探索推进以“路长制”为载体的城市精细化管理，创新实施“一模式四体系”工作法和“1+2+N”工作模式，经验做法在全市推广。大力实施“放管服”改革，区级588项“三级十同”事项全部实现“一网通办”。区工会、团区委、区妇联、区科协换届稳步推进。农村集体产权制度改革有序实施。

二、牢固树立以人民为中心的发展思想，以新成效推进民生福祉更加普惠

一年来，区委常委会始终把群众的期盼作为工作的着力点和落脚点，顺应民意、改善民生、保障民安，人民群众的幸福感、获得感更加强烈。社会事业协调并进，群众生活得更加顺心。把财力最大限度地向民生领域倾斜，民生领域支出占比达到73.5%，新增就业3.2万人、新建保障房6535套，累计发放各类补贴救助金5495万元，社会保障更加有力；新投用中小学5所、幼儿园12所，新增学位9545个，教育资源配置更加科学，被国务院教育督导委员会认定为全国义务教育发展基本均衡区；搭建全区远程医疗会诊网络，标准化改造4个社区卫生服务中心，家庭医生签约率达到45.32%，医疗服务能力持续提升。服务设施日趋完善，群众生活得更加舒心。市民公共文化服务活动中心主体封顶，党群服务中心新开工2个、基本建成4个、投入使用5个，便民服务体系日趋完善。深入实施百城提质工程，对纬二路26号院等52个老旧小区进行改造，新增公共停车泊位10142个，环卫中转站、垃圾转运站、公厕等一大批市政设施加快建设，城区承载能力持续提升。社会大局安全稳定，群众生活得更加安心。严格落实安全生产工作“党政同责”“一岗双责”，完善信息化立体化社会治安防控体系，抓好非法集资风险化解，妥善处理信访突出问题，全力开展“扫黑除恶”专项斗争，累计侦办“涉黑涉恶”案件14件、刑拘444人，精准有效打击了一批“黑恶势力”，辖区群众安全感和满意度

持续提升。落实党管武装政治责任，深入开展双拥共建，军民融合深入发展。

三、强力推进新时代民主法治建设，以新机制巩固团结奋进的良好局面

一年来，区委常委会把发展社会主义民主法治作为推动各项事业发展的重要保障，坚持党的领导、人民当家做主、依法治区有机统一，更好地凝聚共识、共推发展、促进和谐。

全力支持人大及其常委会充分发挥国家权力机关作用。区委常委会定期听取区人大全面工作汇报，对加强新形势下人大工作进行安排部署。区人大及其常委会充分发挥监督、讨论决定重大事项、人事任免等职能作用，紧紧围绕助推金水领跑中部城区发展履职尽责。全年听取和审议“一府两院”专项工作报告19项，审查批准民生领域重点项目42项，任免地方国家机关工作人员65人次，针对“十三五”规划实施、《中华人民共和国大气污染防治法》执行等工作开展视察、执法检查95次，推动了重点工作的有效开展。

充分保障人民政协积极履行政治协商、民主监督和参政议政职能。贯彻落实中央和省委关于加强新时代政协党建工作的意见，将政协党建工作纳入党委工作总体布局、一体谋划。定期就重大决策向民主党派和无党派人士通报情况、听取意见。区政协及其常委会认真履行政治协商、民主监督和参政议政职能，围绕重大项目建设、环境污染防治、城市精细化管理等重点工作开展专题协商2次，组织视察调研34次，办复提案116件，为区委科学决策提供了强有力的智力支撑。

扎实做好统战和民族宗教工作。加强与工商联、各人民团体及各界人士的联系与协作，定期就重大问题向民主党派、工商联和无党派人士通报情况、征求意见，在民主党派和无党派人士、新社会阶层人士、民族宗教界人士、非公有制经济人士中有针对性地开展主题教育活动，凝心聚力推动改革发展稳定。贯彻实施《宗教事务条例》，开展宗教工作专项规范整治，宗教工作法治化、规范化水平有效提升。

全面深入推进依法治区。构建“大普法”工作格局，制定出台党政主要负责人履行法治建设第一责任人职责规定，创新普法模式，推动“七五”普法深入顺利开展。全面完成公共法律服务实体平台建设，积极推进社区矫正延伸用警试点工作，村（社区）法律顾问覆盖率达100%，打通了公共法律服务“最后一公里”。

四、不断加大全面从严治党力度，以新作为营造风清气正的政治生态

一年来，区委常委会始终把抓好党建作为“最大政绩”，抓主业、担主责、唱主角，切实加强对党建工作的领导和组织推进，着力提升党建科学化水平，不断巩固发展全区风清气正、心齐气顺、干事创业的良好政治生态。

（一）突出主业主责，全面落实管党治党责任。坚持把党的建设与经济发展相统筹，把党的建设与经济工作按同等权重纳入综合绩效考核，引导各级树牢“抓好党建是最大政绩、推进发展是第一要务”的理念。坚持党建各项工作“一盘棋”，进一步充实完善全面从严治党责任清单、问题清单、整改清单，突出问题整改、层层传导压力，建立街道党工委书记抓基层党建工作实绩档案，开展“三级联述联评联考”，创新党建督导考评方式，构建了以上率下、上下联动的党建责任体系，使党委管党建、书记抓党建的责任落细落实、落地生根。

（二）突出守正创新，全面加强宣传思想工作。深入开展中国特色社会主义和中国梦宣传教育，大力弘扬社会主义核心价值观，精心策划“将改革进行到底”“媒体看金水”等宣传活动，讲好金水故事，强化舆论引导。挂牌成立区级融媒体中心、新时代文明实践中心、学雷锋志愿服务中心，稳步推进街道（社区）学雷锋“文明使者”志愿服务站建设，筑牢思想宣传主阵地。落实意识形态工作责任制，建立健全意识形态工作责任制考核体系和联席会议制度，完善舆情研判、评估、预警、调处等工作机制，深入开展网络空间专项规范整治，意识形态领域总体态势持续向好。

（三）突出敬业担当，全面加强干部队伍建设。把公道正派贯穿选人用人全过程，按照事业为重、人岗相适的原则，提拔重用了一批德才兼备、敬业担当的干部，选优配强各级领导班子，让想干事、会干事的干部有机

会、有舞台，让长期扎根一线的干部有希望、有出路，在全区树立了重基层、重实干、重实绩的用人导向。制定出台“规范干部选任管理监督意见”、防止“带病提拔”实施办法和“干部选拔任用工作程序”等一系列制度，严把干部选任关口。开展干部人事档案再审核和干部学历学位清查专项行动，启动干部档案数字化建设工作，严格执行领导干部个人有关事项报告制度，实现从严监督管理干部常态化。

（四）突出“三基建设”，全面提升基层党建质量。以“支部建设提升年”为契机，常态化开展逐村（社区）观摩，着力推进“分类定级、晋位升级”，4个软弱涣散及后进村、23个后进党支部全部晋位升级。深入实施硬件提标工程，21个不达标社区全部达到500平方米以上。全区推行“党建工作代表大会”和“居民代表大会”两项制度，推广“星级楼组”创建与党建“智库”体系两项机制，探索创新党建引领下的社会治理新模式。全面落实“一二六”工作法，培育非公党建“三基地”5个，新成立“两新”党组织39家，有效激发了“两新”党建活力。严格落实“双推双评三全程”制度，建立失联党员持续查找机制，推行农村无职党员“一编三定”，党员管理水平有效提升。

（五）突出严抓严管，坚定不移正风肃纪反腐。从严抓责任，制定出台《关于强化领导班子成员党风廉政建设“一岗双责”的实施办法》，加强对落实情况的监督检查，严肃问责管党治党宽松软问题。从严抓监督，开展作风建设、财经纪律专项整治，完善《“五个不直接分管”暂行规定》《财务内部控制办法》等一系列防控措施，扎实制度笼子。健全巡察工作责任制和成效评价机制，推进巡察工作向行政村与社区延伸，对全区90个党组织开展了政治巡察，发现问题592个，移交问题线索30个，立案6起，给予党纪政务处分7人，组织处理13人，充分发挥了巡察利剑作用。从严抓执纪，组织开展落实中央八项规定精神“回头看”专项活动，查处案件12件，处理18人；突出抓早抓小，运用执纪监督“四种形态”处理418人次，第一、二种形态分别占比74.6%、17.9%；坚持力度不减、节奏不变，持之以恒惩治腐败，全年共立案97件，给予党纪政务处分106人，涉嫌违法犯罪移交司法机关10人；查实“涉黑”涉恶腐败案件4件，查办“保护伞”5人，追究工作不力责任5人，终止党员权利2人，进一步强化了不敢腐的震慑。

一年来，区委常委会始终保持“打铁必须自身硬”的高度自觉，以更高的标准严格要求，为全区作出表率、树好标杆。带头严肃党内政治生活，坚持过好双重组织生活，认真落实“三会一课”制度，坚持民主集中制原则，既充分发扬民主，又善于集中统一，严格按程序办事、按规矩办事，各位常委相互配合、相互支持，形成了分工协作、团结干事的良好氛围。带头改进作风，始终坚持以人民为中心，坚持群众路线，带头深入基层、深入一线调查研究，从严落实中央八项规定及其实施细则精神，自觉抵制“四风”，倡树新风正气。带头廉洁自律，严格落实党风廉政建设责任制，严格遵守廉洁自律各项规定，注重家风家教，从严教育约束亲属和身边工作人员，坚决反对特权思想和特权现象，自觉接受各方监督，以勤政廉政的实际行动树立了区委常委班子的良好形象。

以上报告的是2018年区委常委会的主要工作。这些工作的推进和成绩的取得，是以习近平同志为核心的党中央举旗定向、掌舵领航的结果，是市委、市政府正确领导、具体指导的结果，是四个班子精诚团结、协同推进的结果，是广大党员干部砥砺前行、奋力拼搏的结果，区委全委会的同志们对我们的工作给予了真诚帮助和大力支持。成绩来之不易，必须倍加珍惜。

在总结工作的同时，区委常委会也分析了面临的挑战和存在的不足，主要表现在：加快发展、转型发展的任务还很艰巨，产业结构不优、城区承载能力不足、科技创新基础薄弱等短板问题依然突出；民生事业发展与群众日益增长的美好生活需要还有较大差距；巡视问题整改还没有清零见底，已整改事项还需要完善长效机制、持续巩固成果，党的建设有待进一步加强等等。对这些问题，我们高度重视，正在着力加以解决。

希望同志们对区委常委会工作提出意见和建议。

政府工作报告
——在郑州市金水区第十三届人民代表大会第四次会议上

金水区人民政府区长　魏　东

（2019年2月27日）

各位代表：

现在，我代表区人民政府，向大会报告工作，请予审议，并请各位政协委员和其他列席人士提出意见。

一、2018年工作回顾

2018年是全面贯彻党的十九大精神的开局之年。一年来，我们在市委、市政府和区委的坚强领导下，高举习近平新时代中国特色社会主义思想伟大旗帜，深入贯彻党的十九大精神和习近平总书记视察指导河南、郑州时的重要讲话精神，按照市委“四重点一稳定一保证”工作总格局，紧盯区委“实现两个率先、领跑中部城区发展”奋斗目标，围绕高质量发展主题，突出巡视整改落实，振奋干事激情，汇聚赶超力量，巩固了经济社会健康快速发展的良好态势，顺利完成了区十三届人大二次会议确定的目标任务。

（一）在持续突破、奋勇赶超中形成了领跑发展的决定性态势

综合实力明显增强。全年实现地区生产总值1378.8亿元、增长9.5%，财政总收入248.5亿元、增长10.8%，地方一般公共预算收入61.4亿元、增长10.7%，社会消费品零售总额730.9亿元、增长7%，全社会固定资产投资增长10.1%，主要指标全部位居中部城区前三。特别值得关注的是，地区生产总值在千亿级规模的基础上一年一个百亿台阶持续攀升、持续跨越，带动人均地区生产总值突破10万元，成功入选《2018年中国百强区发展白皮书》，综合排名第25位，为中部六省城区最高。

质量效益持续提高。现代服务业多点发力格局更加清晰，现代金融、高端商贸和高技术服务等产业增加值分别达到389亿元、165亿元和175亿元，软件和信息技术、科学研究技术、互联网和相关服务等行业增加值增速相继达到30%、16%、15%，推动现代服务业完成增加值900亿元，对经济增长的贡献率达到74%。新兴产业崛起之路越走越快，信息安全产业集聚骨干企业15家，与华为等知名企业合作的安全芯片实现规模量产，主营业务收入达到50亿元；共享生态科技产业城O2O孵化器和仓展中心运营在即，签约入驻共享应用企业48家。电子商务迅猛发展态势越来越好，交易额连续两年实现20%以上增长，其中跨境电商交易额突破10亿美元。全口径税收超亿元楼宇达到11幢，区级税收贡献率超过30%，荣获“中国楼宇经济服务创新城区”称号。

载体平台全面发力。持续开展“项目建设年”活动，212个省、市、区重点项目实现投资734亿元，创历年新高；正弘国际广场等2个商业综合体建成运营，成为郑州时尚消费新地标。金水科教园区（郑州金水高新技术产业开发区）新引进申威处理器等科技产业项目79个，正式纳入《中国开发区审核公告目录》（2018年版）。河南科技园区主营业务收入连续3年保持10%以上增长，新产品新技术交易平台汇聚上下游商家3500余家。国家知识产权创意产业试点园区成功入选世界知识产权组织技术与创新支持中心，中国郑州（创意产业）知识产权快速维权中心外观设计

专利一次授权率达到100%，在全国快维中心考核中位居第一。

（二）在集聚动力、激发活力中取得了动能转换的突破性进展

开放高地加速形成。大力实施开放带动战略，签约美国奕恩现实互动数据中心等带动力强的重大项目26个、协议金额280.4亿元。全力推进金水自贸区块建设，30万平方米附属物搬迁任务全部完成，进入实质性开发建设新阶段；“一带一路”经贸产业园顺利挂牌运营，自贸区块累计吸引注册企业200家，并与德国帕希姆中欧空港产业园达成战略合作，在俄罗斯等“一带一路”沿线国家设立了5万平方米海外仓和10个境外办事处，探索出了一条“边规划建设、边招商运营”和“区内注册、区外运营”的新路径。

创新能力显著提高。突出自创区“四个一批”建设，新增科技型企业264家、高新技术企业115家，总量分别达到931家、223家，占全市的21.7%和16.8%；新设立院士工作站6个、国家级研发平台3个、省重大新型研发机构1家、省新型研发机构1家，落户高层次人才团队16个，高端创新要素加速集聚。新增孵化器（众创空间）14家，累计获批国家级12家；专利申请量突破14000件，其中发明专利占比达到三分之一。引进国际科技合作项目11个，搭建国际联合实验室2个，并与世界大学校长联合会等3个国际平台开展合作，迈出了配置全球创新资源的新步伐。

营商环境日益优化。主动适应国际化需求，创新出口退税融资服务，搭建河南省涉外商事服务中心，实现了商事认证、商事调解等业务“一站式”办理，覆盖全省4000家外贸企业。深入推进“放管服”改革，区级588项“三级十同”事项全部实现“一网通办”，30个高频事项实现“一次办”。深化注册登记“全程电子化、多证合一”，企业开办时间压缩至3个工作日，新登记市场主体4.4万户，总量突破20万户、占全市的1/5。强化政策引导扶持，兑付“金典六策”奖补资金1.8亿元，惠及企业近2000家；新培育“新三板”挂牌企业5家，总数达到31家、位居全省县（市）区第一。

（三）在建管并重、匠心精耕中推动了城区面貌的整体性改善

群众回迁持续提速。新开工安置房208万平方米，新建成岳砦等10个项目、293万平方米，累计回迁群众11.7万人，整体回迁率达到80%。以陈砦、庙李等22个项目控规获批为标志，安置区控规全部通过市联审联批，手续办理工作取得重大突破。持续加大土地供给，完成土地挂牌2300亩，土地供应量同比增长3倍，创历史新高。积极推进安置房网签，新网签7072套、60.64万平方米，群众回迁更放心、居住更舒心。

承载功能更趋完善。顺利外迁市场6个，开工建设道路69条，中修改造道路28条，整治提升支路背街22条，交通“微循环”更加通畅。市政控制性节点地下交通工程新增征迁任务基本完成，四环线及大河路快速化工程紧急问题加快解决；新建公厕135座、公共停车泊位10142个、综合管廊5.5公里，基础设施短板加快补齐。围绕“治脏、治乱、治差、治软”，创新实施“一模式四体系”工作法，全面推行“路长制”，深入开展道路交通秩序、建筑物楼顶等综合整治活动，城区面貌更整洁、群众出行更和谐。

生态环境明显改善。坚持经济发展与环境保护“双统筹、双促进”，深化、细化、常态化推进大气污染防治，332处建筑工地全部纳入“三员”日常监管，82台燃气锅炉完成低氮改造，$PM_{2.5}$等六项污染物年均浓度全部下降，空气质量持续向好。严格落实“河长制”，全力推进“四水同治”，贾鲁湖基本建成、杲村湖主体完工、贾鲁河蓝线工程基本完成，宽阔水面和绿树成荫的景观初步呈现；索须河故道和石沟河完成疏挖，辖区8条河流水质监测断面全部达标，基本消除黑臭水体。深入开展国土绿化提速行动，强力推进铁路沿线等区域绿化建设提质提升，拆除违法建设12万平方米，新规划绿化空间230万平方米；建成开放公园游园45个，新增绿地168万平方米，更多绿色走进了群众生活。

（四）在共建共享、惠民利民中实现了幸福指数的持续性提高

社会保障更加有力。坚持

"以人民为中心"的发展思想，将财力最大限度向民生集中，民生领域投入49.1亿元、同比增长10.3%，占一般公共预算支出的73.5%。完成就业创业培训5116人次，新增就业再就业32711人，城镇居民和农村居民人均可支配收入分别达到46012元与26013元。新建成保障性住房6535套，落实青年人才公寓房源1500套，启动建设公共租赁住房1200套，分配公共租赁住房4294套。发放低保、高龄津贴和残疾补贴等资金5489万元，免费为2923名残疾人办理"绿城通关爱IC卡"，群众基本生活更有保障。完成第一批52个老旧小区提质改造和3.3万平方米既有建筑节能改造，群众生活环境明显改善。

社会事业更加繁荣。启动现代医院管理制度建设，建成家庭医生签约服务信息化数据中心，标准化改造10个社区卫生服务中心，成功创建国家流动人口基本公共卫生计生服务均等化示范县（市、区）。新投用中小学5所，新增普惠性幼儿园12所，扩充优质学位9545个，获批国家首批"满天星"足球精英训练营，夺得啦啦操等体育艺术领域的国家级以上赛事96个冠军，并被中央电视台新闻频道跨年特别节目专题报道，充分展示了金水素质教育的新风采。市民公共文化服务活动中心主体封顶，88个基层综合文化服务中心顺利建成，第六届中国（郑州）国际街舞大赛圆满举办，"红色文艺轻骑兵"及"三个一"阅读工程等群众性文化活动多彩绽放，"书香金水"蔚然成风，"人文金水"魅力更显。

社会环境更加和谐。严格落实"四个最严"要求，11042个餐饮服务单位全部纳入风险分级管理，20个农贸市场实现追溯系统全覆盖，顺利通过国家农产品质量安全县（区）考核验收。推行安全生产阶梯目标管理和分类挂牌管理，试点建设微型消防站4座，隐患排查能力和安全防控水平不断提高，连续两年未发生生产安全亡人事故。深入开展"扫黑除恶"专项斗争和宗教专项治理，创新"警地联勤大巡防"治安联防模式，不断强化社会面治安管控，统筹推进社会矛盾化解，群众安全感满意度持续提升。

（五）在以法促廉、长管长严中促进了自身建设的系统性加强

依法履职全面深化。认真执行区人大及其常委会的决议决定，依法接受人大法律监督和工作监督，自觉接受政协民主监督，办理人大代表议案、建议和政协委员提案223件，办结率100%。修订完善政府工作规则和常务会议议事规定，强化规范性文件法制审核，细化行政行为备案监督，政府决策的科学性和运行的规范性持续提升。扎实推进公共法律服务平台规范化建设，搭建区—街道—社区（村）三级平台体系，实现了公共法律服务全覆盖。

政府职能不断优化。全面推进新一轮机构改革，完成25个政府工作部门的机构设置。深化"五室一庭"司法保障机制，创新"绿黄红"三色执法模式，有效避免了暴力执法和选择性执法，执法公信力显著提高。不断丰富"互联网+政务服务"内涵，开通政务服务微信审核，全面实现"预约服务、网上办理、快递送达"；取消、调整行政权力事项115项，审批服务更加规范。强化政务督查和跟踪问效，政府部门的责任意识与执行效率进一步提升。

党的建设持续强化。严格落实全面从严治党主体责任，认真履行"一岗双责"制度，坚决推动中央和省委巡视反馈问题整改，从严贯彻中央八项规定及其实施细则精神，政府系统党风廉政建设持续向纵深推进。深化政府投资项目管理和财政资金跟踪审计，健全完善重点领域、关键环节的制度程序，切实堵塞了可能出现的腐败漏洞。新开工党群服务中心2个，累计投入运营5个，圆满完成村（社区）"两委"换届工作，基层基础得到全面夯实。

同时，外事侨务、地方史志、粮食管理、人民防空、双拥共建、国防动员、民兵预备役和结对帮扶等工作都取得了新的成绩。

各位代表！过去的一年，我们直面困难不退缩，团结奋斗不懈怠，前进的步伐更加坚定，领跑的态势更为积极。一年来，面对中央、省委巡视和环保督察反馈问题整改的政治检验，我们闻令而动、听令即行，真抓实改不

放松、彻查彻改求实效，以党的建设高质量推动经济社会发展高质量成为了政府公务人员的思想共识和行动遵循。面对防范化解重大风险和污染防治的艰巨任务，我们迎着困难上、奔着问题去，坚持精准化解破难题、系统治理补短板，推动经济社会发展始终沿着正确方向大步前进。面对转型发展和赶超跨越的历史使命，我们凝聚成城之志、汇集涓埃之力，在爬坡过坎的艰难跋涉中勠力同心、砥砺奋进，全面形成了领跑中部城区发展的决定性态势，书写了新时代中原更加出彩的“金水篇章”！这些成绩的取得，得益于以习近平同志为核心的党中央举旗定向、掌舵领航，离不开省市和区委的坚强领导、科学决策，浸透着全区上下团结拼搏、不懈奋进的心血和汗水。在此，我代表区人民政府，向奋斗在全区各条战线的干部群众，向人大代表、政协委员和各民主党派、工商联、无党派人士、人民团体以及辖区机关、部队、企事业单位，向为金水繁荣发展做出贡献的同志们、朋友们，表示衷心的感谢，并致以崇高的敬意！

在充分肯定成绩的同时，我们也清醒地看到，全区高质量发展的道路上还存在一些问题和不足：新兴产业支撑不够，全社会研发投入不高，新旧动能接续转换不够快，发展的质量效益有待进一步提高；城区发展不平衡问题尚未彻底解决，综合承载力不足问题依然突出，污染防治形势仍十分严峻，城区品质和精细化管理水平还需强化提升；社会治理和公共服务存在短板，营商环境有待优化，作风改进仍有空间。对此，我们将高度重视，并采取有力措施，切实改进解决，努力把各项工作做得更好。

二、2019年工作总体要求和主要预期目标

今年是新中国成立70周年。做好今年工作，对金水实现领跑发展、推动高质量发展至关重要。当前，全国经济长期向好的态势没有改变，特别是随着“五区联动”“四路协同”等战略深入实施，全面深化改革的政策红利陆续释放，郑州国家中心城市建设步伐全面提速，整体发展环境更加优越，金水实现领跑发展的路径更加清晰、时机更为成熟、前景更趋广阔。与此同时，随着信息安全、共享生态科技等新兴产业的强势崛起，金水科教园区等三大产业园区创新发展的全面提速，全区上下干事创业的斗志日益高涨，金水实现领跑发展的基础更加坚实、支撑更加有力、动力更加强劲。只要我们主动顺应新时代新要求，深入贯彻新思想新理念，以舍我其谁的勇气、敢打必胜的决心，真抓实干、奋勇拼搏、乘势而上，就一定能够铸就高质量发展的新优势、抢占中部城区竞争的制高点、赢得金水未来发展的新天地。

今年政府工作的总体要求是：坚持以习近平新时代中国特色社会主义思想为指导，全面贯彻党的十九大，十九届二中、三中全会和省委、市委、区委全会精神，深入落实习近平总书记视察指导河南时的重要讲话精神，牢固树立新发展理念和“以人民为中心”的发展思想，准确把握稳中求进总基调、奋发有为总要求，紧紧围绕郑州国家中心城市建设和“四重点一稳定一保证”工作总格局，牢牢盯住“实现两个率先、领跑中部城区发展”奋斗目标和“一二三四五”发展路径，以高质量发展为根本方向，以“双自联动”为引领，突出改革开放，突出创新驱动，突出民生提质，坚持“项目化推进、台账式管理”，保持经济持续健康发展和社会大局稳定，巩固发展领跑中部城区发展决定性态势，以优异成绩庆祝中华人民共和国成立70周年。

全区经济社会发展的主要预期目标是：地区生产总值增长7.5%，地方一般公共预算收入增长5%，社会消费品零售总额增长7%，全社会固定资产投资增长8%，城镇（农村）居民人均可支配收入增速与经济增长保持同步；新增城镇就业再就业23700人以上，城镇登记失业率控制在4%以内；全社会研发投入强度达到2%；节能减排、环境保护等指标完成市定目标，各项社会事业取得新进展。

三、2019年政府工作主要任务

为顺利实现预期目标，我们将扭住发展不放松，抓住关键带全局，突出重点求突破，全力以赴做好以下六个方面的工作：

（一）聚焦新型城镇化建

设，全力拓展高质量发展的新空间。坚持“以建为主、提升品质、扩大成效”，深入推进百城建设提质工程，着力增补公共设施、优化城区形态，全力建设国际化与现代化融合、区域文化与生态文明共生的宜居宜业城区。

加快区域更新改造。突出“建的好、配套全、早回迁、能网签”的要求，全力抓好安置房建设、群众回迁和手续办理，同步保障市政及公共服务设施落地，力争姜砦等17个项目主体封顶，庙李等15个项目顺利建成，小贺庄等9个项目实现回迁，群众回迁总数达到13.2万人，新网签安置房80万平方米。按照“补短板、强功能、增效能、提品质”的原则，抓好以老旧小区提质改造为重点的百城建设提质工程，高标准改造老旧小区104个，探索推行“社区托管、群众自管、逐步市场化”的物业管理体系，全面改善群众人居环境。注重保护利用历史建筑、老旧厂区，积极推动良酷油化厂创意孵化园项目，留下城市记忆，塑造时代风貌。坚持“紧凑城市”“精明增长”的理念，统筹推进地上、地面和地下空间的一体化开发，系统规划产业用地、居住用地和公共事业用地，合理利用有限土地资源，推动城区更可持续发展。

完善基础配套设施。坚持“疏浚堵点、打通节点”，加快推进G107（国道）东移至四港联动大道连接线新建工程、四环线及大河路快速化工程等征迁工作，新建、续建道路45条，提质改造道路67条，着力构建“窄马路、密路网”的交通脉络，持续提高道路通达性和便捷度。坚持“聚焦热点、解决痛点”，深入推进“厕所革命”、环卫设施提升和停车场建设管理，新建公厕79座、垃圾中转站5座，新增公共停车泊位8000个。坚持“以城促产、以产兴城”，突出金水科教园区产业发展需求，加快交通道路、综合管廊、变电站等基础设施建设，确保龙源路下穿连霍高速工程、宝瑞路等12条道路建成通车，推动东三环以西区域纵深建设、迅速成规模，东三环以东区域连片开发、快速出形象。

提升精细管理水平。以深化“路长制”为核心，持续推动城市管理重心下移、力量下沉和标准提升，逐步将“路长制”融入城市管理各方面，融合到街道社会治理、社区社会管理框架，不断提升基层社会治理现代化水平。以抓好“城市四治”为重点，拿出绣花功夫、匠心精神，深入开展市容市貌大提升、交通秩序大整治等综合治理活动，大幅提高环卫保洁经费标准，真正把管理责任细化到每条道路、每块绿地、每个城市家具，让“安全、整洁、有序、文明”成为金水的新标识。以打造“智慧城管”为抓手，依托智慧城市建设，加快网格化管理、数字化城管等平台功能和移动APP并网操作，实现在线实时记录工作轨迹、智能研判市容市貌、精准考核街面治理成效，全面提升城市管理的规范化、精准化水平。

（二）聚焦现代产业体系构建，全力开启高质量发展的新引擎。深入落实“巩固、增强、提升、畅通”八字方针，以“高端化、智能化、绿色化、融合化”为目标，全力抓项目、补链条、强产业，着力构建产业生态圈，不断提升产业竞争力。

做强项目载体硬支撑。坚持以重大项目为统揽，深入实施“项目攻坚年”活动，健全“协商、签约、开工、建成、运营”全过程动态监管和跟踪服务机制，推动电子信息产业园等44个前期项目顺利落地、北大国际创孵中心等61个项目开工建设、启迪科技城等113个项目快速推进、新田太康商业中心等20个项目建成投用，尽快把一个个重大项目转化为新的经济增长点。坚持以产业园区为主战场，着眼“龙头企业+配套产业”集群发展、“产业基地+产业基金”集聚推进，加速形成新的增长动力。金水科教园区突出“大而强”，加快信息安全产业示范园、共享生态科技产业城等项目建设，投用新型产业发展空间10万平方米，引进产业项目70个以上，全力创建国家级高新区。国家知识产权创意产业试点园区聚焦“精而强”，深化探索“一园多区”空间布局，发挥世界知识产权组织技术与创新支持中心优势，推动中部知识产权运营中心建设，支持中国郑州（创意产业）知识产权快速维权中心升级为知识产权保护中心，加快形成知识产权“大保护、快保护”格局。河南科技园区瞄准“专而强”，加快推动智汇城开业运营，创新展示、体验等线上线下互动模式，打造中部智能消费电子产品新零售平台。坚持以楼宇经济为带动，积极引导中低端楼宇经营转向、盘活存量和高端楼宇形成特色、辐射周边，重点培育专业楼宇，着力推动“优势产业上楼”“品质楼宇聚产”，持续提升经济密度和地均税收；同时，依托建业凯旋广场等商业综合体，大力引进知名企业入驻，打造总部经济发展核心区。

构筑优势产业升级版。扩大金融“蓄水池”作用。加强金融与科技创新联动发展，发挥重点产业知识产权运营基金、棚改基金、创投基金等引导作用，创新发展融资租赁、商业保理等新兴业态，力争集聚新兴金融机构20家以上。建立健全债务风险预警和动态监控机制，严格控制政府隐性债务，有效防范化解财政金融风险。提升消费“压舱石”作用。主动顺应消费升级大趋势，支持关虎屯等商圈优化业态组合，推动农科路酒吧休闲街等特色街区扩展规模，发展创意类、体验式、智能型等新消费业态，不断提高消费对经济增长的贡献率。依托自贸区建设，创新跨境电商模式，支持一贸通等企业打造具有影响力的跨境电商平台，力争电子商务交易额突破180亿元。发挥专业服务“乘数效应”。聚焦服务经济，着力引进一批信息服务、会计审计、法律服务、策划咨询等领域的知名机构，培育一批拥有自主品牌、自主知识产权的优势企业，推动生产性服务业向专业化和高端化拓展，力争商务服务业增加值增长10%以上，打造服务全省、辐射中部、连接全国、面向国际的专业服务业集聚区。

打造新兴产业增长极。以具有领先优势的新兴产业为主攻方向，持续提升产业链水平。突出信息安全产业“强链、延链”，新引进骨干企业10家以上，实现“芯片+终端+软件+服务”全产业链发展，营业收入突破150亿元，争创首批国家安全产业示范园区。突出共享生态科技产业“建链、补链”，加快风险投资等平台建设，重点引进联想F2C运营中心等产业项目，拓展布局新零售终端网点，初步构建“智能制造、智能物流、智能零售及关键大数据应用”的生态圈。以具有先发优势的特色产业为优先选项，全力推动规模化发展。围绕壮大知识产权创意产业，推动意大利马尔凯郑州文化艺术合作交流中心落地，新引进境内外知名创意设计企业、工业设计中心和知识产权服务机构20家（个）以上。围绕壮大虚拟现实产业，加快奕恩现实互动数据中心和中原虚拟现实新技术新产品展示中心建设，推动中国虚拟现实先进技术研究院和产业化促进基地投入运营，扩大虚拟现实产业化规模。以具有比较优势的未来产业为重要取向，加快抢占发展先机。坚持把握产业变革新趋势与构筑未来发展新优势相结合，布局大数据、区块链、人工智能、芯片研发、新材料等前沿科技领域，力争九次方智慧城市大数据应用分析中心等项目签约落地。

（三）聚焦开放创新双驱动，全力增创高质量发展的新优势。坚持在开放中创新、在创新中开放，深化“双自联动”发展，使开放创新真正成为引领和推动金水高质量发展的动力源泉。

加快形成全方位对外开放格局。打造更高水平的对外开放门户。坚持世界眼光、国际标准，明确自贸区块产业导向和功能布局，创新开发建设与运营模式，全面完成规划设计、基坑施工及高压线入地等工作，力争郑州国际金贸港“一年打基础、三年出形象、五年见成效”。同时，依托“一带一路”经贸产业园，着力引进国际贸易、科技服务等行业龙头企业、总部企业，力争自贸区块入驻企业超过300家。拓展更广领域的“走出去”市场通道。以接轨国际贸易规则为导向，探索开展国际仲裁、跨国知识产权保护等服务，打造涉外商事服务平台。以降低贸易成本为目的，建设国际贸易大数据中心，搭建保税仓储、物流清关等外贸服务体系，创新供应链融资模式，力争将自贸区企业综合物流效率提升30%、物流成本降低15%、融资成本降低20%以上。以建立海外运营体系为支撑，依托德国帕希姆中欧空港产业园等海外园区，新建海外仓10万平方米以上，推动设立西班牙、南非等10个境外办事处，着力打造中欧自由贸易合作平台，助力更多金水企业参与国际竞争、开拓国际市场。实现更深层次的“引进来”合作发展。积极参与承办国际性、国家级、跨区域的重大招商和交流活动，谋划成立中以国际产业合作联盟，尽快落地中以生物信息中心等3个国际合作项目，努力将金水打造成国际开放合作与协同创新网络的重要节点、关键支撑点。

加快建立全链条科技创新体系。以自创区建设为引领，以“四个一批”建设为主线，持续壮大创新主体、厚植创新基础，促进产业链、创新链和资金链的有机衔接与深度融合，更大力度建设创新型城区。实施“百企攀高”促进行动，支持信大捷安成长为“创新龙头企业”、鑫胜电子等3家企业发展成“瞪羚企业”、拓普计算机等30家企业进步为“科技小巨人”，力争新增高新技术企业60家，高新技术产业增加值突破120亿元。实施源头创新能力提升行动，充分发挥“金典六策”促进作用，引导社会资本加大科技研发投入，鼓励采用单位自建、企业联建、政企共建等方式，培育各级工程技术研究中心（重点实验室）15个，引进领军人才和高层次人才20名，力争专利年申请量突破15000件。实施孵化转化产业化加速行动，办好中国创客领袖大会、“金水创客领袖200加速营”等活动，引进3家技术交易机构，建设西安电子科技大学技术转移中心、尚合企业加速器等发展平台，促使2家孵化载体升格为国家级、200家中小创新企业壮大为科技型企业，加快形成“成果转化、创业孵化、企业壮大、形成产业”的创新发展新模式。

加快重点领域和关键环节改革。深化国有企业市场化改革。以规范完善现代企业制度为重点，持续深化企业产权结构、组织结构和治理结构改革，不断完善国有资产监管，做强做优做大国有资本。探索知识产权综合服务改革。依托现有外观专利申请受理和著作权登记服务，积极推动商标注册与质押服务，试点开展高价值专利拍卖流转，实现专利、商标、版权的一体化服务。推进人力资源领域先行先试。充分把握自贸区中外合资、外商独资人才中介机构审批权限下放机遇，落实外籍人才出入境等便利政策，谋划搭建人力资源服务产品交易平台，探索设立海外人才和留学生创业基地。高质量完成政府机构改革。贯彻中央和省市区委改革决策部署，完成政府工作部门及所属事业单位改革，稳步推进街道机构改革和综合行政执法改革，科学谋划推进街道区划调整，着力构建运行顺畅、充满活力、令行禁止的行政管理体系。

（四）聚焦壮大民营经济，全力夯实高质量发展的新根基。始终把民营经济作为创新和发展的中坚力量，深入落实支持民营企业发展壮大6个方面政策举措，激发民营经济的创新创造力。

全力降本减负强活力。按照“能减则减、能免则免”原则，全面落实对小微企业、“个转企”企业、科技型初创企业、高新技术企业等企业的税费减免政策，严格收费清单管理，杜绝清单外涉企行政事业性收费，确保企业实际负担实质性下降。强化金融支持“扶企”“惠企”，发挥“金融港”公共服务平台作用，搭建金融与信用、科技、知识产权相结合的担保服务体系，设立科技贷款风险补偿准备金，积极探索开展“信用贷”“信用租”及票据融资等业务，举办银企对接会40场，帮助企业融资30亿元以上。突出“小升规、规改股、股上市”，建立重点民营企业培育库，优化上市挂牌企业绿色通道，帮助100家小微企业升级为“规上”企业，培育挂牌上市企业3家以上。

持续放权提效优环境。深化“放管服”改革。持续推进“一网通办”前提下的“最多跑一次”改革，全面启用8000平方米的新政务服务办事大厅，确保审批服务事项应进必进，力争80%以上的事项实现“一窗受理、集成服务”，更多审批服务事项实现“最多跑一次”，让企业和群众切实感受到“办事快、事好办”。完善投资项目“容缺办理”机制。全面实行联合勘验、联合测绘、联合审图、联合验收，推行企业投资项目多评合一、并联审批、容缺办理，将一般性企业投资项目全流程审批时限压缩至100个工作日以内。着力消除“信息孤岛”。深化“互联网+政务服务”建设，集成线上线下服务，着力构建无缝对接的全流程在线服务平台，实现“网上办”“掌上办”“指尖办”。

着力安商亲商促发展。建立

快捷便利的准入机制。秉承“非禁即入”原则，全面开展涉企证明事项清理，严格推行市场准入负面清单制度，支持民间资本依法平等进入清单以外的行业领域，破除各种隐形限制和障碍。保护和拓展民营经济发展空间。严格“双随机、一公开”机制，依法严肃市场监管，坚决取缔无照经营，严厉打击假冒伪劣、欺行霸市等扰乱市场秩序的违法犯罪行为，切实保护企业家合法权益、保障企业合法经营。加快构建亲清新型政商关系。广泛开展民营企业大走访活动，建立常态化政企沟通机制，完善“企业首席服务员”“企业直通车”制度，主动帮助解决现实难题，让企业专心致志抓经营、一心一意谋发展。同时，积极搭建宣传推介平台，鼓励支持推广新产品新技术，推动辖区企业扩大经营规模、抢占市场领域。

（五）聚焦生态文明建设，全力强化高质量发展的新保障。深入贯彻习近平生态文明思想，统筹推进蓝天、碧水、净土保卫战，大力实施生态功能提升、国土绿化提速、环境治理提效等“四大”行动，努力还群众蓝天白云、清水绿岸、鸟语花香。

打好环境治理“组合拳”。围绕增强蓝天幸福感，突出扬尘、机动车、餐饮油烟、燃气锅炉等领域综合治理，持续抓好“六控”和“两散”污染管控，科学防治夏季的臭氧污染，切实减少秋冬季的重污染，确保完成市定空气质量改善任务。围绕河渠长治久清，突出“四水同治”，严格落实“河长制”，常态化推进水源地保护、黑臭水体治理及“清四乱”“三污一净”等专项行动，确保地表水水质稳定达标。围绕管控土壤环境风险，深入推进“大棚房”问题专项清理，稳步开展土壤污染修复与治理试点，促进土壤资源永续利用。同时，建立生态环境应急管控平台和“河长制”信息系统，建成运行2座生活污水处理站，打造科技治污“防火墙”。

构筑生态建设“大屏障”。突出平面增绿量，以实施国土绿化提速行动为重点，紧紧围绕“六化”要求，开工建设森林氧吧和郊野公园，建成公园游园45个，连通生态廊道12.4公里，实施京广高铁、京港澳高速等交通路网沿线230余万平方米绿化，打造覆盖全区的绿色生态圈。突出空间造景观，采取沿街布绿、造型添绿、垂直挂绿等方式，美化主次干道和支路背街，创建园林单位（小区）60个，让居民群众拥抱绿色、尽享自然。突出绿水城相依，加快推进杲村湖和贾鲁河综合治理绿化工程建设，强化黄河湿地、石沟河、索须河故道等生态修复，营造水系景观22公里，着力绘就水清河畅、岸绿景美、人水和谐的生态画卷。

谱写绿色发展“主题曲”。推行绿色生产方式，严格落实绿色环保施工，坚决执行建筑工地扬尘治理“八个百分之百”标准，最大限度地减少对环境的影响；鼓励发展绿色建筑，大力推广装配式建筑，推动新建政府投资公共建筑落实超低能耗标准、新建装配式建筑比例持续提高。践行绿色生活理念，深入开展“最美绿色家庭”等创建活动，引导群众形成垃圾分类处置理念，确保生活垃圾分类覆盖率达到70%；不断提升垃圾资源化、无害化水平，新建湿垃圾处理站11座，力争建筑垃圾资源化利用率达到65%，生活垃圾回收利用率达到30%、无害化处置率达到100%。

（六）聚焦增进民生福祉，全力提升高质量发展的新成效。深刻践行“以人民为中心”的发展思想，大力实施普惠性民生工程，着力办好扶助性民生实事，不断满足多样化民生需求，让群众有更多、更直接、更实在的获得感、幸福感和安全感。

倾力保障改善民生。坚持把稳就业摆在更加突出的位置，全力抓好高校毕业生、退役军人等重点群体就业创业服务，新增就业再就业23700人以上，发放创业担保贷款1.5亿元，让群众的就业更充分、收入更有保障。坚持“房子是用来住的、不是用来炒的”定位，探索多主体供给、多渠道保障、租购并举的长效制度，开建青年人才公寓1104套，建成保障性住房7500套。加快推进区中心敬老院建设，建成社区日间照料中心11个，持续完善居家养老服务体系，着力提供多层次、广覆盖的养老服务。不断健全社会救助体系，加大临时救助工作力度，免费为辖区居民购买治安综治财产保险，努力让居民群众后顾无忧、困难群众满怀信心。建成投用市民公共文化服务活动中心和9个党群服务中心，不断满足群众多样化、个性化、高品位的公共服务需求。

全力繁荣社会事业。坚持教育优先发展，新增公办幼儿园6所，建成投用中小学5所，增加优质学位9060个。更加关心关怀教师的生活和成长，不断增强教师的职业幸福感和社会荣誉感，着力培育高素质专业化创新型教师队伍。实施基础教育质量提升行动，推进国家课程校本化实施，创建新型优质学校10所，办好全国第四届品质课程研讨会。完善基层医疗卫生体系，持续推进公立医院综合改革，着力构建以信息化为载体、辖区三级医院为引领、金水区总医院为纽带、社区卫生服务中心为基础的区域分级诊疗体系，推动建立联合诊室、科室和病区，促进优质医疗资源“驻社区”“进家门”。坚持以文惠民，倡导全民阅读，办好中国（郑州）国际街舞大赛，让群众享受到更加丰富的精神文化生活。

致力维护平安和谐。始终坚持底线思维，切实增强忧患意识，不断完善风险防控机制，坚决打好防范化解重大风险攻坚战。严格安全风险分级管控和隐患排查整治，强化消防救援体系建设，新建微型消防站50座，打造“三分钟应急救援圈”。深化国家食品安全示范城市创建活动，新建（改造）标准化农贸市场6个，让群众买得放心、吃得安全。学习推广“枫桥经验”，突出问题楼盘等重点领域，全力把矛盾化解在源头、解决在基层。深入开展“扫黑除恶”专项斗争，不断完善社会治安防控体系，切实保障群众生命财产安全。加强民族宗教工作基层基础建设，促进民族团结、宗教和睦。强化统计工作，扎实开展第四次全国经济普查。积极践行社会主义核心价值观，支持工会、妇联、共青团等群团组织发挥桥梁纽带作用，认真做好地方史志、档案管理、人民防空、国防动员、民兵预备役和结对帮扶等工作。

四、全面加强政府自身建设

各位代表，民心是最大的政治，人民满意是我们的最高追求。我们将始终坚持党的领导，坚持以人民为中心，驰而不息加强自身建设，持之以恒提升执行能力，努力建设人民满意的政府。

（一）坚定忠诚之心。坚持以习近平新时代中国特色社会主义思想武装头脑、指导实践、推动工作，坚决把党对一切工作的领导贯彻到政府工作的各领域各方面。树牢“四个意识”、坚定“四个自信”、做到“四个服从”，主动对标、自觉看齐，真正把“两个维护”内化于心、外化于行，始终同以习近平同志为核心的党中央保持高度一致。持续深化巡视整改成果，坚决贯彻好习近平总书记重要指示批示精神和党中央的决策部署，坚决落实好省市和区委的安排要求，真正做到有令则行、有禁必止。

（二）筑牢法治之基。全面贯彻依法治国方略，不断深化法治政府建设，严格按照法定权限和法定程序行使权力，自觉接受人大法律监督、工作监督和政协民主监督，主动接受社会和舆论监督，坚决防止任性用权，决不允许以权代法、以权压法、逐利违法、徇私枉法，真正让政府工作在法治轨道上稳步前行。坚持科学、民主、依法决策，深入推进政务公开，凡是重大民生政策出台、重大公共项目建设均依法公示听证，主动听取各方面意见，真正使政府工作体现群众的意愿、接受群众的评判。

（三）牢记为民之责。始终牢记全心全意为人民服务的根本宗旨，始终保持真诚朴实的为民情怀，竭尽全力为群众办好事、办实事。加强政府支出管理，一般性支出压减5%以上，建设节约型机关，让政府过“紧日子”、企业群众过“好日子”。认真贯彻省委“五比五不比”的工作要求，大力弘扬“案无积卷、事不过夜”的工作作风，坚决落实容错纠错机制，积极倡导一线工作方法，注重培养专业精神、提升专业能力，真正在服务为民中增长才干、在推进发展中经受考验、在严管厚爱中铸就忠诚干净担当的高素质政府公务人员队伍。

（四）永葆清廉之本。始终以永远在路上的坚韧和执着，扛稳抓牢全面从严治党主体责任，坚定不移地将政府系统党风廉政建设与反腐败工作推向深入、抓出成效。坚持把严格落实中央八项规定及其实施细则精神和省市区规定作为行动标尺，切实强化对重点领域及关键岗位的监督，从严查处侵害群众利益的不正之风，坚决防范和查处各种隐形变异的“四风”问题，全面扎紧扎牢制度的笼子，坚决铲除滋生腐败的土壤，让遵法守纪成为政府公务人员的自觉行动，永葆为民务实清廉的政治本色。

各位代表，梦想在前，使命催征，唯有接续奋斗，方能再创辉煌！让我们更加紧密地团结在以习近平同志为核心的党中央周围，在省市和区委的坚强领导下，在区人大和区政协的监督支持下，乘着国家中心城市建设的东风，扬起高质量发展的风帆，以永不懈怠的精神状态和一往无前的奋斗姿态，巩固发展领跑中部城区发展决定性态势，助力郑州“龙头高高扬起来”，以优异成绩迎接中华人民共和国成立70周年！

大事记

1月

2日 区委书记陈宏伟，区委常委、组织部部长时博一行到区政务服务中心督导“智汇郑州”人才窗口服务工作，实地察看了人才服务窗口设置、工作人员配备、办公硬件设施、政策依据宣传等工作，听取了相关负责人工作汇报。

同日 区委常委、政法委书记卢书选在丰产路街道办事处召开综治警务服务一体化工作座谈会。区政府副区长赵德武出席座谈。丰产路公安分局及区委组织部、民政局、卫计委、司法局、人社局、社管办、流管办、丰产路办事处相关负责人参加调研座谈。

3日 区委副书记李伟革调研辖区贾鲁河沿线垃圾堆放治理工作和黄河湿地人类活动遥感监测问题清单核查处理工作。区政府副区长张川参加调研。区农委、惠金河务局、杨金路街道办事处和兴达路街道办事处主要负责人陪同调研。

同日 市园林局副调研员任泽生带领考评组到金水区考评2017年度园林绿化目标任务完成情况暨“月季花杯”竞赛活动。区政府副区长闵武杰及区城管局主要负责人陪同。

同日 市政府副市长吴福民到金水科教园区调研郑州东动车运用所扩建征地拆迁情况。金水科教园区管委会主任李小虎参加调研。

4日 市政府副市长、市公安局局长马义中一行到大石桥街道办事处督导流浪乞讨排查救助工作，市民政局局长谢霜云，区委常委、区政法委书记卢书选，区政府副区长张川，南阳路分局、区民政局、大石桥街道办事处主要负责人陪同督导。

6日 区委十一届五次全体（扩大）会议在区机关胜利召开。会议深入贯彻落实中央和省市委经济工作会议、省委十届五次全会、市委十一届六次全会会议精神，全面总结2017年工作，安排部署2018年工作。

16日 金水区与美国奕恩现实公司共建互动数据中心战略协议签约仪式在区政府举行。区领导魏东、赵高翔、王浩和美国奕恩公司亚太区副总裁Pontus Appelqvist一行出席签约仪式。

同日 区政府区长魏东、副区长赵高翔在区政府会议室会见西安奇芯光电科技有限公司董事长程东、赛伯乐投资集团管理合伙人杜豪一行，双方就投资合作事宜进行了深入探讨。区科技局、商务局、自贸办、金融办主要负责人陪同会见。

20日 中国人民政治协商会议郑州市金水区第九届委员会第二次会议在区机关开幕。

21日 郑州市金水区第十三届人民代表大会第二次会议开幕。

23日 区委常委、区政府常务副区长杨洁在区机关主持召开违法违规举债担保问题排查及PPP项目库清理规范工作会议。区财政局、国土局、住建局、科教园区、创意园区、金水投资公司、金水建设开发公司等相关单位和平台公司的主要负责人参加会议。

30日 区委书记陈宏伟到国基路街道办事处听取大棚户区改

造及自贸区建设工作情况汇报，区领导李伟革、曹可艳、杨旗、赵德武、竟新宇、何守华、王珂出席会议，区委办、城改办、国土局、规划分局、发改委、住建局、自贸办、国基路街道主要负责人参加会议。

31日 市委常委、统战部部长杨福平到杨金路街道办事处调研贾鲁河沿线综合整治工作，区委书记陈宏伟、区政府副区长张川、区规划局、区城建局、杨金路街道办事处主要负责人陪同调研。

2月

1日 金水区在关虎屯新天地项目现场举行2018年第一批次重点项目集中开工仪式。区领导陈宏伟、魏东、李伟革、薛燕、武建民、王爱辉、杨洁、李小虎、曹可艳、竟新宇、张双喜出席仪式，区直相关部门、各街道办事处主要负责人及开工项目单位负责人参加仪式。

同日 区长魏东督导贾鲁河综合治理工程。区领导张川、闵武杰、杜保民一同督导。区政府办、区委督查室、区农委、区城管局主要负责人陪同督导。

2日 未来路街道举办“春节嘉年华、党群大联欢”活动暨党群服务中心启用仪式。区委常委、组织部部长时博，组织部、区社管办、区文化旅游局、区妇联、区科技局、未来路街道办事处相关同志出席仪式，辖区100余名群众参加活动。

3日 区长魏东到金水科教园区调研重点产业项目建设情况。金水科教园区管委会主任李小虎，区领导杜保民、王浩、毛国安、唐成山、时军亮、高学峰陪同调研。

同日 金水区在金水科教园区召开2018年第一期“名家讲坛”专题讲座。省委网信办、省政府信息中心、省国密局、省工信委、市工信委相关领导及全区副县级以上领导参加讲座。区直各相关部门、郑州信息安全产业联盟各成员单位相关负责人400余人聆听讲座。

6日 区委书记陈宏伟一行看望慰问金水区部分退休老干部，向他们致以新春祝福、表达美好祝愿。区委副书记李伟革，区人大常委会主任薛燕，区政协主席武建民，区委常委、区政府常务副区长杨洁，区委常委、组织部部长时博，区委常委、区委办公室主任曹可艳一同慰问，区委办公室、区老干部局主要负责人陪同慰问。

同日 省委常委、市委书记马懿一行到金水区调研督导贾鲁河综合治理工程建设情况，市委常委、统战部部长杨福平，副市长李喜安一同调研。区委书记陈宏伟、区委副书记李伟革、区政府副区长张川及杨金路街道办事处主要负责人陪同调研。

7日 区委书记陈宏伟一行到驻区省消防总队走访慰问，向全体消防官兵送去新春的问候和节日的祝福。区委副书记，区长魏东，区委副书记李伟革，区人大常委会主任薛燕，区政协主席武建民，区委常委、区人武部政委李继东，区委常委、区委办公室主任曹可艳，区人武部部长周学军，区政府副区长张川一同慰问，区民政局等单位主要负责人陪同慰问。

同日 省委宣传部副部长张曼茹一行，走访慰问道德模范王宽和党员老妈妈志愿服务队，为他们送去党和政府的亲切关怀，帮助他们解决生活工作中的实际困难。省文明办副主任王飞，市委宣传部副部长、文明办主任裴保顺，区委常委、宣传部部长杨林陪同慰问。

9日 区长魏东调研节日市场供应及安全生产工作。区政府副区长赵高翔一同调研。区政府办、商务局、安监局、食药局、工商质监局、金水消防大队主要负责人参加调研。

11日 市政府副市长吴福民到金水科教园区调研郑州东动车运用所征地拆迁情况。市铁路局副局长李晋、市政府副秘书长孙建功、市城建委主要领导和分管领导、市征收办主要领导、郑州供电公司分管领导一同调研。区委书记陈宏伟，金水科教园区管理委员会主任李小虎，区委常委、区委办公室主任曹可艳陪同调研。

27日 十一届区纪委三次全体（扩大）会议召开。全会回顾总结了2017年全区党风廉政建设和反腐败工作，安排部署了2018年工作任务。全区副县级以上领导干部出席会议。十一届区纪委委员，区人大、区政府办公室主任，区政协秘书长、办公室主任，区委常委所在部门常务副职，各街道党政正职，区直各单位主要负责人，区委巡察办主任、副主任，各巡察组组长、副组长，各垂直单位主要负责人，各街道纪工委书记，区直单位派驻纪检监察组长，未设纪检机构的单位主管反腐倡廉工作的副职，特邀监察员，部分“两新”组织纪委书记，区纪委监委各室、部负责人参加会议。区委书记陈宏伟出席全会并讲话。区委常委、纪委书记赵惠玲主持会议。

同日 省委常委、市委书记马懿先后到金水区考察轨道交通3号线一期工程金水路站建设和农业路快速通道工程铁路代建段施工进展情况，市委政法委副书记杨昆峰，市政府副秘书长王春晓、孙建功一同考察。区委书记陈宏伟、区委常委、区委办公室主任曹可艳，区副县级干部许忠陪同考察。

3月

2日 区妇联在区机关举办以“巾帼心向党·建功新时代”为主题的“三八”国际劳动妇女节纪念暨表彰大会。区委书记陈宏伟，区人大常委会主任薛燕，区委常委、区政府常务副区长杨洁，区委常委、组织部部长时博，区人大常委会常务副主任李贻忠、杜艳洁，区政府副区长张川，区政协副主席宋红霞、王静、徐建军，区检察院检察长王青，区工会主席李劲松出席会议。全区基层妇联主席及各行各业各界女性代表300余人参加会议。

同日 金水区在区机关召开2018年全区宣传思想文化暨精神文明建设工作会议。区委常委、宣传部部长杨林出席会议，各街道党工委副书记、宣传委员、文明专干，区直各单位分管副职共200多人参加会议。

5日 根据省委关于巡视工作的统一部署，省委第一巡视组巡视金水区工作动员会召开。会前，省委第一巡视组组长米剑峰、省委巡视办巡视协调处处长翟耀与金水区委书记陈宏伟、区长魏东进行了见面沟通，传达了省委关于巡视工作的安排部署。会上，米剑峰、翟耀就即将开展的巡视工作做了动员讲话，对配合做好巡视工作提出了具体要求。陈宏伟作表态发言。

8日 区委副书记李伟革在区机关主持召开黄河湿地自然保护区遥感监测问题暨环保督察反馈意见整改处理工作会议。区委办、区政府办、区委督查室、区政府督查室、区农委、国土局、环保局、兴达路街道和惠金河务局等单位参加会议。

10日 区委书记陈宏伟到丰庆路街道考察市民文化公园建设工作，区政府副区长闵武杰，区委办、区政府办、区市政局及丰庆路街道有关负责人陪同考察。

同日 区委书记陈宏伟到国基路街道调研高压入地及自贸区建设涉及附属物拆迁工作。区委常委、区政府常务副区长杨洁，区委常委、区委办公室主任曹可艳，区副县级干部王珂一同调研。国基路街道及区国土局负责人陪同调研。

13日 金水区在区机关组织收听、收看全市安全生产工作电视电话会议，随后召开全区安全生产暨消防安全工作会议，贯彻落实全市安全生产工作电视电话会议精神，安排部署安全生产工作。区政府领导魏东、赵高翔、何守华出席会议。各街道办事处、区安委会、防委会成员单位主要负责人参加会议。

同日 市委常委、统战部部长杨福平督导金水区贾鲁河综合治理工程工作推进情况。市政府副秘书长冯卫平、市水务局局长张胜利、区委副书记李伟革、区政府副区长张川一同督导。

14日 团省委书记王艺、团市委书记张艳华一行到金水区UFO.WORK共享办公（众创空间）调研青春家园建设。区委常委、区政府常务副区长杨洁及团区委、丰产路街道办事处相关负责人陪同。

同日 广东省知识产权局副局长何巨峰一行到创意产业园区考察学习。

考察组观看了园区发展宣传片，详细听取了金水区关于“金典六策”“园区十条”等相关产业扶持政策、线上园区建设、快维中心运营的情况介绍，实地参观了国家知识产权局专利复审委员会第九巡回审理庭、郑州市中级人民法院知识产权巡回法庭、河南省知识产权社会法庭。何巨峰对金水区快维中心创意产业外观专利授权、确权、维权绿色通道及专利预审合格案件授权率等成果给予了高度赞扬，并表示要充分借鉴金水区先进经验，进一步加深与金水区的沟通交流，共同推动知识产权工作再上新台阶。

16日　区长魏东在区信访接待中心接待信访群众。区政府办、信访局、处非办、南阳路街道办事处主要负责人参加接访。

同日　为持续改善大气环境质量，巩固创卫成果。金水区在南阳新村街道办事处三北社区开展“全城清洁”活动。副市长黄卿、市爱卫办副主任吴孔宝、区政府副区长闵武杰参加清洁活动。

19日—20日　市委、市政府召开郑州国家中心城市建设重大项目观摩暨工作推进会，与会人员到金水区金水区总医院、金水区行政文化中心项目进行了现场观摩。

20日　区政府副区长张川督导金水区疾控和妇幼保健工作。区卫计委相关负责人陪同。

在实地察看了金水区疾控、妇幼保健工作情况，认真听取了2018年工作谋划后，张川强调，要从大健康、大卫生的高度出发，坚持以保障人民群众健康为中心，积极倡导健康文明的生活方式，定期组织开展大型义诊、健康大讲堂等活动，广泛宣传大健康观念和知识，强化群众对自身健康的针对性的管理与预防。同时，要进一步加强卫生医疗作风建设，严格践行廉洁自律各项规定，全力落实好民生实事，切实增强群众获得感、幸福感。

21日　市委常委、宣传部部长张俊峰到金水区督导农业路快速通道工程。市政府副秘书长孙建功、区政府领导许忠陪同督导。

在实地察看了农业路快速通道工程经三路、经五路施工现场，认真听取了金水区征迁工作汇报后，张俊峰指出：“经三路、农业路口是我市交通运行主要道路，要加快推进项目建设进度，及时清理道路周边违章及占道车辆，严格按照市级要求时间节点，高质量完成工程建设，切实保障辖区群众顺利通行。”

22日　市委常委、常务副市长王跃华一行到金水区调研市政重点工程征迁。市政府副秘书长孙建功、区政府领导许忠陪同调研。市、区各相关部门负责人参加调研。

在实地察看了农业路快速通道工程、轨道交通三号线一期工程、二七商业区综合管廊项目征迁建设情况，认真听取了金水区相关工作汇报后，王跃华对金水区征迁工作取得的阶段性进展给予充分肯定，并指出，各职能部门要进一步明确目标任务，加强组织领导，强化沟通协作，抢抓时机、科学研判，严格按照时间节点，加快推进项目建设进度，切实提升城市公共交通服务能力。同时，要严格落实“8个100%”要求，加强对施工工地日常督导和管理，着力优化施工环境，确保项目建设顺利推进。

同日　由团省委指导，团市委、市民政局主办，团金水区委、杜岭街道承办的“发展青少年社会工作、共建新时代美丽社区”——省会青少年事务社会工作宣传月启动仪式在大卫城广场举行。团省委副书记王笃波、团省委社联部部长李山英出席活动，团市委副书记张琳琳一同出席，区委常委、组织部部长时博，团区委、杜岭街道主要负责人参加活动。

同日　区委书记陈宏伟先后到凤凰台、经八路、花园路街道调研社区“两委”换届暨党群服务中心情况，区委常委、区委副书记李伟革，区委常委、组织部部长时博，区委常委、区委办公室主任曹可艳，区政府副区长张川一同调研。

23日　市政府副市长吴福民一行到金水区调研迎宾路与连霍高速互通式立交工程推进情况。区政府领导许忠、毛国安陪同。

在实地察看了项目进展情况，认真听取了金水区相关工作汇报后，吴福民强调，要进一步提高站位，履职尽责，坚持项目带动、项目化推进，科学制定工作方案，严格督查考评，统筹推进大气污染防治、项目征迁等工作，确保项目如期完工。

同日　金水区2018年平安建设集中宣传活动在花园路街道紫荆山广场举行。区委常委、政法委书记卢书选出席活动，区委政法委、区法院、区检察院、区司法局、各公安分局及17个街道办事处参加活动。

在参观了金水科教园区规划馆后，双方进行了会谈。区长魏东代表区委、区政府对龙林一行表示欢迎，并简要介绍了金水经济社会发展和科教园区产业发展情况。魏东表示，金水区位优势独特，发展潜力巨大，希望双方进一步加强沟通交流，积极推进务实、友好、共赢的合作，金水将会提供最良好的发展环境、最便利的服务，为双方的产业对接提供良好服务平台，促进双方在更广泛的领域合作。

26日 2018年全市第二批重点项目集中开工仪式在金水区河南省信息安全产业示范基地项目现场举行。

27日 省民政厅厅长鲍常勇、副厅长刘清民一行到金水区调研社区建设工作。市、区领导冯明杰、袁杰、魏东、张川陪同调研。

在实地察看了北林路街道办事处鑫苑名家社区、文化路街道办事处农科院社区，详细了解了社区阵地建设、养老服务等工作开展情况后，鲍常勇对金水区社区建设工作给予了充分肯定，并指出，要始终坚持以人为本，着力完善社区服务功能，逐步健全“四社联动”工作机制，积极发展社区枢纽型社会组织，努力实现资源共享、优势互补、相互促进的良好发展氛围，切实满足社区居民的生产生活需求。

26日 省委常委、市委书记马懿，市委副书记靳磊，市委常委、市政府常务副市长王跃华，市政府副市长史占勇及市直有关部门负责人，深入金水区调研重点项目建设工作。

马懿一行先后察看了河南外包产业园（二期）项目、清华启迪科技城项目、市民公共文化服务活动中心项目、金水区总医院等。马懿强调要严格落实扬尘治理“8个100%”要求，统筹项目建设进度和环境保护，确保清洁施工、环保施工、绿色施工。

28日 区十三届人大常委会第十次会议在区机关会议室举行。会议由区人大常委会主任薛燕主持，区人大常委会领导李贻忠、许贵舟、燕建华、杜艳洁、冯景义、张涛、杨旗，区人大常委会办公室主任李慧敏及其他常委会组成人员共32人出席会议。

会议学习了习近平总书记在十三届全国人大一次会议闭幕会上的讲话精神，学习贯彻了十三届全国人大一次会议精神。

区人民政府常务副区长杨洁、区政协副主席王居良、区人民检察院检察长王青、人大各街道工委主任，区人大常委会各委室副主任列席会议。

4月

3日 金水区举办2018年度第二期“名家讲坛”专题讲座暨区委中心组（扩大）学习会。全区副县级干部、各街道党工委书记、区直各单位主要领导、各单位部分现职科级干部共400余人参加了该次学习。会议由区委书记陈宏伟主持。

讲坛邀请国家行政学院一级教授、博士生导师许耀桐教授系统解读十三届三中全会和全国两会精神。许耀桐结合十九届三中全会和全国两会精神，从三中全会国家治理主轴突出、全国两会大事不少以及党和国家机构改革全面展开三个方面深入解读了2018年政府工作报告，详细讲解了党和国家机构改革方案，进一步加强了全区领导干部对高质量发展、宪法修改、监察体制改革、党和国家机构改革等重大问题的认识与理解。

同日 区长魏东在区信访接待中心接待信访群众。副区长赵德武及区政府办、信访局、凤凰台街道、兴达路街道主要负责人参加接访。

区长魏东共接待了2批10名群众来访。在认真听取了信访群众的诉求后，魏东就有关问题逐一明确了处理意见，并指出，各相关部门要始终坚持以人民为中心的发展思想，把实现好、维护好和发展好人民群众的根本利益作为一切工作的出发点和落脚点，深入调查研究群众反映的有关问题，认真分析问题症结，合法依规解决群众诉求，切实解决好群众关心的难点热点问题。

4日 区政府副区长赵高翔在区政府会见美国EON股份有限公司中国合伙人宁东一行。区工信委、商务局、科技局、自贸办、金达公司相关负责人陪同会见。

赵高翔详细听取了EON股份有限公司合作开发互动数据中心项目的情况介绍，希望能够加强与EON股份有限公司的沟通交流，进一步扩展互动数据中心项目在展示、培训、研发、VR企业孵化等方面内容，加大在金水区教育、科技领域的深度合作，实现互惠共赢。

8日 区爱卫办、卫计委在文博广场组织开展“爱国卫生月”和“世界卫生日”集中宣传活动。市爱卫办副主任吴孔宝、张中建、区政府副区长闵武杰出席活动。

此次活动以“关注小环境 共享大健康”为主题，现场通过搭设展板、宣传喷绘及主题背景墙，设置咨询台，向群众广泛宣传环境卫生整治行动、病媒生物防治、疾病预防、健康保健和控烟健康等知识，积极引导群众自觉摒弃乱扔、乱吐、乱贴、乱画等陋习，倡导科学、健康、文明的生活方式。通过此次活动，进一步提高了广大群众的“社会大卫生”意识和自我保健能力，让群众深刻认识到了爱国卫生工作对发展全区经济、改善人居环境、提高辖区群众幸福指数所发挥的重要作用。

11日 市委副书记、市委秘书长靳磊，市委常委、统战部部长杨福平，副市长李喜安,市政协党组副书记郭德锠带领市直有关单位主要领导、各县（市、区）、开发区党（工）委副书记、分管生态建设工作的副县（市、区）长和生态办主任组成的全市生态建设项目观摩团，到金水区调研生态建设项目。区委书记陈宏伟、区委副书记李伟革、副区长闵武杰陪同调研。

观摩团首先察看了107辅道生态廊道建设项目。该项目长约5公里，绿化面积约25万平方米，当时已清运垃圾45万立方米，回填土方70万立方米,全面完成了微地型塑造工作，并正在栽植苗木。随后实地察看贾鲁湖工程现场，该项目总投资约2.27亿元，开挖湖区面积564.9亩，约112.98万立方米总库容，开挖土方230万立方米，绿化面积16.7万平方米，当时湖体岸坡、栈道小品等正在施工，岛上绿化和大堤周边苗木栽植正在进行，湖区疏挖、蓄水已基本完成。

12日 区长魏东深入花园路、经八路、大石桥等街道办事处督导金水区楼顶治理和老旧小区整治提升工作。区政府领导闵武杰、何守华及区政府办、保障办、城管局、执法局主要负责人陪同督导。

在实地察看了纬二路26号院、工会大厦、金水路3号院、郑州七中、防疫路4号院楼顶整治及老旧楼院整治提升等工作，认真听取了各相关部门的工作汇报后，魏东指出，要认真贯彻落实上级的决策部署，始终坚持目标导向、问题导向，加强各部门之间的协同配合，精心组织实施，确保按照时间节点要求完成各项任务。

16日 区委书记陈宏伟、区委副书记李伟革、区政府副区长竞新宇到国基路街道调研指导大棚户区改造和社区（村）两委换届工作。

在实地察看了沙门村7号地块开发建设项目、自贸区附属物搬迁、小刘庄大棚户区改造项目等工作进展情况，详细听取关于辖区大棚户区改造、自贸区附属物搬迁及社区（村）“两委”换届工作汇报后，针对下一步大棚户区改造工作，陈宏伟要求：一是抢抓机遇，加快进度；二是突出重点，科学研判；三是加大力度，千方百计；四是要主动对接，强化协调；五是要强化宣传，营造氛围。要积极协调相关职能部门，合力开展工作，尽早完成自贸区附属物的搬迁拆除工作，为后续正式进场施工奠定良好基础。

17日 区长魏东在区政府会见郑州优埃富欧科技创新有限公司首席运营官聂鹏飞一行。

在认真听取了企业负责人关于UFO·WORK(共享办公)发展情况与思路的详细介绍后，魏东表示，金水区位优势独特，发展潜力巨大，发展前景广阔，特别是近年来，全力加快开放创新步伐，优先和鼓励发展了信息安全和共享生态科技等一批具有前瞻性、前沿性、引领性的新兴产业。希望双方进一步加强交流，谋求共同发展，促进互利共赢，金水将营造良好的环境，为企业发展做好服务。

19日 由市地税局、国税局主办，区地税局、国税局承办的“优化税收营商环境，助力经济高质量发展”签名宣传活动在国贸360广场举行。省、市、区领导张丰、黄红雨、李雷鸣、王烨、杨洁出席活动。区国税、地税、财政局主要负责人及河南日报报业集团等40余家纳税信用等级良好的知名企业代表参加活动。

活动现场，市地税局党组副

书记、副局长李雷鸣致辞；市国税局党组成员、总会计师王烨通报了诚信纳税企业名单；区国税局、河南日报报业集团有限公司主要负责人分别宣读了《优化营商环境、助力经济发展》和《诚信经营、依法纳税》倡议书；河南郑州国贸商业有限公司总裁司小伟代表参会企业作表态发言。

同日 省住建厅厅长吴浩到金水区调研垃圾分类工作。市、区相关部门主要负责人参加调研。吴浩一行深入花园路街道办事处省民航社区金水路3号院，实地察看了小区生态科普阳光房、智能分类垃圾设备、厨余垃圾处理室、“海绵城市”健康步道和“雨水花园”等基础设施，详细了解了垃圾分类标准、小区居民生活垃圾日产量和后续处理情况，认真观看了居民利用果皮废弃物制作酵素香皂及厨余垃圾处置加工后，吴浩对该社区的相关做法给予了充分肯定。

20日 河南省知识产权宣传周开幕式在国家知识产权创意产业试点园区举行。省、市、区领导刘菊芳、刘怀章、李新建、张涛、史占勇、李程、刘燕新、石晓东、韩平、李大群、石允昂、魏东、王爱辉出席活动。

开幕式上，区长魏东代表区委、区政府致欢迎辞，并表示，金水区高度重视知识产权的创造、运用和保护，顺利落户了中部首家知识产权快速维权中心、全省首家知识产权巡回法庭等一批知识产权服务机构。金水区将打造更加公平竞争的市场环境和国际化、法治化、制度化、便利化的营商环境，努力在郑州建设国家中心城市中做出贡献。

随后，河南省教育厅副巡视员张涛宣读了河南省第一批知识产权普及教育示范基地和第五批实验基地名单，并现场为名单列出的18个基地授牌。

20日—22日 由郑州市人才工作领导小组办公室、中共金水区委、金水区人民政府主办，金水区人才工作领导小组办公室、金水科教园区、河南科技园区、国家知识产权创意产业试点园区、芯联智库承办的“智汇郑州”人才政策推介暨国家“千人计划”专家金水行活动成功举行。来自全国各地的23位国家“千人计划”专家在金水区通过现场考察、项目推介、合作对接等活动，使“千人计划”专家和企业进一步加强了解、开展合作洽谈。活动期间，区委书记陈宏伟，区委副书记、区长魏东，区委副书记李伟革，区委常委、区政府常务副区长杨洁，区委常委、组织部部长时博等分别陪同。

21日 召开“智汇郑州”人才政策推介暨国家“千人计划”专家人才项目推介会，区领导魏东、李伟革、王爱辉、杨洁、时博、李小虎、赵高翔出席会议。区直有关单位及全区110余家企业代表参加会议。

会上，“千人计划”专家观看了金水区人才工作宣传片，听取了金水区关于“智汇郑州”、“金典六策”政策及创新创业环境等情况介绍。并与金水区科教园区、知识产权创意试点园区、河南科技园区现场签署合作协议。

会上还进行了区块链、人工智能、数据容灾和安全等相关内容的演讲。

25日 区长魏东到国基路街道办事处调研自贸区建设工作。区政府办、自贸办、国基路街道办事处主要负责人陪同调研。

在实地察看了自贸区建设情况，认真听取了相关工作汇报后，魏东强调，要进一步增强紧迫感和责任感，加强多方协调联动，加大分析研判力度，妥善解决项目建设中存在的遗留问题，加快推进征迁工作，确保按照时间节点完成各项任务。

27日 区委统战部举办全区统一战线纪念中共中央发布“五一口号”70周年座谈会，区委常委、统战部部长付建峰出席座谈会，辖区7个民主党派成员代表14人受邀参加座谈。

付建峰带领与会人员一起重温了“五一口号”发布的历史背景和内容，强调了“五一口号”的现实意义和指导意义。与会人员围绕自身工作和对金水今后的建设发展进行了交流发言。

28日 洛阳市涧西区委常委、宣传部部长胡柯，区政府副区长陈兴忠一行到金水区考察交流城市管理经验。

涧西区考察团到区执法局了解“四室一庭、四位一体、四权分离”工作模式运转机制，实地参观法律援助室、行政调解室、公证服务室、公安警务室、城管巡回法庭。随后到东风路执法中队、文化路执法中队实地考察标准化执法中队建设工作。

在工作座谈会上，闵武杰详细介绍了金水区城市管理模式、精细化管理工作以及金水区“四室一庭　四位一体”执法机制的运行效果。最后，双方就执法人员下沉、体制改革、城市管理等方面工作进行了深入交流和探讨。

5月

5日　市政府副市长吴福民到人民路街道办事处调研郑州商都历史文化区宫殿区工程项目。

在实地察看郑州商都历史文化区宫殿区工程项目建筑工地，认真听取了该办相关工作汇报后，吴福民指出，要及时完成项目拆迁“清零”工作，在保证群众利益的基础上，依法依规对被征收房屋进行拆除。同时，要加大与上级部门的沟通对接，全力做好文物勘探和挖掘工作，通力合作、密切配合，推动郑州商都历史文化区宫殿区工程项目顺利推进。

9日　为纪念第71个“世界红十字日”，区红十字会联合未来路街道办事处开展以“人道——为了你的微笑”为主题的宣传活动。市红十字会副会长汤震、区政府副区长张川出席活动。

活动现场，通过组织开展无偿献血暨造血干细胞采集、悬挂条幅、摆放宣传版面、发放宣传资料及遗体器官捐献调查问卷等形式，向辖区群众深入讲解救护员培训和群众性应急救护知识及技能，以及心肺复苏、包扎四项技术、逃生技能等现场救护技术，进一步提高了广大群众的应急救护技能，扩大了红十字会的覆盖面及影响力，强化了群众对红十字工作的认识，引导公众积极投身到公益事业中来。

活动当日共有355人参加了无偿献血，献血总量达142000毫升，其中84人加入了“中国造血干细胞捐献者资料库”。

11日　区长魏东在区机关会见中国产业发展促进会副会长李小军、国家军委科技委光电重大专项组副组长伍剑、河南投资集团法务总监郝令旗及奇芯科技、中天利科技、光探科技、国家激光工程中心北工大集团、鑫苑集团、中智源科技集团等企业负责人，共同就光量子产业集群建设有关事宜进行洽谈。

魏东介绍了金水区经济社会发展、重点产业布局等情况；各企业负责人围绕产业集群建设分别进行了情况介绍；与会人员就相关问题进行了讨论交流。

会见后，区政府、河南投资集团、中智源科技集团三方签署了意向协议。

12日　区人防办联合多部门在河南全民健身广场举办防灾减灾集中宣传活动。市人防办副主任许晓常、区政府副区长闵武杰出席活动。区人防办、卫计委、经八路街道办事处、金水消防大队相关负责人及区红十字会风马旗应急救援志愿者服务队、区“红色文艺轻骑兵”文化馆军区社区老干部艺术团小分队参加活动。

2018年防灾减灾日以“行动起来，减轻身边的灾害风险”为主题开展专题活动。活动现场，通过搭设咨询台、展示台，开展人防文艺宣传节目、医疗救护、应急救援展演，发放防灾减灾知识手册、应急用品等方式，让辖区群众更加直观、生动地掌握防灾减灾技能，引导群众更加冷静、理智地面对灾害并组织开展自救互救。

14日　区长魏东在区政府主持召开老旧小区整治提升工作推进会。区政府领导何守华出席会议。

会上，区保障办汇报了老旧小区整治提升工作进展情况；区政府领导何守华对此项工作进行了安排部署；区长魏东作了讲话。魏东指出，要高度重视，认真研究实施方案，统筹规划、广纳民意，按照“简约大方、相对统一、功能完善、易于维护”等要求对老旧小区进行基础设施提升、居住功能提升、环境品质提升、园区文化提升，切实做到因院制宜、分类整治。同时，要建立完善长效管理机制，持续巩固老旧小区整治提升成果。

16日　金水科教园区管委会副主任唐成山在金水科教园区会见河南释码云科技有限公司创始人李玉容、张华一行。省政府外侨办、区外侨办、金水科教园区相关负责人参加会见。

唐成山简要介绍了金水区的区情区况和园区发展概况，并强调："金水科教园区区位优势凸显、产业基础良好、政策优势突出，诚挚欢迎行业精英来园区投资兴业、共谋发展，园区将始终为投资者提供更优惠的政策、最优质的服务、最坚强的保障，实现合作共赢。"随后，李玉容、张华分别介绍了河南释码云科技发展概况及国内首家虹膜技术研究院项目策划方案，同时表示，要进一步加强与园区的沟通交流，推动合作项目早日落地、早见成效，助力园区经济持续健康发展。

18日 金水区在思念泛娱乐国际文化创意园项目现场举行2018年第三批重点项目集中开工仪式。区领导陈宏伟、李伟革、薛燕、王爱辉、杨洁、曹可艳、竟新宇出席仪式，区直相关部门、各街道主要负责人及开工项目单位负责人参加仪式。仪式由区委副书记李伟革主持。区委常委、区政府常务副区长杨洁致辞并宣布13个重点项目开工。

该次集中开工的重点项目有思念泛娱乐国际文化创意园、美景美境（陈砦开发区）、东韩砦城中村改造、贾鲁河建设绿化工程等13个项目，总投资135亿元，年度计划投资25亿元。

19日 由郑州市旅游局与金水区委、区政府主办，金水区文明办、文化旅游局承办的"2018年中国旅游日郑州市主题活动暨文明旅游"宣传活动启动仪式在绿荫公园举行。市旅游局副局长李明伟、区政府领导王珂出席仪式。区文明办、文化旅游局、东风路街道办事处，巩义市、登封市旅游主管部门相关负责人及辖区知名旅游景区负责人参加了活动。

同日 全省2018年科技活动周启动仪式暨首届军民科技融合创新创业大赛决赛在金水区河南外包产业园举办。省政府副省长霍金花，省政府办公厅副巡视员张学卫，省科技厅厅长马刚，郑州市政府副市长史占勇，区委书记陈宏伟，区委常委、区政府常务副区长杨洁，金水科教园区管委会主任李小虎，区委常委、区委办公室主任曹可艳等省市相关人员以及军事科研院校、军工院所、投资机构、企业、高校、科研机构等各界代表参加活动。

随后，举办军民科技融合创新创业决赛，"大容量超级电容器"等27项初创组项目和"紧凑型超强飞秒激光器"等27项成长组项目进行了展示，评审专家现场进行打分，初创组和成长组分别产生了一等奖1名、二等奖3名、三等奖6名。

23日 全省学雷锋志愿服务工作推进会召开。会前，与会人员到郑州市进行观摩学习。省委宣传部副部长张曼如、省文明办专职副主任王飞带领部分与会人员到金水区北林路街道鑫苑社区进行观摩，区委书记陈宏伟，区委常委、宣传部部长杨林陪同观摩。

在实地观摩该社区工作模式后，张曼如鼓励社区继续创新思路，对标群众对美好生活的需求，充分挖掘服务内容，加强项目设计，拓展服务方式，形成特色品牌。同时，要以点带面积极推广先进经验，辐射全省志愿服务工作，带动更多人参与志愿服务，共享志愿服务。

27日 区政府副区长闵武杰主持召开中央环境保护督察"回头看"工作部署会议。

会上，各街道办事处主要负责人汇报了辖区内散乱污整治工作进展情况；区攻坚办主要负责人通报了金水区关于环保部交办问题"回头看"工作复查情况。就如何做好金水区环境污染防治，闵武杰强调：一是各单位要认真贯彻实施《中华人民共和国大气污染防治法》；二要高度重视此次中央环保督查"回头看"工作；三要切实发挥部门牵头作用。

28日 哈密市委常委、常务副市长徐建辉带领哈密市政府考察团到金水区考察新疆农产品（郑州）交易中心。

在认真听取了中心负责人关于新疆农产品（郑州）交易中心运营情况的介绍后，徐建辉表示，该中心在援疆工作中发挥了重要作用，为带动哈密发挥新疆副中心城市、综合交通枢纽、丝绸之路核心区等方面做出了积极贡献。同时，希望中心进一步加强与相关部门的沟通对接，充分利用互联网科技手段，努力将交易中心打造成为一个在全国具有较强影响力的新疆商品线下交易平台和线上电商平台。

6月

1日 省人大常委会副主任

徐济超、省政协副主席钱国玉到金水区文化路第三小学走访慰问广大师生，并致以节日的问候。

徐济超一行到文化路第三小学，参加了学校的庆六一“争做新时代好队员”新队员入队仪式，赠送了“六一”儿童节礼物，欣赏了师生们的书法作品，并与孩子们交流互动，鼓励他们好好学习，祝福他们茁壮成长，勉励他们树立远大理想，不断提高综合素质，早日成为国家有用之才。

2日 金水区在区机关召开城市精细化管理暨迎接中央环保督察“回头看”工作动员会。

会上，参会人员集中观看了国家“千人计划”$PM_{2.5}$特别防治专家小组拍摄的金水区大气污染问题视频。区政府副区长闵武杰对城市精细化管理暨迎接中央环保督察“回头看”工作进行安排部署。部分街道和区直单位做表态发言。

5日 市政府副市长刘东到郑州市回民中学和河南省实验中学考点考察高考准备工作。

在实地察看了各考点内监控室、试卷保密室和考务室，认真听取了考点负责人关于考务安排的介绍，详细询问了考点安全保卫、考场服务等各项保障措施后。刘东对金水区严密组织和严格管理给予了充分肯定，并指出，高考是全社会关心的大事，关系着每一个考生的前途命运，也影响着千千万万家庭的幸福。各相关部门要进一步提高思想意识，强化责任担当，统筹规划、精心组织、周密部署，加大对重点区域、重点环节的安全隐患排查，全力做好2018年高考各项服务保障工作，努力为考生营造一个安全、和谐的考试氛围。

同日 濮阳市华龙区委常委、区政府常务副区长伍凛然一行到金水区考察交流楼宇经济和总部经济工作。

在认真听取了金水区楼宇经济和总部经济发展基本情况及成效、优化楼宇经济和总部经济发展环境、提升楼宇经济发展质量和效益、打造培育特色楼宇、出台鼓励楼宇经济发展专项扶持政策等方面的经验介绍，实地参观了UFO.WORK共享办公企业、楷林国际大厦和兰德国际中心后，考察团对金水区发展楼宇经济和总部经济的先进做法给予高度赞扬，并就总部经济、楼宇经济、招商引资、楼宇管理、产业规划等内容与金水区进行了深入探讨和交流。

6日 区委常委、区政府常务副区长杨洁主持召开金水区大学生创业工作会。区政府领导赵高翔、段庆州出席会议。

在分别听取了各创业园区、优秀大学生创业项目负责人的经验汇报，深入总结分析了金水区大学生创新创业工作开展情况后。杨洁强调，要准确把握郑州创建国家中心城市的有利时机，不断深化认识、坚定目标、提升信心，努力在全区营造创新创业的浓厚氛围；要强化多部门协调联动，不断规范园区管理，积极引进更多优质大学生创业项目，着力提升园区专业孵化能力，助推优秀项目发展壮大，全面构建大学生创新创业生态产业链。

7日 区长魏东主持召开环保督察组回头看保障协调会议。区领导李伟革、张川、闵武杰、何守华、许忠出席会议。

会上，区政府副区长闵武杰通报了上级相关会议精神及中央环保督察组交办案件情况；区政府副区长张川安排部署了金水区“两河一渠”和黑臭水体专项整治工作；区委副书记李伟革就金水区环保工作重点进行了再部署、再强调；区长魏东作了讲话。魏东指出，各级各部门要高度重视，提高站位，深入学习贯彻习近平生态文明思想，以持续抓好中央环保督察问题整改为契机，强化工作措施，完善工作机制，坚决打赢污染防治攻坚战。一是全面排查，彻底整治；二是立行立改，杜绝反弹；三是完善机制，畅通渠道；四是加强督查，严肃追责。

8日 河南省、郑州市信息安全产业示范基地揭牌仪式在金水科教园区河南外包产业园会议中心举行。

史占勇致辞，预祝活动圆满成功并提出希冀，郑州市将全面推动河南省信息安全产业示范基地建设，助力郑州国家中心城市建设，金水区要以建设省市信息安全产业示范基地为契机，搭建空间布局科学、产业培育系统、公共服务完善、政策保障有力的园区软硬件支撑体系。

金水区与信大捷安签订了移动政务战略合作协议，金水科教园区与入驻示范基地企业和入驻园区信息安全企业签订入驻协议。省市两级信息安全产业示范基地、沈昌祥院士工作站、中原信息安全产业展示中心、郑州信息安全企业孵化器四大项目进行了揭牌。

9日 省政府副省长刘伟一行到金水区督导中央第一环境保护督察“回头看”督办问题整改情况。

在实地察看了郑州油脂化学厂及周边散乱污企业治理情况，认真听取了相关工作汇报后，刘伟强调，各级各部门要进一步统一思想，提高认识，强化协作，精准发力，形成长效，持续打好环境污染防治攻坚战。一要加大整改力度，逐一梳理问题台账；二要提高整改效率，充分利用“五级联签”制度；三要强化责任落实，扎实做好中央环保督察“回头看”交办问题整改工作。

同日 市政府副市长刘东，区委书记陈宏伟，市教育局副局长张大龙，河南鸿宝集团董事长袁桂宝，河南鸿宝集团副董事长、总裁平明参出席金水区第二实验小学交付仪式。

金水区第二实验小学占地面积1.4万平方米，教学楼综合面积1.37万平方米，设置24个教学班，是鸿宝集团响应金水区“政府搭台、企业唱戏、三方共赢”的号召，斥资5700万元建造的学校。此次交付，不仅填补了区域教育的空白，还开启了企业全面助力教育发展的新模式。

14日 市政府副秘书长王春晓一行到金水区调研107辅道道路扬尘污染防控工作。

在实地察看了107辅道周边区域整治情况后，王春晓强调，各责任单位要紧密配合、加强协作，严格按照职责分工，抢抓有利时机，确保道路扬尘污染防控取得实效。同时，要加大日常巡查督导力度，推动措施落实，防止问题反弹，努力为辖区居民营造一个良好的生活生产环境。

15日 金水区组织安委会成员单位在郑州市文化公园举办了“生命至上，安全发展”2018年安全生产月宣传咨询日活动。

活动现场通过警示教育片展映、虚拟现实（VR）安全体验区体验、消防应急救援器材展示、安全谜语有奖竞猜、“安全童画”绘画展览、发放安全知识读本画册和宣传页等形式，向广大群众宣传了安全生产方针政策、法律法规、安全常识、职业卫生常识和应急逃生、自救互救方法等知识，解答了日常重点关注的安全生产问题。

19日 省工商局局长马林青一行到金水区调研登记窗口政务服务便民化工作。

在实地察看了区工商质监局注册大厅，认真听取了该局关于制度建设、队伍建设、硬件设施建设、审批事项公开及便民服务措施落实等工作的汇报后，马林青对金水区登记窗口政务服务便民化工作给予了充分肯定，并指出要进一步增强大局意识和责任意识，切实提高工作的责任感和紧迫感，不断优化营商环境，持续激发市场活力和社会创造力，切实推动“工商登记便民化”改革向纵深推进。同时着力提升登记窗口服务质量，优化办事大厅的环境和规划，全力推进“企业登记全程电子化”改革，真正实现“足不出户”办理营业执照的政务服务承诺。

22日 市、区两级防汛抗旱指挥部在黄河马渡下延演练场组织开展了黄河军民联防抢险演练。

此次实战演练围绕巡堤查险、人工打桩、捆抛柳石枕、装抛铅丝笼和修筑子堤等工程险情应急处置程序和措施展开，进一步锻炼了队伍，积累了经验，提高了军地联合应对突发险情的快速处置、协同能力和防汛抢险的指挥协调能力。

26日 郑州市青少年毒品预防教育基地揭牌仪式暨中国新闻网“禁毒与防御”栏目上线仪式在郑州市动物园举行。

该次活动由省禁毒办、市禁毒办、中国新闻社河南分社主办，市民政局、区民政局协办，彩虹社会工作服务中心承办，以“健康人生，绿色无毒”为主题。活动现场，省领导为郑州市青少年毒品预防教育基地揭牌，同时中国新闻网“禁毒与防御”栏目也在活动中宣布上线，共同开展青少年禁毒服务。活动中，来自金水区的多家社工机构现场设置摊位，为过往群众普及毒品知识，宣传禁毒理念，提升防毒拒毒意识。

28日 金水区在区机关召开庆祝中国共产党成立97周年大会。全区副县级以上领导干部出席会议；各街道党工委书记、副书记、组织委员、党建办主任，部分非公企业和社会组织党组织负责人，区直机关各单位主要负责人，受表彰的先进基层党组织、优秀共产党员和优秀党务工作者代表等400多人参加会议。会议由区委副书记、区长魏东主持。

29日 金水区在区机关三楼多功能厅举办“旗帜领航程 放歌新时代”庆祝建党97周年文艺会演。区领导魏东、李伟革、薛燕、杨林、付建峰、卢书选、王爱辉、时博、李小虎、曹可艳、徐建军出席观看。区直各部门、各街道办事处相关负责人，区直机关基层党支部书记、党员代表，部分辖区街道、村、社区、“两新”党组织及公安系统的党员代表400余人观看演出。

文艺会演播放了《旗帜飞扬在金水》纪实片，拉开了文艺会演的帷幕，来自区直机关的24个单位、170余名演员精心编排了11个丰富多彩的节目，共同讴歌了中国共产党97年的光辉历程和丰功伟业。

7月

1日 区委书记陈宏伟到北林路街道鑫苑社区参加社区党总支主题党日活动。

在察看了社区基层党建氛围、红色十五载历程展，听取了基层党建工作开展情况，参加了社区党员政治生日座谈会后，陈宏伟围绕社区党建工作提出四点建议：一是要坚持党的领导核心；二是社区要整合自身资源；三是社区要积极引导辖区党员，充分发挥先锋模范作用；四是要促进志愿者、社会团体、社工组织、群众自治等队伍的可持续发展。

最后，陈宏伟向社区受表彰的优秀党员代表赠送了贺卡及书籍，并共同重温了入党誓词，庆祝党的生日。

5日 国家统计局服务业统计司副司长刘富江一行到金水区调研新兴服务业发展。

刘富江一行实地察看了郑州时空隧道信息技术有限公司、郑州信大捷安信息技术股份有限公司、河南拓普计算机网络工程有限公司研发中心、大数据网络中心，深入了解了企业新经济、新动能发展状况及市场前景，对金水区新兴服务业发展给予了充分肯定，并希望金水区借鉴发达地区经验，设立新兴服务业科技促进专项基金，积极采取计划资助、补贴和税收优惠等财税政策，进一步促进辖区新兴服务业快速发展。

同日 省委组织部党员电教处处长宋海民、党员电教处主任科员刘娜、漯河市委组织部正科级组织委员樊春光、市委组织部电教中心副主任王玮宏一行到金水区调研党员干部远程教育工作。区委常委、组织部部长时博陪同调研。

调研组一行实地参观了经八路街道党群服务中心、未来路街道升龙社区、花园路街道省卫生厅社区、省供销社社区等地，听取了远程教育工作情况汇报，详细了解党员干部现代远程教育工作中存在的问题和困难，并就问题解决提出宝贵意见和建议。宋海民就进一步发挥好远教站点作用提出要求：一是要加强管理，着力提升终端站点管理水平；二是要坚持学用结合；三是要不断创新教学方法。精心总结和挖掘身边的成功做法和有效经验，充分发挥远程教育的作用，真正让党员干部受教育，人民群众得实惠。

同日 国家卫健委党组成员、全国老龄办常务副主任王建军一行5人到金水区调研医养结合工作。

在实地察看了东风路社区卫生服务中心建设情况，详细听取了医养结合的发展方向、具体实施情况及服务效果，金水区总医院互联网医院远程会诊中心和家庭医生智能化签约、履约工作汇报后，王建军对金水区医养结合工作给予了充分肯定，并指出：要深度融合，充分发挥资源优势，积极开展人才队伍培训，加强人才队伍建设，提高整体工作水平，切实将医养结合工作做实做细；要利用“互联网+”提高健康养老服务的便捷性和针对性，满足老年人群需求，实现老有所养、老有所医、老有所乐。

6日 全市安置房工程质量提升行动暨标准化施工现场观摩会在金水区杓袁城中村改造安置房项目建设现场召开。市建委副主任曲标、区政府领导何守华出席观摩。市工程质量监督站、区住建局相关负责人，各县（市、区）质监站在建安置房项目建设、施工、监理企业代表700余人参加观摩。

观摩中，与会人员参观了混凝土结构展示区、抹灰工程展示区、实物样板展示区、安全体验区等工程区域，认真听取了金水区工程质量标准化和质量提升经验介绍，并对金水区城中村改造项目科学规范的管理、高标准品质的建设给予了高度赞扬；市建委副主任曲标对全市工程质量标准化管理落实情况和常见质量问题治理情况进行了总结分析。

9日 区长魏东考察黄河防汛工作。区政府副区长张川一同考察。

在实地察看了金水区黄河大堤沿线关键防洪工程，认真听取了工作汇报后，魏东指出，各相关部门要积极践行“两个坚持，三个转变”防灾减灾新理念，牢固树立防大汛、抗大旱、抢大险、救大灾的思想，坚持防汛抗旱两手抓，多措并举、狠抓落实，确保金水区安全度汛。一要高度重视，提高警惕；二要坚决克服麻痹大意思想，积极开展防汛技术培训和应急演练；三要加大日常巡查力度。

10日 区长魏东在区政府主持召开大棚户区改造项目推进会。区政府领导竟新宇、何守华、王珂出席会议。

会上，区城改办、开发公司、金水规划分局分别汇报了大铺村、司家庄、杨君刘、柳林改造项目安置房建设进展情况及存在问题；区政府副区长竟新宇就加快项目推进提出了具体要求；区长魏东作了重要讲话。

魏东强调：各相关部门要紧密联系实际，积极与上级部门沟通协调，尽快完善项目设计方案，加快手续办理，确保项目顺利推进；要主动担当，积极作为，强化履职尽责，形成工作合力，加大与企业的沟通对接，统筹做好施工、环保、消防等重点工作，确保改造项目取得实质性进展。

12日 市人大常委会党组书记胡荃、市人大常委会秘书长王福松一行7人，到金水区调研指导人大“两个机关”建设工作和市人大常委会机关与未来路街道平安建设共建点建设工作。

胡荃一行首先实地调研了区人大常委会未来路街道工委代表之家和未来路街道监控中心，听取了街道主要负责人的介绍，详细询问了代表之家运行情况和代表联系服务选民工作开展情况以及街道平安建设工作开展情况。随后，调研组来到区机关大院，参观了区人大常委会多媒体代表之家。实地调研结束后，调研组在区机关围绕人大“两个机关”建设工作和平安建设共建点有关事项进行座谈交流。

12日—13日 区文化旅游局举办2018年旅游企业负责人培训班。区政府领导王珂出席活动。全区旅行社旅游管理人员代表120余人参加活动。

培训邀请河南职业技术学院旅游学院院长陈佳平、国家旅行社责任险调处中心河南分中心主任芮卫生、郑州旅游职业学院副教授李胜江、河南省消防协会宣传与服务中心主任李文然，分别围绕“十九大引领中国旅游业发展进入新时代”“安全是旅游的生命线，是我们共同的期盼”“如何用雅致的语言为游客讲解厚重河南”和“旅游行业消防安全知识讲座”等内容进行了专题讲解与深入分析，进一步提升了参训人员业务素养、消防法律法规、火灾防控等知识水平。

17日 省委常委、宣传部部长赵素萍到金水科教园区调研信息安全工作。

赵素萍一行首先参观了郑州信大捷安公司展厅、研发中心，详细了解企业自主研发的国密安全芯片在智慧城市、交通物流、健康家居、汽车物联网、移动办公等领域的应用与发展前景，询问了企业在自主创新、成果转化、移动·物联信息安全服务等方面进行的一系列积极探索与创新实践。随后，到郑州信大捷安党员活动中心，了解非公互联网党建组织建设、党建活动开展情况。

18日 区长魏东主持召开区政府第二次廉政工作会议。区领导赵惠玲、杨洁、周学军、赵高翔、赵德武、竟新宇、张川、何守华、段庆州、王珂、许忠、江涛、毛国安、唐成山、刘运泽、崔文修出席会议。

会上，区发改统计局、财政局分别作了典型发言；区委常委、区政府常务副区长杨洁就深化“放管服”改革、做好政府廉洁工作进行了安排部署；区长魏东作了讲话。魏东强调，全区上下要以习近平新时代中国特色社会主义思想为指导，全面贯彻中共十九大精神，深入落实十九届中央纪委二次全会、国务院第一次廉政工作会议和省、市廉政工作会议精神，围绕建设廉洁政府目标，深化标本兼治，加快政府职能转变，加强制度建设，加大重点领域和关键环节腐败整治力度，努力营造风清气正的经济社会发展环境。并提出三点要求，一是提高政治站位；二是聚焦重点任务；三是强化责任落实。

19日 省委常委、市委书记马懿，市委常务副秘书长杨昆峰，市政府副秘书长孙建功及市直有关部门分管负责人，到金水区调研安置房建设工作。

马懿一行实地察看了杲村安置区和刘庄安置区施工现场，认真了解安置房项目设计建筑标准、基础设施配套、高温天气工人施工安全情况，仔细询问群众回迁情况，调研项目建设及群众回迁过程中遇到的问题后指出：一是强调群众回迁安置是事关郑州发展全局、事关民生改善的一项重点工作；二是要坚持高标准建设；三是要高度重视施工安全；四是要立足安置房建设周期长的实际。

20日 副市长吴福民到花园路街道调研老旧片区建设提质工作。

吴福民一行实地察看了河南省人民委员会旧址、纬二路26号院整治情况，在听取相关工作汇报后，对街道坚持“党建引领、政府主导、群众参与、共建共享”的工作方法，有序推进老旧片区提质取得的成绩给予肯定。针对下步工作，吴福民强调，老旧小区提质关系到每家每户的切身利益，要把“群众答应不答应，群众满意不满意”放在首位，充分发动社区居民全程参与，与居民达成一致意见，共同推进老旧片区建设提质工作。

同日 郑州市总体规划（2018—2035）调研会在金水区召开。市规划局副局长牛建军、编制研究中心主任李晓玲、中规院名称所主任苏原及区领导魏东、王爱辉、竟新宇、杜保民出席会议。

此次调研共分调研座谈和实地调研两个阶段。座谈会上，区长魏东首先介绍了金水区的历史沿革、主要版块布局、重点产业构成及经济社会发展、大棚户区改造等情况；与会人员分别结合单位实际就郑州市总体规划编制提出了意见建议，并围绕如何将金水区发展现状及未来发展设想与郑州市总体规划充分结合、推进金水更好发展，同调研组成员进行了深入交流和探讨。会后，调研组先后到省博物院、农科路酒吧一条街、东风渠、西史赵村（普罗旺世）、知识产权创意产业试点园区、马头岗机场、中关村在线科技生活馆、郑州信大捷安信息技术股份有限公司、金科智汇谷、黄庄村等地（项目）进行了实地调研。

23日 市教育局局长王中立、副局长张大龙一行到金水区调研义务教育阶段消除大班额工作并召开专题座谈会。区长魏东、区政府领导王珂出席会议。

会上，市教育局发展计划法规处负责人通报了全市大班额调查情况及金水辖区各级各类义务教育阶段学校大班额情况；区教体局主要负责人深入分析了金水区大班额情况的成因，阐述了消除大班额工作具体措施；区长魏东、区政府领导王珂分别介绍了区属义务教育阶段学校大班额情况，并就金水区消除大班额工作开展作具体说明。

24日 市委常委、宣传部部长张俊峰到金水区调研省人民医院周边交通秩序综合治理工作。区长魏东,区委常委、宣传部部长杨林陪同调研。市城管局、交运委、交警支队及区城区道路交通秩序综合治理领导小组成员单位主要负责人参加调研。

在实地察看了省人民医院周边交通秩序综合治理情况，分别听取了市交警支队、城管局、交运委、省人民医院及金水区的工作汇报后，张俊峰强调：一要进一步提高思想认识，按照“保患者停车、保应急车辆、保生命通道，不保职工停车、不保陪护人员停车”和“严管重罚、联合执法、文明执法”的原则，加大市、区两级部门的协调配合，形成强大工作合力，确保省医院周边交通秩序整治取得实效；二要密切结合道路实际，尽快制定省医院周边机动车停车场设置及差异化收费标准，加大日常督导和问题排查，依法打击省医院周边非法营运行为，为辖区群众营造良好出行环境；三要全面强化市、区两级沟通协作，充分发挥主观能动性，加大人力财力物力投入，联合省医院通过提高医院内部停车场利用率、定制公交专线、倡导职工绿色出行、增加交通综合治理劝导人员等措施，有效解决省医周边停车难的问题，切实提高城市管理水平。

26日 区委书记陈宏伟督导四环线及大河路征地拆迁建设工作。金水科教园区管委会主任李小虎、副主任杜保民一同督导，兴达路街道负责人陪同督导。

在实地察看了河南肉牛种牛繁育中心、新天地汽配城拆迁，听取相关工作汇报后，陈宏伟指出：一是要强化部门联动、密切配合，充分发挥协同作战的优势，加强与上级部门的沟通，全力以赴推进四环线及大河路征迁建设工程进度；二要抱定克难攻坚的思想，加强啃硬骨头的韧劲，紧盯影响工程建设的重点部位和重点问题，特别是针对金水辖区内东四环—兴达路互通立交和鸿宝路下穿东四环两个重大节点性工程的土地交付工作，十天之内要将影响两个节点性工程的难题解决到位，同时全力推进涉及的新天地汽配城、欣仕福饲料和种牛繁育中心家属院等问题的解决。

同日 “八一”建军节来临之际，区委书记陈宏伟一行先后到河南省军区、武警河南省消防总队走访慰问。区人大常委会主任薛燕，区政协主席武建民，区委常委、区人武部政委李继东，区委常委、区委办公室主任曹可艳，区人武部部长周学军，区政府副区长张川陪同慰问，区民政局、经八路街道、未来路街道等单位主要负责人参加慰问。

每到一处，区领导都与部队官兵亲切交谈，详细介绍金水区2018年上半年经济社会发展情况，并表示这些成绩的取得离不开驻军各部队的广泛参与和支持配合，希望部队广大官兵继续发扬人民子弟兵的光荣传统与优良作风，积极参与地方经济建设，促进金水区经济社会发展迈上更高台阶。同时，全区将进一步做好双拥工作，坚持走军民融合式发展道路，为部队官兵学习、生活、工作提供有力保障。

辖区驻军表示将始终关注、支持金水经济社会发展，继续发扬双拥创建优良传统，增强军地双方建设，增进军民团结，积极为地方经济社会发展贡献力量。

同日 金水区在区机关召开全区“扫黑除恶”专项斗争工作推进会。会议由卢书选主持。

会上，区扫黑办汇报了全区“扫黑除恶”专项斗争工作开展情况，传达学习了上级“扫黑除恶”专项斗争相关精神。辖区七个公安分局分别从组织领导、体制机制、线索战果等方面汇报“扫黑除恶”专项斗争工作。赵惠玲对深挖细查涉“黑恶”“保护伞”工作提出明确要求。

陈宏伟对全区“扫黑除恶”专项斗争取得的成绩给予充分肯定，并指出，全区“扫黑除恶”专项斗争开局良好，成效明显，来之不易。全区上下按照上级关于“扫黑除恶”专项斗争部署要求，精心谋划，认真组织，紧盯重点，协同作战，在“扫黑除恶”专项斗争中精准发力，突进有力，成绩突出，开局良好，取得阶段性成效。

27日 副省长霍金花到国家知识产权创意试点园区调研。区委书记陈宏伟，园区管委会主任王爱辉陪同调研。

在观看园区宣传片，实地考察园区的创意之路、产学研协同创新中心、专家智库平台、中国郑州（创意产业）知识产权快速维权中心、工业设计展馆等特色区域，听取园区一诺工业设计产品有限公司、yes！众创空间、郑州市浪尖设计有限公司、河南东鹏知识产权服务有限公司等驻园企业产品介绍后，霍金花为河南本土设计企业的“新”与“强”点赞。

30日 市政府副市长吴福民到北林路、未来路街道办事处调研老旧小区加装电梯工作。市政府副秘书长孙建功、区长魏东、区政府领导何守华陪同调研。市建委、规划局、房管局、百城办及区直各相关部门主要负责人参加调研。

在实地察看了新鑫花园小区7号楼、省畜牧局家属院电梯运行状况，认真听取了各街道相关工作汇报后，吴福民指出：一是统筹发力。要充分发挥基层组织作用，加大与物业、居民代表的沟通交流，积极协调各方意见，切实保障居民知情权、参与权、主导权，切实增强改造的整体性。二是科学规划。深入摸清辖区待改造住宅底数，积极探索改造办法，有效破解管线迁移、电梯采购、项目设计等重点难点，因地制宜、分步实施，确保加装电梯工程质量。三是加大督查。要严格落实相关规定，严把加装电梯质量关，着力提升电梯运行和消防安全工作，强化日常管养和维护，保障居民出行安全，让百姓充分享受到惠民工程的便捷实惠。

8月

1日 金水区在区机关召开全区防范打击和处置非法集资工作推进会。区领导魏东、卢书选、杨洁、杨旗、王静、王青、段庆州出席会议。区直各相关部门、各街道办事处、辖区各公安分局主要负责人，派驻担保公司工作组组长、联络员参加会议。会议由区委常委、区政府常务副区长杨洁主持。

区长魏东作了重要讲话。魏东强调，全区上下要深入贯彻中央、省、市关于防控金融风险相关会议精神，提高思想认识，落实工作责任、强化部门配合，切实保护好人民群众的合法利益，维护好金水发展的和谐稳定，努力为“实现两个率先，领跑中不城区发展”提供坚强有力的环境保障。并提出四点要求：一是认识要再提高；二是任务要再明确；三是宣传要再深入；四是责任要再强化。

2日 甘肃省知识产权局局长朱晓力一行到国家知识产权创意产业试点园区考察交流。园区管委会主任王爱辉陪同。

在认真观看了园区发展宣传片，实地参观了中国郑州（创意产业）快速维权中心、产学研协同创新中心、专家智库平台、工业设计展馆等平台建设,认真听取了园区产业发展布局、未来发展规划等相关内容介绍后，朱晓力对园区发展思路和运营模式给予高度赞扬，并表示将充分借鉴园区发展的先进经验和做法，加大与金水的沟通联系，积极探索知识产权工作发展新模式，积极开展高价值专利培育工作，促进知识产权与业态发展相融合，着力提高甘肃知识产权工作有序推进。

4日 市政府副市长吴福民到兴达路街道办事处调研青年人才公寓项目建设。区长魏东陪同调研。区政府办、兴达路街道办事处主要负责人参加调研。

在实地察看了青年人才公寓项目，认真听取了相关工作汇报后，吴福民就进一步加快推进项目建设指出，全区上下要进一步提高思想认识，强化责任意识，加大协调配合，严格按照时间节点，制定计划、倒排工期、统筹推进，尽快完成地表附属物清理，真正把青年人才公寓项目建设作为一项民生工程抓实抓好。

6日 2018年金水区青年骨干教师培养对象培训班顺利开班。区政府领导王珂出席开班典礼。从全国重点师范院校选聘的优秀毕业生共90人参加了此次培训。会上，王珂对参加此次培训班的学员提出三点要求:一是希望通过培训，增强学习的积极性和主动性，圆满完成学习内容和培训任务；二是尽快适应学校教育教学工作，更好地履行教师岗位职责，切实将专家和名优教师的先进教育理论转化为教学实践技能；三是要严格按照学习要求、遵守规章制度，真正达到在学习中互通交流、结成友谊、共同提高的良好效果。

8日 市委常委、副市长谷保中到区工商质监局调研行政审批服务便民化工作。市政府副秘书长商建东、市工商局局长吴凤军、区政府副区长赵高翔陪同调研。市、区相关部门负责人参加调研。

在实地察看了文化路街道办事处工商质监所办事大厅、区工商质监局机关办事大厅，认真听取了金水区关于“放管服”改革、“先照后证”、“全程电子化登记”、“一网通办”等工商登记便民化改革及压缩企业开办时间工作的汇报后，谷保中强调，要牢固树立“以人民为中心”理念，充分认识到行政审批服务便民化工作的紧迫性、必要性，切实提高责任意识和使命担当，持续深化“放管服”改革，不断优化营商环境，认清差距、精准施策，确保各项工作顺利推进。

13日 金水区2018年新入职教师岗前培训班在郑州丽水外国语学校综合报告厅开班。区政府领导王珂出席开班仪式。区教体局相关负责人及2018年暑期新入职的285名教师参加了培训。

开班仪式上，新当选的班委首先进行了就职演说，12个培训班小组分别展示了行业风采。就全面做好金水区中小学教育工作，王珂强调:一要增强主动性，端正学习态度，夯实业务素养，把握此次培训有利时机，尽快完成心理和实践方面的角色转变，努力实现相互交流、互相学习、共同提高；二要带着问题学习，注重反思交流，勤于思考、深入交流，切实将各位专家和名优教师的先进教育理论转化为自身教学实践技能，真正做到学有所思、思有所获；三要严格遵守纪律，按照学习培训要求，完成相关理论学习和岗前培训。

15日 市爱卫办主任司同义、副主任张士东到未来路街道办事处调研“健康纬四路”打造工作。区政府副区长闵武杰及区爱卫办、未来路街道办事处主要负责人陪同。

在实地察看了健康楼院、健康家庭、健康驿站、健康六小门店、健康步道和健康文化长廊，详细听取了相关工作汇报后，司同义对该街道积极开展“健康纬四路”打造工作提出具体要求：一是理清内涵；二是严格标准；三是综合施策。

同日 平顶山市新华区人大常委会一行6人到金水区考察停车场建设与管理工作。区人大常委会副主任许贵舟、区综合交通管理办公室和区城市管理执法大队有关负责人参加陪同考察。

考察组一行首先对金水区数码公园停车场地下空间开发利用和紫荆山宾馆地下智能停车场建设与管理工作进行了实地考察。在随后召开的座谈会上，双方就城市交通发展、交通基础设施建设与管理工作进行了交流探讨。区城区综合交通管理办公室和城市管理执法大队主要负责人分别介绍了金水区停车场建设与管理工作情况。考察组表示将认真学习借鉴金水区的先进经验，推动新华区交通基础设施建设与管理工作再上新台阶。

17日 区委书记陈宏伟带队调研金水区“路长制”工作运行情况，区委副书记、区长魏东，副区长闵武杰，区爱卫办、区城管局、区综合执法大队、区长效办、区数字化管理中心主要负责人陪同调研。人民路街道、经八路街道、花园路街道、丰产路街道、交巡警一大队主要负责人参与调研。

陈宏伟一行到纬五路、顺河路、纬二路、经四路徒步实地调研“路长制”工作运行情况，并听取相关街道工作进展情况，充分肯定了沿线街道在“路长制”工作中所做的努力，要求街道要高度重视，积极推进，全面整合网格、环卫、绿化、市政、交警等各方力量，进一步细化完善规范人员及工作职责，切实履行职责；经八路街道要在辖区道路或墙面适当位置全部设置“道路管理责任公示牌”。

随后，陈宏伟一行到紫荆山立交、省人民医院周边实地察看交通综合整治情况，听取各相关单位工作情况、存在的问题及工作意见建议。强调：要落实分工责任，要高标准、严措施，强化管理力度，常态化治理，发现问题，及时整改到位。

20日 全市幼儿园食堂“互联网+明厨亮灶”建设现场会在金水区召开。区政府领导魏东、张川、王珂及各县（市、区）人民政府、开发区管委会主要负责人参加会议。会议由市政府副秘书长柴丹主持。

与会人员实地观摩了天泽、索梦两所试点幼儿园“互联网+明厨亮灶”建设成果后，在金水区一楼东厅会议室召开了全市幼儿园食堂“互联网+明厨亮灶”建设现场会，总结分析工作推进中存在的问题，安排部署全市幼儿园食堂“互联网+明厨亮灶”建设工作。

会上，区长魏东首先代表区委、区政府表示，少年儿童是祖国的未来，食品安全是最大的民生，金水区始终以创建国家食品安全示范城市为统领，坚决落实“四个最严”要求，切实加强监管，全区食品安全状况总体稳定向好。金水区深入开展以幼儿园食堂“互联网＋明厨亮灶”建设为主要内容的“护苗行动”，持续提升校园食品安全监管保障水平，真正织密守护孩子们成长的“防护网”。

21日 省政府副省长徐光到金水区调研不动产登记“最多跑一次”改革工作。省、市、区领导杨新生、陈治胜、袁有生、张达、王峻峰、吴福民、吕安民、张国兴、盛博、魏东陪同调研。

在实地察看了不动产登记服务大厅，详细了解机构组建、数据整合、窗口设置、流程再造、一站式办理等情况后，徐光对金水区此项工作给予充分肯定，并强调：一要深入贯彻落实省委、省政府关于深化“放管服”改革要求；二要扎实做好“门里衔接、门外服务”工作；三要高度重视队伍建设，加强业务培训。

同日 省委常委、市委书记

马懿到金水区调研城市精细化管理“路长制”工作开展情况。市领导王跃华、张俊峰、黄卿、马义忠及相关市直部门主要负责人参加调研，区领导陈宏伟、付建峰、闵武杰陪同调研。

在沿顺河路、顺河北路步行实地查看，听取相关工作汇报后，马懿指出：一是要加强认识，提高站位；二是要提高标准，狠抓落实；三是要大力宣传，营造氛围。

22日 金水区在经三路广电南路金印现代城举行金水“一带一路”经贸产业园揭牌仪式。中国贸促会商事认证中心副主任闫芸、郑州海关经开办事处主任兰磊、河南省贸促会常务副会长梁杰一、河南自贸区郑州片区管委会副主任袁进超，区领导陈宏伟、魏东、杨洁、冯景义、徐建军、王浩、王珂，相关区直部门以及企业代表和媒体参加揭牌仪式。

揭牌仪式由区委常委、常务副区长杨洁主持。区委副书记、区长魏东致辞，简要介绍了金水区和金水自贸区块整体情况，并表示下一步将把“一带一路”经贸产业园作为金水区进一步扩大开放、与国际接轨的新起点。省贸促会常务副会长梁杰一就贸促会服务平台搭建和办事窗口设立作简要介绍，林德物流集团董事长庞玉良代表企业发言。区领导陈宏伟、冯景义、徐建军、王浩、王珂和邀请的参会领导分别为金水“一带一路”经贸产业园、中国贸促会河南省商事认证中心、河南贸促会涉外商事服务中心、中国贸促会（河南）使馆签证代办中心、河南理工大学外国语学院大学生创业实训基地、黄河科技学院外国语学院大学生创业实训基地揭牌。

揭牌仪式后，与会人员实地参观了金水“一带一路”经贸产业园展厅和贸促会服务中心、林德物流、力维机械等企业。

23日 中共中央统战部副部长戴均良带领中央统战部调研组到金水区调研新阶层人士实践创新基地建设情况。省委常委、统战部部长孙守刚，中国舞蹈家协会街舞委员会常务副主任、秘书长夏锐，市委常委、统战部部长杨福平，区委书记陈宏伟，区委常委、统战部部长付建峰，区委常委、区委办公室主任曹可艳陪同调研。

调研组实地察看了金水区新阶层人士实践创新基地——河南街舞联盟运营情况，与该协会负责人进行面对面交流，听取了街舞的发展历程及凝聚街舞优秀成果展示，重点了解了基地的基本情况、功能布局、运行模式等，随后联盟的各位学员进行街舞展示。调研组对实践创新基地建设工作给予了高度评价，认为基地有特色、有亮点、有创新，要充分发挥实践创新基地的桥梁纽带作用和组织优势，更好地凝聚新的社会阶层人士的共识，为金水新的社会阶层人士统战亮点工。

31日 区长魏东召开全区市政重点工程征迁遗留问题点评会。区领导李伟革、许忠出席会议。区政府办、城管局、征收办、交通局、科教园区和东风路、经八路、未来路、兴达路、杨金路、大石桥街道办事处相关负责人参加会议。

会上，区政府领导许忠就金水区解决市政重点工程征迁遗留问题进行了安排部署；区委副书记李伟革就如何加快工作推进提出了具体要求；区长魏东作了讲话。

结合金水区市政重点工程征迁推进情况，魏东指出，各相关部门要高度重视，牢固树立攻坚意识，强化沟通协作，创新工作思路，有效解决征迁遗留问题，确保按照时间节点要求完成任务；要积极与上级部门沟通对接，认真对照工作台账，深入分析问题根源，逐一销号落实，确保工程建设顺利推进；要建立完善常态化工作机制，明确任务，科学统筹，严格落实“8个100%”工作要求，扎实做好各项防尘工作，全面加快市政重点工程建设进度。

9月

1日 区委书记陈宏伟到金水科教园区调研合村并城等工作进展情况并召开现场办公会。

在认真听取了杨金路街道和兴达路街道合村并城进展及群众回迁情况汇报后。陈宏伟指出，一是要把群众回迁工作当作政治任务，严格落实巡视整改工作要求；二是要把群众回迁工作作为最大的民生工程，把人民群众的利益放在第一位；三是要确保完成市委下达的回迁任务，按期完成回迁。最后，陈宏伟对此项工作提出了五点要求，他强调：第一，要确保按照时间节点，按期完成回迁任务；第二，要抓住人口界定这个关键节点，不等不靠，科学界定；第三，要加快施工进度，确保按时具备交房条件；第四，相关配套设施要及时跟进，不能滞后，确保及时分房；第五，相关部门要加快各项手续办理，主动配合，提高效率，加强对接；督查部门要提前介入，加强督导，紧盯工作推进情况。

3日 区长魏东到花园路街道办事处督导老旧片区建设提质工程。

在实地察看了纬二路26号院老旧片区改造现场，认真听取了项目整体进展汇报后，魏东强调，老旧片区建设提质工程是关系到居民切身利益的民心工程，各职能部门要始终坚持以人民为中心，坚持目标导向和问题导向，广泛征集居民的合理化建议，着力完善基础设施建设，努力打造精品工程，持续扩大老旧片区建设提质工作成果和影响力，切实提升群众的幸福感和满意度。

5日 市委常委、常务副市长王跃华到金水科教园区的郑州中科新兴产业技术研究院调研。

王跃华实地察看了郑州中科新兴产业技术研究院项目情况，听取了项目负责人对研究院在动力电池与储能、新材料、节能环保、生物与健康等研究领域进展的汇报，对研究院取得的成绩表示称赞，对金水区所做的努力给予肯定。他表示，郑州需要这样的平台来支撑产业技术的发展，各职能部门要主动牵头，全力支持，围绕新的产业和业态，了解企业发展需求，研究新的办法措施，为企业做好服务，支持企业发展。

8日 金水区举行2018年庆祝教师节暨表彰大会。区委书记陈宏伟，区委副书记、区长魏东，区委副书记李伟革，区人大常委会主任薛燕，区政协主席武建民，区人大常委会副主任燕建华，区政协副主席刘凌云，副县级干部王珂出席会议。各街道党工委书记，区直有关单位主要负责人，区教体局全体班子成员及各中心校，局属各中小学（幼儿园）校长（园长、主任）、书记，受表彰的教师代表参加表彰大会。

会上，陈宏伟指出，共同庆祝教师节，不仅是为了向广大教师和教育工作者表达最美好的祝愿，更是为了唤起全社会对教育的重视和对教师的尊重，进一步营造尊师重教的浓厚氛围、凝聚办好人民满意教育的广泛共识，更好地推动全区教育事业健康蓬勃发展。针对全区教育工作陈宏伟提出三点希望，一是不忘初心、牢记使命，全力以赴办好人民满意的教育；二是乘势而上、继往开来，不断谱写金水教育新篇章；三是凝聚共识、汇聚合力，进一步营造尊师重教的浓厚氛围。

会上，与会领导为荣获2018年度金水区师德先进个人和优秀班主任、优秀教师和优秀教育工作者、乡村学校从教三十年教师的代表颁奖。

12日 在国家知识产权创意产业试点园区举行“2018年金水区全国科普日启动仪式暨主场活动”，拉开金水区围绕以“创新引领时代，智慧点亮生活”为活动主题的科普宣传月活动帷幕。市科协副主席马国明，区委副书记李伟革，区人大常委会副主任燕建华出席启动仪式。区委宣传部、区教体局、区科技局、区工信委、区科协及各街道有关负责人，科普经办人、科普志愿者、科技工作者及群众参加活动。

该次主场活动，围绕前沿科技最新成果、群众关心的科技热点，向公众展示智能科技、虚拟现实、信息技术等高新科技最新成就，通过近距离接触、亲身体验，大力促进公众理解高新科技，在全社会进一步营造了“人人都是科普之人、处处都是科普之所”的良好氛围，有效激发了全体公民学科学、爱科学、用科学热情，为科普活动的可持续发展提供不竭源泉和动力。

13日 金水区开展城市精细化管理“路长制”观摩活动。区领导陈宏伟、魏东、李伟革、曹可艳、许贵舟、闵武杰、徐建军，区爱卫办、数字化城市管理指挥中心、社管办、城管局、执法局、工商质监局、食药局及各街道办事处主要负责人参加观摩。

观摩人员实地察看了天明路、黄河路、杜岭街、玉凤路、纬二路、农科路、东风路等路段

“路长制”工作开展情况，听取了部分街道“路长制”工作开展情况的汇报。

14日 共青团金水区委在绿荫公园开展“青柠计划”助力城市精细化活动启动仪式。团市委副书记张琳琳，区委常委、组织部部长时博，区政府副区长闵武杰，团市委和团区委主要负责人出席活动。辖区团干部、青年志愿者、社工代表共计200余人参加活动。

活动由张琳琳致辞，并向与会青年宣读“青柠计划倡议书”。

张琳琳、时博、闵武杰共同向“青柠计划”组织和队伍授旗，并由接旗代表分别结合本职做誓师发言。

活动还开展了“礼让斑马线”现场志愿服务活动。

17日 省政协副主席、民建省委主委龚立群一行到金水科教园区信大捷安信息技术股份有限公司调研。民建市委主委、市水务局副局长孙黎，市委统战部副部长王丽，区委常委、统战部部长付建峰，金水科教园区管委会副主任唐成山陪同调研。龚立群一行实地察看了郑州信大捷安信息技术股份有限公司项目运营情况，并认真听取了信大捷安公司在安全芯片创新设计、云安全服务平台研发等多个领域开展情况的汇报。在听取了汇报后，龚立群对信大捷安公司在创新引领方面所取得的成绩给予了充分肯定。他表示，创新是引领发展的第一动力，经济要持续健康发展，必须依靠产业优化升级，政府部门要支持企业成为技术创新的主体，增强企业的核心竞争力，着力提升其发展活力和市场竞争力，增强经济持续稳定增长动力。

同日 2018年河南省网络安全宣传周开幕式在金水科教园区举行。省委副书记、政法委书记喻红秋，省人大常委会副主任张维宁，副省长徐光，省政协党组副书记、常务副主席钱国玉，省军区副司令员刁晓军等领导出席开幕式并共同启动网络安全宣传周大屏幕。区委书记陈宏伟，区委常委、宣传部部长杨林，金水科教园区管委会主任李小虎，以及省委网络安全和信息化领导小组成员单位的负责人、省直相关部门负责网络安全的人员、网络安全进基层宣讲团成员、网络安全专家及学者、互联网企业代表、学生代表和新闻媒体参加开幕式。

该次活动由省委宣传部、省委网信办等部门主办，市委宣传部、市委网信办、区委宣传部、金水科教园区管委会等承办，意在普及网络安全知识、增强网络安全意识、提升网络安全能力。此次网络安全宣传周以“网络安全为人民，网络安全靠人民”为主题，以宣传贯彻习近平总书记关于网络强国重要论述、宣传《中华人民共和国网络安全法》及相关配套法规、宣传普及网络安全知识等内容为重点，在全省范围内开展网络安全产业展览会、网络安全技术论坛、网络安全主题日、网络安全动漫征集、网络安全进基层等一系列特色活动。

19日 郑州市金水区第十三届人民代表大会第三次会议开幕。大会开幕式由大会主席团常务主席薛燕主持，大会表决通过了大会选举办法（草案）。

20日 金水区第十三届人民代表大会第二次会议完成大会议程，胜利闭幕。

区委书记陈宏伟主持大会第二次全体会议和闭幕式。大会第二次全体会议以无记名投票方式，选举产生了金水区92名出席郑州市第十五届人民代表大会代表（含郑东新区），增选张涛为金水区第十三届人民代表大会常务委员会副主任，补选周纪斌、臧跃鹏为金水区第十三届人民代表大会常务委员会委员。

随后，新当选的金水区第十三届人民代表大会常务委员会副主任和委员进行宪法宣誓。

同日 金水区召开安全生产谈心对话活动。区委书记陈宏伟，区政府区长魏东，区委班子成员、区政府班子成员和各街道党政正职参加谈心活动。

陈宏伟强调，一是要进一步强化安全生产红线意识和底线思维，务必做到警钟长鸣、常抓不懈。面对复杂严峻的安全生产形势和艰巨的安全生产任务，必须始终保持清醒头脑，时刻强化“红线”“忧患”“担当”三种意识，切履行好安全生产的神圣使命。二是要进一步落实安全生产党政同责和一岗双责，务必做到突出首位、齐抓共管。按照“党政同责、一岗双责”和“三管三必须”的要求，切实加强党委领导责任、政府监管责任和部门监管监察责任。三是要进一步加大安全生产效能监察和责任追究，务必做到违法必查、责任必纠。以强化安全生产行政效能监察体系为抓手，调动各级安监人员工作的积极性和主动性，切实解决失职渎职和不履职的问题。以落实目标责任体系为基础，真正建立起横向到边，纵向到底，全覆盖无缝隙的安全责任落实和考核机制，确保安全生产责任制的落实。

同日 金水区在区机关召开2018年中秋、国庆“双节”廉政谈话会。全区副县级以上领导出席会议。区人大常委会、区政府、区政协办公室主任，区委常委所在部门常务副职，区纪委常委、区监委委员，区委巡察办主任，巡察组组长，各街道党政正职、纪工委书记，区直机关各单位党政主要负责人，各派驻纪检监察组组长参加会议。会议由区委副书记李伟革主持。

会上，以魏东对全区重点工作进行安排部署：一是切实抓好经济运行监测；二是切实抓好重点项目建设；三是切实抓好大棚户区改造工作；四是切实抓好城市精细化管理工作；五是切实抓好“放管服”改革；六是切实抓好基础设施建设；七是切实抓好污染防治工作；八是切实抓好民生实事办理；九是切实抓好巡视整改工作；十是切实抓好安全生产、信访稳定和社会综合治理等工作。

22日 文化和旅游部副部长张旭、文化司副司长陈杉斌、群众文化指导处处长尹寿松等一行到凤凰台街道党群服务中心实地调研图书馆总分馆制建设工作。

张旭一行参观了该中心22个功能场馆，重点察看了图书馆的图书分类、管理制度、爱心图书漂流点和自助借阅系统等情况，听取了相关负责人关于中心运行模式及图书馆工作开展情况的汇报，就如何确保图书馆总分馆制运行机制科学有效、实现文化资源联动共享等问题提出了建设性意见与建议。

25日 市十五届人大代表金水代表团会前集中学习培训会在区机关召开。区委书记陈宏伟，区政府区长魏东，区人大常委会党组书记、主任薛燕，区委常委、纪委书记、监察委主任赵惠玲，区委常委、组织部部长时博，市十五届人大代表金水代表团代表参加会议。市委组织部派驻金水代表团联络员、市电教中心副主任王玮宏到会进行指导。

会上，两名连任和新当选代表首先分别就人大代表岗位特点“是什么”、当人大代表“为了什么”、应“干点什么”、该“留下什么”、需“注意什么”共计“五问”进行现场交流。

区委常委、组织部部长时博，区委常委、区纪委书记、区监察委主任赵惠玲，区人大常委会党组书记、主任薛燕，分别就“倍加珍惜资格荣誉、切实增强责任感使命感、自觉维护形象声誉”“开好郑州市第十五届人民代表大会有关纪律要求”“人大代表怎样履职”作了专题辅导报告。

10月

12日 市政府副市长吴福民到金水区观摩房屋交易、税务、不动产登记“最多跑一次”改革试点工作。市直相关单位主要领导及分管领导，各县（市）区政府分管领导及国土局、房管局主要负责人一同观摩。

在金水区不动产登记分中心，观摩人员首先参观了办事大厅房屋交易、税务、不动产登记“一窗受理”业务办理情况。随后召开郑州市房屋交易、税务、不动产登记“最多跑一次”现场观摩推进会。会上介绍了金水区不动产登记分中心房屋交易、税收、不动产登记“最多跑一次”改革试点情况，安排部署了全市开展房屋交易、税收、不动产登记“最多跑一次”改革工作。

吴福民强调，不动产登记“最多跑一次”改革工作是党中央、国务院做出的重大决策部署，是当前“放管服”改革的一项重要任务。各地、各级部门要切实增强责任感和紧迫感，按照市政府提出的“整体工作创一流、重点工作做示范、特色工作做先锋”的目标要求，参照金水模式，把握好五个重点：一是在规定时间内完成窗口整合和人员划转工作；二是做好国土、房管、税务三个部门业务流程的整合、数据共享的有序衔接；三是加快人员培训，实现同一事项，同口径接待，同标准办理；四是加强与省、市有关部门的工作衔接和政策对接，建立健全层级之间、部门之间协调联运工作机制，形成统一指挥、令行禁止、协调联运的整体合力；五是对标学习其他地区“最多跑一次”改革经验做法，发挥省会优势，大胆探索、敢闯敢试，当好改革“排头兵”、打造改革“新高地”。

同日 金水区在区机关大院举行2018年“郑州慈善日”现场捐赠仪式，区四大班子主要领导、区机关干部和职工、区直机关各单位、各街道办事处代表等共400余人参加捐赠仪式，捐赠仪式由区政府副区长张川主持。

仪式上，区委副书记李伟革讲话，指出“郑州慈善日”活动是推动慈善事业的一项重要举措，号召全区各级党政机关、企事业单位、学校、社会组织和居民群众，大力弘扬中华民族扶贫济困、乐善好施的传统美德，将爱心奉献给需要帮助的困难群众，这不仅体现了一种社会责任，更是一种高贵品质。仪式上，区委、区政府四大班子领导、区直机关各单位、各街道办事处代表进行了现场捐赠。

经统计，捐赠仪式上共募集善款499.2万元。

15日 省人大常委会委员、省人大财经委主任委员、常委会财经预算工委主任王照平一行到金水科教园区调研“十三五”规划纲要实施情况及服务业发展情况。

在实地察看了郑州信大捷安展厅、金科·智汇谷项目建设现场，认真听取了该公司关于安全芯片创新设计、云安全服务平台研发等多领域开展情况的汇报后，调研组对企业自主创新能力给予充分肯定，并强调：希望企业继续保持科技创新、技术高端等优势，着力打造更多“政、产、学、研”协同创新合作项目，积极引进更多高新技术成果和顶尖人才，勇于担当、敢于作为，持续推动河南省科技创新和经济社会深度融合发展，努力为郑州国家中心城市建设贡献积极力量。

17日 世界知识产权组织（WIPO）获取知识与信息司高级司长罗卡·坎帕纳、创新与技术支持处处长安德鲁·柴可夫斯基、WIPO中国办事处主任陈宏兵一行到国家知识产权创意产业试点园区考察。

在认真观看了园区宣传片，实地察看了中国郑州（创意产业）知识产权快速维权中心运营情况，详细听取了金水区关于专利信息服务情况的汇报后，调研组强调：国家知识产权创意产业试点园区作为WIPO·TISC项目第二批遴选单位，定位鲜明、独具特色，形成了知识产权“一条龙”服务链条。希望创意园区进一步加强与上级部门的沟通协调，使TISC项目在园区能力提升、人才培养、国际交流、知识产权信息资源扩充等方面发挥积极作用，推动园区自主创新工作整体提升，促进辖区中小企业持续创新发展。

区长魏东表示，金水区将全力支持知识产权工作开展，进一步整合园区创新资源，完善项目方案，加强知识产权人才培养、科学研究和对外交流，积极推动和参与TISC项目申报，力争让金水在WIPO的全球舞台上充分吸收其他先进国家和地区发展的经验做法，探索新的、国际化的发展途径，实现合作共赢。

19日 区长魏东调研金水区市政道路建设工作。区政府领导何守华及区政府办、住建局、金达公司主要负责人陪同调研。

魏东一行先后深入到北林路、国基路、丰庆路街道办事处，实地察看了马李庄、高皇寨、杓袁、陈砦、二十里铺等安置区建设及贾鲁河沿线道路建设现场，认真听取了各相关部门关于工程进展情况的汇报。魏东指出：各职能部门要高度重视市政道路建设工作，科学统筹、周密部署、加强协调，合力解决拆迁遗留问题，加快推进项目建设进度；各指挥部要充分发挥主观能动性，集中攻坚道路附属物拆迁工作，加快推进手续办理，确保按照时间节点要求完成道路建设任务。

同日 金水区新时代文明实践中心、学雷锋志愿服务中心举行首批6个示范单位授牌仪式。市委宣传部副部长、市文明办主任裴保顺，市文明办副主任尚杰、姬月莲，区委常委、宣传部部长杨林出席仪式。

河南省直党校、河南博物院、郑州市交警五大队、郑州市动物园、河南科技园区管委会未来生活体验馆、金水区文化馆6个单位分别被授予创新理论大讲堂、历史文化示范区、文明交通示范区、科技文明展示区、文明旅游示范区称号。

22日 市政协副主席、市政府秘书长王万鹏一行到经八路街道办事处调研市青年人才公寓（文化苑）项目建设。

在实地察看了项目进展，认真听取了相关工作汇报后，王万鹏指出，各职能部门要严格落实“8个100%”要求，加强工地扬尘综合治理，加大日常督导和管控力度，抢抓秋冬施工有利时机，确保项目顺利推进。

24日 区委书记陈宏伟主持召开河南自贸区郑州片区金水区块、市民公共文化服务中心项目推进会。

会议听取了有关设计单位关于自贸区、市民公共文化服务中心项目整体策划和设计方案等方面情况的汇报，并就两个项目建设工作进行了深入研究。

关于河南自贸区郑州片区金水区块建设，会议指出：一是坚持高度负责的态度推进建设工作；二是坚持更高标准规划设计；三是突出金水特色错位发展；四是联动联片推进自贸区建设；五是凝心聚力同步推进相关工作。

关于市民公共文化服务中心建设工作，会议强调，要按照简约、大气、实用、便于运营维护的总原则，做好景观园林、舞台灯光、智能化设计等配套设施建设，坚持科学规划，注重顶层设计，突出功能特点，结合地域文化特色，进一步调整优化设计方案，力争把市民公共文化服务中心打造成为设施一流、功能完善、质量过硬的工程。

28日 “智汇郑州”高层次人才项目对接洽谈会金水科教园区专场活动在河南外包产业园举行。

与会专家、学者在郑州信大捷安信息技术股份有限公司参观了信大捷安的安全生态展厅、数据中心、研发测试生产环境，听取了公司在坚持自主创新、筑基信息安全、服务万物互联等方面的汇报，并重点了解了承建的国家公共安全服务平台，自主研发的国密安全芯片，以及构建的“芯、端、管、云”一体化信息安全服务体系在移动警务、移动政务、智能网联汽车、物联网、工业互联网等领域的创新实践。

专家、学者与辖区20余家企业代表在河南外包产业园会议中心进行项目洽谈交流。洽谈会上，金水科教园区管委会向到会专家、学者着重介绍了金水科教园区产业布局、发展等方面的情况，参会学者代表吴俊浩等5位博士先后推介了“液晶屏抗指纹剂制备”“AM生物土壤改良暨众智平台”“热端激光非接触在线测厚系统”“超微质子交换膜燃料电池”和“基因编辑细菌微生态制剂”等5个尖端科研项目，与企业进行面对面深入洽谈，争取达成合作意向。

30日 区长魏东督查2018年郑州国际马拉松赛保障工作。区政府领导杨洁、赵德武、闵武杰、王珂一同督查。

在实地察看了人民路、杜岭、花园路、未来路街道办事处涉及郑州国际马拉松赛金水段沿线赛事筹备和保障情况，认真听取了各相关部门关于市容环境、赛会服务、群众组织等工作汇报后，魏东强调，要高度重视此次首届郑州国际马拉松赛事的举办，周密部署、精心组织，统筹安排人力、物力，深入开展隐患排查，全力做好金水段沿线安保、志愿者服务、路面整洁等工作，充分展示文明和谐的金水形象，确保2018年郑州国际马拉松赛成功举办。

11月

1日 市委常委、政法委书记于东辉，市委政法委常务副书记苏西刚等到金水区调研政法综治稳定工作。区领导陈宏伟、卢书选、曹可艳、蔡理亮陪同调研，区政法各单位、区民政局、区信访局、区金融办、区社管办相关负责人参加座谈。

于东辉一行先后到经八路街道办事处、省委社区实地调研基层矛盾纠纷化解工作，到金水路公安分局平安金水视频监控中心调研技防设施建设等科技防范工作情况，到区社会化社会公共治理联动指挥中心观看了维稳处突联动指挥演示，调研了社会治理工作。

随后在区机关召开座谈会。听取了全区经济社会发展情况和全区政法综治稳定工作开展情况汇报后，于东辉对金水区取得的成效表示肯定，对金水区下步政法综治稳定工作指出：一要坚持党对政法工作的绝对领导。二要政法机关要敢于担当。三要坚持打防并举。善于运用科技手段和群防群治力量，丰富防范手段。善于发挥政法职能作用，重拳打击“黑恶”势力，政法各部门要紧密结合、统一标准、加大力度，把每一起案件办成铁案，不断把“扫黑除恶”专项斗争引向深入。四要从严治警、从优待警，切实加强政法队伍建设。要坚持抓党建、促队建，既要用铁的纪律约束干警，又要采取多种措施优待干警，广泛宣传优秀典型，让群众认识、理解干警，让政法干警有荣誉感、归属感。

2日 金水区召开生态环境保护大会。全区副县级以上领导干部出席会议，区委常委所在部门常务副职，各街道党政正职及分管副职，区直各单位行政正职，相关区直单位副科级以上干部参加会议。

区委副书记、区政府区长魏东通报了环境污染防治工作开展情况，并对全区生态环境保护、秋冬大气污染防治攻坚等工作进行安排部署。他指出，一是要从全局和战略高度，深刻认识新形势下加强生态环境保护的极端重要性和紧迫性；二是要紧盯目标任务，进一步加快生态文明建设、坚决打好污染防治攻坚战；三是完善机制体制，推动全区生态文明建设再上新台阶。区委书记陈宏伟强调，一是要提高政治站位，坚决贯彻中央和省市委决策部署；二是要聚焦关键重点，统筹推进污染防治工作的目标任务；三是要强化责任落实，坚决打好污染防治攻坚战这场硬仗。

就全国文明城市创建工作，陈宏伟强调，要高度重视，以文明城市创建为契机，统筹推进大气污染防治、城市精细化管理等工作，做好全国文明城市材料申报工作及全民文明素养提升，以高度负责、敬业担当的精神，抓紧抓实抓好全国文明城市创建这一重要民生工程。

3日 由中国社会治理研究会主办，金水区政府和社会治理河南省协同创新中心联合承办的2018“中国社会治理50人论坛”暨“新时代地方社会治理创新与发展”学术研讨会在光华酒店举行。论坛及学术研讨会分别就“新时代城市社区治理创新”“政府行为与社会治理”“乡村振兴与社会治理”等国家社会治理重大议题进行了专场研讨。中国社会治理研究会会长蒋昆生、中央党史和文献研究院第六研究部副主任杨雪冬、社会治理河南省协同创新中心主任郑永扣、区政府副区长张川等领导和50余名知名专家出席开幕式，来自各相关领域的40余名实务工作者参加开幕式及分论坛。

6日 区委统战部在紫荆山商务楼5楼举行新阶层人士统战工作实践创新基地——UFO.WORK共享办公揭牌仪式。区委常委、统战部部长付建峰出席揭牌仪式，UFO.WORK共享办公创始人参加仪式。全区各街道统战工作分管领导、联络员，辖区新阶层代表人士参加活动。

仪式上，付建峰与UFO.WORK共享办公创始人李阳共同为实践创新基地揭牌，并邀请在UFO.WORK共享办公创业的新阶层代表人士分享了各自创新创业的励志故事。

付建峰围绕新阶层人士如何利用实践创新基地更好地实现创新创业指出，区委统战部将进一步加大对UFO.WORK共享办公的支持，以UFO.WORK共享办公为平台，加强对广大新阶层人士的联谊，不断扩大联谊交友面，倾听新阶层人士心声，表达新阶层人士合理诉求，在积极引导新阶层人士参与经济发展和社会事务上广开渠道。

7日 省委常委、市委书记马懿到花园路街道办事处观摩百城建设提质工程，市四大班子领导，各县区主要负责人及市直相关部门负责人参加观摩。

马懿一行到花园路街道甲院社区纬二路26号院，实地察看小区安全防卫设施、道路整修、雨污管网、电动车棚、电线规整、入户花园、休闲广场、文化墙面等整治提升效果，听取了金水区百城建设提质工程工作汇报，对花园路街道采取“党建引领、政府主导、群众参与、共建共享”的工作方法有序推进老旧片区提质取得的成绩给予充分肯定。针对下步工作，马懿强调，要树牢以人民为中心的发展思想，让人民群众在百城建设提质和文明城市创建中不断感受到环境的变化、生活品质的提升，不断增强发展的信心、增强参与国家中心城市建设的积极性和主动性。

8日 2018金水区“创赢未来”大学生创业资助项目选拔赛首场比赛在金水区大学生创业园

郑州大学园区开幕。区政府副区长赵高翔，郑州大学北校区综合管理中心主任程相喜，郑州大学软件与应用科技学院党委书记申新生、院长李宗坤、常务副院长王定标、副院长李学相出席开幕式。区人社局主要负责人、金水区大学生创业园代表、媒体记者及参赛项目代表300余人参加活动。

同日 区长魏东督导金水区城市精细化管理工作。区委副书记李伟革、区政府副区长闵武杰一同督导。区政府办、城管局、农委、执法大队、交通局主要负责人陪同督导。

魏东一行深入丰产路、花园路、凤凰台、兴达路等街道办事处，实地察看了农业路苏荷中心错峰停车、纬四路智慧停车、陇海铁路沿线综合整治、连霍高速东三环出入口沿线治理等情况，听取了各部门的工作汇报。魏东强调，要对标国家中心城市高质量建设，切实提升城市精细化管理的法治化、社会化、智慧化、标准化水平，全力完成城乡接合部、生态廊道、过境干线公路、高速互通立交及出入口整治提升任务，不断满足人民群众日益增长的美好生活需要。

9日—10日 全省校园足球特色学校现场会在金水区举行。省、市、区领导李金川、张耀辉、郭蔚蔚、高翔、王克杰、牛宏亮、王珂出席会议。区教体局，各省辖市、省直管县（市）学校体育工作主管局长、体卫艺处（科、站）长，省辖市、省直管县（市）校园足球特色学校校长及全市各有关中小学校长等共计300余人参加会议。

会议分两个阶段，11月9日下午，与会人员在郑州丽水外国语学校观摩了农业路小学、金桥学校、龙门实验学校的优秀足球教学课例展示，文化路三小足球全员班级联赛及四月天实验幼儿园的足球活动展示。

12日 副市长吴福民到金水区调研城中村改造安置工作。区委书记陈宏伟，区政府副区长竟新宇陪同调研。

在北林路街道，吴福民一行首先实地察看了桑园城中村改造项目安置房建设情况，随后听取了街道工作汇报。最后，吴福民强调，安置房项目事关群众切身利益，是民生工程、民心工程。各施工工地要在继续严格落实大气污染防治“8个百分百”、各类管控措施落实到位的同时，增强紧迫感和责任感，加快施工进度，确保按期完成安置房开工建设任务。同时，安置房建设要严把工程质量关，科学规划和建设相关配套设施，让群众早日回迁，搬进新居，住得安心舒心。

在东风路街道，吴福民一行实地察看了大铺村连片改造项目建设情况，听取了工作进展情况的汇报。他指出，一是要尽快解决文化路83号院居民安置问题；二是要切实增强改造工作紧迫感和危机感；三是指挥部要在前期制定好降尘措施。

14日 河南省第三代智能化残疾人证首发仪式在金水区政务服务中心举行。相自成、常征、戴连君、王梦飞、王丽、马义中、魏东、时博出席仪式。

活动上，区长魏东陪同与会人员观摩了第三代智能化残疾人证印制过程；中国残联副理事长相自成、省残联理事长王丽先后致辞；与会领导为金水区部分残疾人代表发放了第三代智能化残疾人证。

与会领导在致辞中指出：各级各部门要深入贯彻中共十九大精神，积极践行以人民为中心的发展思想，切实把智能化残疾人证换发工作与“一网通办”工作统一起来，协同配合，有序推进，确保实现全省智能化残疾人证全覆盖。同时，要充分发挥残联组织、乡镇、村残疾人专职委员和志愿者作用，通过广播、电视、报纸、网络等媒体平台，广泛宣传智能化残疾人证换发工作，努力提供精准化服务，不断增强群众的获得感、幸福感。

16日 金水区文化路第一小学校园阅读中心启用。北京出版集团副总经理赵安良，省教育厅基教一处处长张怀君，省文化厅公共文化处处长王长俊，河南日报报业集团有限公司副总经理顾孝乾，市委宣传部副部长、郑州报业集团党委书记、董事长、社长石大东，市文化广电新闻出版局副局长张书文，大河书局有限公司董事长、总经理李建峰，区委常委、宣传部部长杨林，区政府领导王珂出席仪式。

文化路第一小学校园阅读中心是与大河书局整合优势资源联合建设的，以公益为基础，旨在实现社会效益最大化，是金水区“三个一”阅读工程建成的规模最大、功能最全的一个校园阅读中心。该中心面积1600多平方米，分上下两层，可藏书8万余册，已上架图书5万余册。

19日 区长魏东到未来路街道办事处调研“路长制”及智能共享停车工作。区政府副区长闵武杰一同调研。区政府办、城管局、未来路街道办事处主要负责人陪同。

在实地察看了英协路路长亭、云平台、智能共享停车点，认真听取了该办负责人关于英协路“路长制”工作开展、“一模式四体系”建设、探索智能共享停车模式等工作汇报后，魏东强调：探索智能共享停车模式是推动“路长制”工作发展的一条新思路，也是有效缓解停车难、停车乱的创新举措，各职能部门要创新思路、不拘一格，通过开展单位楼院“联姻”、研发共享信息管理系统，进一步优化辖区停车资源配置，多样化推进停车智能共享，有效实现机动车停车规范有序，努力打造安全、整洁、有序、文明的城市环境。

20日 市长王新伟带领市直相关部门负责人到金水区调研国家自主创新示范区建设工作。

在实地察看了中科院过程所郑州分所和郑州信大捷安信息技术股份有限公司，听取了企业负责人关于技术研发、成果转化、人才培育、“移动智能终端公共安全技术基础服务平台”、安全芯片自动灌装线等情况汇报后指出，近年来郑州国家自主创新示范区建设稳步推进，科技创新资源不断积聚，创新创业环境持续优化，科技创新综合实力显著增强。希望金水重点围绕自主创新和高新技术产业发展，进一步加大创新投入力度，优化科技成果产业化路径，引导和扶持企业继续坚持自主创新，筑基信息安全，服务万物互联，全力推动高新技术产业蓬勃发展。同时，市政府将结合企业发展需求，研究制定有效措施，帮助企业做大做强，积极助力我市国家中心城市建设。

22日 2018金水区“创赢未来”大学生创业资助项目选拔赛决赛在金水区大学生创业园区举办。省人社厅调研员韩喜明、区政府领导赵高翔、段庆州出席活动。

与会领导指出，大学生是宝贵的人才资源，也是创新创业的主力军。近年来，金水区深入贯彻“大众创业、万众创新”的决策部署，积极引导、扶持大学生创新创业，推动区域创新和转型发展。热烈欢迎广大大学生创业者关注金水、选择金水、扎根金水，金水区将提供更好的服务和更多的支持，营造良好的创新创业发展环境。

该次大赛旨在深入挖掘和培育优秀创业项目，为大学生创业者提供展示交流的舞台，共有300余个来自金水区大学生创业园入孵企业及其他地区待入孵优秀创业项目报名参赛。选拔赛分为成长组和初创组2个组别，通过对产品服务、经营策略等多方面介绍和展示，最终评选出一、二、三等奖及优胜奖项目数名。

12月

3日—7日 区人社局牵头开展农民工工资支付巡查督查工作，重点对前期农民工工资支付专项检查及全面排查情况、企业整改落实情况进行“回头看”，及时发现并解决存在的问题，督促各责任单位、企业严格落实责任，全力保障辖区农民工按时足额拿到工资报酬。

此次督查采取现场察看的方式，对金水区120余个在建工程项目进行了核查，主要核查落实“一金三制”情况、各类信息台账、隐患排查和无拖欠农民工工资承诺书签订四个方面内容，对部分工地发现的工资代发、欠薪隐患突出等问题要求其立即整改。

4日 为大力弘扬宪法精神，维护宪法法律权威。区司法局深入开展“12·4”国家宪法日法治宣传教育系列活动。活动以“贯彻落实党的十九大精神，维护宪法权威”为主题，通过宪法宣誓、法治宣传专题讲座、法律知识竞赛、宪法知识展览、便民法律咨询、发放宪法书籍等多种形式对宪法进行宣传，进一步提升了辖区居民的法律素养，维护了宪法权威和尊严。

6日 中国网络安全产业联盟秘书长杨建军一行到金水科教园区考察交流。

在实地参观了中原信息安全展示中心、河南信息安全产业示范基地、金科·智汇谷等项目建设，认真听取园区信息安全产业发展的介绍后，考察团对金水科教园区在信息安全产业发展取得的成绩给予了高度赞扬，并表示联盟将进一步加大与园区的合作交流，深入探索多渠道合作模式，充分发挥联盟自身力量，积极助力园区产业发展。

10日 第二届中国工业设计展览会在武汉举行，河南省3家企业的产品获得2018年中国优秀工业设计奖优秀产品，其中金水区郑州一诺工业产品设计有限公司的“生物质链条热水锅炉产品”名列其中。

同日 区发改统计局组织辖区各街道办事处在绿荫广场开展宪法、统计法和第四次全国经济普查工作宣传活动。活动通过悬挂条幅、摆放展板、设立咨询台、发放宣传册等方式对相关法律法规和第四次经济普查工作知识进行了广泛宣传，进一步提高了工作知晓率和参与度。活动共发放各类宣传品3000余份，《统计法规汇编手册》500余本，现场接受统计咨询500余人次。

12日 金水区在河南省诚和印制有限公司组织开展2018年水污染突发事件应急演练。区政府副区长闵武杰出席活动。

演练现场模拟厂区油墨罐泄漏遇明火引发火灾事故，组织开展了预警报警、内部救护、灾情上报、应急救援等内容。各部门协同配合、组织有力，参训人员快速反应、积极行动，妥善处置了此次水污染突发事件，取得了预期效果。通过此次活动，进一步增强了参演人员环境安全与风险防范意识，检验完善了金水区环境应急预案与应急处置能力，有效保障了全区生态水系环境安全。

同日 区卫计委在东风路社区卫生服务中心举行家庭医生签约服务数字化随访服务包发放仪式。此次发放的随访服务包有平板电脑、心电图机、血压计、血糖仪、血氧仪和体温仪等设备，为辖区广大家庭医生更好地履行预约诊疗、候诊提醒、诊疗报告查询、医患交流、健康知识传播等服务提供了保障，为推动金水区家庭医生签约服务工作奠定了坚实基础。仪式共发放随访服务包230个，为72家基层医疗卫生机构配备电子扫描枪、热敏打印机等设备290余台。

13日 第五届中国（郑州）服务外包创新发展大会在金水科教园区举行。会议期间，设置了开发区项目对接及经验交流、服务外包行业协会经验交流、郑州服务外包发展研讨、企业上云和智能制造专题报告等多项分会场活动，同时达成了“金水一带一路经贸园与德国帕希姆空港产业园合作签约”等多项重量级战略合作意向。

同日 区污染普查办公室联合辖区北林路、国基路、丰庆路街道办事处在经三路游园组织开展污染源普查宣传活动。

活动中，通过悬挂宣传标语、摆放宣传展板、发放污染源普查知识手册、组织文艺会演等形式，向到场群众普及污染源普查的重要意义，引导群众树立污染源普查意识，鼓励群众积极参与、建言献策，全力支持污染源普查工作，共同改善辖区生态环境质量，建设天蓝、地绿、水净的美好家园。通过此次活动，使广大群众进一步了解了污染源普及工作的重要意义，营造了良好的普查氛围。

16日 市长王新伟带领市内五区、各开发区及市直有关部门负责人，到金水区实地观摩铁路沿线等区域拆迁绿化工作并召开推进会议。在实地察看了陇海铁路沿线张庄仓库拆迁点，认真听取了金水区关于近期铁路沿线等区域绿化工作情况的汇报。

17日 区教体局在晨钟教育集团召开了规范校外培训机构工作专题会议。金水区已审批的校外培训机构负责人160余人参加会议。

会议传达了《国务院办公厅关于规范校外培训机构发展的意见》，宣读了《金水区校外培训机构十不准》，并对校外培训机构规范办学工作提出了具体要求。会议要求：各校外培训机构要深入学习领会开展专项治理行动的重要性、必要性，认真开展自查自纠，抓好问题整改和隐患整改，自觉规范办学行为，促进规范发展；要严格落实各项规范要求，更新教育观念，拓宽育人思路，提升好办学品质，强化自身管理，努力为辖区群众提供更好的教学服务。

19日 由省地震局和省教育厅组成的省防震减灾科普示范学校检查验收组到金水区检查验收省级减灾科普示范学校创建

工作。

检查组实地察看了七十五中、沙口路小学的整体布局、校舍抗震设防、防震减灾宣传教育、应急避难场所等情况，认真听取了相关工作汇报，详细查阅了档案资料。检查组对金水区防震减灾科普教育工作给予了充分肯定，并指出，要进一步加强组织领导，充分发挥防震减灾科普示范学校的示范带动和辐射作用，持续开展防震减灾知识教育、疏散演练等活动，努力实现防震减灾工作的制度化、规范化、常规化，真正达到“教育一个学生、影响一个家庭、带动整个社会，确保一方平安”的目的。

21日 省委常委、市委书记马懿带领市直有关部门、开发区、县区负责人到金水区观摩督导铁路沿线绿化工作。市政府副市长李喜安一同督导。

在实地察看了陇海铁路沿线张庄仓库拆迁点违章建筑拆迁、绿化建设等情况，认真听取了相关工作汇报后，马懿对金水区当前工作开展情况给予了充分肯定，并指出要坚持以习近平生态文明思想为引领，深入践行绿色发展理念，加大力度推进铁路沿线、过境干线公路沿线等区域全面提升，深入推进国土绿化提速行动，不断提高郑州的生态环境品质，为建设国家中心城市提供有力基础支撑。

29日 区环保局在郑州龙门实验学校组织开展了环保知识进校园活动。

该次活动以“绿色金水，我们在行动”为主题，通过观看环保教育片、开展环保知识演讲、进行知识问答等多种形式，宣传了环保知识和相关法律法规，为该校200余名师生上了一堂生动的绿色教育课、环保教育课。活动的开展进一步增强了广大师生的环保意识、公德意识和爱国意识，营造了了解环保、关心环保、参与环保的浓厚氛围，为金水区开展保护生态环境工作奠定了基础。

金水区概况

郑州市金水区区情概况

【概况】 金水区位于郑州市城区东北部，因发源于春秋战国时期的金水河流经辖区而得名。辖区东临中牟县，西接中原区，南连二七区，北连惠济区，总面积136.66平方公里，其中建城区面积78.37平方公里，辖17个街道、40个行政村、162个社区，常住人口131.6万。金水区作为河南省委、河南省军区所在地，不仅是全省政治、经济、文化、金融和信息中心，也是郑州国家中心城市建设和郑州大都市区建设的代表性窗口。

2018年，金水区实现地区生产总值1378.8亿元、增长9.5%，财政总收入248.5亿元、增长10.8%，地方一般公共预算收入61.4亿元、增长10.7%，社会消费品零售总额730.9亿元、增长7%，全社会固定资产投资增长10.1%，主要指标全部位居中部城区前三。特别值得关注的是，地区生产总值在千亿级规模的基础上一年一个百亿台阶持续攀升、持续跨越，带动人均地区生产总值突破10万元，成功入选《2018年中国百强区发展白皮书》，综合排名第25位，为中部六省城区最高。

【现代产业发展】 现代服务业多点发力，现代金融、高端商贸和高技术服务等产业增加值分别达到389亿元、165亿元和175亿元，推动现代服务业完成增加值900亿元，对经济增长的贡献率达到74%。新兴产业加速崛起，信息安全产业集聚骨干企业15家，主营业务收入达到50亿元；共享生态科技产业城O2O孵化器和仓展中心运营在即，签约入驻共享应用企业48家。电子商务迅猛发展，交易额连续两年实现20%以上增长，其中跨境电商交易额突破10亿美元。楼宇经济持续发力，全口径税收超亿元楼宇达到11幢，区级税收贡献率超过30%，荣获“中国楼宇经济服务创新城区”称号。深入开展“项目建设年”活动，212个省市区重点项目实现投资734亿元，建业凯旋广场等20个项目建成投用，正弘国际广场等2个商业综合体成为郑州时尚消费新地标。载体平台全面发力，金水科教园区正式纳入《中国开发区审核公告目录》（2018年版），河南科技园区主营业务收入连续3年保持10%以上增长，国家知识产权创意产业试点园区成功入选世界知识产权组织技术与创新支持中心。

【开放创新高地】 大力实施开放带动战略，签约美国奕恩现实互动数据中心等带动力强的重大项目26个，引进国际科技合作项目11个，搭建国际联合实验室2个，并与世界大学校长联合会等3个国际平台开展合作。全力推进金水自贸区块建设，30万平方米附属物搬迁任务全部完成，“一带一路”经贸产业园顺利挂牌运营，累计吸引注册企业200家，并与德国帕希姆中欧空港产业园达成战略合作，在俄罗斯等“一带一路”沿线国家设立了5万平方米海外仓和10个境外办事处。突出自创区“四个一批”建设，新增科技型企业264家、高新技术企业115家，总量分别达到931家、223家，占全市的21.7%和16.8%；新设立院士工作站6家、国家级研发平台3家、省重大新型研发机构1家、省新型研发机构1家，落户高层次人才团队16个，新增孵化器14家，推动专利申请量突破14000件。

【城市功能完善】 新开工安置房208万平方米，新建成岳砦等10个项目、293万平方米，累计回迁群众11.7万人，整体回迁率达到80%。积极推进安置房网签，新网签7072套、60.64万平方米，群众回迁更放心、居住更舒心。顺利外迁市场6家，开工建设道路69条，中修改造道路28条，整治提升支路背街22条，交通"微循环"更加通畅。新建公厕135座、公共停车泊位10142个、综合管廊5.5公里，基础设施日益完善。完成第一批52个老旧小区提质改造和3.3万平方米既有建筑节能改造，群众生活环境明显改善。围绕"治脏、治乱、治差、治软"，创新实施"一模式四体系"工作法，全面推行"路长制"，深入开展道路交通秩序、建筑物楼顶等综合整治活动，城区面貌更整洁、群众出行更和谐。

【生态文明建设】 坚持经济发展与环境保护"双统筹、双促进"，深化、细化、常态化推进大气污染防治，332处建筑工地全部纳入"三员"日常监管，82台燃气锅炉完成低氮改造，PM2.5等六项污染物年均浓度全部下降，空气质量持续向好。严格落实"河长制"，全力推进"四水同治"，贾鲁湖基本建成、杲村湖主体完工、贾鲁河蓝线工程基本完成，宽阔水面和绿树成荫的景观初步呈现；索须河故道和石沟河完成疏挖，辖区8条河流水质监测断面全部达标，基本消除黑臭水体。深入开展国土绿化提速行动，强力推进铁路沿线等区域绿化建设提质提升，拆除各类建筑17.39万平方米，新规划绿化空间230万平方米；建成开放公园游园45个，新增绿地168万平方米，更多绿色走进了群众生活。

【共建共享格局】 坚持以人民为中心的发展思想，民生领域投入49.1亿元，占一般公共预算支出的73.5%。完成就业创业培训5116人次，新增就业再就业32711人。新建成保障性住房6535套，分配公共租赁住房4294套，发放高龄津贴等资金5489万元，免费为2923名残疾人办理"绿城通关爱IC卡"，群众基本生活更有保障。建成家庭医生签约服务信息化数据中心，标准化改造10家社区卫生服务中心，成功创建国家流动人口基本公共卫生计生服务均等化示范县（市、区）。新投用中小学5所，新增普惠性幼儿园12所，获批国家首批"满天星"足球精英训练营，夺得啦啦操等体育艺术领域的国家级以上赛事96个冠军，充分展示了金水素质教育的新风采。市民公共文化服务活动中心主体封顶，88个基层综合文化服务中心顺利建成，5个党群服务中心正式投用，成功举办第六届中国（郑州）国际街舞大赛圆满举办。11042家餐饮服务单位全部纳入风险分级管理，20家农贸市场实现追溯系统全覆盖，顺利通过国家农产品质量安全县（区）考核验收。

组织机构

·中共金水区委·

书　记　陈宏伟
副书记　魏　东
　　李伟革
常　委　陈宏伟
　　魏　东
　　李伟革
　　赵惠玲（女）
　　杨　林
　　付建峰
　　卢书选
　　杨　洁
　　李继东
　　时　博
　　曹可艳
正县级干部　王爱辉（女）
　　李小虎
　　郑长林

·区委工作机构·

区委办

主　任　曹可艳
常务副主任　刘智勇（1月任）
副 主 任　王　飞（1月任）
　　拜　祎（1月任）

机要局

局　长　王建锋
副局长　刘东洋(1月任)
　　郭　磊（女）

保密局

局　长　和　琛（女，1月任）

督查室

主　任　刘英杰（1月任）
副主任　苏　鹏（1月任）
　　于　鹏（1月任）

党史研究室

主　任　杨艳芳（女）
副主任　（空缺）

目标考评办

主　任　刘　兵（1月任）
副主任　曹晓燕（女）

区委组织部

副部长　任拉拉（1月任）
　　魏虎山（1月任）
　　刘　敏（1月免）
党员电化教育中心主任
　　刘　茜（1月任）
干部信息管理中心主任
　　王大勇（1月任）
干部信息管理中心副主任
　　牛晓帆（1月任）
大学生村官管理办公室主任
　　张　浩（1月任）
大学生村官管理办公室副主任
　　魏虎山（1月免）
人才工作办公室副主任
　　李　成（1月任）
　　马音音（1月免）
区委组织部办公室主任
　　张兴学（2月任）
　　魏虎山（2月免）
区委组织部组织科科长
　　张　浩（2月任）
　　拜　祎（2月免）
非公办主任　张　浩（2月任）

机关工委

书　记　段佳荣(女，满族)
纪工委书记　任海霞(女)

宣传部

部　长　杨　林
常务副部长　赵伟峰
副 部 长　王珺洁
　　（女，1月任）
外宣办主任　余志贞
　　（女，1月任）
文产办主任　王志勇（1月任）
网信办主任　董湘芸（女）
文产办副主任　张　爽
外宣办副主任　董　礼
　　（女，1月任）

文明办

主　任　赵　蔚（女）
副 主 任　尹瑞山（1月任）

统战部

部　长　付建峰
常务副部长　沈建忠
副 部 长　张祖卿
　　（女，2月免）
　　李　莉
　　（女，2月任）
台办主任　杨洁琛（女）

民族宗教事务委员会

主　任　陶建莉(女,回族)
副主任　史　卫
　　(女,回族,1月免)
　　马　静(女,回族)
　　蔡理超（1月任）

政法委

书　记　卢书选
副书记　潘夕泉
　　张卫国
政 工 科　禹建伟（1月任）

督促检查室　沈季慧
综治办主任　李朝辉（1月任）
综治办副主任
冯　雷（1月任）
王　熠（1月任）
维稳办主任　黄昌平（1月任）
维稳办副主任
郭文洋（1月任）
防范办主任　姬松洲
防范办副主任
宋小康（女）
付　嵩
巡防办主任　朱　华
巡防办副主任
刘琳琳
燕　勇（1月任）
国安办副主任
许小伟（1月任）
主任科员　贺洪智（1月任）

群众工作部（信访局）

部　长　单红杰
副部长　吴小芳（女）
矛排中心主任
李洪星
矛排中心副主任　王　博
娄　航

区机构编制委员会办公室

主　任　刘　敏(女,1月任)
副主任　陈占胜
事业单位登记管理局局长
耿恩强

区委老干部局

局　长　张　敏(女)
副局长　郑福海
关工委办公室主任
岳子琳(女,1月任)

·中共金水区纪律检查委员会·

书　记　赵惠玲（女）
副书记　刘建伟
张红梅（女）
常　委　刘艳萍(女,1月任)
段建飞（1月任）
赵建英（女）
黄利华（女）

金水区监察委员会

主　任　赵惠玲(女,1月任)
副主任　刘建伟（1月任）
张红梅(女,1月任)
委　员　刘艳萍(女,1月任)
段建飞(1月任)
胡　睿(1月任)
曹　振(1月任)

金水区纪委监委各室、部

调研法规室主任
李安明（1月任）
组织部部长　徐丽敏
(女,1月任)
宣传部部长　王美琪
(女，1月任)
党风政风监督室主任
郑军伟（1月任）
党风政风监督室副主任
徐晶晔(女,1月任)
张春霞(女,1月任)
信访室主任　吕志坡（1月任）
干部监督室主任
姚战丽(女,1月任)
案件监督管理室副主任
杨　楠（1月任）
第一纪检监察室主任
丁海骧（1月任）
第二纪检监察室主任
王明军（1月任）
主持第三纪检监察室工作
杨　楠（1月任）
第四纪检监察室主任
韩　洁（1月任）
主持第五纪检监察室工作
洪　涛（1月任）
第六纪检监察室主任
崔华伟（1月任）
案件审理室主任
黄利华（女）
信息技术保障室主任
吴英超(女,1月任)

金水区纪委监委各派驻纪检监察组

驻金水区城市管理局纪检监察组
组长　来　涛（1月任）
驻金水区人民检察院纪检监察组
组长　赵　宇(女,1月任)
驻中共金水区委宣传部纪检监察组组长　李田中（1月任）
驻中共金水区委统战部纪检监察组组长　张凤玲(女,1月任)
驻金水区人大常委会机关纪检监察组组长　刘利辉(女,1月任)
驻政协金水区委员会机关纪检监察组组长　王　轶（1月任）
驻金水区发展改革和统计局纪检监察组组长　刘亚蕾(女,1月任)
驻金水区教育体育局纪检监察组
组长　王昳方（1月任）
驻金水区财政局纪检监察组组长　陈　琳（1月任）
驻金水区人力资源和社会保障局纪检监察组组长
谷　健(女,1月任)
驻金水区住房和城乡建设局纪检监察组组长　吴亚红(女,1月任)

驻金水区卫生和计划生育委员会纪检监察组组长
聂晓玥(女,1月任)

驻金水区工商管理和质量技术监督局纪检监察组组长
常浩锋（1月任）

驻金水区人民法院纪检监察组组长　吴深磊（1月任）

·区委直属各单位·

党　校

校　长　李伟革
常务副校长　秦历源（女）
副校长　马国卿(女,1月任)

档案局

局　长　段建飞（1月免）
吕志献（1月任）
副局长　曾笑卫（女）
孙俊美(女,1月任)
档案馆馆长　王爱红(女,1月任)

绩效办

主　任　周　丹
副主任　张　静（1月任）
田保松（1月免）

·金水区人大常委会·

主任、党组书记
薛　燕（女）
副主任　李贻忠
许贵舟
燕建华
杜艳洁（女）
张　涛（9月当选）
党组成员　张　华
冯景义
杨　旗

·区人大常委会工作机构·

办公室

主　任　李慧敏（女）
副主任　陈　冰（女）
朱志斌（1月任）

财经工作委员会

主　任　单广州
副主任　梁新宇

法制工作委员会

主　任　林宇峰
副主任　赵　炜（1月任）

城建工作委员会

主　任　李军彦

代表联络工作委员会

主　任　臧跃鹏（1月任）
副主任　马　骅（女）

教科文卫工作委员会

主　任　李　涛
副主任　田　森（1月任）

信访办公室

主　任　周淑娟（女）
副主任　单丽霞（女）

老干部管理办公室

主　任　邱　媛（女）
副主任　李建生（1月任）

·金水区人民政府·

区　长　魏　东
常务副区长　杨　洁
副区长　赵高翔
赵德武
竟新宇
张　川（女）
闵武杰
副县级干部　何守华
段庆州
王　双（女）
王　珂
许　忠
江　涛
毛国安
党组成员　杨宇峰

·区政府工作机构·

区政府办公室

主　任　杨宇峰
党组专职副书记　史慧丽（女）
副主任　胡　冰(女,3月免)
高媛媛(女,3月任)
(兼城改办主任)
张　申（3月任）
邹会芳
(挂职，3月任，兼金达公司经理)
刘宇晓（3月任）

地方史志办公室

主　任　向天燕（1月任）
副主任　冯丽萍（女,1月任）

督促检查室

主　任　王松洋（1月任）
副主任　陈　华
王　红（女，1月任）

电子政务中心

主　任　高媛媛（女，1月免）

武丽娜（女，1月任）
副主任　李书乐

金融服务办公室（地方金融监管局）

主　任（局长）　（空　缺）
副主任（副局长）　吴周水
杨涵媛
（女，1月任）

外侨办

主　任　单丙星
副主任　武丽娜(女,1月免)
赵丽洁(女,1月任)

法制办

主　任　李志强（3月任）

社会公共管理办公室

主　任　李学谦
副主任　李彦坤
陶　冶
(女,2018年1月)

区发展改革和统计局

党组书记、局长
段亚丽(女,1月任)
党组专职副书记
李遂山（1月任）
副局长　贺淑霞(女,3月任)
马映军（3月任）
王伯渠（8月任）
重点项目建设管理办公室主任
范新芳(女,1月任)
重点项目建设管理办公室副主任　王　沛(女,1月任)
普查调查中心主任
丛东雷（1月任）

区物价局

局　长　王松乾
党组专职副书记
柴丽萍(女,1月任)
副局长　刘　粤（女）
贾　佳(女,3月任)
成本监测所所长
樊江涛
物价检查所所长
孙伯渊
认证中心主任
张　娜(女,1月任)

区教育体育局

党组书记、局长、区政府教育督导室主任　李　正
党组专职副书记
田彩霞(女,1月任)
副局长　王德峰
许士柯(3月免)
邱　云(女,3月免,保留原职级待遇)
白东彩(女,3月免)
高德圆(3月任)
胡培林(3月任)
区政府教育督导室副主任
李荣成
区高招办主任
陈　琳(3月免)
曹鹏举(3月任)

区科技局

党组书记、局长
郝庆丰
党组专职副书记
杨　琳
副局长　张　戈
陈贞希
李　洋

区工业和信息化委员会

主　任　李　敏(女)
党组书记　吴红梅(女)
党组专职副书记
罗春阳(女,1月任)
党组成员、副主任
宋有军
党组成员、副主任
崔　英(女)

区民政局

党组书记、局长
王金城
党组成员、副局长
刘　冰
(1月免副局长)
党组成员、副局长
王建德
副局长　赵学峰（1月任）
社会工作指导中心主任
周法宪（11月免）
社区服务中心主任
范　雷
社会工作指导中心副主任
阮晓祥（1月任）

区司法局

党组书记、局长
郭　冰
副局长　黄敬胜
陈　瑜（女）
薛永明
鲍红丽（女）
依法治区办公室主任
张新建

司法所所长

丰庆路司法所所长
叶国梁（1月任)
国基路司法所所长

张龙娟（女）
杨金路司法所所长
王艳杰（女）
丰产路司法所所长
闵岩锋（1月任）
南阳路司法所所长
刘慧敏（女）
南阳新村司法所所长
胡晶晶（女）
花园路司法所所长
罗让花(女,1月免)
郑燕涛(女,1月任)
人民路司法所所长
范　青(女,1月任)
经八路司法所所长
李培岩（1月免）
张婷婷(女,1月任)
文化路司法所所长
梁俊丽（女）
杜岭司法所所长
徐爱凤(女,1月任)
大石桥司法所所长
蔡松伟
东风路司法所所长
李湧涛
未来路司法所所长
华　凯(女,1月任)
北林路司法所所长
张　戈（1月免）
张艳丽(女,1月任)
兴达路司法所所长
张伟奇
凤凰台司法所所长
闫　寒

区财政局

党组书记、局长
袁先锋
党组专职副书记
袁志刚（1月任）
党组成员、副局长
齐慧茹(女)
党组成员、副局长、金水投资公司经理　余志钦
党组成员、副局长
胡　昕(女,3月任)
副局长　袁志刚（3月免）
区财务投资管理办公室主任
胡　昕(女,1月免)
总会计师　轩兆伟
区国库集中收付中心主任
赵俊平(女,1月任)
区国有资产监督管理办公室主任　魏　欣(女,1月任)
纪委书记　魏　欣(女,1月免)
区税源办公室主任
周艳红(女,1月任)
区收费服务中心主任
娄保霞(女,1月任)
区国有资产监督管理办公室副主任　娄保霞(女,1月免)
区国有资产监督管理办公室副主任　刘晓静（女）
区国库集中收付中心副主任
乔延杰
区税源办公室副主任
王　臻（女）
区税源办公室副主任
张　杰
区收费服务中心副主任
李晓杰
区政府采购管理办公室主任
郁　凯（1月任）
区财务投资管理办公室主任
张大勇（1月任）
区农业开发管理办公室主任
刘建叶(女,1月任)
区国库集中收付中心副主任
江发林（1月任）
区国有资产监督管理办公室副主任　王晶晶(女,1月任)
区国库集中收付中心主任
汪文丽(女,1月免)
区财政监督检查办公室主任
谷　健(女,1月免)
区税源办主任
张福敏（1月免）

区人力资源和社会保障局

党组书记、局长
鞠　卫
党组副书记　郑湘梅（女）
副局长　张志刚
张　颖（女）
常小飞（女）
外国专家局局长
王　博
公务员登记管理办公室主任
彭新建
劳动监察大队队长
秦玉杰
劳动人事争议仲裁院院长
李　飞
人才人力资源市场主任
李雪玲（女）
人才人力资源市场副主任
刘大捷（女）
劳动保障服务管理中心副主任
朱国栋

区国土资源局

党组书记、局长
梁新生
党组副书记　陈伯磊
党组成员、纪检组长
陈晓霞（女）
党组成员、副局长
张志峰
李　剑
弓鸿勋
党组成员、执法监察队队长

齐瑞鹏

安全生产监督管理局

党组书记　李怒潮（1月免）
库光耀（1月任）
局　　长　李怒潮（3月免）
库光耀（3月任）
党组专职副书记
邢宝丽（女，1月任）
党组成员　杨中军（1月任）
王金祥（1月任）
孙朝阳（8月任）
纪检组长　吴亚红（女，1月免）
副局长　李红霞（女，3月免）
孙朝阳
雷建国（1月辞）
杨中军（3月任）
王金祥（3月任）
监察大队大队长
王金祥（1月免）
王金州（1月任）

区住房和城乡建设局

党组书记、局长
刘　辉
副局长　朱定强
王华杰
张爱民
荆云亮

区交通运输局

党组书记、局长
郭　峰
纪检组长　申福利
副局长　王玉凯
王　峥（女）
工会主任　刘晓南（女）

区城市综合执法局

金水区城市管理局副局长、城市管理执法大队大队长
张家俭（2月任）
金水区城市管理执法大队副大队长　李化付（1月任）
金水区城市管理执法大队副大队长　高延军（1月任）

区城市管理局

党组书记、局长
王延军
党组专职副书记
马喜才
党组成员　录军胜（8月任）
邢爱玲（女，1月任）
史　进（1月任）
副局长　录军胜
邢爱玲（女，3月任）
史　进（3月任）
金水区市容环境卫生管理队队长　聂思民（1月任）
金水区市政设施管理养护所所长　刘红旗（1月任）
金水区市容环境卫生管理队副队长　张永庆（1月任）
金水区绿化管理所所长
韩宏强（1月任）

区环境保护局

党组书记、局长
张家俭（3月免）
胡　冰（女，3月任）
党组副书记　彭金亮（1月任）
纪检组长　伍浩业（1月免）
党组成员、副局长
袁永忠
王留政
王东亮（3月任）
环境监察大队大队长
孟慧丽（女，1月任）

区农业农村工作委员会

党组书记、主任
张福敏（1月任）
党组副书记
李会建（1月任）
副主任　程俊红（女）
胡广华（女，3月任）
李俊锋（3月任）
农业综合开发办公室主任
周　军
农业综合开发办公室副主任
屈泽华
绿化委员会办公室主任
张岱昕
绿化委员会办公室副主任
苏　攀
水政水资源管理办公室主任
魏建平（女，1月任）

区商务局

党委书记、局长
赵　蔚（女）
纪委书记　邵　燕（女）
副局长　刘慧文（女）
马　超（回族）
张金萍（女）

区文化旅游局

局　长　许孔安
副书记　胡长卿
副局长　周新忠
宋柯薇（女）
郭小红（女，2月任）
区文化馆馆长
海　静
（女，回族，1月任）
区图书馆馆长
贺秋艳（女）

区广电中心主任
组姗姗(女,1月任)
区综合执法大队队长
庞　礴（1月任）

区卫生和计划生育委员会

党委书记、主任
李　东
党委专职副书记
张　龙
党委委员、副主任
高俊杰
白志霞（女）
刘常红（女）
袁瑞辰（女）
金水区总医院党委书记、院长
屈燕鸣（女）
金水区妇幼保健所所长
石俊阁（女）
金水区卫生计生监督所所长
石　华（女）
金水区疾病预防控制中心主任
王慧敏
金水区医疗保健委员会办公室主任　窦春燕（女）
金水区健康教育所所长
杨殿庆
金水区计划生育协会会长
陈晓清（女）
金水区出生人口性别比综合治理办公室　赵能霞（女）
金水区流动人口计划生育管理办公室主任　黄　丽（女）

区食品药品监督管理局

党组书记、局长、食安办主任
彭　涛
专职党组副书记
李红霞（女）
副局长、食安办副主任
赵　阳
党组成员、副局长
牛曼丽（女）
耿德涛
白利民

区审计局

党组书记、局长
黄　涛
专职副书记
代红梅（女）
副局长　马晓辉
巴成杰（回族）
区经济责任审计办公室主任
牛秋沣（女）
工会主席　常艳兰（女）

区工商管理和质量技术监督局

党组书记、局长
李国强
党组专职副书记
张志伟
党组成员、副局长
胥亚鹏
卢建国
赵　凯
王燕平
党组成员　关晓辉

·区政府直属事业单位·

区城市改造办公室

主　任　郭俊伟（3月任）
党组专职副书记
马自芹(女,1月任)
副主任　高　珂（1月任）
狄溢龙（1月任）
张　舰（1月任）

区爱卫办

主　任　吕志献（2月免）
芦燕宇(女,2月任)
副主任　季向东
马自芹(女,2月免)
庾蔓莉（女）
田宇飞（1月免）
徐海伟（2月任）

区房屋征收与补偿办公室

党支部书记、主任
王林伟
党组副书记　沈百栋（1月任）
副　主　任　李鸿涛
张小涛(女,3月任)

金水投资公司

经　理　余志钦
副经理　党卫军
赵　慧（女）

区楼宇办

主　任　李保超
副主任　于若雨（女）
宋广森（3月任）

区直属机关事务管理局

党组书记　鲁晓华(女,2月任)
局　长　鲁晓华(女,3月任)
专职副书记　李宏建（1月任）
副局长　宋海军（3月任）
范红浩（3月任）

区数字化城市管理指挥中心

主　任　吕　馨（女）
副主任　张耀伟
李士秀
杨伟生
张　燕（女）

金水建设综合开发有限公司

经　理　　　王　项

党支部书记　王　项

区接待办

党组书记、主　任

谢　丹

党组成员、副主任

赵俊涛

赵灵妮（女）

区政府采购中心

党组书记、主任

王　丽（女）

党组副书记

缑花梅(女,4月任)

副主任　　　岳　娜(女,3月任)

陈泽辉（3月任）

区政府投资评审中心

党组书记、主任

周保民

党组专职副书记

孙　奎

党组成员、副主任

孟保英（女）

任宗军

区粮管中心

党组书记、主任

李俊勇

党组专职副书记

李亚磊（1月任）

副主任　　　陈　丽（女）

李培岩（3月任）

党组成员　　李培岩（1月任）

常胜男（女）

区城区综合交通管理办公室

党组书记　　翟华风（2月任）

主　任　　　翟华风（3月任）

副主任　　　张锡杰

区滨水产业带管委会

党工委书记、主任

郑长林

办公室副主任

李　静（女）

史忠华

土地规划部部长

陈新霞(女,1月免)

土地规划部副部长

张　舰（1月免）

项目部部长　马　涛

中国（河南）自贸区郑州片区管委会金水区办事处

主　任　　　刘文奇

副主任　　　杨宁可（女）

·其　他·

人民防空办公室

主　任　　　周志伟

党组书记　　刘艳亮（女）

党组专职副书记

岳彦华

党组成员、副主任

高海歌（女）

许春颖（女）

·政协金水区第九届委员会·

主　席　　　武建民

党组书记　　王克勤

(8月免,12月退)

副主席　　　王居良

宋红霞（女）

王　静（女）

刘凌云（女）

党组成员　　徐建军

享受上一级非领导职务生活待遇

赵海叶（女）

张建民

秘书长　　　张书林

·区政协工作机构·

办公室

主　任　　　张学亮

副主任　　　高超新

城建环保委员会

主　任　　　彭　英（女）

副主任　　　常　春(女,8月任)

民主法制委员会

主　任　　　赵竞生

副主任　　　王雁玲(女,1月任)

经济科技委员会

主　任　　　徐　工

副主任　　　魏华亮（1月任）

学习文史提案委员会

主　任　　　王彩虹（女）

副主任　　　王　瑜（女）

港澳台侨委员会

主　任　　　邢惠娟（女）

委员管理联络委员会

主　任　　　王建伟（女）

副主任　　　宋　林（1月任）

文教卫生委员会

主　任　　　白平坤（1月任）

副主任　　　臧学庆

老干部管理办公室

主　任　　袁永平（女）
副主任　　邹会芳（1月免）
　　　　　田　恬（女，1月任）

·区人民武装部·

部　长　　周学军
政治委员　　李继东
副部长　　张万军
防教育办公室主任
　　　　　王选锋

·区人民检察院·

党组书记、检察长
　　　　　王　青（女）
党组副书记、副检察长
　　　　　谷伟东（11月任）
党组成员、副检察长
　　　　　王毅隽（女）
党组成员　　侯江华（女）
党组成员、副检察长
　　　　　朱鲁豫（女）
　　　　　王　水（女）
　　　　　刘　英（女）
　　　　　李　斌
党组成员、政治处主任
　　　　　梁运芳
党组成员、纪检组长
　　　　　赵　宇（女）

·区人民法院·

党组书记、院长
　　　　　蔡理亮
党组副书记、常务副院长
　　　　　王　琴（女，1月任常务副院长）
党组成员、副院长
　　　　　魏甲斌（1月免党组成员，3月免副院长）
　　　　　常　青（女）
　　　　　薛　冰（女，1月免党组成员，3月免副院长）
　　　　　赵　阳
　　　　　王　鸽（女，1月免党组成员，3月免副院长）
党组成员、政治处主任
　　　　　邓现民
党组成员、副院长
　　　　　李春强（3月任副院长）
党组成员、执行局局长
　　　　　张启明

·群众团体·

总工会

主　席　　李劲松（女，满族）
常务副主席　　原晓青（女）

共青团

书　记　　王　倩（女，2月任）

妇女联合会

妇联主席　　马晓宇（女）
党组书记　　刘　泉（女）
副主席　　王　晓（女）
区妇儿工委办主任
　　　　　程钰娇（女，1月任）

科学技术协会

党组书记、主席
　　　　　冯晓翠（女）
副主席　　李军霞（女）
　　　　　刘　欣（女）
　　　　　张晓明（女，8月免）
　　　　　常　春（女，8月免）
党组成员　　左献伟
　　　　　王　娜（女）

工商业联合会

主　席　　李江波
党组书记　　张祖卿（女）

残疾人联合会

党组书记、理事长
　　　　　席秀卿（女）
副理事长　　江　涛(男）
纪检组长　　青小丽（女，1月免）
党组专职副书记
　　　　　青小丽（女，1月任）

红十字会

会　长　　赵德武（3月免）
　　　　　张　川（女，3月任）
常务副会长　　王　炜（蒙古族）
副会长　　张红丽（女）

·派出机构·

河南科技园区管理委员会

党工委书记、主任
　　　　　张双喜
党工委副书记、常务副主任
　　　　　梁振国
党工委委员　　梁志红（女，回，1月免）
　　　　　余志贞（女，1月免）
副主任　　何　剑（回族，2月任）
　　　　　刘　昭（回族，2月任）
　　　　　张成军（2月任）
综合科科长　　王永飞（1月任）
科技技术交易科科长

吴运峰（1月任）
硬件建设管理科科长
魏　婧(女,1月任)

郑州金水科教园区管委会

党工委书记　魏　东
党工委副书记、管委会主任
李小虎
党工委委员、管委会副主任
杜保民
王　浩（女）
唐成山
郝俊昌
党工委委员　郭文博
徐　工
规划建设局局长
杨建军
招商科技局局长
录青霞（女）
产业发展办公室主任
崔　琦
企业服务中心主任
孙建力
招商科技局副局长
索艳钊
产业发展办公室副主任
庞　浩
市政环保局副局长
张国辉
企业服务中心副主任
张铁军
韩　宁（女）

郑州市金水区国家知识产权创意产业试点园区管理委员会

主　任　王爱辉（女）
副主任　刘运泽
高学峰
崔文修
办公室主任　史金奎（1月任）
知识产权服务局局长
郝国胜（1月任）
招商局局长　许士柯（1月任）
产业发展局局长
朱振华(女,1月任)
快速维权中心主任
姚　琳(女,1月任)
办公室副主任
王　刚（1月任）
招商局副局长
张　鹤（1月任）
产业发展局副局长
肖会珍(女,1月任)
快速维权中心副主任
吴　洋（1月任）
杨　帆（1月任）
金春晖（女，1月任，11月免）

丰庆路街道

街道党工委书记
郑迎波
街道党工委副书记、办事处主任　乔战峰（1月任）
党工委副书记
胡香荣(女,1月任)
人大工委主任
刘启峰（3月任）
纪工委书记　史金霞（女）
办事处副主任
王天柱
牛建民
谢晓飞
党工委委员　王　震
郭　伟
张笑倩(女,1月任)
武装部部长　郭　伟

杨金路街道

党工委常务副书记
齐建立（1月免）
秦　伟（1月任）
党工委副书记
王　刚（1月任）
办事处主任　秦　伟（3月免）
王　刚（3月任）
人大工委主任
韦　伟
纪工委书记　杨关勤
党工委副书记
李彦松
党工委委员、人武部长
姚伟强
杨　华（1月免）
党工委委员　邢慧敏（女）
马　焜（1月任）
副主任　武明辉
杨伟松
李坚明
司法所所长　王艳杰（女）
执法中队中队长
杨文峰
食药所所长　袁　浩

国基路街道

党工委书记　孔之见
党工委副书记、办事处主任
孙大志
人大工委主任
王德峰
党工委副书记
田　波（1月任）
徐存彬（1月免）
纪工委书记　王建华
监察专员办公室主任
王建华（11月任）
副主任　杨　琳(女,3月免)
靳战峰
岳彦华（3月免）
张　柯（3月任）

田宇飞（3月任）
党工委委员　孙立中（1月任）
鲁庆华（1月任）
张　柯（1月免）
刘春光
武装部部长　张　柯（2月免）
孙立中（2月任）
执法中队队长
赵永刚
司法所所长　张龙娟（女）

丰产路街道

党工委书记　王　展
办事处主任　袁小培（女）
党工委副书记
王　喆（回族）
人大工委主任
吉智勇
纪工委书记　胡传雷
副主任　白新国
韩　冰
沙广森
党工委委员、组织委员
汪亚琴（女）
党工委委员、宣传委员
徐新峰
党工委委员、武装部部长
翟　凯
司法所所长　闵岩锋
执法四中队队长
肖海峰
工商质监所所长
魏跃武
食药所所长　鲁银环（女）

南阳路街道

党工委书记　李国梁
主　任　吴　昊
党工委副书记
李　杰
人大工委主任
王　莉（女）
纪工委书记　邵金安（1月免）
关　磊（1月任）
副主任　杨顺利
池晓东
李俊霞（女）
党工委委员　王艳平（女）
郑　宏（女）
党工委委员、人武部部长
祁　帅
司法所所长　刘慧敏（女）

南阳新村街道

党工委书记　连　卿
党工委副书记、办事处主任
王　东(3月任主任)
党工委副书记
李　昕（1月任）
人大工委主任
李宗昌(3月任)
纪工委书记　郑顺英（女）
办事处副主任
徐清朴
党工委委员、人民武装部部长
张进福
办事处副主任
贾建立
党工委委员　赵　宇（女）
办事处副主任
李建强
党工委委员　孟马成
司法所所长　胡品晶（女）

花园路街道

党工委书记　彭　涛（1月免）
张俊英(女、1月任)
党工委副书记、办事处主任
张俊英(女,1月免)
曾　辉（1月任）
党工委副书记、政协工委主任
翟华风（1月免）
党工委副书记
崔海东（1月任）
人大工委主任
崔海东（3月免）
曹建刚（3月任）
纪工委书记　师建义
办事处副主任
宋延军
孟　云（1月任）
冯　燕（女）
党工委委员　杨伟生（1月免）
张　浩（1月免）
荆小娣（女）
刘立平(女,1月任)
司法所所长　郑燕涛(女,1月任)

人民路街道

党工委书记　董青丽（女，回族）
主　任　徐峰杰
副书记　邵金安（1月任）
任拉拉（1月任）
人大街道工委主任
王青峰
纪工委书记　赵　亮（1月任）
副主任　陈志立
陈东洲
丁　剑
党工委委员　谈振丽（女）
张晓戈（女）
刘国民

经八路街道

党工委书记　李　华（女）
办事处主任　赵　聪
办事处副主任
姚　淼（2月任）
党工委委员　胡志爽（1月任）
姚丽华(女,1月任)

文化路街道

党工委书记　王麟乐

党工委副书记、办事处主任
　　杨正杰

党工委副书记
　　谭　丽（女）

人大工委主任
　　郝庆丰（3月免）
　　田保松(3月任)

纪工委书记　王雪萍（女）

办事处副主任
　　吴　颖（女）
　　李一丁
　　方雅蕾（女）

党工委委员　张士朝
　　贾江华

党工委委员、武装部部长
　　沈　辉（3月任）

司法所所长　梁俊丽（女）

执法中队队长
　　张　超（3月任）

杜岭街道

党工委书记　花　磊

主　任　解小杰（11月免）

副书记　朱其明

人大工委主任
　　王　莉（女）

纪工委书记　史卫萍（女）

工委委员　周宝芝（女）
　　刘　楠（1月任）

党工委委员、人武部部长
　　付庆彬（1月免）
　　段咏鹏(1月任)

副主任　金　凤（女）
　　杨晏涛
　　王爱东（女）

司法所所长　李　敏(女,1月免)
　　徐爱凤(女,1月任)

执法中队队长
　　赵　峥（1月免）
　　王　盛（1月任）

食药所所长　宋　娜(女,1月任)

工商所所长　李　敏(女,1月任)

大石桥街道

党工委书记　李　迪（1月免）
　　刘继峰（1月任）

党工委副书记、主任
　　李存保（女）

党工委副书记
　　赵子名

人大工委主任
　　宋　锋

纪工委书记　张静燕（女）

副主任　黄书军（3月免）
　　方　亮
　　宋永胜
　　芦　勇（3月任，11月免）

党工委委员　芦　勇（1月免）
　　沈　荣（女）
　　陈宇旸（1月任）

党工委委员、人武部部长
　　邓森赫

司法所所长　蔡松伟

东风路街道

党工委常务副书记
　　梁振国

副书记、办事处主任
　　王　栋

副书记　王广敏

人大工委主任
　　周桂荣（女）

纪工委书记
　　郝书文

副主任　黄振营
　　史　锘

党工委委员、武装部长
　　王　勇

党工委委员　董丽霞（女）
　　付庆彬

司法所所长　李湧涛

执法中队长　耿　亚

未来路街道

党工委书记　聂思军

党工委副书记、办事处主任
　　汪守景

党工委副书记
　　任景刚

人大街道工委主任
　　魏　航

纪工委书记　韦丽云（女）

办事处副主任
　　苑春营（3月免）
　　钱其旺
　　葛　宁（女）
　　张卫民（3月任）

党工委委员、人武部部长
　　李　占

党工委委员　刘　倩（女）
　　岳振华

北林路街道

党工委书记
　　牛　易

党工委副书记、办事处主任
　　石中亮

党工委副书记、政协工委主任
　　王建锋（1月任）

人大工委主任
　　孙士先（1月任）

纪工委书记　刘雅丽（女）

党工委委员、武装部长
　　吴　巍

党工委委员　李　科（女）
　　徐　洋（1月任）

办事处副主任

张云丽（女）
吴焕军
廖　啸（1月任）
执法中队中队长
倪　勇
司法所所长
张艳丽(女,1月任)

凤凰台街道

党工委书记　翟俊杰
党工委副书记、办事处主任
刘继峰（1月免）
魏建鹏（1月任）
党工委副书记
李朝欣
人大工委主任
杨立伟
纪律检查工作委员会书记
刘　冲（1月任）
办事处副主任
周　凯
张　波
杨永杰
党工委委员　敖　娜（女）
贾海涛
党工委委员、武装部长
樊文广
综治办副主任
闫　寒

兴达路街道

党工委书记　刘　楠
主　任　崔　辉（1月任）
党工委副书记
路　莹（女）
人大工委主任
夏伏军
纪工委书记　李　鹏
党工委委员　姚建永
冯可攀
王　莉（女）
副主任　杨　振
姚国庆
刘晓攀
执法中队中队长
李　华（1月任）
食药所所长　刘奎斌（1月任）
司法所所长　张伟奇
工商所所长　周亚辉（1月任）

·垂直管理单位·

国家税务总局郑州市金水区税务局

党委书记、局长
焦豫安
党委副书记、副局长
王丁虎
李红卫
李伟锋
李　莉（女）
陈建新
丁郑强
薛新辉
王国胜
张春晖
党委委员、纪检组长
巴　郁
党委委员　黄海清（女）

市场管理处

主任、党支部书记
贾大志
副主任　明　涛

金水路公安分局

局　长　冯献彬

东风路公安分局

局　长　丁配杰

丰产路公安分局

局　长　叶志斌
政　委　陈建平

柳林公安分局

局　长　姬勇斌

未来路公安分局

局　长　刘卫民
政　委　魏建青

南阳路公安分局

局　长　赵书文
政　委　吴天军

文化路公安分局

局　长　王　浩
政　委　张　进（女）

消防大队

教导员　贾小锋（6月任）
大队长　杜玉若（6月免）
李伟峰（6月任）
副大队长　朱　华

中共金水区委员会

综述

【概况】 2018年，金水区委在市委坚强领导下，坚持以习近平新时代中国特色社会主义思想为指导，深入贯彻中共十九大和十九届二中、三中全会精神，认真落实中央及省市委各项决策部署，牢固树立新发展理念与以人民为中心的发展思想，按照“四重点一稳定一保证”工作总格局，紧紧围绕“实现两个率先、领跑中部城区发展”奋斗目标，以省委巡视反馈问题整改为重要契机，以高质量发展为主攻方向，突出改革开放，突出创新驱动，突出补齐短板，突出民生提标，突出党建保证，推动领跑中部城区发展决定性态势全面形成，开创了新时代经济社会以及党的建设高质量发展新局面。

2018年，实现地区生产总值1378.8亿元、增长9.5%，地方一般公共预算收入61.4亿元、增长10.7%，固定资产投资增长10%，社会消费品零售总额730.9亿元、增长7%，城镇居民人均可支配收入46012元、增长8.2%，农村居民人均可支配收入25893元、增长8%，综合经济实力稳居中部城区前列。

【新型城镇化建设】 聚焦“以建为主、提升品质、扩大成效”的阶段任务，走好以人为核心的新型城镇化道路。规划的65个安置房项目全部开工建设，新建成安置房293万平方米，网签安置房7072套，累计回迁11.7万人，整体回迁率达到80%。以陈砦、庙李、柳林等22个项目控规获批为标志，安置区控规全部通过市联审联批。全年土地供应量同比增长3倍，完成土地挂牌2300亩，创历史新高。强力推进市政设施建设，丽水路等69条道路开工建设，50条道路背街完成修复整治，铁路沿线等“五项整治”工作强力推进，市政重点工程新增征迁任务圆满完成。

【现代产业体系】 金融、商贸和高技术服务等主导产业支撑作用更加坚实，现代服务业增加值突破900亿元，对经济增长的贡献率达到74%。新兴产业加速崛起，省市两级信息安全产业示范基地正式挂牌，主营业务收入突破50亿元；共享生态科技产业城O2O孵化器和仓展中心运营在即，全区签约共享应用企业48家。河南科技园区主营业务收入连续3年保持10%以上增长，金水科教园区（郑州金水高新技术产业开发区）正式纳入《中国开发区审核公告目录》（2018年版），国家知识产权创意产业试点园区成功入选世界知识产权组织技术与创新支持中心，中国（郑州）快速维权中心成为全国唯一一家外观设计专利审查免检单位。

【开放创新双驱动】 自贸区进入实质性开发建设阶段，金水“一带一路”经贸产业园挂牌运营，与德国帕西姆空港产业园建立战略合作，注册企业累计突破200家、注册资本超37亿元。自创区引领作用逐步显现，累计吸引院士工作站40个、国家级技术研究中心（重点实验室）4个、国家级孵化器（众创空间）10个、“智汇郑州·1125”人才团队

59个。专利申请量突破13000件，被评为省知识产权强县工程示范区。“金典六策”奖补资金兑付1.8亿元，惠及企业近2000家，“新三板”挂牌企业新增5家、累计达到33家，总数稳居全省县（市）区首位。

【生态环境治理】 牢固树立“绿水青山就是金山银山”的发展理念，以中央环保督察“回头看”反馈问题整改为契机，强力推进环境治理和生态建设。深化大气污染防治攻坚，狠抓建筑工地扬尘、“散乱污”企业整治等专项治理，$PM_{2.5}$、PM_{10}、臭氧等6项污染物年均浓度全部下降，优良天数同比增加11天，空气质量持续好转。强力推进国家生态园林城市创建，新建公园游园45个，新增绿地168万平方米，更多绿色走进群众生活。加快生态水系建设，索须河故道、石沟河分段治理初见成效，全区黑臭水体基本消除，贾鲁湖基本建成、杲村湖主体完工、贾鲁河两岸绿化景观初具形象，成为城区一道靓丽的风景线。

【重点领域改革】 把改革作为破解难题、增强动力、改善民生的关键一招，贯穿各项工作全过程。稳步推进机构改革，召开区委十一届七次全会专题部署，明确了改革的原则目标、方法步骤和纪律要求，全区上下思想认识统一、改革工作有序推进，涉改单位近期将集中挂牌履职。深化纪检监察体制改革，向区一级党和国家机关派驻纪检监察组，在各街道设立派出监察专员办公室，实现监察职能向基层延伸。探索推进以“路长制”为载体的城市精细化管理，创新实施“一模式四体系”工作法与“1+2+N”工作模式，经验做法在全市推广。大力实施“放管服”改革，区级588项“三级十同”事项全部实现“一网通办”。区工会、团区委、区妇联、区科协换届稳步推进。农村集体产权制度改革有序实施。

【民生福祉】 2018年，区委常委会始终把群众的期盼作为工作的着力点和落脚点，顺应民意、改善民生、保障民安，人民群众的幸福感、获得感更加强烈。社会事业协调并进，群众生活得更加顺心。把财力最大限度地向民生领域倾斜，民生领域支出占比达到73.5%，新增就业3.2万人、新建保障房6535套，累计发放各类补贴救助金5495万元，社会保障更加有力；新投用中小学5所、幼儿园12所，新增学位9545个，教育资源配置更加科学，被国务院教育督导委员会认定为全国义务教育发展基本均衡区；搭建全区远程医疗会诊网络，标准化改造4个社区卫生服务中心，家庭医生签约率达到45.32%，医疗服务能力持续提升。服务设施日趋完善，群众生活得更加舒心。市民公共文化服务活动中心主体封顶，党群服务中心新开工2个、基本建成4个、投入使用5个，便民服务体系日趋完善。深入实施百城提质工程，对纬二路26号院等52个老旧小区进行改造，新增公共停车泊位10142个，环卫中转站、垃圾转运站、公厕等一大批市政设施加快建设，城区承载能力持续提升。社会大局安全稳定，群众生活得更加安心。严格落实安全生产工作“党政同责”“一岗双责”，完善信息化立体化社会治安防控体系，抓好非法集资风险化解，妥善处理信访突出问题，全力开展“扫黑除恶”专项斗争，累计侦办“涉黑涉恶”案件14件、刑拘444人，精准有效打击了一批“黑恶”势力，辖区群众安全感和满意度持续提升。落实党管武装政治责任，深入开展双拥共建，军民融合深入发展。

【民主法治建设】 2018年，区委常委会把发展社会主义民主法治作为推动各项事业发展的重要保障，坚持党的领导、人民当家做主、依法治区有机统一，更好地凝聚共识、共推发展、促进和谐。

全力支持人大及其常委会充分发挥国家权力机关作用。区委常委会定期听取区人大全面工作汇报，对加强新形势下人大工作进行安排部署。区人大及其常委会充分发挥监督、讨论决定重大事项、人事任免等职能作用，紧紧围绕助推金水领跑中部城区发展履职尽责。全年听取和审议“一府两院”专项工作报告19项，审查批准民生领域重点项目42项，任免地方国家机关工作人员65人次，针对“十三五”规划实施、《中华人民共和国大气污染防治法》执行等工作开展视察、执法检查95次，推动了重点工作的有效开展。

充分保障人民政协积极履行政治协商、民主监督和参政议政职能。贯彻落实中央和省委关于加强新时代政协党建工作的意见，将政协党建工作纳入党委工作总体布局、一体谋划。定期就重大决策向民主党派和无党派人士通报情况、听取意见。区政协及其常委会认真履行政治协商、民主监督和参政议政职能，围绕重大项目建设、环境污染防治、城市精细化管理等重点工作开展专题协商2次，组织视察调研34次，办复提案116件，为区委科学决策提供了强有力的智力支撑。

扎实做好统战和民族宗教工作。加强与工商联、各人民团体及各界人士的联系和协作，定期就重大问题向民主党派、工商联和无党派人士通报情况、征求意见，在民主党派和无党派人士、新社会阶层人士、民族宗教界人士、非公有制经济人士中有针对性地开展主题教育活动，凝心聚力推动改革发展稳定。贯彻实施《宗教事务条例》，开展宗教工作专项规范整治，宗教工作法制化、规范化水平有效提升。

全面深入推进依法治区。构建“大普法”工作格局，制定出台党政主要负责人履行法治建设第一责任人职责规定，创新普法模式，推动“七五”普法深入顺利开展。全面完成公共法律服务实体平台建设，积极推进社区矫正延伸用警试点工作，村（社区）法律顾问覆盖率达100%，打通了公共法律服务“最后一公里”。

全面从严治党

【党建水平提升】 2018年，区委常委会始终把抓好党建作为“最大政绩”，抓主业、担主责、唱主角，切实加强对党建工作的领导和组织推进，着力提升党建科学化水平，不断巩固发展全区风清气正、心齐气顺、干事创业的良好政治生态。

突出主业主责，全面落实管党治党责任。坚持把党的建设与经济发展相统筹，把党的建设与经济工作按同等权重纳入综合绩效考核，引导各级树牢“抓好党建是最大政绩、推进发展是第一要务”的理念。坚持党建各项工作“一盘棋”，进一步充实完善全面从严治党责任清单、问题清单、整改清单，突出问题整改、层层传导压力，建立街道党工委书记抓基层党建工作实绩档案，开展“三级联述联评联考”，创新党建督导考评方式，构建了以上率下、上下联动的党建责任体系，使党委管党建、书记抓党建的责任落细落实、落地生根。

突出守正创新，全面加强宣传思想工作。深入开展中国特色社会主义和中国梦宣传教育，大力弘扬社会主义核心价值观，精心策划“将改革进行到底”“媒体看金水”等宣传活动，讲好金水故事，强化舆论引导。挂牌成立区级融媒体中心、新时代文明实践中心、学雷锋志愿服务中心，稳步推进街道（社区）学雷锋“文明使者”志愿服务站建设，筑牢思想宣传主阵地。落实意识形态工作责任制，建立健全意识形态工作责任制考核体系和联席会议制度，完善舆情研判、评估、预警、调处等工作机制，深入开展网络空间专项规范整治，意识形态领域总体态势持续向好。

突出敬业担当，全面加强干部队伍建设。把公道正派贯穿选人用人全过程，按照事业为重、人岗相适的原则，提拔重用了一批德才兼备、敬业担当的干部，选优配强各级领导班子，让想干事、会干事的干部有机会、有舞台，让长期扎根一线的干部有希望、有出路，在全区树立了重基层、重实干、重实绩的用人导向。制定出台“规范干部选任管理监督意见”、防止“带病提拔”实施办法和“干部选拔任用工作程序”等一系列制度，严把干部选任关口。开展干部人事档案再审核和干部学历学位清查专项行动，启动干部档案数字化建设工作，严格执行领导干部个人有关事项报告制度，实现从严监督管理干部常态化。

突出“三基建设”，全面提升基层党建质量。以“支部建设提升年”为契机，常态化开展逐村（社区）观摩，着力推进“分类定级、晋位升级”，4个软弱涣散及后进村、23个后进党支部全部晋位升级。深入实施硬件提标工程，21个不达标社区全部达到500平方米以上。全区推行“党建工作代表大会”和“居民代表大会”两项制度，推广“星级楼组”创建与党建“智库”体系两项机制，探索创新党建引领下的社会治理新模式。全面落实“一二六”工作法，培育非公党建“三基地”5个，新成立“两新”党组织39个，有效激发了“两新”党建活力。严格落实“双推双评三全程”制度，建立失联党员持续查找机制，推行农村无职党员“一编三定”，党员管理水平有效提升。

突出严抓严管，坚定不移正风肃纪反腐。从严抓责任，制定出台《关于强化领导班子成员党风廉政建设“一岗双责”的实施办法》，加强对落实情况的监督检查，严肃问责管党治党宽松软问题。从严抓监督，开展作风建设、财经纪律专项整治，完善《“五个不直接分管”暂行规定》《财务内部控制办法》等一系列防控措施，扎实制度笼子。健全巡察工作责任制和成效评价机制，推进巡察工作向行政村和社区延伸，对全区90个党组织开展了政治巡察，发现问题592个，移交问题线索30个，立案6起，给予党纪政务处分7人，组织处理13人，充分发挥了巡察“利剑”作用。从严抓执纪，组织开展落实中央八项规定精神“回头看”专项活动，查处案件12件，处理18人；突出抓早抓小，运用执纪监督“四种形态”处理418人次，第一、二种形态分别占比74.6%、17.9%；坚持力度不减、节奏不变，持之以恒惩治腐败，全年共立案97件，给予党纪政务处分106人，涉嫌违法犯罪移交司法机关10人；查实“涉黑涉恶”腐败案件4件，查办“保护伞”5人，追究工作不力责任5人，终止党员权利2人，进一步强化了不敢腐的震慑。

【督查工作】 持续狠抓区委决策落实，做到督查有力。着力抓好区委决策部署的跟踪督查。坚持把贯彻落实区委重要会议文件和重要工作部署、重要决定事项作为督查重点，共编发《金水督查》及日询问事项报告单450期，《督查事项通知单》341期，有力推动了全区群团改革、“一岗双责”监督检查等一系列工作的切实开展。着力抓好重点工程的督查督办。先后对河南自贸试验区郑州片区金水区块、市民文化公园、贾鲁河综合治理、金水科教园区等重点项目进行专项督查，合计办理日询问225期、周报138期，有力促进了工作落实。着力抓好特殊时期的督促检查。全国“两会”期间，加强对全区17个街道办事处的专项督查，实现了全国“两会”期间金水区信访稳定“零干扰”。以责任自觉压实行动自觉，紧盯巡视整改，确保巡视反馈意见在全区范围内得到整改落实。着力抓好网民留言的督查办理。抓紧抓实人民网网民留言办理工作，全年共办理留言350条，回复率100%，解决了一批涉及群众切身利益的实际问题。

【目标考评工作】 有序做好目标责任考核工作。制定出台《2018年度综合工作考核评价办法》，为全区17个街道、68个区直单位开展考核工作提供有力遵循。进一步修改完善《金水区2018年度街道办事处综合工作考核评价办法》，依据街道办事处区域特色和工作重点设置不同权重，推进了差异化考核在全区范围内的开展。

（撰稿：刘　静　审阅：杨艳芳）

区委重要会议

【区委十一届五次全体（扩大）会议】 1月6日，区委十一届五次全体（扩大）会议在区机关三楼多功能厅胜利召开。会议深入贯彻落实中央和省市委经济工作会议、省委十届五次全会、市委十一届六次全会会议精神，全面总结2017年工作，安排部署2018年工作。区委第十一届委员会委员、候补委员出席会议。区人大、区政府、区政协领导及其他副县级以上领导，区纪委常委、纪委委员，区委巡察办主任、巡察组组长，区委常委所在部门常务副职，区各管委会副主任，区人大、区政府办公室主任，区政协秘书长、办公室主任，区四大班子办公室副主任，区人大常委会、区政协各工作（专门）委员会主要负责人，各街道党政正职，区直机关各单位主要负责人，各垂直单位、辖区各公安分局主要负责人，部分民主党派、工商联、无党派人士代表和服务业企业负责人参加会议。

会议听取了区委书记陈宏伟代表区委常委会所作的工作报告和区委副书记、区长魏东代表区委所作的主题报告。

会议指出，2017年是中共十九大召开之年，是贯彻落实区第十一次党代会部署的开局之年。一年来，区委常委会坚持以习近平新时代中国特色社会主义思想为指导，深入贯彻中央和省委精神，认真落实市委决策部署，紧紧围绕“实现两个率先、领跑中部城区发展”奋斗目标，统筹推进“四重点一稳定一保证”工作，团结带领全区干部群众，真抓实干、务实重干，经济发展超出预期，社会大局和谐稳定，群众生活持续改善，党风政风风清气正，为“实现两个率先、领跑中部城区发展”奠定了坚实基础。

全会认为，2018年是贯彻中共十九大精神的开局之年，是改革开放40周年，是实施“十三五”规划承上启下的关键一年，也是全面形成领跑中部城区发展决定性态势的决胜之年。2018年工作的主题是“全面形成领跑中部城区发展的决定性态势”。工作总的要求是：全面贯彻中共十九大精神，认真落实中央和省市委工作部署，以习近平新时代中国特色社会主义思想为指导，坚持稳中求进总基调、奋发有为总要求，坚持新发展理念，坚持高质量发展的根本方向，坚持“项目化推进、台账式管理”工作方法，紧紧围绕郑州建设国家中心城市和“四重点一稳定一保证”工作总格局，牢牢盯住“实现两个率先、领跑中部城区发展”奋斗目标，突出改革开放，突出创新驱动，突出补齐短板，突出民生提标，突出党建保证，全面形成领跑中部城区发展决定性态势，在郑州建设国家中心城市中“挑大梁、走前头、做贡献”。

会议分组讨论了2017年工作报告、《区委常委会抓党建工作情况专题报告（讨论稿）》、《中共金水区委2018年工作要点（讨论稿）》、《金水区攻坚重大项目建设全面形成领跑中部城区发展决定性态势的实施意见（讨论稿）》，表决通过了《全会决议（草案）》。

会议最后，陈宏伟围绕全面形成领跑中部城区发展决定性态势作了重要讲话。还对近期工作谋划、安全生产、信访稳定、访贫问苦等工作进行了再强调。

【全区领导干部会】 1月23日，在区机关一楼东厅召开全区领导干部会。会议主要对一季度整体工作进行了动员部署。全区副县级以上领导干部，区委常委所在部门常务副职，区人大、区政府办公室主任，区政协秘书长、办公室主任，区委巡察办主任、巡察组组长，各街道党政正职，区直机关各单位主要负责人，各垂直单位、辖区各公安分局主要负责人参加会议。会议由区委书记陈宏伟主持。

会议由区委常委、区政府常务副区长杨洁对一季度经济工作进行安排部署。区委副书记、区长魏东结合全年工作目标，对一季度重点工作、重点项目进行了强调部署。

魏东指出，一是要在肯定成绩中全面认识新一年的发展任务。过去的一年中，金水区办成了一大批打基础、利长远、增后劲的大事、要事，2018年又提出了全面领跑中部城区发展的目标，全区上下要紧盯工作目标，仔细对照任务分解表，进一步细化责任，全力抓好落实。二是要在深化落实中准确把握好安置房建设、自贸区开发建设、招商引资、重点工程拆迁、生态绿化、政府投资项目、大气污染防治、安全生产和信访稳定。三是领导干部要在攻坚奋进中充分发挥好示范带头作用，以最快的速度适应角色的转变，迅速投入新的工作，认清职责，对照目标，当好标杆，带动整体工作更好更快的落实。

为确保一季度实现“开门红”，为全年工作开好局、起好步，陈宏伟强调三点意见：一是要以敬业、负责、担当的姿态全身心投入到2018年各项工作中去。领导干部是推动工作落实的关键少数，敬业、负责、担当是领导干部必备的基本素质。领导干部只有敬业奉献、负责担当，以上率下、率先垂范，才能引领全区干部群众以同样高昂的姿态投入到2018年各项工作中去，才能顺利实现领跑中部城区发展的宏伟目标。二是要抢先抓早，确保开好局、起好步。要抢抓发展的历史机遇期，盯紧盯牢项目建设、土地挂牌出让、民生工程、项目入库等，迎难而上，攻坚克难，以等不起的责任感、慢不得的使命感、坐不住的紧迫感，尽早尽快抓好一季度工作，确保“开门红”，为全年工作起好步、开好局。三是要精心谋划，充分准备，为全年工作打下良好基础。要立足全年目标任务，不等不靠、主动谋划重点项目建设，做到早部署、早准备、早见成效。对续建项目，要充分利用封土行动的空窗期，进一步优化施工方案，确保封土令解除后能立即进入施工状态并形成建设高潮；对计划新开工的项目，要提早开展拆迁清零、项目评审、招投标等前期工作，确保项目如期全面顺利开工。

【2017年度落实全面从严治党主体责任述责述廉会议】 1月25日，在区机关一楼东厅召开2017年度落实全面从严治党主体责任述责述廉会议。区委常委，区纪委委员，区监委委员，区委巡察办主任、各巡察组组长，各街道党工委书记、区直机关各单位党组书记参加会议。

会上，丰庆路街道、丰产路街道、区工商质监局、区食药局党组织主要负责人就落实全面从严治党主体责任情况作了述责述廉报告。区委书记陈宏伟，区委副书记李伟革，区委常委、区政府常务副区长杨洁，区委常委、组织部部长时博从如何在抓发展的同时抓党风廉政建设、如何完善基层党风政风监督检查机制、如何履行全面从严治党第一责任人责任、如何营造廉洁从政良好氛围等方面，有针对性地进行提问点评。

与会人员结合四个单位履行全面从严治党主体责任和遵守廉洁自律情况，对其以投票的方式进行民主评议。

【2017年度街道党工委书记抓基层党建工作述职评议会议】 1月25日召开2017年度街道党工委书记抓基层党建工作述职评议会。市绩效办副主任黄莹，市委党建办综合处处长朱文博出席会议。区委常委、区委党的建设工作领导小组成员、区直各单位党组织负责人、各街道党工委书记、部分“两代表一委员”和基层党员群众代表参加了会议。会议由区委书记陈宏伟主持。

会议首先由17个街道党工委书记认真总结一年来党建工作成绩、深刻剖析存在的问题及不足、认真谋划下一步工作打算。区委常委对各街道党工委书记抓基层党建工作述职报告逐一进行了点评。

【2017年老干部政情通报会】 2月2日，在丰乐园大酒店召开老干部政情通报会。区委书记陈宏伟，区委副书记、区长魏东，区委副书记李伟革，区人大常委会主任薛燕，区政协主席武建民，区委常委、组织部部长时博，区委常委、区委办公室主任曹可艳出席会议，全区30多名县处级离退休老干部参加会议。

陈宏伟通报了全区2018年工作安排部署情况，着重强调了安置房建设，自主创新示范区建设，便民服务设施建设等工作，要求各部门要继续重视老干部工作。

【2018年新春团拜会】 2月12日，举行2018年新春团拜会。会议采取视频形式，主会场设在区机关三楼多功能厅，各街道、设有视频会议室的区直机关单位均设立分会场。全区副县级以上领导干部，区人大、区政府办公室主任，区政协秘书长、办公室主任，区四大班子办公室副主任，区委常委所在部门常务副职，区总工会常务副职，区纪委常委、区委巡察办主任、各巡察组组长，各街道党政正职，区直机关各单位主要负责人，各垂直单位、辖区各公安分局主要负责人，区人大常委会各工作委员会主任、部分市区人大代表，区政协各专门委员会主任、部分市区政协委员，辖区部分企业主要负责人，部分驻区金融机构负责人，慈善人士、残疾人代表以及社会各界代表在主会场就座。各街道办事处班子成员，社区书记、主任，科室负责人，设有视频会议室的区直单位班子成员、科室负责人在分会场就座。

会上，与会人员观看了《金水区2017年经济社会发展纪实片》后，区委书记陈宏伟致新年贺词，区四大班子领导，向全区广大干部职工、所有关心支持金水发展人民群众致以节日的问候和新春的祝福。

【全区领导干部会议】 2月21日，在区机关一楼东厅召开全区领导干部会议。全区副县级以上领导，区委常委所在部门常务副职，区人大、区政府办公室主任，区政协秘书长、办公室主任，区委巡察办主任、巡察组组长，各街道党政正职，区直各单位主要负责人；辖区各垂直单位、各公安分局主要负责人参加会议。会议由区委书记陈宏伟主持。

区委常委、政法委书记卢书选对全区信访稳定工作进行安排部署。区委副书记、区长魏东对当前重点工作进行安排部署。

魏东指出，抓好当前重点工作要从五个“突出”入手：一是突出抓好重点项目建设。各单位要突出重点项目的开工、建设和筹备，全力促开工，全力赶进度，全力抓招商，确保一季度全面形成开工建设的热潮。二是突出抓好群众安置房建设。2018年是金水区安置房建设的决胜年，要抓好拆迁清零、安置房相关手续办理，全力解决遗留问题，确保3月15日前安置地块的清零任务全部完成，四个基本开工的条件完全具备，6月底之前开发地块的清零任务大头落地，全部安置房项目全部实现实质性开工。三是突出抓好市政工程征迁、自贸区建设、贾鲁河综合治理和园林绿化四项节点性、实效性非常强的工作。四是突出抓好环境污染防治、城市精细化管理、安全生产和信访稳定四项长期坚持、持续推进的工作。五是突出抓好一季度经济运行监测，及时进行工作盘点，查缺补漏。

围绕近期工作安排，陈宏伟强调，一是收心聚力，提振精神。各单位要开始收心聚力、调整状态，从过节休闲放松的状态，调整到正常紧张有序的状态中来，实现一季度开门红，为全年工作开好局、起好步，确保全年目标任务顺利完成，为金水区实现“两个率先”、领跑中部城区发展奠定坚实基础。二是高度重视巡视工作。巡视巡察工作是党内监督的战略性制度安排，也是加强党的建设、促进正确行使权力的重要方式，是推进全面从严治党向基层延伸的“尖兵”和“利剑”。要对五轮集中巡察中发现的问题进行认真总结，选取典型案例进行逐案剖析，坚持以案促改，持续深入推进整改。要从讲政治的高度，深刻认识开展巡视巡察工作的重要意义，进一步强化责任领导，加强自查自纠，积极配合中央和省委巡视，全力做好巡视迎检工作。三是做好信访安全工作。要做好全国“两会”和中央、省委巡视期间的信访稳定工作，明确责任，摸清底子，立足化解，健全机制，坚决打击，严格问责。要做好全国“两会”和中央、省委巡视期间的安全生产工作，围绕人员密集场所、易燃易爆单位、电动车充电和重点人群进行全面排查，发现一起、上报一起，限时整改，确保所有隐患按时整改到位。四是确保第一季度工作开门红。要立足全年目标，按照项目化管理、台账式管理的方式，开足马力，昼夜不停，加快建设，确保清华启迪、国家信息安全产业基地、市民文化公园等20个节点性项目于3月20号前顺利开工，确保一季度工作“开门红”。

【2018年科级干部学习贯彻中共十九大精神轮训班第一期】 2月22日，2018年科级干部学习贯彻中共十九大精神轮训班开班仪式暨第一期培训在河南省委党校举行。区委书记陈宏伟，区委副书记李伟革，区委常委、组织部部长时博，区委常委、区委办公室主任曹可艳出席会议。全区336名科级干部参加培训。区委副书记李伟革主持开班仪式。

此次培训为期6天，分2期，共746人参训，并专门邀请了省委党校行政学院常务副校长焦国栋、省政府发展研究中心主任谷建全、省委党校行政学院党建教研部主任郭献功、广东财经大学教授易刚明，围绕“学习贯彻中共十九大精神，推动金水领跑发展”，就坚持和平发展道路构建人类命运共同体、产业经济与新型城镇化建设等方面进行了讲解和阐释。

【2018年科级干部学习贯彻中共十九大精神轮训班第二期】 2月25日，2018年科级干部学习贯彻中共十九大精神轮训班第二期正式开班。区长魏东，区委副书记李伟革，区委常委、组织部部长时博出席会议。全区378名科级干部参加培训。

会上，区长魏东围绕“践行新思想　实现新作为　奋力开启金水全面领跑中部城区发展新征程”作专题授课，并就如何更好地学习、理解、贯彻中共十九大精神，更好地落实省市区委工作部署提出具体要求：学习宣传贯彻好中共十九大精神，是全党全国当前和今后一个时期的首要政治任务，全区上下要把学习贯彻中共十九大精神作为第一堂党课、第一堂政治必修课，努力在“学懂、弄通、做实”上下功夫。一要深刻领会“新思想”的精神实质和丰富内涵，以不忘初心的历史责任，切实推动中共十九大精神在金水落地生根。二要深刻理解“新征程”的宏伟蓝图和奋斗目标，以坚如磐石的战略定力，主动扛起领跑发展的使命重任。三要深刻践行“新作为”的崇高使命和时代担当，以久久为功的恒心韧劲，奋力开创社会主义现代化强区建设新局面。

就如何开展好此次培训，区委副书记李伟革强调：要进一步提高思想认识，迅速转变角色，端正学习态度，准确、深入地领会和把握习近平新时代中国特色社会主义思想和中共十九大精神，不忘初心，牢记使命，锐意进取，埋头苦干，努力将政治理论和专业方法与本单位及自身发展有机结合，尽快把所学的知识吸收消化，推动转化为各项工作落实。

【十一届区纪委三次全体（扩大）会议】 2月27日，十一届区纪委三次全体（扩大）会议召开。全会回顾总结了2017年全区党风廉政建设和反腐败工作，安排部署了2018年工作任务。全区副县级以上领导干部出席会议。十一届区纪委委员，区人大、区政府办公室主任，区政协秘书长、办公室主任，区委常委所在部门常务副职，各街道党政正职，区直各单位主要负责人，区委巡察办主任、副主任，各巡察组组长、副组长，各垂直单位主要负责人，各街道纪工委书记，区直单位派驻纪检监察组长，未设纪检机构的单位主管反腐倡廉工作的副职，特邀监察员，部分“两新”组织纪委书记，区纪委监委各室、部负责人参加会议。区委书记陈宏伟出席全会并讲话。区委常委、区纪委书记、监委主任赵惠玲主持会议。

陈宏伟强调，要高举习近平新时代中国特色社会主义思想伟大旗帜，全面贯彻中共十九大精神，落实中央纪委二次全会、省纪委三次全会、市纪委三次全会部署，坚定不移推进全面从严治党向纵深发展，营造好、巩固好、发展好风清气正的良好政治生态，不断增强党的创造力、凝聚力、战斗力，为金水区率先全面建成小康社会、领跑中部城区发展提供坚强保证。

陈宏伟指出，要提高政治站位，深刻统一思想认识，准确把握新时代深入推进全面从严治党向纵深发展的新部署新要求。深刻认识党中央深化全面从严治党的坚定决心，持之以恒，砥砺前行；深刻领会中央十八大以来全面从严治党的重要经验，长期坚持，不断深化；深刻把握深入推进全面从严治党的主要任务，坚决贯彻，狠抓落实，保持重整行装再出发的精神状态，推出务实管用的举措，确保中央和省市决策部署落到实处。

陈宏伟强调，一年来，区委和区纪委坚持以习近平新时代中国特色社会主义思想为指导，以迎接中共十九大、服务中共十九大、学习宣传贯彻中共十九大精神为主线，坚决贯彻落实中央和省委、市委关于全面从严治党的决策部署，以“两学一做”固本培元，以压实责任传导压力，以正风肃纪激浊扬清，以高压惩腐形成震慑，以标本兼治净化生态，全面从严治党和党风廉政建设各项工作成效显著，反腐败斗争压倒性态势已经形成并巩固发展，为金水区“实现两个率先、领跑中部城区发展”提供了坚强保证。同时，必须清醒地认识到，当前金水区党的建设一些深层次问题尚没有得到根本解决，一些老问题反弹回潮的因素依然存在，对一些新情况新问题还缺乏有效的应对措施，反腐败斗争形势依然严峻复杂，全面从严治党任重道远。

陈宏伟要求，要以习近平新时代中国特色社会主义思想为指导，贯彻落实中共十九大精神，增强“四个意识”、坚定“四个自信”，紧紧围绕维护习近平总书记党的领袖和核心地位，紧紧围绕维护党中央权威与集中统一领导，坚持党要管党、全面从严治党，以党的政治建设为统领，全面推进党的各项建设，深化国家监察体制改革，持之以恒正风肃纪，深入推进反腐败斗争，不断增强党的创造力、凝聚力、战斗力，为金水区“实现两个率先、领跑中部城区发展”提供坚强保证。重点抓好六个方面的工作：一是旗帜鲜明把党的政治建设摆在首位，营造风清气正的政治文化。二是持续加强作风建设，锲而不舍落实中央八项规定。三是全面加强纪律建设，用严明的纪律管党治党。四是深化标本兼治，夺取反腐败斗争压倒性胜利。五是充分发挥督查监察的力量作用，增强自我净化能力。六是要建设忠诚干净担当的纪检监察队伍，确保惩恶扬善的“利剑”永不蒙尘。

赵惠玲代表区纪委常委会作题为《坚定不移落实全面从严治党战略部署　为实现“两个率先”领跑中部城区发展提供坚强保证》的工作报告，对全区党风廉政建设和反腐败工作进行了系统总结和全面部署。会议在分组充分讨论后，审议通过了赵惠玲所作的工作报告。

就贯彻落实全会精神，赵惠玲要求：一要认真学习，深刻领会全会精神。首先要学的，就是中央纪委、省纪委、市纪委和区纪委全会精神，要反复原文原句地精读报告、原汁原味地领会领导讲话，广泛开展讨论，深入思考领悟，掌握精神实质。二要担当负责，认真落实全会精神。要以高度的使命感和责任感，把力量凝聚到全会的各项工作部署上来，主动认领目标任务，找准落实工作的切入点、结合点，担当起应负的责任，及时发现问题，敢说敢管、敢查敢纠，做到守土有责、守土负责、守土尽责。三要改进作风，自觉树立良好形象。纪检监察干部一定要做改进作风的表率，做巩固落实中央八项规定精神和实施细则的表率，做反对“四风”的表率，要逐条对照，摆表现、找差距，拿出过硬措施，扎扎实实整改到位。领导干部要带头转变作风，身体力行，以上率下，形成改进作风、务实重干的“头雁效应”。四要从严要求，确保纪委监委顺畅运转。要抓好学习培训，通过主动自觉学习，提升履职尽责的本领，推动纪检监察干部思想观念、方法手段、工作流程的深度融合、与时俱进。要抓好规范运行，探索建立顺畅规范的内部运行机制和外部衔接机制，推动纪法贯通、同向发力。要抓好审查调查，全面履行纪检、监察两项职责，全要素试用12种调查措施，释放监察体制改革的效能。要坚守安全底线，时刻绷紧“安全”这根弦，严格遵守各项安全规定，严格落实安全责任制。要强化自我监督，扎紧制度笼子，强化集体决策，严格审批权限，规范内控机制，确保权力不被滥用、“利剑”永不蒙尘。

【2017年度目标总结表彰暨2018年工作推进大会】　2月28日，在区机关三楼多功能厅召开2017年度目标总结表彰暨2018年工作推进大会。全区副县级以上领导；区委常委所在部门常务副职，区各管委会副主任，区人大、区政府办公室主任，区政协秘书长、办公室主任，区四大班子办公室副主任，区人大常委会、区政协各工作（专门）委员会主要负责人；各街道党政正职、党工委副书记；区直机关各单位主要负责人；河南省地方税务局直属税务分局、郑州市地方税务局大企业税务分局、郑州市地方税务局稽查局、郑州市国家税务局稽查局、金水区国税局、金水区地税局、金水规划分局、金水区公安消防大队、辖区各公安分局、市场管理处、郑州交巡警一大队、郑州交巡警四大队、郑州交巡警五大队主要负责人；受表彰的企业代表和文明市民代表参加会议。会议由区委副书记李伟革主持。

区委副书记、区长魏东总结2017年工作，安排部署2018年任务。一是成绩十分突出。在经济运行、开放创新、大棚户区改造、民生实事等方面取得了成绩。二是路径十分清晰，把握机遇中认清形势、放大优势。要紧紧围绕郑州建设国家中心城市和市委“四重点一稳定一保证”工作总格局，牢牢盯住“实现两个率先、领跑中部城区发展”奋斗目标。三是重点十分明确，务必在攻坚推进中持续突破、全面提升。2018年，要全力攻坚重大项目建设，全力攻坚安置房建设，全力攻坚招商引资，全力攻坚自贸区和自创区建设，全力攻坚生态建设，全力攻坚基础设施建设，全力攻坚民生实事办理，全力做好巡视期间保障工作。

区委常委、区政府常务副区长杨洁宣读有关表彰决定，受表彰的先进单位代表和先进个人代表上台领奖。接着，各街道向区委、区政府递交2018年度目标责任书，部分单位进行表态发言。

围绕2018年工作开展，区委书记陈宏伟强调四个方面的内容。

一是紧盯目标，乘势而上。2017年，金水区在现代产业体系构建、城市精细化管理、大气污染防治等各方面都取得了辉煌的成绩，实现了经济社会的跨越发展和快速发展，进入了重要历史拐点，逐渐发展到“以建为主、扩大成效”阶段。2018年，金水区要紧盯“全面形成领跑中部城区发展决定性态势”这一发展目标，真抓实干，务实重干，确保全年目标顺利实现。

二是突出重点，项目带动。要牢牢扭住项目建设这个“牛鼻子”，深入实施“项目建设年”活动，继续突出项目的引领和带动作用，通过项目建设调结构、促提升，通过项目建设转作风、惠民生，通过项目建设看干部的精气神、综合能力和工作实效，在全区各单位形成比进度、比成绩、比项目的干事氛围。同时，要加大项目建设在目标考核体系中的比重，确保191个重点项目高质量、高水平地推进。

三是统筹兼顾，科学推进。2018年的改革、发展、稳定工作任务异常繁重艰巨，要理清思绪，突出重点，全面推进。要在严格按照中央、省、市要求，常态化推进改革发展工作的同时，有针对性的做好阶段性重点工作。各级领导干部和各企业主体要转变观念，在封土令期间做好各种基础性工作和保障工作，确保封土令解除后立即进入实质性施工。各委局、办事处，尤其是承担191个重点项目的责任单位，要早研究、早安排、早谋划、早部署，把握重点，踏准节奏，确保各项工作如期顺利完成。

四是转变作风，务实重干。第一，要优化环境。政法部门要结合“扫黑除恶”工作，对强装强卸、强买强卖严厉打击整治；纪委要利用监察委改革，整合精英力量，严重查处造成政府投资项目、棚户区改造项目、重大产业项目落地慢、建设难等问题，共同为项目建设提供良好的发展环境。第二，要严格督查考评。两办督查室要加强现场督查，尤其对区委、区政府关注的重点项目要深入现场，严格督导；目标办在目标考核中要重实绩，坚持以考核为“指挥棒”，推动工作落到实处；十个区级重点工作推进领导小组要切实负责，定期不定期对项目进展进行观摩点评，对观摩中的先进落后典型进行通报表彰批评，并在年底考核中实行“痕迹化”管理，引导全区形成“比学赶帮、争先创优”工作局面。第三，要敬业负责。各级领导干部和各单位负责人要进一步明晰职责责任和工作时间节点，全面领跑中部城区发展决定性态势的形成。

【省委第一巡视组巡视金水区工作动员会】 根据省委关于巡视工作的统一部署，2018年3月5日，省委第一巡视组巡视金水区工作动员会召开。会前，省委第一巡视组组长米剑峰、省委巡视办巡视协调处处长翟耀与金水区委书记陈宏伟和区委副书记、区长魏东进行了见面沟通，传达了省委关于巡视工作的安排部署。会上，米剑峰、翟耀就即将开展的巡视工作做了动员讲话，对配合做好巡视工作提出了具体要求。陈宏伟作表态发言。

省委第一巡视组副组长韩若冰及巡视组有关人员，金水区委常委，区人大常委会、区政府、区政协党组领导班子成员，区人民法院院长、区人民检察院检察长出席会议；其他副县级以上领导干部，区纪委监委领导班子成员和区委组织部领导班子成员，区委巡察办主任、巡察组组长，区人大、区政府办公室主任，区政协秘书长、办公室主任，区委常委所在部门常务副职，区直各单位主要负责人，各街道党政正职，区人大、区政协各工作（专门）委员会主任，区法院、检察院常务副职列席会议。

米剑峰指出，此次对金水区开展巡视，体现了省委对金水区的高度重视，是对金水区委坚持党的全面领导、加强党的建设、全面从严治党以及党风廉政建设和反腐败工作的全面政治体检。金水区委及各级党员领导干部要深刻认识巡视工作重要意义，提高政治站位与政治觉悟，把思想、行动高度统一到中共十九大精神上来，统一到中央和省委重大决策部署上来，增强做好巡视工作的政治自觉、思想自觉、行动自觉。

监督检查的重点是“六个围绕、一个加强”：一是围绕党的政治建设，重点检查维护党中央权威和集中统一领导情况；二是围绕党的思想建设，重点检查学习贯彻习近平新时代中国特色社会主义思想情况；三是围绕党的组织建设，重点检查选人用人和基层党组织建设情况；四是围绕党的作风建设，重点检查整治“四风”问题情况；五是围绕党的纪律建设，重点检查党规党纪执行情况；六是围绕夺取反腐败斗争压倒性胜利，重点检查领导干部廉洁自律和整治群众身边腐败问题情况；七是加强对巡视整改情况的监督检查。

深入检查坚持和加强党的全面领导情况，着力发现党的领导弱化，党的建设缺失，全面从严治党不力，党的观念淡漠，组织涣散，纪律松弛，管党治党宽松软等突出问题，督促落实管党治党政治责任。金水区委和各级党员领导干部，要以此次巡视为契机，进一步增强“四个意识”，坚定“四个自信”，把坚决维护以习近平同志为核心的党中央权威和集中统一领导作为最高政治任务和根本政治遵循，在政治立场、政治方向、政治原则、政治道路上与党中央保持高度一致、向党中央看齐。

陈宏伟表示，中共十九大之后，习近平总书记对巡视工作进一步提出了明确要求，彰显了党中央推进全面从严治党的坚定决心和鲜明态度。十届省委第三轮巡视与中央巡视河南同期开展，主题突出、要求明确，充分体现了对巡视工作的高度重视。此次省委第一巡视组巡视金水，是对金水坚持和加强党的全面领导，持续增强“两个坚决维护”的思想自觉、政治自觉、行动自觉的极大的帮助；是对金水推动全面从严治党向纵深发展，强化党内监督，形成反腐败斗争压倒性态势的极大帮助；是对金水全面审视党内政治纪律、政治规矩落实情况，保证政令畅通，推动中共十九大精神和省委、市委决策部署有效落实的极大帮助；是对金水全面审视发展定位，密切与人民群众的血肉联系，以实际行动回报省委、市委的期盼厚望的极大帮助。

陈宏伟表示，区委将自觉接受省委第一巡视组的监督，自觉接受全区党员干部和人民群众的监督，虚心听取意见建议，严格整改落实。以此次省委巡视为契机、为动力，进一步增强党要管党、从严治党的政治自觉，不折不扣的贯彻中央和省委、市委的决策部署，深入推进党风廉政建设和反腐败斗争，真正把巡视工作的成效体现到金水“实现两个率先、领跑中部城区发展”的具体实践中，体现到加快经济发展、保障改善民生、提高党建科学化水平等重点工作上，推动金水各项事业取得更大成绩。

动员会后，省委第一巡视组现场开展了问卷调查，随后召开了区委工作汇报会。

【全区村（社区）“两委”换届选举工作动员会】 3月14日，在区机关三楼多功能厅召开全区村（社区）“两委”换届选举工作动员会。市换届办第二督导组副组长李和平列席会议，区委书记陈宏伟，区委副书记、区长魏东，区委副书记李伟革，区人大常委会主任薛燕，区政协主席武建民，区委常委、区纪委书记、监委主任赵惠玲，区委常委、宣传部部长杨林，区委常委、统战部部长付建峰，区委常委、政法委书记卢书选，区创意产业园区管委会主任王爱辉，区委常委、区政府常务副区长杨洁，区委常委、人武部政委李继东，区委常委、组织部部长时博，区政府副区长张川出席会议，区纪委、区委组织部、区民政局等换届成员单位及全区各街道办事处主要负责人参加会议。会议由魏东主持。

会上，李伟革宣读了《关于认真做好全区村（社区）“两委”换届选举工作的通知》，赵惠玲代表区纪委对换届纪律进行了总体要求。随后，卢书选对开展“扫黑除恶”专项斗争维护换届秩序工作进行安排。东风路街道、杨金路街道、柳林公安分局的主要负责人进行表态发言。

围绕此次村（社区）“两委”换届工作，陈宏伟提出四点意见：一要提高政治站位，准确把握这次换届的新形势新要求。充分认识换届选举的重要性、复杂性和特殊性，切实增强做好村（社区）“两委”换届选举工作的主动性和自觉性，将换届选举作为全面从严治党向基层延伸、夯实党的执政根基、提升基层治理水平的重要实践。二要旗帜鲜明加强党的领导，牢牢把握换届工作主导权。各级领导要靠前指挥，依法依规抓好换届各个环节，以铁的纪律护航换届风气，确保换届选举工作风清气正，选出好干部、配出好班子、换出好风气。三要严把资格条件，全力打造过硬基层干部队伍。街道党工委要严格审查候选人资格条件，广泛听取意见，切实把考察工作做深、做细、做实，切实把那些想干事、有本事、敢担当、善治理的人，选配到村（社区）干部岗位上来。四要强化组织领导，确保换届依法健康有序开展。各相关部门、各街道办事处要凝聚整体工作合力，加强工作统筹，牢牢把握舆论导向，认真抓好各项任务落实，形成步调一致、反应灵敏、齐抓共管的强大合力，以换届助推各项工作落实，以工作实效检验换届成效，确保两不误、两促进。

【一季度重大项目观摩点评会】 3月27日，召开一季度重大项目观摩点评会。区委常委会组成人员，党的建设、生态建设、产业发展、开放创新、大棚户区改造、城市精细化管理和市政重点工程7个区级重点工作推进领导小组组长、副组长，各街道党政正职，区直有关单位主要负责人参加现场观摩。全区副县级以上领导出席会议，区委常委所在部门常务副职，区人大、区政府办公室主任，区政协秘书长、办公室主任，巡察办主任、巡察组组长，区直各单位主要负责人，各垂直单位，辖区各公安分局，交巡警一、四、五大队主要负责人参加会议。

会议分两个阶段。第一阶段：到丰庆路街道、东风路街道、国基路街道、兴达路街道、杨金路街道、金水科教园区进行实地观摩。

第二阶段：在区机关三楼多功能厅会议室召开会议。会上，区委常委、政法委书记卢书选对全国“两会”及中央、省委巡视组信访工作情况进行点评；区委常委、区政府常务副区长杨洁对一季度经济运行情况和产业发展工作领导小组工作开展情况进行点评；区政府副区长竟新宇对大棚户区改造工作推进领导小组工作开展情况进行点评；区政府副区长闵武杰对生态建设工作领导小组工作开展情况及市政重点项目情况进行点评。随后部分街道办事处结合观摩情况进行表态发言。

【2018年度第二期“名家讲坛”专题讲座暨区委中心组（扩大）学习会】 4月3日，举办2018年度第二期“名家讲坛”专题讲座暨区委中心组（扩大）学习会。全区副县级干部、各街道党工委书记、区直各单位主要领导、各单位部分现职科级干部共400余人参加了本次学习。会议由区委书记陈宏伟主持。

邀请国家行政学院一级教授、博士生导师许耀桐教授系统解读中共十九届三中全会和全国两会精神。许耀桐教授结合中共十九届三中全会和全国两会精神，从三中全会国家治理主轴突出、全国两会大事不少以及党和国家机构改革全面展开三个方面深入解读了2018年政府工作报告，详细讲解了党和国家机构改革方案，进一步加强了全区领导干部对高质量发展、宪法修改、监察体制改革、党和国家机构改革等重大问题的认识和理解。

讲座结束后，陈宏伟强调，一是认真学习领会，把握精神实质。要充分认识深化党和国家机构改革的重大意义，切实把思想和行动统一到中央部署要求上来，增强全面深化改革的自觉性、主动性、坚定性。二是广泛宣传动员，营造浓厚氛围。要全方位、深层次、多角度地做好中共十九届三中全会和全国“两会”精神的宣传工作，真正让党中央的各项决策部署深入人心。三是坚持以学促做，推动工作落实。要认真学习、提前思考各项改革任务的组织实施工作，确保中央改革任务在我区及时得到最坚决有力的贯彻落实，为我区加快“实现两个率先、领跑中部城区发展”奋斗目标提供有力制度保障。

【2018年全区机关党的工作会议】 4月18日，在区机关三楼多功能召开2018年全区机关党的工作会议。区委副书记李伟革，区委常委、组织部部长时博，区委常委、区委办公室主任曹可艳出席会议。区直机关工委委员，区直各机关党组织书记、机关纪委书记，各街道、各管委会分管人员，区直机关工委全体人员参加会议。会议由时博主持。

曹可艳传达了全市机关党的工作会议暨纪检工作会议精神和区委书记陈宏伟对全区机关党建

工作的批示精神。会议总结了2017年机关党建主要工作，部署了2018年工作任务。

会议印发了《2018年全区机关党的工作要点》《关于建立区直机关党建工作经费保障机制的通知》《区直机关党建工作经费管理办法》《区直部门党组、机关党组织、基层党支部抓机关党建责任清单》4个文件。

【全区村（社区）“两委”换届选举工作推进会】 4月21日，在区机关三楼多功能厅召开全区村（社区）“两委”换届选举工作推进会。区委书记陈宏伟，区委常委、区纪委书记、监委主任赵惠玲，区委常委、宣传部部长杨林，区委常委、政法委书记卢书选，区委常委、组织部部长时博，区委常委、区委办公室主任曹可艳，包村区级领导、区换届工作组组长、区换届办工作人员及各街道党工委书记、各行政村“两委”成员参加会议。

会议全面贯彻落实市委推进会有关精神，对全区村（社区）“两委”换届选举工作开展情况进行总结，对做好下一步工作进行再学习、再动员、再部署、再安排。

会议对全区村（社区）“两委”换届工作开展情况进行了简要总结、对村“两委”换届工作各项时间节点提出了明确要求；对结合开展“扫黑除恶”专项斗争维护换届秩序工作进行了具体安排；就严肃换届纪律和风气进行了再要求、再部署。

随后，陈宏伟指出，此次换届工作正值金水形成领跑中部城区发展决定性态势的关键阶段，换届任务重、时间紧，各级各部门要充分认清此次村“两委”换届工作的重要性，切实增强做好换届工作的紧迫感、责任感和使命感。就如何做好此次村“两委”换届选举工作，陈宏伟强调，要坚持党的绝对领导，切实把党的领导贯穿换届选举全过程；要严格执行法定程序，依法依规抓好各个环节；要严肃换届纪律，坚决杜绝拉票贿选现象；要维护好换届秩序，营造风清气正的选举秩序。各级各部门要切实履职尽责，精心组织，周密部署，形成强大的工作合力，全面做好这次村“两委”换届选举工作，真正选出让党信赖、让民满意的村干部队伍。

【区委中心组学习会议】 5月4日，区委组织收听收看中共中央“马克思诞辰200周年纪念大会”暨区委中心组学习会。全区副县级及以上领导参加此次学习。

会议指出，全区各单位要认真学习习近平总书记讲话精神，深入学、持久学、刻苦学，带着问题学，联系实际学，更好把科学思想理论转化为认识世界、改造世界的强大物质力量。切实把习近平总书记重要讲话精神贯穿到金水区的各项工作中。更加紧密地团结在以习近平同志为核心的党中央周围，以更加昂扬的斗志、更加有为的举措，为实现“两个率先，领跑中部城区发展”不懈奋斗。

【区委党建工作领导小组会议】 5月9日，区委书记陈宏伟在区机关主持召开区委党建工作领导小组会议。区委副书记李伟革，区委常委、区纪委书记、监委主任赵惠玲，区委常委、区委宣传部部长杨林，区委常委、区委政法委书记卢书选，区委常委、区委组织部部长时博，区委常委、区委办公室主任曹可艳，区政府副区长张川参加会议。部分区委党建工作领导小组成员单位负责人以及有关街道主要负责人列席会议。

会议听取了全区党群服务中心建设情况、党建阵地不达标社区整改情况、全区村（社区）“两委”换届选举工作情况的汇报。随后，相关分管区级领导针对存在的问题及下一步打算提出了意见建议。就如何做好金水区党建工作，陈宏伟强调三点意见，一是要提高站位，高度重视党群服务中心建设工作。要加快推进党群服务中心建设，对已经投入运营的，要强化党建引领，坚持群众需求导向，完善服务功能，健全运行机制，切实发挥服务群众的作用；尚未建成的，要加快建设进度，严格按照时间节点完成建设任务。二是要在社区阵地建设上花大心思下真功夫。要站在服务和改善民生的高度，提高对社区阵地建设服务群众作用的认识。区级层面，要实行党建领导小组领导实行分包责任制，建立整改台账，以查促改，尽快达标。街道层面，要拿出抓铁有痕的决心，以居民需求为导向，对解决社区阵地建设出实招、取实效。通过选址新建、改造扩建、整合共建等方式，确保7月10日前整改到位。三是要正确认识当前换届形势，吃透情况，做到心中有数。要旗帜鲜明地加强党的领导，把好选人用人关，掌握主导权。要依法依规，严守换届程序，做到法律规定的程序一步不少，确保选举程序的规范性与合法性。同时要加强宣传营造氛围，采取各种有效形式加大宣传力度，严守纪律红线，始终保持高压态势，坚决查处拉票贿选等违纪违法行为，露头就打，维护良好的换届风气，确保换届选举圆满完成。

【省委第一巡视组巡视金水区情况反馈会议】 6月19日，省委第一巡视组巡视金水区情况反馈会议在区机关三楼多功能厅召开。省委第一巡视组组长米剑峰、副组长韩若冰，省委巡视办正处级巡视专员、巡视协调处处长翟耀，市委常委、市纪委书记、市监察委主任周富强，区委和区人大常委会、区政府、区政协党组领导班子成员，区人民法院院长，区人民检察院检察长出席会议。其他副县级以上领导干部，区纪委监委和区委组织部领导班子成员，区委巡察办主任和巡察组组长，区人大、区政府办公室主任，区政协秘书长、办公室主任，区委常委所在部门常务副职，区直各单位主要负责人，各街道党政正职，区人大、政协各工作（专门）委员会主任，区法院、区检察院常务副职列席会议。

反馈会前，米剑峰、韩若冰向区委书记陈宏伟通报了巡视情况。翟耀传达了省委书记王国生关于巡视工作的重要讲话精神。

反馈会上，韩若冰代表省委巡视组向区委领导班子进行了反馈，并提出四点意见建议：一是坚持把学习贯彻习近平新时代中国特色社会主义思想作为最紧迫的任务，牢固树立“四个意识”，以政治建设为统领，切实加强党的全面领导。二是坚持把满足人民群众对美好生活的需求作为最根本的目的，不断强化“五大发展理念”，以人民满意为标准，切实提高发展质量。三是坚持把抓好党的建设作为最大政绩，始终突出政治功能，以质量建党为牵引，切实提升各级党组织的凝聚力战斗力。四是坚持把全面从严治党作为最重要的责任，着力深化标本兼治，以“两个责任”为抓手，切实营造风清气正的政治生态。

翟耀对巡视整改提出明确要求，强调要提升政治站位，在巡视整改中检验“四个意识”。要扛牢主体责任，在解决问题中体现政治担当。要拿出有力举措，在创新实践中增强整改实效。要及时公开巡视反馈和整改情况，接受人民群众监督，提升巡视整改公信力。要强化监督检查，在严肃问责中倒逼整改落实。要制定问题清单、任务清单、责任清单，建立巡视整改落实督查制度，用好问责武器，确保巡视成果落实落细。

周富强代表市委巡视整改工作领导小组提出三点意见：一是坚定思想自觉，进一步提高政治站位。二是坚持问题导向，进一步强化责任担当。三是坚持标本兼治，进一步抓好成果运用。坚持问题整改与制度建设相结合，真正把巡视整改转化为管党治党、建强队伍、促进经济社会发展的实际成效。

陈宏伟表示，做好省委巡视整改工作，是金水区义不容辞的政治责任，对省委巡视组反馈的问题，会全面认领、诚恳接受，坚决整改到位。一是提高政治站位，照单全收反馈问题。二是强化政治责任，全力抓好整改落实。三是强化政治担当，巩固扩大巡视成果。把抓好巡视整改作为加快金水发展难得的契机和强劲动力，坚定信心、保持定力，勇于担当、积极作为，真正把巡视成果转化为管党治党的工作实效和经济社会发展的内在动力，体现到金水“实现两个率先、领跑中部城区发展”的具体实践和重点工作中。

【庆祝中国共产党成立97周年大会】 6月28日，在区机关三楼多功能厅召开庆祝中国共产党成立97周年大会。全区副县级以上领导干部出席会议；各街道党工委书记、副书记、组织委员、党建办主任，部分非公企业和社会组织党组织负责人，区直机关各单位主要负责人，受表彰的先进基层党组织、优秀共产党员和优秀党务工作者代表等400多人参加会议。会议由区委副书记、区长魏东主持。

会上，区委副书记李伟革宣

读了《中共金水区委关于表彰先进基层党组织、优秀共产党员和优秀党务工作者的决定》；与会领导为先进基层党组织、优秀共产党员和优秀党务工作者代表颁发了奖牌和荣誉证书；参会全体党员重温入党誓词。

区委书记陈宏伟指出，要坚持和加强党的全面领导，加强思想政治建设，为领跑中部城区发展聚人心、鼓干劲；加强干部队伍建设，为领跑中部城区发展强核心、纳贤才；加强基层组织建设，为领跑中部城区发展筑堡垒、夯基础；加强党风廉政建设，为领跑中部城区发展优环境、提效能；加强人才队伍建设，为领跑中部城区发展强支撑、增活力。

陈宏伟强调，全区广大党员要始终牢记自己的第一身份是党员、第一责任是奉献，始终争做信念坚定、为民谋利、勇于担当、勤政务实、清正廉洁的表率，始终坚持忠诚干净担当，为推动金水发展、谋求人民福祉鞠躬尽瘁，为加快实现金水领跑中部城区发展做出更多更大的贡献。

【区委中心组（扩大）集中学习会议】 6月29日，在区机关召开区委中心组（扩大）集中会。区委中心组成员（全区副县级以上领导）；区委常委所在部门常务副职，区人大常委会办公室主任、区政府办公室主任，区政协秘书长、办公室主任；各街道党政正职，区直各单位主要负责人共计150余人参加了学习。

省宗教局政策法规处处长徐晓光为大家授课。讲座围绕国际、国内宗教形势，新修订《宗教事务条例》的学习贯彻以及国家、省对宗教工作有关要求做了详细解读和深入阐述。

针对此次学习，区委常委、宣传部部长杨林强调，全区各相关部门和单位要进一步深刻理解中国特色社会主义宗教理论，全面贯彻落实党的宗教工作基本方针，坚持中国化方向积极引导宗教与社会主义社会相适应；要进一步准确把握金水区宗教工作形势，充分认识宗教领域和宗教工作所面临的新情况、新问题，不断提高依法管理宗教事务的能力和水平，集中治理基督教私设聚会点和坚决抵御境外渗透活动，切实推进宗教专项行动后三个阶段工作深入开展，确保全区宗教领域和谐稳定，为金水实现“两个率先”、领跑中部城区发展贡献力量。

【贯彻落实省委第一巡视组巡视反馈意见整改工作动员会议】 7月10日，在区机关三楼多功能厅召开贯彻落实省委第一巡视组巡视反馈意见整改工作动员会议。区委常委和区人大常委会、区政府、区政协党组领导班子成员以及区国家知识产权创意产业试点园区管委会主任、金水科教园区管委会主任，区人民法院院长、区人民检察院检察长出席会议。其他副县级以上领导干部，区纪委监察委和区委组织部领导班子成员、区委巡察办主任和巡察组组长，区人大常委会、区政府办公室主任，区政协秘书长、办公室主任，区委常委所在部门常务副职，区直各单位主要负责人，各街道党政正职，区人大常委会、区政协各工作（专门）委员会主任，区法院、区检察院常务副职参加会议。

会上，区委副书记李伟革首先宣读了《省委第一巡视组巡视金水区反馈意见整改落实工作方案》，金水区各街道党工委书记递交了巡视整改责任书。

就贯彻落实会议精神，区委副书记、区长魏东指出，一是要高度重视、迅速传达。各级党组织要站在讲政治的高度，迅速组织传达、认真学习贯彻此次会议精神和陈宏伟书记动员讲话精神，切实把思想和行动统一到省委第一巡视组的整改要求和区委的安排部署上来，不断增强抓好巡视整改的责任感和自觉性。二是要强化措施、全面整改。各级党组织要认真对照巡视整改方案，结合本单位、本部门实际，研究制定整改的问题清单、任务清单、责任清单，实行挂图作战、对账销号，把整改事项细化到事、落实到人，倒排时间，加快整改，确保在规定时间内高质量、高标准完成整改任务。三是要压实责任、严格督查。各级党组织要严格按照省委第一巡视组和区委的要求，扛稳抓牢主体责任，强化组织领导，切实发挥领导表率作用，层层带头示范，层层传导压力；要建立健全督查检查机制、责任追究机制，以更加务实的作风和严谨的态度，深入推进巡视整改工作。

【2018年上半年总结观摩点评会】 7月14日，召开2018年上半年总结观摩点评会，对全区大棚户区改造、产业发展、开放创新、生态建设和党的建设等重点工作进行观摩点评。全区副县级以上领导出席会议，区委常委所在部门常务副职，区人大常委会、区政府办公室主任，区政协秘书长、办公室主任，巡察办主任、巡察组组长，各街道党政正职，区直各单位主要负责人，各垂直单位，辖区各公安分局，交巡警一、四、五大队主要负责同志参加会议。

会议分两个阶段进行。区委常委会组成人员，党的建设、大棚户区改造、城市精细化管理、市政工程建设、产业发展、开放创新和生态建设等7个区级重点工作推进领导小组组长、副组长，各街道党政正职，区直有关单位主要负责人参加现场观摩。先后到姜砦、东关虎屯、马李庄等安置房建设项目现场，金科·智汇谷、中原信息安全产业基地、自贸区郑州片区金水区块和贾鲁河建设现场，聂庄党群服务中心等11个观摩点进行实地观摩，相关街道和区直单位主要负责人作了现场发言。

会议对金水区上半年经济运行及产业发展、大棚户区改造、环境污染防治攻坚及城市精细化管理工作进行了点评。区委副书记、区长魏东对上半年工作进行总结点评，对下半年工作进行安排部署。一是充分肯定上半年全区取得的优异成绩，进一步坚定实现领跑发展的信心和决心。二是正确分析当前形势，在充分肯定成绩的同时，对比市委、市政府的要求和金水的发展定位，还要清醒地认识到序时进度和指标增速方面存在的差距和不足，必须倍加珍惜来之不易的良好形势，切实增强实现领跑发展的责任感、紧迫感和使命感。三是始终保持冲刺决战的精神状态，确保圆满完成全年各项目标任务。下半年是抢工期、赶进度、保增长的关键时期和冲刺阶段，全区各级各部门要紧抓领跑目标、项目建设、安置房建设、自创区和自贸区建设、城市精细化管理、民生改善六个方面任务，咬定全年工作目标，主动作为、全力攻坚、奋力突破，推动各项工作再上新台阶。

区委书记陈宏伟就强力推进全年工作强调，一是要肯定成绩、坚定信心。上半年工作在头绪多、任务重的情况下，取得了十分难得的成绩，主要表现出四个特点：势头良好，持续保持了自2017年以来的良好发展态势，主要指标增长都好于预期，多数指标在全市排名靠前，这是难能可贵的；质量提高，经济结构调整呈现出明显成效，新兴产业显现出较大的发展劲头，过去经济发展“单腿走路”的现象有了显著的变化；支撑有力，上半年开工了29个重大项目，安置房建设全面推进，信息安全等企业增长迅速，土地出让情况良好，经济发展的关键支撑点坚强有力、后劲十足；领跑态势正在形成，在省委巡视、“两委”换届等中心工作叠加的情况下，全区党员干部辛勤努力、埋头苦干，金水区领跑中部城区发展的决定性态势正在形成。二是要对照目标，深入开展“看、找、查、比”活动。看，就是要看各自工作，对照区委区政府下达的目标任务，是不是足额完成，做到查漏补缺；找，就是要找不足，对照现场观摩的先进典型，找一找自己的差距和不足；查，就是要查原因，看自己是精神状态、工作动力问题，还是思维方式、方式方法问题，或者是投入不够、敬业不够；比，就是要制定好下半年的具体举措，迎头赶上，比工作进度、比工作抓手、比发展成效。三是要务实重干，奋勇拼搏。要实现领跑发展决定性态势，就是要聚焦项目，抓住拆迁清零、土方外运、土地出让等关键环节，尤其对具有全局意义的重大项目，要举全区之力，强力推进。要实现领跑发展决定性态势，就是要统筹兼顾，既要十个指头弹钢琴，又要突出自己的特色和亮点，充分发挥主观能动性。要实现领跑发展决定性态势，就是要抓好基层，尤其是“两委”换届之后，要抓好新任班子的政治建设、思想建设、能力建设，引导班子讲大局、讲纪律、讲奉献。要实现领跑发展决定性态势，就是要弘扬敬业、负责、担当精神，工作好不好、进展顺不顺利，根本在精神状态。

【区委区政府向老干部通报工作】 7月26日，为贯彻落实省委、市委《关于做好向老干部通报工作情况的通知》精神，改变通报会工作形式，组织全区副处级以上离退休领导干部分别到聂庄党群服务中心、创意园区、区行政文化中心参观，区委书记陈宏伟，区委副书记、区长魏东，区人大常委会主任薛燕，区委常委、区政府常务副区长杨洁、区委常委、组织部部长时博参加活动。

【区委十一届六次全体（扩大）会议】　8月9日，在区机关三楼多功能厅召开区委十一届六次全体（扩大）会议。区委第十一届委员会委员、候补委员出席会议。区人大、区政府、区政协领导及其他副县级以上领导，区委常委所在部门常务副职，区各管委会副主任，区人大常委会、区政府办公室主任，区政协秘书长、办公室主任，区四大班子办公室副主任，区人大、政协各工作（专门）委员会主要负责人，区纪委、监委领导班子成员，区纪委常委、纪委委员，区委巡察办主任、巡察组组长，各街道党政正职，区直机关各单位主要负责人，部分出席省十次党代会、市十一次党代会、区十一次党代会的基层党员代表列席会议。

会议分三个阶段进行。第一阶段是召开第一次全体会议，由区委书记陈宏伟讲话。陈宏伟强调，一是要深入学习贯彻省委、市委会议精神，增强推动高质量发展的使命感、负重感和责任感。要紧盯领跑中部城区发展这一总目标，不断丰富内涵、扩大成效。要坚持行之有效的工作推进机制这一总抓手，夯实“一二三四五”发展路径，运用好“项目化推进、台账式管理”工作方法和“党委加强领导、政府充分履职、人大、政协共同参与的责任明晰、工作有序、运转高效”的推进机制，持续汇聚推动高质量发展的强大合力。要准确把握金水发展阶段性特征这一总定位，认清形势、把握机遇，一步步把目标变为现实。牢固树立新发展理念和以人民为中心的发展思想，坚持稳中求进总基调、奋发有为总要求，坚持推动发展是第一要务、抓好党建是最大政绩，按照“四重点一稳定一保证”工作总格局，坚持“项目化推进、台账式管理”工作方法，提速攻坚“六大工程”，突出转型升级、突出改革开放、突出创新驱动、突出补齐短板、突出民生提标、突出党建保证，以党的建设高质量推动经济社会发展高质量，全面加快“实现两个率先、领跑中部城区发展”步伐，努力在郑州建设国家中心城市中“挑大梁、走前头、做贡献”。二是要坚定落实新发展理念，加快高质量发展步伐，增强领跑发展动力。要以产业结构优化升级为主攻方向，把更多的精力投入到信息安全、共享生态科技等六大新兴产业上来，加快构建开放创新、集聚融合、可持续发展的现代产业体系；以城市精细化管理为引领，转变理念、提升标准，理顺管理体制，规范管理秩序，完善硬件设施，营造安全、整洁、有序、文明的城区环境；以“两区建设”为带动，进一步强基础、补弱项、增优势、提能级，不断提升开放创新水平；以“放管服”改革为抓手，全面对标先进地区，优化服务、提升效率，加快打造一流营商环境；以生态环境治理为根本，坚决打赢污染防治攻坚战，统筹抓好污染治理和生态建设，补齐高质量发展短板；以民生提标提质为目标，围绕“五个覆盖”，加快群众回迁安置，办好民生实事要事，让人民群众有更多的获得感、幸福感、安全感。三是要以巡视整改为契机，全面推进党的建设高质量，为经济社会发展高质量提供坚强保证。要稳好舵，旗帜鲜明讲政治，突出政治建设这一根本，牢固树立“四个意识”、坚定做到“两个维护”；要铸好魂，夯实思想政治基础，坚持用习近平新时代中国特色社会主义思想武装头脑，牢牢掌握意识形态工作领导权，让党员干部理想信念树得更牢、“四个自信”更加坚定；要扎好根，严肃党内政治生活，厚植党内政治文化，维护好发展好风清气正、干事创业的良好政治生态；要奠好基，以提升组织力为重点，突出政治功能，建强基层组织，夯实基础工作，提升基本能力，强化基层组织堡垒作用；要带好队，树好导向激励干部，加强教育培养干部，健全机制爱护干部，激励广大干部担当作为，持续提升干部队伍活力；要执好纪，落实好全面从严治党政治责任，深化纪检监察体制改革，锲而不舍贯彻中央八项规定和实施细则精神，持之以恒正风肃纪、惩治腐败，努力夺取反腐败斗争压倒性胜利；要扎实推进巡视整改，切实做好巡视“后半篇文章”，以巡视整改推动党的建设高质量、经济社会发展高质量，促进全区各项工作再上新台阶。

第二阶段是分组讨论。与会人员分组讨论了《中共金水区委 金水区人民政府关于全面推动经济社会高质量发展的意见（讨论稿）》《中共金水区委关于以巡视整改为契机深入贯彻省委、市委全会精神全面推进党的建设高质量发展的实施意见（讨论稿）》《中共金水区委关于加强城市基层党建工作的实施意见（讨论稿）》《中共金水区委第十一届六次全体（扩大）会议决议（草案）》。随后，在区机关301会议室召开区委常委会，听取各组召集人关于讨论情况的汇报，审议《中共金水区委十一届六次全体（扩大）会议决议（草案）》《关于批准徐雄、李长虹同志辞去中共金水区第十一届委员会委员职务的决议（草案）》。

第三阶段是召开第二次全体会议。会上，首先表决通过了《中共金水区委十一届六次全体（扩大）会议决议（草案）》《关于批准徐雄、李长虹辞去中共金水区第十一届委员会委员职务的决议（草案）》。随后，就此次全会精神的贯彻落实，陈宏伟强调三点意见：一要准确把握会议精神。贯彻落实省委十届六次全会和市委十一届七次全会精神，核心是要对照省委、市委高质量发展要求，进一步拉高标杆、深化提升，进一步找准突破口、扩大时效。与金水区发展整体思路、阶段特征和工作目标结合起来，精准把握核心要义，系统研究贯彻落实，结合各自实际，处理好重点突破与整体推荐的关系，抓重点带全局，加快实现两个率先、领跑中部城区发展的战略目标。二要统筹抓好当前各项工作推进。要抓好区委全会精神的学习贯彻落实，进一步聚焦重点工作，完善方案，细化措施，落实责任，稳增长、保态势，准确把握“稳中有变”重大判断，落实“六个稳”的部署，抓好经济运行调控，持续保持全区经济强劲的发展态势；要坚持项目带动、项目化推进，紧紧扭住项目建设这个“牛鼻子”，盯死抓牢6大类212个重点项目建设，以项目推进促建设、强投资、调结构、惠民生、求提升、转作风；要抓好城市管理体制改革，实施好以网格化为基础的“路长制”，尽快形成“责任明晰、权责匹配、条块结合、以块为主”的有效管理机制；要时刻绷紧安全信访稳定这根弦；要从严从实抓好巡视整改落实，以巡视整改促党建提升、推动全面从严治党不断向纵深发展。三要以上率下、履职尽责。增强责任感、事业心，切实担负起政治担当、历史担当、责任担当，带头树牢“四个意识”、坚决做到“两个维护”，带头敬业担当负责，高标准严要求，发挥好领导表率作用。持续转变工作作风，将“看找查比”活动作为推进工作落实、转变工作作风的一项常态化、制度化工作机制，以“看找查比”活动为载体，两办督查室进行综合督查转变作风，狠抓落实，确保全年目标任务顺利完成。

【贯彻落实中央巡视组巡视河南和省委巡视组巡视郑州巡视金水反馈意见整改工作会】 8月9日，在区机关三楼多功能厅召开贯彻落实中央巡视组巡视河南和省委巡视组巡视郑州巡视金水反馈意见整改工作会。区委常委和区人大常委会、区政府、区政协党组领导班子成员以及区国家知识产权创意产业试点园区管委会主任、金水科教园区管委会主任，区人民法院院长，区人民检察院检察长出席会议。其他副县级以上领导干部，区纪委监察委和区委组织部领导班子成员、区委巡察办主任和巡察组组长，区人大常委会、区政府办公室主任，区政协秘书长、办公室主任，区委常委所在部门常务副职，各街道党政正职，区直各单位主要负责人，区人大常委会、区政协各工作（专门）委员会主任，区法院、区检察院常务副职参加会议。

会上，传达学习全省贯彻落实中央巡视组反馈意见整改工作动员会，全市贯彻落实中央巡视组巡视河南和省委巡视组巡视郑州反馈意见整改工作会议精神，安排部署下步巡视整改工作，确保整改任务落到实处、取得实效。相关区级领导就中央巡视组巡视河南和省委巡视组巡视郑州巡视金水反馈意见整改落实工作进行安排部署。

区委书记陈宏伟强调，一是

要站位再提升，认识再深化。深化认识巡视整改是极其严肃的政治任务，是对“四个意识”“两个维护”的政治检验。要站在讲政治的高度，以坚决的态度和务实的行动，用实实在在的整改成效体现政治立场、政治觉悟、政治能力。深化认识巡视整改是重大契机，是对提高党建质量、强化政治组织保证。深化全面从严治党，以党的建设高质量推动经济社会发展高质量，加快金水领跑发展的有力促进。深化认识巡视整改是共同的责任，每个党组织和全体党员干部都不能置身事外，各级党组织和党员干部都要对照巡视反馈意见全面自查自纠，把职责摆进去、把工作摆进去、把自身摆进去，查一查思想认识是否到位、责任落实是否到位、工作部署是否到位、组织领导是否到位、作用发挥是否到位，有问题的即知即改、立行立改，问题不突出的也要推人及己、查漏补缺，确保整改落实全覆盖、无盲区，促进党的建设全面加强。二是要重点再聚焦，实效再突出。要紧盯中央巡视、省委巡视反馈的突出问题，扭住不放、深入整改。完善学习培训制度，创新学习形式，把政治理论学习情况纳入领导班子和领导干部综合考核评价体系，进一步落实党管意识形态责任，认真学习贯彻习近平新时代中国特色社会主义思想和中共十九大精神。要牢固树立“四个意识”，加强党的政治，加强区委的全面领导，加快高质量发展。要抓责任，突出党建引领地位。加强党的建设、从严管党治党，夯实党建主体责任和党组织书记“第一责任人”责任，牢固树立“抓好党建就是最大政绩”的理念。要抓提升，充分发挥基层组织政治功能。加强制度执行，党员管理，深入推进各领域基层党组织建设，提高党建质量。要抓质量，严肃党内政治生活。严格对照“兰考标准”，擦亮批评与自我批评这个有力武器，切实增强党内政治生活的政治性、时代性、原则性、战斗性，增进团结、共同提高。要建立领导班子成员党风廉政建设“一岗双责”考核评价机制，落实“一岗双责”，持续加大“四风”整治力度，保持惩治腐败的高压态势，加强干部监督，努力夺取反腐败斗争的压倒性胜利。要狠抓作风建设，厘清权责清单，加大对懒政怠政、推卸责任问题单位的责任追究力度。巡视整改要不留死角、不留尾巴。对已完成的整改任务，要适时开展“回头看”，坚决防止问题反弹；对需要长期坚持的整改任务，持续跟踪督办，不断巩固扩大实效。三是要责任再明确，措施再加强。要坚持以上率下。各级党组织要担起整改主体责任，党委(党组)书记作为第一责任人，要直接抓、带头改。要坚持标准，整治到位。高标准，严要求，不留死角，不留尾巴，不要抱有应付心理、幻想心态，要高质量、高标准，一步到位，一次过关。对个性问题的立行立改，点到人点到事的要处理到位、整改到位。要举一反三，自查到位，整改到位。对共性问题的专项整治，要整改到位，建章立制，长期坚持，不能反弹。坚决避免边改边犯、改后又犯。要习惯于在监督下工作，要习惯于按规矩、按纪律工作。

就贯彻落实会议精神，区委副书记、区长魏东指出，一要迅速学习传达。各级各部门要迅速传达会议精神，提高思想认识，提升政治站位，切实把思想和行动统一到区委的安排部署上来，对照《中央第一巡视组巡视河南反馈意见金水区整改落实工作安排意见》《省委第一巡视组巡视郑州反馈意见金水区整改落实方案》以及“1+10+2”整改方案体系，进一步分解目标，强化责任，统筹做好中央、省委巡视反馈意见整改工作，确保各项任务落实到位。二要严格工作标准。巡视整改工作政治性强、涵盖面广、要求具体，要进一步全面自查、细化措施、强化督导，在工作推进中不断提高标准、严格要求，以一项项任务的落实确保管党治党责任扛稳抓牢，以一个个具体问题的解决带动整体工作的提升，确保各项安排部署高效率执行、高标准推进、高质量完成。三要全面推进落实。对中央、省委巡视反馈意见要建立台账、合账管理，确保中央第一巡视组反馈意见整改任务及时纳入台账，坚决做到整改无遗漏；对已经完成和取得阶段性成效的整改任务，要巩固已有成果，坚决防止出现反复反弹；对正在落实的整改任务，要加大整改力度，坚决做到限期整改到位；对分步推进和长期坚持的整改任务，要作出安排部署、有序推进，确保巡视组反馈的问题“条条要整改、件件有着落”。

【第三季度区委党建工作领导小组会议】 8月28日，区委党建工作领导小组第三季度会议在区机关820会议室召开。会议由区委书记、区委党的建设工作领导小组组长陈宏伟主持，区委常委、区纪委书记、监委主任赵惠玲，区委常委、宣传部部长杨林，区委常委、组织部部长时博，区委常委、区委办主任曹可艳参加会议。

会议分别听取并研究了村“两委”换届信访举报相关问题处理情况、省委巡视反馈有关问题整改情况和调整金水区党建工作目标考核体系的相关情况，随后传达学习了郑州市城市基层党建联席会议精神，并审议通过了《中共金水区委党的建设工作领导小组工作制度》。

会上，陈宏伟强调，要把村“两委”换届信访举报有关问题彻底查清查实，对反映的问题不拖、不躲、不回避，用证据说话，用事实说话，确保反馈结果经得起各级检查、经得起历史验证、经得起百姓验证。要结合换届“后评估”工作，做好村“两委”换届有关衔接工作，引导新一届村干部务实重干，切实为村民谋利益、办实事。要高质量做好非公党建工作，扎扎实实推进党的组织、工作全覆盖，切实做到应建尽建，并做好“两新”组织党组织的管理工作，引导党员积极发挥作用，进一步提高党组织的凝聚力。要进一步科学优化党建工作目标考核体系，真正发挥考核“指挥棒”的作用，引导全区各单位牢固树立大抓基层党建工作的鲜明导向；要建立健全党建工作领导小组工作制度，进一步发挥领导小组统筹协调、督导落实的作用，确保全区党建工作落到实处；要发挥城市基层党建工作优势，参照市里做法，结合金水区实际，建立简便、易行、高效、操作性强的城市基层党建联席会议，推动金水区城市基层党建工作水平不断提升。

【区委巡视整改专题民主生活会征求意见座谈会】 按照省委、市委巡视整改民主生活会的安排部署，高质量开好区委巡视整改专题民主生活会。9月3日区委副书记李伟革主持召开区委巡视整改专题民主生活会征求意见座谈会。区委常委、区委办公室主任曹可艳出席座谈会。部分街道、区直单位党组织主要负责人，社区、村组及两新党组织主要负责人参加座谈会。

会上，参会人员依次发表意见建议，结合平时工作实际，聚焦学习贯彻习近平新时代中国特色社会主义思想和中共十九大精神、践行“四个意识”、意识形态工作等9个方面内容，求真务实地对区委领导班子及区委主要领导存在的问题提出批评意见，并结合实际工作需要，提出了很多有代表性的意见建议。

李伟革表示，下一步将会汇总梳理征求意见，一方面吸纳充实到区委领导班子对照检查材料中，作为问题对照反思，强化措施、加快整改；另一方面，对于提出的一些具体问题和建议，将责成有关部门认真进行研究，拿出具体的处理意见和改进方案，推动问题的解决。

【2018年度中秋、国庆“双节”廉政谈话会】 9月20日，在区机关一楼东厅召开2018年中秋、国庆“双节”廉政谈话会。全区副县级以上领导出席会议。区人大常委会、区政府、区政协办公室主任，区委常委所在部门常务副职，区纪委常委，区监委委员，区委巡察办主任，巡察组组长，各街道党政正职、纪工委书记，区直机关各单位党政主要负责人，各派驻纪检监察组组长参加会议。会议由区委副书记李伟革主持。

会上，魏东对全区重点工作进行安排部署，一是切实抓好经济运行监测。各级各部门要迅速采取有效措施，抓好重点指标、“四上”企业入库、投资入库、抓消费提升，全力推动经济平稳健康发展。二是切实抓好重点项目建设。各级各部门要进一步增强责任感、紧迫感，全力以赴促投资，多措并举保开工，抓好项目谋划申报，全力打好重点项目建设攻坚战。三是切实抓好大棚户区改造工作。要积极把握当前政策契机，细化推进方案，集中精力攻坚，全力以赴抓清运、抓开工、抓手续，确保完成全年任务。四是切实抓好城市精细化管理工作。各街道进一步总结经验，细化标准程序，全面推行

“一模式四体系”工作法，迅速在全区掀起“路长制”工作热潮。五是切实抓好“放管服”改革。要进一步增强“最多跑一次”改革的责任感和紧迫感，对标先进地区，打响突击战，保质保量完成各项既定目标。六是切实抓好基础设施建设。要加快重大市政工程征迁进度、道路建设进度及环卫设施建设进度，确保按照时间节点完成各项目标任务。七是切实抓好污染防治工作。2018—2019年秋冬季大气污染综合治理攻坚行动即将开始，各级各部门要强化源头治理、问题整治及应急管控，针对秋冬季节大气污染的阶段特征，研究制定具有针对性的治理措施，切实提升防治成效。八是切实抓好民生实事办理。各责任单位要认真梳理承担的任务和进度，查问题、找不足，用最短时间将进度赶齐，确保按时完成任务。九是切实抓好巡视整改工作。各单位必须发扬“啃硬骨头”的精神，拿出“整改不过关决不放过”的劲头，进一步完善措施，持续精准发力，不断加快整改步伐，坚决做好巡视整改“后半篇文章”。十是切实抓好安全生产、信访稳定和社会综合治理等工作。近期，节假日和重要活动较多，各单位要保持高度警醒，坚决克服麻痹大意思想，进一步加强监管、强化措施、狠抓落实，确保社会大局和谐稳定。

就加强中秋、国庆“双节”期间廉洁自律工作，陈宏伟强调，一是清醒认识形势，时刻保持警钟长鸣。中共十九大之后，中央和省委密集开展巡视工作，充分彰显了反腐败的坚强意志与力量。全区各级党组织与广大党员干部尤其是领导干部，要充分认识到中央和省委正风肃纪、夺取反腐败斗争压倒性胜利的坚定决心及鲜明态度，准确把握越往后执纪越严的形势，在诱惑面前保持头脑清醒、保持警醒警觉，坚决克服侥幸心理、过关思想、旁观心态，以对党负责、对人民负责、对自身和家庭负责的态度，真正担起责任、管住自己、管住家人、管好队伍。二是干净做人做事，增强拒腐防变能力。节日前后不仅是人民群众看党风政风的敏感时期，也是党员干部拒腐防变的关键时期，更是各级党员领导干部拒绝腐败、保持清廉的考验期。领导干部必须在内心拉起警戒线、筑起防火墙，坚持原则，严格自律，恪守廉洁底线、永葆清廉本色。三是强化责任意识，营造良好政治生态。各级领导干部特别是党（工）委（党组）书记要始终把党风廉政建设作为关乎全局的大事来抓，不仅要廉洁自律，洁身自好，还要抓好班子，带好队伍，履行好主体责任和第一责任人的职责，用反腐倡廉的实际行动带出清风正气。各级领导班子成员要按照“一岗双责”要求，对分管领域党员干部要勤观察、多提醒，发现问题要早告诫、敢批评，让“咬耳扯袖、红脸出汗”成为常态，真正把纪律严起来、执行到位。纪检监察机关要切实履行好监督职责，畅通群众监督渠道，持续开展明察暗访，加大监督检查和通报惩戒力度，对顶风违纪的严肃问责，既要查处当事人，又要严肃追究主体责任、监督责任、领导责任。

就近期重点工作推进，陈宏伟强调，一是全面加快重点项目建设步伐。各街道和有关部门要督促施工单位，把握时机、倒排工期、挂图作战，集中精力攻坚，确保完成年初确定的各项目标任务。二是超前做好大气污染防治工作。各单位要树立超前意识，精心谋划，科学安排，细化举措，深入推进秋冬季大气污染综合治理攻坚行动，确保完成上级下达的空气质量目标。三是突出抓好以“路长制”为重点的城市精细化管理。要按照“中心转移、重心下移”的指导思想，持续深化“一模式四体系”工作法，加强人员配备和培训，强化责任落实，严格督查和考核奖惩，全面规范提升“路长制”工作，为持续提升城市精细化管理水平奠定坚实基础。四是持之以恒抓好巡视整改工作。全区各级各单位要坚持目标不变、尺度不松、力度不减，继续深挖问题根源，深化落实整改，严格整改验收，扎扎实实做好后续整改工作，确保“事事有回音、件件有着落”，切实做好巡视整改“后半篇文章”。

【举办2018年秋季科级干部主体班开班典礼】 为深入学习习近平新时代中国特色社会主义思想，进一步提高金水区科级干部的履职能力，根据《干部教育培训工作条例》和2018年全区干部教育培训计划安排，决定从10月12日~31日，对全区各单位78名科级干部进行调训。10月12日上午，金水区2018年科级干部主体班开班典礼在区委党校六楼东教室举行，区委副书记、党校校长李伟革，区委常委、组织部部长时博和区委党校常务副校长秦历源出席了开班典礼。

开班典礼由时博主持并作开班动员，同时，就培训提出三点意见和要求，一是要牢记使命，珍惜机会，充分认识学习培训的重要意义；二是要把握重点，提升理论素养和履职能力；三是要端正态度，严守纪律，确保培训取得实效。

开班典礼后，区委副书记、党校校长李伟革以“鉴往知来守初心　砥砺前行践使命”为题给培训班学员做了开班第一讲。李伟革结合个人实践和思考，从探寻初心，初心是什么；感悟初心，为什么要不忘初心；践行初心，该怎么做三个方面和学员交流共勉。

【区委全面深化改革领导小组工作会议】　10月13日，区委书记陈宏伟在区机关820会议室主持召开区委全面深化改革领导小组工作会议。

会议集中学习传达了中央、省委、市委关于全面深化改革有关指示精神，听取了深化“放管服”改革工作情况汇报，审议了9个改革专项小组工作进展情况。

关于下步深化改革工作，陈宏伟强调，一是提高站位，强化全面深化改革的使命担当。要从中央、省委市委决策及工作实践中，充分认识改革在经济社会发展中的关键作用，把思想与行动统一到中央的决策精神上来，把推进全面深化改革作为树牢“四个意识”、维护以习近平同志为核心的党中央权威和集中统一领导的具体行动，作为推动领跑发展的重要举措，加强领导，主动谋划、积极推进，确保中央和省委、市委的决策部署落地见效。二是聚焦重点难点，加大改革攻坚力度。要进一步对表中央、省委、市委关于改革的时间进度和成果要求，逐一对账盘点，分类施策，时间倒排、任务倒逼，盯项目、盯成效，确保年度目标任务圆满完成；要抓好“三集中三到位”、新审批大厅建设等工作，统筹协调，加快推进，及时发现解决问题，不断推动全面改革。三是加强领导、完善机制，为改革工作提供坚强保障。各级各部门要强化责任担当，切实加强对改革工作的组织领导，一把手要亲自抓、负总责，对重要改革亲自部署、关键环节亲自协调、落实情况亲自督查；要健全区委深化改革领导小组定期会商制度，及时研究推进各项改革工作；要建立工作简报制度，注重经验总结，形成一批可复制、可推广的改革案例。

魏东、李伟革、薛燕、武建民、赵惠玲、杨林、付建峰、卢书选、杨洁、时博、曹可艳等区委全面深化改革领导小组成员出席会议。区委全面深化改革各专项小组相关负责人列席会议。

【第三季度总结观摩点评会】　10月16日、18日，召开第三季度总结观摩点评会。会议共分两个阶段，10月16日，首先对全区安置房建设、产业项目建设、党的建设和以“路长制”为载体的城市精细化管理等20余项重点工作进行了现场观摩。10月18日上午，在区机关三楼多功能厅召开点评会，听取了部分街道及区直单位工作情况汇报，通报表扬了在城市精细化管理等五项重点工作表现突出单位，有关区级领导对重点工作进行点评，区委书记陈宏伟，区委副书记、区政府区长魏东分别做讲话，总结点评前三季度工作，安排部署第四季度工作。

在总结点评前三季度工作，安排部署第四季度工作时，区委副书记、区长魏东提出三点意见，一是总结回顾成绩，全面坚定实现领跑发展的信心和决心。前三季度全区按照市委“四重点一稳定一保证”工作总格局，聚焦“实现两个率先、领跑中部城区发展”奋斗目标，积极作为，寻求突破，发展质量持续提升、重点工作推进顺利、各项事业不断进步，呈现出了良好发展态势。要继续保持昂扬斗志，乘胜追击，全力冲刺四季度，确保全年目标任务顺利完成，全面形成领跑发展的决定性态势。二是聚焦问题短板，全面推动各项工作再上新台阶。对照年初目标，固定资产投资、社会消费品零售总额距完成全年任务仍有较大距离，服务业增加值、实际吸收外资总量、大棚户区改造安置房建设任务等重点工作推进进度落实时序进度。各级各部门要认清目标差距，按照区委、区政府确定的工作思路，始终保持旺盛的战斗力和高昂的工作激情，全力以赴抓项目、抓推进、抓落实，有力推动各项工作。三是主攻重点工作，全面冲刺完成各项目标任务。各级各部门要牢牢抓住项目建设这一关键抓手，全力抢抓施工工期，推动入库，加快普查进度，以项目建设大提速，推动经济社会大发展；要突出抓好安置房建设，集中精力抓“清零”，强化措施抓进度，全力以赴抓回迁，统筹安排抓网签，确保年底前再回迁群众3万人、整体回迁率达到85%；要突出抓好百城建设提质工程，全力抓好污染防治、“路长制”、老旧小区改造等工作，着力提升城区现代化、国际化水平；要突出抓好园区建设，加快推进自贸区、自创区、产业园区建设，集中打造更具竞争力和更大规模的优势产业集群；要突出抓好“放、管、服”改革，加快推进“一网通办”，整合业务职能，压减办事流程，力争10月底前企业开办时间压缩到3天；要突出抓好信访稳定和安全生产工作，解决好涉军、投资担保、征地拆迁、问题楼盘等方面引发的各种矛盾，全面消除各类安全隐患，持续抓好“扫黑除恶”专项斗争，确保社会大局稳定。

对做好下一步全区工作，区委书记陈宏伟提出“明确一个目标，盯紧四项重点，抓牢两个关键，持续推进一个政治任务”的要求。一是明确一个目标。即全面形成领跑中部城区发展的决定性态势。一方面，确保全面目标任务超额完成，尽快弥补招商引资等指标缺口，加大工作力度，缩小指标差距，确保实现全面GDP1300亿元以上，财政收入完成60亿元以上。另一方面，确保增速提高、位次前移的势头持续保持，各责任领导要树立“逢一必争、逢冠必夺”气势和决心，加强对分管领域的指导督导和协调对接，加大科技创新投入力度，加快市政重点工程项目建设进度，力争全面GDP增速达到10%以上、财政收入增速达到12%以上，确保各项指标争先进位。二是紧盯四个重点。紧盯经济运行，盯紧抓牢重点经济指标，补齐补足商务商业方面的经济指标缺口，保持良好的发展势头和强劲的增长态势。紧盯重大项目，要加快大棚户区改造项目进度，5个安置房未开工项目10月底之前必须全面开工，尽快完成8个安置房回迁项目的收尾工作，尽快形成回迁条件；对于科教园区的重大产业项目要拿出详细的节点安排，积极安排工程的扫尾、入驻项目的装修等工作，加快项目进度；要加快学校、道路、垃圾中转站、公厕等政府投资项目和民生工程建设进度，确保完成年度目标任务；加快市政重点工程征迁进度，保障市政重点工程的顺利实施。紧盯城市精细化管理，紧扣“路长制”工作，抓好“一模式四体系”的贯彻落实和规范提升，结合“路长制”的实施，持续开展专项整治，重点治理乱停乱放管理、大力整治城市“脏、乱、差”问题，改善城市市容市貌，着力打造安全、整洁、有序、文明的城市环境。紧盯安全稳定，全面排查各种安全生产隐患，突出化解各类不稳定因素，持续深入推进“扫黑除恶”专项斗争，持续开展好宗教专项规范整治工作，强化对重点人员、重点问题的管控，加强巡逻防范和治安管理，保持高压严打态势，切实维护好来之不易的良好发展局面。三是抓牢两个关键。抓好大气污染防治与重点项目建设“双统筹、双推进”工作，各单位要抓住2018年秋冬季大气污染防治不让“一刀切”、取消“限土令”的有利契机，千方百计、争分夺秒做好垃圾清运、拆迁清零、土石方作业等工作，加快推进项目进度；要将建筑工地扬尘治理作为大气污染防治的重头戏，执行“三员”制度，加强日常监管，落实管控措施，确保每个工地都100%达标，为工程施工创造有利条件。抓住土地挂牌出让“牛鼻子”，要抓紧抓实土地挂牌出让工作，确保完成年初既定目标，实现土地挂牌2000亩以上。四是持续推进一个政治任务，即巡视整改落实工作。全区上下要杜绝麻痹思想，始终把巡视整改作为首要政治任务，坚决防止前紧后松、避实就虚、边改边犯，持之以恒、持续用力，以扎扎实实的举措，推动巡视整改见底见效。

最后，陈宏伟强调，全年第

四季度工作要突出一个“快”字，只争朝夕、分秒必争，全面加快各项工作推进落实。全区上下必须把思想和行动统一到圆满完成全年目标任务、全面形成领跑中部城区发展的决定性态势的目标上来，强化责任意识，迅速进入决战状态，各级领导要自加压力、加班加点、亲自督导、狠抓落实，确保各项目标任务圆满完成，坚决形成领跑发展决定性态势，为2019年开好局起好步、推动金水全面实现领跑发展奠定良好基础。

区委常委会组成人员，7个区级重点工作推进领导小组组长、副组长，各街道党政正职，区直有关单位主要负责人参加观摩。全区副县级以上领导出席会议，区委常委所在部门常务副职，各街道党政正职，区直各单位主要负责人，各垂直单位，辖区各公安分局，交巡警一、四、五大队主要负责人参加会议。

【区委巡视整改工作推进会】 10月25日，区委召开巡视整改工作推进会，区委副书记李伟革出席会议，区委常委、区委办公室主任曹可艳主持会议，14个巡视整改专项小组副组长参加会议。

会议传达学习了省委办公厅印发的《省委巡视整改落实工作领导小组专题会议纪要》主要精神，听取了14个巡视整改专项小组的工作推进情况汇报，并对下一步工作进行了安排部署。

针对下一步巡视整改工作，李伟革提出四点要求，一是持续高度重视，防止麻痹松懈。要始终把巡视整改作为首要政治任务，要深入学习，领会省委巡视整改工作领导小组会议纪要精神，认真落实省委书记王国生提出的“四个防止、五个坚决避免”要求，防止前紧后松，防止重易轻难，防止边改边犯，防止自娱自乐，坚决避免在数字上做文章、质量上不合格，坚决避免有了文件就算整改落实、不注重实际执行效果，坚决避免报出整改报告就如释重负、感觉可以松口气，坚决避免受到肯定就沾沾自喜、认为整改已差不多了，坚决避免在督察督办中没有被点名批评就放松警惕、自我感觉良好，以扎扎实实的行动，推动巡视整改见底见效。二是持续巩固成果，坚持整改标准。各专项小组要坚持问题导向，做好分类处置。对已经完成的整改任务，要持续巩固、扩大成效，防止反弹回潮；对尚未完全整改到位的，坚决以“钉钉子”精神完成整改任务；对需要逐步解决的事项，按照时间节点抓紧推进；对长期整改的事项，要推动建章立制，固化整改成果。三是持续抓好专项治理行动，提升质量效果。各专项小组要认真按照既定的整改方案，持续深入开展好专项整治和专项攻坚行动，真正做到抓实抓细、抓出成效。四是持续抓好制度落实，推进工作开展。要把制度建设贯穿巡视反馈问题整改落实全过程，及时将省委、市委新精神、新要求、新部署贯彻到整改工作中，坚持周例会、月汇报、台账管理制度，做到整改一个、销号一个、巩固一个，真正以巡视整改推动全区各项工作全面提升。

曹可艳就会议精神的贯彻落实提出，各专项小组要深刻领会省委对巡视工作的精神要求，进一步提高政治站位，将巡视整改工作作为突破难题、推动工作的有利契机和中央抓手，高标准高质量做好“巡视后半篇文章”；要严格按照省委巡视工作有关要求，按照时间节点，及时报送阶段性工作开展情况；要加强同省委、市委巡查部门沟通，及时总结和报送整改工作中的经验做法和工作动态，客观反映全区巡视整改成效。

【组织集中收看庆祝改革开放40周年大会】 12月18日上午，庆祝改革开放40周年大会在北京人民大会堂隆重举行。中共中央总书记、国家主席、中央军委主席习近平在大会上发表重要讲话。全区副县级以上领导，区委常委所在部门常务副职，区人大常委会、区政府办公室主任，区政协秘书长、办公室主任，区直机关各单位主要负责人在区机关一楼东厅集中收看了大会盛况现场直播。

【2019年元旦、春节“双节”廉政谈话会】 12月30日上午，在区机关召开2019年元旦、春节“双节”廉政谈话会。区委书记陈宏伟作讲话，区委常委、区纪委书记、监委主任赵惠玲主持会议。副县级以上领导出席会议。区人大常委会、区政府办公室主

任，区政协秘书长、办公室主任，区四大班子办公室副主任，区委各部门主要负责同志、区委常委所在部门常务副职，各街道党政正职，区直机关各单位主要负责人，区委巡察办主任，区委巡察组组长，区人大常委会、区政协各工作（专门）委员会主要负责人，区纪委监察委副科级以上干部（含派驻纪检组组长），各街道纪工委书记参加会议。

会上观看了市人社局原党组书记、局长戴春枝违纪违法警示教育片《迟到的忏悔》。

陈宏伟作了讲话，提出了六个方面的要求，一要正确认清形势、自觉做到令行禁止。二要牢记忠诚无条件、旗帜鲜明讲政治。三要主动接受监督、经常校正个人言行。四要把握交往分寸、构建“亲”“清”政商关系。五要主动担当作为、干净做人踏实干事。六要落实“两个责任”、从严从实管党治党。

赵惠玲在主持会议时指出，全区各级党组织要迅速行动，深刻学习领会陈宏伟讲话精神，及时把会议精神传达到每一名党员干部。要切实履行全面从严治党主体责任，持续巩固作风建设成果，发扬“钉钉子”精神，保持力度、保持韧劲，稳扎稳打、久久为功。全区纪检监察机关要把监督挺在前面，严肃查处公款吃喝、挥霍浪费、收送礼品礼金、大办婚丧喜庆、滥发津补贴等突出问题。同时对慵懒无为、不敢担当、失职失责的，要加大问责力度。对节日期间“四风”问题线索，一律严查快办，典型案例一律通报曝光，持续释放越往后执纪越严的强烈信号。

【区委十一届七次全体（扩大）会议】 12月30日上午，在区机关三楼多功能厅召开区委十一届七次全体（扩大）会议。全会以习近平新时代中国特色社会主义思想为指导，深入学习贯彻习近平总书记关于深化党和国家机构改革的重要论述，全面贯彻落实中共十九大、十九届二中三中全会和省委十届七次全会、市委十一届八次全会精神，坚决贯彻执行市委、市政府批准的《金水区机构改革方案》，对全区深化机构改革工作进行动员部署。

区委副书记、区政府区长魏东代表区委常委会作讲话。区委副书记李伟革就金水区机构改革方案作说明。

全会强调，深化党和国家机构改革，是以习近平同志为核心的党中央站在党和国家事业发展全局的高度，作出的重大政治决策。习近平总书记作出的一系列重要论述，为深化党和国家机构改革指明了前进方向、提供了根本遵循。要站在政治和全局的高度，深化认识机构改革的重大意义，深刻把握机构改革是坚持和加强党的全面领导的必然要求、是推进国家治理体系和治理能力现代化的内在要求、是实现改革开放新突破的关键举措。要切实增强推进机构改革的政治责任感，把落实好机构改革这一重大政治任务作为践行“四个意识”“两个维护”的具体行动，坚定不移、不折不扣地推进中央和省委、市委关于机构改革的决策部署在金水落地见效。要准确把握机构改革的总体要求，深入学习领会习近平总书记关于机构改革工作的“十个必须”重要要求，坚持重大原则，明确改革重点，掌握正确方法，厘清相互关系，始终把准机构改革的正确方向。要深刻学习领会习近平总书记对地方机构改革的重要论述，把机构改革作为破解发展难题、释放发展潜力的重大机遇和重大突破口，引领带动全面深化改革，为高质量发展提供强有力的制度保障。

全会指出，地方机构改革是深化党和国家机构改革的重要组成部分。市委、市政府批准的《金水区机构改革方案》，贯彻落实中共十九大、十九届二中三中全会和省委十届七次全会、市委十一届八次全会精神，体现了中央关于机构改革的指导思想、方针政策、目标任务、方法原则和省委、市委推进县（区）机构改革的部署要求，符合金水实际，具有很强的指导性、针对性和可操作性。要坚决贯彻执行，不折不扣落实到位，努力构建系统完备、科学规范、运行高效、符合金水特点的机构职能体系。

全会要求，要坚定落实坚持和加强党的全面领导的制度安排，加快构建形成党委统一领导、党的组织在同级组织中的领导地位得到强化、党委职能部门充分发挥作用、党政合理分工、纪检监察有效监督的领导体系，确保党的领导全覆盖、党的领导更加坚强有力。要紧紧扭住转变和优化职责这个关键，科学制定“三定”规定，优化部门职能配置，完善部门权责清单，推动机构职能优化协同高效。要强化机构编制刚性约束，增强机构编制法律意识，严格落实机构编制限额管理，严肃查处机构编制违纪违法行为，加快推进机构、职能、权限、程序、责任法定化。要统筹推进各级各类机构改革，把党政群团机构作为一个大系统统筹推进、一体优化、整体加强，全面推进承担行政职能的事业单位改革，深化综合行政执法改革，使各级各类机构有机衔接、相互协调，使各项改革相互促进、相得益彰，形成总体效应。

全会强调，深化机构改革是一项复杂的系统工程，必须充分发挥党总揽全局、协调各方的作用，建立健全领导体制和工作机制，加大统的力度、明确改的章法、做好人的工作，确保机构改革有组织有步骤有纪律推进。要落实责任、协调联动，全区机构改革在区委常委会统一领导下推进，各工作小组、各分管领导要切实负起责任，坚持问题导向，加强分工协作，推进改革顺利开展。要有序推进、令行禁止，严格按照改革的路线图、时间表，把握时间节点，严守纪律规矩，抓好班子配备、组建转隶、“三定”规定制定等关键环节，确保机构改革风清气正、规范有序。要加强引导、凝心聚力，把思想政治工作做深做细，确保思想不乱、队伍不散、工作不断、力度不减；要加大宣传力度，营造良好氛围，最大限度争取各方面对改革的支持。要搞好统筹、互促共进，把深化机构改革与中央和省委市委巡视、督察、督导反馈问题整改相结合，与推动经济社会高质量发展相结合，既通过机构改革为各方面工作提供更有力的保障，又在做好各方面工作中优化机构职责配置，做到改革发展稳定互促共进。

区委第十一届委员会委员、候补委员出席会议。非区委委员、区委候补委员的副县级以上现职领导，区人大常委会、区政府办公室主任，区政协秘书长、办公室主任，区四大班子办公室副主任，区委常委所在部门常务副职，各街道党政正职，区直机关各单位主要负责人，区纪委、监委班子成员，区委巡察办主任、巡察组组长，区人大、政协各工作（专门）委员会主要负责人参加会议。

【2019年重点工作谋划情况汇报会】 12月30日下午，在区机关召开全区2019年重点工作谋划情况汇报会。全区副县级以上领导出席会议，区级各重点工作推进领导小组组长、副组长，各园区管委会班子成员，各街道办事处、相关区直部门主要负责同志参加会议。会议由区委书记陈宏伟主持。

会议听取了6个重点工作领导小组、3个园区及区发改统计局2019年工作谋划情况汇报，并逐一进行了点评讨论。

会议指出，重点项目、重大项目谋划牵动发展全局，对今后长远发展具有重要意义，全区上下要把工作精力和重心向项目建设聚焦，全力以赴地抓好项目谋划，把各项任务细化落实到具体项目上，以更多大项目、好项目，为2019年经济社会高质量发展提供有力支撑，确保开好局、起好步。一是持续推进，深入谋划。要对照项目谋划情况，深入挖掘梳理，下功夫解决项目总量偏少、投资规模偏小、项目分布不平衡等问题，积极发挥主观能动性，杜绝假大空，客观真实的反映工作情况，提升项目谋划的精准度和成效。同时，小项目要做到应列劲列。二是只争朝夕，加快推进。各领导小组、各委局、各街道要增强责任感、紧迫感，树立不等不靠的观念，抓紧与相关部门沟通衔接，加大工作力度，加快工作进度，以只争朝夕的精神，全力推进重大项目建设，为实现经济社会又好又快发展提供坚强有力支撑。三是提高站位，拉高标杆。各单位要立足当前，着眼长远，认真研究区位优势，重新梳理重点项目，坚持以利民惠民为出发点，谋划项目建设，使群众从项目建设中受益。

针对当前重点工作，会议强调：一是确保2018年目标任务圆满完成。各部门要加强与上级有关部门沟通对接，盯紧盯牢各项指标，确保客观如实反映工作情况。对2019年上级分解下达的目标任务，要做到心中有数。二是做好2018年全区目标考核工作，相关区级领导要加强对接，科学整合、精密细化考核工作，做到一揽子进行，减轻基层压力。三是加快推进国土绿化、铁路沿线拆迁等有时间节点、季节性强的任务，做到统筹协调，突出亮点，注重节点，保证各项任务顺利完成。四是紧绷信访稳定、安全生产弦不放松。要及早安排春节前贫困弱势群体慰问、市场供应等节前工作，科学制定方案，进一步抓细抓实抓紧各项工作，确保社会大局平稳。五是扎实做好机构改革工作。要站在讲政治的高度，进一步统一思想，提高认识，确保圆满完成机构改革任务。

组织工作

【概况】　中共金水区委组织部是区委主管组织工作、干部工作和人才工作的职能部门。内设办公室、政研室、组织科、干部科、干部监督室5个科室，辖人才工作办公室、党员电化教育中心、大学生村官管理办公室、干部信息管理中心、非公有制企业党工委办公室5个二级机构，代区委管理区委直属事业单位区绩效考核工作办公室。

【巡视整改】　将抓好巡视整改作为检验对党忠诚的“试金石”，切实增强“四个意识”，精心组织、周密安排，把高标杆、高标准、高质量贯穿巡视整改全过程，坚决把巡视反馈问题改彻底、改到位。重点针对中层干部超配、非党干部从事党务工作等问题，在全区组织系统先期开展边巡边改，为做好中央、省委巡视整改奠定基础；针对巡视反馈的具体问题，逐条对照、举一反三，能立行立改的坚决立行立改，个别情况复杂、不能立即整改到位的，列出计划、建立台账、分步推进；针对涉及面大、具有普遍性的突出问题，扎实开展中层干部超配、干部人事档案集中审查等6个专项治理；持续围绕省、市委组织部提出的9个专项行动，把巩固拓展中央和省委巡视反馈问题整改成效统筹起来，推动巡视工作不断向纵深发展。在选人用人方面，全面构建《关于进一步规范干部选任管理监督的意见》《关于防止干部“带病提拔”的实施办法》等“1+11”的干部工作体系，切实规范干部选拔任用、监督管理等各个环节；在组织建设方面，出台《关于在全区农村基层党组织推行无职党员“一编三定”的意见》《金水区关于建立党建“智库”服务体系的实施意见》等7项制度，有效提升基层党组织号召力、凝聚力、战斗力。截至2018年年底，省委巡视金水反馈选人用人及组织建设问题44项，已办结35项，其余9项正在结合党和国家机构改革持续推进；省委巡视郑州涉及金水选人用人及组织建设问题17项，已全部办结；中央巡视河南涉及金水选人用人和组织建设问题12项，已办结9项，其余3项正按照省市统一部署扎实开展。

【村（社区）“两委”换届】　顺利完成全区40个村、163个社区“两委”换届任务。以选优配强村（社区）“两委”班子为目标，从源头把关，严格“十不宜”负面清单，对2331名“两委”人员层层筛选审查，取消候选人资格9人；5个换届工作组全程驻点指导，对选举重要环节做到工作人员全覆盖；开展“四个一”活动，印发《关于严肃村（社区）“两委”换届纪律的通知》，组织观看1部警示教育片，签订1份承诺书，制发1本《典型案例》，张贴1则《监督举报电话公告》，引导候选人和选举工作人员严格遵守换届选举纪律。

【人大代表和政协委员推荐提名】　扎实做好市十五届人大代表、十四届政协委员推荐提名各项工作。严把推荐程序，全区划分21个推荐单位，各推荐单位按照自下而上、上下结合的原则进行推荐。注重提名人选的代表性和广泛性，推荐提名的人大代表包含卫生、教育、公共事业和工人农民等各个领域，社区网格长、巡防队员、清洁工等各个阶层；推荐提名的政协委员注重从三大产业园区中选出对金水区发展贡献突出、影响力大、对金水区未来发展支撑性强的非公有制企业代表人士。开展代表委员问题整改专项行动，对初步人选资格条件严格审核；牵头成立14个考察组进行全面考察，充分听取所在单位群众意见，严把推荐提名人选的政治关、廉洁关、形象关、身份关。换届期间，省、市换届风气督导组先后多次对金水区进行实地督导调研，充分肯定了金水区换届风气监督工作。

【党的组织建设制度】 出台《全面推进党的建设高质量发展的实施意见》，全面部署全区党建工作，推动全区党建工作迈向高质量发展；完善区委党建工作领导小组会议制度、领导干部党建联系点制度，形成了“一级抓一级、层层抓落实”的责任体系；制定2018年度基层党建工作重点任务清单，出台《金水区基层党建督查落实工作实施方案》，常态化开展督查工作，切实将党建工作落在日常、抓在经常；坚持各级党组织书记抓基层党建述职评议制度，明确党组织书记的工作职责、工作内容及工作要求并进行公开，形成了“书记抓、抓书记”的浓厚氛围；组织召开“党建工作代表大会”和“社区代表大会”2个现场观摩会，出台推广实施意见，“党建工作代表大会”和“社区代表大会”2项制度、“星级楼组”创建和党建“智库”体系建设2项机制在全区全面推开。

【干部队伍建设】 2018年1月，按照“严格职数、优化结构、注重基层”的原则，着眼于全区工作大局，对全区科级干部进行调整，圆满完成区监察体制改革任务，提拔了一批表现优秀、业绩突出的后备干部；在全市率先启动干部档案数字化建设工作；开展全区干部人事档案再审核、学历学位清查等专项行动。通过提醒、函询和诫勉等手段，对领导干部苗头性、倾向性问题早发现、早提醒、早纠正，累计提醒干部21人、函询1人、诫勉4人；研究出台《关于防止干部“带病提拔”的实施办法》，强化干部任用审核把关，严把选人用人关口；严格科级干部因私出国（境）管理、信访举报接受处理等工作。扎实开展中共十九大精神集中轮训，在全市率先开展高规格学习中共十九大精神集中轮训班，对全区现职科级干部轮训一遍；组织党政正职班、党校秋季班、优秀中青年干部培训班共4期，开展“名家讲坛”活动3期，进一步提升领导干部的专业素质和能力水平。

【基层基础事业】 扎实推进习近平新时代中国特色社会主义思想和中共十九大精神学习，“七一”开展“不忘初心、牢记使命”主题党日活动，区委常委率先垂范，以实际行动带头研学；全年集中开展“十九大精神百讲百谈”643场、中共十九大精神专题党课621场。建立村（社区）干部待遇稳定增长机制和教育培训机制，在郑州大学、濮阳农村党支部书记学院对全区村（社区）干部进行集中轮训，区委书记陈宏伟亲自讲授专题党课。党群服务中心年内投入使用6个、基本建成4个、新开工2个，全区党群服务中心网络体系雏形初显；开展社区阵地不达标专项整治，21个不达标社区党建阵地面积全部达到了500平方米以上。深化运用“一二六”工作法，新培育1个非公党建孵化基地、2个非公党建教学基地和2个非公党建示范基地，新成立“两新”组织党组织39家。大抓软弱涣散和后进村（社区）党组织整顿提升，完成20个市区两级软弱涣散和后进村（社区）党组织的晋位升级。全面推行发展党员“两级预审、两级备案”“双推双评三全程”机制，培训入党积极分子920余名，发展党员401名。举办“万名党员进党校充电计划”，覆盖培训党员27432名，举办“学、考、赛”活动，以赛促学，持续提升业务能力；举办先进党员、先进基层党组织评选表彰活动，深入推行党员积分管理，广泛开展志愿服务活动8200余次。

【人才工作】 统筹推进“智汇郑州”各项人才计划在全区落实，“1125聚才计划”第三批共评选引进人才项目16个，分类认定高层次人才45人，办理青年人才生活补贴1084人。创新开展国家“千人计划”专家金水行活动，邀请23名“千人计划”专家考察金水，3名专家现场签订合作意向。引进院士及其创新团队，打造以沈昌祥为代表的省级院士工作站4个。在国家级众创空间UFO.WORK共享办公打造党群人才服务中心，积极服务创新创业；着力打造“智汇郑州”一站式人才服务窗口，实现窗口人员对人才政策的“一口清”；创新开展“一把手”谈第一资源活动，在《金水时讯》等刊发人才工作文章17篇。

【现代远程教育】 完成全区站点升级改造工作，全区各站点均升级为“投影+电脑+新平台”模式。加大优秀教学课件收集、制作、上报等工作力度，拍摄制作的典型事迹片《老兵的自白》作为河南省优秀电教片在中组部党员教育电视片创作骨干培训班上集中观摩点评；部机关荣获“党徽闪耀中原”郑州市第一届党建主题摄影大赛优秀组织奖，作品《开钻》荣获河南省第一届党建主题摄影大赛三级佳作荣誉。充分利用绿城红信、组织工作快报和“金水区红色家园”微信公众号等平台，强化宣传学习教育，扩大对外影响力；大力推进学用示范基地建设，促进学用转化。

【自身建设】 带头深入学习习近平新时代中国特色社会主义思想和中共十九大精神，组织“迎七一，学、考、赛”活动和“组工干部大学习”活动，通过定期审阅学习笔记，以审促学；多次组织开展大会考，以考促学。深入开展全区组织系统自身建设巡视问题整改专项行动，严格按照上级要求，对照思想、作风、制度、廉政和支部建设5个方面，逐条逐项对照检查；针对自查出来的22个问题建立整改台账，已有17项完成整改，剩余5项长期坚持。丰富“党员活动日”活动内容，对部分党群服务中心、重点项目建设及党员教育点进行观摩学习；开展“组工讲坛”32期，特别邀请部分园区、街道、委局和专业人才等，为部机关干部讲解相关知识。进一步严格内部管理，完善机关财务、请休假等管理制度。全年在中央、省、市共刊发组工信息20篇（中央1篇、省级3篇），各类网宣文章150余篇，年底市委组织部专门就信息工作发来感谢函。

（撰稿：周永杰　审阅：张兴学）

宣传工作

【概况】 中共金水区委宣传部是区委主管意识形态工作的综合职能部门。下设办公室、理论科、宣传文化科、新闻外宣科4个职能科室，对外宣传办公室、互联网信息办公室、文化产业发展领导小组办公室隶属于宣传部管理。

【思想理论建设】 抓好中共十九大精神和习近平新时代中国特色社会主义思想的学习贯彻，打牢思想理论建设根基。一是发挥中心组学习的示范带动作用。下发《2018年度党工委（党组）理论学习中心组分专题集体学习的安排意见的通知》。将《新时代党的意识形态思想研究》《习近平新时代中国特色社会主义思想三十讲》等书目列入中心组学习计划，多层次多角度开拓学习视野，全年共举办中心组学习8次。定期对全区中心组成员学习记录、学习心得等学习成果情况进行检查，保证学习效果，提高学习针对性。二是深化党员学习教育。举办“深入学习贯彻党的十九大精神　领跑中部城区发展　全面建设社会主义现代化强区　推进国家中心城市建设”党员系列活动。组织开展主题党课、征文活动等，全区共上报主题党课教案76篇、征文55篇，开展微党课17场。三是加大理论宣讲活动力度。开展党的创新理论万场宣讲进基层。举行“将改革进行到底”宣讲活动。依托微党课、书记讲党课、“万名党员上党课”、“党员活动日”等载体引导广大党员干部群众开展中共十九大理论宣讲活动。邀请郑州市书记微党课巡回宣讲团十余位优秀老师和金水区微党课比赛中部分优秀选手分赴全区各单位进行“全市书记微党课到金水区巡回宣讲”活动，进一步扩大党员群众教育的覆盖面，深化理论宣讲的效果。全年共举办党的创新理论万场宣讲进基层176场。

【意识形态】 坚持把迎接、配合巡视和落实整改反馈意见作为重大政治任务，本着“边巡边改、立行立改、彻查彻改”的原则，全面梳理、归类研判，明确责任书、路线图、时间表，推动意识形态整改工作，助力全区巡视整改工作同步推进、整体提升。一是强化主体责任，构建意识形态工作格局。将意识形态工作列入年度工作要点，建立党委统一领导、党政齐抓共管、宣传部门组织协调、各相关部门积极配合的工作机制。成立意识形态整改落实工作专项小组，对照整改意见，细化分解任务。全年共召开会议14次、研讨会7次、领导调研2次、专项督导2次、联席会议5次。研究出台《党工委（党组）意识形态工作责任制实施细则》《关于加强全区机关干部学习的实施方案》《关于加强全区党员干部学习的实施方案》《金水区意识形态十项制度》等制度。二是优化网络空间，维护网络意识形态安全。健全网络舆情快速反应机制，加强互联网阵地管理。制定《金水区党工委（党组）网络意识形态工作责任制考核测评体系》《金水区党工委（党组）网络安全工作责任制实施细则》《关于推进网络内容建设工程的实施意见》《关于规范金水区党员干部网络行为的实施意见》等各项制度。同时，深入开展各类净化网上环境专项整治工作，加大管控力度，依法打击违法行为，确保各项工作扎实有序开展。三是完善意识形态工作制度，营造领跑发展浓厚氛围。制定《意识形态任务清单制度》，进一步明确、细化意识形态工作任务；制定《意识形态负面清单制度》，从根本上杜绝意识形态被忽视、淡化、削弱的状况；制定《意识形态签字背书制度》，解决意识形态工作中存在的责任不清、执行不力的现象；同时，制定《意识形态联席会议制度》《意识形态分析研判制度》《意识形态专题报告制度》《意识形态教育培训制度》等多项制度，层层压实意识形态工作责任。开展“党的创新理论万场宣讲进基层”“红色文艺轻骑兵下基层”等活动，宣传党的创新理论成果。开展意识形态工作培训会，普及意识形态知识，提升各级党员干部意识形态工作能力，共举办19场、培训3175人次。

【宣传引导】 提升舆论引导水平，为实现“两个率先，领跑中部城区发展”营造良好舆论氛围。一是主旋律宣传鼓劲添彩。围绕中共十九大精神和习近平新时代中国特色社会主义思想，以党的建设、大棚户区改造、城市精细化管理、产业发展、开放创新、生态建设、大气污染防治、社会管理、便民服务设施建设等全区重点工作为统揽，全年共刊发新闻稿件2154篇，其中，《河南日报》《郑州日报》刊发456篇，电台、电视台474篇；在各级各类网络媒体共计发稿2994篇，中央级网络媒体报道276篇。讲述金水好故事，传播金水好声音，举办“金水好故事”首届微视频评选活动，充分展示全区经济社会发展的新成就和城区面貌发生的新变化、新气象。二是正面报道亮点频出。牢牢把握郑州加快建设国家中心城市、金水领跑中部城区发展的各项决策部署，深入挖掘全区各行各业在加快经济发展、社会进步等各项工作中所取得的突出成绩、先进经验、好人好事和典型事例，推出《金水区晋位升级凸显发展高质量》《鼓足劲加满油　聚力高质量发展》《金水　民生强区增百姓福祉》《金水区：绿色固本　打造“会呼吸”的上善城区》等一批优质外宣稿件，提高金水美誉度。主动邀请媒体到访，直观感受改革开放为金水带来的巨大变化，组织策划“改革开放四十周年系列活动之媒体看金水”活动，共计邀请省内各级媒体11家，纸媒及网络媒体发稿量40余篇。三是旗帜鲜明守好互联网阵地。深入开展党政机关互联网信息平台管理工作专项治理，强化主管主办责任，坚决杜绝平台内容外包等违规行为，确保权责明晰、管理规范、信息安全。加强网络安全宣传教育，先后开展“网络安全进校园”“网络安全进社区”活动。完善更新全区网络评论员及新闻发言人名单数据库，举办网络意识形态工作培训会，切实提高网络评论员和新闻发言人突发事件应急处置能力以及与媒体沟通协调能力。

【文化发展】 实施文化惠民，丰富辖区人民群众文化生活。推进文化产业创新发展，全力提升金水文化竞争力。一是开展系列文化活动，丰富群众精神文化生活。全年共开展文化活动6大类别20项工作，概括为“一节两舞三展四赛五惠民六公益”，包括民间艺术大赛、街舞大赛、国标舞大赛、庆祝改革开放40周年系列文化活动、红色文艺轻骑兵巡演活动、茶艺大赛、全民阅读系列活动、“庆六一”儿童节庆典活动、交谊舞大赛、广场舞大赛、戏曲进校园活动、文化艺术公益培训系列活动、出彩金水戏迷擂台赛、快乐星期天主题系列活动等。活动贯穿全年，极大丰富了辖区群众的精神文化生活。

二是推进文化体制改革和文化产业创新发展，全力提升金水文化竞争力。稳步推进全区文化体制改革，形成《金水区深化文化体制改革2018年工作要点》，并制定工作台账。加大对文化企业的调研力度，推荐辖区42家优秀文化企业加入郑州市文化产业协会。同时，积极组织辖区文化企业参加第三届宁波文博会、第十四届深圳文博会、第五届中原（鹤壁）文化产业博览交易会，宣传展示我区文化产业发展成果，累计展示我区80余件文创产品，发放文化产业宣传册9000余册。

（撰稿：王　阳　审阅：赵伟峰）

统战工作

【概况】　中共金水区委统战部（挂台湾工作办公室、区政府台湾事务办公室牌子）是主管全区统战工作的区委组成部门。设有区归国华侨联合会、区海外联谊会2个事业单位，部机关下设办公室、宣传科、党派科、干部科、经联科、民宗科、新阶层人士工作科、海外联络科等职能科室。

【驻部纪检组】　按照区委《关于加强纪检监察派驻机构建设的意见》，区纪委监察委驻区委统战部纪检监察组于12月3日正式挂牌成立并开展工作，围绕监督、执纪、问责、调查、处置，履行党和国家的纪检监察职能，强化本部门教育、制度、监督等党风廉政建设日常工作，对部门纪检监察工作进行业务指导和监督检查。

【民主党派】　健全工作信息报送制度，明确了7名民主党派人士信息联络员；邀请部分民主党派金水基层组织负责人到辖区街道调研结对共建建设情况；组织民主党派代表人士协商调研课题，推动调研工作开展；举办了全区统一战线纪念中共中央发布“五一口号”70周年座谈会，辖区7个民主党派成员代表14人受邀参加座谈。组织开展了“五一口号”征文活动，收集征文10篇，整理上报市委统战部5篇；12月11日，联合致公党金水支部、河南大华书画院举办“金水区党外人士纪念改革开放四十周年书画展”，参展作品200余幅；年底，区委常委、统战部部长付建峰带队到民革、民盟、民进、九三学社等民主党派金水基层组织走访调研；年底，农工党、九三学社、民进3个民主党派金水基层组织完成换届工作。

【非公经济】　继续开展理想信念教育实践活动，全年共举行培训11次，座谈会10次，开展各种活动30余次，参与会员企业650余家，非公企业人士6000余人次；10月下旬，在中国人民大学举办为期一周的“青年企业家创新驱动与转型升级高级研修班”；积极优化营商环境，认真贯彻习近平总书记民营企业座谈会讲话精神，12月28日，召开促进非公经济健康发展大会；举办“优化营商环境，促进民营经济发展”主题座谈会，探讨非公经济发展面临的问题，形成专题报告1篇；开展精准扶贫，8月下旬，由区委常委、统战部部长付建峰带队，组织区农委、区工商联以及辖区部分直属商会负责人赴三门峡市卢氏县开展精准扶贫工作，达成初步合作意向3项；助力光彩公益事业活动，全年共组织招聘会12场次，参会企业240余家，提供就业岗位1100余个，为贫困人员及小学捐款捐物折合人民币共计25余万元。

【新阶层人士】　河南街舞联盟被中央统战部命名为实践创新基地，积极对接河南街舞联盟，坚持思想引领，为联盟发展提供服务、支持，引导和鼓励其广泛参与社会公益活动，推荐联盟代表人士参加省市等各级表彰活动。8月，中央统战部副部长戴均良一行到河南街舞联盟考察调研工作，省委、市委统战部长陪同调研，各级领导对金水区新阶层人士统战工作给予充分肯定；积极探索新试点，11月6日，在紫荆山商务楼5楼举行“豫新愈出彩”金水区新阶层人士统战工作实践创新基地——WUFO.WORK共享办公揭牌仪式，开启实践创新基地新阶段；积极开展调研工作，自10月下旬起，通过走访、调阅资料、电话询问、座谈等形式，对辖区新阶层人士情况进行广泛的摸底调查，撰写专题调研报告1篇；强化新阶层人士服务，推荐3名新阶层人士参选郑州市政协委员，做好评价、考察等相关工作，推荐6名新阶层人士参加市委统战部举办的新阶层人士培训班、省委统战部建言献策信息工作培训班，畅通新阶层人士建言献策渠道。

【民族宗教】 积极学习贯彻落实全国、省市宗教工作会议精神，成立金水区民族宗教工作领导小组，加强对全区民族宗教工作的组织领导；结合全省宗教整治和省委巡视金水工作，成立巡视整改落实工作民族宗教工作专项小组，落实宗教工作三级网络两级责任制，组织为期三个月的“攻坚行动”，做好调查摸底、建档立簿工作；加强宣传培训工作，全年累计发放条幅700余条、版面262块、公示牌50余块、发放宣传彩页10000余份、新修订《宗教事务条例》5000册；举办省委统战部专家讲座、各街道、区直各单位主要负责人专题培训、教职人员、乡村“两员”专题培训等各类培训班42期次，培训4100余人；依法维护民族宗教领域和谐稳定，全年共开展4次清真食品大检查活动，收缴转让、仿冒牌证14个，责令限期整改12家、取缔6家。全年共依法办理清真牌证审批45件，公民民族成分确认初审12件，行政检查10件，行政复议1件，行政强制4起，不断提高了依法行政能力和水平。

【港澳台侨海外】 更新港澳台侨人物信息库8人，承办第一届“面向未来”——河南省两岸基础教育研讨会；接待10余家两岸媒体记者到未来路街道银基花园社区参访，接待30名台湾、郑州两岸听障青年到金水区开展为期一周的慈善交流；配合市台办在辖区大卫城举办“2018豫台经济文化交流展示系列活动”；做好市台联、市侨联换届工作，推荐辖区符合条件的归侨、侨眷、留学人员代表人士75名，台胞、台属、台商负责人24名，并协助市侨联成立侨青会，遴选金水辖区优秀的涉侨人员7名，参与到侨青会。

【市政协委员提名推荐考察】 严把市政协委员（党外）提名推荐入口关、政治关，按要求对非公经济代表人士进行综合评价，认真做好市政协委员（党外）提名推荐工作。按区委换届工作领导小组安排，组成4个考察小组，通过审核被考察人选的人事档案、公检法计生等部门证明、上级党组织证明以及对被考察人选和其单位相关人员谈话、民主测评等环节，最终确定市政协委员（党外）提名推荐人选24名，圆满完成了换届工作任务。

【统战队伍建设】 结合巡视整改工作，认真开展批评和自我批评，总结不足，查摆问题，提出整改意见。通过召开党员大会、民主评议会、组织生活会、民主生活会等，落实“三会一课”制度，提高部机关全体党员凝聚力和战斗力；在部机关打造党员活动之家，并通过开展硬笔书法展、摄影展、优秀文章赏析等，提高部机关全体职工整体文化素质涵养，营造爱学习、爱生活、爱工作的浓厚氛围；定期举办“同心讲堂”，由部机关全体工作人员依次开展业务讲座，提高全体工作人员业务水平；组织举办全区统战信息宣传专题培训，5月29日邀请《中国政协报》省站长张磊、三十一中副校长时文忠做专题讲座，全区统战干部91人参加培训。

（撰稿：朱　岩　审阅：沈建忠）

信访工作

【概况】 郑州市金水区信访局内设综合办公室、接访服务科、排查协调科、办信征集科、督办调研科一室四科，下设二级机构即金水区矛盾纠纷排查调处中心。2018年，全区没有发生有重大影响的集体上访和群体性事件。

【巡视巡查信访保障】 2018年3月—5月，中央巡视组巡视河南、省委巡视组巡视金水，金水将巡视信访保障工作作为信访工作的重中之重，采取派驻工作组、强化领导接访、加大矛盾排查化解等多项措施，全力做好保障工作，实现了在巡视组巡视期间的“零干扰”目标。

【信访案件办理】 2018年，认真做好信访案件办理始终是贯穿信访工作的一条主线。一是办理好巡视组转送交办案件。中央巡视组共向金水区交办案件33批

344件，省委巡视组巡视郑州组共向金水区交办5批12件，省委巡视组巡视金水组共向金水区交办5批45件，以上案件均已按期办理完毕，没有超期未办案件，没有被上级退回重查案件。二是办理好“四大战役”交办案件。自5月起，国家信访局部署开展积案化解“四大战役”行动，并将之作为贯穿全年的重点。省、市向金水区陆续交办51起信访案件，金水区认真落实上级案件办理要求，全力做好化解工作。截至2018年年底，上级交办和区级排查纳入“四大战役”范围的案件116起，已经化解上报116起，全面完成积案化解任务。

【信访工作规范化】 一是规范信访工作行为，加大各类信访文书的规范力度，对初步处理意见严格审核把关，依法保障信访群众的知情权和逐级信访权；认真规范国家信访信息系统的使用，采取轮训、实地指导、举办专项业务培训等方式，努力提升全区信访干部信访信息化水平；二是规范信访人信访行为。继续加大对信访人信访行为的规范力度，对围堵大门、采取违法形式上访等行为，坚持依法处理，全力维护良好的信访秩序。

【矛盾纠纷化解】 在定期排查的同时，认真做好专项排查和重点排查，不断加大矛盾化解力度。自5月份起，针对未化解不稳定因素，开展为期半年“春风行动”，将41起突出不稳定因素进行专项交办，明确办理责任。组成3个督查小组先后开展多次督查，在每月全区信访工作例会上，集中听取各单位案件办理进展。同时，对于办理成效明显的单位，列入考评加分内容。截至年底，41起不稳定因素已经化解或稳定21起，化解稳定率达到51.2%。

【信访宣传】 将依法逐级走访知识宣传、信访工作的开展、问题的化解成效等作为重要内容，努力在全区营造依法信访的浓厚氛围，树立信访工作的良好形象。2018年以来，区信访局在今日头条、微信公众号和政务微博等网络平台陆续编发各类信访工作信息264篇，被省市采用信访信息12篇。

（撰稿：张　雷　审阅：李洪星）

档案工作

【概况】 1996年根据《中共金水区委、金水区人民政府关于机构改革的实施意见》，金水区档案局转为事业单位，为区委办公室领导的正科级机构，经费实行全额预算管理。并实行局、馆合署办公，“一套机构、两个牌子”。区档案局的主要职责是贯彻执行党和政府关于档案工作实行规划与宏观管理，监督、指导区各类档案室工作，积极开发档案信息资源，向社会提供档案服务。

2008年7月，为进一步加强档案管理工作，加快全区档案事业发展，区编委会研究决定成立了郑州市金水区档案馆，副科级规格，隶属区档案局。

【档案馆新馆建设】 新馆位于金水区市民文化活动服务中心，坐落在金水区北部区域，三全路、洛阳路、柳林路与长安路围合地块，周边交通便利、环境优美。目前，新馆主体已建设完工，正在内部分割。新档案馆与图书馆合用一栋楼，总建筑面积9223平方米，主要分布在负一层、一层、六层、七层、八层，共五层。负一层1484平方米，主要为爱国主义教育基地，包括实物档案展厅、区情展厅、临时展厅；一层1061平方米，主要为对外服务区域，包括民生库房、档案查阅室、借阅室、目录检索室、值班室；六层2307平方米，主要为档案馆功能馆室及办公区域，包括办公室、数字化加工室、档案整理室、档案接收室、档案编目室、去酸消毒室、裱糊修复室、现行文件保管室；七层2226平方米，主要为库房区域，包括专业档案库房、音像档案库房；八层2145平方米，主要为档案业务技术功能室及库房区域，包括文书档案库房、音像档案制作室、摄影翻拍室、培训中心。预计2019年6月全面投入使用。新馆按照“国家一级综合档案馆”的建设标准，创新设计理念，秉承“三十年够用，十年不落后”的思想理念，服务金水发展大局，既要满足保管、研究、展览的功能，又要彰显文化性、服务性、开放性。自动消防报警、防火防盗监控、恒温恒湿调控三大系统为基本保障，开通局域网、政务网、互联网三大网络，建设档案目录数据库、重要档案数据库、多媒体数据库三大数据库，实现智能化、信息化、现代化，既保证保密性又兼顾开放性，在保证档案资料安全的同时兼顾群众查阅、参观、学习等功能，将对提升金水区外部形象、带动北部区域发展、增强政府公共服务水平都具有十分重要的意义。

【档案业务培训】　为进一步贯彻落实《中共中央办公厅　国务院办公厅关于加强和改进新形势下档案工作的意见》，切实加强档案干部技能培训，不断提高档案干部队伍素质。8月下旬，组织区直各单位、街道办事处和下属部分社区的档案员分三批召开档案业务培训会。培训会上，业务科工作人员对档案工作基本知识、档案管理方法；档案收集范围及分类方案；文书档案以及业务档案收集、整理要求；当前时期对档案工作者的要求以及档案规范整理过程中应该注意的一些细节问题等方面进行了系统培训。课程内容清晰，管理规定和整理方案简洁明了、实操性强，为今后档案工作顺利开展提供了良好的基础。为进一步提高各单位档案管理人员业务水平，吸取先进单位档案室的建设与管理经验，9月11日上午，区档案局组织15个街道办事处及下属部分社区档案人员到杜岭街道办事处烟草院社区档案室进行参观学习。烟草院社区工作人员对社区基本概况和档案室建设进行详细介绍，带领参观档案规章制度、风采照片墙、社区光荣榜等，并由区档案局工作人员进行现场讲解、示范教学。通过实地察看、现场查阅资料及指导等参观学习形式，搭建了互相学习交流的平台，把档案资料整理归档的先进经验转化为推动社区档案规范的强大动力，努力使各社区的档案工作再上新台阶。

【便民服务措施】　为方便群众查阅利用档案，进一步强化了便民措施。一是对电话升级改造，添加了语音提示功能，语音中清晰的介绍了区档案馆具体位置、需要携带的相关证件以证明。二是在区档案馆一楼明显位置悬挂郑州市各县区档案馆地址、电话以及婚姻登记处地址、电话，避免群众“多跑趟”的现象。三是增加查档人员的配备，由上午查阅档案，改为全天查阅档案。2018年，共接待查档者13680人次，利用档案14562卷次。在这些群众中，以查阅各类与民生相关的专题档案为主，包括婚姻、土地档案、公证档案等，市民利用这些档案主要是解决户口申报、领取计划生育一次性补贴、房屋贷款等民生问题。面对查档接待量的不断上升，接待窗口热情服务，从查询到出具证明材料整个流程仅需要两分钟，真正得将便民、为民的高效落实到实处。稳步推进数字化档案建设工作。2018年，区档案馆已完成40多万页数字化，做到入馆档案必须将档案数字化。

【档案法治宣传】　2018年6月9日是国际档案理事会确定的第11个国际档案日。为庆祝改革开放40周年，2018年6月8日，区档案局在单位门前举办了“档案见证金水改革开放40周年”宣传活动。依托已有档案资源，精心准备，周密安排，展出了制作精美的展板，以新旧对比的形式展示金水区改革开放以来的成就与变化、档案法治宣传等内容。依托爱国教育主义基地邀请学校小学生，零距离感受档案的历史文化气息，从视觉上感受金水近几年辉煌成绩、卓越成果，培养小学生爱国之情、砥砺强国之志，进一步增强中小学爱国主义教育的主动性和自觉性。

【档案执法】　10月26日，郑州市档案局副局长贾欣营带队一行4人对金水区交通运输局、丰庆路街道办事处和四月天社区进行了档案行政执法检查。金水区档案局局长吕志献、副局长曾笑卫陪同检查。现场查阅被检查单位的档案室档案资料、软硬件设施配备、档案查阅利用等情况，听取被检查单位汇报，并对各单位档案综合管理工作予以充分肯定及表扬。全区干部职工档案管理意识越来越强，档案管理工作水平也逐步提升，直接体现在各单位的档案业务综合管理和档案室软硬件设施建设等各个方面。被检查单位对档案行政执法检查组提出的整改意见做出了表态发言，承诺限期整改到位。各单位将继续保持良好的工作态势，进一步加强档案数字化建设，继续充分发挥已有档案资料在服务领导决策、服务社会发展、服务民生利用等方面的作用与功能。自7月初至8月下旬，区档案局副局长、档案馆长带领的档案行政执法检查小组从档案整理、组织规范、档案安全保管等方面对区人大、区政府办、区委宣传部、区安监局、区征收办、区城改办等近40个单位进行了档案行政执法检查。通过听取汇报、实地察看，结合被检查单位以往已移交档案情况，重点查看未移交档案的收集整理和管理的规范程度，档案保管的安全状况以及该单位是否遵守与执行档案相关法律法规以及相关规定的情况。检查发现，被检查单位多数已配备较为规范的档案室与档案硬件设施，管理较为规范，档案做到及时收集、整理规范，一些单位档案数字化工作有待加强。通过此次执法检查，不仅宣传了档案工作的重要性，更进一步推动了被检查单位的档案工作。

（撰稿：陈　云　审阅：孙俊美）

区直机关党工委

【概况】　金水区直机关党委成立于1984年8月，1996年区直机关党委更名为中共金水区直属机关工作委员会，挂牌组织部，为区委派出机构，下属13个机关党委、5个党总支、46个党支部，共有机关党员6218名。

【思想政治建设】　一是组织形式多样的学习教育活动。举办万名党员进党校充电计划暨党的创新理论万场宣讲进基层培训班，对3500余名党员进行培训；组织区直机关64个机关党组织170余名党员参加以“拥抱新时代，担当新使命”为主题的中共十九大精神知识竞赛；开展金水区直机关党的理论知识竞赛，全区共3600余名党员参加；为庆祝建党97周年，举办“旗帜领航程　放歌新时代”文艺会演。通过一系列活动开展，进一步深化区直机关党员用党的最新理论武装头脑，着力铸牢机关党员的理想信念。二是引领机关党组织开展学习教育。持续通过月提示制度向各单位发布学习提示和学习计划，指导各单位采取书记宣讲、专题党课、机关讲堂、集中辅导、主题实践、个人自学等方法积极开展内容丰富的学习教育活动，充分发挥区直机关党员领导干部带学促学作用，丰富学习内容，提高机关党员学习质量和成效。三是多途径全面推进学习教育。利用金水机关党建微信公众号，每周定期发送中共十九大精神文章、党建业务知识和机关动态，已推送51期；每月向各机关党组织发放《党的生活》《党支部工作指导》等党建学习书刊杂志。通过这些举措激发党员干部对机关党建的工作热情，推进了“两学一做”学习教育的常态化制度化，确保了中共十九大精神落地生根。

【机关党建】　提升基础党建。一是全面统筹安排。年初，召开2018年全区机关党的工作会议，区直机关工委委员，区直各机关党组织书记、机关纪委书记，各街道、各管委会分管领导共160余人参会，同时印发了《2018年全区机关党的工作要点》《区直部门党组、机关党组织、基层党支部抓机关党建责任清单》等相关文件。二是开展区直机关补选、换届工作。严格落实中央条例、省委实施办法和市委实施意见，按照明确范围对象、遵守时间节点、严格工作程序、充分发挥民主、严格请示汇报、加大宣传力度的原则，有序组织区直机关党组织开展换届选举工作。截至年底，共指导42个到届的机关党组织完成换届选举。三是规范发展党员。严格按照《中共河南省委组织部印发〈关于实行“双推双评三全程”进一步规范发展党员工作的意见〉等3个加强党员队伍建设工作文件的通知》，实行“一推二考四联审”制度，按计划培养发展党员，严格标准、严格程序、严格质量进一步规范审批预备党员转正程序，确保党员质量。2018年，新发展党员80名，共审批预备党员转正70名；举办2018年度入党积极分子培训班，严把发展党员入口关，确保新发展党员质量，分2期，对168名来自机关各基层党组织推荐产生的入党积极分子进行培训。四是规范“三会一课”。按照区委组织部《关于进一步规范落实“三会一课”制度的通知》要求，制定下发《“三会一课”会议记录范例》，明确内容、找准问题、强化措施，进一步严肃了组织生活，严格了党员管理，提高了基层党组织组织力。五是组织开好组织生活会。指导组织区直各机关党组织以“提高党性修养争做合格党员”“巡视整改”等为主题召开组织生活会3次，同时参加个别机关党组织会议。六是严格党建经费管理。相继印发《区直机关党建工作经费管理办法》《关于建立区直机关党建工作经费保障机制》，按照党员人数人均600元的标准将党建经费列入各单位专项经费年度预算。同时明确经费适用范围、管理方式，确保党建工作高效开展。七是强化意识形态工作。坚持把落实好意识形态工作作为重大政治任务，出台《金水区直机关工委关于落实中央巡视意识形态工作责任制专项检查反馈意见整改落实方案》，针对意识形态工作责任制没有落细落实、主流意识形态建设比较薄弱等2大类5小项问题，通过加强组织领导、落实主体责任、抓好专题学习、强化督导考核等工作措施，积极推动意识形态工作规范化、制度化。

开展观摩调研。以“逐级观摩、逐支部评定、逐类提升”活动为抓手，指导督促各机关党组织坚持抓基层打基础、抓整体补短板，发现、选树了一批党建氛围浓厚、组织设置规范、党内生活各项制度落实、党员先锋作用发挥充分的机关党组织。自10月下旬持续开展集中观摩研讨，邀请区直各机关党组织副书记分5期对区人民检察院、区信访局、区发改统计局等单位进行现场观摩，并就机关党建“灯下黑”“两张皮”等问题进行座谈，通过活动使大家展示亮点、交流经验、发现不足，有效促进了全区各机关党组织在相互学习和交流中凝聚共识、相互提高、形成合力，全面提升了全区机关党建的整体工作水平。

推进党建体验。一是认真抓好“党员活动日”开展。指导区直各机关党组织结合单位实际，在每月21日开展“党员活动日”活动，活动内容包括缴纳党费、学习教育、为民服务及“三会一课”等多种主题，确保活动有效果、党员有收获；同时，为抓好落实，建立督查、通报、考评机制，适时对各单位党员活动日开展情况进行抽查督导，将督查情况纳入机关党建绩效考核。对于督查中发现的问题，及时给予指导。2018年，区直机关各党组织共开展活动1344次。二是开展“文明服务”主题系列活动。按照《金水区文明服务三年行动方案（2016—2018）》的要求，积极开展系列主题实践活动。继续实行文明服务工作周报、月讲、季评制度，建立完善的评比考核机制。通过开展专题教育、文明服务创建、文明服务月等活动，全区机关不断提高党员干部职工的道德素质，使文明服务成为机关服务型党组织建设的鲜明主题。三是开展走访慰问贫困党员、职工活动。在春节、“七一”前夕，组织区直机关党组织和广大党员到老党员、贫困党员家中开展走访慰问活动。通过发慰问金、送慰问品等形式，累计慰问186名困难党员，慰问资金共14.4万元。春节前夕机关工会对机关在职会员进行了慰问。

完善激励机制。扎实开展“两优一先”推荐评选表彰工作，按照区委组织部要求，对区直各机关党组织积极开展先进基层党组织、优秀党员和优秀党务工作者的推荐评选工作，通过支部推荐、工委审核研究、组织部审定，对14个先进基层党组织、14名优秀党员、4名优秀党务工作者进行了表彰奖励。

抓实巡视整改。根据区委部署，区直机关工委通过建立整改台账、明确时间节点、细化整改措施等方式，针对省委第一巡视组提出的个别领导干部存在“灯下黑”、“两张皮”、机关党组织日常管理宽松软、失联党员管理等问题进行了集中整改。同时，以巡视整改为契机，相继印发《关于加强全区机关干部学习的实施方案》《区直机关基层党组织“逐级观摩　逐个评定　逐类提升”活动方案》《区直机关党建工作经费管理办法》等文件，在问题整改的同时逐步建立长期有效的工作机制，不断巩固和扩大整改成果、努力提升机关党建工作质量。

【党风廉政建设】　一是贯彻落实区纪委十一届三次全会要求，层层传递、深刻领会全会精神。组织全体工作人员学习会议材料和领导讲话，进一步增强领导班子成员对搞好党风廉政建设和反腐工作的使命感与责任感；督促党员干部牢固树立“四种意识”、牢记“五个不准”，防止“七个有之”。二是严格党内监督，机关纪工委积极履行监督职责。及时了解基层党风廉政建设工作开展情况，听取基层群众意见、建议，发现存在的突出问题，批评教育及时整改，通过“红脸”“出汗”，增强问责刚性，倒逼责任落实到位，尤其是对省委巡视组反馈的存在“三会一课”落实不到位等突出问题的2个单位进行了通报批评。严肃党内政治生活，严格执行《关于新形势下党内政治生活的若干准则》《中国共产党党内监督条例》，印发《关于对科级以下党员进行提醒、函询和诫勉的实施办法（试行）》，加大对全体党员的监督管理力度。三是构建作风建设常态，形成长效机制推进工作落实，加大廉政文化教育力度。充分利用金水区直机关工委微信公众平台，宣传先进典型示范教育和党内制度规定，坚定理想信念、引领新风正气。督促党员干部严格执行“两准则、三条例”，纪检监察干部严格“八项纪律”，加强自身建设。有效运用“四种形态”，做到抓早抓小，推进作风建设常态化；坚持落实《金水区党政主要负责同志“五个不直接分管”暂行规定》《金水区行政事业单位财务内部控制办法（试行）》和“一岗双责”相关规定，制定《财务内部控制办法》《金水区直机关工委委员会议制度》和《金水区直机关工委书记办公会议制度》，进一步健全工作制度，强化工作作风。

【群团活力建设】 一是举办“庆元宵”“迎三八”职工趣味比赛活动。活动设立双升、踢毽子、跳绳等项目，使广大干部职工在活动中放松身心，倡导健康、快乐的工作、学习和生活方式，营造积极工作的浓厚氛围，活跃机关职工文化生活。二是做好群团先进典型推荐工作。按照要求，为区妇联推荐17名三八红旗手、9个先进集体和15名文明家庭的候选人；为区总工会推荐6名最美劳动者候选人。三是做好妇联、工会代表选举工作。推选第八届金水区妇女代表大会代表18名、执行委员会委员3名；完成市、区工会代表选举推荐工作。

（撰稿：李端紫　审阅：段佳荣）

精神文明工作

【概况】 金水区精神文明建设指导委员会办公室是金水区精神文明建设指导委员会的办事机构，属行政编制，负责处理文明委的日常工作，内设综合科、创建科、未成年人思想道德教育科、志愿者服务科、宣传教育科5个科室。

【全国文明城市创建】 一是以城市精细化管理工作为依托，重点做好9项专题治理工作，为文明城市创建打下坚实基础。二是多次组织召开文明城市创建工作推进会，将文明城市创建工作任务分工梳理。在创文攻坚阶段，区主要领导多次对创文工作进行实地督导。三是注重督导，完善问题整改机制。对全区381个迎检点位，进行反复回头看式督导工作。同时，引入“第三方”测评工作机制，根据测评结果梳理出各月文明城市创建工作存在问题，督促责任单位及时整改。四是加大宣传力度，为80个社区迎检点印制种类齐全的公益广告版面，在社区醒目位置安装设置；印制8万份《市民文明手册》分发给社区群众、商户、公共单位，做到了动员辖区群众广泛参与支持文明城市创建工作。12月10日，按要求完成全国文明城市年度测评工作，并形成书面报告上报上级创文办。

【群众性精神文明创建】 一是对金水区2017年度金沙小学等9个区级文明单位，丰庆路街道安泰社区等20个文明社区、凤凰台街道省检察院社区聚锦苑小区等70个文明楼院以及陈凤香等200户文明家庭和贾兴强等200名文明市民予以命名表彰；按照工作计划完成2018年度省、市、区级文明单位和市、区两级文明社区创建申请工作；配合省、市文明办顺利完成对116个全国、省级文明单位，59个市级文明单位复查工作。二是结合辖区文明单位2018年度结对帮扶农村精神文明创建计划。对2017年度中共河南省直机关党校等20个结对帮扶工作先进单位予以表彰。三是动员辖区单位广泛参与垃圾分类工作，印发万余张倡议书和宣传海报。四是组织全区各级文明单位参与文明交通活动，各大路口主次干道实现志愿者上岗维护交通秩序。五是组织完成109家省级文明单位复查网上资料上传培训工作，并在河南省工业学校集中组织开展《郑州市文明促进条例》知识测试。

【未成年人思想道德建设】　一是在全区各中小学校、社区、公园、广场、绿地、游园等公共场所，利用户外广告牌、精神文明宣传栏等形式，刊播未成年人公益广告，营造了全社会关爱未成年人成长的浓厚氛围。二是深入开展“我们的节日”主题活动。以清明节、端午节、中秋节、重阳节等传统节日为契机，组织全区各街道和各级文明单位开展“清明祭英烈”“蜜粽飘香庆端午·文化传承送温暖”“爱在金水情暖重阳”等系列丰富多彩的主题活动。三是深挖道德典型，狠抓公民道德建设。2018年，彭建辉、屈姣蕾荣获郑州市文明市民标兵，河南省肿瘤医院主任医师韩广森先后当选“河南好人榜”“中国好人榜”好人，郑州人民医院医护群体、河南中医药大学第一附属医院徐立然教授分别被评为郑州市第五届见义勇为道德模范和敬业奉献道德模范。以全区近年来涌现出的道德模范、身边好人等模范事迹为原型，采用小品、快板、情景剧、诗朗诵等艺术形式，投资8万余元，创作了《誓言》《尊敬·爱》等6个原创作品，并于7月17日举办了金水区2018年道德模范故事会演暨《郑州市文明行为促进条例》宣传启动仪式。四是开展多种未成年人主题教育活动。积极开展“新时代好少年”的选树宣传活动，联合区教体局、团区委、区妇联、区机关工委隆重表彰刘谷洋等200名“金水区新时代好少年”。李晟嘉等5名同学被评为“郑州市新时代好少年”。征集上报优秀童谣15首，王梦可等7名同学的优秀童谣获奖。积极组织未成年人参与“向国旗敬礼”签名寄语活动，参与人次达10万人以上。在全区未成年人中开展“小黄帽在行动”主题活动。

【志愿服务】　一是抓好队伍建设。全年共有18万余人在志愿郑州平台进行注册，占常住人口的13.6%，13万余人参与311类家庭、关爱未成年人等各类志愿服务活动，占注册志愿者总数的75%，人均服务时长28小时，年服务总时长372万小时，在辖区形成了人人争当志愿者的浓厚氛围。二是抓好阵地建设。大力推进志愿服务站点规范化建设，严格对照“六有一落实”标准抓好落实，全区163个社区志愿服务站建站率达100%，郑州市动物园、紫荆山广场等公共场所也建立了志愿服务站，全区共建站点206个，为开展各类志愿服务活动提供了阵地，根据不同场所性质常年开展志愿服务活动，为辖区群众提供了各类便民志愿服务。2018年，鑫苑社区被中央评为“全国最美志愿服务社区”，并承接省、市组织的现场观摩学习活动；荣华社区的“党员老妈妈服务队”被评为郑州市优秀志愿服务组织。三是积极推行党建+志愿服务模式。按照《关于全面推行“社区党建+志愿服务”工作模式的实施意见》，坚持以社区党建为引领，以志愿服务为载体，督促激励基层党组织加强组织建设、加强党群服务，要求各志愿服务站制作“社区党建+志愿服务”制度版面6块。省供销社社区作为全市“社区党建+志愿服务”工作模式示范社区。在春运、高考期间，组织辖区党员志愿者开展“温暖回家路”、“点滴爱心·助力高考”等志愿服务活动。以建党97周年为契机，开展“做志愿表率·为党旗增辉”系列志愿服务活动。

【宣传教育】　根据郑州市文明办要求，组织各街道及辖区文明单位对《郑州市文明行为促进条例》进行宣传学习，开展了各种形式的宣传教育活动。共印制条例文本2.5万册，印制试卷2500份，海报、倡议书3500份。在全区社区楼院、主次干道、背街小巷的空白墙和建筑围挡等宣传载体上，新增条例宣传展板800余块，喷绘6000余平方米，创文期间为全区80个点位社区制作安装创文宣传版面700余块，电子屏播放条例公益广告宣传画5000余次，确保实现各种公益广告和文明城市创建宣传内容全覆盖。2018年，郑州文明网共采用、发布信息120余篇，充分展示了金水区各级文明单位精神文明建设工作取得的成果，及时总结了好经验和好做法，较好地展现了金水区文明单位的创建风采。为“道德讲堂”工作有序开展，组织街道及200余家文明单位共开展900余场次“道德讲堂”，主要宣讲身边好人、善行义举、道德模范的先进事迹，引导人们践行道德规范、提升人生境界，树立奋发向上的良好风尚。

【公共文明素养提升及“两个中心”建设】 结合《公共文明素养提升三年行动方案》的要求，2018年是规范深化年，目标是实现文明入心。一是组织各级文明单位带头学习《郑州市文明促进条例》，并与结对帮扶单位开展条例宣讲活动。二是拉大“两个中心”建设格局，推动全民参与文明实践。金水区新时代文明实践中心、学雷锋志愿服务中心建设工作，以区域联动引领文明实践为思路，采用“拉大阵地，整合资源，贴近生活，优化方式”的建设方法，带动社区广大居民积极投身到文明实践中。10月19日，为河南省直党校、河南博物院、交警五大队、郑州动物园、金水区文化馆、河南科技园区管委会未来生活馆6个示范单位分别授予“创新理论大讲堂”“历史文化示范区”“文明交通示范区”“文明旅游示范区”“科技文明展示区”等称号，要求每个单位都成为所在区域的核心阵地。作为中心城区，金水区开始着力探索从过往以集体为主的文明创建模式到新时期推动群众性文明实践广泛开展转型升级的新方法，《河南日报》《郑州日报》等主流媒体进行了重点报道。

（撰稿：李　亮　审稿：尹瑞山）

老干部工作

【概况】 金水区委老干部局是区委主管全区老干部工作的部门。2018年，全区老干部工作围绕“让党委政府放心、让老干部满意”的重心，从老干部政治待遇、医疗保健、精神生活等方面，积极深化服务措施，有效提升管理水平，着力为做好新时代老干部工作提供保障。

【老干部政治待遇】 全区各级党组织全面落实离退休干部政治待遇，使广大老干部老有所学。一是老干部学习制度。组织全区离退休党支部书记、老干部工作者及老干部学习中共十九届三中全会精神和习近平总书记系列讲话精神学习培训；邀请省委党校经济学教研部张长娟教授围绕习近平新时代中国特色社会主义经济思想、实践基础、理论渊源、科学内涵作了深入浅出的讲解；组织离退休党支部书记参加郑州市举办的离退休党支部书记培训班，发挥离退休党支部战斗堡垒和离退休党员的先锋模范作用。二是参加重要会议和重大活动制度。特邀离退休副处以上老领导参加区“两会”，听取报告，参与讨论；参观金水区聂庄党群服务中心、国家知识产权创意产业试点园区、区市民文化活动服务中心建设，对全区的经济建设发展建言献策。定期组织主题学习活动，加强离退休干部队伍的教育管理。三是走访慰问制度。重大节日期间，通过召开座谈会、上门走访、特殊帮扶等多种形式，走访慰问全区离休干部，把党和政府的关心送到他们身边。

【老干部生活待遇】 着力推动离休干部“三个机制”建设；不折不扣地保障“两费”、护理费和生活补贴的按时发放，为企业改制和易地安置离休干部做出全方位服务；开展在职党员干部联系老干部活动；落实离退休干部社区“四就近”服务机制；构建家庭、单位、社区、老干部工作部门“四位一体”的多元化服务网络。在老干部服务工作中引入“精准化”服务理念，用心用情做好老干部服务保障工作。近年来，针对金水区离退休干部普遍进入“双高期”的实际，区委老干部局引入“精准化”服务理念，从离退休干部的实际需求出发，精准掌握需求信息，精准开展个性服务，精准推进文化养老，夯实服务基础、丰富服务内容、拓宽服务渠道、深化服务内涵，大力提升离退休干部幸福指数。一是开展个性化服务。为全区老干部进行健康体检；为四大班子离退休老领导办理免费家政服务；经常走访看望异地安置在金水区的离休干部；及时到医院探视住院老干部100人次；协助有关单位妥善处理7名老干部逝世的善后事宜。积极落实特困离退休干部帮扶机制，建立了50万元的离退休干部特困帮扶基金。二是创新教育管理方式。加强老干部党支部工作，持续推进“两学一做”学习教育常态化制度化，加强对离退休干部党员的教育管理；通过坚持组织学习、活跃支部文化活动、发挥社区功能开展服务，促使党支部的战斗堡垒作用和党员的先锋模范作用得到充分发挥。

【老干部活动中心和老干部大学】 老干部活动中心是加强老干部思想政治建设、满足老干部精神文化生活需求的重要载体，是党和政府联系老干部、凝聚老干部的重要桥梁。一是组织开展离退休干部喜闻乐见的文体活动，经常参加培训、学习、活动、交流的老干部每天达100多人；老年大学免费开办老年人喜爱的葫芦丝演奏、书法培训交流、乒乓球训练、剪纸、老年瑜伽等培训班，400多名老干部参加培训。同时，在重大节日举办座谈会及扑克、麻将、门球、跳棋、书画等专题文体活动。二是组织全区离退休干部积极参加省、市老干部局组织的《孝亲敬老传承美德》典型故事征集、《迎接新时代展示新风采》老年文艺大赛、重阳节《我们的节日》主题活动、“我看改革开放新成就”等丰富多彩的活动。金水区老年大学选送的葫芦丝表演在市委老干部活动中心举办的比赛中荣获三等奖。三是区直机关工委聘任新的“五老”宣讲团成员，充实“五老”队伍。在全辖区广大青少年中广泛开展“传承红色基因，争做时代新人”主题教育活动；在辖区各街道开展“大手拉小手，共创和谐社区”文明劝导活动。

老干部大学是老干部工作的重要组成部分，一是按豫办两个文件关于老干部大学建设有关规定，在各级领导的高度重视下，成立了老年大学办公室，组织开展全区老干部教育工作。二是为做好全区老年大学工作，进一步完善了教师队伍建设，把具有一定专业知识的、有较强授课能力的、有热爱老年教育事业并有敬业奉献精神的聘为学校教师。要求每位教师要从老年人的实际出发，把每节课都上成“精品”，使老干部“听得懂、学得会、有兴趣”。三是老年大学已经依据现有条件开展教学工作。开有电脑培训班、书画交流班、老年合唱班、养生保健知识讲座、科普知识讲座等兴趣爱好教学，达到了寓教于乐，丰富老干部精神文化生活的目的。

【老干部工作队伍建设】 一是在加强班子和自身队伍建设上，严格落实组织生活各项制度，建立个人监督报告制度，开展读书竞赛和业务政策知识竞赛活动，切实做好意识形态、依法治区和平安建设等工作。二是局机关坚持每周一集中学习制度与干部自学相结合，通过专题讲座、座谈讨论、撰写读书笔记等多种形式学习党的路线方针政策，学习习近平新时代中国特色社会主义思想、中共十九大精神、新党章等内容和老干部工作政策业务知识。使老干部工作人员的业务知识、思想理论建设得到提高。对全区150多名老干部工作分管领导和专干进行了培训。

（撰稿：李 婷 审阅：郑福海）

编制工作

【概况】 金水区机构编制委员会办公室负责全区行政管理体制改革和机构改革、机构编制管理工作。2018年，先后完成公益类事业单位、教育卫生、综合执法、党政机构内设科室、承担行政职能事业单位、教育卫生、综合执法、党政机构内设科室、承担行政职能事业单位、街道办事处等重点领域专题调研9类，形成调研报告10份，拟定了《金水区机构改革方案》《金水区机构改革组织推动方案》《金水区机构改革实施方案》，加快推进全区党政机构改革工作进度。

【重点领域体制改革】 一是在“机构、编制、职数三个不增加”的前提下，按照精简、统一、效能的原则，科学设置纪委、监委内设机构，核定人员编制和领导职数，全面完成国家监察体制改革工作。二是撤销区一级党和国家机关本级内设纪检监察机构，按照“编随人走”的原则，通过划转、调剂等方式，加强纪检监察派驻机构建设。三是按照中央、省、市框定的城市管理职责，结合实际，科学设置部门机构，合理配置编制资源，按时完成城市综合执法体制改革。

【机构编制管理】 一是严格执行机构编制政策法规和办事程序。凡涉及机构、编制、领导职数、职能调整等相关事宜，提请区编委会研究审核后，按照法律法规和机构编制管理政策规定办理。二是严格执行人员变动审批程序。根据机构编制日更新制度，及时变更机构编制实名制管理数据，完善机构编制管理台账，做到人员变动“随时登记、动态管理”。三是在及时更新数据的基础上，加大统计分析力度，每月对全区各部门机构和人员编制台账进行全面梳理，做到机构清、编制清、实有人员清。四是及时完成中小学机构编制专题调研和教职工编制调整。2018年6月以来，区编办积极开展金水区中小学机构编制现状及教职工情况专题调研，结合中小学教职工交流轮岗情况，集中对全区400多名中小学教职工编制进行了调整划转，保障了各中小学校秋季入学的师资力量。

【机构编制监督检查】 根据区经济责任审计领导小组部署，依托机构编制云平台、实名制管理系统以及单位“三定”规定、机构编制管理有关审批文件等，采取调阅资料、情况反馈、对发现的问题限期整改等方式方法，先后对全区12个机关单位，48个下属事业单位，73名行政人员，900名事业人员进行审计。对审计中发现的擅自设立内设机构、超职数任命中层干部等违规违纪问题，及时向被审计部门反馈，下发整改通知书，提出整改意见和建议，并督促整改落实。2018年，为进一步筑牢预防机构编制违纪违规的思想防线，切实维护机构编制纪律，确保机构编制管理的权威性、严肃性和有效性，编印《机构编制监督检查工作资料汇编》1000余本，并向全区各单位发放。

【事业单位登记管理】 严格按照相关规定和要求，对原登记的293个事业单位中的282个事业单位完成年度报告检验（其中涉及改革的11家事业单位，正在办理注销手续），并将各单位年检报告在“事业单位在线”网站进行一键公示，圆满完成事业单位法人年度报告年检及公示工作。此外，结合全区机关群团单位机构、法人变动情况，积极开展机关、群团统一社会信用代码赋码工作。完成初始登记1家，并对23家机关、群团单位的统一社会信用代码进行了变更。

【中文域名管理】 一是做好中文域名续费工作。年初，将2018年中文域名所需费用纳入财政预算，按照到期时间和续费标准分批续费。二是加强党政机关和事业单位网站开办审核、资格复核、网站标识管理工作。按照《党政机关、事业单位网上名称管理暂行办法》有关规定，对全区纳入机构编制管理的党政群机关事业单位，进行网站开办核查。三是加强网站监管工作。利用网络浏览器，不定时的对网站进行搜查，防止不规范网站、僵尸网站等继续使用，进一步防范网络安全风险，提供坚强有力的网站安全保障。

【自身建设】 2018年，区编办扎实开展机关党建规范提升年活动，使党建工作与机构编制工作深度融合，进一步实现了以党建促工作发展，以工作发展提升党建水平的目标。一是健全组织机构。2018年主要领导调整后，及时召开党员大会，选举产生新一届支部委员会。二是创新工作模式。围绕“党建+硬件、党建+学习、党建+活动、党建+改革、党建+创新”，积极开展“立足岗位践初心，凝心聚力担使命”品牌创建活动。三是合理规划阵地。通过对现有办公条件的合理规划整合，精心打造了近15平方米的党员活动室，并科学设置国学园地和党员风采墙。四是丰富载体活动。结合业务工作，依托党员活动日，开展“走出去”“请进来”等主题活动18次，使全体党员增强了党性、锤炼了意志，开阔了眼界，了解了区情。五是狠抓党风廉政。区编办严格落实“一岗双责”，逐级签订“一岗双责”目标责任书。先后开展了巡视整改专题民主生活会、以案促改、违规经商办企业、“帮圈文化”及违反中央八项规定精神问题专项整治等活动，进一步提高了党员干部认识，规范了党员干部行为。

（撰稿：郭奕慧　审阅：贾海波）

党校工作

【概况】 中共金水区委党校是区委直接领导下培养党员干部的学校，是党委培训轮训党员干部的主要渠道。2018年，区委党校充分发挥培训主阵地作用，共举办各类干部培训班次4个，累积培训人员1223人。其中，举办科级干部学习贯彻中共十九大精神轮训班2期，培训科级干部共计698人；举办优秀中青年干部培训班1期，培训区直各单位中层正职59人；举办党员发展对象培训班1期，培训党员发展对象391人。

【干部教育】 落实领导讲党课制度。按照年初计划，区委书记陈宏伟、区长魏东等6位区委领导分别围绕党建、党纪、统战、意识形态等工作重点、难点、热点问题在培训班上为学员做了专题辅导。

班次设置更加科学。围绕全区中心工作，充分发挥干部培训主阵地作用，依据培训对象和培训内容，科学设置不同类别的培训班次。这些培训班的举办，极大地提高了全区党员干部的理论水平、党性修养、宗旨意识、工作能力，为金水区落实五大发展理念，实现“两个率先，领跑中部城区发展”提供人才支撑。

课程设置更加实用。紧密结合全区中心工作，坚持“干什么学什么、缺什么补什么”的原则，贴近干部工作实际设置学习专题，围绕如何履行岗位职责进行分组讨论，邀请组织部长参加座谈，提升培训效果；增加党性锻炼专题，将党章及准则、条例列为必学篇目，同时围绕理想信念、群众路线、公仆意识、革命传统等主题，组织学员到大别山干部学院、新乡先进群体教育基地进行现场教学，通过讲授、情景模拟、现场体验等方式引导学员把党性教育这门共产党人的“心学”修好。

培训方式力求多样。科级干部主体班采取了现场教学、互动教学与理论教学相结合，课前晨读与课后文体活动相结合，课堂讨论、领导座谈、班级研讨相结合的培训形式；通过现场教学、体验式教学、红歌教学、访谈教学、专题教学等方式接受革命传统教育和党性教育，强化党性锻炼；党员发展对象培训班采取了专题讲授、观看红色电影、唱红歌、发言交流、理论考试等方式。学习方式丰富多样，烘托了浓厚的学习氛围，提升了学员的理论素养，锻炼了党性，取得了很好的学习效果。

教学管理更加规范。培训期间实行封闭管理，统一食宿，分组考勤学员。配备专职班主任规范管理，对所有参训人员统一编号，设置座签，严格考勤，确保到课率。编印《学员手册》，明确培训纪律和各项管理制度。实行专职班主任制度，每期培训班安排一名专职班主任，跟班听课，严格管理，随时抽查考勤，并于课后对无故缺勤的学员进行通报，确保出勤率。培训结束后进行结业考试，将出勤情况和考试成绩报组织部备案，考勤、考试不合格者转下期继续培训。

【科研提升】 2018年，紧紧围绕区委、区政府中心工作，着眼于人民群众关注的社会热点、难点问题，深入基层，深入群众，开展调查研究。全年结项课题共8项：区政府决策课题3项，市社科联2项，其中《郑州促进战略新兴产业发展对策研究》荣获三等奖，市委党校科研处3项；申报课题10项：河南省社科联调研课题1项，省委党校调研课题1项，郑州市社科联调研课题2项，郑州市委党校调研课题3项，区决策研究重点课题3项；已立项课题8项，各课题组正在加紧进行调研，努力形成一批有深度、有分量的科研成果，为区委区政府科学决策当好参谋。

在《区情研究》创刊基础上，着力提升质量。2018年，以非公党建、省市区全会精神和意识形态工作等为主题，内容及时跟进区委重大决策部署。截至年底，该刊物已印发9期，对区委、区政府工作起到决策咨询作用。

【队伍建设】 2018年，区委党校多措并举，持续提升队伍素质和教学水平。一是立足学实学精开展业务学习。坚持校内常态学和外出培训相结合，引导教师真学实悟，准确把握党的理论精髓。安排所有教师有计划、分批次到中央党校、省委党校、北京大学等地进行业务培训，通过培训学习，让教师真正学明白、想明白、讲明白，强化能力素质，做好“布道人”。2018年，党校教师累计外出参加学习培训10人次。二是开展“岗位练兵”“新课试讲”活动。围绕教学布局，对照精品课标准，每位教师选出1~2个教学专题撰写讲稿和制作课件，根据时间要求专题试讲，其他教师对其主体内容、框架结构、例子选取等方面进行现场评讲。同时，邀请外校有党课教学经验的教授对课程进行深入细致的点评，一方面，对授课内容进行政治把关，杜绝一切错误思想言论进课堂，另一方面，根据这些点评和指导，对于教师们查缺补漏、扬长避短、改进教学方式方法起到了很好的作用。三是组建师资库，优化教师结构。坚持不求所有，但求所用，坚持政治标准和业务标准，结合党校教学需求，选聘政治素质过硬、理论水平较高、善于讲党课的省、市委党校和辖区高校的知名教授担任党校兼职教师。截至年底，已建立68人的兼职教师师资库，教师结构基本合理。

【服务基层】 2018年，为进一步延伸党校课堂，服务基层，在校内教育培训基础上，围绕中共十九大精神、习近平新时代中国特色社会主义思想等党的创新理论，选派骨干教师组成讲师团，到区直单位、街道办事处、社区和企业开展送教上门活动16场次；配合市委、区委宣传部组织“党的创新理论进基层”宣讲活动，下基层送党课32场次，受教育人数万余人。在教学管理和师资力量方面协助区直机关工委和各街道办事处举办入党积极分子培训和“万名党员进党校充电计划”活动，累计培训人数2.8万人。同时配合区委宣传部开展“百姓宣讲直通车”进基层巡演活动，取得了良好的社会效益。

（撰稿：蒋仕奇　审阅：马国卿）

绩效考核工作

【概况】 金水区绩效考核工作办公室成立于2011年3月，全供事业单位，隶属区委，由区委组织部代管，在区绩效考核工作领导小组的领导下开展工作。根据工作内容调整，重点对各街道、区直各单位的组织工作进行绩效考核，参与部分区委重点工作。

【组织工作考核】 根据《2017年组织工作目标完成情况评分细则》，按照区委要求组织部机关相关科室和区机关工委对全区各单位党组织进行考核。做好组织系统2017年度绩效考核的组织协调、公信度测评、业绩过错申报初审把关和总成绩汇总核算等工作，确定绩效考核结果。考核成绩与单位的评优评先挂钩、与干部评优评先和干部管理挂钩，继续落实对考核成绩后两位的单位领导约谈制度，促进全区组织工作的健康开展。

【党建工作目标考核】 研究制定组织部2018年党的建设工作目标考核评分细则。根据细则规定，对全区各街道、区直单位党建工作进行综合打分。通过党建工作目标考核，落实党建工作责任，努力形成领导有力、责任明确、运转有序、保障到位的党建工作机制，使党组织的政治核心作用、战斗堡垒作用和共产党员的先锋模范作用得到充分发挥和体现。

（撰稿：张　静　审阅：周　丹）

金水区人民代表大会

【概况】 金水区人大常委会位于郑州市金水区东风路16号。下设“五委三室”，即办公室、财经工作委员会、法制工作委员会、城建工作委员会、代表联络工作委员会、教科文卫工作委员会、信访办公室和老干部管理办公室。

2018年是全面贯彻中共十九大精神的开局之年，是金水区全面形成领跑中部城区发展决定性态势的突破之年。一年来，区人大常委会认真履行宪法法律赋予的职责，充分发挥地方国家权力机关作用。全年共开展视察、执法检查95次，听取和审议“一府两院”专项工作报告19个，作出决议决定12件，任免地方国家机关工作人员75人次。

受理群众来信来访138件（次），督促解决了一批群众反映强烈的突出问题，维护了全区的和谐稳定。区十三届人大二次会议以来，代表提出的114件建议，已全部办理完毕，并答复代表。闭会期间，常委会坚持常委会组成人员联系代表、代表履职公示、代表述职评议等制度，持续深入开展“代表统一接待选民日”“代表双活动日”等活动，一年来，驻区各级人大代表累计参与履职活动1355人次，接待选民831人次，收到选民提出的各类意见建议400余条，推动解决了一批群众关心的热点难点问题，在党委政府和人民群众之间架起了一座“连心桥”。

【区十三届人大常委会第七次会议】 1月18日上午，区十三届人大常委会第七次会议在区机关一楼西厅会议室举行。会议由区人大常委会主任薛燕主持，区人大常委会领导李贻忠、许贵舟、燕建华、杜艳洁、张华、张涛、杨旗，区人大常委会办公室主任李慧敏及其他常委会组成人员共33人出席会议。

会议决定于1月20—23日召开区十三届人大二次会议，通过了关于金水区第十三届人民代表大会第二次会议议程、日程草案和有关建议名单、草案，研究、审议了区十三届人大二次会议的有关事项和区监察委员会副主任、委员任命和宪法宣誓有关事项。

区人民政府常务副区长杨洁，区人民法院副院长王琴，区人民检察院副检察长谷伟东，人大各街道工委主任，区人大常委会各委室副主任，区发改统计局、区财政局有关负责人列席会议。

【区十三届人大常委会第八次会议】 1月23日上午，区十三届人大常委会第八次会议在区机关一楼西厅会议室举行。会议由区人大常委会主任薛燕主持，区人大常委会领导李贻忠、许贵舟、燕建华、杜艳洁、张华、冯景义、张涛、杨旗、常新河，区人大常委会办公室主任李慧敏及其他常委会组成人员共35人出席会议。

会议依法通过了区监察委员会提请的任命。会议要求，新任职的人员要强化政治意识，坚持以习近平新时代中国特色社会主义思想武装头脑、指导工作，树牢“四个意识”，坚定“四个自信”，忠诚履行监察职责，严格监督执纪问责，努力营造风清气正的发展环境；要强化宗旨意识，正确使用手中权力，为人民掌好权、用好权；要强化法制意识，自觉尊法学法，守法用法，自觉接受人大及其常委会的监督，坚决执行人大及其常委会的决议决定，认真办理好人大代表提出的建议批评和意见；要强化作风意识，严于律己、清正廉洁、勤政为民。

区监察委员会主任赵惠玲，区人民政府副区长赵高翔，区人民法院院长蔡理亮，区人民检察院检察长王青，人大各街道工委主任，区人大常委会各委室副主任列席会议。

【区十三届人大常委会第九次会议】 3月15日，区十三届人大常委会第九次会议在区机关会议室举行。会议由区人大常委会主任薛燕主持，区人大常委会领导李贻忠、许贵舟、燕建华、杜艳洁、张华、冯景义、杨旗，区人大常委会办公室主任李慧敏及其他常委会组成人员共32人出席会议。

会议审议通过了区人大常委会2018年工作要点，批准了2018年政府投资项目年度计划，审议了金水区十三届人大常委会委员李志强辞去委员职务事项，审议了金水区十三届人大代表沈新得辞去代表职务事项，通过了区人大常委会主任会议、区人民政府、区人民法院和区人民检察院提请的人事任免事项。

区人民政府常务副区长杨洁，区政协副主席王居良，区人民法院院长蔡理亮，区人民检察院检察长王青，人大各街道工委，区人大常委会各委室副主任，区政府办、区发改统计局、区人民法院、区人民检察院有关负责人，以及1名市人大代表，2名区人大代表列席会议。3名公民旁听会议。

【区十三届人大常委会第十次会议】 3月28日，区十三届人大常委会第十次会议在区机关会议室举行。会议由区人大常委会主任薛燕主持，区人大常委会领导李贻忠、许贵舟、燕建华、杜艳洁、冯景义、张涛、杨旗，区人大常委会办公室主任李慧敏及其他常委会组成人员共32人出席会议。

会议通过了关于许可公安机关对金水区第十三届人民代表大会代表杨顺合采取强制措施的决定。

会议学习了习近平总书记在十三届全国人大一次会议闭幕会上的讲话精神，学习贯彻了十三届全国人大一次会议精神。

区人民政府常务副区长杨洁、区政协副主席王居良、区人民检察院检察长王青、人大各街道工委主任、区人大常委会各委室副主任列席会议。

【区十三届人大常委会第十一次会议】 5月31日，区十三届人大常委会第十一次会议在区机关会议室举行。会议由区人大常委会主任薛燕主持，区人大常委会领导李贻忠、许贵舟、燕建华、杜艳洁、张华、冯景义、张涛、杨旗，区人大常委会办公室主任李慧敏及其他常委会组成人员共33人出席会议。

会议听取和审议了区人民检察院关于刑事侦查监督工作情况的报告。会议要求，区人民检察院一是要坚持规范司法。转变执法理念，创新工作方式，全面贯彻证据裁判规则，不断提高侦查监督法治化、现代化水平。二是要完善监督机制。进一步落实信息共享、联席会议、提前介入重大疑难案件等工作机制，突出对重点民生领域的侦查监督，增强工作实效。三是要深化检务公开。丰富宣传形式，畅通申诉、控告、检举渠道，提升刑事侦查监督工作的司法公信力，切实营造良好的侦查监督工作氛围。

会议听取和审议了区政府关于招商引资工作情况的报告。会议要求，区政府及其有关部门一是要进一步转变招商理念。科学把握产业发展趋势，理清工作思路，明确工作定位，有力促进全区产业结构加快转型升级。二是要进一步推进园区建设。加快完善人居、商业配套，努力提升管理服务水平，吸引更多人才到金水区投资兴业。三是要进一步优化招商环境。围绕金水区产业发展方向、企业服务需求，建立专业化工作队伍，形成全方位、多层次的服务体系，为招商引资项目落地、投产、运营提供良好保障。

会议听取和审议了区政府关于河南科技园区发展情况的报告。会议要求，区政府及其有关部门一是要完善园区规划。优化产业布局，明确功能定位，与金水科教园区、国家知识产权创意产业试点园区协同错位发展，吸引更多高成长性企业入驻，不断提升园区的竞争力。二是要注重政策扶持。依托“金典六策”，完善招商、推广政策，构建新型科技创新金融服务体系，为园区内优质企业加快发展提供有力支撑。

三是要加强宣传推介。深入开展创业指导、政策宣讲活动，落实优惠政策和保障措施，做好跟踪服务，激发科技人才的创新创业活力。

会议依法任命梁运芳、杨伟、杨京鸽、宋刚4人为区人民检察院检察委员会委员。

区人民政府常务副区长杨洁，区政府副区长赵高翔，区政协副主席宋红霞，区人民法院院长蔡理亮，区人民检察院检察长王青，人大各街道工委主任，区人大常委会各委室副主任，区人民检察院、区商务局、河南科技园区管委会有关负责人，以及1名市人大代表，2名区人大代表列席会议。3名公民旁听会议。

【区十三届人大常委会第十二次会议】 7月31日上午，区十三届人大常委会第十二次会议在区机关一楼西厅会议室举行。会议由区人大常委会主任薛燕主持，区人大常委会领导李贻忠、许贵舟、燕建华、杜艳洁、张华、冯景义、张涛、杨旗，区人大常委会办公室主任李慧敏及其他常委会组成人员共35人出席会议。

会议听取和审议了区政府关于2018年上半年国民经济和社会发展计划执行情况的报告。会议要求，区政府一是要持续提升科学发展水平。紧紧围绕全区发展大局，加快产业结构调整步伐，促进全区经济社会健康发展。二是要持续加大项目建设力度。强化目标管理，完善考核机制，扎实推进重点项目建设，提升经济发展质量和效益。三是要持续增强计划执行实效。积极应对风险挑战，健全动态监测体系，确保按时完成全年各项目标任务。

会议听取和审议了区政府关于2017年财政决算和2018年上半年财政收支预算执行情况的报告。会议要求，区政府一是要进一步加强预算管理，规范预算执行，不断增强预算编制的科学性。二是要进一步加大统筹力度，优化支出结构，将更多财力向民生领域倾斜，切实提高公共服务水平。三是要进一步深化财税改革，规范业务流程，推进绩效管理，健全预警机制，为全区经济社会健康发展提供有力的资金保障。

会议听取和审议了区政府关于2017年度本级预算执行和其他财政收支的审计工作报告。会议要求，区政府一是要增强监督意识，优化审计环境，不断提升审计工作整体水平。二是要突出审计重点，持续加大对重点领域、重点项目和政府性债务资金的审计力度，确保审计工作效果。三是要提高审计质量，对审计发现的问题，加强跟踪检查，确保整改到位，推动财政资金管理工作规范有序开展。

会议听取和审议了区政府关于安全生产法实施情况的报告和区人大常委会执法检查报告。会议要求，区政府一是要进一步加大宣传力度。创新形式、拓展渠道，扎实做好安全生产法律法规的宣传工作，持续增强全社会的安全生产意识。二是要进一步提高监管水平。完善监督机制，加强培训管理，强化队伍建设，努力推动全区安全生产监管工作再上新台阶。三是要进一步落实主体责任。督促和引导生产经营单位牢固树立安全生产观念，提高装备水平，改善生产条件，不断增强处置突发事件的能力。

会议听取和审议了区政府关于大气污染防治法实施情况的报告和区人大常委会执法检查报告。会议要求，区政府一是要健全防治体系。细化工作方案，规范执法流程，推动大气污染防治法在金水区有效实施。二是要持续严格执法。加强重点领域监管，健全长效工作机制，推动全区环境质量不断改善。三是要凝聚工作合力。采取多种措施，加大宣传力度，营造浓厚氛围，努力形成全社会共同推动大气污染防治工作的良好局面。

会议听取和审议了区政府关于中小学综合实践活动课程开展情况的报告。会议要求，区政府一是要进一步提升思想认识。强化组织领导，加大资金投入，完善制度措施，狠抓责任落实，不断提升金水区素质教育整体水平。二是要进一步完善硬件配备。科学规划，合理布局，加快推进场所建设，为综合实践活动课程顺利开展提供基础保障。三是要进一步壮大师资队伍。充实师资力量，强化教育培训，努力打造一批“师德高尚、专业娴熟、结构合理、朝气蓬勃”的专业化教师队伍。

会议同时学习传达了省委十届六次全会暨省委工作会议精神。

区人民政府常务副区长杨洁，区人民政府副区长闵武杰，区人民政府副县级干部王珂，区监察委员会副主任刘建伟，区人民法院院长蔡理亮，区人民检察院副检察长谷伟东，人大各街道工委主任，区人大常委会各委室副主任，区发改统计局、区财政局、区审计局、区安监局、区环保局、区教体局有关负责人，以及3名区人大代表列席会议。3名公民旁听会议。

【区十三届人大常委会第十三次会议】 9月17日下午，区十三届人大常委会第十三次会议在区机关一楼西厅会议室举行。会议由区人大常委会主任薛燕主持，区人大常委会领导李贻忠、许贵舟、燕建华、杜艳洁、冯景义、张涛、杨旗，区人大常委会办公室主任李慧敏及其他常委会组成人员共32人出席会议。

会议听取和审议了区人民法院执行工作情况的报告。会议要求，区人民法院一是要加强部门联动。进一步强化与检察、公安、税务等部门的沟通协调，完善机制，凝聚合力，积极破解“执行难”问题。二是要注重队伍建设。加大执行人员培训力度，增强办案技能，提升业务水平，努力打造一支“能力强、素质高、作风硬”的执行工作队伍。三是要积极宣传引导。通过典型案例教育等手段，持续增强宣传效果，牢牢把握舆论导向，为执行工作创造良好社会环境。

会议听取和审议了区十三届人大二次会议代表建议办理情况的报告。会议要求，区政府及其有关部门一是要高度重视。落实领办制度，完善推进措施，提高办理质量。二是要健全机制。明确责任主体，规范办理程序，真正把办理工作做细、做实、做好。三是要增强实效。主动对接、及时反馈，切实提高建议办结率和代表满意率。

会议听取和审议了区政府关于工商管理工作情况的报告。会议要求，区政府及其有关部门一是要进一步改进服务措施。创新工作思路，拓展服务渠道，提升信息化服务水平，切实增强工商管理工作的时效性。二是要进一步强化监督机制。建立健全各项规章制度，努力营造公开、公平、公正的政务环境，确保权力受人民监督、在阳光下运行。三是要进一步优化队伍建设。推进思想政治教育，提高窗口人员综合素养，增强办事人员业务能力，加快打造一支政治坚定、服务优良、敬业奉献的工商管理工作队伍。

会议决定于9月18日—20日召开区十三届人大三次会议，通过了关于金水区第十三届人民代表大会第三次会议议程、日程草案和有关建议名单、草案，研究、审议了区十三届人大三次会议的有关事项。

区人民政府常务副区长杨洁，区监察委员会副主任刘建伟，区人民法院院长蔡理亮，区人民检察院检察长王青，人大各街道工委主任，区人大常委会各委室副主任，区委组织部、区政府办、区发改统计局、区人民法院、区工商质监局有关负责人，以及3名区人大代表列席会议。3名公民旁听会议。

【区十三届人大常委会第十四次会议】 11月29日上午，区十三届人大常委会第十四次会议在丰庆路街道一楼会议室举行。会议由区人大常委会主任薛燕主持，区人大常委会领导李贻忠、许贵舟、燕建华、杜艳洁、张华、冯景义、张涛、杨旗及其他常委会组成人员共34人出席会议。

会议听取和审议了区政府关于2017年度区本级预算执行和其他财政收支审计查出问题整改情况的报告。会议要求，区政府及其审计部门要切实提高思想认识，充分发挥审计监督职能，严格财政支出监管，进一步加大对重点项目、民生工程、专项资金的审计力度，不断提升财政资金管理的科学化水平。

会议批准了区政府提请的2018年度区财政收支预算调整方案。会议要求，区政府及其财政部门要优化支出结构，强化税收征管，规范预算管理，确保调整后的预算目标圆满完成。

会议听取和审议了区政府关于国民经济和社会发展第十三个五年规划的中期评估报告。会议要求，区政府及其有关部门一是要强化思想认识。客观分析当前发展形势，对照目标，理清思路，完善措施，狠抓落实，推动区“十三五”规划顺利实施。二是要突出建设重点。紧紧围绕全区发展目标，聚焦重点区域建设，加快产业结构调整，不断提升经济社会发展效益。三是要保障改善民生。始终牢记为民宗旨，主动回应群众关切，真正让发展成果惠及全区人民。

会议听取和审议了区政府关于大棚户区改造安置房建设工作情况的报告。会议要求，区政府及其有关部门一是要健全工作机制，积极拓展融资渠道，有效落实建设资金，健全考核评价体系，定期检查工程进度，推动安置房建设项目如期完工。二是要进一步严格建设标准，规范项目管理，强化工程监督，确保项目质量，尽快让征迁群众住上放心房。三是要维护群众利益，认真做好被征迁群众的过渡安置工作，及时帮助解决各类困难，让人民群众安居乐业。

会议听取和审议了区政府关于依法行政工作开展情况的报告。会议要求，区政府及其有关部门一是要进一步强化法治观念。坚持领导干部带头学法用法制度，持续提升运用法治思维推动发展的能力和水平。二是要进一步完善监督机制。建立健全各项规章制度，努力营造法治、廉洁、高效的政务环境，确保权力受人民监督、在阳光下运行。三是要进一步优化队伍建设。加强法律业务知识培训，提高公职人员法律素养，增强依法办事能力，加快打造一支政治坚定、熟悉法律、服务优良、敬业奉献的专业队伍。

会议审议通过了关于表彰2018年度人大代表优秀建议批评和意见的决定、关于表彰2018年度办理代表建议批评和意见先进单位的决定、关于表彰2017—2018年度优秀人大代表的决定。会议要求，全区各级人大代表和“一府两院”各部门，要以先进为榜样，围绕中心、服务大局，强化责任担当，提升工作效能，努力推动全区经济社会健康协调发展。

会议依法任命解小杰为金水区退役军人事务局局长。

区人民政府常务副区长杨洁，区人民政府副区长竟新宇，区人民政府副县级干部江涛，区监察委员会副主任刘建伟，区人民法院院长蔡理亮，区人民检察院检察长王青，人大各街道工委主任，区人大常委会各委室副主任，区纪委监察委驻人大机关纪检监察组组长刘丽辉，区政府办、区审计局、区财政局、区发改统计局、区法制办、区城改办有关负责人，以及3名区人大代表列席会议。3名公民旁听会议。

【代表议案及建议办理情况】 在区十三届人大二次会议上，大会主席团共收到区十三届人大代表提出的20件代表议案和101件建议、批评和意见。经大会主席团第二次会议审议，20件代表议案转作建议办理。根据建议内容，转交区人大常委会代表联络工委办理的1件、转交区人民政府办理的114件；其他有关机关、组织办理的6件。截至8月底，121件代表建议已经办理完毕。为进一步了解代表对建议办理的落实情况，自8月初起，区人大常委会代表联络工委分别向提出议案、建议的代表发出《金水区人大代表议案建议办理情况反馈意见表》121份，收回代表反馈意见表121份，对于承办单位的办理态度、办理结果，代表表示满意的121件，满意率达到100%。

【人大代表视察活动】 3月7日，区人大常委会组织部分常委会组成人员和市、区两级人大代表视察金水区2017年政府投资项目计划执行情况和2018年政府投资项目计划（草案）。区人大常委会领导薛燕、李贻忠、许贵舟、杜艳洁、冯景义、杨旗参加视察。

4月11日，区人大常委会组织部分常委会组成人员和市、区两级人大代表视察区人民检察院刑事侦查监督工作。区人大常委会领导李贻忠、许贵舟、杜艳洁、张涛、杨旗参加视察。

4月18日，区人大常委会组织部分常委会组成人员和市、区两级人大代表视察全区招商引资工作情况。区人大常委会领导冯景义、杜艳洁参加视察。

5月9日，区人大常委会组织部分常委会组成人员和市、区两级人大代表视察金水区河南科技园区发展情况。区人大常委会副主任许贵舟、燕建华、杜艳洁参加视察。

5月25日，区人大常委会组织部分常委会组成人员和市、区两级人大代表视察金水区城市环卫基础设施建设情况。区人大常委会领导薛燕、许贵舟、杜艳洁、张华、冯景义、杨旗参加视察。

6月5日，区人大常委会组织部分常委会组成人员和市、区两级人大代表视察金水区黄河、内河、城市防汛工作开展情况和防汛物资准备情况。区人大常委会领导薛燕、李怡忠、许贵舟、燕建华、杜艳洁、冯景义、张涛、杨旗参加视察。

6月21日，区人大常委会组织部分常委会组成人员和市、区两级人大代表对金水区《中华人民共和国安全生产法》实施情况进行执法检查。区人大常委会党组成员杨旗参加视察。

6月29日，区人大常委会组织部分常委会组成人员和市、区两级人大代表对金水区《中华人民共和国大气污染防治法》实施情况进行执法检查。区人大常委会领导许贵舟、张涛参加视察。

7月5日，区人大常委会组织部分常委会组成人员和市、区两级人大代表视察金水区中小学综合实践活动课程开展情况。区人大常委会领导燕建华、冯景义、张涛、杨旗参加视察。

7月18日，区人大常委会组织部分常委会组成人员和市、区两级人大代表视察金水区2018年上半年国民经济和社会发展计划执行情况。区人大常委会副主任李贻忠、许贵舟、杜艳洁参加视察。

7月19日，区人大常委会组织部分常委会组成人员和市、区两级人大代表视察金水区2017年财政决算和2018年上半年财政预算执行情况、金水区2017年财政预算执行情况审计报告。区人大常委会副主任李贻忠、许贵舟、杜艳洁参加视察。

8月28日，区人大常委会组织部分常委会组成人员和市、区两级人大代表对区人民法院执行工作进行视察。区人大常委会党组成员杨旗参加视察。

8月29日，区人大常委会组织部分常委会组成人员和市、区两级人大代表对金水区工商管理工作开展情况进行视察。区人大常委会副主任燕建华参加视察。

9月5日，区人大常委会组织部分常委会组成人员和市、区两级人大代表视察金水区生态水系建设情况。区人大常委会副主任许贵舟参加视察。

9月6日，区人大常委会组织部分常委会组成人员和市、区两级人大代表对区十三届人大二次会议代表提出的建议办理情况进行视察。区人大常委会党组成员冯景义参加视察。

9月12日，区人大常委会组织部分常委会组成人员和市、区两级人大代表对金水区国民经济和社会发展第十三个五年规划纲要实施中期评估情况进行视察。区人大常委会副主任李贻忠、许贵舟参加视察。

11月6日，区人大常委会组织部分常委会组成人员和市、区两级人大代表对区政府依法行政工作开展情况进行视察。区人大常委会领导李贻忠、张涛、杨旗参加视察。

11月9日，区人大常委会组织部分常委会组成人员和市、区两级人大代表对全区大棚户区改造安置房建设工作进行视察。区人大常委会副主任许贵舟参加视察。

11月14日，区人大常委会组织部分常委会组成人员和市、区两级人大代表对金水区2017年度区本级预算执行和其他财政收支审计查出问题整改情况进行视察。区人大常委会常务副主任李贻忠参加视察。

12月18日，区人大常委会组织部分常委会组成人员和市、区两级人大代表开展市十五届人大二次会议会前集中视察活动。区人大常委会主任、党组书记薛燕，党组成员冯景义参加视察。

（撰稿：周志勇　审阅：臧跃鹏）

金水区人民政府

政府工作

【概况】 2018年实现地区生产总值1378.8亿元、增长9.5%，财政总收入248.5亿元、增长10.8%，地方一般公共预算收入61.4亿元、增长10.7%，社会消费品零售总额730.9亿元、增长7%，全社会固定资产投资增长10.1%，主要指标全部位居中部城区前三，人均地区生产总值突破10万元，成功入选《2018年中国百强区发展白皮书》，综合排名第25位，为中部六省城区最高。

【产业发展】 现代服务业多点发力，现代金融、高端商贸和高技术服务等产业增加值分别达到389亿元、165亿元和175亿元，推动现代服务业完成增加值900亿元，对经济增长的贡献率达到74%。新兴产业加速崛起，信息安全产业集聚骨干企业15家，主营业务收入达到50亿元；共享生态科技产业城O2O孵化器和仓展中心运营在即，签约入驻共享应用企业48家。电子商务迅猛发展，交易额连续两年实现20%以上增长，其中跨境电商交易额突破10亿美元。楼宇经济持续发力，全口径税收超亿元楼宇达到11幢，区级税收贡献率超过30%，荣获“中国楼宇经济服务创新城区”称号。

持续深入开展“项目建设年”活动，212个省市区重点项目实现投资734亿元，建业凯旋广场等20个项目建成投用，正弘国际广场等2个商业综合体成为郑州时尚消费新地标。载体平台全面发力，金水科教园区正式纳入《中国开发区审核公告目录》(2018年版)，河南科技园区主营业务收入连续3年保持10%以上增长，国家知识产权创意产业试点园区成功入选世界知识产权组织技术与创新支持中心。

【开放创新】 大力实施开放带动战略，签约美国奕恩现实互动数据中心等带动力强的重大项目26个、协议金额280.4亿元。金水自贸区块30万平方米附属物搬迁任务全部完成，进入实质性开发建设阶段；“一带一路”经贸产业园顺利挂牌运营，自贸区块累计吸引注册企业200家，并与德国帕希姆中欧空港产业园达成战略合作，设立5万平方米海外仓和10个境外办事处，探索出了一条“边规划建设、边招商运营”和“区内注册、区外运营”的新路径。

突出自创区“四个一批”建设，新增科技型企业264家、高新技术企业115家，总量分别达到931家、223家，占全市的21.7%和16.8%；新设立院士工作站6家、国家级研发平台3家、省重大新型研发机构1家、省新型研发机构1家，落户高层次人才团队16个，高端创新要素加速集聚。新增孵化器（众创空间）14家，累计获批国家级12家；专利申请量突破14000件，其中发明专利占比达到1/3。引进国际科技合作项目11个，搭建国际联合实验室2个，并与世界大学校长联合会等3个国际平台开展合作，迈出了配置全球创新资源的新步伐。

主动适应国际化需求，创新出口退税融资服务，搭建河南省涉外商事服务中心，实现了商事认证、商事调解等业务“一站式”办理，覆盖全省4000家外贸企业。深入推进“放管服”改革，区级588项“三级十同”事项全部实现“一网通办”，30个高频事项实现“一次办”。深化注册登记“全程电子化、多证合一”，企业开办时间压缩至3个工作日，新登记市场主体4.4万户，总量突破20万户、占全市的1/5。强化政策引导扶持，兑付“金典六策”奖补资金1.8亿元，惠及企业近2000家；新培育“新三板”挂牌企业5家，总数达到31家、位居全省县（市）区第一。

【城区建设】 群众回迁持续提速。新开工安置房208万平方米，新建成岳砦等10个项目、293万平方米，累计回迁群众11.7万人，整体回迁率达到80%。陈砦等22个项目控规获批，安置区控规全部通过市联审联批，完成土地挂牌2300亩，土地供应量同比增长3倍，创历史新高。积极推进安置房网签，新网签7072套、60.64万平方米，群众回迁更放心、居住更舒心。

承载功能更趋完善。顺利外迁市场6家，开工建设道路69条，中修改造道路28条，整治提升支路背街22条。市政控制性节点地下交通工程新增征迁任务基本完成，四环线及大河路快速化工程紧急问题加快解决，新建公厕135座、公共停车泊位10142个、综合管廊5.5公里。围绕“治脏、治乱、治差、治软”，创新实施“一模式四体系”工作法，全面推行“路长制”，深入开展道路交通秩序、建筑物楼顶等综合整治活动，城区面貌更整洁、群众出行更和谐。

生态环境明显改善。坚持经济发展与环境保护“双统筹、双促进”，深化、细化、常态化推进大气污染防治，332处建筑工地全部纳入“三员”日常监管，82台燃气锅炉完成低氮改造，$PM_{2.5}$等6项污染物年均浓度全部下降，空气质量持续向好。严格落实“河长制”，全力推进“四水同治”，贾鲁湖基本建成、杲村湖主体完工、贾鲁河蓝线工程基本完成，索须河故道和石沟河完成疏挖，辖区8条河流水质监测断面全部达标，基本消除黑臭水体。深入开展国土绿化提速行动，强力推进铁路沿线等区域绿化建设提质提升，拆除违法建设12万平方米，新规划绿化空间230万平方米；建成开放公园游园45个，新增绿地168万平方米，更多绿色走进了群众生活。

【民生事业】 社会保障更加有力。坚持“以人民为中心”的发展思想，将财力最大限度向民生集中，民生领域投入49.1亿元、同比增长10.3%，占一般公共预算支出的73.5%。完成就业创业培训5116人次，新增就业再就业32711人，城镇居民和农村居民人均可支配收入分别达到46012元和26013元。新建成保障性住房6535套，落实青年人才公寓房源1500套，启动建设公共租赁住房1200套，分配公共租赁住房4294套。发放低保、高龄津贴和残疾补贴等资金5489万元，免费为2923名残疾人办理“绿城通关爱IC卡”，群众基本生活更有保障。完成第一批52个老旧小区提质改造和3.3万平方米既有建筑节能改造，群众生活环境明显改善。

社会事业更加繁荣。启动现代医院管理制度建设，建成家庭医生签约服务信息化数据中心，标准化改造10个社区卫生服务中心，成功创建国家流动人口基本公共卫生计生服务均等化示范县（市、区）。新投用中小学5所，新增普惠性幼儿园12所，扩充优质学位9545个，获批国家首批“满天星”足球精英训练营，夺得啦啦操等体育艺术领域的国家级以上赛事96个冠军，并被中央电视台新闻频道跨年特别节目专题报道，充分展示了金水素质教育的新风采。市民公共文化服务活动中心主体封顶，88个基层综合文化服务中心顺利建成，第六届中国（郑州）国际街舞大赛圆满举办，“红色文艺轻骑兵”及“三个一”阅读工程等群众性文化活动成功举办，辖区群众文化生活不断丰富。

社会环境更加和谐。严格落实“四个最严”要求，11042家餐饮服务单位全部纳入风险分级管理，20个农贸市场实现追溯系统全覆盖，顺利通过国家农产品质量安全县（区）考核验收。推行安全生产阶梯目标管理和分类挂牌管理，试点建设微型消防站4座，隐患排查能力与安全防控水平不断提高，连续两年未发生生产安全亡人事故。深入开展“扫黑除恶”专项斗争和宗教专项治理，创新“警地联勤大巡防”治安联防模式，不断强化社会面治安管控，统筹推进社会矛盾化解，群众安全感满意度持续提升。

【信息调研】 紧紧抓住影响改革、发展、稳定的热点、难点，主动开展信息调研工作，编写有情况、有分析、深层次、高质量信息，努力为领导掌握实情、科学决策、推动工作提供较好的信息服务。全年围绕大棚户区改造、城市精细化管理、产业发展、“放管服”改革、大气污染防治等重点工作，累计编发区级信息2000余条，《政府工作》17期，《专报信息》12期；上报省市信息710条，《市政府工作快报》采用信息76条。

【督查落实机制】 把落实作为督查工作的出发点和落脚点，将区委区政府重点工作部署、重要决定作为督查重点，明确责任领导、承办部门和完成时限，累计开展综合类、专项类督查38次，下发《督查通知》等22期，有力促进了重点工作的落实。按照“交必办、办必果、果必报”的原则，围绕领导批示件和群众反映突出问题进行督查，共承办市委市政府及区领导交办督查事项26项、市政府转办的人民网留言交办单31件，办理市长电话室转办件10600余件、群众电话反映事项1200余件，办结率均为100%，有效解决了一大批关系群众切身利益的实际问题。

【电子政务工作】 顺利完成区政府门户网站的改版和迁移工作，实现政府网站集约化。积极推进“互联网+政务服务”，稳步推进政务服务网应用，建立信息公开管理系统，开展网站集约化工作，做好全区政务网络和业务系统管理维护，全年累计运维服务8700余人次。深入推进政府信息公开，主动公开政府信息3374条，依申请政府信息公开235条、办结率100%。

【议案提案办理】 紧盯提案议案办理抓落实，出台《金水区办理人大代表建议（议案）政协委员提案工作若干规定》，不断细化办理程序，明确工作职责，积极协调督促各承办单位在规定时间内办结，全年共办理市区人大代表议案建议、政协委员提案215件，办结215件，办结率达100%。

【外事侨务】 一是严格规范因公出国管理。突出计划管理规范化、出访报批标准化和管理监管经常化，按照“因事定人，人事相符”的原则，统筹确定申报年度对外交流与合作事项，拟定年度出访计划，同时认真开展因公出访情况自查，全面核查因公出国（境）证照持有情况。全年共组团1个（4人），随省、市团组出国（境）人员3人。二是不断提升外事服务水平。积极做好外事活动接待，宣传推介金水区良好的投资环境，努力借助外事工作带动和促进招商引资。同时，制定宣传计划，按照专题培训、赠送资料、集中宣传等多种形式在全区广泛宣传，不断提高宣传的时效性和针对性。三是切实为侨搞好服务。坚持依法护侨、以情感侨、合理用侨，深入开展“一法两办法”侨法普法宣传活动，帮助归侨侨眷用法律武器保护合法权益。积极利用海外华侨资源开展境外招商，组团赴俄罗斯、白俄罗斯等国家开展招商及项目签约活动，并就引进高科技项目达成了合作意向。

【法治政府建设】 紧紧围绕建设职能科学、权责法定、执法严明、公开公正、廉洁高效、守法诚信的法治政府建设目标，统筹推进备案审查、执法监督等工作。推行“三审”，筑牢法制防线，2018年，共审核发文567件，其中上报市政府和区人大备案规范性文件5件，审查区政府各部门、各街道办事处备案的规范性文件18件。紧盯“两证”，严肃执法监督，组织开展2018年度行政执法人员公共法律知识培训，新办“两证”87个，补办346个，注销131个，重大行政处罚备案26起，受理投诉1起、已办结。注重“化解”，依法解决矛盾纠纷，依托法律顾问制度，加强对案件的协调、调解力度，促使行政机关改正违法行为、申请人撤回行政复议申请，2018年共办理行政复议案件263起，办结220起。

（撰稿：李志鹏　审阅：史　超）

政务服务

【概况】　金水区政务服务中心（以下简称中心）成立于2002年1月28日，现位于东风路与花园路交叉口科技一条街1号楼，办公面积3000平方米。中心作为政府派出机构，为正科级建制，内部机构设置分为两个层级。第一层级是内部管理层，设办公室、业务科、督察科、审改科，负责内部协调和管理。第二个层级是窗口办事层，由区财政局、区人社局、区食药局以及交管、消防等27个政府职能部门组成，进驻审批事项419项（其中，行政许可233项，公共服务26项，其他职权102项，行政确认40项，行政给付14项，行政检查1项，行政奖励3项），窗口工作人员70人，按照“素质高、能力强、业务熟、服务优”的原则，由所在单位推荐，区组织、人事部门考核培训后上岗。窗口工作人员实行双重领导，业务工作接受原单位领导，日常工作接受中心的领导和管理。

2018年，共受理办结各类审批事项40083件，按时办结率100%，组织开展民办非企业并联审批联合踏勘3次，共计8家，接受群众来电来信表扬24次，群众满意率99.9%。树立了亲民为民的政府形象，受到辖区群众及企业的广泛好评。

【运作模式】　对审批项目实行“一站式办公、一条龙服务、阳光下作业、规范化管理”。建立了“九公开服务、九项制办理、九类件管理”的行政审批事项管理运作模式。

九公开服务：即工作制度、受理事项、审批内容、办事程序、政策依据、申报材料、承诺时限、收费标准、办理结果公开，方便人民群众办事，接受群众监督。

九项制办理：一是直接办理制，对程序简便、材料齐全，可于半个工作日内办结的事项，窗口工作人员直接办理；二是承诺办理超时默认制，对需要现场踏勘、审核、论证、公告或召开听证会的审批事项，由窗口工作人负责衔接原单位在承诺时限内办结；三是联合办理首问负责制，对于需要几个部门联合办理的审批事项，接到服务对象提出服务申请的第一个窗口责任单位，要负责向服务对象提供全程服务，直至办结；四是申报办理制，对需报上级部门审批的受理事项，由主办部门负责申报，在一定时限内积极与上级部门联系，帮助办理；五是明确答复制，对国家明令禁止，不符合国家、省、市有关法律、法规和政策，不符合金水区总体发展规划的审批事项，由窗口工作人员及时明确答复；六是要件特别办理制，对服务对象因特殊情况要求尽快办理的审批事项，窗口工作人员在政策允许的范围内，尽可能为其尽快办理；七是投诉复议限时办结制，对群众持有不同意见的办件，由中心督察科或业务科认定后，出具通知书，在规定时限内为服务对象重新办理；八是扎口收费制，对中心服务指南中明确规定免费的项目免费办理。中心所有收费由中心统一办理，任何服务窗口不得直接收取任何费用；九是办程保密制，办理过程中，中心所有知情人员必须对服务对象和中心形象负责，严守秘密。

九类件管理：一是即办件，由窗口人员即收即办；二是急办件，对情况特殊，手续齐全，可视紧急程度，或在政策允许的范围内尽快缩短时限办理；三是退办件，项目内容明显不符合国家、省、市有关产业政策及技术规范要求，或经现场踏勘、调查、核实不符合批准条件，由窗口工作人员写明原因，退件给申报人；四是补办件，对申报材料不全的，窗口工作人员先收件，同时在回执上一次性注明需补充材料，材料补全后正常办理；五是承诺件，由窗口工作人员先收件，承诺办结时限，在承诺时限内办结；六是联办件，由第一个受理窗口收件，承诺办结时限，牵头组织相关部门联合办理；七是上报件，对需要转报、上报的审批事项，窗口单位向服务对象承诺上报时限，尽快与上级部门联系；八是复议件，对服务对象要求复核的各种办件，由业务科会同有关部门和单位进行复核裁定，窗口办理正确的，向服务对象说明情况，按退办件处理；窗口处理失误的，责令窗口在一定时限内为服务对象重新办理；九是投诉件，对窗口工作人员业务不熟、服务不周或违规操作，引起服务对象不满意，要求处理的，由中心督察科负责在承诺时间内查证核实，出具通知书，下达原办理窗口，限定办结时限。

【“放管服”改革】 作为全区“放管服”改革的牵头部门、重要阵地，中心在国务院、省市“放管服”改革电视电话会议召开后，认真学习了各级电视电话会议精神，组织相关部门研讨改革工作，确保落实到位、改革到位。一是推进改革机制逐步完善。按照省市文件要求，先后制定了《关于深化“放管服”改革推进政务服务“最多跑一次”实施方案》《关于优化政务环境工作实施方案》《关于进一步落实“三集中三到位”改革等相关工作的通知》等22个专项改革方案，印发工作简报20期。同时，建立了“四位一体”推进机制、“上下联动”机制、督查问责机制，定期召开“放管服”周例会，区委深化改革领导小组、区政府常务会也多次听取全区“放管服”改革工作情况，专题研究推动全区“放管服”改革，督促工作进度，确保各项工作有序开展。2018年，召开周例会18次，确定8类20项具体工作。二是做好“三级十同”事项梳理录入工作。按照省市“三级十同”要求，中心高度重视，先后组织协调会2次，业务培训3次，对全区28个部门的事项进行统一录入。截至年底，共梳理出区级权限内“三级十同”事项588项，并实现了“网上可办”率和“一网通办”率双100%。三是深入推进审批服务“三集中、三到位”改革。多次召开专题推进会，研究具体措施，明确任务和时间节点，会同区政府督查室、区编办等相关单位组成联合督查组，对全区28个审批职能部门“三集中三到位”改革情况进行督查督导，加快推进全区审批服务“三集中、三到位”改革。截至年底，除个别单位因机构设置等问题暂未实现外，全区共有22个审批职能部门初步实现了审批事项向一个内设机构集中和审批权限授权到位，415项审批服务事项进驻中心办理，“集中进驻率”70.58%，“一窗通办”事项345项，“一窗通办率”达到83.13%。

【进厅项目运行】 一是加强行政权力事项动态调整工作。按照法律、法规立改废释和上级简政放权要求，对全区行政权力事项进行动态化、台账式管理，确保了行政权力事项规范运行。截至年底，共完成10个单位的115项行政权力事项的取消、调整备案工作，其中取消51项、合并2项、新增59项、名称变更3项。二是持续完善“一口受理”工作机制。按照“一窗受理、集成服务”的要求，全面推行“一口受理”工作办理模式，增设“肩并肩”辅导咨询专区，实现了“一对一”、“一对二”个性化“肩并肩”咨询辅导。同时，对各街道便民服务中心建设、项目运行、人员管理等进行实地调研，选出南阳路、经八路2个基础条件好、改革意愿强的街道办事处为试点单位，推行基层便民服务“一口受理”工作。截至年底，进驻中心345项行政审批事项全面实行“一口受理”，共实施“肩并肩”辅导9822人次，群众满意度调查满意率100%。三是全面落实进厅项目“最多跑一次”改革。按照区“放管服”改革工作要求，建立了中心“最多跑一次”改革方案及15项工作机制。编制印发全区进厅事项“最多跑一次”清单，本级实现高频事项“最多跑一次”的事项数量为30个，实现“就近办”的事项数量为16个。同时，推行“容缺审批”“取消复印件”等一系列便民举措，有效提升了群众满意率和获得感。四是开展并联审批工作。中心多次组织召开民办非企业并联审批相关单位协调会，扩大并联审批队伍，增加审批单位，细化规章制度，提升行政审批效能。截至年底，共完成民办非企业并联审批联合踏勘4次，发放证件13家。五是深化行政审批标准化建设。按照统一标准，对区级权限内415个行政审批事项进行标准化管理，清理审批前置条件，明确审查环节，绘制审批事项流程图和申请表格示范文本，方便了群众查阅，提高了办事效率。

【互联网与政务服务相结合】 以河南省政务服务网和“金水区政务服务”公众号为依托，完善了办事指南、政务公开、办事查询、线上申请、在线投诉等栏目，对政策法规、事项信息、政务信息进行实时公开，并对群众的疑难咨询和网上投诉进行在线解答和受理。2018年，全区588个行政审批事项实现了在线申请、网上受理，62项政务服务"高频事项"开通了微信审核，全面实现了"预约服务、网上办理、快递送达"。

【基层政务服务建设】 组织召开了2018年度街道便民服务工作推进会，制定出台了《金水区基层政务服务改革工作方案》《便民服务中心推进政务服务"最多跑一次"改革方案及十五项工作机制》，同时，根据省市要求，结合《郑州市乡（镇）街道审批服务事项通用目录》，梳理出全区街道办事处"三级十同"事项61项，"就近办"事项16项，独生子女父母光荣证、居民医疗保险、居民养老保险等19项"一次办"事项。2018年，中心开展便民服务实地调研15次，组织业务培训2次，17个街道便民服务中心共受理办结各类办件81329件，四级联动事项办理10598件，按时办结率100%。完成事项标准化办事规程、要素清单和办事指南的制定，为下一步录入省网平台做好准备，打通基层政务服务"最后一公里"。

（撰稿：葛寅鹏　审阅：赵佳滨）

机关事务管理

【概况】 金水区直属机关事务管理局位于东风路16号，是区级机关后勤事务管理职能部门，主要履行机关国有资产管理、机关文明创建、机关公共机构节能、机关绿化、会议服务、安全保卫、消防监控、基础设施建设等后勤管理保障工作。2018年，区事管局共开展设施设备巡查932次、维修795余次；会务服务实施精细化管理，共承办各类会议490余场次，参会人数16469人次；对机关车辆实行指定停车管理，分配318个车位；对机关办公绿化区域进行调整，新增绿化区域10个，补种花卉树木100余棵。

【干部队伍建设】 2018年，区事管局党组高度重视党风廉政建设工作，党组书记认真履行第一责任人的政治职责，对全局党风廉政建设负总责，逢会必讲廉政作风问题，严格要求局班子成员结合分工做好分管范围内的党风廉政建设工作，履行"一岗双责"。一是扎实落实党风廉政建设主体责任。局党组会议每月安排党风专项廉政建设工作专项会议，及时传达学习上级重要决策部署和党风廉政建设工作、作风建设工作、以案促改专项工作等内容，根据实际，制定出台了《金水区直属机关事务管理局廉政风险点》、《金水区直属机关事务管理局2018年党风廉政建设和反腐败工作计划》和《2018年党风廉政建设和反腐败工作组织领导与责任分工》等文件。二是落实"一岗双责"主体责任。局党组按照中共金水区纪委关于印发《围绕市纪委公开曝光的五起违反中央八项规定精神典型问题开展以案促改工作实施方案》的通知精神要求，组织中层以上干部职工层层签订了党风廉政建设责任书，党组书记每季度督查班子成员履行"一岗双责"情况，党组成员不定期听取分管科室党风廉政建设情况。三是落实廉政风险防控台账。为进一步贯彻全面从严治党要求，局党组着力深化责任意识和廉政风险意识，结合三定方案职责及内控制度，查找出管理局内廉政风险点共2大类44条，其中全局性风险点11条，内设机构风险点33条。围绕权力行使的重要环节和重点领域查漏补缺，建立完善相关制度，共制定基础工作标准4项、日常工作标准4项、廉洁自律制度6项、民主决策制度6项、财务内控制度2项。

【机关党建活动】 区事管局以党建工作为队伍建设基础，本着围绕发展抓党建，抓好党建促发展的工作思路扎实推进队伍建设。扎实抓好政治理论学习和思想教育不放松。局党组通过每周班子例会、每月党员全体会、每季度书记讲党课等形式增强全局干部职工"四个意识"，树立"四个自信"，通过认真学习研究当前机关事务工作改革工作中配套的政策法规，分析当前工作面临的形势与任务，主动借鉴机关事务管理系统兄弟单位工作好的经验和做法，努力以学促思、以思促改、以改促干。

【公务用车改革】 针对公务用

车改革工作时间紧、任务重，政策性强的特性，区事管局作为区公务用车改革领导小组主要成员单位，边调研、边学习、边研究政策，先后核定和审核区机关保留的机要通信、应急车辆、接待调研、公务保障等公务用车、专业技术用车的编制，并根据省车改办通知要求及市车改办的部署，深入郑州市事管局、中牟县事管局和惠济区事管局等单位考察公车改革先进经验，制定了《金水区党政机关公务用车使用管理暂行办法》。根据公车管理办法组织全区机关所有一般公务用车统一张贴公务用车标识和安装公务用车卫星定位终端装置系统，配合区纪委积极做好元旦、春节、国庆等节假日期间公务用车封存停驶及督查工作。

【办公用房清理整顿】 积极配合区委、区政府办公用房“回头看”专项整治，组织10个办公用房专项督查小组对全区各单位先后开展了五轮专项督查，发现问题、现场反馈，要求责任单位连夜整改到位。全区党政机关办公用房严格执行规定标准，符合相关政策法规。为防止办公用房问题反弹，确保整改工作常态长效。一方面，区事管局进一步强化办公用房督查职能，建立常态化督查机制，每季度对此类问题开展抽查，巩固整改成果，杜绝问题反弹。另一方面，依据2017年底中共中央办公厅、国务院办公厅印发的《党政机关办公用房管理办法》，牵头收回此次专项督查腾退的办公用房，对办公用房实施统一规划、统一调剂、统一监管、统一处置，切实提高全区办公用房管理水平。

【公共机构节能】 制定2018年公共机构节能工作要点、考核办法、宣传方案，对全区公共机构2018年能耗数据开展网上审核。组织开展金水区节能宣传月活动，在区直机关公共区域设置关于节电、节水、节粮、绿色办公、低碳出行等主题的节能宣传展板，在各电子显示屏滚动播放节能宣传标语和节能宣传视频。节能低碳日当天，在区机关综合楼举办“能源紧缺体验”活动，停开办公区域空调、关闭公共区域照明、停开或隔层停开电梯。同时，在机关食堂内张贴宣传节约粮食的公益广告，提倡“光盘行动”，号召机关工作人员适量打饭、打菜。对垃圾分类工作制定了区直机关垃圾分类考核方案，在区直机关合署办公区域安装一套大型垃圾分类设备和135个分类式垃圾箱。开展了全区能耗统计培训2批400人次；积极淘汰高耗能设施设备，稳步推进节能改造，努力提高节能管理专业化水平，圆满完成省节能办下达的年度节能指标任务，保持好全区公共机构节能工作在全省的领先地位。截至2018年年底，人均综合能耗同比下降14.6%，人均用水同比下降6.6%，人均用电同比下降8%，人均面积同比下降6.1%。

【各项服务保障】 一是围绕“作风建设年”这一主线，局党组印制了《金水区事管局文明优质服务活动实施方案》，以制度建设、作风建设为突破口，组织工作人员走访机关各单位开展优质服务调查问卷，邀请被服务对象共同监督和考评物业从业人员，进一步提升机关物业服务质量和办事效率。二是对安全保卫工作实行制度化管理，建立健全带班制度、岗位值班制度、安全保卫24小时巡查制、出入区机关全员登记制及安全保卫定时巡查制度等一系列保卫制度。定期组织河南省消防宣教中心教员对全区干部职工开展消防安全培训，每季度组织一次消防应急演练，严防安全事故发生。三是对卫生保洁、工程维护等工作实行流程化管理，通过对卫生保洁、工程维护、水电报修、高低压调控等服务项目制定服务标准和工作流程，将工作任务与责任区域定岗到人，每天组织检查组巡检落实。四是对食堂餐饮服务实施科学化管理，围绕“卫生、可口、实惠、多样”目标，在“吃”上做文章，在“变”中求突破，保持优良的就餐环境，严把食品安全关口，以职工需求为导向，增加食品供应时间和供应品种，提高机关干部职工就餐满意率。五是完成区委、区政府办公主楼中央空调节能更换、大楼办公区域整合升级改造工程、合署办公区域新能源汽车充电桩安装工作、区机关东侧家属院电力改造工作，积极消除各种安全隐患，不断提升机关区域的服务保障水平。

【扶贫攻坚】 区事管局根据“精准扶贫、精准脱贫”要求，依照全国文明单位测评体系细则，认真贯彻四个全面战略布局，利用全国文明单位自身优势，扎实开展扶贫攻坚专项活动。一是积极做好全国文明单位“结对帮扶”工作。根据结对帮扶对口贫困村实际，党组书记带头走村入巷走访大冶镇松华村困难群众，及时了解群众的实际困难，先后筹集资金15000余元为大冶镇松华村困难群众在春节、中秋节送去了米、面、油等帮扶物资，并在松华村两委建立了精神文明宣传基地，印制了1000余册大冶镇松华村村民公约，真正让贫困群众在最需要的时候感受到党和政府的温暖。二是大力开展“推进移风易俗 弘扬时代新风”专项活动，区事管局根据郑州市委宣传部要求，筹措资金2万余元在春节前夕购买大米、食用油、面粉等慰问品赴新密市平陌镇慰问辖区困难群众，努力把中共十九大报告中振兴乡村战略、实施惠民政策落到实处。三是组织开展“党员干部进社区”活动。区事管局充分发挥单位现有资源，积极联系辖区街道办事处群众工作组，多次组织党员志愿者服务队为辖区困难群众、五保户维修家中的破损家用电器，并组织疏通了金沙社区常年未疏通的民用污水管道。

【创建全国文明单位】 2018年是区事管局创建全国文明单位复检之年，验收时间紧、创建任务重。为确保通过考核组检查验收，区事管局立足新起点，把握新要求，制定完善了全国文明单位创建工作实施方案和工作要点，扎实推进精神文明建设各项工作，组织成立了机关精神文明宣传组、机关卫生检查评比组、文字材料档案组、网络文明宣传组等多个专项工作组，形成了分工明确、各司其职、组织有序、上下联动的精神文明工作网络，为全国文明单位创建工作提供了坚强的组织保障。截至2018年12月，金水区直属机关事务管理局通过全国文明单位考核组验收，顺利通过复审。

（撰稿：李一曼　审阅：张　旗）

政府采购

【概况】 金水区政府采购中心成立于2004年9月，正科级单位。

2018年，中心共接到采购项目135项，政府投资预算总金额为24662万元，其中预算金额超过500万元的项目有8个。已完成102项，政府投资预算总金额为21070万元，实际采购金额为19026万元，节约政府资金2044万元，资金节约率为9.7%，共向各大相关媒体网站发布采购信息1000余条。采购范围涉及视频会议系统、车辆加装尾气净化装置、生活垃圾分类专业化服务、环保公厕、污染源普查、党群服务中心设备采购、政府购买社工岗位、采购电瓶车、市政车辆设备、病媒生物仿制市场化服务绿地管养、物业管理、空调、电脑、家具等各个方面。

【政府采购重点】 中心坚持以服务项目建设为总目标，以重点工程和项目作为采购工作的重中之重，提前介入，定人定岗，成立了由主任、分管副职、业务科长组成的督导小组，随时掌握重点项目进展情况，制定推进措施，确保各重大项目成熟一个、招标一个，确保重大项目的招投标环节高标准、高质量、高效率完成。

区城市管理局生活垃圾分类项目预算金额为3347.18万元，划分为7个标段，项目金额大、标段多，全国各地供应商积极参与投标，项目顺利完成，为辖区居民采购到优质服务，为全区减少环境污染、打响污染防治攻坚战提供助力。在项目预算金额1729.40万元的电子信息化政务项目实施过程中，多次召开专题工作会议，及时跟进项目进展情况，顺利完成招标工作，保证了全区移动政务安全信息化项目推进。对全区中心工作、重点项目提前介入，跟踪服务，充分发挥中心参谋助手作用。

在政府采购项目实施过程中，对供应商在“信用中国”“中国政府采购网”进行查询，对存在严重违法失信行为的供应商禁止参加政府采购活动。在政府采购活动中查询及使用信用记录，对参与政府采购活动的供应商、采购代理机构及评审专家进行守信激励、失信约束，是政府相关部门开展协同监管和联合惩戒的重要举措，对降低市场运行成本、改善营商环境、高效开展市场经济活动具有重要作用，有利于在全社会形成“一处违规、处处受限”的信用机制。

【干部队伍建设】 加强学习培训和调查研究，提高采购队伍的业务素质。中心坚持固定学习制度，通过坚持周一业务学习、“以老带新”、“请进来、走出去”等方式组织全体人员集中学习，形成良好的习惯，不断提高干部职工综合能力。通过开展工作交流、专家讲学、重点项目剖析会、业务答疑讨论分析会等形式，有重点、有交流的学习，营造良好的学习氛围，确保学习效果。学习内容不但包含业务知识，还涉及廉政教育、公文写作、文明礼仪等，不断优化政府采购干部队伍知识结构，提高综合素养。

【加强监督管理】 一是建立采购当事人（包括采购人、供应商、政府采购中心、评审专家）廉洁自律承诺制度，有效预防和遏制采购各阶段商业贿赂行为。二是做到透明招标。在开标现场架设高清视频摄像头，对评标全过程进行360°全方位、无死角实时监控，进一步规范投标人和评委专家行为，最大限度降低人为因素干预招投标工作，做到让采购人放心，供应商安心。三是以政府采购信息化建设为工作重点，所有采购项目采购信息、评标结果公示均在规定媒体实行网上公布，重大项目实行专家论证，项目主要技术参数上网公示，让社会和媒体共同监督，实现采购信息的公开透明。

【规范采购程序】 一是完善各项规章制度。中心通过完善《金水区政府采购中心内部管理制度》系列规章制度，牢固树立了干部职工的责任意识、服务意识、创新意识、大局意识。二是完善招投标相关程序和流程。各新法规实施后，为了进一步规范招投标行为，中心立即完善了《金水区政府采购操作规程》《金水区政府采购招标文件范本》等招投标相关制度，做到了及时有效的提高工作能力、效率和服务质量。三是积极探索项目评标办法，减少了评标过程中人为调控评分等对评标产生不利影响的现象，不断提升政府采购规范化操作水平。

【提升服务水平】 严格按照政府采购管理部门批转的采购方式进行依法采购，按政府采购管理部门陆续批转的采购计划执行，在坚持“公开、公平、公正、诚信”原则基础上，科学、严谨、高效、保质保量完成采购批复。

健全政府采购信息发布工作机制，认真做好政府采购信息公开工作，切实做好采购项目公告、采购文件、采购项目预算金额、采购结果等采购项目信息公开工作，实现政府采购项目的全过程信息公开，确保政府采购信息发布的及时、完整、准确。

狠抓采购流程管理，规范操作程序，根据新颁布的中华人民共和国财政部令第87号《政府采购货物和服务招标投标管理办法》的相关规定，修订招标采购操作规程，对招标文件涉及的内容采用制作文件样本的形式进行规范。

继续实行信用查询、节能环保、促进中小企业发展政策，在政府采购过程中，通过“信用中国”网站和中国政府采购网对供应商进行信用记录查询，对存在严重违法失信行为的供应商禁止参加政府采购活动。为发挥政府机构节能环保的表率作用，推行政府采购节能环保制度，在技术、服务等指标同等条件下，优先采购节能环保清单所列产品。在招标文件的制作中对中小企业进行扶持。

深入建立健全内部监督管理，实行评标专家回避制度、供应商廉洁准入制度，加强对政府采购活动的全过程全方位监管。探索实施“双向监督”，即采购人与采购中心、采购中心与评标专家互相之间双向监督，保证项目公开、公平、公正。

（撰稿：李　婷　审阅：岳　娜）

公务接待

【概况】 金水区接待办公室为区政府直属事业单位，正科级规格，事业编制8名，内设综合科、接待一科、接待二科。2018年，承接接待任务总计102批，1779人次。重点完成了戊戌年黄帝故里拜祖大典、“智汇郑州”人才政策推介暨“千人计划”专家金水行活动、2018年中国（郑州）国际旅游城市市长论坛、社会治理创新论坛、国际街舞大赛、金水区一、二、三、四季度现场观摩点评会等大型会议、论坛的服务保障工作。高标准完成了科教园区“河南省信息安全示范基地”等项目签约仪式的会场服务。

【认真贯彻落实中央八项规定】 2018年，进一步严格落实中央八项规定及实施细则精神及接待工作的新要求，根据工作实际修订完善了“公务接待审批单”的内容，制定了《关于规范工作用餐相关事宜的通知》，明确了工作用餐标准、陪餐人数等。完善了“公务接待审批流程”和“公务接待财务报销流程”，使接待工作的各项内容和环节规范管理，人、财、物之间的衔接更趋合理，工作运行高效顺畅，确保了各项接待任务万无一失。在工作中，把公务接待放到全区工作大局中去思考、去谋划，把服从、服务于全区经济社会发展作为接待工作的根本出发点和立足点，认真做好每一次公务接待活动。

【干部队伍建设】 一是加强规章制度建设。修订完善自身公务接待制度，完善了《金水区公务接待实施细则》《公车使用管理规定》等，使公务接待诸多环节管理更规范、更高效、更顺畅。二是强化干部队伍建设。提高接待人员的政治素质，使之有坚定的政治信念和鲜明的政治立场，遵纪守法，爱岗敬业，为接待工作无私奉献。三是加强作风建设。严格按照中央八项规定和省市区各项规定的具体要求，认真对照自身工作，进一步强化作风建设，提高思想意识，强化纪律意识，尽职尽责做好接待工作。在接待工作中树立大局意识，做到令行禁止，认真执行各项规章制度。针对每一次接待任务积极筹划，协调推进，采取有效措施，确保接待工作顺利实施。

（撰稿：杨　翠　审阅：赵灵妮）

金融服务工作

【概况】 金水区人民政府金融服务办公室成立于2010年11月，于2015年6月加挂区地方金融监督管理局牌子，隶属区人民政府办公室，下设综合科、银保证券科、融资与上市科、担保小贷科和处非科5个科室，具体承担辖区金融方面职责。

2018年培育“新三板”挂牌企业5家。截至年底，全区“新三板”挂牌企业31家，中原股交交易中心挂牌企业340家，均位列全省各县（市、区）第一。

【担保小贷管理】 依法开展融资性担保机构、小额贷款公司管理工作，严格落实上级相关规定和工作规范，做好融资担保机构和小贷公司的日常监管、年检及相关事项的变更工作。

【服务实体经济】 依托金融港，全面收集中小企业融资需求，有效整合银行、证券等金融机构资源，向辖区中小企业提供银行贷款、基金管理、上市服务、项目托管、融资租赁等服务，不断拓宽服务范围。举办政银企对接会，帮助企业融资。多向联动，邀约省、市相关单位及辖区银企，大力宣讲“金典六策”及上市挂牌奖补暂行办法，引导金融机构与企业直接对话，为辖区小微企业融资难、融资贵等问题提供切实有效的解决方案，全年共组织举办各类政银企对接会40场，为2026家企业融资35.899亿元。建立“金融港”微信公众号，提供线上服务。公众号以普及金融知识、解读金融政策、探索金融创新为主要内容，以提高群众金融风险防范意识、提升企业管理者的融资能力为主要目的，以打破银企信息不对称为最终目标，利用企业管理者和投资者的碎片化时间，将正确的金融知识和理念传播给受众。全年公众号发布文章709篇，粉丝量12542人次，整体阅读量达到525337人次。

【防范化解金融风险】 深入开展防范打击和处置非法集资及整治互联网金融风险工作，继续加大宣传力度，持续加强摸排检查，逐步摸清风险底数，有效强化化解处置，全力做好信访维稳，确保问题不新增、存量快消减，确保大局和谐稳定，坚决打好防范化解金融风险这一攻坚战。

（撰稿：王　鹏　审阅：杨涵媛）

社会公共管理

【概况】 郑州市金水区社会公共管理办公室成立于2015年3月，正科级规格，隶属区人民政府办公室，受区委、区政府双重领导，负责统筹协调全区社会公共管理和基层网格化管理工作，并代管金水区联动指挥中心。机关内设4个科室，即秘书科、综合管理科、平台管理科、督查考评科。

2018年，全区网格化管理工作围绕持续规范提升的总体要求，认真谋划，科学实践，取得了良好成效，市社管办对金水区工作给予了充分肯定。2018年度每月综合排名稳居全市前2名，2018年5月，全市基层社会治理工作座谈会在金水区召开。

【网格基础建设】 一是指导各街道充分发挥辖区公共单位、楼栋长的优势和作用，积极开展形式多样的基层网格群众自治活动。同时，从全区基层网格自治队伍中推选100名楼栋长、街长及联户代表作为金水区“文明市民”进行表彰。二是集中为参与网格工作的正式公职人员换发了1430部工作手机，实现了网格长随时记录民情日志、巡查轨迹、上报问题及执法人员及时查收问题的工作模式。三是先后举办全区网格化管理二、三级网格长政策业务培训班及基层社会治理创新专题培训班。2018年11月，分2期对全区1055名二、三级网格长进行集中培训，并组织各单位分管领导及业务中层等60人赴登封举办专题培训，通过理论授课、现场观摩、分组讨论等形式，实现了全区网格人员培训全覆盖。

【问题排查整治】 2018年，各级网格依托平台上报各类问题30436起，处置办结26520起，办结率87.1%；受理市长热线、市长信箱、区长信箱等渠道群众反映问题15902起，处置办结15658起，办结率98.5%；通过民生热线“63981890”解答群众咨询问题200余次，切实处置化解了一大批涉及群众切身利益的问题。

【平台运行机制】 一是完成指挥中心项目安监系统的安装调试，并组织区直相关部门及专家成立验收组对联动指挥中心项目进行终验。同时，先后接入智慧环保、工地监控等系统，并将平台基础信息数据与“郑通人和”微信公众号进行同步，有效实现了数据共享，信息公开。二是对系统和网络漏洞进行了扫描及修复，并对信息平台安全制度进行完善。2018年8月，完成了信息平台安全等级测试并在省公安厅进行等级保护备案，进一步增强了指挥中心的网络安全防范能力。三是强化大气污染防治监管网格建设，2018年5月，重新制作了一批“一长三员”公示牌，被市社管办作为模板在全市推广。同时，不断加大对各街道“一长三员”信息公示和业务培训的检查力度，确保履职尽责到位。2018年，各级网格依托信息平台上报大气污染问题1479起，处置办结1268起，办结率85.7%。

【道路综合整治及城市精细化管理】 根据区委、区政府工作安排，道路交通秩序综合整治和城市精细化管理“路长制”工作先后融入网格管理。在平台增设专项问题上报类别，并纳入网格长日常巡查。各级网格共上报道路交通秩序类问题620起，办结527起，上报城市精细化“路长制”相关问题444起，处置办结292起；指挥中心接听并转办辖区地铁口反映问题148次。同时，针对“路长制”涉及网格化管理部分，制定了专项考核办法，并已具体实施。

【党群服务中心建设】 一是规范政策引导。制定下发《关于居住区级党群服务中心运营管理的意见（试行）》，从基本原则、组织架构、服务准则、制度要求、经费保障、监督检查六大方面，规范居住区级党群服务中心运营管理；督促即将投入运营和已投入运营的党群服务中心尽快建立完善运营管理制度，确保党群服务中心良性运营。二是强化经费保障。依据《金水区“三级三类”市民服务中心建设2016年工作实施方案》要求，对达标项目进行奖补，全年共发放奖补资金近1300万元。同时，为缓解已投运项目运营压力，及时出台

《居住区级党群服务中心运营资金补贴方案》，全年共发放补贴资金180万元。三是加大督查考核力度。进一步修改完善《金水区党群服务中心建设工作考核办法》，为科学客观考核提供依据，考核结果每季度全区范围内通报。对涉及目标任务的11个项目每半月实地督查一次，其余项目进行不定期督查。四是抓好项目推进。通过细化目标任务、落实责任到人、优化推进方案、建立项目专人跟踪蹲点负责制等举措，稳步推进居住区级党群服务中心项目建设，圆满完成年度目标任务。

（撰稿：张　硕　审阅：李　玲）

政协郑州市金水区委员会

【概况】　政协郑州市金水区委员会是金水区的政治协商、民主监督、参政议政机关，办公地点位于东风路16号。下设办公室、老干部管理办公室和经济科技、民主法制、委员管理联络、港澳台侨、文教卫生、城建环保、学习文史提案7个专门委员会。区政协九届二次会议以来，共收到提案180件，立案116件。坚持将办理情况列入政协年度重点民主监督事项，遴选一批重点提案进行集中督办，将督办与调研、协商、座谈等工作有机结合，通过优化运转流程，提办双方座谈、现场进行办理工作点评，推动提案办理工作规范化、督办常态化，实现了委员的满意度、办理质量效率的双提升。

【党的建设】　区政协始终把加强党的领导作为履职的根本保证，按照新时代党的建设总要求，涵养机关政治文化，筑牢共同思想基础，努力打造政治生态上的绿水青山。

加强政治建设，强化政治统领。以省委巡视反馈意见整改落实为契机，紧扣习近平新时代中国特色社会主义思想，部署学习任务，制定学习计划，组织开展党组集中学习14次。深入开展习近平总书记关于加强和改进人民政协工作的重要思想学习研讨活动，政协党组班子、常委会、机关和各街道集中学习研讨25次，召开全区专题学习研讨会暨党的建设工作座谈会，征集政协理论文章37篇。在全省政协系统党的建设工作座谈会上，代表县区政协作大会发言，受到省政协领导和与会人员的充分肯定。

加强组织建设，完善组织体系。认真贯彻落实中共中央办公厅《关于加强新时代人民政协党的建设工作的若干意见》、中共河南省委办公厅《关于加强新时代人民政协党的建设工作的实施意见》，坚持从党组自身建设入手，不断增强党组的政治领导力。一是认真履行党建主体责任，积极推动中央和省市区委重大决策部署在政协的贯彻落实。二是完善政协党的组织体系建设，顺利完成了政协机关党总支、党支部换届，强化了党支部政治功能。三是成立区政协党建办公室，配备专职党务工作人员，加强了区政协党的阵地建设。四是出台了《中共金水区政协党组议事决策规则》《党组会议工作细则》，严格执行民主集中制和“三重一大”民主决策等制度规定。

加强作风建设，推动作风转变。政协党组把抓好巡视整改作为践行“四个意识”“两个维护”的具体实践，根据区委统一安排，突出问题导向，主动拔高标准，着力在实改上下功夫，开展违规经商办企业、“帮圈文化”等11项专项整治，制定完善6项工作制度，整改任务全部办结，进一步强化了全面从严治党的政治自觉和行动自觉。严格执行《中国共产党党组工作条例》，认真履行政治领导责任，加强对政协工作的全面领导，落实党风廉政建设主体责任，定期研究部署党风廉政建设工作。班子成员扎实履行“一岗双责”，开展经常性的谈心谈话，落实监管责任。贯彻中央八项规定及其实施细则精神，运用典型案例开展警示教育9次，强化以案促改，支持区纪委监委派驻纪检监察组开展工作，营造了风清气正的干事创业氛围。

【协商议政】 区政协始终把服务中心大局作为履职的重要原则，坚持商要事、议全局，选择事关全区改革发展的综合性、前瞻性问题，开展协商议政活动，促进区委区政府科学决策。

围绕全区发展战略协商议政。区政协九届二次全会期间，全体政协委员认真讨论“一府两院”工作报告，围绕重大决策问题提出真知灼见，区委书记陈宏伟参加界别委员联组讨论，与会委员围绕区政府工作报告，结合工作实际畅所欲言，提出了关于加强金水发展理念构建、实现教育高位均衡发展、落实家庭医生签约制等意见，区政府及有关部门及时对接、认真研究吸纳，使意见建议落地生根。

围绕重点项目建设专题献策。区政协九届六次常委会会议针对全区重点项目建设情况开展专题协商，组成常委视察团实地参观中关村在线科技生活馆、金水区行政文化中心等全区重点建设项目，召开座谈协商会听取区委常委、区政府常务副区长杨洁关于全区2018年重点项目建设情况的通报，并围绕全区产业发展布局、发展成果如何惠及辖区群众等方面协商议政，提出了一系列中肯的意见、建议，有力促进了项目建设中有关问题和困难的解决。各专委会还围绕推进项目建设年工作，开展了一系列视察调研活动，取得了良好效果。

围绕高质量发展献计出力。针对戴继涛委员提出的《在“一带一路”战略中加快推进金水区产业集群发展》提案，经过认真研究，积极围绕郑洛新国家自主创新示范区、自由贸易试验区建设，致力打造全省现代服务业核心集聚区，突出主导产业发展，围绕信息安全、共享生态科技两大新兴产业，全面实施“互联网+”“标准+”“品牌+”战略，成为金水经济增长的重要支撑力量。南阳路、大石桥、凤凰台等街道还围绕地铁经济的布局发展，组织政协委员开展了座谈讨论活动，提出的意见建议得到相关部门的重视和采纳。

【民主监督】 区政协常委会始终坚持把强化民主监督作为履职的着力点，认真贯彻落实《中共中央关于加强和改进人民政协民主监督工作的意见》，坚守为民理念，拓展载体途径，不断提升民主监督实效。

发挥政协委员的民主监督主体作用。审判工作和检察工作是司法工作的重要组成部分。5月25日，社科界委员活动组到区法院，就决战决胜“执行难”问题开展界别专题考察，委员们提出进一步加强队伍建设、完善智慧法院建设、推动形成良好的法治环境等意见建议。“扫黑除恶”专项斗争是2018年各级党委政府的一项重大政治任务，区政协各专委、工委广泛开展监督性视察活动，委员们积极建言要加强对重点行业、人员监督管控，加强校园安全防控工作，落实校园巡防体系等，道出了人民群众的心声。区政协民法委还多次组织部分社科界委员中的律师，参加区法院、检察院的公开活动。

发挥政协提案的民主监督载体作用。区政协九届二次会议以来，共收到提案180件，立案116件。坚持将办理情况列入政协年度重点民主监督事项，遴选一批重点提案进行集中督办，将督办与调研、协商、座谈等工作有机结合，通过优化运转流程，提办双方座谈、现场进行办理工作点评，推动提案办理工作规范化、督办常态化，实现了委员的满意度、办理质量效率的双提升。开展年度优秀提案评选活动，评选出《关于金水区加快建设现代化经济体系》等优秀提案17件，激发了政协委员、承办单位参与政协提案工作的积极性和主动性。

发挥特约监督员的民主监督骨干作用。积极支持29名政协委员，担任11个政府行政执法部门和司法机关特约监督员、政风行风评议员，参加省市区相关部门组织的座谈会、听证会、评议会、专项检查等活动17次，有效促进了有关单位依法行政和勤政廉政。各街道工委注重发挥委员的民主监督职能，聘请委员担任义务监督员、评议员。北林路工委组织委员，对银行学校大气污染防治国控点、天泽幼儿园食堂安全及“互联网+名厨亮灶”试点建设工作进行监督、评议；经八路工委组织委员深入开展“关心街区发展，情系百姓生活”主题活动，在街区建设中对各职能部门的职责履行情况进行监督。通过一系列有针对性的监督视察活动，对相关职能部门不断改进工作起到了积极作用。

【参政议政】 区政协坚持把助力改善民生作为履职的出发点，围绕事关辖区群众切身利益的问题，多渠道、全方位反映民意，促成了一批民生问题的解决。

密切关注群众诉求。着重抓好民生类提案办理。如赵楚涵委员《关于公厕建设管理的提案》与金水区城市精细化管理工作相契合，受到区城市管理局高度重视，一年来，全区共新建成公厕145座，升级改造公厕78座，正在建设69座，初步解决了辖区公厕数量不足的问题。针对《关于加强幼儿园安全监控体系建立的提案》，区教体局建立了幼儿园安全监控管理制度，目前辖区172所幼儿园全部建立视频监控系统，视频数据留存不低于90天。针对《关于加强金水区家庭医生签约服务的提案》，区卫计委从服务模式、“服务包”设计、医保支付、效果评价等方面进行了制度性探索，截至年底，全区共组建签约服务团队236个，签约居民57.03万人，签约率46.07%。区政协九届二次会议以来，共审查立案民生类提案67件，提案的办复有效解决了一批人民群众关心关切的民生问题。

主动建言民生工程。区政协城建委、提案委组织委员联合视察环境污染防治攻坚工作，向区委区政府提出了加大垃圾分类宣传力度、提高社区环境综合治理等具体建议。港澳委、文教委、经科委分别组织委员，实地视察城中村改造和大棚户区安置房建设、农产品质量安全、市民公共文化服务活动中心项目。各街道政协工委组织委员，就市民反映最强烈的社区基础设施建设、中小学建设、交通秩序、老旧楼院改造、卫生服务站建设及家庭医生签约等问题开展专题调研，认真倾听民声，积极反映民意。一年来，各专委、工委共开展视察调研活动38次，搜集社情民意210余条，提出意见建议130条，组织撰写调研报告15篇，一批意见建议及时纳入全区或街道中心工作，促进了民生实事的推进和解决。

积极承担社会责任。热心公益事业、关爱弱势群体、倾心回报社会，是政协组织与政协委员的光荣传统。一年来，全区政协委员发挥界别优势和专业特长，扶贫济困、捐资助学、专业帮扶。

党员委员、河南省亚太骨病医院院长王瑞每月的第一个星期六，都坚持到灵宝函谷关镇卫生院进行公益义诊；联合河南省扶贫协会举办“济困扶贫　健康骨骼　亚太公益行”免费救助活动，累计救助河南省建档立卡贫困患者54人、特困患者2370人，救助金额460余万元。王科委员带领封丘商会举办“饮水思源　反哺归乡”扶贫助困公益行活动，捐款捐物价值240万元，惠及200所中小学、100余户特困家庭、5间开明书屋和1所敬老院。杨子龙委员持续在省内16个地级市开展“不忘初心　传承红色基因”“纪念九一八·勿忘国耻”等主题慰问抗美援朝老兵活动，向为党和国家牺牲自己的青春与热血的老兵们送去温暖。郭艳委员所在的河南豫发集团豫园开发公司捐助公益基金430万元。委员们积极投身各类公益活动，弘扬了社会正气，献出了浓浓大爱，传递了满满正能量。

【提升服务】 区政协坚持把优化服务作为履职的基本功，丰富工作载体，搭建履职平台，密切联系社会各界，激发委员主体意识，广泛凝聚促进改革发展的智慧和力量。

加强履职能力建设。一是组织好集体学习活动，开展了习近平新时代中国特色社会主义思想和中共十九大精神的学习教育等系列活动，强化世情、党情、国情教育，把党的声音传递到每位委员，确保政协工作与党委工作同频共振。二是落实好政情通报工作，积极为委员知情明政、建言献策创造条件，全年共组织各级各类政情通报会27场次。三是开展好专题培训工作，赴复旦大学、中山大学，举办2期综合素质提升专题培训班，精心选择课程，邀请专家就习近平新时代中国特色社会主义思想、人民政协基本理论以及委员履职等方面做了专题讲座，委员的政治素养和履职水平得到进一步提升。

优化委员履职平台。积极拓展“委员之家”功能，以未来路、凤凰台街道为代表，依托党群服务中心，发挥党员委员的示范引领作用，打造“党建+”委员之家，开办委员大讲堂、“老年博学院”等，为居民开展专题讲座、特色服务；设置委员接待室，定期接纳来信投诉，使政协委员为民代言作用发挥得更为充分，也为委员撰写提案、建言献策提供了第一手素材。全年累计接待来访群众200余人，收集群众意见建议130余条。未来路、凤凰台街道“委员之家”工作得到了省市政协领导的充分肯定，并分别组织全省各地（市）、全市各区（县）政协主席考察团进行观摩考察。持续丰富“五联手”活动内容形式，区政协文教委联合19名医药卫生界委员，发挥界别专业特长和党员委员的先锋模范作用，坚持每周三在金水区总医院开展义诊活动，受益群众近700人，培训医护人员220人次，既促进了区级医院医疗水平的提高，又诊治了一批疑难杂症，取得了良好的社会效果。一年来，各专委会、界别小组共联手开展活动47次。

加强互动交流协作。积极开展走访联系委员活动，政协班子成员带队累计走访委员73人次，各街道工委召开委员见面座谈会23场，面对面了解委员工作、生活情况，帮助解决了一些实际困难，广大政协委员切实感受到了组织的温暖。区政协城建委在走访风马旗救援队创立人李柯霖委员时，了解到该团队遇到了资金短缺的发展瓶颈和人才流失的困难，及时联合科学技术界别委员，为救援队渡困及发展“把脉问诊”，提出要把握好国家应急管理部成立的契机，开发有关拓展培训项目、打造行业标准等意见建议，为救援队发展提供了新的思路。广泛深入联谊交流，积极参加省市政协组织的加强政协党的建设、机关建设等座谈交流活动；积极配合全国、省市政协关于组织建设、社法委工作、发展实体经济等调研视察6次，上报调研报告2篇；热情接待青海省政协关于基层政协党的建设专题考察、张家港市政协等学习考察16批、119人次，进一步交流了经验，拓宽了视野。

【自身建设】 区政协始终把加强自身建设作为履职的根本要求，扎实推进机关党建、制度建设等基础性工作，着力提高工作科学化水平，使政协工作符合时代要求，更加有序高效。

抓机关党建工作，把全面从严治党落到实处。坚持把加强党的建设放在政协机关工作的首位。党组成员带头参加“双重组织生活”，学理论、讲党课、交党费。加强“学习型”政协机关建设，开展“不忘初心、牢记使命”七一主题党日等活动13次，重温入党誓词和党章内容，坚持“党员上岗带党徽”，把佩戴党徽活动与党员承诺相结合。坚持每周一、三、五集中学习纪律处分条例等内容，提高了学习成效。认真落实“三会一课”制度，共组织召开支委会34次、党员大会18次，讲党课活动4次，开展“提高党性修养、争做合格党员”和巡视整改等专题组织生活会4次。重视党员培养，扎实推进党务公开，严格党务经费使用管理，及时公开党员民主评议和党费收缴等情况，主动接受群众监督。

抓政协制度建设，进一步强化履职规范。围绕规范有序、务实高效的目标，修订完善了《金水区政协优秀政协委员评选方案》《金水区政协优秀政协提案评选方案》《金水区政协机关例会学习制度》等一系列制度规范，使各项工作有规可依、有章可循。区政协九届六次常委会会议协商通过了《委员视察工作制度》，进一步明确了视察工作的基本原则、视察内容、组织实施、报告撰写、成果转化等环节，将视察方案等相关资料提前传送给委员，使其充分了解相关内容，增强发言针对性，有效提高了视察调研报告的科学性和可操作性。

【区政协召开九届四次常委会议】 1月16日上午，区政协九届四次常委会议在区机关一楼西会议厅召开。区政协主席武建民主持会议。区政协领导王居良、宋红霞、王静、刘凌云、徐建军、张建民，秘书长张书林以及区政协常委共40人出席会议。区政协各专门委员会、工作委员会负责人列席会议。

会议协商辞免了于建勋、郭鸿勋2人九届区政协常务委员、委员职务，徐雄九届区政协委员职务；增补胡士根、郭艳2人为区九届政协委员；听取了王留群、杨劲祥、段学哲3位委员的述职报告；听取了区政协经济科技委员会等6个专门委员会和南阳新村街道工委等6个工作委员会的工作报告（书面）；协商通过了《金水区政协2018年工作要点》；听取了区政协九届二次全会筹备工作情况的汇报；协商决定了召开区政协九届二次全会的日期及会期；协商决定了区政协九届二次全会常委会工作报告报告人和提案工作情况报告报告人；协商通过了区政协九届二次全会有关文件（草案）；审议了区政协九届二次全会大会选举有关文件（草案）。最后，武建民对做好区政协九届二次全会筹备和2018年政协开局工作提出三点要求：一是要围绕大局、提高站位；二是要积极参会、带头履职；三是要谋划来年、实现跨越。

【区政协召开九届六次常委会议】 3月30日上午，区政协召开九届六次常委会议。区政协领导王居良、宋红霞、王静、刘凌云、张建民，秘书长张书林以及区政协常务委员出席会议。区委常委、区政府常务副区长杨洁应邀参加会议，区重点项目办和区政协各专门委员会、工作委员会的负责人列席会议。

会议开始前，区政协主席武建民带领常委会组成人员，对2018年全区重点建设项目中关村在线科技生活馆、金水区行政文化中心进行了实地视察。视察结束后，武建民主持召开会议。会议听取了区委常委、区政府常务副区长杨洁关于2018年全区重点项目情况的通报；协商通过了有关人事任免；协商通过了辞免委员名单；协商通过了金水区政协委员视察工作制度；传达学习了2018年全国“两会”精神。

最后，武建民就扎实做好2018年的政协工作强调了五点意见：一是要站稳立场、坚定信念。把学习贯彻习近平新时代中国特色社会主义思想和中共十九大精神，学习贯彻全国“两会”和习近平总书记“两会”期间重要讲话精神，作为全年工作开好局、起好步最重要的一项政治任务。二是要加强学习、增强素质。深入学习“两会”相关工作报告，深刻领会其中蕴含的新理念、新思想；研究新修订的宪法、监察法和政协章程，深刻领会其中蕴含的新变化和新提法；学习政协工作理论和爱国统一战线的方针政策，打牢参与协商的思想水平。三是要带头履职、奋发作为。既要在本职岗位上带头爱岗敬业、创先争优，又要在政协工作中带头履职尽责，带头调查研究，带头建言献策，带头多办实事。四是要珍视团结、汇聚合力。专委会、工委会工作要早谋划、早启动，争取主动，要加强与对口部门和界别委员的联系，搭好协商议政的平台。发挥政协机关服务保障作用，深化一流机关建设，统筹整合工作力量，提升信息化工作水平，为政协各参加单位、政协常委、委员开展工作、发挥作用创造良好的条件。五是要严于自律、廉洁奉公。把思想政治建设和作风纪律建设摆在突出位置，严格遵守党纪国法，严格遵守中央八项规定及实施细则精神，不越底线、不踩红线、不碰高压线，自觉按制度办事、按程序办事、按规矩办事，树立政协委员良好形象。

【区政协召开九届七次常委会议】 7月5日上午，区政协召开九届七次常委会议，会议开始前，区政协主席武建民带领常委会组成人员，对中央第一环境保护督察组“回头看”工作和城市精细化管理工作进行视察。委员们先后来到农大养鸡场、郑州油脂化学厂、省民航社区金水路3号院进行实地察看。

在随后召开的会议上，区政府副区长闵武杰通报了2018年上半年环境污染防治及城市管理工作情况。与会委员对全区环境污染防治及城市管理工作给予了充分肯定，同时提出加大宣传，提高市民环保意识；以优秀试点带动全区环境污染防治工作新提升等意见建议。武建民强调，生态环境是关系民生的重大社会问题。希望广大政协委员带头勇当绿色发展先行者、精细化管理的参与者，做好践行者、宣传员和监督者，以实际行动投身环境污染防治、城市精细化管理工作中，展现政协委员的责任和担当。

会议还总结了区政协常委会2018年上半年工作；就开展习近平总书记关于加强和改进人民政协工作的重要思想学习活动进行了动员部署；通报了区政协各专门委员会、工作委员会向常委会议报告工作的安排。

针对区政协下半年工作，武建民提出四点要求，一是站在讲政治的高度，从严践行“四个意识”，坚守政治立场，带头加强理论学习，准确把握政协工作的性质定位，夯实共同奋斗的思想基础。二是坚持以党建为引领，以省委巡视反馈问题整改为契机，立足整改方案，落实整改责任，全力抓好整改落实，大力推进班子政治生活的规范化、制度化、常态化。三是按照时间节点，扎实推动提案办理、视察调研、“五联手”界别活动等经常性工作的落实，推动政协工作高质量开展。四是提高工作质量，增强履职能力。分管领导要真抓严管，站在全区的大局上指导、谋划好分管委室的工作。各委室负责人要树立有为意识，勇于负责、主动工作。调研要深入细致，文稿材料要精益求精，管理要规范有序，作风要务实高效。

【区政协召开九届八次常委会议】 9月25日，区政协召开九届八次常委会会议，会议的第一阶段，区政协常委会组成人员到中原教育科技集团、天润国际医学中心进行实地视察，区政协各委室主任参加视察。

视察结束后，在区机关召开会议。会议由区政协副主席王居良主持，区政协常委会组成人员出席会议，区委常委、区政府常务副区长杨洁应邀参加会议，区政协各委室主任、各街道分管政协工作的同志，以及区政府办、财政局、发改统计局等单位负责人列席会议。

会议听取了杨洁关于2018年以来全区经济社会发展情况的通报；协商通过了有关人事任免；协商通过了辞免委员名单；听取了区政协九届二次全体会议以来政协提案办理情况的报告；协商通过了向区政协九届九次常委会会议述职的委员名单；协商通过了向区政协九届三次全体会议述职的常务委员名单；听取了南阳路等11个工作委员会2018年以来工作情况的报告（书面）。

区政协主席武建民就如何做好第四季度工作，提出三点意见，一是要提高站位，强化担当，高质量抓好政协党的建设工作。二是要统筹兼顾，突出重点，高质量完成全年任务。三是要凝心聚力，把握方法，高质量抓好工作落实。同时，围绕节日期间党风廉政建设工作，对全体常委会组成人员提出三点要求：一是要以违纪典型案例为戒，在各种诱惑面前站稳脚跟、严谨操守、筑牢防线。常委会组成人员要做好榜样，带头传递廉洁风气正能量，维护政协系统良好形象。二是要坚决落实好中央“八项规定”要求，守住底线，自觉抵御“节日病”；自觉抵制“帮圈文化”，管住欲望、管好家属子女亲友。三是党组成员要认真履行“一岗双责”，切实抓好职责范围内的党风廉政建设工作，对分管部门人员要常敲廉洁警钟，确保风清气正，遵规守矩。

（撰稿：高超新　审阅：张学亮）

纪检监察

【概况】　根据深化国家监察体制改革工作要求，2018年1月23日，在金水区第十三届人民代表大会一次会议上，选举产生了区监察委员会，与区纪委合署办公，共设办公室、组织部、宣传部、信访室、第一至第十纪检监察室、案件审理室、纪检监察干部监督室、信息技术保障室17个内设机构和党风政风监督室、调研法规室、案件监督管理室3个事业单位，2018年3月选举产生了机关党委和机关纪委。

【加强纪律建设】　坚持党对党风廉政建设和反腐败工作的集中统一领导，重大事项、重要工作及时主动向区委、市纪委请示报告，将党的领导落实到执纪监督、调查处置的过程中。2018年，先后13次提请区委常委会研究党风廉政建设工作，研究议题25个，区委主要领导作出相关指示批示12次，确保了监察体制改革、派驻、派出机构改革、案件查办、以案促改等重点工作的顺利推进。扭住主体责任“牛鼻子”，层层传导、压紧压实各级党组织的管党治党政治责任。出台《关于强化领导班子成员党风廉政建设“一岗双责”的实施办法》，常态化落实落细“一岗双责”工作职责，切实纠正对党员、干部疏于教育监督管理的问题。严明中共政治纪律和政治规矩，收集筛选“七个有之”腐败典型案例印发各单位，以案示警，严格防范。以治理党员干部五类“酒局圈”为切入点，在全区开展“帮圈文化”专项排查整治。围绕中心、服务大局，推动重点工作落实，加强对大气污染防治、“扫黑除恶”专项斗争、中央和省委巡视反馈意见整改等重大决策部署落实情况的监督检查，对有令不行、有禁不止、失职失责、工作不力的37人严肃问责。着力净化党内政治生态，严肃党内政治生活，用好批评和自我批评这一有力武器，强化对各级党组织民主生活会召开情况的现场监督。加强对村居“两委”换届选举的监督检查，查办违反换届纪律案件2件，处分2人，换届纪律之严、风气之正前所未有。严把选人用人、评优评先等廉政意见回复关，共回复党风廉政意见4947人次。大力营造全面从严治党浓厚舆论氛围，融合传统媒体、网络媒介，加大党风廉政建设工作宣传力度，广泛宣传新颁布的宪法、监察法和纪律处分条例，全区工作情况被市级以上党报党刊报道204篇，广播电视节目报道39篇，中央、省市网站报道130篇。加强党风廉政建设热点难点问题的调查研究，及时反映基层情况，被上级纪委采用信息123篇、调研文章3篇。

【完善监督体系】　全面推进监察体制改革，区监察委员会依法组建，与区纪委合署办公，执纪监督和审查调查等一线监督执纪力量明显加强。修订完善区纪委常委会工作规则、纪委书记专题会议工作规程。加快人员、职能、工作、思想和感情的深度融合，规范完善监督执纪、审查调查审批程序与工作流程，全要素运用12种调查措施，初步实现监督执纪、监察执法同步推进、全面贯通。着力推进派驻机构改革，撤销1个区直单位纪工委、49个区直单位纪检组，采取综合派驻和单独派驻两种形式，设立派驻纪检监察组18个，实现对61

家区级党和国家机关派驻监督全覆盖。通过公开选调等方式，择优配备派驻纪检监察干部91名。理顺派驻监督管理关系和保障机制，确保派驻监督规范运行。探索推进监察职能向基层延伸，全区各街道设立派出监察专员办公室，与街道纪工委合署办公，配备监察专员58名，选聘廉情监督员202名，实现对街道和村级监察的全覆盖，为推动全面从严治党向基层延伸提供了组织和制度保障。持续推进街道纪工委“三转”，全面实现专职专责，基层监督执纪成效明显增强。

【增强巡察监督实效】 健全完善巡察工作制度，先后出台《十一届金水区委巡察工作规划》《巡察工作实施细则》等9个规范性文件。严格落实巡察工作责任制，将巡察监督纳入区委全面从严治党责任清单，将巡察反馈问题整改纳入区级领导履行“一岗双责”重点内容，实行向区级分管领导通报巡察情况、区级分管领导参加被巡察单位巡察反馈会和对整改情况签字背书三项机制。推行巡察发现问题底稿制度及巡察质量评价制度，推动巡察工作提质增效。有序有力开展巡察监督，落实区委巡察工作总体安排和省委、市委关于巡察向村居延伸的工作要求，2018年开展三轮巡察，巡察街道党工委7个、区直单位党组织10个、村居党组织73个，提出立行立改问题20个，梳理和反馈问题592个，移交问题线索30件，立案6件，给予组织处理13人、党纪政务处分8人。全面接受省委巡视政治体检，把巡视整改作为对标看齐、改进工作的重要举措，统筹推进中央巡视河南、省委巡视郑州、省委巡视金水以及区委巡察反馈问题的整改，扎实做好巡视巡察“后半篇文章”。中巡、省巡反馈的41项整改任务和交办的107件问题线索，均在规定时间内办结，立案24件，给予党纪政务处分34人，其中科级干部9人，移送司法机关3人。为防止虚假整改、边改边犯，组织12个督导组对全区83个单位巡视巡察整改工作进行督导检查，对发现的303个问题发出专项提醒通知，督促整改。

【加强作风建设】 强化作风纪律日常监督检查，盯紧关键时间节点，盯住易发反弹问题，先后开展违规发放津补贴、违规出入隐蔽场所、工作日午间饮酒等检查，对发现的问题，综合运用教育提醒、通报批评、“一文一会五表态”等措施严肃整改。开展落实中央八项规定精神“回头看”，清理纠正违规使用办公用房和公车问题，下发整改通知书53份，提出整改意见62条，查处违反中央八项规定精神问题12件、处分18人。开展违规经商办企业专项治理，发现并纠正相关问题7起。坚决惩治群众身边的不正之风和腐败问题，督促有关职能部门开展村级财务管理专项整治，全面排查、有效解决违规开设账户、大额资金长期挂账、固定资产账目不清、凭证发票不符等突出问题。严肃查处群众反映强烈的“蝇贪蚁腐”问题，提级办理农村党员干部问题线索189件，给予党纪政务处分50人，其中重处分15人，移送检察机关审查起诉3人。以民生资金、“三资”管理、征地拆迁、生态环保等领域违纪违法问题为重点，紧盯基层干部以权谋私、优亲厚友等问题，开展重复信访举报突出问题集中治理，对重复信访举报件进行全面排查、建立台账、集中办理，共立案17件、处分11人，有力维护了群众利益。

【大力惩治腐败】 把党规党纪、法律法规“两把尺子”结合起来，贯通纪法、衔接司法，坚决惩治违纪违法和职务犯罪，推动反腐败斗争取得压倒性胜利。对问题线索反映集中、群众反映强烈、巡视巡察交办的线索集中力量审查调查，累计处置问题线索437件次，立案审查调查97件，依法留置8人，给予党纪政务处分106人，移送检察机关依法审查起诉11人，查扣涉案款物6000余万元，收缴违纪违法资金3365万元。着力强化审查调查安全管控，开展执纪办案安全隐患大排查大整改，严把案件质量关、安全关，确保依纪依法、安全文明办案。坚决查处“涉黑涉恶”腐败，特别是“保护伞”问题，与政法机关建立协作配合、线索双向移送和协同查办案件等机制，重拳打击“涉黑涉恶”腐败。中央“扫黑除恶”督导组转交问题线索73件，截至年底，已办结52件，累计查处群众身边“涉黑涉恶”腐败问题4起，组织处理3人、党纪政务处分3人，查处充当“黑恶”势力“保护伞”5人，大力优化了基层组织建设环境，巩固了党的执政基础。坚持惩治与挽救相结合，在严厉惩治极少数腐败分子的同时，着力管住大多数，层层拦截、加密过滤、教育挽救，精准有效运用“四种形态”处理400人次，第一、二、三、四种形态占比分别是73.3%、19%、4%、3.7%，“惩前毖后、治病救人”方针落到实处。广泛宣传反诬告陷害政策，深入剖析诬告陷害典型案例，严厉打击诬告陷害行为，重处分诬告陷害者1人，批评教育诬告陷害反映问题者2人，释放为担当有为者撑腰鼓劲、让诬告陷害者付出代价的强烈信号。

【构建长效机制】　着力制度推动，牵头制定《关于推进以案促改制度化常态化的实施意见》，建立起“党委统一领导、纪委主导推进、部门协调配合、案发单位具体落实”的领导体制和工作机制，推进以案促改制度化常态化。着力示范引领，率先在全区纪检监察系统开展以案促改，以周口市纪委原常委孟某等违纪违法纪检监察干部为反面教材，组织全区纪检监察干部深入讨论思考盖在心灵上的“遮羞布”、充当“内鬼”的具体表现、被“围猎”的风险、提升自身“免疫力”的良方四道难题，引导纪检监察干部自觉“照镜子、正衣冠”。期间，《纪检监察干部如何防止被“围猎”》《提高纪检监察干部“免疫力”的“五剂良方”》等有关理论成果被《中国纪检监察报》《河南党风廉政建设》等刊物采用。着力拓展覆盖，针对省委巡视反馈意见指出的对“一把手”监督薄弱、财务管理不规范等突出问题，结合“看找查比”活动，将纪检监察系统以案促改工作延伸到全区各单位，筛选“扫黑除恶”、“一岗双责”、违反中央八项规定精神等方面典型案例40个，开展警示教育38场、受教育3500人次；定期传达学习省市纪委典型案例通报，充分发挥微博、微信公众号等新媒体宣传引领作用，督促党员干部知敬畏、存戒惧、守底线。深挖问题根源，堵塞制度漏洞，相继出台《党政主要负责同志“五个不直接分管”暂行规定》《行政事业单位财务内部控制办法》《党政机关办公用房实施细则》等制度，不敢腐的震慑效应充分显现、不能腐的制度笼子越扎越紧、不想腐的内生动力加快形成。

【干部队伍建设】　强化政治引领，把学懂弄通做实习近平新时代中国特色社会主义思想作为首要政治任务，联系思想和工作实际，推进“两学一做”学习教育常态化制度化，深化“讲忠诚、守纪律、做标杆”活动，累计开展专题学习13次，领导班子成员、机关党委委员累计讲党课12场；组织机关党员干部到省廉政教育基地接受警示教育，开展愚公移山精神专题党性教育，引导党员干部在学思践悟中坚定理想信念，做到对党忠诚、政治过硬。强化日常教育，纪委监委领导班子带头落实党风廉政建设“一岗双责”，严肃党内政治生活，主动参加党员活动日活动，经常开展谈心谈话，把教育管理落实到点滴之中。丰富学习形式，通过班子成员轮流讲、各支部分头组织学、集中业务培训、以干代训、党规党纪随身学APP等方式，开展大学习大培训大提升活动，组织培训29期、培训2836人次，锤炼纪检监察干部担当的宽肩膀、成事的真本领。强化内部监督管理，完善公文处理、公务用车管理等制度12项。加强纪检监察信息化建设，纪检监察专网实现全覆盖，信息技术保障水平全面提升，对于快速突破案件发挥了关键支撑作用。充分发挥干部监督室和机关党委、机关纪委作用，加强对纪检监察干部执行职务和遵纪守法情况的监督，坚决防止私存线索、跑风漏气、以案谋私等“灯下黑”现象，共处置纪检监察干部问题线索13件，初核5件，谈话函询8件，组织处理2人，坚决维护队伍纯洁。

（撰稿：李安明　审阅：赵建英）

群众团体

总工会

【概况】 金水区总工会是主管全区工会工作的区委组成部门。位于郑州市东风路16号，成立于2002年。内设一个二级机构，即困难职工帮扶中心。2018年金水区总工会新建工会组织189家，发展会员1万余人。全年共走访慰问职工6400余人，共为7名大病职工办理互助补助金8.24万元。

【工会组织】 2018年，金水区总工会坚持“哪里有职工，哪里就有工会组织”的原则，以非公有制经济组织、社会组织为重点，不断扩大对新领域、新阶层和小微企业的建会覆盖面，全年新建工会组织189家，发展会员1万余人。为切实加强全区基层工会组织建设，以工会组织规范化推动工会有效运转，金水区总工会建立了基层工会动态管理长效机制，通过健全组织、督促换届、按程序撤销组织等方法消除“一张纸工会”“僵尸工会”“空壳工会”。认真指导教育系统54个基层工会和区属建会企业如大桥医院、国基集团、宏光天地实业等工会组织开展了换届工作。为继续做好河南职工服务网络体系建设的基础性工作，推进工会会员普惠制的贯彻落实，不断加大宣传力度，落实会员优惠，吸引更多职工加入工会组织。会员实名制信息采集录入新增4856人，新办理会员卡3357张，新签约优惠服务商7家。通过落实会员实名制，为广大会员提供了多种优惠服务。

【科学维权】 坚持主动依法科学维权，经过集体协商，各级工会组织与企业共签订并备案集体合同、工资专项集体合同439份，涵盖建会单位达到5560家，覆盖职工7.1万人、其中女职工2.99万人。2018年，区工会不断完善法律顾问制度，积极开展法律公益服务活动。1月—2月开展了“尊法守法·携手筑梦”服务农民工公益法律服务行动，通过指导农民工如何与就业单位签订劳动合同，协调解决农民工经营门店与市场管理方的租金和押金纠纷问题等，提高了农民工理解与运用法律法规及政策的能力，运用法律手段促进解决农民工权益维护问题，引导农民工以理性合法方式维护自身权益，督促企业经营者依法保障农民工合法权益，维护辖区大局和谐稳定，受益农民工达800余名。

【劳动关系构建】 着力推动和谐劳动关系构建，普遍建立企事业单位民主管理制度，深化厂务公开，推进基层民主建设。深入开展“安康杯”竞赛活动，全年新增19家参赛企业，提高了企业的安全生产水平，切实维护了职工的职业安全健康权益。积极参与正弘城和康桥廊城建设项目安全生产事故调查，保障了伤亡职工赔付及时到位。参与区政府关于保障农民工工资支付工作，接受市政府检查，确保农民工工资按时足额发放。

【保障和改善民生事业】 深化“春送健康、夏送清凉、秋送助学、冬送温暖”四季关爱活动，2018年共走访慰问一线职工、困难职工、外来务工人员、劳动模范、单亲困难女职工6400余人。在金秋助学活动中，共资助33名困难职工子女进入大学；开展市级以上劳模免费体检43人；继续大力开展职工互助活动，由金水区总工会为全区在职工会会员办理重疾互助13404人，办理女职工专项互助3837人，2018年共为7名大病职工办理互助补助金8.24万元。

【提升工会队伍整体素质】 一是开展了“金水区职工学习中共十九大精神及应知应会知识竞赛”，采取网上答题和《金水时讯》专版答题相结合的方法，创新了竞赛形式，4000余名职工积极参与。二是为进一步团结动员广大职工在全区重点项目建设中建功立业，金水区总工会、区大项目办联合举办了市、区重点建设项目“比工程质量、比工程进度、比安全施工、比文明施工、比技术创新、创和谐团队”为主要内容的“五比一创”建功立业劳动竞赛活动。三是金水区总工会与区卫计委、区妇联联合举办了妇幼健康技能竞赛，通过竞赛，提高了基层妇幼保健服务工作人员钻研业务、提高技能的积极性和业务水平。四是为进一步深化企业职工文化建设，提升职工队伍整体素质，丰富职工群众精神文化生活，大力加强职工书屋示范点创建工作，2018年共有3家单位通过市总验收被评为市级职工书屋。五是金水区有12名职工被评为“2013—2018年度郑州市劳动模范”，5名职工被授予“郑州市五一劳动奖章”，3个集体被授予“郑州市五一劳动奖状”，1个先进集体被评为“河南省工人先锋号”，获得市级职业道德建设十佳职工1名，学习型组织标兵单位1个，知识型职工先进个人2人，省、市级五一巾帼标兵岗各1个，市级五一巾帼标兵1个，市级文明职工家庭1个，推荐1名职工参加“郑州大工匠”评选。六是为了提高工会干部业务素质，开展了基层工会组织届中增替补选举工作培训、区工会二大组织人事工作培训、工会财务工作培训。

【弘扬正能量】 开展了中共十九大精神和改革开放40周年经验宣讲活动。号召各单位先模人物，特别是曾获各级劳动模范、五一劳动奖章、金水区十大最美劳动者荣誉称号的先模人物带头在各自单位开展一次宣讲活动，现身说法，讲好改革开放的故事、讲好工人阶级故事和工会故事，充分展现改革开放40年的光辉历程、伟大成就和宝贵经验，展示金水经济社会发展的丰硕成果和各行各业职工的卓越贡献。围绕习近平总书记在中国劳动关系学院劳模本科班的回信精神，组织召开以“不忘初心跟党走、牢记使命做贡献”为主题的庆“七一”劳模座谈会，大力宣传劳模工匠对学习中共十九大精神的深切理解和深刻体会，宣传劳模工匠在新时代如何当表率、树榜样、做贡献，形成崇尚劳模、关爱劳模、学习劳模、争当劳模的良好氛围。开展了“金水区最美劳动者”评选活动，并进行大力宣传，弘扬劳动精神。大力推动正面思想舆论引导，金水区推荐的省劳模杨学然同志的事迹参加了市总工会和郑州电视台联合制作的“劳模风采”展示；推荐青年文艺人才参加市总工会庆“五一”职工文艺展演。开展“中国梦、劳动美、工会情”工会文艺轻骑兵演出进基层活动，不断繁荣和活跃基层职工群众文化生活。认真贯彻落实《郑州市文明行为促进条例》。开展了“金水区文明职工”评选，充分挖掘职工群众中的好人好事、凡人善举，经过各基层工会推荐、评审组会审等环节，评选出30名思想先进、爱岗敬业、遵纪守法、品德高尚、团结友善、重信守诺、行为文明的一线优秀职工。开展了“引领职工阅读、建设文明家庭”读书征文和一封家书活动，全区广大职工积极响应、踊跃参与，共收到征文和家书作品700余篇，经专家组评审，评选出优秀作品21篇。

【统筹推进工会各项工作】 在女职工工作方面，组织开展3期女性健康讲堂，聘请专家走进基层走进企业为女职工答疑解惑，受益女职工达600余名；在元宵、“三八”节期间组织开展了女职工趣味运动会，走访慰问单亲困难女职工46人；积极组织辖区单身职工参加第四届“爱满绿城”郑州单身职工相亲交友联谊会；11月开展了《河南省女职工特殊保护条例》的宣传月活动，借助传统媒体和新媒体等各种形式，实现宣传工作进企业、进车间、进班组，掀起学习宣传的高潮，依法维护女职工合法权益和特殊利益。在经审工作中，区经审会认真做好区本级工会预决算监督和推荐上报各类先进集体和个人的工会经费拨缴情况审计工作；不断加强经审规范化建设工作，在全市的评比中获得唯一的特等奖。在工会财务和资产管理工作中，认真管好、用好工会经费，搞好工会资产清查工作。落实改革要求，积极推进“网上工会”建设，研究开发了“金水区工会网上工作系统”平台，为下一步形成上下联动、线上线下互动、职工需求推动的工会工作新模式奠定了基础。转变作风，深入基层、深入职工群众，加强工作调研。3月20日至4月11日，开展了“不忘初心、牢记使命、再创辉煌”工会工作大调研，金水区总工会班子成员分别带队到凤凰台街道党群服务中心、创意园区工会等分别针对构建社会化服务体系资源共建共享、党建带工建、职工之家建设进行调研，指导和推动金水区工会改革向纵深发展。5、6月，为迎接全国、省、市企业民主管理工作调研检查，金水区总工会进行专门研究，制定方案，对全区厂务公开民主管理自查工作进行了安排部署，并深入5个基层单位进行了实地调研，查阅资料，召开职工代表座谈。通过调研督促，提高了企事业单位实行厂务公开民主管理的自觉性和规范性。配合上级工会要求，还开展了“三新”企业工会组织建设情况调研、公共场所母婴设施调查、女职工五年工作调研、企业性别平等机制调研、HPV疫苗接种调查、市级以上劳动模范摸底排查等工作。精心做好区工会第二次代表大会的组织筹备和省工会第十五次代表大会、市工会第十四次代表大会的代表选举工作。

（撰稿：王卓然　审阅：原晓青）

共青团

【概况】　金水区团委是主管全区共青团工作的区委组成部门。2018年金水区团委更新发布微博400余条，微信平台发布320余条，阅读量超过10000余次。全年组织青年志愿者开展主题活动40余场次。全年新发展团员930名。

【思想理论武装】　加强思想理论武装。聚焦学习贯彻习近平新时代中国特色社会主义思想、中共十九大、共青团十八大等精神，开展创新理论万场宣传进基层活动40余场次，覆盖团员青年万余人次；开展“以脚步丈量金水跨度，以精神凝聚青年力量”“五四”系列活动等大中型活动8场次，覆盖青少年5000余人次。丰富价值引领内容供给。践行社会主义核心价值观，相继开展“与信仰对话”、“向国旗敬礼”等活动40余场次；加强网上共青团建设，更新发布微博400余条，微信平台发布320余条，阅读量超过10000余次。

【志愿服务】　全面领跑发展中建功立业。持之以恒开展“青柠计划”志愿服务，发起“路长故事知多少、单车共享明天同行”等系列活动80余场，联系覆盖青年4500余人次。打赢脱贫攻坚中积极贡献。实施“八方援”助力

5月4日，“五四”健步走活动

10月19日，青柠计划“共享单车、共享文明”活动

脱贫攻坚青春建功，瞄准贫困青少年、留守儿童等群体，开展“点亮微心愿”“精准扶贫·温暖冬天”等活动，500余人次青少年群体受惠。环境污染防治中引领风尚。深化“保护母亲河行动”，推行“河小青河长制”，开展各类青年林建设活动植树500余株，组织青年志愿者500余人次开展绿风尚助力环境污染防治、绿色文明出行等主题活动40余场次。创新创业中发展阵地。以6个创业园区为载体，打造青创空间、众创空间、青年见习基地等20多个，开展项目路演、青创讲堂、人才招聘等活动130余场，项目化管理、专业化服务，培育新兴业态青春力量。

【青少年服务】 在扩大服务号召影响中优化需求。在辖区20个青年之家开设“青益+”服务计划，以“公益”的力量吸引号召公益组织、爱心单位等加入志愿服务行列，并开展暑期教育实践、心理咨询服务等各类青少年服务630余场，覆盖青少年约6600余人次，推动社会和谐进步。在共享改革成果中关爱弱势。组织“希望工程圆梦”“护航青春”等爱心捐赠活动，募集资金5余万元资助15名贫困大学生圆梦；实施新兴青年群体“筑梦计划”，联系各类社会公益团队6家，开展各类活动5场次。在优化成长环境中培育青年。实施“六员进校园”、预防未成年人溺水、网络安全宣传、禁毒自护教育活动等60余场次，优化净化青少年成长环境。

【从严治团】 加强党建夯实思政根基，深入开展“两学一做”学习常态化制度化教育，落实三会一课、主题党日等制度，全面落实从严治党要求，锤炼党员干部党性教育，不断加强机关效能建设。坚持不懈推进改革攻坚，8月底印发《金水区共青团改革方案》，明确全区共青团改革的路线图、时间表和任务书，优化团机构设置，破解“四缺”难题。扩大组织提升覆盖面。17个街道青少年综合服务平台“青年之家”建设率达到100%，建立非公经济组织、社会组织等新兴领域团组织10个，联系青年组织10个。发展梯队打造智慧团建。实施总量调控和发展团员编号制度，全年新发展团员930名，初中毕业班团青比例达30%。稳步推进“智慧团建”系统建设。

（撰稿：张文婕　审阅：王　倩）

妇女联合会

【概况】 金水区妇女联合会是区委领导下的全区各族各界妇女的社会群众团体。2018年，金水区妇女联合会共接待妇女群众来电来访50起，举办知识讲座10场，社会宣传活动15场，为社区居民提供贫困救助、法律维权等相关咨询2000人次，跟踪回访重点案件5起。

【妇联组织建设】 妇女组织与阵地建设。抓住开展党群共建创先争优活动的有利契机，依靠党建带妇建，以村（社区）两委换届为契机，着力宣传提高女性参政参选意识，强化妇联组织和阵地建设，全面激发妇联组织活力。充分发挥对广大妇女的思想引领、权益维护、知识传播等作用，引导和鼓励各行业优秀女性担任基层妇联兼职副主席，在“两新”组织中建立妇委会。在全区村（社区）中积极推行“四组一队”工作模式，共组建“四组一队”（发展组、权益组、宣教组、家风组、巾帼志愿者服务队）142支，通过组织开展具有政治性、先进性、群众性的活动，注重灵活性、多样性、实效性，充分调动基层广大妇女群众参与的积极性与参与度，及时把党的各项方针政策宣传贯彻在基层。

强化妇女思想建设。把学习贯彻中共十九大精神、习近平新时代中国特色社会主义思想、中国妇女十二大精神、群团工作改革重要思想和省市区妇代会精神融入妇联工作的各个方面，充分利用新媒体平台、百千万巾帼大宣讲、商都女性讲堂等资源积极向广大妇女宣传新思想，认真贯彻“学懂、弄通、做实”要求，切实做好妇女思想政治、意识形态引领，让伟大思想在广大妇联干部和妇女群众心中扎得更深，推动妇女在家庭和工作中担当作为，自觉在思想上政治上行动上同以习近平同志为核心的党中央保持高度一致，坚决贯彻中央和省委、市委、区委决策部署，坚定不移走中国特色社会主义妇女发展道路。

【女性素质提升】 持续深入开展百千万巾帼大宣讲、商都女性大讲堂等专题讲座、女性享学吧和魅力女人课堂等活动，广泛开展“党的创新理论完场宣讲进基层”活动，积极举办“巾帼心向党 建功新时代”妇女干部素质能力提升班，全面提高女性思想水平和创业就业能力等综合素质。以各行各业优秀女性代表为榜样，从党性培养、理论素养、业务练兵等多个方面强化女性综合能力，积极引领全区女性干部职工巾帼建功、力创辉煌。对评选出的30名“三八”红旗手，10个“三八”红旗集体和10支巾帼志愿者服务队进行表彰，激励广大妇女在各自的工作岗位上自我突破，勇于进取，宣传展示优秀妇女在党的领导下昂扬向上的精神风貌，示范引领广大妇女弘扬“四自”精神，坚定理想信念，践行社会主义核心价值观。

【双创服务工作】 激励引导妇女投身新时代就业创业，开展全民技能振兴工程妇女培训工作，先后举办10期培训班，参加人数达600余人，为女性创业就业提供技能指导，宣传落实好妇女创业担保贷款政策，为妇女创业发展提供资金支持。举办“三八”女性就业专场招聘会，为女性就业提供平台，1000多人达成了就业意向。

【服务妇女儿童】 持续实施巾帼维权行动。持续深入开展“法进万家”活动，开展法治宣传教育30场，为弱势群体提供法律援助，以家庭婚姻为重点做好调解疏导工作。全年共接待妇女群众来电来访50起，办结率达98%。开展“爱有约”反家暴亲子小组等活动10次，举办《中华人民共和国反家庭暴力法》知识讲座10场，社区宣传活动15场，为社区居民提供贫困救助、法律维权等相关咨询2000人次，跟踪回访重点案件5起。切实维护妇女儿童合法权益，守卫妇女儿童安全感，以妇女儿童平安助力全区平安稳定。

呵护妇女儿童健康。以妇女老人儿童为重点，积极举办健康知识讲座，普及健康知识，提升

3月2日，金水区妇联召开“三八”国际劳动妇女节纪念暨表彰大会

6月1日，组织开展“六一”儿童节“欢乐嘉年华 健康伴成长”庆祝活动

群众健康素养。先后举办各类健康教育活动10余场，联合区慈善总会开展“善行金水·关爱女性”慈善项目救助活动，与卫计部门共同实施城乡妇女“两癌”、出生缺陷产前筛查和新生儿疾病免费筛查项目，共救助罹患“两癌”女性68名，帮助每人成功申领救助金1000~10000元不等。

科学规划家庭妇儿工作。完成2017年度金水区妇女儿童发展规划监测评估工作。联合教体局、文明办等7个部门共同制定《金水区指导推进家庭教育的五年规划（2016—2020年）》，推动金水区“十三五”时期家庭教育工作创新发展，从源头上不断优化妇女儿童生存发展环境。

广泛开展各类主题活动。以“三八”节、“六一”儿童节等节日和暑期为契机，精心组织开展六一“趣味嘉年华”、“快乐暑期 趣味一夏”暑期教育实践等一系列有特色、有声势、有影响的节庆活动，积极营造健康向上的社会新风尚。2018年，共开展家庭教育巡回讲座20场，评选表彰“十佳家长”和“十佳儿童”各10名，“优秀家长”54名，“优秀儿童”93名，亲子诵读活动“悦读奖”30人，“优秀奖”8人。

开展儿童防溺水等安全教育活动。开展预防未成年人防溺专项治理宣传活动，增强未成年人安全防范意识和能力，开展安全教育宣讲50余场，发放宣传页1000份、张贴宣传海报300余份、印发致家长的一封信600份。

【政府十件实事】 2018年金水区新建6所“儿童之家”，完成新建“儿童之家”物品配备工作，并对已建的41所“儿童之家”进行走访调研，实地指导。新建7所“绿城妈妈”，现全区共有19个“绿城妈妈”项目社区，主要开展清洁家园、垃圾分类、环保酵素制等五大环保行动，以便民服务的方式将绿色理念融入社区、根植于群众日常生活，使环境治理、生态建设的神经末梢活跃起来，强化美丽金水建设基础。

【家庭文明建设】 各类优秀家庭创建工作贯穿全年，在新时代倍增妇联家庭工作优势，更加充分发挥妇女在社会生活和家庭生活中的独特作用。引导广大群众学习好家风、培育好家风、传递好家风，以好的家风支撑起好的社会风气。2018年先后评选表彰“健康家庭”100户，“健康家庭标兵户”10户，“最美绿色家庭”100户，“最美书香家庭”100户，和睦家庭50户，“最美婆婆”50名，“最美媳妇”50名，“最美子女”50名，并在全区开展征集“好家训、好家规”书法和摄影活动。

【助力中心工作】 助力大气污染防治。广泛开展“绿色家庭”创评、“美丽庭院”风采展等特色环保活动，动员广大妇女和家庭积极参与环保实践及生态建设，推动形成绿色发展方式、生活方式，践行绿色、生态、环保理念，形成建设美丽金水的强大合力，共建共享美丽郑州。

助力“路长制”市容市貌大提升。联合各街道妇联、巾帼志愿者、绿城妈妈志愿者开展“移步易洁净 环保巾帼行”主题活动，走进社区、商户和街头，向群众发放《市容市貌倡议书》《郑州市市民文明手册》等宣传资料，宣讲开展市容环境优化工作的重要意义，号召居民自觉爱护市容环境，维护城市秩序，形成时代新风尚。

（撰稿：刘逢君　审阅：王　晓）

残疾人联合会

【概况】　金水区残疾人联合会（以下简称残联）成立于1991年6月，内设办公室、康复科、组联科、教就科；二级机构金水区残疾人劳动就业服务所。2018年，金水区残疾人联合会直接惠及残疾人、残疾人家庭共450人133户，发放区及救助资金32.36万元。全年共为27名“三无”残疾人发放救助补贴16.2万元。

【党建工作】　认真学习中央及省市区关于基层党的建设的重大部署和要求，认真落实党建工作责任制，同日常业务同部署、同落实，努力以党的建设高质量指导推动区残联业务工作的高质量开展；以政治建设为主线，深入贯彻习近平总书记新时代中国特色社会主义思想和中共十九大精神，分层次抓好领导班子、党员干部的政治理论学习，进一步坚定理想信念和政治立场，牢固树立“四个意识”，坚定“四个自信”，把“两学一做”活动推向深入；严肃党内政治生活，净化党内政治生态。严格执行新形势下党内政治生活若干准则，推动“三会一课”、民主生活会、组织生活会、民主评议党员等组织生活制度的落实。以“党员活动日”为载体，不断提高党内政治生活的吸引力和感染力；认真落实从严治党各项规定，营造风清气正的工作环境。利用各种形式，开展党风廉政教育，组织党员干部学习党章党规党纪、习近平总书记系列讲话，提高党员干部廉洁从政意识。开展各类“以案促改”活动，通过典型案例教育党员干部，增强拒腐防变能力，筑牢思想防线。督促班子成员落实党风廉政建设“一岗双责”要求，做好重要时间节点的廉政谈话，及时传达上级党委关于严明过节纪律的要求，提醒党员干部时刻从思想上绷紧廉政这根弦，优化党员干部作风。

【残疾人信息数据动态更新】为准确掌握辖区残疾人的现状和需求，更好地服务辖区残疾人，残联于7、8月开展了残疾人信息动态更新工作，培训残联工作者及专干，残疾人专职委员、助残社工共计260人，入户调查辖区持证残疾人8100人。金水区手机APP实时入户调查登记率达99%，在郑州市残联系统处领先水平。

【困难残疾人生活补贴和重度残疾人护理补贴工作】　困难残疾人生活补贴和重度残疾人护理补贴工作，常态化推进，每月15号前各街道办上报下月符合条件补贴花名册及新增人员审批表，确保不漏一人。2018年，确定符合重度残疾人护理补贴24306人次，发放补贴金共243.06万元，困难残疾人生活补贴9948人次，发放补贴金共119.376万元。

【重度残疾人特殊生活补贴】2018年，共为符合救助条件的976名残疾人，发放救助资金696.129万元。

【残疾人临时救助】　2018年直接惠及残疾人、残疾人家庭共450人133户，发放区级救助资金32.36万元。其中，多重一级60人，发放7.08万元；一户多残133户，274人，发放16.5万元；临时性救助7人，发放0.67万元；服药补贴95人，发放4.75万元；托养机构补贴14人，发放

11月6日，兄弟单位参观学习金水区残疾儿童康复机构

3.36万元。

【0~14岁贫困残疾儿童康复救助】　金水区残联认真贯彻落实市残联文件要求，积极开展0~6岁贫困残疾儿童康复救助项目和0~14岁残疾儿童康复救助项目，截至年底，招标材料已经过区投资评审中心和区采购办通过，报送至区采购中心进行公开招标。其中：0~6岁贫困残疾儿童康复救助项目80人，98.24万元；0~14岁贫困残疾儿童康复项目290人，包含脑瘫儿童215人、孤独症儿童15人、智力儿童35人、聋儿28人，预算限额348万元。

【教育救助】　一是按照“全覆盖、零拒绝”的要求，对已入学和未入学残疾儿童逐人落实登记造册，对于轻度残疾儿童，安排在普通学校随班就读，与同龄儿童一起接受义务教育，并提供必要的个别帮助；对于不能适应普通教育的残疾儿童，安排到特殊教育学校就读；二是建立了教育救助和教育补贴制度，对在校残疾学生和接收残疾学生的学校给予救助及补贴，全年共救助在校残疾学生204人，发放救助补贴13.4万元；补贴金水区利智学校特教和康复经费5.1万元。

【“三无”贫困残疾人救助】　在“春节”“端午”“中秋”节前，对辖区27名贫困“三无”残疾人进行了走访慰问，为他们送去了粽子、月饼、大米和食用油等慰问品，把温暖送到了残疾人家里。全年共为27名“三无”残疾人发放救助补贴16.2万元。

【残疾人免费乘坐市区公共交通工具】　精心组织，为残疾人办理“绿城通关爱IC卡”工作。充分利用微信公众号、网络、在社区楼院张贴宣传公告等方式，加强“绿城通关爱IC卡”工作的宣传，让辖区残疾人都能享受到免费乘坐城市市区公共交通工具的惠残政策。2018年上半年提前完成对全区2426名残疾人关爱卡年审工作，同时为497名残疾人办理新一批关爱卡。

【康复工作】　落实郑州市政府2018年民生实事，免费为残疾人配备辅助器具和假肢安装，根据郑州市残联统一公开招标，涉及金水区3个中标单位，经过签订合同、组织残疾人验配、安装、配发。已完成市残联分配815件辅助器具配发任务；为辖区211人低保精神病发放补助金24.95万元。为109人申报了2017年残疾人机动车燃油补贴2.834万元。

【就业培训】　积极采取措施，开展形式多样的就业培训。截至年底，开展手工编织、书画扇面、手工布艺等各类培训班五期，共培训512名残疾人，实现就业311人。9月，组织辖区残疾人分别参加省、市残联组织的残疾人职业技能比赛，4名选手在绘画、文本处理、电子商务、刺绣等项目上取得金、银牌的好成绩。

【残疾人托养服务】　根据省残联有关要求，通过购买服务的形式为残疾人提供20项居家托养服务。已为辖区260名困难残疾人家庭提供了多样化的居家服务，实实在在地帮助了残疾人，使他们的生活更加方便。

【文体活动】　围绕“全国助残日”、“爱耳日”等节日开展活动。为引导残疾人走出家门，融入社会，在做好系列扶残助残工作的同时，组织了适合残疾人参

9月14日，金水区参加郑州市第6届残疾人运动会

与的各类文化体育娱乐活动。心系民生，积极开展助听器免费验配活动。由省、市残联承办的2018年斯达克“世界从此欢声笑语”中国（河南）项目，是由中国市长协会、北京爱尔公益基金会和美国斯达克听力基金会联合发起，针对困难听障人士的慈善救助项目。为确保此项涉外慈善捐赠活动的圆满成功，金水区残联经过的周密安排和精心组织，分别于4月和7月，两次组织辖区听障群众助听器免费验配活动，最终209名听障人士成功佩戴助听器，受到听障群众的好评；10月15日，金水区残联在博爱眼科医院举办“国际盲人节”庆祝活动暨辅具发放活动，中残联副理事长程凯到活动现场调研并对相关工作进行指导，省残联副理事长孙立忠、市残联理事长张群保和副理事长王军辉陪同调研。区残联现场为40名低保视力残疾人发放听书机、盲表并组织现场体检；为了丰富辖区残疾人精神生活，按照市残联文件精神，组织开展残疾人游绿博园、看电影、看文艺演出、参观博物院等“五个一”进家庭活动和各类“文化周”活动共8场；选拔辖区11名残疾人运动员参加郑州市第6届残疾人运动会并取得了5个单项第一名、1个第二名、1个第三名和1个第四名，团体体育道德风尚奖的优异成绩。

【调研纪实】 11月8日，中残联康复部副主任纳新一行到金水区调研残疾儿童康复救助制度建设工作。省残联副理事长常为民、市残联理事长张群保、区政府副区长张川陪同调研。在听取汇报、座谈和参观过程中，中残联调研组对金水区残疾儿童康复救助工作取得的成绩作出肯定。

11月14日，第三代智能化残疾人证河南省首发仪式在金水区举行。中残联副理事长相自成、省政府副秘书长王梦飞、省残联理事长王丽、副市长马义中、市残联理事长张群保、区长魏东、区委组织部部长时博出席仪式。活动中，与会人员在区政务服务中心残联窗口观摩了第三代智能化残疾人证印制流程；中残联副理事长相自成、省残联理事长王丽分别致辞并讲话，随后，与会领导为金水区部分残疾人代表现场发放了第三代智能化残疾人证。

11月14日，中残联副理事长相自成一行到金水区调研基层残疾人组织建设工作，省残联理事长孙立忠，省残联组织部部长杨洪斌，市残联党组书记、理事长张群保，区委副书记李伟革陪同调研。调研组通过实地察看，查阅资料，与基层残疾人工作者、残疾人专职委员和专门协会主席座谈交流等形式，对全区基层残疾人组织建设工作进行专项调研和指导，对金水区基层残疾人组织建设工作给予充分肯定。

（撰稿：苏进峰　审阅：青小丽）

科学技术协会

【概况】 金水区科协成立于1978年，是中共金水区委领导下的全区科技工作者的群众团体，是党和政府联系科学技术工作者的桥梁与纽带、发展科学技术事业的助手，团结、依靠广大科技工作者，积极开展科普宣传、科技咨询、科技示范，促进科学技术及生产力的结合。2018年，金水区科协共分享科普文章21502篇。全年社区科普大学累计完成科普知识培训570课时（次），培训社区居民22000余人次。

【科协系统改革】 认真学习习近平总书记关于群团改革工作的重要指示精神，贯彻中央、省、市、区委群团改革会议部署，始终以高度的政治责任感和强烈的政治担当，积极谋划，扎实推进，确保群团改革要求在全区科协系统落地生根。深入调查研究，面向科协系统和科技工作者广泛征求意见，制定了《金水区科协系统深化改革实施方案（草案）》，明确了金水区科协改革的任务书、路线图、时间表。

【区科协四大召开】 1月22日至23日，区科协四大隆重召开。大会选举产生了新一届科协委员、常委和领导班子。

【素质办作用】 发挥区素质办的牵头和综合协调作用，召开金水区全民科学素质工作推进会，协调全区22个成员单位和20个（园区）街道认真开展全民科学素质工作，制定细化措施，将公民科学素质建设目标分解落实到有关部门和街道。按要求完成郑

9月，金水区科协组织社区科普大学学员开展“科学健身　健康生活”有氧健身操比赛

州市公共文明素养——科学素养提升工作任务，累计上报科学素养提升工作简报和信息43期，向《河南全民科学素质行动工作动态》刊发宣传郑州市工作信息和经验交流文章3篇。中原网、《河南科技报》、《郑州日报》等媒体信息报道共16篇。

【社区科普大学建设】　抓好社区科普大学教学管理，在社区科普大学开课前组织召开教师座谈会及管理员会议，安排布置新学期各项工作任务，为下步有序开展工作打下基础。开展丰富多彩的特色主题活动，其中“低碳行、科普游、探寻郑州古文明”活动和“社区科普大学有氧分健身操比赛展示”活动，被中国科协办公厅评为全国科普日表扬活动。拓展第二课堂活动形式和内涵，各分校组织开展各类文体活动及科普文艺作品编排。如：社区科普大学荣华分校的《快乐的大学生》和社区科普大学中亨分校的《科普大学故事多》等学员原创作品获得了市科协表彰与奖励。2018年，社区科普大学累计完成科普知识培训570课时(次)，实践课190课时（次），第二课堂活动152课时（次），培训社区居民22000余人次。发放学员笔记本1000余册。

【全面加强青少年科普工作】　办好青少年科技创新竞赛，成功举办金水区第二十二届青少年科技创新大赛，筛选优秀作品和项目参加省、市青少年科技创新大赛作品评比、展览活动，累计荣获省级以上奖项10个，市级以上奖项108个。第十二届河南省青少年科学素质网上知识竞赛，全区共有2万余名中小学生参与，金水区科协被评为河南省青少年科学素质知识竞赛优秀组织奖。加强科技教师的培训培养，举办金水区青少年科技创新大赛科技教师培训班，邀请河南省的科技专家为全区各中小学科技教师进行辅导，共培训教师100余人。参加2018年青少年科学调查体验活动骨干教师培训暨全国首发活动，2018年全国青少年人工智能骨干教师学习交流活动、创意编程与智能设计活动，不断提升科技教师的教学教研水平。创新青少年课外科普教育的载体和内容，开展“快乐暑期、趣味一夏”暑期活动，组织辖区少年儿童参观市科技馆、科技企业、体验创客造物亲子活动。组织金水区部分小学生走进“河南省农业博物馆”，参观昆虫馆、鸟类馆、农耕文明馆，极大地激发了孩子们学科学爱科学的热情。

【科普信息化建设】　科普信息化建设进一步加快，通过在《金水时讯》开设科普专栏，利用辖区4个社区6所学校的科普大屏播放V视快递等形式，推送科普中国网址、科普中国微信、微博、手机APP，提高社会公众对“科普中国”的关注和应用。实施科普中国“百城千校万村”行动，2018年共分享科普文章21502篇，上报“百千万行动”优秀案例材料3个。金水区线下科普大屏、科普V视与线上各类微信公众号、政务微博共同发力，形成了立体化全方位的科普信息化宣传矩阵。

【主题科普教育活动丰富多彩】　金水区全国科普日主场活动9月12日在郑州国家知识产权创意产业试点园区启动，区政府副区长赵高翔等有关领导出席仪式。全区以“创新引领时代，智

9月12日，全国科普日启动仪式现场活动

慧点亮生活”为主题，将全国科普日拓展为“科普月”，面向区直机关、街道、社区、学校等开展健身操比赛、科普游、科普讲座、现场咨询、青少年活动等26场，网上申报全国科普日重点活动25项，金水区科协荣获2018年度河南省全国科普日优秀组织单位。

【公共服务能力】 下移工作重心关注公众需求，依托社区科普大学平台，主动联合中国卒中学会举办“脑卒中防控”主题健康讲座6场，联合郑州人民医院免费为辖区100多名居民进行脑卒中筛查。助力乡村振兴，联系科技专家到杨金路办事处开展农村电商培训，共培训人员430余人。

【继续助推企业转型升级】 建立金水区企事业工作服务群，方便与科技企业沟通联系，及时发布2018年河南省高层次人才特殊支持“中原千人计划”“中原青年拔尖人才”等信息，受到企业的一致好评。深入开展“院士专家企业行”活动，面向科技企业和产业园区征集技术难题和技术需求6条，2018年组织开展院士专家企业行活动2次，邀请中科院自动化调研员颜军、郑州大学产业技术研究院教授帖云等专家走进企业，与技术骨干面对面进行技术咨询、技术诊断，与2家企业签订合作协议，帮助企业破解技术瓶颈，助推企业发展。

（撰稿：杜　焕　审阅：左献伟）

工商业联合会

【概况】 金水区工商业联合会是中国共产党金水区委领导的金水区工商界组成的人民团体和民间商会。2018年，区工商联、各街道商会、直属商会、共举行培训11次，座谈会10次，开展各种活动30余次，年内发展会员40余名。

【教育实践活动】 工商联认真开展以习近平新时代中国特色社会主义思想和党的十九大精神为指导，以“不忘创业初心、接力改革伟业”为主题的非公经济人士理想信念教育实践活动。工商联根据市委统战部要求，将此项工作作为今年的重点工作来抓，以创新培训班、研讨会、主题沙龙、企业家大讲堂等多种形式开展活动。截至年底，区工商联、各街道商会、直属商会，共举行培训11次，座谈会10次，开展各种活动30余次，参与会员企业650余家，广泛参与教育活动非公企业人士6000余人次。

【服务非公企业】 金水区工商联牢牢把握非公企业的需求，突出问题导向，提高服务质量和水平，积极多方协调，为广大非公企业解决实际问题，取得良好成效。

加强有关政策信息的输送。工商联充分利用自身作为党和政府联系非公经济的桥梁与纽带，承担起信息输送的重任。在年初召开了全国工商联十二大精神座谈会及在3月初召开的工作推进会传达中共十九大会议精神等，及时将非公企业需要的有关政策信息向广大非公经济人士宣传。

针对工商联工作现状及非公企业会员的特点，进一步建立健全了相关规章制度。交流座谈制度。每季度召开一次专题座谈会，围绕有关非公企业发展的重点、难点、热点课题进行研讨座谈，着重发现会员企业在生产经营中遇到的难题，开展会员企业之间及企业与政府相互交流；建立调研和走访制度。围绕非公企业会员发展和省、市、区委中心工作开展走访、调研等活动，由分管领导带队逐个了解企业生产经营情况及需求，广泛征求意见、建议，做好调研记录，总结调研成果，并做好信息上报和宣传工作。

积极推进“双创”工作。“大众创业、万众创新”是近年来党中央国务院大力倡导的，工商联依托新创客商会、慧谷咖啡等创新创业平台为创客们提供服务。截至年底，新创客商会通过开展创客大学创客培训、孵化器经营模式研讨、会员企业走访等各种工作，组织各类活动160余场，有力地推动了“双创”事业的发展。

【精准扶贫】 采取多种形式，组织和引导辖区非公经济会员企业广泛参与“精准扶贫”“光彩事业”“感恩行动”等公益活动，培育企业弘扬扶贫济困的传统美德，实现企业发展和社会受益的双赢。8月，金水区工商联联合金水区农委组织区工商联新创客协会、花卉业商会、茶业商会等五家团体会员去对口扶贫县——卢氏县官道口镇、杜关镇进行实地考察，并开展项目扶贫达成初步合作意向3项；为切实解决“4050”等困难人群就业问题，共组织招聘会12余场次，参会企业240余家，提供就业岗位1100余个。与此同时，各街道工商联通过多种形式帮扶慰问贫困人员，南阳路街道工商联组织辖区企业开展“一对一”帮扶活动，已成功促使10余家企业与困难家庭“结对”，帮助贫困家庭脱贫致富。国基路街道工商联组织非公企业到为辖区希望小学捐赠书包等物品200余份等。截至年底，为贫困人员及小学捐款捐物折合人民币共计约25万元。

【非公党建工作】 在党建工作中工商联注重以点带面，注意树立榜样，发现和培养典型，在条件成熟的非公企业成立党组或党支部。同时，为切实加强和改进新形势下新经济组织党建工作，提升两新组织党建工作整体水平，促进两新组织的健康发展，区工商联指导各街道工商联按时开展党课，定期传达和学习中央、省、市、区委重大决策部署，加强各街道商会党的理论学习。

【商会建设】 面对宏观形势的不断变化和经济社会发展中出现的新情况、新要求，区工商联坚持从强化基层基础入手，全面加强组织建设、商会建设、制度建设和会员发展工作，筑牢发展根基。一是抓制度完善，强化规范管理。坚持将制度建设作为规范工作、加快发展的重中之重。二是抓商会组织建设。巩固街道商会“一个设立、五个确保”创建成果。三是积极发展会员。按照结构优化、质量并重的原则，注重发展生产型、科技型、开放型和创新型的非公企业会员，年内共发展会员40余名，进一步壮大了工商联会员队伍。补充和增加了工商联新鲜血液。

【区委巡察工作】 区委第一巡察组于4月2日至5月3日开展了对工商联为期1个月的巡查工作，主要巡察内容为对党组织和党员领导干部执行《中国共产党章程》和其他党内法规，遵守党的纪律，落实党风廉政建设主体责任和监督责任等情况进行全面巡察。重点检查维护党中央权威和集中统一领导情况、贯彻习近平新时代中国特色社会主义思想情况、选人用人和基层党组织建设情况整治“四风”问题的情况以及党规党纪执行情况、领导干部廉洁自律和整治群众身边腐败问题情况。在此期间，工商联高度重视次次巡察工作，将其作为前三季度的重点工作来抓，全力配合巡察工作的开展，提供和补充各种文字材料。6月8日，巡察组召开了反馈会，向工商联通报了巡察情况，实事求是、客观全面地指出了工商联在工作中存在的问题和不足。工商联立即召开党组会议及党组专题民主生活会研究整改方案，并将整改措施和整改台账上交巡察办。

【廉政建设】 工商联坚持以习近平新时代中国特色社会主义思想和中共十九大精神为指导，牢固树立“四个意识”，践行“两个坚决维护”，全面落实“八项规定”，压实党组的主体责任，建立党员领导干部“一岗双责”工作机制，落实制定一系列党风廉政建设规章制度，从制度上杜绝腐败现象发生；及时召开党组会议安排部署党风廉政、以案促改以及意识形态等工作。

【教育培训】 10月23日至29日，金水区工商联在北京人民大学举办为期一周的“金水区2018年青年企业家创新驱动与转型升级高级研修班”，课程主要为创新驱动与转型升级、中国未来十年的改革与发展等内容。由工商联主席及机关工作人员，以及非公企业家共计50余人参加培训。

（撰稿：王　悦　审阅：李江波）

红十字会

【概况】 金水区红十字会内设2个职能科室，即办公室、业务科。2018年，金水区红十字会共募集捐款135547.3元。全年完成培训3011人，共有3000人取得了中国红十字救护员证。

【组织建设】 做好会员和志愿者资料库的管理工作，完善志愿者管理办法，对新招募志愿者及时登记造册。2018年，金水区共有红十字志愿者服务队9支，志愿者1000余人。成立了红十字志愿者工作委员会，设立了志愿者服务基地6个，积极开展扶老、助残、救孤、助学、济困、寻亲、赈灾等各项公益活动，建立了稳定的红十字志愿者队伍，多次被评为志愿服务先进集体。建立健全应急援救志愿服务体系，并为金水区红十字会风马旗应急救援志愿者服务队配备国际先进专业装备，加强日常训练和应急救援演练。积极开展募捐筹资工作。组织志愿者服务队积极联系各大爱心单位捐款捐物，并在辖区公共场所设置捐款箱。2018年，共募集捐款135547.3元。

【“三救三献”工作】 应急救护培训能力不断提升。区红十字会购买模拟人、三角巾、绷带、担架等教具，先后在机关、社区、学校、企事业单位开展应急救护知识和心肺复苏技能教育培训，免费开展培训51场次，普及应急救护知识和心肺复苏、气管异物、包扎止血、骨折固定、搬运等实际操作技能，受益群众次达5000余人。并对金水区特殊岗位的巡防队员、中小幼教师、区直机关及街道办事处工作人员、红十字志愿者等逐批次开展应急救护员培训，2018年，完成培训3011人，共有3000人取得了中国红十字救护员证。

应急救援服务体系不断完善。建立健全应急援救志愿服务体系，研究制定了《金水区红十字会自然灾害和突发事件应急预案》，明确专人负责。并为金水区红十字会风马旗应急救援志愿者服务队配备国际先进专业装备，加强日常训练和应急救援演练，确保在自然灾害、事故灾难等诸多突发性事件发生时，能够以最短的时间，最高的效率参与到各项应急救援工作当中。

人道救助志愿服务不断深入。区红十字志愿者的足迹遍布全省各县市区，为贫困户、孤寡老人、农民工、残障儿童、造血干细胞捐献者等家庭送春节慰问品，为郑开国际马拉松赛志愿者开展红十字救护员培训，为贫困山区残疾人协调残疾人技能培训，为洛阳冻伤女孩联系免费救治，联系专家教授为社区孩子和家长讲解科学用眼知识，并免费为孩子们检测视力。还联合爱心单位发起“红十字博爱书屋”建设项目，先后在河南省平顶山、周口、洛阳、兰考等地援建了6个“红十字博爱书屋”，均以知识性、系统性、实用性、趣味性为特色，是具有微型图书馆性质、小百科全书容量的书屋。联合多家爱心单位和社会各界人士举办了“99公益日，我们一起关爱星星的孩子”主题活动，积极宣传自闭症康复知识，并开展义演义卖，为金水区春风社会工作服务中心联合全国54个城市、71家心智障碍者家长组织共同发起的腾讯公益众筹项目“融合中国成就阿甘梦”线上线下筹款。

金水区红十字会孝慈志愿者服务队队长张菊、区红十字风马旗应急救援志愿者服务队队长李柯霖先后被评选为“中国红十字总会优秀志愿者”“2017中原十大公益慈善人物”“金水区文明市民”等荣誉；金水区红十字风马旗应急救援队被评为2017中原十大公益慈善组织。

“三献”工作开展稳中求进。金水区红十字会高度重视三献工作的开展，设计制作了《造血干细胞捐献宣传单》《遗体器官捐献宣传单》《遗体器官捐献调查问卷》，分别于“5·8”红十字日和“6·14”世界献血日组织开展无偿献血暨造血干细胞采集，共有496人参加了无偿献血，献血总量达19万余毫升，其中158人加入了“中国造血干细胞捐献者资料库”，5名红十字志愿者填写了遗体器官捐献登记表。在清明节前，联合郑州市红十字会、郑州红十字医用组织库等单位在河南福寿园举办“感恩捐献义举，感受生命大爱”为主题的2018年郑州遗体器官捐献缅怀纪念活动，组织200多名志愿者参加纪念活动。红十字志愿者王红梅捐献眼角膜，被金水区委、区政府追授为“金水区文明市民”。此为《郑州市文明行为促进条例》颁布实施以来，被政府追授的郑州市“文明市民”第一人。

【红十字会青少年活动】 金水区红十字会积极开展红十字进校园活动，引领广大青少年投身红十字运动。3月11日下午，区红十字会为《河南商报》小记者营近200名小记者及家长开展以“学习应急知识，做安全小记者”为主题的应急救护知识安全课堂，提高儿童安全意识和防护能力。4—6月，组织区红十字会风马旗应急救援队队员分别走进学校、社区对学生家长、教师、中小学生进行暑期安全防溺水、应急救护知识和心肺复苏技能教育讲座。

【红十字宣传】 2018年，金水区红十字会在各级各类新闻媒体刊发新闻稿件67篇，其中，《中国红十字报》1篇、《郑州日报》10篇，《郑州晚报》5篇，其他新闻媒体51篇。充分利用“3·5学雷锋纪念日”“世界红十字日”“全国助残日”“世界急救日”等重要节日，深入社区、走上街道向群众积极宣传红十字相关知识，发放宣传资料1000多份。3月10日，金水区红十字会组织广大青年志愿者到登封市石道乡陈家门村开展以“多植一棵树，多送一片绿”为主题的植树公益活动。5月8日上午，金水区红十字会联合郑州市红十字会分别在金水东路河南省人民政府机关大院、纬二路省政府机关老办公大院和未来路办事处民航路社区举办宣传活动，纪念“世界红十字日”。区红十字会联合区直机关工委、区文明办和区教体局组织全区机关6000名党员干部和辖区4000名大学生参加“全国红十字防灾避险知识竞赛”，荣获了2018年全国红十字防灾避险知识竞赛最佳组织一等奖。

【“结伴同行脱贫路”工作】 为践行中共十九大精神，助力精准扶贫，区红十字会以助困、助医、助志为突破口，积极开展各项扶贫工作。开展志愿者众筹活动，用善款购买4000棵软籽石榴树，送往登封市唐庄镇塔水磨村与宣化镇山海村等贫困村种植，帮助村民摆脱贫困；2月1日，与郑州市红十字会联合在登封市宣化镇山海村开展“结伴同行脱贫路”活动，共为贫困家庭发放“博爱送万家”慰问物资260份，并带去了米、食用油、衣物、体育器材、学习用品及价值18余万元的学习机等物资；定期组织志愿者到鲁山县下汤镇杨家庄金水区红十字会志愿者服务基地开展志愿服务活动，为他们送去棉被、棉服、图书等用品，并持续为贫困学生开展一对一的长期爱心资助；对辖区小天使基金和天使阳光基金资助进行登记初审9名。先后为8名贫困患者联系协

11月15日，中国红十字会总会办公室巡视组一行到花园路街道办事处调研红十字会进社区工作

调医疗机构免费救治，减免费用30多万元。为来自省内外的40多名贫困地区的孤残或者单亲孩子联系到了接收学校和帮扶对象，帮助其解决生活和学习问题。为来自洛阳、信阳、平顶山等地的贫困家庭人员联系解决了就业问题；联合河南警察学院、河南财经政法大学工商管理学院，广东医科大学等学校青年志愿者协会组织45名志愿者分别走进河南省汝州市风穴寺武僧团豫龙武校、登封市君召乡晋夋希望小学、四川省泸州市叙永县黄坭镇安定村小学、河南省平顶山市鲁山县下汤镇等山区开展为期14天至45天不等的“红十字结伴同行脱贫路之暑期支教和送医下乡活动”，分别为山区的孩子们带去了手工美术、礼仪国学、戏曲、舞蹈、卫生保健、防震防溺水安全教育以及各种体育项目，为孩子们进行红十字运动知识宣传、心理健康教育和法律法规普及，带孩子们进行国旗教育和劳动教育等；组织党员干部、登封市唐庄镇塔水磨村民及红十字志愿者近百人到焦作武陟县北郭乡孝慈志愿者分队王荣队长的石榴田里挖定向捐赠的树苗，为对口帮扶的登封市唐庄乡塔水磨村捐赠树苗3万棵，这些树苗将在来年春天组织村民们栽种，届时还会邀请种植专家到村里为村民开展现场种植培训，让村民通过自己的劳动发展果树种植业，打造生态果园，建设美丽乡村，使村民脱贫致富。

【红十字“五进社区”】 金水区红十字会将救死扶伤的根本宗旨与社区脚踏实地为人民服务的目标相契合，以“手伸出来　课讲起来”的方式，依托社区居民服务场所，集中开展应急救护及防灾避险知识培训、养老照护知识普及、慢性病防控知识、社会救助等活动，不断探索红十字社区服务新模式。

在农业院社区建立了“五进社区”试点项目，并依托社区新建的文化长廊，设置了红十字精神宣传博爱角，配备了《红十字会法》《金水区市民防灾减灾手册》《青少年健康防护手册》《社区应急救护手册》《慢性病防治手册》等图书，开展红十字运动知识、法律法规以及各种常见病、慢性病防治、养老照护知识、养生课堂、应急救护知识和人道精神宣传传播活动。在红十字博爱角配备了AED、呼吸球、三角巾、绷带等急救设备，确保突发事件发生时，能够及时有效地实施救治。在社区红十字爱心传播站，设立红十字募捐箱，依法依规募集各类爱心物资和资金，建立社区红十字救助基金，为捐赠者和生活困难的家庭提供服务平台，宣传人道、博爱、奉献的红十字精神，扩大红十字会的社会影响力，凝聚更多的正能量参与和支持红十字事业。

（撰稿：黄一洁　审阅：张红丽）

法 治

政法委及综治

【概况】 中共金水区委政法委员会是党领导和管理政法工作的职能部门和重要组织形式，在区委的统一领导下，充分发挥职能作用。金水区委政法委下设政工科、办公室，与区社会治安综合治理委员会办公室合署办公，负责管理区维护稳定工作办公室、区社区巡防工作管理办公室等3个正科级事业单位。2018年，各级新闻媒体宣传金水区政法综治和平安建设各类报道1539条（次）。全年依托“平安金水”视频监控系统发现社会异情615起，追踪违法犯罪案件线索424起，抓获违法犯罪人员326人，服务群众1495次。

【扫黑除恶专项斗争】 2018年，区委常委会、区政府常务会议先后11次召开会议，专题研究部署“扫黑除恶”专项斗争有关工作，成立“扫黑除恶”专项斗争领导小组，设立了区扫黑办，抽调政法干警专职开展扫黑办日常工作。各街道和领导小组成员单位也分别成立了专项斗争领导小组和办公室，积极开展本级本部门“扫黑除恶”专项斗争。同时，充分运用多种宣传手段，大范围、高频次地宣传党和政府打击“黑恶”势力的决心，鼓励广大人民群众提供“涉黑涉恶”犯罪线索，深挖细查“黑恶”势力犯罪线索。截至年底，全区共收到线索984条，已核查线索932条；侦办“涉黑涉恶”案件13件（其中，“涉黑”2件，恶势力11件），共刑拘444人。检察机关提起公诉11件，涉及78人。审判机关判决7件，涉及51人。同时，深挖彻查“保护伞”。强化纪检监察机关与政法机关协同办案机制，截至年底区纪委监委机关初步调查核定的“保护伞”线索1起2人，已立案审查2人。加强组织建设，配合做好候选人资格审查工作，坚决防止“黑恶”势力、“涉黑涉恶”和有前科劣迹人员进入村级组织，取消候选人资格9人。通过“扫黑除恶”专项斗争的开展，全区所有村全部换届选举成功，配齐配强了村“三委”班子，切实加强基层组织建设。

【社会治安综合治理】 2018年，区财政又投入1556万元，新建人像卡口200个，新建三级视频监控平台3个，持续开展社会资源联网和监控平台升级改造，扩大视频监控覆盖面与应用效能，充分发挥科技防范手段在打击犯罪、社会面管控、信访维稳等方面的作用。依托“平安金水视频监控中心”等视频监控系统发现群体性事件苗头、消防火情等社会异情615起，追踪违法犯罪案件线索424起，抓获违法犯罪人员326人，服务群众1495次。持续加强治安防控工作，深入推进“一格一警”警务模式，充实基层治安力量。充分发挥街道、社区综治力量和群防群治力量作用，管好用好1500名巡防队员、983名辅警、270名特勤队员，充分发挥3支队伍的职能作用，将治安管理的触角延伸到最基层、最前沿。创新开展“警地联勤大巡防”治安联防模式，公安分局特勤大队和街道巡防中队统一指挥、联勤联动，有效提升见警率、见巡率和威慑力。截至年底，巡防队伍累计抓获各类违法犯罪嫌疑人286人，协助公安机关破获案件89起，发现火灾隐患2.4万处，处置突发性灾害事故381起。同时，积极服务和配合全区重要活动安保、大气污染治理、爆破拆迁、村民分房等专项工作20余次。

【基层平安建设】 加强基层综治中心建设，全区17个街道综治工作中心达到了组织建设网络化、工作机制系统化、硬件设施标准化、工作运作制度化的要求，实现了基层综治工作职能融合、力量整合、工作融合、信息汇合的目标。为辖区居民购买治安综治财产保险、精神病人肇事肇祸责任险，把安全服务送到群众身边。大力开展平安建设“细胞工程”创建，对文化路街道办事处关虎屯社区等182个“平安社区”进行了表彰，全区“平安社区”达到90%以上。进一步完善“三调联动”调解体系，全区各调解组织共调解矛盾纠纷4504起，调处4479起，调成率99.4%。平安创建、“六员”进校园、预防未成年人溺亡、严重精神障碍患者管控、铁路护路、禁毒、巡消一体化等一系列平安建设专项工作成果突出。白庙社区、御龙城、21世纪社区等20个治安乱点全部整治到位。

【政法队伍】 紧紧围绕新时代新要求，以“五个过硬”为标准，深入学习贯彻中共十九大精神，广泛开展谈心谈话，教育引导全区政法干警自觉坚持中国特色社会主义法治道路。坚持全面从严治党，突出党建引领作用，加强政法队伍党风廉政建设，以党的建设高质量推动政法工作高质量发展。切实加强意识形态领域工作，扎实推进“两学一做”学习教育常态化制度化，用习近平新时代中国特色社会主义思想凝心聚力，切实增强政法干警的政治认同、思想认同、理论认同、情感认同。组织全体党员到济源进行太行山革命精神红色教育和愚公移山精神教育，开展“强担当、抓落实、促发展”大讨论与“看、找、查、比”活动，督促并引导政法干警围绕中心、服务大局，营造“比学赶超、狠抓落实”的浓厚氛围，切实加强政法队伍的作风建设。

【平安建设宣传】 将平安建设宣传工作作为平安创建的重要内容，街道、区直单位和辖区公共单位积极支持和参与全区平安建设宣传。全区多家商场、社会公共单位主动参与平安建设宣传，360国贸中心、紫荆山百货、紫荆山公园、欧凯龙商场等多家社会单位均免费在大型电子屏幕高频率滚动播出平安建设、“扫黑除恶”宣传内容。积极开展新媒体宣传工作，充分发挥平安金水微信公众平台、“今日头条”客户端在推动工作，提高政法机关满意度，提高公共安全指数方面的作用。2018年，各级新闻媒体宣传金水区政法综治和平安建设各类报道1539条（次）。做好网络舆情处置工作，贯彻落实“三同步”工作机制，建立了信息员队伍和网评员队伍，切实做好政法舆情应对工作。

【执法监督】 中央巡视河南交办金水信访案件345件、省委巡视郑州交办金水信访案件12件、省委巡视金水交办信访案件45件，已全部办结。中央巡视河南交办金水涉法涉诉案件878件、省委巡视金水交办涉法涉诉案件43件，已全部办结。加强非法集资案件办理，金水区纳入台账管理的公司共有265家，占郑州市总量的61%，涉及资金240亿元，人员9.1万人，案件多、人员广、任务重、处置难度大。目前，有31家已全部结清退出或销号（2018年新清退7家）；63家高风险公司累计兑付资金37亿元；157家立案公司中有53家公司进入善后处置，已兑付资金11.47亿元；14家正常运转公司正在严密监管，确保不出问题。上级交办和区级排查纳入“四大战役”范围的案件116起已经全部化解，全面完成了积案化解任务。开展依法打击处理非法集资和违法非访行为专项行动，共办理治安案件28起，刑事拘留案件1起，涉案人数38人。扎实做好国家司法救助工作，发放救助资金共计57.67万元。同时，认真落实“三个规定”，坚决禁止领导干部干预司法活动、插手具体案件，确保司法公正。

（撰稿：邢旭东　审阅：付　嵩）

公　安

金水路分局

【概况】　金水路分局是由警务机制体制改革前的原金水公安分局经八路派出所、花园路派出所、人民路派出所、金水河派出所、杜岭派出所、体育场派出所、紫荆山公园派出所7个派出所合并组建而成的。辖区面积12.56平方公里，常住人口21.86万人，暂住人口近8万人。

2018年，金水路分局紧密围绕市局党委在年初全市公安工作会议上的部署要求，坚持以习近平新时代中国特色社会主义思想为指引，牢牢把握“对党忠诚、服务人民、执法公正、纪律严明”的总要求，紧紧围绕省厅党委“1+3+5”为重点的高质量公安建设布局，深入贯彻市局党委“抓党建、重队建、促工作、保平安”的工作思路，认真组织开展忠诚公安、法治公安、智慧公安、精准公安、活力公安建设，圆满完成了各项工作任务。

【公安建设】　2018年，金水路分局紧抓打防犯罪、维护稳定的主业不放松，用维护政治安全和治安大局平稳、保护人民生命财产安全的实际行动来检验对党忠诚的本色。

全力维护政治安全。2018年，金水路分局认真落实重点机关24小时无缝对接值班备勤制度，加强人员值守，做到岗位时时有人，事事及时处置。同时，上级巡查巡视驻地的警戒安保任务，确保了安全万无一失。

严密措施，重点管控，圆满完成重大安保任务。2018年，分局严格落实市局方案部署，扎实做好全国“两会”、中非合作论坛北京峰会、首届中国国际进口博览会、戊戌年黄帝故里拜祖大典、省投洽会、郑州国际马拉松等重大会议赛事期间的社会面稳控工作。累计出动警力3393人次，开展现实走访谈话1950余次，排查关注人员176人，开展重点管控98人次，执行警卫任务42次，全部按照要求完成任务。

收集信息，依法打击，全力开展反暴恐和国保各项工作。2018年，分局收集各类国保信息346条，其中被市局采纳156条；挖掘专案信息98条、重点人信息66条，落地查人244人次；开展稳控处置60余次，刑事拘留重点人员1名，排查案事件相关线索30次。

重拳出击，维护平安，严厉打击各类违法犯罪活动。2018年，分局严格贯彻命案攻坚机制，再次实现全年现行命案零发案。同时，立足“为民破小案”，重点打击直接影响人民群众安全感的“盗抢骗”等多发性侵财犯罪。全年累计刑事拘留犯罪嫌疑人691人、提请逮捕309人、移送起诉439人；其中刑事拘留“盗抢骗”犯罪嫌疑人203人、提请逮捕43人、移送起诉104人。打掉盗窃团伙6个、诈骗团伙7个、侦破系列案件2串；侦破特大攀爬入室盗窃案件5起，追回涉案赃款、赃物价值累计约50余万元，抓获涉案人员18人。多策并举，深入开展“扫黑除恶”专项斗争，成功打掉“涉黑”团伙2个，判决“涉黑”团伙1个，移送起诉“涉黑”团伙1个，共计抓获“涉黑”犯罪嫌疑人167人，提请逮捕20人、移送起诉75人、判决20人，取保候审36人。成功打掉了王某杰3人寻衅滋事团伙、柴某等6人寻衅滋事团伙、王某辉等10人寻衅滋事团伙，刑事拘留19人、提请逮捕6人、移送起诉6人。此外，受理中督、部督、厅督重点“涉黑涉恶”线索27条，办结27条，办结率100%。分局立足防控经济风险，强化经济犯罪案件打击力度。全年受理各类经济犯罪案件236起，其中，涉众型案件24起，依法立案侦查156起，破案49起，刑事拘留73人，取保18人，监视居住3人，提请逮捕43人，移送起诉58人。研判金融类“云端”线索14起，协助外埠经侦263人次。对169起涉及全国各地的互联网金融犯罪线索进行协查，及时受理客户登记1万余人。成功侦破广受社会关注、案值达1300余万元的销售假冒注册“奔富”红酒商标案件，抓获犯罪嫌疑人6人，扣押假冒红酒50604瓶。

2018年，分局相继破获“5·7”李某某持刀伤害无辜群众案、“8·24”“10·10”特大系列盗改销电动自行车团伙案、“9·23”潘某系列盗窃奥迪车后备厢案等一系列大案要案。

【法治公安建设】 2018年，分局深入学习贯彻中共十九大精神和中央政法工作会议精神，积极适应新时代中国特色社会主义的新要求，紧紧围绕建设法治公安的目标，坚持改革创新，坚持问题导向，充分发挥法治、信访、督察、纪检的综合监督作用，把严格、规范、公正、文明的执法要求落实到执法全过程，坚持不懈推进执法规范化建设满足新要求、展现新气象。

加强执法主体能力建设，不断提高民警法治素养。2018年，根据公安部《关于调整公安机关人民警察执法资格等级考试制度的通知》精神，分局对全局民警执法资格取得情况进行了摸底，并积极组织过期或未取得资格人员培训备考，共组织43名民警参加了基本级考试，9名民警参加了高级考试9人。对专兼职法制员进行了专业培训，选派治安、案侦、经侦骨干累计参加11期市局法制业务培训。

加强制度建设，完善法制保障体系。2018年，分局为进一步规范接处警工作，从源头加强执法规范，根据《公安部关于改革完善受案立案制度的意见》和《郑州市公安局关于规范如实立案工作的意见》等规定，结合工作实际，对原接处警规定进行了修订，下发了分局《关于进一步规范接处警工作的实施意见》，进一步规范了接处警工作，提高了接处警效率和群众满意率。根据执法办案中心运行情况，修订了《金水路分局执法办案中心使用管理规定（试行）》，全面落实公安部关于办案区“四个一律”相关规定，保障执法安全。并按照“谁立法、谁普法，谁执法、谁普法”的原则，指导分局各警种全面开展普法宣传教育。

加强执法办案场所管理，促进执法过程的标准化、精细化、智能化。2018年，分局执法办案中心服务办案单位开展询（讯）问1163人次，建卡登记1985人次，“查一建一”1085人，未发生执法安全责任事故。为切实减轻办案民警工作负担，分局主动与市局科通、法制及科大讯飞公司对接，积极推动“语音辅助审讯”系统建设，提高讯（询）问质量和效率。

改进和加强执法信息化建设，不断提高规范化、信息化、智能化水平。分局建立健全全流程执法记录机制，进一步推动视音频管理系统应用，打造全面覆盖、有机衔接、闭环管理的记录链条，实现对执法办案全程化、实时化、动态化可回溯式监督管理。于5月1日正式启用音视频电子证据系统，接处警音视频电子证据及其他音视频电子证据可通过执法记录仪采集站、执法办案中心进行智能链接，基本实现了执法流程可视化，使得接处警工作更加规范，执法质量明显提升。

进一步深化公安改革，不断推进司法改革成果落地见效。2018年，分局进一步落实刑事案件“两统一”制度，完善了行政执法与刑事执法衔接、刑事民事交叉案件办理机制，由执法执纪监督室统一接受行政执法机关移送和法院、其他公安机关移交的刑事案件，完善相关手续和法律文书，明确办理期限和回告规定。全年共接收法院移交刑事案件18起，均按程序审批后转递相关办案单位。同时，全面落实以审判为中心的诉讼制度改革，全面实行讯问犯罪嫌疑人、询问违法行为人全程录音录像制度，采集率在95%以上。根据上级部署，认真落实“刑事案件认罪认罚从宽”制度试点工作，共办理刑事认罪认罚案件19案22人，提高了结案效率。

完善执法监督体系，不断提高执法监督常态化管理水平。分局严把法制审核监督关，法制审核人员通过分局执法调度平台全程监控执法行为，将执法监督融入案件办理的全过程，实现了立体化、全程化执法监督。同时，努力提升执法质量，办理的所有刑事、行政案件卷宗均要求上传省市一体化平台，通过网上阅卷随时通知责任单位整改，确保案件质量。重视源头管理，定期核查接处警情况，共核查各类警情43159起。

【智慧公安建设】 分局高度重视信息化建设，努力向科技要警力、要效率、要战斗力。2018年，分局本着“管建结合、应用为主”的工作思路，狠抓信息化应用，服务一线实战。

强化视频监控建设，提升应用水平。按照党委政府“雪亮工程”的部署要求，以“平安金水”建设为目标，一手抓建管运维，一手抓应用能力提升，积极发挥在安全防范、打击犯罪、维护稳定、服务群众等职能作用。2018年，分局通过视频监控累计发现集访苗头、消防火情等社会异情615起，追踪并推送违法犯罪案件线索424起，抓获违法犯罪人员326人，刑事拘留犯罪嫌疑人204人，行政拘留违法人员91人，抓获网上在逃人员117人，为人民群众提供遗失物品查找、走失人员查找等服务1495起，其中成功找回506起，收到群众锦旗62面、感谢信及表扬信37封。同时，分局充分发挥图像侦查优势，视频中心图侦组参与破获了一系列大案要案，为群众挽回经济损失近百万元，受到了中央电视台及省市媒体的广泛关注及报道。并圆满完成全国“两会”、中非合作论坛北京峰会、首届中国国际进口博览会、戊戌年黄帝故里拜祖大典、省投洽会、郑州国际马拉松等重大会议赛事期间的社会面视频巡查稳控工作任务，为维护政治安定、社会治安大局平稳提供了有力的支撑。

强化执法信息化建设，提升智慧办案效率。2018年，分局瞄准一线执法办案的突出问题，从切实减轻办案民警工作负担的角度出发，主动与市局科通、法制及科大讯飞公司对接，积极推动“语音辅助审讯”系统建设，实现问案的同时，语音识别文字，笔录自动生成的功能，改变了过去手工录入的模式，减少了办案的劳动强度，提高了办案的质量和效率。为实现对执法办案全程化、实时化、动态化可回溯式监督管理，打造全面覆盖、有机衔接、闭环管理的记录链条，分局启用音视频电子证据系统，实现接处警音视频电子证据及其他音视频电子证据可通过执法记录仪采集站、执法办案中心进行智能链接，基本实现了执法流程可视化。

【精准公安建设】 2018年，分局坚持问题导向，围绕市局整体工作部署，精细谋划，精准发力，从打防犯罪到队伍管理的各个方面着手，补短板、抓弱项。

精准打击电信诈骗犯罪成效显著。针对辖区电信诈骗案件一度高发的态势，分局通过反诈平台预警，精准发布防骗提醒，着力开展定向打防。全年共打掉电信诈骗犯罪团伙10个，刑拘犯罪嫌疑人207人，同比提升11.7%；破获各类电信诈骗案件586起，同比上升7.8%；全年电信诈骗案件发案445起，同比下降45.19%。发案总量和涉案资金实现“双下降”，打击效能实现“双提升”。

大力推进“一标三实”，努力实现辖区情况精准化。2018年，分局采集标准系统地址2896个，录入实有人口229643人，筛查在册户籍人口219049人，录入216342人，采集率达到98.76%。登记录入实有房屋64030户、实有单位20683家、从业人员录入31304人。同时，对实有单位、户籍人口信息开展全面核查，查漏补缺，严把基础数据质量关，实现“五项指标”完整率、准确率达到100%，确保基础信息的真实性和准确性。同时，通过换发三维码门牌，对辖区5730个标准地址进行了清理核对。

精准施策控降发案。针对辖区大卫城、健康路夜市等区域扒窃手机、盗窃电动车警情高发的态势，分局精准施策，制定《高发案区域管控工作方案》，并成立高发案区域管控工作领导小组，建立警情通报制度。按照“有警接警，无警巡逻”的工作要求，分局各警种值班驾驶警车在高发案地区“关笛亮灯”开展巡逻。对于无人看管的家属楼院以及电动车经常丢失的路段，由社区民警组织群防群治力量，进行防范提醒，开展巡逻防范。2018年，分局共接侵财类警情5750起，同比2017年的7059起下降18.54%。

扎实开展“以案促改”，推进“纪律作风建设年”活动。针对兄弟单位民警及个别领导干部出现的违法违纪问题，本着有则改之无则加勉的原则，分局对准自身队伍中存在的苗头性倾向性问题，及时开展“以案促改”，推进“纪律作风建设年”活动。活动中，分局组织全体民警观看了《10起民警典型违纪违法案件通报片》，组织党员干部重点学习了《中国共产党章程》和新颁布的《中国共产党廉洁自律准则》《中国共产党纪律处分条例》等重要文件。分局大力推进廉政文化进警营、进课堂、进民警家庭，深入开展党性党风党纪教育，深入剖析整改了民警队伍中在党性、党风、党纪以及工作状态、服务民生、公正执法、大局意识、纪律作风、内部管理等方面存在的突出问题。通过努力，2018年，分局顺利实现队伍全年无违纪的目标。

【活力公安建设】　分局围绕“活力公安”建设，通过从严治警、从优待警的一系列措施，努力培育队伍新动能，激发队伍新活力，积极为分局公安建设实现高质量发展奠定基础。

夯实党建，强化堡垒。2018年，分局突出党建引领，以纪律作风建设年活动和以案促改工作为抓手,扎实推进“两学一做”学习教育常态化制度化,全面加强队伍政治、思想、组织、纪律作风建设。分局狠抓政治建设,进一步筑牢“四个意识”。把党章作为推进“两学一做”学习教育常态化制度化的重要内容，把学习党章同学习中共十九大精神、中国特色社会主义理论体系、其他党内法规紧密结合起来,坚持个人逐条逐句通读党章,全面领会精神实质。坚持把党章作为全体党员干部日常管理监督的根本标尺,及时提醒、坚决纠正党章意识不强、不按党章办事的情形。2018年，分局民警撰写心得体会600余份，个人笔记300余本。分局进一步严肃党内政治生活，修订完善了《党组议事规则》和《“三重一大”集体决策制度实施办法》,坚持落实民主集中制原则，充分发扬党内民主，通过召开“以案促改”专题民主生活会、“纪律作风建设年”专题民主生活会，咬耳扯袖、红脸出汗，达到了“帮助同志、增进团结、促进工作”的目的。分局加强单位日常考勤管理，持续深入开展中央八项规定“回头看”工作、“帮圈文化”整治、深入开展形式主义官僚主义突出问题调研排查等专项整治工作，充分运用监督执纪“四种形态”，切实做到从严教育、从严管理、从严监督，坚决防止和纠正“宽松软”的问题。

加强学习，净化心灵。分局狠抓思想建设,进一步强化理论武装。通过开展“不忘初心、牢记使命”主题教育，深入学习宣传贯彻中共十九大精神。通过组织中心组学习、党课辅导、座谈交流、“万名党员进党校”等多种形式,不断强化学懂、弄通。2018年，分局开展中共十九大精神专项学习12次，党支部书记将党课15节，开座谈会交流学习5次，并开展了“十九大手抄报”评比活动。分局把习近平新时代中国特色社会主义思想作为“两学一做”学习教育常态化制度化的重要内容，将《习近平治国理政》第一卷、第二卷，《习近平新时代中国特色社会主义思想三十讲》纳入党员自学内容，制定下发了2018年“两学一做”学习教育计划及电子学习资料。

丰富形式，激发活力。2018年，分局努力丰富警营文化生活，激发队伍活力。先后组织参加了市局羽毛球比赛、“三八”节女警插花讲座、市局长跑健步走、参观国防教育基地等活动，举办了践行“四句话十六个字”演讲比赛。丰富了警营文化生活，陶冶了民警的情操。

严格督察，保障维权。分局高度重视督察投诉事项办理。2018年，针对受理的30起群众投诉、批转投诉，核查认定4起，全部追责到位，全局范围通报批评31人。同时，切实做好民警维权工作，坚决维护民警依法执法的权益。一年来，共依法刑事拘留妨害公务犯罪嫌疑人9人，行政拘留阻碍执行职务　6人，行政警告1人。

暖警爱警，从优待警。2018年，分局积极做好暖警工程，营造拴心留人、干事创业环境。通过党建活动，分局相继组织了“三八”妇女节女警插花活动、清明节祭奠英烈活动、“六一”儿童节民警子女安全讲座暨观影活动。积极组织参加市局举办的长跑健步走、郑州公安大讲堂、全市公安运动会等活动，并牵头金水区公安联队夺得全市公安运动会足球项目冠军、篮球项目第七名的好成绩。通过文体活动，提升了士气，凝聚了力量，倡导了健康，弘扬了正能量，为公安工作健康有力开展提供了保障。分局还适时采取惠警爱警举措。全国“两会”安保期间，分局及时启动战时表彰机制，战地一线表彰民警及辅警40人次，慰问看望生病住院民警家属及辅警5人次，为先进突出个人发放喜报7人次，并及时慰问参战民警，送去慰问品。此外，分局还及时为民警排忧解难。年内协调解决民警子女就学40余人，慰问特困及伤病民警30余人。

（撰稿：黄　涛　审阅：冯献彬）

东风路分局

【概况】 郑州市公安局东风路分局辖区面积21平方公里，2018年，实有人口45.6447万人，其中，常住人口19.7284万人，暂住人口25.9163万人，管辖居民楼院220个，租赁房屋218021间，内部单位115家（其中，大中专院校7所，中小学17所，幼儿园40所，党政机关5家，加油气站11家，医疗卫生类5家，商场市场18个，电影院5个，企事业单位7家），旅游景点1个，金银珠宝店7家，金融网点54个，旅馆业41家，网吧34家，物流寄递业61家，娱乐场所6家。辖区内各类业态集聚，人员结构复杂，社会因素异常，治安形势较为严峻。

【安保维稳】 分局党委团结带领全局上下，以中共十九大精神和习近平新时代中国特色社会主义思想为统领，牢牢把握住“对党忠诚、服务人民、执法公正、纪律严明”的总要求，以公安部、省委、省政府、省公安厅、市委、市政府、市公安局部署要求为指导，切实增强“四个意识”，进一步提升政治站位，强化责任担当，牢固树立“万无一失、一失万无”的风险理念，坚持问题导向、消除隐患，坚持以查促防、打防结合，坚持打牢基础、完善机制，深入实施大排查、大整治、大管控，在保稳定、反暴恐、查安全、打犯罪、密巡控、强教育、严责究等多条战线、多个战场、多个领域，戮力同心，统筹推进，务求实效，以最高标准、最严要求、最强力度，用细致、精致、极致的工作作风，从严从实从细抓好各项安保措施的落实，圆满完成了全国“两会”、上合组织“青岛峰会”等重大政治活动的安保维稳任务，有效实现了“五个坚决防止”“三个确保”的工作目标，向党和人民交上一份满意的安保维稳工作答卷。

【辖区政治社会稳定】 为确保辖区政治、社会大局稳定，分局全体民警以高度的政治责任感和使命感，始终坚持“稳定压倒一切”的工作方针，将政治、社会稳定工作置于全局各项工作的首要位置。

在持续强化辖区关注人员、重点人员、重点阵地有效管控的基础上，按时按量完成385次“落地查人”、维稳及控制等任务，圆满完成各项维稳处置和重大案事件的查处工作。

深入推进信访稳控化解工作长效机制建设。坚持24小时受理群众信访、投诉、举报工作机制，及时办理新访案件，强力攻坚信访积案，做到件件有登记、事事有结果，有效化解各类社会矛盾，避免矛盾扩大升级。2018年，共接收上级部门交办信访事项40起，其中，中央巡视组交办9起、公安部交办2起、省厅交办13起、市局交办16起，已成功化解25起,化解息诉率65%；共接待来人来电投诉26起，市局转办件18起，办结率及回复率均达100%。

有效维护基层政权安全。2018年是农村两委换届选举年。2018年以来，辖区各村陆续进入两委换届选举阶段，分局党委提高政治站位、强化政治担当，组织调集警力300余人次，零距离进驻各村两委换届选举现场，切实确保换届选举的平稳顺利进行，有效确保农村基层政权安全。

【打击各类违法犯罪】 分局坚持“什么犯罪突出，就重点打击什么犯罪”的原则，以“扫黑除恶”专项斗争为引领，始终保持对“黑拐枪”“盗抢骗”“黄赌毒”“食药环”以及以非法集资为代表的经济领域犯罪等各类违法犯罪的高压态势，深度挤压违法犯罪分子在辖区的活动空间。

相继侦破了高某某等人特大“涉黑”案、孙某某等人恶性入室抢劫杀人案、刘某等人特大制售假兽药案、以闫某某为首的河南盈鑫金融服务有限公司特大网络诈骗案、以高某某为首的郑州车德利汽车服务有限公司非法吸收公众存款案等一批大要案。

【社会治安防控体系】 为切实织密社会治安防控体系，分局将作为社会治安防控责任主体的社区民警和交管巡防民警具体分工、夯实责任：社区民警紧扣“小事不出网格、大事不出社区”的工作要求，依托“一格一警”工作模式，负责社区内的治安防控工作，并将场所特业管理、消防监督处罚、矛盾纠纷调处、治安防范提示等工作细化在社区、网格当中；交管巡防民警贯彻“社会治安社会治，社会防控社会防”理念，依托“警地联防”工作机制，负责街头路面的各类警情的快速接警、先期处置和街面治安巡逻防控工作。通过细化职能分工，明确职责任务，逐步探索创立了社区与路面无缝衔接、有效协同的立体化社会治安防控体系。

扎实筑牢社区治安防控体系。不断探索拓展，进一步深化“三色管理”工作模式，重点解决落实物业公司社区治安防控主体责任的问题。

面对复杂严峻的社会治安形势，分局自2011年6月开始尝试在辖区居民楼院推行“三色管理”工作模式，即每月以侵财类警情为主要指标，兼顾消防隐患排查、矛盾纠纷化解等相关参数，由分局对居民楼院进行安全等级评定，并根据不同等级分别对居民楼院悬挂红、黄、绿三种不同颜色的牌匾，“零发案”的评挂绿色的“安全”牌匾，“案件偶发”的评挂黄色的“提示”牌匾，“案件多发”的评挂红色的“警示”牌匾；同时征得政府房屋管理行政部门的积极配合，由其根据居民楼院的治安状况，利用物业资质调整等政策杠杆对物业公司形成有效制约，以此充分调动小区物业公司参与群防群治的积极性和主动性，深入推进社会管理治安防控工作社会化。居民楼院“三色管理”模式的核心是将各小区物业公司纳入到社会治理责任体系中，有效夯实其主体责任，使之成为公安机关社会治安管控工作的有力依托。与此同时，分局还辅以施行了“治安岗亭”“警灯工程”“红袖箍工程”等配套设施建设，形成一套较为完整的工作体系。实践证明，居民楼院“三色管理”模式取得了良好实效，辖区居民楼院的整体治安状况明显转好，为此，郑州市、金水区两级综治委将“三色管理”模式向全市、全区推广。

分局进一步拓展“三色管理”模式的工作对象，2018年将辖区202个居民楼院、115个内部单位、52家旅馆业全部纳入“三色管理”工作范畴，根据居民楼院、内部单位和公共场所的治安、消防状况优劣，分别实行“红、黄、绿”三色评级、差异化管理，通过规范完善对区域、单位、场所的社会治安防控措施，实现对辖区居民楼院、内部单位和公共场所等的有效管理。

善用科技手段，持续推行“智慧化小区”建设，主要解决社区治安的科技化防范问题。针对“警情持续高发、社会矛盾纷繁复杂”的治安状况，主动适应社会飞速发展的大趋势，紧跟社会发展和科技进步步伐，紧盯科技手段应用与群防群治品牌打造，为社会治安防控工作注入新的血液。2018年，分局进一步与辖区物业公司合力克难攻坚，破解瓶颈难题，继续积极推行“智慧化小区”建设工作，从成熟的封闭型小区入手，人力、物力、财力诸要素联动，依据《郑州市公安局东风路分局智慧化小区建设标准》，对各小区现有用于安全防范的硬件设施进行升级改造和替换更新，全面打造“科技安防为抓手、物业服务为平台、数据导侦为目的”的社会治安防控新模式。

立足社区网格，深入落实一格一警，关键解决社区治安的制度化人防问题。分局以“一格一警”工作机制为导向，通过“社区民警岗位专职化、职能专门化、保障专项化、工作社会化”，扎实深化社区警务战略。一是组织开展社区巡逻防控。在全局32个社区、165个网格的巡防区域内，由社区民警组织、指导小区物业、保安、门卫、巡防队员、流动人口协管员等专兼职巡防力量在所属区域开展巡逻工作，要求其看好自家的门、护好自己的院，有效实现了对社区网格内侵财类警情的有效防控。二是健全完善单位内部治安防控网。分局努力致力于单位内部治安防控网建设，通过适时组织召开动员会、推进会，有效夯实内部单位防范主体责任，全面落实人防、物防、技防、制度防“四位一体”的单位内部治安防控网。同时实行等级化管理，持续开展平安建设“五创”活动和“做自己的安全官——平安校园行”“护校安园专项行动”等专项宣传教育活动，进一步夯实内部单位的安防举措，切实提升其治安防控能力。三是加强大型活动安保。分局按照标段式管理工作要求，严格落实大型活动安保工作，对所有大型活动严格审批，严查隐患，足量派驻警力，并安排专业安检人员，对参加活动的人员、物品进行严格的安全检查。四是全面加强内部单位处罚。分局全面加强对辖区内部单位的检查监督工作，对于不能按时整改的，严格依法进行处罚，管罚并举、以罚促管，进一步完善对内部单位的管理。2018年，全局开出万元以上大额罚单16单，罚款16.15万元。

创新社区外街面的社会治安“警地联防”巡逻防控模式。为深入贯彻落实“社会治安社会治，社会防控社会防”理念，全面加强社区以外街面的社会治安防控，有效压降“盗抢骗”等侵财性警情，确保辖区社会治安大局持续稳定,分局进一步深化“警地联防”路面巡逻防控模式，通过整合分局交管巡防大队、武装巡逻队、特勤大队和金水区东风路、丰庆路两个街道办事处巡防中队等警地各方巡防力量，统一装备，统一指挥，屯警街面，多方联动，切实强化巡防的力度和密度，显著提升见警率和管事率，严密形成对街面治安的高压防控态势，有效遏制各类违法犯罪活动的发生。

“警地联防”巡逻防控模式，是以分局交管巡防大队、武装巡逻队专业力量为主，以特勤大队、两街道办事处巡防队员为辅，进行统一电台频道、统一巡逻指挥层级，形成指挥高效、警令畅通、反应迅捷、配合无间的街面大巡防工作机制，分局布设的6个待警点，丰庆路街道办事处、东风路街道办事处2个巡防中队在中小学门前布设的10个执勤点，高峰时段定点显性布警，展示形象；平峰时段定线密度巡逻，强化震慑；紧急警情相互支持，形成合力，确保通过科学布警、强化巡逻，对治安防控死角做到不遗不漏，力争街面“盗抢骗”案件少发生、“双抢”案零发案、发案必抓，确保人民生命财产安全得到保证。

在2018年的“警地联防”巡逻防控工作中，分局固定参勤警力80人、两街道办事处固定参勤巡防队员120人，取得了明显成效：社区以外的街面“盗抢骗”等各类治安刑事警情同比大幅下降，发案数降低23%；通过警地联防巡逻盘查抓获各类违法犯罪嫌疑人14人，其中，刑事拘留5人、行政拘留6人、抓获在逃人员3人，调解各类纠纷3500余起。

分局以交管巡防大队为班底，组织精干警力成立便衣巡逻队，采用车巡、步巡相结合的形式，重点围绕金水区委、区政府、绿荫公园、白庙水厂、郑州华润燃气公司第二储备站等辖区关键部位，不间断地开展常态化的巡逻防控，确保上述关键部门的绝对安全。

【执法规范化建设】 完善执法制度建设。积极适应刑事诉讼以审判为中心的改革需要，完善以证据为中心的执法办案标准体系，执法执纪监督室研究制定常见多发、重大疑难以及新型复杂案件证据收集、固定、保存、审查等环节的执法规范。针对容易发生执法问题和争议的执法领域和环节，研究制定基层急需、贴近实战、管用好用的执法制度和工作规范，切实解决执法突出问题。坚持执法卷宗统一保管制度，针对性开展取保候审问题专项清理活动，专题解决“保而不侦”问题。

强化执法监督管理。认真落实省、市执法质量考评工作机制，完善案件法制部门审核把关制度和“八个一”工作机制，落实刑事案件质量责任终身负责制。充分发挥执法监督管理委员会作用，加强执法问题定期会商研判、重大执法决策事项合法性分析论证和重大、疑难案件集体研究讨论，增强警种部门监督合力，强化对执法质量整体掌控。

加强执法信息建设。推进执法办案系统深度应用，加强网上执法巡查考核。强力推动音视频电子证据系统，要求每起警情和每一起案件要关联音视频证据，民警必须100%配备使用执法记录仪，实现对执法活动全覆盖、全流程管控。建立完善公、检、法电子卷宗，实现公检法部门之间对案件证据信息的交流共享。

强化执法场所安全。强化执法办案场所使用管理，落实公安部《公安机关执法办案场所办案区使用管理规定》和“四个一律”工作要求，推进执法办案场所规范管理使用，确保不发生执法安全事故。定期召开执法安全例行会议，对日常检查过程中发现的问题进行汇总研判，提出针对性的整改措施。

强化执法主体能力建设。强化领导干部学法用法和全警执法大培训，将公安常用法律法规和常见执法突出问题作为教育培训的重要内容，突出培训重点对象，改进培训方式方法，提高培训的针对性和实效性。认真贯彻落实《郑州市公安局东风路分局行政复议、出庭应诉工作实施办法（试行）》，让办案单位负责人和民警参与复议及诉讼案件的办理，切实提高全局民警的责任意识、证据意识，有效提升分局整体执法办案水平。

【公安行政管理工作】 强化实有人口管理。2018年，按照标段式管理工作要求，做好人口管控工作，共登记流动人口信息50326条、注销30956条，登记实有房屋信息8275家、注销4385家，受理居住证12447人。

强化物品管理。全面加强民爆物品、烟花爆竹、枪支弹药、管制器具、剧毒、易致爆危险化学品、散装汽油管理工作，确保不打响、不炸响，全力维护辖区治安大局稳定。

强化场所监管。对辖区内部单位、旅馆业、足疗沐浴业和歌舞娱乐场所等高标准、全方位监管，严格落实标段式管理工作要求，同时创新实行“三色管理”模式，有效加强监管。2018年，共检查辖区旅馆业872余家次，取缔20家、关停15家、行政拘留20人；检查网吧235余家次，罚款1家、行政拘留1人；检查KTV等娱乐场所120余家次，关停1家。同时加强消防监管，积极开展“电动自行车消防安全治理”“夏春火灾防控专项行动”“集贸市场消防安全大检查”等专项行动，2018年共检查单位9913家次，发现消防安全隐患11292处，下发责令整改通知书7576份，下发行政处罚决定书5736份，罚款个人4304人次、单位11家次、警告1421人次、罚款289350元、行政拘留110人、责令停产停业1家，辖区内未发生伤人、亡人火灾。

强化物流寄递业管理。全面澄清辖区物流寄递企业和从业人员底数，并将其全部录入物流寄递业管理系统，全部建立工作台账，逐一签订责任书，实施动态管控。2018年共对辖区物流寄递业检查了1683余家次。

有效提升服务水平。不断加强民警培训和警示教育，紧紧围绕“抓党建，带队建，促工作，保平安”这一工作要求，通过党建、队建工作，统一民警思想，使全体民警牢固树立全心全意为人民服务的宗旨，不断提升群众满意度。尤其是户籍室这样的窗口单位，全面落实了节假日预约办公、自助办理户籍业务等“七大措施”，为不方便的群众入户办理业务，同时，深入推进“就跑一次”工作，让群众一次就能把业务办好，有效提高了辖区群众的满意度。2018年，户籍室共办理户口业务30266件，本地身份证23188份，异地身份证办理共计办证2514份，其中省内2145份、省外369份，网上预约业务3216份，接受“就跑一次”咨询1235次，为辖区群众提供更多便利。

进一步夯实警务基础工作。公安行政管理工作的开展需要警务基础工作来支持，只有社区警务工作更加夯实，才能更加有力的支撑公安行政管理工作。为此，分局通过深化“三色管理”警务工作模式、开展“智慧化小

6月20日，东风路分局组织民警参观了郑州公安廉政文化警示教育基地

区”建设以及争创“零发案”社区活动，并与“一标三实”工作有机结合，不断夯实了警务基础。一是不断加强社区民警、辅警培训。为使工作开展的更加高效，分局积极组织全体社区民警、辅警参加了市局治安支队长效办组织的集中培训1次、自行组织“一标三实”业务培训15次，同时根据不同要求，多次组织针对性上门培训，切实提高了社区民警、辅警的业务工作水平。二是全面促进“一标三实”工作的巩固提升。首先，追求质量、纠错提效，采取实地抽查、网上核查等方式，对已经录入系统的数据进行纠错。2018年，采集实有人口信息194669条、户籍人口195214条、采集实有单位信息10364条、采集实有房屋信息112996条、采集标准地址信息2542条，所有采集的信息完整率、准确率均达到100%。其次，追求数据真实、服务实战。2018年主要把“一标三实”的数据完善提升，做实做全、提高数据鲜活率，重点围绕数据的“真、鲜、实”三个方面进行巩固提升，确保数据的真实性、鲜活性、实效性，有效服务公安实战。分局在“一标三实”工作中，共破获各类案件163起，抓获全国在逃人员1名。

【强化队伍正规化建设】 分局党委始终将队伍的正规化建设作为带队伍、出成绩的根本保证。2018年，分局先后荣获“郑州市平安建设基层示范单位”“全市反恐怖工作先进单位”“金水区平安建设工作突出贡献单位”等称号。民警个人中，1人被共青团郑州市委授予“郑州市‘十佳’优秀青年民警”称号、2人荣立二等功，6人荣立三等功，4人荣获个人嘉奖，2人获评“全市公安机关优秀共产党员”，4人分获郑州市公安局和金水区委、区政府“先进个人”称号。

坚持政治建警。分局将学习宣传贯彻落实中共十九大精神和习近平新时代中国特色社会主义思想作为政治工作的中心任务，精心安排、周密部署，使全体民警在思想、作风和工作上都得到了新的提高。通过始终秉持政治建警原则，使各级党组织和广大党员民警切实焕发出战斗活力和发挥出先锋模范作用，真正成为公安工作的坚强战斗堡垒和先锋队员。深入推进精神文明建设，通过硬件完善、软件提升，努力争创“省级文明单位”。

坚持从严治警。一是狠抓廉政建设，坚持“四会一课”廉政谈话制度，深入开展廉政风险评估，全面贯彻落实党风廉政建设工作责任制。二是狠抓警惩并重，以廉政准则为根本红线，违者必惩，预防为先，全力将问题苗头消灭于萌芽状态。三是狠抓集中整治，确保中央八项规定和公安部三项纪律的贯彻执行，强力推进“懒政怠政为官不为”问题专项监督工作，切实加强队伍政治思想建设、规范民警执法行为，持续提升公安队伍的执行力、战斗力。四是狠抓作风养成，强化内部监督机制，对公安中心工作和队伍建设、内务管理等方面开展常态化的预警性督导检查，确保各项工作部署落到实处。五是狠抓社会监督，主动征求廉政监督员、辖区群众意见，建议，发现问题及时整改。

坚持制度促警。将绩效考评贯穿分局整体工作，将考评成绩作为各单位和民警具体工作成绩的体现，从政治待遇、经费补助等方面实行奖惩兑现，有力调动了全体民警的工作积极性。坚持思想跟踪制度，通过定期的谈心、家访，及时掌握了民警的思想动态，做到因情施策，确保了队伍稳定。

坚持素质强警。通过开展的形式多样的岗位练兵活动，队伍素质进一步增强，特别是“五会一能”实战警务技能练兵、分警种专项培训和法制专题辅导，使一线民警的业务水平、实战能力得到了全面的提高。在2018年举行的全市公安机关“学习十九大、迈向新征程”知识竞赛中，由王霞、杨森、吕春城、张维娜4人组成的分局代表队，一路过关斩将，最终荣膺冠军。

坚持文化育警。采取民警喜闻乐见的多种形式，不断强化警营文化建设和丰富警营文化生活，着力培育富有特色的分局警营文化，有效落实各项惠警政策，增强分局民警的凝聚力和向心力，激发广大民警的工作动力和战斗活力。在2018年的全市公安民警运动会上，分局积极响应、择优组队、全面参与，在多个参赛项目上取得优异成绩。集体项目中，分局民警高培超、黄勇以主力身份参赛的足球项目获

9月15日，东风路分局文艺小分队“警民欢歌，欢乐周末”宣传活动

得冠军；“齐心协力”项目取得第四名；拔河项目取得第五名；“众星捧月”项目取得第六名；个人项目中，分局民警宋立安、张强分获中国象棋比赛第一名、第三名。

坚持宣传助警。通过健全宣传制度，规范宣传程序，完善微警务平台，进一步加强公共关系建设，充分借助微博、微信公众号等新型媒介，从多角度、深层次地宣传了分局公安业务和队伍建设成效，2018年，分局共在中央、省、市等各级各类主流媒体以及分局微博、微信公众号上发布关于分局公安业务、队伍建设、便民服务、创新举措等各项工作的新闻报道近800篇，公安宣传工作得到各级领导与广大群众的充分肯定与广泛赞誉，成为分局的又一张亮丽名片。

【公安基层基础建设】 分局在市局党委及警务保障部的关心指导下，主动争取金水区委区政府的支持，积极协调相关职能部门筹措专项资金，在巩固前期办公营房建设成果的基础上，继续深入推进并不断夯实基层基础设施建设，按照上级的部署要求，高标准地将“一警一床”规定落到实处。

（撰稿：李 科 审阅：丁配杰）

丰产路分局

【概况】 2018年，丰产路分局辖区面积约14.5平方公里，常住人口173537人，暂住人口150341人，居民楼院236个，内部单位163个，学校（含幼儿园）45所，大型商场4家。分局下设四队一室，即警务综合大队、执法执纪监督室、案件侦办大队、治安管理服务大队和交管巡防大队。

【维护社会稳定】 紧紧围绕全国两会、上合安保与特殊利益群体稳控任务，贯彻总体国家安全观，切实掌控反恐维稳的主动权。强化信息研判，提升社会面综合稳控能力。加强情报信息收集工作，共收集上报情报信息258条，被市局采纳94条，为上级部门及时采取有效措施提供了可靠的信息保证。强化底线意识，提升重大案事件应急处置能力。全年配合辖区党委、政府部门，依法妥善处置担保公司客户、征地拆迁群体为主的群体性事件33起，排除各类不安定因素160余起。3月29日，果断处置“美团外卖百名骑手聚集财源大厦”非法维权事件。强化责任意识，提升隐患化解稳控能力。全年共接受上级各级指令241次，落地查证194人次，均在第一时间落实稳控措施并上报，全部管控到位。

【打击违法犯罪】 落实以人民为中心的发展思想，倾全警之力，聚全警之智，向“黑恶”势力、“盗抢骗”多发性侵财犯罪发起凌厉攻势，有效遏制了各类案件的高发趋势，群众安全感和幸福指数逐步提升。始终保持对“黑恶”犯罪的严打高压态势。分局建立“黑恶”线索研判会商机制，做好线索收集与研判打击的衔接，结合辖区的实际有针对性的摸排线索，成立专案组，结合辖区实际有针对性的摸排线索、实施打击，打掉2个恶势力犯罪集团，判决9类涉恶罪名个案37人，11条重点线索查结率达到100%，涉枪线索查结率达到100%。打击侵财犯罪实现新跨越。不断完善打击“盗抢骗”犯罪实战侦查工作机制，促进合成作战后台力量与一线打击力量的衔接，更快地破大案，更多地破“小案”。先后成功侦破“2018网售假彩票特大诈骗案件”“2018.8.14盗窃车内物品系列案件”“2018重大网络制贩枪支弹药案件”等一大批大案要案。特别是在“平安守护”专项行动中，成功打掉一个网上销售假彩票的特大诈骗团伙，刑事拘留31名嫌疑人，涉案金额达5000余万元。侦破“2004.3.14”故意杀人命案积案。经过连续奋战，案件侦办大队于12月8日组织专案民警奔赴上海，抓获“3·14”故意杀人案嫌疑人黄某，至此分局在连续保持命案发一破一的基础上，实现了积案全破。持续强化“黄赌毒”打击整治。以专项行动为主线加压推进，对每起黄赌警情以督办单形式下发开展二次查处，跟踪处置结果，做到露头就打、除恶务尽。全年共接到批转涉黄涉赌线索共计264条，下发督办通知书12份。经侦工作开创新局面。贯彻落实市局关于严厉打击金融民生领域经济犯罪的重要部署，以“正规化、专业化、职业化”为方针，于4月9日组建一支经侦专业队，承接分局受案在侦的“非法集资”案件2起，新立案件3起，抓获主要嫌疑人12人（10人已起诉），完成率达80%以上。

【社会治安防控】 紧密结合立体化信息化社会治安防控体系建设，织密织牢公共安全网络，切实提升社会治理水平。推进“一标三实”基础信息数据质量提升。利用新版社区警务信息系统，对辖区内遗漏、新增、变更的“一标三实”基础信息开展全面采集，全面完成数据清理、新旧警综平台数据转换工作，全年登记采集标准地址147条，实有房屋采集3571条，实有人口采集7402人，筛选户籍数据62000余条，实有单位采集1189家，注销54家，从业人员采集25090人。开展写字楼清理清查工作。组织全体社区民警和网格辅警在辖区全面开展了写字楼清理清查活动，共清查写字楼71栋，排查公司3000余家并建立底册。切实加强出租房屋、用工单位流动人口管理。对辖区房东、房屋租赁中介机构、物业公司、用工单位等未按规定登记上报流动人口信息的依法予以处罚，2018年，全年共房屋登记3084所，流动人口登记42394人，居住证办理6278张，签注7753张。紧盯消防管理。全年检查单位9439家，整改火灾隐患数11617处，消防处罚3232起，其中，罚款2282起，警告951起，拘留68人。推行电动车“车卫士”物联网防盗工程。大力宣传电动车牌的安装工作，辖区设置安装点10个，印发宣传页20000余份，张贴通知200余份，安装电动车6万多辆。同时大力推进上牌电动车布控破案方法的学习，截至年底共追回被盗电动车20余辆。

【科技信息化建设】 紧跟“大数据”战略步伐，按照市局公安工作智能化发展方向，主动作为，勇于实践，着力打造智慧公安品牌。加强视频监控体系建设。抽调工作责任心强、专业能力强、热衷于视频工作的2名民警和20名辅警组建视频监控研判中队，对辖区高发案区域及重点部位24小时开展视频巡查与分析研判，第一时间通过微信工作群向街面警力下发指令。全年通过视频查破各类案件63起，抓获嫌疑人32人，在逃人员14人，追回被盗电动车36辆。加强“智能”户籍大厅建设。落实“郑州警民通”平台网上咨询、预约服务新举措，规范设立“就跑一次”网络服务窗口。在原有自助办理设备的基础上，拓展部分户籍业务自助扫描上传功能，自助办理户口业务的效率得到进一步提升。加强内部管理体系信息化建设。建立辅警电子人事管理系统，核对、录入全体辅警人员各项信息，同时出台《警务辅助人员管理规定（试行）》，实行定编、定岗、定职、定责的规范管理制度。加强在职民警、辅警刷脸考勤制度，督促全体人员按规定及时签到、签退，加强队伍管理，提高思想认识，转变工作作风，确保了考勤工作合理、准确、规范、常态。

【执法执纪监督】 将执法规范化建设作为重点工作推进，注重队伍整体执法能力的培训提升，坚持法制对公安主业工作的支撑，充分发挥法制在维护执法权益的和防控风险中的关键作用。深化学法用法教育培训实践。在利用公安网络上传学习资料并组织“每月一考”的基础上，开发培训软件，利用分局多功能会议室建成“执法培训电教室”，采用无线网络向平板推送教程或在线试题，实现了执法培训与能力测试的即时互动。深化以审判为中心的司法体制改革实践。主动梳理不批准逮捕的、作无罪判决或不予追究刑责的刑事案件，通过分析研判，制定出“盗窃”“伤害”“贩毒”和“食药”犯罪等常见案件的书面“证据指引”，从侦查环节起始，进一步规范证据的收集、固定、保存、审查和运用。深化执法办案中心建设实践。2018年5月以来，根据分局办案情况和业务技术用房现有条件，在北环办公区设立执法办案中心，以执法执纪监督室为主体，抽调8名辅警专职辅助管理，将信息采集、人身检查、物品代管融为一体，助力分局执法办案的规范化。

【公安队伍建设】 持续加强政治建设、思想建设、组织建设、作风建设、制度建设，深化反腐败斗争，坚持把管党治党贯穿于各项公安工作和队伍建设当中。坚持推动从严治党和从严治警的整体进步。认真履行从严治党主体责任，班子成员按照分工包片的原则深入一线，狠抓组织生活制度落实，办好党员活动日，领导班子紧密联系思想、工作、作风实际4次召开民主生活会，各党支部按期召开组织生活会，党内政治生活进一步规范。坚持推动队伍建设和业务工作的整体进步。扎实开展“两学一做”常态化制度化学习教育活动，通过组织专题学习、专题研讨、开展学习交流等多种形式，加深学习理解，领会精神实质，掀起学习热潮，用中共十九大精神指导公安工作，推动各项业务工作全面开展。坚持推动监督执纪和反腐倡廉体系建设的整体进步。认真贯彻落实中央、省、市纪委全会精神和上级公安机关反腐倡廉工作部署，在全局范围内深入开展“纪律作风建设年”和“以案促改”活动，牢牢抓住公安机关公正执法这一基本职责，认真解决伤害群众感情、漠视群众疾苦、侵害群众利益的突出问题，取得了实际成果，为公安工作开展提供了强有力的纪律保障。落实党风廉政建设党委主体责任和纪委监督责任，出台《丰产路分局廉政谈话约谈函询制度实施细则（试行）》，为队伍的管理提供了更为可靠的依据。坚持推动意识形态和精神文明建设的整体进步。坚持把警营文化建设与从优待警相结合，贯穿于各项公安工作和队伍建设当中，共举办“迎三八红色行”“春季运动会”“长跑健步走”“书香传承”“庆七一主题活动”等警营文化活动10余期，得到了民警的普遍认可与社会各界的广泛关注。有效控制舆论主阵地，紧密切合市局宣传工作重点，以“平安守护”“护航行动”“忠诚守护”“就跑一次”“以人民为中心”等主题，编发各种信息215篇，中国警察网、《法制日报》、《郑州晚报》等各大网站对分局进行了广泛报道，队伍整体形象不断提升。

（撰稿：陈 飞 审阅：陈建平）

柳林分局

【概况】 柳林分局位于郑州市金水区花园北路139号，内设警务综合大队、执法执纪监督室、执法管理服务大队、案件侦办大队和交管巡防大队。分局辖区面积66.53平方公里，辖区内常住人口8万人，流动人口20余万人。

警务综合大队主要负责综合协调，信息研判，绩效管理，队伍建设、后勤保障、勤务保障、通讯保障、档案管理等工作；执法执纪监督室承担县级公安机关纪检、监察、督察、控申、法制部门工作；治安管理服务大队负责社区，加强治安防范，流动人口管理，身份证、户籍办理；交管巡防大队负责辖区内的110接处警、治安巡逻防范、打击各类现行违法犯罪、处置群众求助和突发性案件；案件侦办大队负责刑事案件侦办工作。

【党建工作】 着力把市局党委“抓党建、带队建、促工作、保平安”总体工作思路转化为具体行动，坚持党建、队建、业务工作一体化推进，使党建引领作用在各项工作中持续强化深化和有效发挥。一是召开了2018年党建工作研究部署会，制定了《柳林分局加强党建工作计划措施》和《党建队建工作绩效考核细则》，成立了抓党建工作领导小组，建立了班子成员抓党建工作联系点，明确了思路措施，厘清了责任清单，细化了工作任务。二是开展了坚决维护党中央集中统一领导专题学习教育，组织了“学习十九大，迈向新征程”主题活动知识竞赛、书法比赛和手抄笔记展评，且手抄笔记在市局取得了1个二等奖、4个三等奖。开展了“重温誓词、牢记使命”集中宣誓、集中诵读党章、集中收缴党费系列主题党日活动，在“万名党员进党校”活动中组织了专家辅导讲座。三是对5个基层党支部进行了换届选举，建立了“党建文化室”和“党建文化长廊”，设立“党建工作微平台”，基本形成具有分局特色的党建文化体系。大力开展了“党员之星”“业务标兵”等先进评选活动，树立了一批先进典型，充分弘扬队伍正能量，促进了各项工作效能提升。

【党风廉政建设】 深入贯彻落实各级全面从严治党和加强党风廉政建设的一系列部署要求，坚持全面从严治党治警。一是加强组织建设，夯实主体责任，确保了党风廉政建设有人抓。分局成立了全面从严治党领导小组，与班子成员和各单位“一把手”签订了《2018年度党风廉政建设暨全面从严治党治警责任书》，研究制定了《柳林分局2018年度履行全面从严治党主体责任任务分工》，扎实开展了以案促改工作和“纪律作风建设年”活动，着力整治形式主义、官僚主义突出问题，推动了全面从严治党治警纵深发展。二是严守纪律规矩，严格制度规范，确保了政治生态纯洁。把抓好严守政治纪律和政治规矩作为全面从严治党和加强党风廉政建设的首要内容和履行“两个责任”的首要责任，狠抓党章和《中国共产党纪律处分条例》的学习贯彻。结合“以案促改”工作，在党委专题民主生活会和支部专题组织生活上，深入查找了班子及班子成员在遵守和执行政治纪律、政治规矩方面存在的问题不足，剖析思想根源，制定整改措施，狠抓整改落实。认真贯彻《关于新形势下党内政治生活的若干准则》和《中国共产党党内监督条例》，自觉接受监督，教育引导家人遵规守纪。三是持续正风肃纪，严查整改问题，确保了从严治党纵深发展。正风肃纪贯穿全年，对民警队伍存在的问题，态度鲜明坚决，不护短敢亮短，动真格查问题，不包庇姑息，推诿扯皮现象明显减少。分局党委、党委班子成员、各基层党支部和每名党员民警围绕是否守好“六关”和“4个方面18项问题”分别查改问题65条、82条、320条、3650条。对存在的问题从严治理、猛药去疴，践行“四种形态”要求，盯住“破纪”之初，做到动辄则咎、小题大做，保持惩治腐败高压态势，坚持严惩腐败无禁区、全覆盖、零容忍，切实维护了纪律的严肃性和权威性。在“以案促改”中，有2名民警主动上缴市局廉政账户或退还礼金10600元；在“纪律作风建设年”活动中，有2名民警、1名辅警分别被禁闭2天，在民警和辅警队伍中引起了很大震动与震慑。

【意识形态】 分局党委班子统一思想，形成高度共识，强化政治担当。一是把好“方向盘”，强化政治担当，压紧压实党委主体责任。坚持将意识形态工作列为“一把手”工程来抓，成立了领导组织，健全了工作机制。坚持把意识形态工作纳入年度党建工作计划，并将具体任务分解到各基层支部。坚持把意识形态工作纳入重要议事日程和政策措施的保障。形成了党委统一领导、党政齐抓共管、宣传人员组织协调、各支部分工作负责的工作格局。二是耕好“责任田”，强化党的领导，立足岗位抓落实。坚持加强党员干部学习教育，增强“理论武装”。把中共十九大精神、习近平总书记治国理政理论、《中国共产党问责条例》和新修改的宪法、监察法作为重点学习内容，先后组织党组中心组理论学习30余次，参学率达100%。深入开展“两学一做”学习常态化制度化活动，认真落实“三会一课”，集中学习党章党规、习近平总书记系列重要讲话精神、《中国共产党廉洁自律准则》、《中国共产党党内监督条例》等，增强民警的理论自信、话语自信、道路自信。始终把抓思想政治建设置于首位，着力强化党员干部核心看齐意识，使全体党员干部做政治上的明白人。认真落实市局党建工作若干制度，强化“三重一大”事项监督，叫响“党员是旗帜、干部当标杆”和“跟我干、向我看”的口号，用党建力量凝聚警心，提升战斗力。三是占领舆情“制高点”，加强公安机关文化宣传工作。持续抓好公安主流文化，巩固“文化阵地”，积极开展警营文化活动，用先进文化引领前进方向。广泛利用新闻宣传平台，着力挖掘公安工作特色亮点及先进人物、先进事迹，塑造公安机关良好形象，凝聚起公安队伍正能量。2018年分局在各类媒体宣传报道100余篇，其中中央级媒体报道7篇。持续提升舆情引导处置能力，狠抓“舆情阵地”建设，落实依法处置、舆论引导、社会面管控“三同步”机制。

【工作实绩】 2018年，分局全体同志奋力拼搏，取得了绩效考核在市局序列第九名、警务综合大队绩效考核在全市序列第二名、交管巡防大队第二名、治安管理服务大队第五名的好成绩。一是维护了政治和社会稳定。圆满完成了全国“两会”、省“两会”、重大节日和辖区23个村换届选举安保工作，拆迁、非法集资不稳定因素得到有效控制，信访工作法律效果和社会效果双丰收。二是重拳打击违法犯罪。“扫黑除恶”专项斗争线索查结率100%，打掉了以“汽车新北站马某等人寻衅滋事案”为代表的涉恶团伙5个，抓获犯罪嫌疑人140人，带破刑事案件80余起。快速成功侦破“4·26”孙朋成故意杀人案、成功查明2014年“12·13”宋某某被故意伤害致死案嫌疑人，辖区现行命案破案率100%。三是持续强化了场所和消防管理。全年处罚旅馆业15家，罚款6000元，开展旅馆业培训6次，受训人员达280余人次。签订物流寄递企业责任书116份，检查废旧品收购、二手车交易等特种行业19家次，加油站20余次，下发责令整改通知书6份，检查学校134余次,下发责令整改通知书87份。消防检查2817家，消防罚款961家，消防警告127家，消防拘留36人。处罚内部单位8家，处罚内部单位负责人8人，罚款8万元，处罚未按规定进行暂住人口登记715家，行政拘留5人。四是信息化服务实战工作扎实。视频侦查业务绩效考核序列第一名，视频队在全市视频业务比武练兵中取得第四名，“车辆圈踪+架网守候技战法”在全市2018年度图侦技战法比武中第二名，全年通过视频分析抓获嫌疑人69人，指挥室引导、指导民警成功抓获在逃人员43人、扒窃嫌疑人12人，快速处置堵门堵路事件6起。五是“一格一警”警务工作不断创新。高皇寨警务室“一格一警+党建”推进平安社区创建工作得到市委政法委高度评价。社区民警夏尚宇围绕金水区艺术小学周边交通安全问题，推行老师、家长和群众共管共治，得到学校和家长的高度赞扬。六是“就跑一次”工作稳步推进。先后投入35万元更换了暂住证办理点的指纹采集仪、签注机、笔记本电脑，建成了24小时户政自助办理大厅，“就跑一次”工作硬件设施得到改善。加强窗口人员培训，在户籍室设置专职视频咨询员，打通人民群众办事的“最后一公里”，增强了“就跑一次”软实力，提升了窗口服务质量。户籍室全年回复网民户口业务咨询385条，提供咨询、查询服务28598次，无一例举报投诉问题。

（撰稿：张向三　审阅：姬勇斌）

未来路分局

【概况】 2018年，未来路分局在市局党委的正确领导下，深入学习贯彻中央、省、市政法工作会议和全国公安厅局长会议、全省公安局处长会议精神，坚持以人民为中心的发展思想，牢牢把握对党忠诚、服务人民、执法公正、纪律严明总要求，紧紧围绕不断提升人民群众获得感、幸福感、安全感总目标，以党的建设为统领，打造忠诚担当队伍，抓党建、重队建、促工作、保平安，以“扫黑除恶”行动为重点，以特色品牌建设为抓手，以激发队伍活力为保障，不断夯实治安基础工作，以建设智慧警务为目标深化科技信息化应用效能，以执法规范化建设为支撑深化依法治国实践，进一步建立健全社会治安防控体系，努力提升社会管理、公共服务水平，较好地完成了各项公安保卫任务，确保了辖区社会治安大局持续稳定。

【社会政治稳定】 坚持以矛盾纠纷化解体系多元化建设为重点，全面做好了公安信访工作，圆满完成全国“两会”、青岛上合峰会、“2018郑州国际马拉松赛”、涉军维稳等多次警卫安保任务，确保了社会政治稳定。一是加强信息维稳。坚持以维护社会面稳定为目标，全面加强重点人员管控和各类预警性信息的收集和上报，共搜集上报信息109条，被国保支队采纳信息86条，为党委政府和上级公安机关决策提供了及时、准确的依据。二是及时化解矛盾纠纷。针对涉军群体，坚持深入实际，对各类信访重点人进行稳控，经受住了来自社会各界的多重考验，在全国“两会”会议召开期间没发生一起来自辖区的干扰。三是以“滤网行动”为抓手，建立“五张过滤网”。全面强化重点关注人员管控工作，2018年以来共登记、录入重点关注人员信息54人次，逐人做到“六见”并进行“点对点”核查，全部按照要求登记并采集，未出现失控漏管，确保了“两会”期间辖区内社会政治大局的持续稳定。四是做好信访稳定工作。建立每周二上午分局一把手接访和每周二下午研判信访疑难案件及不稳定因素制度，落实定点接访、重点约访、专题接访、带案下访和包案化解等要求，全力做好信访稳定工作。2018年，未来路分局接河南省信访系统转交信访件209起，市局信访系统转交案件54起，分局均按照相关要求进行分类处理，尤其是针对进京非访人员，坚持做到第一时间汇报，第一时间稳控，有效遏制了“以闹求解决，以访谋私利”现象的滋生蔓延。

【严厉打击和防范】 2018年，共立各类刑事案件2139起，破获现行命案2起，破获命案积案2起。破各类刑事案件390起，刑拘199人，起诉219人；其中盗抢骗立案2004起，破案264起，刑拘140人，起诉155人；“涉黑涉恶”案件抓获78人，公诉47人，破案61起，打掉1个犯罪集团，已判决，判决7人，打掉1个犯罪团伙，已公诉至法院待判决，9类涉恶个案判决65人；抓获各类网上在逃人员11人，为辖区创造了一个良好的社会治安环境。

治安侵财案事件：2018年以来共刑事拘留115人，其中盗抢骗52人；起诉82人，其中盗抢骗46人；行政拘留208人，其中盗抢骗60人；强戒6人；收容教育5人。“扫黄禁赌”专项行动，先后打掉黄赌窝点50余处，行政拘留148人，刑事拘留40人，提请逮捕20人，起诉24人，收容教育5人。涉枪涉爆违法犯罪，刑事拘留1人。食药环案件共刑事拘留22人，逮捕14人，起诉12人。“2018.05.17丁某某等人生产、销售伪劣产品案”受到了省厅市局的一致肯定。严厉打击吸贩毒违法行为，刑事拘留1人，治安拘留2人，强戒6人。

快速反应抓获现行及交通整治：街面巡组共抓获犯罪嫌疑人188人，其中：盗窃电动车19人，盗窃手机8人，扒窃13人，其他盗窃35人，诈骗12人，强奸7人，在逃人员59人，抢劫2人，其他33人；共接警61966个，现场调处率82%。采集信息，截至年底，共采集信息270284条。查获四色预警人员1175人。交通整治，“三教育一采集”共采集425条，纠章违法停车5293条。

非法集资既经济案事件：立案侦查的非法集资案件14起，正在案前调查非法集资案件38起。抓获并刑拘犯罪嫌疑人25人，抓获网上在逃人员4人，起诉6案19人。全年共接待其他经济法罪案件106起，其中，受理46起（信用卡诈骗33起，职务侵占10起，非法经营2起、传销1起），新立案件21起。云端行动中，接受公安部交办线索8起，其中，立案7起，结案1起。2018年，新结非法集资案件2起，结案率达100%，圆满完成省厅市局下达的立案案件结案率80%的目标。

【基础工作与创新服务】 严格按照上级要求，扎实推进“四项建设”，坚持把平安郑州建设的重心落在做好各项基础工作上。一是科技强警加强刑侦基础和情报信息化建设，服务侦查破案。2018年，公安自建完善高清监控535路，建成并投入使用人像比对卡口30路，共向办案单位推送线索700余条，抓获现行犯罪85人，在逃人员17人；刑侦情报共审核刑事案件信息质量2651起，上网追逃25人，抓获在逃人员47人，撤网35人，审核违法嫌疑人员建档432人次，采集手机信息806人次，送检DNA722人次，补采整理被盗抢车248辆，上报失踪人员2人。二是开展“一标三实”基础信息采集年活动，推进“一格一警”“工地警长”工作数字化。紧密结合辖区工作实际，组织社区民警担任“工地警长”、对辖区工地进行24小时监督检查，确保环保、消防安全；严格按照市局“一标三实”工作要求，组织社区民警和辅警全面清理更新已采集录入的“一标三实”基础信息，确保了各类基础信息的完整、准确、鲜活。2018年，分局利用新警综系统新采集855条标准地址，为做好辖区治安防控工作奠定了坚实基础。三是强化内部单位安全防范等级化管理工作。根据工作要求，及时安排社区民警重新对辖区事业单位摸底调查、登记造册，按照11种单位类别，确定省级内保单位11个、市级内保单位15个、县级内保单位31，确定治安要害重点部位81个，并逐级落实管控责任和单位安防主体责任，治安保卫重点单位管控率达到100%，为确保辖区内部单位安全稳定提供有力保证。四是加强寄递物流企业安全监管。对辖区寄递物流企业底数进行摸排，坚持每月对物流网点检查1次，逐一签订责任书，详细掌握经营范围，积极配合邮政、交通等部门全面落实寄递物流管理“三个100%”（100%实名制，寄运物品100%先验视、后封箱，邮件、快件100%通过X光机安检）要求，有力压实了企业安全管理责任。五是严格场所特业、重点行业管理，强化阵地控制。严格场所办证和登记备案，每月至少对辖区内公共场所检查2次，先后组织民警消防业务培训11次，召开派出所消防监督执法例会5次，下发消防整改意见书4142份；敦促公共娱乐场所配备专业保安，对场所中发生的违规行为，做到发现一起，查处一起。2018年，共计检查场所8221家次，有力规范了辖区旅馆业的管理。截至2018年年底，旅馆业治安管理信息系统覆盖率100%，信息录入传输率100%。六是加强流动人口的管理。积极发动社会力量登记报送暂住人口信息，先后登记实有房屋1385个，注销房屋22个，登记用工单位740个，注销用工单位9个，登记流动人口9772人，注销流动人口2286人，办理居住证3617个，注销居住证746个，签注居住证3771个，为加强辖区流动人口管控奠定了坚实基础。七是加强户籍窗口服务。借助市局开展“就跑一次”主题活动的有利契机，未来路分局为每个户籍服务站配备了面对面视频专用平板电脑，安排专职协管员接听电话及视频，受到了市局多次表扬，得到了辖区群众的一致好评。

【社会治安管理】 警卫任务。2018年，共圆满完成5次一级警卫任务，2次二级警卫任务，1次三级警卫任务，郑州银行杯马拉松安保任务1次，其他类安保任务5次。

“一标三实”基础信息采集。新警综系统新采集1638条标准地址，实有人口514188人，实有房屋47760间，实有单位20522家，从业人员12027人。推进标准地址二维码管理、三维码门牌换发工作。三维码门牌共上报制作3642个，涉及40条街路巷，其中，大门牌217个，中门牌267个，小门牌3158个。“一标三实”服务实战认定逃犯类共17起，省厅认定5起，市局认定12起。市局认定案件类11起。

内部单位安全防范。按照11种单位类别，确定省级内保单位10个、市级内保单位15个、县级内保单位31个。并逐级落实管控责任和单位安防主体责任，治安保卫重点单位管控率达到100%。在市局治安系统“厉兵行动”中处罚内部单位、场所16家，共罚款18.1万元。

寄递物流企业安全管理。辖区共有物流企业47家，每月物流网点各检查1次，每个网点核查5条上传信息。逐一签订责任书，详细掌握经营范围，对从业人员要逐人见面，全面采集信息，登记率和责任书签订率达到100%。积极配合邮政、交通等部门全面落实寄递物流100%实名制，寄运物品100%先验视、后封箱，邮件、快件100%通过X光机安检的“三个100%”要求，对落实不到位的，严格依照《企业事业单位内部治安保卫条例》处罚。

流动人口的管理。坚持“五个层面”处罚，压实社会力量登记报送暂住人口信息的治安责任，2018年共登记实有房屋3634个，注销房屋75个，登记用工单位2226个，注销用工单位33个，登记流动人口25049人，注销流动人口2587人。办理居住证5650个，注销居住证1140个，签注居住证5310个。

户籍窗口服务。2018年以来，贯彻落实市局的“就跑一次”政策，共办理出生申报1641人，市内移居3648人，迁出市外1079人，死亡注销255人，市外迁入材料4827余人，签发准迁证6675张，户口清理整顿和人像比对核查426人，其中，重户删除45人，身份证办理10358人，临时证3891人。受理异地证1723人，边境证135人，常住境外人员225人，涉外单位18家。

消防管理。民警消防业务培训8次，召开派出所消防监督执法例会4次。共检查单位9795个（次），下发《责令改正通知书》6925份，拘留59人，罚款135142元，发现火灾隐患16403处，督促整改火灾隐患16403处。

【执法规范化建设】 加强执法培训，提高民警执法素质与执法质量。2018年8月，组织分局民警参加全省公安民警第十批基本级执法资格考试，未来路分局基本级执法资格考试通过率为98%，中队长以上中级执法资格通过率为100%。采取利用分局网页“每日学法”栏对全体民警进行线上培训与集中培训相结合、工作时间学习与业余时间学习相结合、法律学习培训与各警种的业务教育培训相结合的方式，以考促学，整体推进，务求实效。

严格执法质量考评，促进了规范执法。推行案件评查机制。依据市局要求，扎实开展“一案一评”工作，对案件质量进行严格把关，确保执法办案规范文明，并通过受立案警综平台和督察后台，随机抽查各执法办案单位受立案材料上传和行政、刑事案件卷宗材料上传情况，于每周五进行通报，督促办案民警进行整改。

严格管理使用执法办案中心。严格按照“四个一律”的标准，完善执法办案中心管理制度，严格遵守《公安机关执法办案场所办案区使用管理规定》，并于2018年12月初对分局案件侦办大队进行升级改造，严格按照市局要求规范执法，文明执法，安全执法。形成案件及人员进入办案场所、人身检查、暂存物品、视频资料刻盘、资料留存等使用管理机制，值班民警每天对办案中心（区）的使用情况进行检查并周通报讲评，2018年未来路分局未发生执法安全事故和执法不规范行为。

通过对2018年的受立案工作进行全面检查，共检查督办案件15000余起，发现问题460起，督促案件及时受立案以及及时完善相关程序，并在工作中及时处理受立案的相关的投诉和上级检查通报4起。通过对办案单位进行培训，2018年分局受立案工作明显有所好转。

【队伍正规化建设】 紧紧围绕“五个过硬”总要求，主动适应全面从严治党新要求，毫不动摇地坚持政治建警、从严治警、素质强警、从优待警，为完成各项任务提供了强有力的政治、思想和组织保证。一是抓实党建工作，树立清风正气。结合工作实际，积极筹建了高标准的党建文化园地，同时，坚持从分局班子成员带头做起，认真落实从严治党主体责任，使党建工作步入了制度化、规范化轨道。二是扎实开展“两学一做”制度化、常态化教育和学习中共十九大精神等主题教育活动。坚持以学习中共十九大精神、开展“纪律作风建设年”和以案促改变工作为抓手，进一步打牢民警的思想根基，增强民警的自律意识。三是进一步加强队伍日常管理。积极研究加强队伍教育管理的方法举措，多次利用召开中层干部会、周讲评会等时间对抓好民警和辅警队伍进行教育引导，有序推进展开了公务员平时考核，使队伍管理更加严格规范，队伍管理水平进一步提升。四是进一步落实从优待警措施。规范了民警请休假制度，对未休公休假人员及时补贴到位；先后对因公负伤、生病住院的20余名民警和家属实行探望制度，有力提升了民警的积极性和凝聚力。五是进一步强化舆论宣传。2018年以来，分局有效控制舆论主阵地，在报纸、电视台、电台等主要新闻媒体和各大网络媒体推出宣传报道共286篇，编发原创微信、微博200余篇，市局官方微信推送未来路分局相关报道20余篇，未出现任何因工作不力或处置不当引发的负面舆情。六是进一步强化纪检、督察工作。纪检、督察工作围绕分局整体工作、中心任务，在严管和刚性问责的同时，注重预警在先。2018年，在“集中整治不作为、乱作为问题”开展专项行动中，抽查警情400起，在重大活动期间开展督察40余次，对发现的问题均及时整改到位。七是强化维护民警正当执法权益工作。2018年，分局层面维权4次，刑事拘留1人，行政拘留2人，有力的打击不法分子的恶意诬告和对民警的人身伤害，极大地鼓舞了斗志，维护了民警的合法权益。

（撰稿：杨宝华　审阅：刘卫民）

南阳路分局

【概况】　2010年11月郑州市公安局南阳路分局（派出所）成立。内设案件侦办大队、交管巡防大队、治安管理服务大队、警务综合大队、执法执纪监督室五个机构。

辖区北至农业路，东到健康路，南至金水河，西至陇海铁路线，面积8.7平方公里，所辖行政区域为金水区南阳路街道办事处和大石桥街道办事处。2018年南阳路分局继续保持了河南省文明单位荣誉称号。

【社会稳定】　在辖区持续巩固“公安分局同办事处联动、警务室同社区联勤、网格与重点单位场所小区等联防”的“三联防线”，确保辖区政治安全稳定。以“扫黑除恶专项斗争”为统领，“铁拳、亮剑、飓风”三大专项打击行动稳步推进，共侦破6起涉“黑恶”案件，打掉1个恶势力犯罪集团，抓获28名涉“黑恶”九类犯罪人员，命案侦破率100%。侦破“团伙盗窃案件、车内物品盗窃案件、路面扒窃案件”等60余起，涉危涉爆行政拘留1人，缴获仿真枪1支。刑拘电信诈骗嫌疑人9人，止付冻结数23起，冻结总金额268万元。破获百克以上毒品案件2起，其中特大贩毒案件1起，共收缴毒品3470克。

【社会治安管理】　强力推进“社区警务社区化”，“一标三实”基础工作不断夯实。辖区基础数据完整率达到99%、户籍人口采集率达到99%。对辖区大小门牌统计共1950个。共消防检查单位、楼院、行业场所、商铺等5680余家。对辖区所有旅馆、洗浴场所进行了手机APP客户端和人脸识别系统升级改造，推广使用电子身份证。针对警情高发区域，建立警情研判机制，制定有效措施降低发案率。

【公安行政管理】　深入推进“就跑一次”、道路交通秩序综合整治、大气污染防治和安全隐患攻坚行动等民生工程，不断提升群众的安全感和满意度。在户籍室设置了便民服务平台，配备了“就跑一次”视频电话，专人值守，实时与群众互动，答疑解惑。在户籍室增配了身份证自助拍照一体机、身份证自助取证机等设备，开辟绿色通道，积极落实《郑州市人才落户政策实施办法》，着力解决辖区无户口人员的户口登记问题。“互联网+”双微平台在线及时答复群众的各类问题咨询200余条，发布宣传党的方针政策，宣传法律法规和安全防范知识等微博微信500余条。道路交通秩序综合整治工作中清理乱停乱放非机动车1600余辆，教育、劝阻和纠正各类违章人员5000余人次，“三教育一采集”录入50人次、非机动车362辆，处罚违法停放机动车230余辆。大气污染防治攻坚工作中对辖区14个工地明确13名工地警长，悬挂工地警长公示牌，签订责任告知书。每天深入工地检查8个100%落实情况，共发现问题

8月，南阳路分局民警在公安廉政文化教育基地集中宣誓

9月，南阳路分局民警在辖区路面武装巡逻

32个，下发问题整改建议书12份，排查安全隐患10处，督促整改10处，安全防范宣传370余次，采集人员信息1409人。电动车上牌工作中社区民警积极配合相关单位在辖区14个安装点为群众进行电动车上牌，已安装车辆55084辆。积极邀请市局电动车物联网技术人员，对办案民警进行被盗上牌电动车的布控、查缉、撤控培训，加大对上牌电动车被盗案件的侦破力度。

【执法规范化建设】 2018年，共审核行政案件103起，审核刑事案件132起。完善以执法监督委员会、法制民警、兼职法制员为主体的执法监督体系，对执法工作进行全程监督，共下发《执法监督意见书》6份。全面落实市局办理刑事案件讯（询）问同步录音录像工作制度，对执法办案场所的使用管理情况进行全方位监督。不断强化执法主体能力建设，共举办法制培训6期，开展基本级、中高级执法资格考试考前培训6期。截至年底，分局通过中高级执法资格考试的干部、民警共计51人。

【公安队伍建设】 始终坚持“抓党建、带队建、促工作、保平安”的指导思想，狠抓队伍建设和纪律作风建设，以过硬队伍带动业务进步。年内，5个基层大队（室）党支部全部进行了换届选举，有2个支部新增了支部委员，配齐配强了支部班子；专门就基层党的组织建设、基层党支部如何开展工作邀请市局机关党委和市直机关党委代表到分局开展了专题培训。“两学一做”学习教育常态化制度化贯穿全年，“不忘初心、牢记使命”主题教育扎实开展，“三会一课”规章制度认真落实，在分局形成学理论的党建文化氛围。重点组织邀请市委党校专家到分局举办党建知识讲座、学习践行“四句话、十六字”总要求主题演讲比赛等活动，引导全体党员民警始终坚定政治立场，筑牢全警思想防线。从好从优保障全体民警及警务辅助人员的警务工作，始终关注民警身体、心理健康，对一线民警、离退休民警、生病住院民警及家属及时进行慰问。“三八”节，组织女民警、女辅警开展了警花巧手制作蛋糕活动。“七一”节，组织民警开展了重温入党誓词集中宣誓活动。

（撰稿：张建松　审阅：赵书文）

文化路分局

【概况】 郑州市公安局文化路分局由原金水分局文化路派出所、南阳新村派出所、沙口路派出所（农业路以北）、动物园派出所合并组成。管辖金水区的中西部，东起花园路、经三路、经七路、南阳路、嵩山路，南起红旗路、红专路、农业路，北至三北小区北围墙、江海啤酒厂北围墙、东风路。分局设有警务综合大队、执法执纪监督室、治安管理服务大队、案件侦办大队、交管巡防大队；辖区面积约18.7平方公里，常住人口183531人，暂住人口59323人。社区28个，家属楼院413个，辖区内部单位共计194个，其中幼儿园39所，小学14所，中学6所，大中专院校9所。

【社会治安管理】 打击处理方面。一是精准打击保持高压态势。2018年度，分局围绕打击重点，持续保持高压态势，坚持实施精准打击，打击质量明显提高。这主要得益于分局紧紧围绕市局雷霆行动、全年绩效考核等各项考核要求，始终抓住重点工作，坚持每周讲评，动态分析、指导全局打击处理及绩效考评工作，全年公诉数、雷霆行动、“扫黑除恶”等主要打击数序列领先，实现打击质量和打击成效的大幅提升。二是“扫黑除恶”成效显著。2018年“扫黑除恶”开展以来，文化路分局紧紧围绕上级统一部署，认真贯彻落实“扫黑除恶”行动的精神，提高认识，找准目标，统筹安排，全警参与，深入推进“扫黑除恶”专项斗争开展，有力维护了辖区社会治安秩序持续平稳，为辖区经济发展做出了应有的贡献。一年来，全局接公安部、省公安厅督办“涉黑”线索11条，全部按期核查办结；接上级转办各类“涉黑涉恶”线索55条，已查结40条。接群众举报线索17条，查结17条。截至年底，共刑事拘留涉“黑恶”犯罪嫌疑人58人，破获“涉黑涉恶”案件50余起，打掉“涉黑涉恶”团伙4个。其中，乔某某等人寻衅滋事案与新密市局合办，经与新密市局、新密法院无缝对接，该案已判决19人，确保“打黑”战果在2018年生效。三是克难攻坚勇破大案。2018年，分局紧盯大案要案，发扬拼搏精神，案件侦办大队、治安管理服务大队攻难克坚，强化基础建设和刑事技术应用，成功破获了一批重特大刑事案件，有力维护了辖区社会治安大局稳定。成功侦破“7·11”李某故意杀人案，使命案实现发一破一；先后成功侦破“9·2”苏某等人系列绑架未成年少女案、“7·9”部队院校特大入室盗窃案、高危地区人员吉某等人系列攀爬入室盗窃案等；电信诈骗案件实现新突破。2018年4月以来，辖区连续发生群众支付宝账户、银行卡被盗刷案件，在市局相关业务部门的大力支持下，治安管理服务大队民警经过缜密侦查，成功打掉2个利用短信嗅探设备实施盗窃犯罪的团伙，抓获犯罪嫌疑人7人，收缴作案设备4套，破获案件20余起。并核实疑似作案人员200余人，涉及20余个省、市共计56名高危人员。因涉案人员范围广、侦办难度大，引起公安部高度重视，发起了全国集群战役。2018年9月14日，公安部刑侦局召集全国22个省、自治区、直辖市公安厅（局）刑侦部门负责人，在郑州市召开“短信嗅探盗刷”系列案件全国集群行动动员部署会，开展针对嗅探盗刷犯罪的专项打击行动。经过两个月的奋战，抓获犯罪嫌疑人60余人，破获案件200余起。2月26日，国务院打击治理电信网络新型违法犯罪联席会议办公室评选出“2018年度反电信网络十大典型案例”，短信嗅探盗刷案成功当选。分局副局长邵枫、治安管理服务大队副大队长彭天龙和市局有关部门人员一起，代表郑州市公安局受邀出席并上台领奖。

群防群治工作。在深化国贸360商圈信息化防范治理模式基础上，针对农业路沿线盗窃案件特别是电动车被盗案件多发情况，分局通过组织专人打击，虽然抓获嫌疑人多名，但发案态势一直未能从根本上得到遏制。为此，分局改变思路，结合实际，主动出击，从组织沿街商户开展群防群治入手，发动群众，共同开展防范。经五路社区是由原出版局和原经五路2个社区合并而成，辖区面积大、单位多、人员复杂，社区民警王万胜通过组织带领“五员”（辅警、协管员、巡防队员、保安员、楼院管理员），每天坚持佩戴红袖标，常态化徒步巡逻，经统计，该社区治安类、刑事类警情较以往分别下降42%和35%，实现了发案率降低、见警率提高、群众满意率增加的切实效果。分局正在探索经五路社区群防群治经验，与国贸商圈治理经验一起，移植于正弘城购物中心等人员密集、易发案场所，进而形成机制，在全局推广。

治安基础管理方面，一是强化出租房屋、流动人口管理工作。为进一步加强辖区内出租房屋和流动人口管理工作，规范租赁市场安全秩序，结合当前社会治安形势，消除各类安全隐患，分局要求社区民警对辖区所有的出租房屋开展不间断的滚动排查、清查，做到底数清、情况明、不漏查、不失控，实行动态化管理，同时积极推进流动人口的社会化管理，落实出租房屋、用工单位、物业公司、房屋中介等流动人口治安管理责任。2018年，登记暂住人口33571人，签注10238人，新办理居住证7004张，从业登记13330人，发现应登未登居住小区新增出租房屋3182条，租住人员2153人；就跑一次微信客户办理居住证1481

人。在五个层面处罚方面：处罚房东952人次，处罚金额222200元；处罚房屋中介7家，处罚金额30500元；处罚用工单位88家，处罚金额48200元。二是加强重点人员的管理。按照分类评估、三级管控工作机制，确保重点人员不失控、不漏管。截至年底，列管七类重点人口221人，其中，五类重点人口204人，重性精神病人16人，已全部录入全国重性精神病人信息管理系统，治安非访1人。三是加强治安乱点整治，强化特种行业、娱乐服务场所治安管理和阵地控制。2018年以来，分局按照市局要求，采取了“事前宣传、事中监督”的治理模式，每月对辖区的旅馆业、公共娱乐场所、网吧等行业进行了多轮次的检查，转变观念，灵活多变的治理特种行业和文化娱乐场所，有针对、有重点的查处治安热点问题。2018年以来，共查处无证小旅馆34家，关停取缔行业场所家12家，办理黄赌毒案件96起，打击处理黄赌人员185人，其中治安拘留165人，刑事拘留5人，批捕15人。四是加强物流寄递业管理。分局针对物流寄递行业监管滞后、网点分布杂乱、实名验视落空、治安防范薄弱，极易成为贩运销赃、售假运输、运毒、侵财等违法犯罪渠道的现状，积极创新，推进物流寄递行业安全管理，对分局43家物流寄递业落实“三个100%”制度，在收货、送货环节，督促从业人员对寄件人、收件人基本信息进行详细登记采集，确保“物品清白、信息清楚、流向清晰”，从源头上遏制利用物流、寄递行业违法犯罪的活动，取得了一定的效果。

【消防安全】 2018年，文化路分局认真贯彻落实“消防工作是当前全市公安派出所重中之重的工作”和“坚决遏制一切火灾事故的发生”的要求，坚持全面管理、重点排查、适时开展专项治理行动的工作思路，进一步提高消防隐患整治力度，进一步加大消防知识宣传力度，形成全民参与、齐抓共管、共同监督、共同维护的工作局面。2018年，文化路分局共查处建筑工地15个，消防重点单位85个，单位、商业经营点7819个、学校、幼儿园70所。发现火灾隐患19378处。其中警告1261，处罚个人2029人，单位94个，工地6个。拘留51人，罚款总金额705200元。全年共组织各类消防安全专项综合培训活动20次，组织考试8次，灭火器扑救演练20余次，动员辖区各重点单位开展消防安全应急演练30余次。

【社区警务】 强力推进“一标三实”基础信息采集工作。2018年“一标三实”基础信息数据质量提升，文化路分局严格按照市局工作部署要求，紧密结合辖区的实际情况和民警、辅警队伍的现状，因地制宜、稳扎稳打、以点带面、奖惩结合,逐步推进该项工作。分局成立了由分局党委委员、副局长李朝军任组长的“一标三实”基础数据质量提升年活动工作领导小组，统筹组织开展分局“一标三实”基础数据质量提升年活动。同时，分局在针对每个社区采集、录入的各类信息，按照“先一标、后三实”、“先房后人”的流程，开展地址元素信息采集，建立完善标准地址数据库，并在辖区安装三维码门牌，截至年底，经过排查梳理共制作三维码门牌4088个，安装三维码门牌3652个，预留三维码门牌434个。此项工作在全市绩效考核中位列第一。

自省厅、市局部署“一标三实”基础信息采集工作以来，文化路分局严格按照上级工作要求，全体社区民警、网格辅警和协管员夜以继日入户走访、加班加点采录各类基础信息，从以前的下社区工作转变为现在沉入社区工作，在日常工作中通过实地走访、采录各类信息，提供多条线索，破获各类违法犯罪案件。2018年，抓获网上逃犯21人；发现可疑情况，提供线索破获案件82起，被省厅认定8起，为打击违法犯罪活动提供了坚实基础。

【执法规范化】 大力加强执法保障，确保执法运行完善。一是围绕与公安机关执法办案密切相关的法律、法规，通过微信工作群、微信公众号等互联网传播方式引导民警积极学习、公正执法，强化全体民警对新颁布法律法规、公安执法业务标准、源头性执法业务流程的学习认知。二是采取“典型案件开路，重点案例引导”的方法，从日常审核案件中挑选出有代表性的案例进行个案点评，办案民警参加听评，开展执法交流讨论。三是分局执法执纪监督室坚持执法办案系统审核案件即传即核、随传随核机制，尽可能缩短法律审核时间。遇重大疑难案件，积极提前介入，当面为执法办案民警解疑释惑，并征求意见或建议，及时改进工作中的不足。四是明确适用刑事案件认罪认罚从宽制度的案件种类、范围及办案程序，统一规范所涉及的相关法律文书。法核民警对审核的刑事案件逐案进行甄别，确保符合条件的案件都能进入认罪认罚从宽处罚程序，加快诉讼进程。

严肃法纪，加强追究问责，严肃查处民警违法违纪问题。2018年度，分局党委牢固树立“严管厚爱并重，严格管理为先”的队伍管理理念，加强追究问责，硬起手腕，严肃查处民警违法违纪问题，对工作中因经验不足、偶尔疏忽出现的问题能从轻问责，对主观意识出问题、顶风违纪的民警严格从重问责。

严格标准、严肃问责，以核查投诉案件为抓手，促进执法规范化、队伍正规化建设水平持续提升。2018年，分局执法执纪监督室围绕基层办案单位在接警、受理、立案、调查取证、伤情鉴定等易出问题的执法环节开展执法督察和责任倒查，通过抓典型、抓整改、抓成效，重点解决执法不公、执法不严、不作为、乱作为等突出问题，不断促进整体办案水平的提高。同时建立和完善受理核查群众检举控告工作制度以及案件管理基础工作台账，加大办案力度，保证办案进度，提高办案质量，做到登记清楚、内容详细、装订规范、保管有序。

【队伍建设】 抓好党建引领公安工作。2018年以来，为认真贯彻落实党要管党、从严治党的要求，分局以“学习十九大 迈向新征程”主题系列活动、建党97周年系列活动、“党的创新理论万场宣讲进基层”活动、“以案促改”、“纪律作风建设年”活动、“支部建设提升年”活动为引领，进一步加强基层党支部建设，提升了基层党支部党建制度化、规范化水平。工作中，为解决分局经侦专案组、国贸360专案组党员民警长期工作在外，不能按时参加党组织活动，组织功能弱化、党员意识淡化问题，更好发挥基层党组织的战斗堡垒作用和党员的先锋模范作用，有力打击辖区投资担保等经济类犯罪，更好地维护辖区社会治安秩序稳定。2018年年初，经分局党委研究并报市局同意，分局在经侦专案组成立临时党支部。将2个专案组从各队（室）抽调的11名正式党员归入经侦专案组临时党支部，为推动公安工作开展提供强有力组织保障。一年来，该支部组织生活规范，支部堡垒作用发挥突出。2018年专案组新立案件结案率、积案结案率达到双100%，超额完成省厅80%的任务目标。打击处理16人，其中刑拘16人、提请逮捕8人、起诉3人，稳控客户3000余人，处理集体上访100余次。2018年度，分局被金水区政府评为“优质服务奖”单位，民警队伍中1人荣立个人二等功，3人荣立个人三等功、5人荣获个人嘉奖，1人被市局评为优秀党务工作者，2人被评为优秀共产党员。

提升素能抓好岗前练兵。为提升交巡民警快速反应和维稳处突能力，按照市局要求，交管巡防大队科学安排、精心组织，充分利用岗前十分钟，加强岗位大练兵。在组织实施中，大队警务实战小教官根据具体工作，制定科学的练兵计划，从武器警械使用到各类警情处置，再到法律法规适用，坚持每天一练，不断强化实战能力，确保通过训练演练，真正提高民警的业务本领。通过系统的岗前练兵，极大提高了交巡民警的现场处置能力。2018年，交巡大队共有效处置各类警情1.7万余起，现场调处率59%，同比上升10%，现场抓获各类违法犯罪人员117人，其中刑拘52人，行政拘留45人，强戒3人，抓获在逃人员17人，巡逻盘查各类预警人员480余人，较好地完成了工作任务。

【工作亮点】 周密部署，电信诈骗案件实现新突破。2018年，分局紧盯大案要案，发扬拼搏精神，电信诈骗案件实现新突破。2017年4月以来，辖区连续发生群众支付宝账户、银行卡被盗刷案件，在市局相关业务部门的大力支持下，治安管理服务大队民警经过缜密侦查，成功打掉2个利用短信嗅探设备实施盗窃犯罪的团伙，抓获犯罪嫌疑人7人，收缴作案设备4套，破获案件20余起。并核实疑似作案人员200余人，涉及20余个省、市共计56名高危人员。因涉案人员范围广、侦办难度大，引起公安部高度重视，发起了全国集群战役。9月14日，公安部刑侦局召集全国22个省、自治区、直辖市公安厅（局）刑侦部门负责人，在郑州市召开“短信嗅探盗刷”系列案件全国集群行动动员部署会，开展针对嗅探盗刷犯罪的专项打击行动。经过两个月的奋战，抓获犯罪嫌疑人60余人，破获案件200余起。2018年2月26日，国务院打击治理电信网络新型违法犯罪联席会议办公室评选出“2018年度反电信网络十大典型案例”，短信嗅探盗刷案成功当选。

群防群治。针对辖区农业路沿线盗窃案件特别是电动车被盗案件多发情况，分局改变思路，结合实际，主动出击，在深化国贸360商圈信息化防范治理模式基础上，大力抓群防群治工作。社区民警王万胜积极动员发动群众，组织带领“五员”（辅警、协管员、巡防队员、保安员、楼院管理员）巡逻队，每天坚持佩戴红袖标，常态化徒步巡逻。工作开展以来，该区域治安类、刑事类警情较以往分别下降42%和35%，实现了发案率降低、见警率提高、群众满意率提升的“一低两高”效果。

（撰稿：张晓玲　审阅：孙伟功）

检　察

【概况】　2018年，金水区检察院全年受理提请逮捕1930人，受理移送审查起诉2452人；经审查，批准逮捕1146人，提起公诉2320人。

【刑事检察】　依法惩治各类刑事犯罪。共受理提请逮捕犯罪嫌疑人1930人，受理移送审查起诉2452人；经审查，依法批准逮捕1146人，提起公诉2320人。突出打击严重影响人民群众安全感的犯罪，批准逮捕“两抢一盗”、诈骗犯罪嫌疑人431人。加大对“黄赌毒”等损害社会道德风尚犯罪的打击力度，批准逮捕组织卖淫、开设赌场、贩卖毒品等犯罪嫌疑人115人。积极参与反腐败工作，设立职务犯罪办案组，加强与区纪委监委衔接协作，受理监委移交案件11件15人，全部提起公诉。

认真开展“扫黑除恶”专项斗争。坚持凡黑必扫、凡恶必除，把打击锋芒对准群众反映强烈的“黑中介”“非法收车”“套路贷”等犯罪，综合运用引导侦查、捕诉一体打准、打狠、打出声势，依法提起公诉11件78人，从严从快惩处高某某等16人、李某某等13人“涉黑”犯罪集团；向交通运输等领域送达检察建议3份，向监委移交“保护伞”线索3件，从源头上铲除“黑恶”势力滋生土壤，取得良好法律效果和社会效果。

深入推进社会矛盾化解。贯彻宽严相济刑事政策，对191名涉嫌犯罪但无逮捕必要的犯罪嫌疑人不批准逮捕；对36名不需要判处刑罚或者免除刑罚的犯罪嫌疑人作不起诉决定。落实认罪认罚从宽制度，共适用认罪认罚1192人，占同期办案量的51.4%。

【控申检察】　学习新时代“枫桥经验”，建设12309检察服务中心，为人民群众提供检察申诉、法律咨询、信息公开等14项“一站式”服务。开展“温情司法关爱岗”活动，对因受害而生活困难的6名刑事被害人进行救助，发放救助金6.5万元。落实“谁执法谁普法”的普法责任制，持续开展“送法五进”等活动，举办法治宣讲100余场次，营造全民尊法学法守法用法良好氛围。深化涉法涉诉信访机制改革，落实检察长接访制度和首办责任制，妥善处置群众来访300余人次，控申接待大厅第二次被评为“全国检察机关文明接待示范窗口”。

【民行检察】　加强民事行政诉讼监督。受理各类民事行政诉讼申请监督案件65件，提出抗诉4件，提出再审检察建议11件；对人民法院裁判并无不当的案件，耐心做好服判息诉工作。开展非诉执行专项监督活动，发出检察建议15件；对拒不执行判决裁定构成犯罪的，该批捕的批捕，该监督立案的坚决监督，以实际行动支持法院破解“执行难”。办理的李某某等40人与河南六合置业公司不当得利纠纷监督案被评为“郑州市检察机关十大精品案件”，并被省检察院推荐参加全国十大监督案件评选。

大力推进检察公益诉讼。开展检察长公益诉讼大走访活动，在区执法局设立检察联络室，与区国土局、环保局等10部门召开座谈会，就建立办案协作机制达成共识。探索刑事检察、民行检察联动办案机制，提升公益诉讼办案效能；在金水区检察院微信公众号上设立公益诉讼线索“拍一拍”举报平台，方便人民群众举报线索，一经查实，即可获得奖励。聚焦生态环境、食品药品安全等重点领域，立案审查公益诉讼案件36件，其中发送诉前检察建议督促相关部门依法保护公益34件，提起刑事附带民事公益诉讼2件。如通过诉前检察建议，参与办理的河南艺都园林公司违法占地监督案，达到了纠正违法，实现共赢的监督目的。

【刑事执行检察】 加强刑事执行监督。开展羁押必要性审查，提出变更强制措施建议72件；探索召开减刑假释听证会，书面纠正减刑、假释不当行为8件；开展财产执行监督，督促62名罪犯缴纳罚金140余万元；强化社区矫正监督，发出检察建议30份。办理的康某某假释监督案、常某某羁押必要性审查案，被评为全省精品案件，驻郑州未成年犯管教所检察室连续两届被最高检评为一级规范化检察室。

【队伍建设】 加强思想政治建设。坚持党对检察工作的绝对领导，把“四个意识”“四个自信”“两个维护”贯彻到全院工作方方面面。加强领导班子建设，严格落实民主集中制和领导干部个人有关事项报告制度，推行班子成员重点工作负责制，争做从严治党、创先争优的带头人。树立“抓好党建是最大政绩”理念，制定党建工作责任清单，形成“四级联动、八方共建”大党建工作格局，以党的建设高质量推动业务工作高质量发展，该工作经验被最高检、省市检察院转发，并受到市检察院刘海奎检察长批示肯定。

检察院举办党员课堂·宪法学习讲座

加强巡视整改落实工作。增强落实中央、省委巡视反馈意见的政治自觉，主动认领6个方面23项整改任务，坚持问题导向，结合工作实际，逐条逐项立行立改，积极完善24项工作机制，强化制度执行，从根本上解决问题。

加强队伍专业化建设。建设“学习型检察院”，举办“文化大

金水区人大到金水检察院未检科视察工作

讲堂”“尚善金水”道德讲堂。坚持教育培训和岗位练兵，聚焦文书制作、对抗辩论和释法说理等核心能力，开展庭审观摩、优秀文书竞赛、精品案件评选。鼓励干警加强调查研究，承担最高检理论研究课题《认罪认罚从宽制度浅析》入选全国检察机关教育培训精品课程，1名干警被评为“全省公诉人与律师论辩大赛”优秀辩手第一名。

加强党风廉政建设和纪律作风建设。全面履行从严治党主体责任，制定《党风廉政建设责任目标量化考核实施细则》，以多种活动为载体，开展“周周讲纪律”“以案促改”教育，建立廉政风险“月控季评”工作机制，常态化制度化开展批评和自我批评；坚决支持派驻纪检监察组工作，突出对司法不规范行为和违法违纪行为的查纠；充分发挥院检务督查组作用，从上下班纪律、会风会纪、警车管理等小事抓起，弛而不息正风肃纪。

（撰稿：刘和勇　审阅：杨　颖）

法　院

【概况】　2018年，金水区人民法院共受理各类案件76371件，结案67568件，同比分别增长14.55%、22.58%，收结案数量均位居全国基层法院第十位。

【刑事审判】　受理各类刑事案件1925件，审结1633件，判处被告人2250人。全面贯彻宽严相济刑事政策，对罪行轻微、认罪认罚的591名初犯、偶犯、过失犯依法判处缓刑等较轻刑罚，对209名被告人依法判处五年以上有期徒刑，真正做到宽严有据，罚当其罪。深入开展“扫黑除恶”专项斗争，严惩“涉黑恶”案件7件52人，在高某某等16人组织领导“黑社会”性质组织一案中，数罪并罚判处被告人高某某有期徒刑十六年，判处其他15名被告人九年至一年四个月不等刑罚。持续保持反腐高压态势，坚决惩处贪污贿赂、渎职犯罪案件22件63人。着力维护经济金融秩序，严厉打击非法吸收公众存款、集资诈骗等涉众型经济犯罪59件、105人，涉及集资参与人5.6万余人，金额658亿余元。努力保障群众“舌尖上的安全”，审结生产、销售有毒、有害食品犯罪案件4件、9人。切实保障妇女及未成年人合法权益，审结性侵、猥亵妇女儿童、校园欺凌和校园暴力案件22件、28人。有力维护电信网络安全，审结电信网络诈骗、侵犯公民个人信息等犯罪案件31件、242人。

【民商事审判】　受理各类民商事案件41621件，审结37566件，涉及标的金额208亿元，有力保障经济社会发展和人民安居乐业。审结婚姻家庭、继承等家事纠纷案件1926件，注重维护婚姻家庭和谐。审结交通事故、医疗纠纷等人身、财产侵权案件1621件，依法保障民生权益。审结劳动争议、劳务合同等案件1510件，为农民工追回劳动报酬665万余元，畅通劳动者维权绿色通道。审结物业纠纷1141件，营造友善相邻氛围。审结民间借贷案件5062件，依法规范民间融资健康发展。审结金融借款合同纠纷3532件，维护金融市场安全稳定。审结信用卡纠纷3266件，营造良好信用环境。审结房屋买卖、建设工程等涉房地产案件3129件，引导房地产市场有序发展。稳妥处置“僵尸企业”10件，涉军“全面停止有偿服务”纠纷22件，主动服务陈砦、高皇寨等拆迁安置工作，重点化解国基路、东风路等楼盘建设遗留问题，有效防控各类风险，为经济平稳较快发展提供有力的司法保障和法律服务。

【行政审判】　受理行政诉讼和行政赔偿案件457件，审结418件，审查非诉行政执行案件125件。积极落实行政机关负责人出庭应诉、行政案件异地管辖制度，彰显推进法治政府建设的责任与担当。注重实质性化解行政争议，经法院协调促成和解、撤诉68件。依法支持环保行政执法，审结环境资源案件21件，筑牢绿色生态法治屏障。继续保持司法与行政良性互动，建立行政审判与行政执法联席会议制度，共同促进法治政府建设。

【执行工作】　一是构建执行难综合治理格局。区委成立执行攻坚领导小组，区委书记陈宏伟担任组长。依靠党委支持，与全区18个职能部门建立执行联动机制，加大对失信被执行人的联合惩戒，凝聚执行合力。区政府拨付执行专项经费，全力支持执行工作。区委政法委牵头，联合公安、检察机关建立打击拒执联席会议制度，规范拒执案件办理流程。二是推行“三化”执行机制。执行事务集约化。组建财产查控、财产处置、司法强制等团队，将执行辅助事务分离，集约化办理；执行管理规范化。依托执行指挥中心，建立日通报、周点评、旬目标督办整改机制，倒排工期，挂图作战；分流案件精细化。将案件分为可快速执行、有财产需处置、无财产可执行三类，由快执、普执、终本团队分别负责。三是构筑失信拒执惩戒体系。制作动漫宣传片，网络直播百人腾房大会战、郑州新乡两地法院联合执行活动，累计180万人观看评论，营造打击失信的强大声势。曝光失信被执行人3986人，限制高消费46721人，纳入失信“黑名单”10294人，司法拘留781人，切实加大失信惩戒力度。加强拒执犯罪办理力度，审结拒执罪案件163件，定罪判刑5件。慑于法律的权威，4582人主动履行判决确定的义务，有力维护了申请人的合法权益。四是众志成城克难攻坚。2018年是“基本解决执行难”的攻坚年、决战年，执行干警全年无休，夜以继日战斗在执行一线。大力开展涉民生执行会战、冬季攻坚、集中腾房、严禁“数字造假、结案造假”等专项执行活动，全年共执结案件27826件，执行到位金额55.97亿元，网拍成交金额15.26亿元，其中执行到位金额、网拍成交金额均位居全省首位。

【司法体制改革与机制创新】 一是推进矛盾纠纷多元化解。深化诉前调解中心职能，与妇联合作探索家事案件调解程序前置；与工会、劳动争议仲裁院建立劳动争议调裁审一体化机制；对接保险行业协会化解交通事故纠纷；联合公证处进行文书送达等辅助事务；倡导律师主动参与诉前调解，合力化解社会矛盾，成功调解民事纠纷5952件。二是推进案件繁简分流。组建民商事速裁团队，推进“门诊式”庭审、令状式文书、示范性诉讼等机制创新，以典型案例带动批量案件化解，切实缩短办案周期，提高司法效率。共受理民商事案件21914件，结案19609件，结案率89.48%。适用认罪认罚从宽制度审结刑事案件866件，其中适用速裁程序审结673件，平均审理周期5天，被告人服判息诉率99%，审判质效进一步提升。三是推进审判管理制度创新。组建55个审执团队，依据职能配备相应的法官助理、书记员。健全审判权运行机制，出台《院庭长监督管理权责及办法》《案件质量评定标准》等42项制度。强化均衡结案，每月制定分案计划，扎口结案管理。强化审判质效评估，每周分析审判质效，点评审判运行态势。2018年，发回改判率同比降低5.77%，服判息诉率提高5.34%，平均审理天数缩短21.66天。2018年10月，在全国法院审判管理工作座谈会上，金水法院作为全国基层法院代表作了经验交流发言。

3月5日，30余位记者和新媒体代表受邀到郑州市金水区人民法院，参加最高人民法院新闻局组织的“今天我当班”体验采访活动

【便民措施】 一是深化便民利民举措。升级改造诉讼服务中心，集咨询、导诉、立案、申诉信访、诉前调解、法律援助等多

功能于一体，年接待群众35万余人次。借助网上立案、网上缴费、律师自助立案和电子送达等信息化手段，为群众提供快捷的诉讼服务，共自助立案14283件。确保经济确有困难的群众打得起官司，为当事人缓、减、免诉讼费50万余元。依法处理涉诉信访，坚持院领导带班接访、处访，畅通信访渠道。扎实推进“法官进社区”工作，努力打通服务群众“最后一公里”。二是深入推进阳光司法。不断完善审判流程公开、裁判文书公开、执行信息公开三大平台建设，公开上网文书53689份，直播庭审614场，累计观看量近10万人次。落实普法社会责任，开展“开学第一堂法律课”“送法进校园”“送法进企业”等普法活动，组织“扫黑除恶”、反家暴、宪法宣传日等集中宣传。开展“今天我当班”“代表委员看亮点”活动，召开新闻发布会，在官方微信、微博等媒体及时发布法院工作动态，积极构建开放、透明、便民的司法机制。三是倾力打造智慧法院。开发信访接待办理系统，打造信访信息共享平台。研发执行微信小程序，主动公开案件查询、保全信息、失信曝光、执行案款等信息，并接受投诉举报，构建当事人与执行法官沟通新渠道。大力推进电子卷宗随案生成和库存档案电子化工程，扫描形成电子卷宗3万余件。45个审判法庭全部建成科技法庭，同步记录庭审过程。广泛运用三方远程视频庭审系统，审理刑事案件1253件，有效节约司法资源。

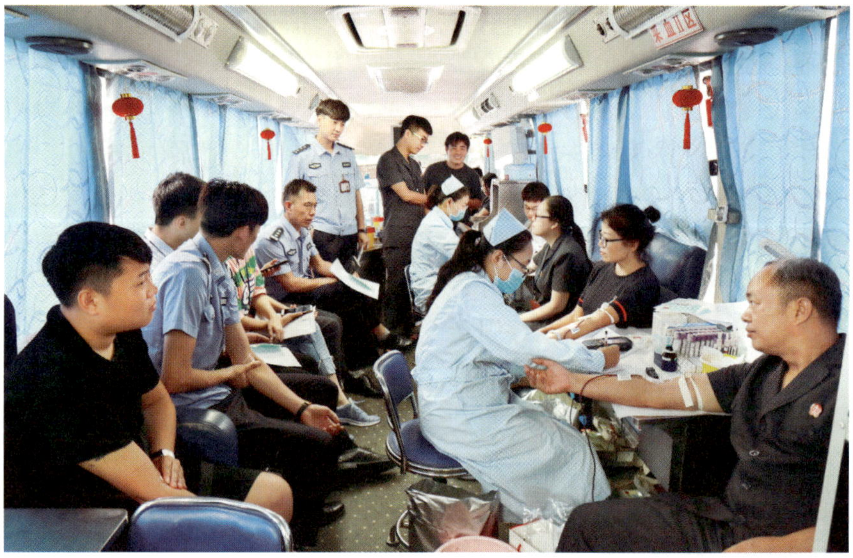

8月14日，金水法院组织干警参与无偿献血活动

【队伍建设】　一是强化思想引领，坚定政治方向。坚持党对法院工作的绝对领导，牢牢把握法院工作正确的政治方向。认真学习贯彻习近平新时代中国特色社会主义思想，扎实推进“两学一做”学习教育常态化制度化。组织干警赴新乡先进集体教育基地接受党性教育，开展党员活动日、宪法宣誓、重温入党誓词等活动，进一步锤炼党性修养，坚定理想信念。以党建促执行，成立8个执行专项活动临时党支部，设置党员先锋岗及先进党支部流动红旗，激励干警比学赶超。二是强化意识形态，筑牢思想阵地。始终坚持把意识形态作为贯穿法院工作的一条红线，建立意识形态工作责任制，将意识形态工作纳入年终考评，与业务工作同部署、同落实、同检查、同考核。坚持不懈抓好理论武装，认真落实党组中心组学习制度，切实加强方向引领和风险防范。三是强化业务能力，提升司法本领。多渠道搭建学习平台，多角度创新学习形式，扎实推进大学习大调研活动。定期召开疑难复杂案件庭务会、专业法官会议，邀请专家、学者到院授课，组织1272人次参加培训，进一步增强干警的业务本领。认真开展案件评查，通过重点评查、内部互查、委托评查等方式，查找案件审执中的质量问题和薄弱环节，切实提高法官办案水平。四是强化作风建设，确保廉洁司法。积极把党风廉政建设和反腐败工作纳入总体规划，统一部署、统一检查、统一考核。准确把握党风廉政建设要求，分别签订《落实全面从严治党主体责任书》《“一岗双责”目标责任书》，层层传导压力。全力推动巡视整改落实，建立长效机制32项，强化政治担当。深入贯彻中央八项规定，认真开展整治“帮圈文化”专项排查、以案促改、规范净化办公环境等活动，在“严”和“实”上下功夫。严格

落实院领导轮流带班值日检查制度，实名进行通报。充分发挥“清风茶社”功能，要求党组成员对信访举报案件较多、被当事人反映较多的干警进行廉政约谈。大力支持纪检监察部门查办案件，自觉接受派驻纪检监察组监督。坚持有案必查，有错必纠，让失责必问成为常态。

【监督机制】 坚持依靠人民推进公正司法，自觉接受人大监督，主动认真向人大报告工作，坚决贯彻人大决议及常委会审议意见。进一步完善人大建议、政协提案办理机制，拓宽接受代表、委员监督途径。加强与代表、委员的联络沟通，邀请代表、委员视察工作、旁听案件审理，参与执行监督、听证评议等，及时办理代表、委员建议提案。四级代表、委员大力支持执行工作，参与执行会战、见证执行49人次，妥善化解案件33件。发挥462名人民陪审员积极参与、监督司法作用，陪审员参审案件13316件，促进司法公正，提升司法公信。

（撰稿：徐 平 审阅：王 琴）

司法行政

【概况】 2018年金水区司法局及各工作站等共接待群众来访、解答法律咨询6000余人次，开展法治讲座、法治宣传350余场，办理法律援助3410件，参与调解矛盾141分1500余件。金水区司法局办公地点位于东风路16号，内设科室，即政治处、办公室、宣传教育科、基层科、社区矫正中心、律师管理科；局属二级机构1个，即法律援助中心；派出机构17个，即17个司法所（金水辖区17个街道办事处各一个）。常设机构1个，即金水区依法治区办公室。

【党建工作】 印发《2018年金水区司法局党的工作要点》。认真组织开展学习，切实把思想统一到中共十九大精神和习近平总书记重要讲话精神上来，进一步增强广大党员干部的政治意识、大局意识及责任意识。认真落实全面从严治党的新要求，进一步全面加强全系统党的建设。3月，进行支部委员补选。3月15日召开了2018年度党员领导干部民主生活会，3月28日召开组织生活会，8月29日召开“提高党性修养、争做合格党员”专题组织生活会，9月13日召开巡视整改专题民主生活会，9月19日召开巡视整改专题组织生活会。每月21日按时开展党员活动日活动。按时开展预备党员转正工作。多次组织中共十九大精神及党章党纪党规测试。11月12日，组织全体党员集体观看《榜样3》，学习不同领域先进典型人物在本职岗位上坚守信仰、无私奉献的先进事迹。参与全区各项中心工作，每周五到联系杜岭办事处参加全城清洁活动。

【党风廉政建设及反腐倡廉】 2018年年初签订廉政个人承诺书。3月底，全体科级领导干部手机均接收到市纪委监察委赠阅《廉政周刊》。5月初，开展违规公款吃喝和违规收送红包礼金自查自纠工作，全体人员进行了个人承诺。6月底，召开以案促改警示教育大会，认真开展以案促改工作。全体班子成员于7月下旬认真自查自纠并认真总结本人在党风廉政建设和履行“一岗双责”方面的情况。8月21日，召开党风廉政建设“一岗双责”工作推进会，会上局班子成员、各司法所所长均签订了《党风廉政建设“一岗双责”目标责任书》，以“责任状”的形式把“两个责任”“一岗双责”的要求落实到了每位领导干部的身上。8月20日晚，组织全体班子成员及机关中层干部，观看廉政豫剧《春秋相国》。11月20日，组织全体人员参观郑州市廉政教育基地。印发《金水区司法局2018年督查工作要点》，各分管领导带头组成督查小组，每月开展督查活动。为各司法所配备了监控设备，为督查室配备了执法记录仪、酒精测试仪。截至年底，已开展“两会”期间安全维稳工作督查、金水“七五”普法文化长廊运行情况督查、司法行政工作全面督查、工作作风纪律督查、“七五”普法中期督导等十余次督查，有效提升了金水司法行政系统党风廉政建设、工作纪律作风建设工作水平，保障了各项业务工作有序开展。

【巡视巡察整改工作】 区司法局成立整改落实工作领导小组，

制定方案，建立台账，巡察组所反馈的四个方面问题均立行立改或已整改到位。区司法局党组高度重视巡视、巡察整改工作，及时召开班子会传达7月11日区委、区政府会议精神，并利用中层会、全体党员干部大会，要求全局上下统一思想，把抓好巡视巡察整改落实作为当前重要政治任务和头等大事。局整改落实工作领导小组负责具体整改工作，扎实开展中央、省委巡视共性问题的整改落实，确保整改安排部署和实施落到实处，取得实效。金水区司法局强化监督落实，建立问题台账，完善各项制度，注重苗头治理。巡视巡察整改工作开展以来，区司法局严格管控“三公”经费，对贯彻落实中央八项规定精神进行“回头看”和全面自查，在严禁违规配备使用办公用房、严禁违规配备使用公务车方面认真开展自查，进一步严格执行中央八项规定和区委、区政府有关规定，全局全面从严治党得到加强，“一岗双责”切实落实，干部作风得到转变。

【公共法律服务实体平台建设】 公共法律服务平台建设为2018年的一项重点工作，得到了区委、区政府的高度重视，区政府出台《金水区公共法律服务平台建设实施方案》，区长魏东、副区长赵德武多次听取金水区司法局工作汇报，给予关心和支持。金水区司法局坚持明确目标，坚持找准定位，坚持拔高标准，全面推进公共法律服务平台建设。金水区公共法律服务中心已经确定在区政府便民服务中心内建设，划拨不少于200平方米的独立办公场所，为所有居民群众提供全方位的“一站式”法律服务，由于便民服务中心正在施工，为更好地服务群众，金水区公共法律服务中心已启用先期的租赁200平方米临街办公用房。金水区司法局对公共法律服务实体平台建设高度重视，在人财物上给予大力支持，落实经费保障，先后投入资金40余万元，按照“统一名称、统一标牌、统一制度、统一台账”的“四统一”标准，扎实推进三级公共法律服务平台规范化建设。已建成街道公共法律服务工作站17个，完成任务数的100%；建成社区（村）公共法律服务工作室202个，完成任务数的100%；聘请法律顾问共99名，村（居）法律顾问覆盖率100%；同时，搭建微信管理服务平台，建成17个街道微信管理群，整合法律顾问力量，在区、街道、社区（村）三级组建219个微信服务群，实现“微信群”24小时全天候不间断法律服务。截至年底，金水区中心、各工作站、室共现场接待群众来访、解答法律咨询6000余人次，开展法治讲座、法治宣传350余场，办理法律援助3410件，参与调解矛盾纠纷1500余件，参与调解的2起遗产继承纠纷进行了司法确认，全面提升公共法律服务整体服务质量，打通了法律服务“最后一公里”。

【普法依法治理】 一是全面启动普法依法治区工作。连续印发《2018年金水区法治宣传教育和依法治区工作意见》《关于开展2018年度“普法讲师团”巡回讲法活动的通知》《关于进一步加强全区领导干部、公务员、机关干部学法用法工作的通知》，以金水区两办名义拟定和印发《关于建立“谁执法谁普法谁主管谁普法”责任清单制度的实施意见》，转发了《郑州市贯彻〈党政主要负责人履行推进法治建设第一责任人职责规定〉的实施办法》。上述文件对2018年度乃至金水区未来法治宣传教育和依法治区工作目标、任务、效果进行了明确和量化，将法治宣传教育和依法治区工作目标纳入到区委、区政府年度综合目标当中，并层层分解到街道办事处、区直各单位。二是深入开展法治宣传活动。积极开展“十九大”法治宣传活动，营造辖区良好法治环境。开展宪法宣传。印发《关于深入开展宪法学习宣传教育活动的通知》《关于认真贯彻落实习近平总书记重要指示精神、切实加强宪法学习宣传的通知》《关于开展“我与宪法”优秀微视频征集展播活动的通知》等文件，组织开展“宪法”宣传教育活动，“12·4”期间，开展“国家宪法日”宣传活动，组织参加全市国家工作人员法律法规知识考试。举办法治讲座。邀请社区“三官一师”、民调员进社区开展了120多场法律知识讲座活动。开展全民精准普法工作。向各街道、社区发放“七五”普法主体法规宣传册《十九大报告解读及劳动法常见问题》《农民工维权法律知识宣传册》共计约5万余册，开展“法律服务进基层”系列活动100余场次。组织开展“普法讲师团巡回讲法活动”140余场次。加强领导干部学法用法，针对全区领导干部统一购买发放宪法、监察法、《政府法律顾问实务》书籍3000余册。加强青少年法治教育，全区所有小学，全部配备了法治副校长和法治辅导员，积极开展“一校一法官”“送法进校园”“六员进校园、合力保平安”等活动。深入开展“法律六进”活动。集中开展法律宣传60余次。建设法治文化阵地。第二批17个“普法文化长廊”全部安装到位，已经投入使用。第一批17个普法文化长廊版面内容更新完毕。顺利完成“七五”普法中期检查督导工作。自“七五”普法规划实施以来，在区委、区政府的正确领导下，金水区司法局积极推进依法治理工作，干部群众的法律意识和法律素质进一步得到提高，各项事业的依法规范和依法管理得到进一步增强，为实现金水长治久安，构建和谐平安法治金水营造了良好的法治环境。9月27日，河南省宪法学习宣传实施专项督查暨“七五”普法中期检查组一行到金水检查指导工作。检查组先后来到南阳新村辖区的金水普法文化长廊、东风路辖区的宋砦法治展览馆、金水区政务服务中心、金水区柳林四小检查。检查组领导高度赞赏金水区的宪法学习宣传和依法治区工作及档案归档整理，要求金水区再接再厉，做出更加辉煌的成绩。金水将“七五”普法以来的工作成效总结做成微视频“七五”普法专题宣传片，并在市司法局迎检时进行了经验交流。2018年，顺利完成省、市对金水区的“七五”普法中期检查验收工作。

【人民调解】 司法所建设，2018年金水区司法局一方面对已命名规范化司法所硬件软件水平进行保留和提升，另一方面积极协调，加大投入，建设省级、市级规范化精品所，截至年底已有2个省级规范化司法所，15个市级规范化司法所，各司法所办公用房面积达1800余平方米，全区司法所规范化建设水平大幅提升。3月中旬，组织全区17个司法所所长参加了市司法局组织的全市司法所长业务培训。人民调解对专职调解员进行年度工作考核。开展了“双节”矛盾纠纷排查、“两会”期间矛盾纠纷排查。9月4日—6日举办了人民调解业务技能培训。1月，东风路街道同乐花园社区人民调解委员会被省司法厅命名为“全省十星人民调解委员会”，丰产路街道姚砦社区刘淑英人民调解室被命名为“金牌人民调解室”。5月，金水区司法局派驻交警一大队调解室专职调解员崔瑞佩被评为全国人民调解工作先进个人。3月24日上午，花园路司法所组织专职调解员和通信花园社区银发调解服务队参加河南省电视台公共频道《一拍即合》栏目。1—10月，全区各调解组织共调解矛盾纠纷5461起，调处5431起，调成率99%以上。多方联动，开展人民陪审员选任工作。认真贯彻落实《中华人民共和国人民陪审法》，按照司法部、最高人民法院、公安部《人民陪审员选任办法》要求，金水区司法局联合金水法院、辖区7个公安分局成立金水区人民陪审员选任工作领导小组，建立工作联席会议制度，正在印发《金水区人民陪审员选任工作实施方案》。并积极参加全省人民陪审员选任工作动员会。同时，在全区范围内开展《人民陪审员法》《人民陪审员选任办法》宣传，营造了良好的舆论宣传氛围，提升了群众知晓率和参与率。截至年底，接受现场报名60余人。

【社区矫正及安置帮教】 2018年全区累计接收社区服刑人员1670人，解除矫正1199人，目前在矫人员471人，其中缓刑452人，假释1人，暂予监外执行18人。共开展社区矫正调查评估350次。社区矫正人员未发生脱（漏）现象、未发生有影响的事件。2018年2月起，各司法所每月开展一次针对社区服刑人员集中点验活动。全力做好2018年春节和全国“两会”期间社区矫正安全稳定工作。4月18日—19日进行业务培训。5月17日，司法部、省司法厅领导一行到丰产路司法所和花园路司法所进行了实地调研。金水区司法局作为郑州市社区矫正延伸用警试点单位之一，于6月5日举行试点启动仪式，郑州市社区矫正执法大队三支队的5名干警进驻金水区司法局，正式开展社区矫正延伸用警工作。干警进驻后，参与到对社区服刑人员集中点验、入矫宣告、警告、训诫等工作中，对管理的在矫社区服刑人员起到了震慑作用，有力保障了社区矫正工作的执行力度。中心还邀请石佛强制戒毒所专业心理咨询师对在矫社区服刑人员中有心理疏导需求的开展针对性心理辅导，取得了较好的效果。安置帮教全年共衔接回归刑释解教人员245人，已衔接的回归刑释解教人员建档率达100%，帮教率100%，人员重新犯罪率控制在3%以内。

【法律服务】 律师管理工作，组织开展市律协换届选举金水区代表的推选工作。全力推进律师党建工作，坚持以律所为单位建立党支部，在原有7个区属律师事务所党支部的基础上，金水区律师工作委员会党总支不断努力，经郑州市律师协会党委批准，区属律师事务所新成立11个独立党支部，对于金水区目前尚没有党员的31家律师事务所，律管科联合律工委共选派11名党建工作指导员，指导其律师事务所党建工作，待条件具备后建立党支部。积极组织金水区属律师事务所13个党支部书记及入党积极分子参加5月中旬郑州市律协在新郑龙湖举办的培训。4月底至5月初，开展全区124家律师事务所、1335名律师的年检注册初审工作。配合区委统战部推选出6名优秀律师成为金水区新的社会阶层人士联谊会成员。推荐10名政治素质高、业务能力强的律师进入郑州市涉外律师人才库，推选优秀律师加入郑州市刑辩律师库、充分发挥法律咨询服务、法制宣传和调解等服务功能，将解决社会矛盾纳入法治化轨道。做好“双随机一公开”工作，对8家区属律师事务所进行随机抽查。组织律师加入郑州市刑事辩护律师资源库，切实加强刑事辩护律师队伍建设。选派167名律师参与金水区普法讲师团巡回讲法活动；新选派70名优秀律师充实到“三官一师进社区　化解矛盾保平安”活动中律师队伍中。加强律师事务所对承办涉“黑恶”势力案件管理，目前金水区属律师代理“涉黑涉恶”案件35起，全部按照要求进行逐级报备，同时律管科对律师办理案件情况入所进行督查，发现问题及时进行整改。截至年底，区属律师担任法律顾问570家，办理各类诉讼非诉案件10087件，代写法律文书解答法律咨询3295件。法律服务工作，1月对全区基层法律服务工作者进行了业务培训。组织全区10个基层法律服务所及90多名基层法律服务工作者做好执业证年审注册初审工作。按照市司法局要求，指导基层法律服务所完善和规范合伙制基层法律服务所章程及协议，报送市司法局审核。

【法律援助】 截至年底，共解答群众来访、来电法律咨询6000余人次，微信公众号“法援掌中宝”开通以来为2100多人解答了法律咨询；共办理法律援助案件共计3528件，归档2774件，为困难群众挽回经济损失400多万元。刑事案件认罪认罚试点工作2018年共办理认罪认罚案件1810件，推进“律师辩护全覆盖”试点工作，办理审判阶段法律援助、帮助案件1448件，辩护率达到100%。在区法院、区劳动仲裁院设立援助律师值班办公室，17个街道办事处以及区人武部、残联、妇联、团委等11个区直部门设立法律援助工作站，辖区内200多个社区（行政村）都有法律援助联络员，实现法律援助网络全覆盖。扩大法律援助覆盖面。在全区统一执行以城镇居民最低工资标准为上限的法律援助经济困难标准（1720元）。对军人军属申请法律援助免于审查经济困难，2018年共办理军人军属法律援助案件11件。开展农民工法律援助专项活动，共受理农民工维权案件902件，挽回经济损失300余万元，宣传场次22次、发放宣传资料10000余份。积极参与省财政厅对全省法律援助专项资金绩效评价工作，金水区法律援助中心是郑州市唯一的实地测评单位，考核组对金水区法律援助工作给予充分肯定。9月3日、6日江西省樟树市、江苏省通州区政协委员分别到金水区学习考察法律援助工作，区政协领导陪同考察。

【新闻宣传】 5月16日举办“不忘初心　牢记使命”微党课比赛，全区17个司法所参加此次比赛。微信和公众号等新媒体得到广泛应用，先后建立了普法宣传、法律援助工作微博和公众号，发布和转载新闻信息100余条，起到了良好的宣传效果。目前被国家、省、市、区各级报刊、网站、电台、电视台等宣传媒体采用的信息共161余篇，其中国家级媒体28篇、省级媒体102篇、市级媒体31余篇。

【“扫黑除恶”专项斗争】 金水区司法局充分发挥自身职能优势，出台“扫黑除恶”专项斗争工作方案，成立了领导小组，积极开展“扫黑除恶”专项斗争。一是发动强大宣传攻势，营造浓厚法治氛围。悬挂横幅270余条、发放宣传单5000多页，投放广播、电子屏幕若干，广泛宣传中共十九大精神以及中央关于“扫黑除恶”专项斗争精神。二是引导律师参与辩护，依法提供法律帮助。加强对刑事辩护工作的指导力度，加强接案管理，律管科全程监督代理“涉黑”案件的律师活动，奔赴湖南长沙、湖北武汉、南阳、登封等省内外各地市旁听庭审过程，并到律所督查工作情况，确保案件报备及诉讼活动真实、合法，截至目前未发现律师违法违规事件。截至年底共审核备案律师代理“涉黑涉恶”案件32起，涉及22个区属律师事务所。三是利用多种监管手段，加强重点人员管控。印发《关于做好全区社区矫正参与扫黑除恶专项斗争工作的通知》，要求各司法所每月重点排查涉及“行凶作恶、暴力催债、涉黄涉毒、扰乱公共秩序”等违法犯罪行为的人员。专项斗争工作开展以来，金水区司法局对违反监督管理规定的社区服刑人员予以警告56人次，对多次违反监督管理规定的社区服刑人员予以撤销缓刑1人次，暂未发现在矫社区服刑人员重新涉及“黑恶”犯罪的情况。

（撰稿：朱琳娜　审阅：翟　培）

军　事

武装工作

【概况】　金水区人民武装部，设军事科、政治工作科、保障科，代管金水区国防教育办公室。2018年，人武部党委被河南省军区表彰为“先进团级党委”；部长周学军、政委李继东被郑州警备区表彰为“一对好主官标兵”。

【机构改革】　根据省军区系统力量编成和规模结构调整改革方案，区人武部编有现役干部、文职人员和职工三类人员，设军事科、政治工作科、保障科。主要担负国防动员、兵役征集、国防教育、国防设施保护、双拥工作、军民融合协调等职能任务。2017年5月，区人武部按照调整改革后新体制新编制运行，为正团级单位，接受郑州警备区和金水区委、区政府的双重领导，是区委的军事部门、区政府的兵役机关。

【班子建设】　2018年，人武部党委在警备区党委和区委、区政府的正确领导和大力支持下，一班人注重理论学习，党委科学决策能力明显增强。部党委坚持把学习作为第一要务，紧密联系人武部工作实际，制定了党委中心组理论学习计划和个人自学计划，努力创新学习形式，积极营造学习氛围，有效激发了班子成员加强理论学习的积极性与主动性。通过学习，提高了“一班人”的政策水平及理论修养。党委成员深入基层武装部、民兵营连进行调查研究，掌握了大量第一手资料，在此基础上研究制定具体对策措施，为科学决策奠定了基础。落实党内制度，党委班子团结质量不断提高。坚持民主集中制原则，认真贯彻“十六字”方针，确保党内政治生活经常化、规范化。一是强化集体领导功能。部党委从严格落实《党委议事规则》入手，进一步规范集体领导程序，维护集体领导权威，充分发挥集体领导作用，增强决策的透明度和科学性，有力促进了人武部的全面建设。二是增强班子团结精神。“一班人”把加强团结，作为党委班子建设的永恒主题，努力做到“三个坚持”，即坚持把团结放在党委建设的生命线地位；坚持有原则的团结，不搞无原则的“一团和气”；坚持民主生活会制度，广泛开展交心通气和批评与自我批评。班子成员“有事无事常来往，大事小事常商量”，形成了“政治上同德，事业上同心，工作上同力”的良好氛围。坚持廉洁自律，党委成员表率作用发挥明显。“班子”成员形象代表着单位形象。不管形势如何发展、人员如何调整、任务如何变化，部党委成员始终坚持廉洁自律不放松，从讲党性、重品行、作表率三个方面，树立让部属和群众信服的良好形象。部党委先后制定《加强党委思想作风建设措施》和《党员干部廉洁自律规定》，坚持在推荐干部和经费开支上公开公示、阳光运作，制定完善集中采购、联审报批、职工管理、集体交班等制度规定，增强焦点问题的透明度，自觉接受群众监督，杜绝了讲排场、摆阔气等奢侈浪费现象。党委成员能自觉用党的纪律约束言行，处处模范守纪，时刻坚持原则，树立领导干部的良好形象。连续四年被河南省军区表彰为“先进团级党委”。

【学习教育】 2018年，人武部党委坚持党的创新理论武装，大力营造“读习主席的书、听习主席的话、做习主席的好战士”浓厚氛围。研究制定“周一学理论、周三搞活动、周五上大课”的教育模式，强力推进“学训词、铸军魂、开新篇”专题教育和“传承红色基因、担当强军重任”主题教育。通过以会代训、挂钩帮训、指导帮带等方法，提升能力素质，切实把全体干部职工和专武干部的思想引入到新时代，把维护核心、听从指挥融入灵魂、植入骨髓。

【春节“大走访、大慰问”活动】 春节前夕，人武部专题召开春节走访慰问军烈属工作部署会，精心组织多项活动，按照分级组织、共同实施的原则，采取进门入户、举办座谈会和茶话会等方式，深入开展“大走访、大慰问”活动，代表省军区、警备区和人武部本级先后走访了辖区内267户干部家庭以及1343户义务兵家庭，帮扶村76户生活困难群众。为每户军烈属家庭送去慰问品及慰问金的同时，在全区开展了“七个一”活动，即为每户现役军人亲属制作拥军优属政策汇编一本、慰问信一封、宣传彩页一份、军人军属法律援助联系卡一张、人民军队忠于党挂历一幅、“光荣之家”匾牌一块、春联一副。同时，把解决官兵家庭现实困难、解除官兵后顾之忧作为开展活动的重要内容，做到生产生活服务到位、贫困家庭救济到位、涉法问题援助到位，真正把党和政府的温暖送到困难军烈属心中，切实使走访慰问活动成为解兵困、暖兵心、促和谐的具体行动。通过走访慰问，营造了辖区内拥军优属、拥政爱民的良好氛围。

【兵员征集】 紧盯征兵“五率”（报名率、上站率、合格率、择优率、退兵率）指标和廉洁征兵高压线，围绕 “三个确保、一个提高”（确保完成任务、确保兵员质量、确保廉洁征兵、提高大学生比例）和“一优两归零”（五率优，零违纪、零退兵）目标，研究探索出“以人为本、程序简便、方法灵活、廉洁高效”征兵工作新模式，首推辖区全域全媒体征兵宣传，受众关注度达到87.6%，征兵报名比2017年同期增加20%以上，助力兵员征集数量、大学生征集比例实现四连增，继续保持全省大学生征兵“领头雁”形象。组织征兵人员进行业务技能培训，严把体检、政考关口，组织所有预定新兵进行役前教育训练，研究出台拒服兵役惩戒措施，通过发放《廉洁征兵公开信》、聘请廉洁征兵监督员、公布廉洁征兵举报方式、落实公开公示制度、进行廉洁征兵回访等形式加大廉洁征兵力度，圆满完成新兵征集任务。连续四年实现“四个零”目标任务（零退兵、零事故、零差错、零举报）。

【民兵调整改革】 在“十三五”时期民兵组织规模调整改革开局之年，紧密结合本单位、本辖区实际，科学筹划部署、过细调研摸底、创新思路驱动、合力推进落实，初步解决了当前民兵组织建设衍生出的“兵员编不了”“组织建不了”“平时管不了”的“新三难”问题。特别是依托区卫生防疫站编建的卫生防疫分队，依托大桥局编建的工程

4月15日，民兵应急分队参与处置新郑国际机场重大公共安全事件

金水区首批新兵起运

抢修分队，依托中石化编建的空军油料保障分队，达到了“实、精、强”的编建要求，确保“建在身边、抓在手中、用在关键”。

【军事训练】 紧盯实战需要强化训练演练，坚持党委议战议训，积极破除和平积弊，树立备战打仗鲜明导向。结合上级组训、本级自训、军地共训等方式，先后组织基干民兵开展集中轮训与常态备勤任务试点，参与了郑州市黄河防汛抢险演练，完成了军委国防动员部赋予的空军对口保障“医疗救护分队”的专业训练任务，民兵队伍应急应战能力有了大幅提升。参与并成功处置郑州机场“415”公共安全事件，初步探索了“基地化训练、常态化备勤、规范化教育、军事化管理、多样化保障、一体化指挥”的方法路子。5月14日《中国国防报》三版整版以“破除基层后备兵阵的和平积弊”为题进行了报道，在军内外引起强烈反响。

【国防教育】 广泛开展“讲英雄故事、学革命先烈、做红色传人”主题实践活动，在集中轮训与常态备勤训练期间，邀请某师离休干部吴玉春为参训人员讲述英雄故事，营造崇尚英雄、尊崇军人的良好氛围。充分利用“八一”、“全民国防教育日”、征兵等重大节日和时机，采取在广场、主要街道、大中专院校等公共场所悬挂条幅、发放传单、宣传展板、以电子显示屏播放标语等形式，集中开展国防教育宣传活动。征兵宣传的期间，组织辖区办事处、院校悬挂和更换国防知识挂图数百张，发放国防教育资料数千份，向数万人传递了国防知识信息。把辖区内“民兵之家”办成国防教育园地，在加强民兵思想政治教育的同时，开展全民国防教育。9月开展“国防教育宣传周”活动，期间区、街道办近100名干部走上街头、进入社区、站上讲台、接受专访，宣传国防教育，普及国防知识，起到了强力示范带动作用。

【精准扶贫】 区人武部认真贯彻落实习主席关于精准扶贫的指示要求，积极参加脱贫攻坚任务，在警备区统一调剂下，联系承包荥阳市崔庙镇白赵村，先后投入50余万元扶持油牡丹种植，援建饮用水塔，为该村主干道安装风力和太阳能路灯项目，积极开展医疗巡诊、捐资助学等活动。2018年，共落实帮扶贫困户76户，困难党员12人，帮扶贫困学生家庭35户，帮扶老弱病残等83人，做到一户一策，精准施策。同时，利用春节走访慰问时机，投入5万余元购买了米、面、油和棉被等实物，对206户困难家庭进行了走访慰问。坚持每月到贫困村调研了解情况，及时解决问题，以实际行动助力脱贫攻坚。

【新闻报道】 2018年，人武部党委坚持把新闻报道工作纳入党委工作的议事日程，自觉做到党委会常议，专武干部会常讲，部领导常抓，全体干部职工常写。明确提出了“结合工作搞报道，用工作促进报道，用报道促进工作”的要求，使新闻报道工作年初有计划，定期有检查，年终有奖惩。组织各科室人员结合日常工作完成、大项任务受领等时机，结合工作搞报道，积极撰写新闻稿件，并在军地新闻媒体上进行投稿，确保人人有上稿。年内人武部共在军地新闻媒体上稿156篇，其中省级以上媒体见稿112篇。因新闻报道工作成绩突出，国教办黑姗姗被郑州警备区记个人三等功一次。

（撰稿：黑姗姗　审阅：张　林）

人民防空

【概况】 2018年，区人防办在区委、区政府的正确领导下，以金水区“两个率先”和中部城区发展领跑的决定性态势为目标定位，争做全市人防工作“排头兵”，深化军事斗争准备，贯彻融合发展理念，团结拼搏，锐意进取，脚踏实地，真抓实干，金水区人防全面工作发展势头良好。8月在平顶山郏县召开的河南省人防宣传教育工作现场会上，金水区作为河南省11个典型经验单位进行了经验发言。

【党风廉政建设】 全面深化中共十九大精神的学习宣传。围绕学习贯彻中共十九大精神，深化理论武装工作，采取中心组学习、每周一上午集中学习、每周二下午集中收看学习视频资料、专题辅导、研讨交流等多种形式，引导单位党员干部认真深入研读中共十九大报告，研读《中国共产党章程》，研读习近平总书记系列重要讲话，全面准确深入领会中共十九大精神，不断提高学习贯彻的自觉性和坚定性。

扎实开展“两学一做”常态化、制度化专题教育活动。召开专题会议，精心安排部署，认真制定2018年度学习方案,制定学习计划，明确学习重点，主要采取个人自学、集中学习、民主生活会专题讨论、党员领导干部上党课等形式组织党员认真学习党章党规和习总书记系列重要讲话精神等内容，营造浓厚氛围。全年，共组织中心组集中学习40余次、党员干部集中学习60余次。

着力加强党组织建设工作。不断夯实组织基础。制定机关学习制度，完善党内“三重一大”民主议事决策制度、党内监督制度等制度，认真规范实施，进一步提升党员工作执行力。大力加强党员队伍建设。认真抓好党员发展工作，规范发展党员程序，严把入口关。进一步做好党费收缴、党员活动日、党员志愿服务等党内活动。在“5·12”全国防灾减灾日和人防工程避暑纳凉点开展党员志愿服务活动；举行党建读书月赠书活动，向全体党员干部赠送《习近平谈治国理政》第一卷、第二卷和党章、党徽，积极树立党员形象，努力发挥共产党员的先锋模范作用。

务实做好全面从严治党主体责任落实。制定《全面从严治党主体责任清单清单》，明确和规范领导班子和班子成员抓党建的具体任务和责任。单位主要负责人同所有班子成员、全体党员干部签订了党风廉政建设责任书，层层压实全面从严治党主体责任和监督责任。坚持在春节、国庆等重要节庆前开展廉政谈话、案例剖析，做好节庆期间的反腐倡廉工作。利用班子民主生活会、支部组织生活会、平时谈心谈话等时机开展好经常性的批评和自我批评，让“咬耳扯袖”“红脸出汗”成为从严治党和监督执纪的常态。

积极融入区域化党建服务群众工作。参加杜岭街道“大工委”会议和社区“大党委”会议，充分了解交流区域化党建工作，共同商议为民服务创新举措。区人防办党员志愿服务队每周积极参加社区“大党委”组织的义务劳动。区人防办党支部在农历新年来临前夕，会同杜岭街道“大工委”，深入居民家中入户走访，以“走基层、献爱心”的方式开展送冬被、征集微心愿等行动，真正将党和政府的温暖以及社会的爱心传递到这些家庭手中，得到受助对象的一致好评。

【应急资源体系建设】 完成人防骨干力量培训工作。严格按照《人防试训大纲》要求，10月15日至11月9日，来自金水区相关单位、17个办事处的240人，分4批参加了2018年金水区《人民防空训练与考核大纲》培训班。该次培训邀请到了郑州防空兵学院、南京防空兵学院、南京陆军指挥学院等多所知名院校的专家教授，围绕中共十九大精神学习、国家安全环境、人民防空组织指挥、自救互救常识与技能等内容进行了专题授课。培训中还开展了党员重温入党誓词、准军事化训练等内容，着力提升了人防队伍党性修养和业务素质水平。

【人防工程安全】 着力做好人防工程隐患治理工作。金水区位处郑州市中心区域，早期人防工程年代久、数量多、分布散，治理难度极大，为确保人民群众生命财产安全，2018年2月，区人防办在辖区内人防工程开展为期一个月的人防工程安全管理排查工作，以绿地着火事件为鉴，切实做好了全区人防工程安全管理工作，坚决预防和遏制看重特大火灾和安全生产管理事故。务实做好人防工程防汛工作。坚持汛期战备24小时值班，领导亲自带班。聘用专门的防汛物资管理员和早期人防工程附近居民任人防工程安全巡查员。积极做好人防抢险物资储备及抢险队伍组建训练工作，及时处理发现的各种问题，实现了历年来人防工程防汛“零事故”。

【为民服务】　扎实做好开放人防工程避暑纳凉工作。按照“统一布置、环境优美、空气清新、健康纳凉”的标准，2018年金水区开放纳凉点和可避暑处共3处，开放面积达3600平方米，可容纳数千人纳凉。同时，对纳凉点进行必要装饰整修，更换维修纳凉点桌椅。印制扑克牌、水杯、扇子等纳凉娱乐设施共群众免费使用。强化纳凉服务工作。聘请具备一定医疗救护及应急处置知识的专职管理人员，具体负责纳凉点卫生清扫、纳凉用品发放记录、纳凉人数统计汇总等工作，保证纳凉点正常运行。

圆满完成金水区人防科普教育体验馆建设工作。金水区人防科普教育体验馆建筑面积500余平方米，总投资200万元，是为充分发挥人防工程平战结合效益，融合避暑纳凉、防空防灾宣传教育、应急救援知识普及、地震灾难模拟体验等多项功能打造的综合性展馆。全馆由人防教育展厅、人防教育微宣室、地震灾难模拟体验厅、电子阅览厅和多功能展厅五大主体展厅组成，参观者可以通过观看视频、操作体验、信息查询、知识问答等方式深入浅出地学习人防安全应急知识，真正体现了“科技、互动和寓教于乐”的宣教理念。它将成为金水区未来开展人防宣传教育的重要窗口和科技含量最高的国防教育基地、爱国主义教育基地。

6月12日上午，金水区人防科普教育体验馆举行开馆仪式。体验馆开馆后，来自上海市民防局、漯河市人防办、信阳光山县人防办等多地考察团先后到金水区人防科普体验馆考察学习宣教场馆建设工作。

积极做好人防防灾减灾宣传工作。人防防灾减灾宣传是增强人防影响力、扩大人防教育覆盖面的重要渠道。区人防办利用“5·12”防灾减灾日、“9·18”警报试鸣日、开放人防工程避暑纳凉等时间节点和工作契机，举办各种类型的人防集中宣传活动。区人防办利用暑假等契机，在郑州幼儿师范高等专科学校、郑州市第七中学、第二十三中学、第七十一中学、金水区省委社区、军区社区、省检社区、鑫苑社区等多处开展了各种类型的人防主题宣传教育活动，向市民传播有关防空防灾方面的知识，增强市民群众的防空防灾技能，不断扩大了人防教育覆盖范围。

（撰稿：陈　晨　审阅：高海歌）

消防工作

【概况】　2018年，全区建成社区消防体验中心2个。全年督促整改火灾隐患6700余处，依法处罚单位（个人）19542次，查封302处，警告7393人次。2018年，全区消防队伍共接警出动584起，出动消防车辆1920辆次，出动警力9942人次。

【和谐警营氛围】　消防大队坚持以和谐警营建设为载体，以思想作风建设为先导，全方位打造班子和队伍新形象，赢得了各级党委政府和人民群众对消防工作的理解、支持和配合，在2018年度支队组织举办的2次综合性业务考核和3次文体活动中，获得了4个第一名、1个第二名的优异成绩。

强化班子建设。大队党委以开展创先争优活动为载体，严格落实大队军政主官职责分工、党委班子民主集中制，党委议事程序规范、决策科学，牢固树立“一盘棋”思想。

提升思想政治建设。严格落实党委议教、推门听课制度。扎实开展了中共十九大精神专题学习、深化《组建国家综合性消防救援队伍框架方案》的宣传教育、“牢记总书记训词、建设过硬队伍”等各项教育活动，确保了指战员思想高度稳定。

推进党风廉政建设。严格落实党风廉政建设主体责任和监督责任，从严执行“三重一大”决策及各项廉政规定。不断改进和完善便民利民措施，2018年执法工作中未有一起引起行政复议或诉讼。

【基层队伍建设】 区政府明确各级单位消防队（站）装备、公共消防设施、多种形式消防队伍建设等目标任务，有力推动消防基础设施建设快速发展。按照落实一处城市消防站建设用地并完善相关土地手续和配合完成金基消防站及科教园区消防站建设任务的全年工作目标。截至年底，高皇寨站围墙已拉好，下一步将到地震规划部门办理相关手续；杲村、商城路、凤凰台移动站选址已完成；张家村小型站已经与开发商协商完成，并在索凌路魏河南岸新建消防站。不断提升装备建设水平。

【火灾防控】 社会消防安全责任制全面落实。区政府将消防工作纳入各级领导班子、领导干部考评内容和考核评价依据。认真贯彻落实《郑州市消防安全责任制实施办法》，组织召开了区级年度消防工作会，下发了《2018年金水区消防工作要点》，明确了各街道办事处、(委）局的消防工作目标。年内，区政府每季度召开安全生产会，认真研判消防安全形势。金水区委常委会3次研究部署消防工作，区委副书记、区长魏东、常务副区长杨洁先后召开4次政府会议、5次带队深入督导老旧小区、拆迁安置点、商市场及圣诞元旦节前的消防安全工作。区委、区政府领导共批示6次、下发文件方案8份，对冬春火灾防控、夏季消防安全、午托部、校外培训机构、养老机构、高层建筑、大型商业综合体等专项整治工作进行部署。防委会4次召开联席会议研讨推进消防安全工作。

社会化火灾防控根基切实筑牢。做实基层消防网格化管理。推动各街道办事处认真落实消防工作责任，划分5个片区，明确专人，每季度对乡镇（办）负责人进行培训，每月指导乡镇（办）消防工作，19次对街道办、村“两委”负责人，采取以会代训、专题讲座等形式开展消防培训。大队全体文员分包社区，确保每周半天到社区帮扶开展工作，与网格长一起对居民住宅小区开展排查、宣传工作。加快消防安全社区创建进度，全区163个社区全部达标。建成社区消防体验中心2个。加强公安派出所消防监督工作。全区7个公安分局全都确定了分管领导和专兼职消防民警，深化“一村一警”警务工作机制，落实片区分包指导制度，大队分成5个小组，每周到分包社区、行政村与民警共同开展检查、宣传、培训工作，并分2批次对200余名专（兼）职消防民警、辅警培训一遍。深化巡消、保消一体化建设。大队明确专人负责，每季度对1500余名巡防队员进行业务培训。对17个巡防中队不定期举办拉动演练和考核，巡防队员业务素质大幅提升。协助市保安服务服务公司直属一公司、金水分公司新增省公安厅、市十一中学保消示范岗点2个，新增消防保安队员65人。

火灾隐患排查整治扎实开展。按照省、市工作部署，根据季节及重要节点相继开展了电动车、高层建筑、商市场、宾馆饭店、公共娱乐、中小学、文物古建筑、施工工地等19次专项整治活动。期间，充分调动公安派出所、办事处、社区等基层力量，全面排查治理，共督促整改火灾隐患67000余处，依法处罚单位（个人）19542个次，查封302

2月13日，金水区领导带队开展节前消防安全检查工作

处，警告7393人次，治安拘留252人。深化社会单位消防自我监管。对326家二级、395家三级重点单位责任人开展2轮的集中培训，对辖区内高层建筑、在建施工工地、大型商业综合体、校外培训机构、午托部、文物建筑等进行全面梳理，督促单位落实消防安全管理责任。5家政府挂牌督办重大火灾隐患单位已全部整改销案。查处火灾隐患举报投诉1093起。推广应用独立式火灾探测报警装置800个，全面提升社会单位的火灾防控能力。

消防安全知识宣传全覆盖。高标准完成福元路消防示范一条街建设。在城市主干道、施工工地设置固定宣传橱窗108块。向全区中小学校发放10000册《全国中小学校消防安全教育读本》，70%以上的中小学校有4个消防安全课时；明确115名社区消防宣传大使，联合河南卫视开展“欢乐社区行”大型进社区活动24期（将电动车火灾防范纳入宣传活动），拍摄高层等4个专题宣传片，在河南卫视黄金时段连续播出3个月。深化消防宣传进军训，走进河南农大、郑州七中、省实验小学等28所大中小学开展消防进军训疏散演练及大型宣传活动28场次。全年共开展主题宣传活动128场，错时宣传409场次，开展电视、广播、报纸等媒体宣传45次，印发各类宣传资料30万余份，对重点单位和人员密集场所全员培训，其员工“一懂三会”知晓率达到100%。协调沿街单位利用LED屏滚动播放消防知识10000余条。消防队站、科普教育基地共接待群众20000余人。建立微信宣传平台，关注人群约1500余人，金水区政府各委局、办事处、派出所、社区（村）居委会及重点单位负责人积极关注，信息每天更新，营造人人参与、处处可见的消防宣传氛围。

【灭火抢险救援能力】 着力强化灭火救援准备工作。严格落实大队每月2次、中队每周8次的演练要求，共开展（参加）各级较大规模演练30余次，完善预案326个，在凤凰城、尚悦城举办了全区消防安全大型综合应急救援演练。圆满完成“两会”、国庆、圣诞、元旦等重要节点及重大活动安保15次。2018年，全区消防队伍共接警出动584起，出动消防车1920辆次，出动警力9942人次，抢救被困人员42人，疏散人员96人，抢救财产价值343万元。

强化多种形式消防队伍建设。已投勤的燕庄村、沈庄村、马渡村微消站已移交属地办事处，日常管理及经费保障由办事处负责，大队不定期对其进行业务指导。建成未来路小型消防站、唐人街茶城、民航路、纬二路3个微型消防站。计划在全区建设50个微型消防站，将覆盖全区商业聚集区、人员密集区、离消防队较远的区域，建设方案和经费预算报告区委常委会已顺利通过。

夯实战训保障基础。大中队全体指战员有针对性地开展体能、技能、心理等基本功训练，大力开展装备器材熟悉操作训练、深化软件操作训练，深入开展重大危险源的排查，重点单位、高层和地下建筑的灭火演练，强化战斗编成训练，按照要求，大队每月、中队每周至少组织1次练兵测试考核。推进消防信息化建设，完成4G单兵图传配备工作标准和每个执勤中队配备1台4G图传设备，配备有消防车的10个重点单位微型消防站已纳入指挥中心调度体系。

（撰稿：姜晓华　审阅：贾小锋）

9月29日，金水区领导带队检查国庆节前安全生产和消防安全工作

农业与农村经济

【概况】　金水区农业农村工作委员会是区人民政府主管全区农业和农村经济、林业、水利、牧业、渔业及农业机械化的工作部门。内设党政办公室、农业科、林业科、水利科、畜牧科、农机科、水产科、法制科8个职能科室，设农经站、农开办、农产品质量安全检测中心、种子管理站、动物卫生监督所等22个二级机构。

2018年，农村居民人均可支配收入达26013元，同比增长8.5%。

农　业

【概况】　2018年是全面贯彻中共十九大精神的开局之年，金水区深入贯彻落实中央和省市涉农政策，突出抓好“三农”工作各项任务的落实，全区农业和农村经济稳步发展，“三农”工作取得良好成绩。

【农产品质量安全】　以省农产品质量安全县创建考核反馈意见整改落实和国家农产品质量安全县创建为抓手，做好重点时段、重要节日期间农产品质量安全工作，进一步加强属地责任和企业主体责任监管力度，不断加大宣传、培训力度，提升农产品质量安全监管水平。2018年，共抽检农产品样品846862批次，发现不合格样品204个，销毁不合格农产品1438.85公斤，总体合格率99.98%。开展畜产品质量安全整治行动，从兽用抗菌药、饲料和饲料添加剂、畜牧业投入品打假3个方面着手，向全区78家饲料、兽药生产经营企业发放告知书，并逐一签订承诺书。2018年5月，金水区被省政府食安委正式命名为第一批省级农产品质量安全县；11月，顺利通过国家农产品质量安全县创建现场考核验收。

【都市农业建设】　围绕农业增效、农民增收目标，金水区把工作重心放置到积极调整农业产业结构，大力培育农业龙头企业，拉长产业链条，促进一、二、三产业融合发展。2018年，调整农业种植结构4221亩；休闲农业营业收入达80万元，累计接待游客25000人次；完成金水区涉农企业503.21万元的支持农业企业发展专项资金拨付工作；完成郑州金苑面业有限公司绿色食品业转型升级打造农业全产业链情况调研工作;完成河南广联农牧集团有限公司农业产业化集群监测考核工作；配合省、市相关部门完成河南益新实业有限公司农产品出口调研工作；河南鼎优农业科技有限公司等3家企业被认定成为市农业产业化经营重点龙头企业。

【强农惠农政策】　2018年，全区夏秋粮播种面积6195亩，粮食总产量2211吨，耕地地力保护补贴共计24.38万元，补贴面积1934.65亩（126元/亩），全部以“一折通”的方式兑付到农户手中。

【“大棚房”问题专项整治】　成立“大棚房”问题专项行动领导小组，制定专项实施方案，明确总体要求、整治范围、工作任务、时间节点，组织精干人员和力量，多次进行全面排查清理，切实做到逢园必进，逢棚必查，横到边、纵到底，决不允许出现盲点、空白、死角，确保专项行动扎实有效。经核查，全区共有设施农业大棚155个，面积157.89亩，没有“大棚房”问题。其中，塑料大棚48个，占地31.69亩；日光温室103个，占地94.72亩；连栋大棚3个，占地29.5亩；其他1个，占地1.96亩。

【秸秆禁烧和综合利用】 区禁烧办常态时段督导检查与“三夏”“三秋”期间重点部署相结合的方式开展秸秆禁烧工作，通过明确分包责任，强化宣传指导，推广秸秆综合利用技术，加大督查检查力度等方式，确保金水区“不着一把火、不冒一股烟、不出现焚烧污染”。2018年，共出动一线禁烧工作人员2500余人次，督查人员800余人次，出动督查车辆320余车次，发放各类宣传资料3000余份，悬挂宣传条幅730余条，全区未发生秸秆焚烧现象，秸秆综合利用率达93.1%。

【生态农业】 紧抓农作物生长关键时期，加强农业生产田间管理，做好小麦、玉米等主要农作物病虫害发生程度调查与监测，采取指导农民科学用药、合理施肥等有效措施，推广生物防治和物理防治技术，减少农药、化肥利用率，有效减低农药、化肥对土壤的污染。通过推广渔业健康养殖技术、改善渔业养殖条件、严控违禁渔药使用等措施，控制渔病发生，减少渔药对土壤的影响。同时，深入开展第二次全国污染源普查工作，为控制农业面源污染、促进农业绿色发展提供科学依据。加大农药、化肥等农业投入品生产经营企业的巡查执法力度，严厉打击非法制售农资行为，减少不合格、假劣农药和化肥流入市场，降低土壤面源污染。2018年，测土配方施肥覆盖率84%；累计检查农药及化肥生产经营企业300余家，依法捣毁、取缔农药非法生产窝点8处，查扣农药成品、原料等物品60余吨。

【农资市场监管】 积极举办质量兴牧、质量兴农专题报告会、水产养殖培训会及新型农业经营主体带头人培训班，增强金水区涉农企业（个体）质量管控主体责任意识。认真开展农资市场专项整治活动，维护金水区农资市场环境持续稳定。2018年，累计检查农药及化肥生产经营企业300余家次、种子经营企业（商户）38家次、种子生产企业及储存仓库29家次、饲料生产企业55家次、兽药生产经营企业290家次、水产养殖户65户。处理农药、化肥等各类举报问题13起；依法受理调解各类农作物种子质量纠纷9起；配合公安机关查处兽药制假案件1起，处理市长热线举报涉畜案件3起。

林 业

【概况】 2018年，完成贾鲁河绿化1000亩、森林抚育500亩，新增提升廊道0.12公里。全年共发放林木采伐许可证24份，采伐蓄积量1580.01立方米。金水区林业工作以生态廊道建设、黄河湿地自然保护区金水段综合整治工作、森林病虫害防治、林政资源管理等工作为重点，大力开展生态林业建设。

【生态廊道建设】 采取抢抓绿化有力时节，细化分解工作任务，督导督查推进情况等有力措施，统筹推进绿化建设，2018年，完成贾鲁河绿化1000亩、森林抚育500亩；新增提升廊道0.12公里（国基路段）。

【黄河湿地综合整治】 加强黄河湿地保护力度，按照项目既定方案组织实施黄河湿地保护区修复建设项目，完成保护区边界围网、保护站基础设施、保护区生态监控监测系统安装等年度工作任务。开展黄河湿地人类活动遥感监测问题清单实地核查处理，针对“绿盾2017”44处点位问题和“绿盾2018”3处疑似问题进行逐一核查处理，全部处理整改完成。

【森林病虫害防治及检疫】 根据前期各类病虫害检测预报情况开展林业有害生物防治，累计投入资金20余万元，完成草履蚧、美国白蛾、悬铃木方翅网蝽、杨树食叶害虫等病虫害防治5940亩次；开展产地检疫1300亩。

【林政资源管理】 依法保护林业资源与促进经济社会发展统筹

兼顾，全年共发放林木采伐许可证24份，采伐蓄积量1580.01立方米；依法办理林木种子生产经营许可证1份。

水　利

【概况】　2018年，全面做好金水区防汛抗旱、生态水系建设和水政水资源管理等工作，金水区防汛抗旱形式持续稳定，未出现较大险情灾情，水环境持续改善，水资源管理体系日益完善。

【防汛抗旱】　全面落实以行政首长负责制为核心的各项防汛责任制，及时召开防汛抗旱工作会议，全面部署防汛抗旱工作。组织人员对辖区河道、涵闸、沟渠等主要防洪工程进行各项汛前隐患排查工作，并根据隐患排查情况，加紧落实整改措施，认真修订防汛方案、预案，及时更新补充防汛储备物资，积极组织民兵、群众队伍和专业抢险队共300人参加市黄河军民联防抢险演练，组建防汛队伍共计1.8万人。2018年汛期，金水区多次出现短时强降雨等极端恶劣天气，区防办持续强化工作部署，多次启动防汛应急响应，及时发布汛情，严格汛期值班值守纪律，确保金水区未出现较大险情灾情。

【生态水系建设】　以贾鲁河综合治理工程为抓手，严格落实河长制工作机制，深入开展河流清洁行动，强化河道管控能力，逐步实现河道“三清一净”。2018年，联合区委区政府督查室强化督导检查贾鲁河拆迁清障任务，协调施工场地，打造良好的施工环境，为河道两岸治理保驾护航，贾鲁河水清岸绿的美景逐步显现；召开河长制工作会议9次，区级河长巡河73人次，街道河长巡河2025人次，村级河长巡河7300人次；持续推进索须河故道、石沟河分段治理工作，组织街道办事处对河道疏挖清淤，聘请专业治理公司对水体进行治理，同时对两岸环境持续整治，经过半年努力，黑臭水体基本消除，河道环境改善明显，取得了阶段性成果；针对河道周边无雨（污）水管网、河道工程设施薄弱、城市建设占用河道、沿线村庄社区垃圾污水处理设施不完善、上下游水系不贯通等问题，积极协调相关单位从祭城干渠引黄河水进入索须河故道，保持河道内河水流动性；与郑东新区沟通协调，疏挖下游河道。

【水资源管理】　建立健全以总量控制、定额管理为核心的水资源管理体系，严厉打击擅自取水、擅自建造取水工程等违法行为，积极开展节水宣传活动，营造辖区“惜水、爱水、节水、护水”的良好氛围。2018年，对辖区369个计划用水单位建立一户一档，并依据金水区年度用水控制总量，核定用水单位年度用水指标，监督用水单位用水情况。2018年，共处理相关水事违法行为20起，封井41眼。

畜　牧

【概况】　坚持维护公共卫生安全，保障畜产品质量，促进畜牧业健康发展目标，科学防控重大动物疫病，消毒灭源已关闭搬迁畜禽养殖圈舍，努力提高畜牧行业综合执法监管能力等。

【重大动物疫病防控】　制定科学有效的动物疫病防控措施,做好流行病学调查工作，对辖区6家宠物诊疗机构、河南农大家禽种质资源场、万邦新绿地（高皇寨）农贸市场活禽摊位进行随机采样，开展流行病学调查工作，检测结果全部为阴性。强化动物疫情防控工作部署和安排，完善重大动物疫情应急反应机制，防止流通环节出现家禽H7N9流感传播风险，落实各项非洲猪瘟防控措施，提高科学决策、快速反应、应急处置能力，筑牢金水区疫情防控防线。2018年，金水区无动物疫情发生。

【消毒灭源】　2018年，对已关闭搬迁的畜禽养殖圈舍进行消毒灭源工作，累计消毒灭源面积195亩。督促各相关街道办事处定期开展“回头看”，加强对已关闭搬迁畜禽养殖户监督巡查，严防反弹和复养。

【动物诊疗机构监管】 加强动物诊疗机构监督管理，对动物诊疗活动开展情况、注册执业兽医从业情况、处方和用药情况等方面进行监督检查。2018年，对全区37家动物诊疗机构进行年审；累计巡查动物诊疗机构245家次，发放和签订相关告知书、承诺书180份，处理畜牧兽医执法案件5起。

农村集体经济

【农村财务管理】 继续实行统一记账、财务公开等制度。全区各相关街道办事处坚持每月3日前上报统一记账报表，并对账目进行张贴公布，接受群众监督。严格执行“三资”中心收支把关制度，杜绝不合格票据入账，同时对一些村组存在非生产性开支较大现象，组织专项检查，并及时提出纠正意见。2018年，审批全区村级办公用品8批次，审批资金19.7万元。

【农村集体产权制度改革】 金水区于2009年在全市率先开展农村集体产权制度改革工作（时称农村集体经济股份合作制改革工作），全区共有148个村（组）（26村122组）完成股改工作。2018年，按照《郑州市金水区人民政府关于印发金水区稳步推进农村集体产权制度改革实施方案的通知》要求，继续推进金水区农村集体经济产权制度改革工作，并及时调整工作领导小组，研究制定工作方案，实地指导各相关街道办事处开展工作。2018年，全区召开农村集体产权制度改革工作推进会、座谈会及培训会10次，发放各类宣传资料3000余份，试点村组农村集体资产清产核资工作已全部完成，其余村组工作正在有序进行，192个村组基本完成，占金水区总村组数的94.12%。

【农村土地承包经营权确权颁证工作】 农村土地承包经营权确权登记颁证工作（以下简称农村土地确权）是农业部、财政部、国土资源部近几年开展的深化农村改革的一项重要工作。金水区通过开展前期摸底调查，广泛征求意见后，出台了符合金水区实际情况的实施方案，确定金水区黄庄、黄岗庙、来童寨等行政村符合土地确权条件，可以开展该项工作。自2017年启动该项工作以来，已完成对黄庄、黄岗庙、来童寨3个行政村989户、6278亩土地的确权颁证，并顺利通过省、市、区三级验收，2018年5月金水区已通过农业农村部数据汇交。截至年底，正在与区档案局进行档案移交，并做好后期完善工作。

【村组干部任中审计】 为进一步维护广大农民群众的利益，促进农村村组集体资产的保值增值，根据区委办公室、区政府办公室《关于印发金水区关于加强村组干部任中和离任经济责任审计工作的实施方案的通知》要求，组织各街道办事处聘请专业会计师事务所对各村组干部进行任中审计，审计工作共涉及全区12个涉农街道办事处32个村委会和相关村民组，审计行政村数占金水区总行政村的80%，被审计村组干部共计50余人，审计总金额16.86亿元。

水　产

【概况】 以实现渔业增长方式转变、促进农村稳定、农民增收为中心，以强化管理、检测、服务为手段，推动全区渔业健康发展，提升行业整体实力。2018年，金水区池塘养殖面积329公顷，主要养殖品种为鲴鱼、鲤鱼、黄颡鱼和淇河鲫鱼等；观赏鱼养殖业产值达到890万元；旅游导向型休闲渔业营业额7066万元。

【水生野生动物执法检查】 切实加强金水区水生野生动物保护和管理工作，规范水生野生动物人工繁育和经营利用行为，开展水生野生动物执法检查行动，检查海洋馆、动物园、水产品批发市场、观赏鱼市场等重点区域，累计检查生产经营单位200余家。

【禁渔期制度】 按照《关于实行黄河禁渔期制度的通告》要求，自4月1日起至6月30日在黄河流域实行禁渔期制度，累计巡查40余次。

结对帮扶

【概况】　2018年上半年，按照河南省有关扶贫攻坚工作的统筹安排，由郑州等4个经济实力较强的省辖市，结对帮扶卢氏县等4个扶贫任务较重的深度贫困县。7月上旬，根据郑州市的统一安排，由全市12个相关县市区对卢氏县的19个乡镇进行结对帮扶，金水区负责结对其中的官道口镇和杜关镇。自7月12日郑州市结对帮扶卢氏县深入对接活动启动以来，金水区将其作为重大政治任务来抓，在主要领导的高度重视和大力支持下，周密部署，积极行动，成立机构，印发方案，扎实推进结对帮扶各项工作。截至年底，共开展两地互访13次，在多次深入对接的基础上，围绕“产业帮扶、健康帮扶、教育帮扶、公共文化服务帮扶、劳务协调和人才培养帮扶、助残养老帮扶”六大帮扶工程展开帮扶工作。截至年底，已签订合作协议的产业项目4项，达成初步合作意向的产业项目1项；以开展关爱健康扶贫大型义诊活动为主题，围绕组织专家义诊、赠送医疗设备、现场手术指导、慰问贫困家庭等开展健康帮扶活动，以“城乡互联，结对共建”为主题，通过教学物资捐赠、精品课程展示、教研座谈交流等开展教育帮扶活动，向两镇提供卫生、教育等领域人才支持50余人次；到两镇开展春节送温暖爱心捐赠活动，向贫困户和敬老院赠送一批棉衣、棉被、取暖设备等过冬必需品，向贫困村文化大院赠送一批移动音箱等活动器材，向贫困残疾人赠送一批轮椅、盲杖等辅助器材。据统计，自开展帮扶活动以来，金水区共组织动员党政机关、企事业单位向两镇公益捐赠3次，折合人民币61万元。

（撰稿：魏　敏　谢　炜　审阅：张福敏）

工业和信息化

工业和信息化

【概况】 2018年全区规模以上工业完成产值23.9亿元，完成增加值4.8亿元。截至年底，全区74家规上软件和信息技术服务企业累计完成营业收入25.37亿元。金水区工业和信息化委员会（以下简称区工信委）的前身是金水区工业和信息化局，2015年3月金水区工业和信息化局更名为金水区工业和信息化委员会，是金水区人民政府的组成部门。内设党政办公室、非公有制经济科、经济运行科、安全稳定科和区信息化工作办公室5个职能科室。

【产业结构调整】 规上工业发展稳中有升。2018年，全区规模以上工业完成产值23.9亿元，同比增长5.1%。完成增加值4.8亿元，同比增长4.5%。软件和信息技术服务业增长明显。截至年底，全区74家规上软件和信息技术服务企业累计完成营业收入25.37亿元，同比增长15.1%，超目标进度0.1个百分点。其中，云计算、大数据、信息安全等新兴领域收入增长较快，产业层级持续提高，创新能力不断增强，对经济发展转型的支撑作用不断增强。

【企业培育】 2018年，通过政策扶持，环境优化，招商引进等多项措施，金水区中小企业，特别是软件和信息技术服务企业培育效果明显，打造出信大捷安、山谷网安、众诚、拓普、英明电子等一批创新能力强、品牌形象优、特色鲜明的骨干企业。2018年，全区新增中小企业9900余家，总数达到9.6万余家，新增中小企业入规企业26家，达到503家。其中软件和信息技术服务业新增入规企业12家，达到85家，营业收入突破亿元企业达到3家。

【产业发展特色】 聚焦发展新经济，围绕金水区确定的信息安全、虚拟现实、共享经济等新兴产业，以科教园区，科技市场、创意产业园区为主阵地，突出特色，统筹发展，不断提高特色产业的竞争力、凝聚力、创新力。金水科教园区依托省、市信息安全产业基地优势，吸引了省内外20余家信息安全知名产业入驻，其所拥有的信息安全研发成果再全省乃至全国居于前列。如郑州信大捷安信息技术股份有限公司自主研发的国密安全芯片及高性能密码模块，已进入产品测试阶段；河南拓普计算机网络工程有限公司承建的“企业监管服务平台”获得工信部2018年大数据产业发展试点示范项目，是大数据测试评估方向和政务数据共享开放平台方向中河南省唯一一家获批企业；河南山谷网安网络空间安全技术国家地方联合工程实验室已完成验收，其续建智云项目全系统编程调试和实时环境联调完成，已进入试用阶段。以“信息安全芯片+安全软件+安全终端+安全服务”的信息安全产业链条逐步完善。河南科技园区虚拟现实产业初现雏形。河南众诚公司研发的VR教育产品已在市场推广使用，获得收益，河南灵境公司与交警总队合作研发的VR夜间模拟驾驶器，并完成了十一届中国（郑州）国际园林博览会司马光独乐园、白居易履道坊等项目，取得良好效果。知识产权创意园区在2018年成功承办了河南产业转移对接大会的工业设计专场，提高其在全省产业知名度。

【优良营商环境】 发挥政府营商环境营造中的主导作用，优政策，强服务，搭服务，营造优良营商环境。一是优化扶持政策，制定出台了"金典六策"，实现政策、资金、服务向企业聚集，吸引人才，发展经济，全年向辖区企业拨付制造强市、资质能力建设、产业联盟、开拓国内外市场等各类奖励资金、补贴资金2387万元。二是多方为企业发展搭平台。通过金水区争取，同郑州报业集团、郑州市工信委、郑州市网信办联合承办了由省委网信办和郑州市政府联合主办的河南省首届国际网络攻防大赛，国内外20多支参赛团队齐聚郑州，区域内数家信息安全企业在活动中展现实力；同时，鼓励支持企业"走出去"，展示企业形象和实力，全年共组织60余家企业参加"2018中国国际大数据产业博览会""2018年第二十二届中国国际软件博览会""2018年中国电子信息行业创新成果推广大会""2018世界VR产业大会""第十届APEC中小企业技术交流暨展览会"等各类展会。三是围绕扶持政策落实、个税改革、投融资等企业关系问题，组织企业培训，企业家培训，组织30余家企业参加省、市企业家培训50多人次，推荐15家企业申报"郑州市优秀企业家领航计划"。同时，通过经常性业走访，企业家接待日活动，深入了解企业发展中出现的困难、问题，为企业解决实际困难和问题。

非公有制经济

【服务中小企业】 为中小微企业出具划型证明，助推中小企业发展。开展国家、省、市三级的中小企业公共服务示范平台和国家、省、市三级的小型微型企业创业创新示范基地申报工作。组织辖区中小微企业参加各种培训班和展览会。

安全生产和信访稳定

【概况】 金水区工信委作为区安委会成员单位，主要职责为指导并做好区属集体企业安全生产、信访稳定工作。

【安全生产和信访稳定】 一是签订目标责任书。按照"关口前移"原则，认真做好本年度系统企业消防、安全生产目标责任书的签订工作，使各项目标管理"横到边，纵到底"。二是化解信访难题。深入了解区属企业中职工反应的热点、难点问题，及时上报排查中发现的不稳定因素的信息，落实个人包厂、科室包点、领导包案制度。

（撰稿：曹 阳 审阅：刘 博）

商　贸

商　贸

【概况】　2018年，全区完成实际吸收外资32065万美元，完成外贸进出口1208499万美元。全区实现电子商务交易额160亿元，跨境电子商务交易额达11亿美元。金水区商务局成立于2005年8月，行政单位，规格正科级，隶属金水区政府。内设党政办公室、财务室、招商科、对外经济科、商贸科、综合经济科和法规信访科7个职能科室。

【经济指标完成情况】　截至年底，全区完成实际吸收外资32065万美元，占目标100.4%；全区完成外贸进出口1208499万美元，占目标100.1%；全区累计完成域外境内资金146.1亿元，占目标102.2%；累计完成省外资金102.6亿元，占目标106.5%。全区完成外经营业额17360万美元，占目标115.7%。全区完成社会消费品零售总额730.9亿元，同比增长7%。

【招商引资】　牢固树立招大引强选优的理念，立足辖区主导产业和新兴产业发展，积极开展集群招商、产业链招商和以商招商，成功引进商用密码应用安全性测评实验室等项目25个、总投资281.5亿元，谋划在谈产业项目25个、预计总投资67.5亿元，河南省信息安全产业示范基地、郑州良酷油化厂文化创意园等11个项目实现开工、总投资161.6亿元；制作了2018年金水区招商引资投资环境手册及区情宣传片等资料，积极参加首届中国国际进口博览会、第十二届中国（河南）投资贸易洽谈会、第二届全球跨境电商大会、第五届京交会等重大经贸活动；区级领导分别带队赴西安、北京、杭州、珠海和俄罗斯圣彼得堡、莫斯科以及白俄罗斯明斯克等国内外城市与地区开展招商活动，拜访中天引控科技股份有限公司、北斗时空科技股份有限公司等行业龙头企业，至2018年年底，青网产业园等25个投资意向正在进行前期跟踪洽谈。

【电子商务工作】　2018年，金水区经省商务厅认定的电子商务企业达到230家，全区实现电子商务交易额160亿元；跨境电子商务交易额达11亿美元，已超额完成目标；在市级示范单位创建工作中，金水区电子商务企业共26家获评市级示范称号，约占全市各县市区示范单位总数的五分之一，是全市获评企业最多的区。其中，市级示范企业24家，市级电子商务示范园区1家，市级电子商务人才教育示范基地1家。

【服务外包】　2018年，金水区共培育扶持并经商务部服务外包平台认定的服务外包企业123家，数量位居全市第一，实现服务外包合同金额超9800万美元，同比增长25%。包括郑州飞鱼工业设计有限公司、郑州木马工业设计有限公司、郑州博奥医学检验所有限公司等8家具有自主知识产权和自主品牌的本地服务外包骨干企业。在2018年开展的“2017年度郑州市服务外包产业发展专项资金申报”工作中，金水区共有13家企业获评，获评企业数量及资金金额均位居全市第一。其中，创元网络技术股份有限公司，郑州信大捷安信息技术股份有限公司、郑州索特信息技术有限公司3家企业获评最高资金奖励30万元。在2018年郑州市服务外包人才培训机构评定工作中，全市共6个获评。其中，金水区郑州市丰泽职业培训学校、河南丁之诺文化传播有限公司2个获评郑州市服务外包人才培训机构的认证，占全市的1/3。

【服务贸易】　截至年底，金水区服务贸易企业摸底数量为36家，其中，9家为国家、省、市服务贸易重点监测企业，主要集中在跨境旅游服务和境外建筑工程服务。2018年，全区服务贸易营业额约5亿美元。为推动服务贸易实现新增长，主要采取了以下有力措施：一是创新服务贸易发展模式，积极探索项目对接平台、国际市场推广平台、共性技术支撑平台，加强金水区服务贸易进出口，加大国内外业务合作。二是支持服务贸易企业转型提升，通过大数据、物联网、移动互联网、云计算等新技术，发展服务贸易，并引导高技术服务贸易企业做强做大。三是深挖辖区资源，摸清服务贸易企业底数，做好服务贸易数据统计工作。

【特色商业街区建设】　继续以特色街建设为载体，提升商贸服务业竞争力。一是摸底统计，建立台账。2018年，金水区商务局联合各街道办事处针对辖区的特色商业街区进行了新一轮的摸底统计工作，截至年底，金水区共有特色街区18条，其中，市级特色街区6条，省级特色街区1条，特色街区总营业面积约70万平方米；二是以万达广场、建业凯旋广场等新建商贸服务业项目为依托，将农科路酒吧休闲一条街向西延伸，扩展街区规模，提升街区辐射力,为该街区争创国家级特色街区；三是重点新建蓝堡湾贵人街，提升紫荆山舞蹈服饰特色街为下一次市级特色街区评选做好准备。

【商圈建设】　继续以商圈建设为主体，以引进商贸服务业项目为依托，构建覆盖全区的现代生活服务网络。2018年，以大项目带动商圈经济建设效果显著。一是打造金水CBD。金水万达中心、建业凯旋广场等项目先后建成营业，正弘城项目已顺利开业，营业率达百分之百，有力提升了金水CBD商圈知名度、影响力及辐射力。二是连线成面，以特色街区建设助推商圈经济发展。引领蓝堡湾贵人街与农科路酒吧休闲一条街、文华时尚商业街协调建设，贯穿接引商贸类大项目，形成高端、时尚、国际化的金水CBD核心区。

【市场外迁】　按照市委、市政府大围合区域市场外迁工作三年行动计划，金水区共需外迁市场17个，其中，2016、2017年已完成11个，2018年目标任务6个。截至年底，郑州新金泰城灯饰广场、桑园汽车城、郑州万邦新绿地农产品配送中心、郑州万邦茶城和陈砦蔬菜批发市场已完成外迁，天荣汽配城大部分已完成外迁，剩余遗留问题正在解决中。10月24日，在全市大围合区域市场外迁工作观摩推进会上，市领导带领各区负责人现场观摩了金水区已完成外迁郑州新金泰城灯饰广场、桑园汽车城、陈砦蔬菜批发市场3个市场，对金水区市场外迁工作给予了充分肯定和好评。

【商贸流通】　商贸流通领域工作有序开展。一是社会消费品零售总额保持稳定增长态势。面对金水区社会消费品零售总额基数大、限上社消零企业大幅减少、新增入库企业数量少、规模小等重重困难，金水区商务局采取班子成员带领科室人员每月分组分包走访辖区重点企业的办法，1—11月，全区社会消费品零售总额累计完成668亿元人民币，同比增长7.1%。预计1—12月，全区社会消费品零售总额累计完成738亿元，同比增长7%。二是金水区积极做好市场运行监测数据上报工作，及时掌握市场动态，保证市场运行稳定,截至年底，金水区共上报商务预报60余篇，被商务部商务预报网站采用25篇，在市局商务预报运行分析通报排名中位居前列。三是金水区不断加大对加油站规范管理的力度，认真做好成品油销售企业年检的服务工作，截至年底，全区30家加油站已全部通过年检。

【大气污染防治】　打击黑加油站（点）工作。2018年以来，按照《关于加强联合执法建立成品油流通市场监管长效机制的通知》精神，区商务局持续开展全区成品油专项整治工作，牵头组织各相关单位及街道办事处人员对全区开展成品油市场监管专项行动，对全区范围内黑加油站（点）进行排查取缔。2月上旬，在开展日常清理排查工作中，新发现位于兴达路街道办事处辖区来童寨村北黄河大堤周围的一处黑加油点存在非法营业情况，随即开展拆除取缔工作，现已拆除取缔完毕；对已停业的2家证照不全加油站安装全封闭硬隔离围挡，并组织人员定时加强巡查，确保2家证照不全加油站在手续完善前无私自营业情况出现；对2016年已取缔的6家黑加油站点进行巡查，未发现有死灰复燃现象。装卸油管控工作。根据郑环攻坚办文件精神，商务部门负责加油站装卸油时间管控，在全区范围内加油站、油罐车在上午10:00至下午15:00日照强烈（温度大于30℃）晴天条件下禁止装卸油，区商务局采取现场督察，查看装卸油视频、检查台账等方式落实文件精神，做到金水区加油站无在管控时间段内装卸油情况出现。

【安全生产】 商务局党组始终把安全生产工作作为工作的重中之重，采取多种措施促进安全生产工作。一是根据人员变动及时调整了安全生产领导小组，明确责任分工，牵头负责全区大型商场、超市安全生产工作。二是结合工作实际，局领导班子成员带队成立4个安全生产督查小组，由各分管领导带队，定期及不定期对辖区内34家大型商场、超市进行安全生产大检查，对系统内存在的安全隐患提出整改意见，并督促整改。2018年，共组织检查378次，出动人员700余人次，发现解决安全隐患46处。三是认真贯彻安全生产工作以预防为主的方针，按照上级部门的要求，组织商务系统的企业制定了各项安全生产规章制度、管理办法、工作规范和安全事故应急救援预案，并对全区商务系统大型商场、超市消防安全进行了专项治理活动。四是对商务系统分管的辖区各大型商场、超市的安全生产档案进行再梳理，确保商务系统各项安全生产文件、月检查记录，企业“五落实五到位”全部落实到位。

（撰稿：韩飞飞　审阅：赵　蔚）

粮食管理

【概况】 金水区粮食管理中心（原金水区粮食局，2010年5月6日更名为金水区粮食管理中心，以下简称中心）。是金水区人民政府综合管理全区粮食工作的直属部门，办公地点位于郑州市经三路北20号。粮食管理中心内设办公室、业务科、综合科、监督检查科4个职能科室，另有5家国有粮食收储备企业：郑州0101河南省粮食储备库、郑州0128河南省粮食储备库、郑州0140河南省粮食储备库、金水区粮食收储总公司、金水区粮食局第一粮食仓库。

【地方粮食储备管理】 2018年，粮食管理中心所属五家国有粮食收储企业按照《郑州市金水区地方储备管理暂行办法》的要求，一是加强对各承储单位的监督检查工作，重点是对储备粮的数量、质量、轮换情况、储粮安全情况进行检查。二是在仓储管理上规范操作，加强区级储备粮的日常管理，对粮食的出入库凭证、粮情检查记录登记簿、机械通风记录登记簿、药剂熏蒸记录簿和储备粮登记卡、统计账、保管账、轮换台账等进行监督检查，发现问题及时整改。三是狠抓“一符四无”粮库的建设，完善制度、严格责任、严格管理、认真做好仓储管理各项工作，不断提高粮食仓储工作的规范化、精细化管理水平。

【地方粮食储备轮换】 依据《郑州市金水区人民政府关于印发金水区区级地方储备粮管理暂行办法的通知》对区级储备粮均衡轮换的要求，2018年计划完成区级储备粮轮换800万公斤。为顺利完成轮换任务，中心专门成立了轮换工作领导小组，由“一把手”亲自任组长，加强对轮换工作的领导，切实做到主要领导亲自抓，分管领导具体抓，把轮换工作做到实处。截至7月14日全部完成轮换任务。并于7月20日—23日对4家企业轮换工作进行了实地验收，经查看凭证、实物测量计算、样品送检等工作，8月2日轮换验收结束，2018年轮换工作4家企业全部验收合格。

【加强粮食应急体系建设】　为有效监测和控制各类突发公共事件引起的粮食市场异常波动，确保粮食市场的应急供应和粮食价格的基本稳定，粮食管理中心重点加强了粮食应急保障能力建设。一是建立粮食应急保障预案，制定《金水区粮食应急预案》，从编制目的依据、组织机构职责、预警监测、应急响应、应急保障、后期处置等方面，对全区粮食应急体系建设做出了明确规定。二是重新确定了金水区粮食应急供应企业2家，加工企业1家，物流企业1家。

【行业管理和统计】　区粮食管理中心自2018年年初开始，成立调查小组深入到农户、城镇居民户、粮油经营企业和粮油加工转化企业，对农户粮油收支平衡情况、城镇居民口粮、口油收支平衡情况、国有粮油经营企业粮食收支平衡情况、非国有粮油经营企业粮食收支平衡情况、粮油加工转化企业收支平衡情况进行实地调查。共抽样农户13户，城镇居民29户，粮油企业25家。

【粮食收购许可证核准】　为促进全区粮食市场健康有序发展，维护正常的粮食流通秩序，保护种粮农民和消费者的合法利益，中心依法对粮食收购许可工作加强管理，此工作已于3月底完成。

【粮食市场监督检查】　随着粮食流通体制改革的不断深化，金水区各类粮食经营主体迅速增加，区粮食管理中心为切实履行好此项职能，一是认真落实粮食检查制度,继续推行“两随机、一公开”检查方式,积极开展专项检查，维护正常的粮食流通秩序。二是按照国家、省、市粮食局要求成功开通了“12325”全国粮食流通监管热线平台，24小时受理群众的举报。三是依法做好粮食行政许可工作，完成了“粮食收购许可证”及统计核查工作，全区共核发“粮食收购许可证”19家，2018年新办证2家。

【安全生产实现“零事故”】　一是全面落实行业监管责任，将安全生产“党政同责、一岗双责”落到实处，坚持“管行业必须管安全、管业务必须管安全、管生产必须管安全”的原则，层层签订安全生产责任书。二是在全系统继续开展“安全生产月大检查大执法大督查”工作，开展检查2次，检查企业12家次，发现、整改安全隐患1处，重点对库区的消防、储存、出入库等工作的安全隐患进行彻底排查。三是加强职工消防安全意识，邀请郑州消防支队宣讲团到各下属企业分别开展了消防宣传活动，进一步提升了企业职工的消防安全意识、筑牢其思想上的“防火墙”，从而形成了“人人了解消防，人人关注消防，人人参与消防”的良好局面。一年来，实现全系统安全生产零事故。

【巡视巡察整改工作】　按照金水区巡视巡察组《关于印发〈金水区巡视巡察整改专项活动的实施方案〉的通知》文件精神，一是统一思想认识。及时召开专题会议安排相关工作，要求全体党员干部将思想、行动统一到区委、区政府的统一部署上来。二是强化领导重落实。成立了由主要负责人牵头的巡视巡察整改工作领导小组，把整改落实责任具体到岗、明确到人，确保巡视整改工作落实到位。三是分解任务担责任。将整改内容逐项逐类列出，上下联动，将责任目标进行明确。自上而下签订整改落实承诺书，制定整改台账，确保自查整改工作不打折扣、不流形式。四是建立长效促常态。坚持将落实巡视巡察工作同学习中共十九大精神、践行“两学一做”主题教育活动及落实中央八项规定精神相结合，深入剖析问题产生的根源，建立健全长效机制。五是召开好专题民主生活会。会前组织党组成员认真学习通知内容，明确会议主题，广泛听取党员、群众的意见建议，列出问题清单，成员之间开展了谈心谈话，大家坦诚相见、交流思想，深刻剖析了问题原因，并制定了切实可行的整改措施。

【意识形态】　粮食管理中心党组高度重视意识形态工作，将意识形态工作作为党的建设的重要内容认真抓好，坚持做到与业务工作同部署、同落实、同检查、同考核。一是在落实意识形态工作责任制上，中心党组书记认真履行“第一责任人”职责，中心班子其他成员根据工作分工、按照“一岗双责”要求，抓好分管领域意识形态工作。党组定期召开专题会，研究部署意识形态工作，对重大事件、重要情况、重要社情民意中的倾向性苗头性问题，有针对性地进行引导，作出工作安排。二是以区委中心组学习为龙头，扎实推进“两学一做”学习教育，抓好思想理论建设，增强党员干部的政治敏锐性和政治鉴别力，把党的政治纪律作为中心党员干部的高压线。

【党建工作】　加强政治学习，始终把讲政治放在首位，以党章为遵循，牢固树立“四个意识”，坚定不移地以中共十九大精神和习近平新时代中国特色社会主义思想为引领，确保党的路线方针；以丰富多样的形式开展理论知识学习。2018年以来，组织全体干部职工观看了《巡视利剑》《马克思是对的》《不朽的马克思》《金水区2017年度宣传片》《辉煌中国》《榜样3》等纪录片；认真组织开展党员活动日，通过党员活动日的开展，进一步增强了“三会一课”等组织生活制度的执行力，增强了广大党员的政治责任和党员意识。在“七一”前夕，组织全体党员重温入党誓词，观看八路军驻洛办事处革命旧址、爱国教育基地。2018年以来，共开展各类党员活动40余次；开展建党知识测试活动。通过组织党员进行建党知识测试，营造党员在党知党，在党爱党的浓厚氛围。

（撰稿：李峰山　审阅：李亚磊）

楼宇经济

【概况】　金水区楼宇经济建设工作领导小组办公室（以下简称金水区楼宇经济办公室）是金水区委、区政府为了进一步加快推动辖区楼宇经济发展，于2007年8月成立的正科级全供事业单位，设有综合科、发展规划科、管理服务科3个科室。截至2018年12月底，全区现有建成商务楼宇262幢、建筑面积640.7万平方米，闲置面积28.7万平方米；楼宇入驻企业2.45万家，入驻率95.5%，属地纳税率94.6%。2018年，完成区级税收18.6亿元，区级税收贡献率近30%，区级税收百万楼宇137栋，千万以上楼宇25栋，全口径亿元楼宇11栋。

【工作要点】　对照区政府年度工作报告，研究制定《2018年全区楼宇经济工作要点》并对2018年全区楼宇经济建设工作目标任务进行了量化分解，明确全年工作时间节点；按照《金水区产业发展评价考核办法（试行）》有关要求，结合楼宇经济建设工作目标及发展要点，制定了《金水区2018年度楼宇经济工作考核办法（试行）》，细化楼宇经济建设工作考核细则，加强和规范了全年目标考核工作。

【工作机制】　一是调研街道，结合2018年工作要点以及当前存在问题，完善分包制度。二是集中将存量、增量问题细化成项目台账，并将重点工作分解，责任到人。三是完善工作机制，推动工作落实。建立完善月例会、季度小结考核、年终总结考核工作制度，并通过联席会议、实地察看，领导走访等形式及时研究解决工作中出现的各类问题。

【特色培育】　鼓励引导楼宇产权单位向专业化和高新化方向发展，通过走访调研和行业梳理，引导相同或相关行业在一栋或几栋楼宇内聚集，错位经营，培育一批特色鲜明的金融楼、总部企业楼、信息科技楼和教育培训楼等专业楼宇，形成强大的产业优势，进一步扩大聚集效应。截至年底，正在培育的特色楼宇为楷林国际（金融服务）、世博中心（电子商务）、金国商厦（教育培训）和润华商务（商务服务）。

【政策宣传】　推进楼宇经济发展专项扶持办法政策宣传，支持各街道组织辖区重点企业负责人以座谈会、论坛或推介宣传会等多种方式灵活宣讲扶持政策。未来路、花园路、东风路、文化路、科技园区、经八路等联合区楼宇办组织了10余场政策宣讲活动，参与人数700余人次；深入重点楼宇开展走访慰问暨政策座谈活动，与企业就特色楼宇培育、LEED认证、联合招商、产业定位等方面进行沟通交流；做好政策涉及的项目备案工作。老旧改造方面：实地察看楷林国际、赛博数码港、中青大厦等改造项目。物管服务方面：备案一级资质证书的有9家，包括河南名门物业管理服务有限公司、河南升龙物业管理有限公司、河南楷林物业管理有限公司等；按政策完成2018年度重点楼宇联络员考核评定及补助发放工作。

【楼宇招商】 坚持做好闲置资源的推介与招商工作，协助20余家有影响力的企业选址，如协助香港特别行政区政府驻武汉经济贸易办事处驻河南联络处在郑选址入驻建业凯旋广场，协助旭辉领寓、龙湖冠寓等选址落户金水，协助UFO.WORK共享办公布局新的社区选址入驻紫荆山百货大楼等。

【异地交流】 4月初，金水区楼宇经济办公室参加成都市举办的中国楼宇经济峰会，获得“中国楼宇经济服务创新城区”荣誉称号；做好政协视察以及意大利马尔凯大区政府驻中国代表处、濮阳市华龙区、青岛市阳城区考察金水区楼宇经济等观摩交流工作，适时总结楼宇经济建设工作经验与存在问题。

（撰稿：程 琳 审阅：于若雨）

财政　税务

财　政

【概况】　2018年，全区一般公共预算收入完成61.4亿元，一般公共预算支出完成66.8亿元。金水区财政局内设8个职能科室，分别是办公室、预算科、国库科、行财科、城建科、农业科、行政服务科（会计科）、财政监督科。二级机构和局属事业单位共有11个，分别是区国库集中支付中心、区税源办公室、区收费服务中心、区会计管理局、区财政监督检查办公室、区政府采购管理办公室、区国有资产监督管理办公室、区财务投资管理办公室、区非税收入征收管理局、区农业税管理所、区农业开发管理办公室。局辖基层财政所17个，分别是丰庆路、国基路、杨金路、兴达路、北林路、东风路、文化路、丰产路、花园路、经八路、南阳新村、南阳路、大石桥、人民路、杜岭、未来路、凤凰台街道办事处财政所。

【财政管理改革】　始终坚持把改革创新贯穿于财政发展各领域各环节，深化财税体制改革。一是深化预算管理制度改革。持续推进预决算公开，全区预算单位部门预决算及三公经费预决算信息按要求公开，实现公开全面化、常态化；全面推进预算绩效管理，项目经费编制绩效目标、开展绩效自评价，选取部分项目试点开展重点绩效评价。二是圆满完成2017年政府财务报告网上编报工作。按照省市财政部门的要求，在全区启动政府部门财务报告网上编报工作，全部预算单位实现网上编制，上报率100%；在部门填报的基础上，编制出金水区2017年度政府综合财务报告。三是推进国库集中支付电子化改革。全面推进国库集中支付电子化改革。全区164个预算单位完成电子化支付改革，实现电子支付全覆盖，取消纸质凭证流转，实现信息应用技术在财政管理方面的创新。四是加强政府采购管理。完成采购预算77914万元，实际采购规模71600万元，资金节约率8.1%。

【财政收支预算】　金水区各级财政部门采取积极措施，加强收入征管，完善各项机制，财政收入实现稳定增长。2018年，全区一般公共预算收入完成61.4亿元，为年度预算的104.37%，同比增长10.67%。在财政收入实现稳定增长的同时，调整优化财政支出结构，合理安排各项支出，保工资、保重点、保稳定，为全区经济和各项社会事业的发展提供了坚实的财力保障。2018年，全区一般公共预算支出完成66.8亿元，较上年增长11.92%。

【税源管理】　一是突出重点，狠抓落实，积极探索税源管理新模式。实施重点税源管理精细化、一般税源管理规范化、零散税源管理社会化的“三化管理”。选定全年缴纳区级税收250万元以上的100名纳税人作为重点税源进行监控，掌握企业经营和纳税情况。将一般税源管理工作和网格化管理相融合，依托一个平台，确立四级网格，在全区建立了税源网格化管理模式，以点带面，初步实现从税源发现、信息采集、税源管理、到涉税检

2018年度街道办事处一般公共预算收入完成情况表

表1

单　位	一般公共预算收入（万元）	较上年增长（%）
花园路	20021	-11.41
经八路	34896	-3.97
南阳路	32359	78.75
南阳新村	17197	18.39
文化路	66774	-8.48
人民路	34281	2.66
杜　岭	7731	-11.60
大石桥	11771	-1.39
丰产路	64747	7.03
未来路	60342	31.03
北林路	31844	11.06
东风路	43284	13.75
凤凰台	24451	13.80
国基路	39905	-0.50
杨金路	20736	68.31
兴达路	14842	23.36
丰庆路	53803	17.69

查、涉税打击、涉税服务等一系列规范化管理。针对社会零散税源构建“政府牵头、部门参与、街道共管”的零散税源社会化管理格局。2018年，联合税务、工商、公安等部门针对房屋租赁、教育培训、驾校、美容医疗等行业开展多次清查，社会化协税护税水平得到切实提高。二是多方协调，共同参与，全力做好综合治税工作。按照“政府领导、财税牵头、信息共享、齐抓共管”的综合治税理念，经区政府同意，成立金水区综合治税领导小组，统筹协调全区综合治税工作，领导小组包含工商、税务、财政、审计等37个部门，涉及市政、交通、水务、土地、规划等多个领域，基本形成了“全覆盖、无缝隙”的综合治税管理网络。三是优化方式，多措并举，开拓涉税服务新思路。优化税源信息化建设服务方式，开发“金水税源”手机APP，创建微信公众号“金水税服”，建立“金水税源”纳税服务QQ群，初步实现税企之间、纳税人之间实时在线交流及有关涉税法规的在线发布查询。通过公开招聘、劳务外包的形式，选录一批学历高、能力强的年轻人充实到办税服务厅，按照大厅各个岗位职能的设置，做到人尽其才，才尽其用，实现人力资源的优化配置。

【街道办事处财政收入】 2018年，17个街道办事处一般公共预算收入完成57.9亿元，较上年增长10%，各街道办事处一般公共预算收入完成情况如表1。

【保障和改善民生】 坚持共享发展理念，坚守民生底线，统筹财力着力补齐民生短板，使人民群众在共建共享发展中有更多获得感和幸福感。2018年，全区财政民生支出49.1亿元，比2017年增长10.3%，占全区一般公共预算支出的73.5%。支持教育优先发展，足额安排并及时拨付教育资金，积极促进义务教育均衡发展。投入学校建设资金30376万元，支持新改扩建学校23所，着力化解“大班额”问题。继续加强社会保障工作，拨付再就业补贴1300万元，落实再就业扶持政策；拨付退役安置和拥军优属资金16255万元，双拥优抚安置工作扎实推进；拨付低保资金1436万元、高龄津贴2586万元、残疾补贴资金1467万元，维护好困难群众切身利益；加大保障性住房投入力度，投入资金9002万元用于建设青年人才公寓，有效缓解青年人才迫切的住房需求，改善居住环境。支持医疗卫生事业发展，拨付基本公共卫生服务资金8014万元，疾病防治、两癌筛查等重大公共卫生专项资金1257万元，推动公共卫生服务健康发展；持续投入金水总医院建设资金2000万元，改善辖区居民就医环境。加强居民文化建设，拨付建设资金37539万元，支持市民公共文化服务活动中心建设。

【重点项目保障】 2018年合理安排建设资金，确保全区重点项目建设，全年共投入建设资金267914万元，其中，中小学幼儿园建设资金30376万元，市政工程项目资金12608万元（主要用于市政道路拆迁补偿和提升整治、游园绿化、环卫基础设施和设备购置等项目），金水总医院建设资金2000万元，环境保护综合整治资金14432万元，支持棚户区改造资金28799万元，建设青年人才公寓9002万元，市民文化活动中心建设37539万元，商都文化宫殿区工程建设33500万元，自贸区建设资金35776万元，北四环快速化工程建设资金15000万元，道路拆迁建设资金11369万元，科教园区产业建设资金17634万元，创意园区购买复垦券资金10000万元，107辅道绿化建设补偿资金4006万元，郊野公园项目补偿资金5873万元，有力保障了区政府重点项目的顺利推进，为全区经济社会发展提供了坚实的财力保障。

【规范政府债务管理】 加强地方政府债务风险防控，出台《金水区政府性债务风险应急处置预案》《金水区防范化解政府债务风险行动方案》，建立健全债务风险防控化解和应急处置机制；努力探索政府专项债发行新模式，依托市级储备机构，成功发行土地储备专项债券50000万元。

【规范土地出让金管理】 2018年金水区涉及棚户改造的项目主要有陈砦、二十里铺村等多个项目，共收到市局拨入土地出让金468965万元，实际支出391962万元，分别用于陈砦、沙门、二十里铺村的拆迁安置补偿及城市基础设施建设，确保城中村改造项目的开展实施。

【投融资工作】 试点推行财政涉企资金基金化运作，放大财政资金引导、示范和带动的杠杆作用，累计投入16000万元设立重点产业知识产权运营基金和股权创投基金，多元化的财政投入体系逐步构建；积极推进PPP项目规范化运作，引导社会资本参与公共服务和城市基础设施建设，科教园区基础设施PPP项目、贾鲁河综合治理生态绿化PPP项目进入执行阶段。

【会计业务管理】 认真贯彻落实《中华人民共和国会计法》、《中华人民共和国行政许可法》和《代理记账管理办法》，按要求办理各项会计证相关业务，加强代理记账许可证的办理和年审，做好会计业务管理服务。2018年，共现场审核会计专业技术考试资格（中级）4871件，群众满意率100%；加强代理记账许可证的办理及年审，共办理代理记账许可证31件，年审92件。

【国有资产管理】 进一步提升行政事业性国有资产管理水平，对全区行政事业单位国有资产增减变动实行备案登记制，及时掌握各单位国有资产变动情况，实现动态监督管理；资产处置严格履行审批手续，通过具有资质的资产评估和回收公司进行处置管理，处置收入上缴财政专户，严格实行“收支两条线”管理；认真开展2017年度行政事业单位国有资产报告编报和行政事业单位经管资产及国有自然资源资产报告试点工作，摸清政府家底，加强国有资产管理。逐步规范完善，切实加强区属国有企业管理；开展区属国有企业基本情况信息登记备案工作,建立“一企一档”管理制度，做到底数清、情况明，实现规范化管理；加强国有企业财务快报管理工作，将29家区属国有企业及所属各级子企业纳入企业财务快报编制范围，实现对区属企业运营情况的跟踪了解和动态监测。加快推进剥离国有企业办社会职能工作，2018年与5个单位签订“三供一业”分离移交协议，涉及移交家属区房屋219栋，总户数12440户；开展国有企业职教幼教生活补贴测算工作，对金水辖区国有企业职教幼教退休教师生活补贴进行核算并圆满完成，确保惠民政策落实到位。

【财政监督检查】 扎实开展会计信息质量检查，对区属5个预算单位进行了会计信息质量监督检查；初步对5个项目专项资金尝试开展绩效评价监督检查；对局属3个业务管理科室开展内部监督检查；联合审计部门做好全区各单位财务支出审批权限统计工作及“五个不直接分管”落实情况专项检查工作。

【干部教育培训】 根据“两学一做”学习教育及学习贯彻中共十九大会议精神有关要求，结合财政工作及财政干部队伍的实际情况，严格执行每周二下午班子成员领学制度，月初制定学习计划，为党员干部印发《党的建设知识读本》100余本；组织机关85名财政干部开展党章党规党纪应知应会知识测试；按照区直机关党工委要求，组织81名党员干部积极参加“万名党员进党校充电计划”；每月21日认真开展“党员活动日”活动，落实“三会一课”制度，通过专题讲座、讲党课、观看学习视频及警示教育片、交流座谈、收缴党费等形式，共同学习共同进步，不断提升党员干部的整体素质。

【党风廉政建设】 一是推进党风廉政建设主体责任落实到位。结合财政工作实际，研究制定反腐倡廉建设目标和工作重点，组织召开财政系统2018年反腐倡廉建设工作会议，安排部署2018年重点工作；局党组书记认真履行第一责任人的职责，能够做到对重要任务亲自部署、重大问题亲自过问、重点环节亲自协调，并大力支持纪检监察机关各项工作的开展和落实。二是明确党风廉政建设责任担当。根据班子成员分工，进一步明确了领导班子成员的党风廉政建设职责分工。组织中层以上干部签订2018年全区财政系统党风廉政目标责任书，进一步细化目标任务，逐级明确责任，确保党风廉政建设和作风建设各项任务有效落实。三是强化党风廉政建设“一岗双责”工作落实。结合单位实际，研究制定《金水区财政局关于强化领导班子成员党风廉政建设“一岗双责”实施方案》，逐级签订“一岗双责”目标责任书，坚持把党风廉政建设和反腐败工作与财政业务工作相结合，同部署、同督办、同考核。四是加强作风建设推动党风廉政建设和反腐败工作向纵深发展。采取有力措施积极开展“帮圈文化”专项整治，全体财政干部签订了《不参与“小圈子”不搞拉帮结派承诺书》；认真开展“违规公款吃喝和违规收送红包”专项整治、“违规使用车辆”专项治理、以案促改、作风建设突出问题专项整治、违规经商办企业专项治理、违反中央八项规定精神问题专项整治等专项活动。

【人大和社会监督】 认真贯彻《中华人民共和国预算法》和《河南省预算监督条例》等法律法规。年初向区人代会报告上年度财政预算执行情况和本年度财政预算（草案），年中向区人大常委会报告上年度财政决算和本年度上半年财政预算执行情况，自觉接受人大及常委会的审议、监督，认真听取人大常委会委员及代表的建议，预算报告一经审议通过，严格按照预算执行；按要求公开预算，接受社会和人民群众监督。

（撰稿：王晶晶　李家伟　审阅：袁志刚）

税　务

【概况】 2018年，组织各项税费收入279.61亿元，完成非税收入65.47亿元。国家税务总局郑州市金水区税务局（以下简称区局）按照党中央、国务院关于国税地税征管体制改革的决策部署，深入贯彻落实总局、省局、市局的改革工作要求，坚持法治引领、改革创新，积极做好新机构挂牌工作，科学制定区局“三定”方案，平稳推进社保费征收划转工作，干部队伍深度融合，组织收入再创新高，纳税服务不断提升，减税降费成效显著，全局工作呈现稳中有进、持续向好的发展态势。

【征管体制改革】 为圆满完成征管体制改革各项工作任务，金水区局党委和全局税务干部上下同欲，精诚团结，扎实开展各项改革工作。一是周密部署金水区税务局挂牌仪式工作。7月20日，国家税务总局郑州市金水区税务局正式挂牌成立。为确保区局挂牌仪式顺利进行，区局科学组织，明确责任，成立挂牌仪式工作小组，详细制定挂牌方案，进行周密部署。同时因地制宜，大胆创新，租借升旗台进行升旗仪式。挂牌仪式当天，市局和区委区政府高度重视，市局党委副书记、副局长杨立平，金水区区长魏东、常务副区长杨洁、组织部部长时博等领导同时到区局参加挂牌仪式，充分体现了市局和区委、区政府对金水税务工作的支持。二是科学制定区局“三定”方案。为保障区局“三定”暂行方案的圆满落地，金水区局党委坚持“以人为本”“择优录用”的基本原则，结合“属地优先”“兼顾资历”“因需调整”的实际需求，在深入一线，充分了解全局税务干部思想动态的基础上，先后开展3次深入的谈心谈话，做实做细思想政治工作。区局在全市率先采用公开竞职陈述和投票的方式，公平公正透明地进行区局干部的科学选拔。在该次干部调整过程中，一大批干部展现了公心为上，服从大局的意识，20名中层干部“正转副”。

【党建工作】 一是开展党委书记上党课活动。为坚定全局党员干部理想信念，有效推动广大党员干部深入学习，区局积极开展党委书记上党课活动，结合新闻热点，历史典故等知识对党员干部进行党课教育。二是与省局第二税务分局开展党建联系点共建活动。12月5号，区局与省局第二税务分局携手共同开展了题为“党建结对子　携手促发展”的党建联系点共建活动。三是分别以重温入党誓词、党员承诺践诺、志愿服务、过政治生日，以及“强党性、履职能、比奉献、晒业绩”为主题开展丰富多彩的主题党日活动。四是举办微型党课展评、读书征文、问卷调查活动。五是文明创建硕果累累。新机构成立后，区局面临省级文明单位创建的工作。区局组织人员整理资料，对文化建设的内容进行优化提升，并顺利通过验收。

【组织收入】 2018年，面对经济下行压力较大、减税规模扩大等复杂形势，区局早着手，早谋划，先后多次召开组织收入工作会议，统一思想，集思广益，明确重点，迎难而上，打好全年组织收入攻坚战。

在2018年年底组织收入的攻坚阶段，区局准确把握工作节奏，紧密分析收入形势，充分发挥好全市“最后一张票”的积极作用，为全市组织收入工作顺利推进做出有效贡献。

在社保费征收方面，金水局单位社保登记25669户，城乡居民社保登记48万人。区局主动争取金水区委、区政府大力支持，和区社保局、区财政局建立了联络机制和有效的争议协调机制，定期进行专题座谈，相互交流学习相关业务的经验，对每月征缴计划的调整和上传征缴计划的详细日期进行沟通，确保社保费顺利按时征收。坚持扩大宣传，印制城乡居民“两险”宣传海报10000份和宣传彩页10000份，分别在办税厅、大型商场等人员聚集区进行张贴和发放。同时创新社保费征收形式，组织工作人员深入到“新农合”转城乡的国基、丰庆、杨金、兴达4个办事处，开展形式多样的便民服务活动。

2018年1—12月，累计组织各项税费收入279.61亿元，同比增收33.2亿元，增幅13.47%。其中：完成税收收入214.14亿元，同比增收16.21亿元，增幅8.2%；完成地方级108.26亿元，同比增收10.94亿元，增幅11.4%；完成区级50.81亿元，同比增收6.41亿元，增幅14.64%，完成全年区级任务50.324亿元的100.97%。完成非税收入65.47亿元，同比增收16.99亿元，增幅35.05%，其中，社会保险基金收入60.41亿元，同比增收15.15亿元，增幅33.47%。区局组织收入在全省各地级市排名中位列第8位。

【党风廉政】 一是加强学习教育，牢固树立纪律意识。区局采取集中培训、专题讲座、组织观看廉政、警示教育片等形式，教育引导广大党员进一步增强“四个意识”，树立遵规守纪的观念，坚守理想信念，自觉补足精神之钙。二是强化日常监督，营造风清气正的干事氛围。改革期间，区局共组织工作纪律监督检查15次，下发通报9期，以严明的纪律号召全体党员遵规守矩、严律纪律红线。三是广纳“金玉良言”，主动接受社会监督。12月13日，区局在四楼会议室结合市局开展的“走、听、访、察、建”工作召开了机构合并后新一届特聘监督员座谈会。座谈会上，来自辖区的河南省政协委员、金水区人大代表、重点企业负责人及财务人员等16位特聘监督员代表畅所欲言，诚恳交谈，各自结合实际工作及接触办税的切身感受，对区局在进一步强化全员综合素质，在加大税收政策宣传，增加便捷办税渠道等方面提出了建设性意见和建议。

【减税降费】 一是坚决落实深化增值税改革政策。2018年国家税务总局推行深化增值税改革三项措施，截至年底，区局累计税率调整减税8455万元，一般纳税人转登记小规模纳税人628户，办理留抵退税753万元。为服务小微企业，更好地服务于营商环境，做出积极贡献。二是坚决落实好各项增值税优惠政策。截至2018年12月，区局共办理福利企业退税170家次，福利企业6250万元，软件企业退税230家次，3212万元，资源综合利用企业5户次，资源综合利用6.1万元，管道运输企业6家次，审核退税1115万元，办理多缴退税525家次，审核退税320万元。三是出口退税“两提一降”显成效。“提”无纸化推行进程。区局坚持“风险可控、企业自愿”的原则，结合金水工作实际，扎实推进无纸化管理试点工作。2018年，区局有申报业务出口退税企业共计629家，无纸化备案户586家（其中一、二类出口企业全部无纸化），外贸企业无纸化覆盖率超过93%，共计办理无纸化退税6.62亿元。“提”退税审批进度。2018年，区局进一步加大出口退税服务力度，优化退税服务举措。2018年，共审核3216家次办理出口退（免）税7.11亿元。“降”出口退税风险。按照市局工作要求，共对辖区内31家出口企业进行备案单证的核查，对126家出口企业进行收汇凭证核查，帮助企业做好退税备案和收汇事宜的同时，有效降低了企业骗税风险。四是所得税减免工作深入推进。区局符合减免条件的小微企业71607家，受惠面达到100%，减免税额18723.99万元，户均减免税额0.2615万元。在研发费加计扣除方面，区局享受研究开发费加计扣除231家，加计扣除金额42268.52万元，减免税额10567.13万元。

【个税改革】 加强组织领导。为确保各项工作顺利推进，金水区税务局成立个人所得税改革专项工作领导小组，抽调专人组建个人所得税集中办公室，做到脱离原岗位专司个人所得税改革事项。区局领导小组负责加强组织领导、强化部门协作，建立督促落实机制，统筹抓好改革任务的落实工作。

大力开展内部培训。区局除组织相关人员参加总局“一竿子插到底”三轮培训之外，在局内也分别于10月22日、11月1日和12月7日组织了3轮培训，培训对象为纳服、各分局的业务骨干，3轮培训共有145人次参加，随后又对部分干部进行政策测试，确保区局税务干部对个税政策应知应会。

开展财政统发单位辅导工作。金水区共有152个财政统发单位，包括90个直属单位、17个办事处和45所学校幼儿园，涉及财政统发工资人员10030人。12月13日，区局在郑州弘润华夏大酒店会议室对区税源部门进行了预培训，区税源办公室及17个办事处税源办公室全员参加，取得了较好的效果。

广泛开展扣缴义务人专项培训。为确保扣缴义务人对个税改革政策能够系统掌握，金水局对辖区6068户有税款扣缴义务人制定了专项培训计划（全省有税款扣缴义务人56000户，金水区占10.84%），并积极组织37场培训，并对重点人重点户进行一对一上门辅导，有效促进了扣缴义务人对个税改革政策的了解和掌握。

【纳税服务】 2018年，全局以开展“便民办税春风行动”为抓手,以实现纳税人办税事项“最多跑一次”为目标，全面提速“一厅通办”“全区通办”和涉税事项各种便民举措，将各项政策措施逐条督导落实到位。

随着国税地税征管体制改革的纵深推进，金水区10个办税服务厅共120个纳税服务窗口全面推行“一窗通办”的同时，区局逐个打通办税堵点，突破服务难点，让网上跑代替马路跑，让“一次办结”成为工作常态。

积极开展民营企业走访。全局积极组织民营企业走访活动，广泛听取民营企业诉求，收集解决其反映的问题，为优化税收营商环境做出积极贡献。精简办税流程。明确前后台衔接流程形统一，进一步梳理流程、精简资料报送、大力推进免填单的无纸化服务，简化发票领用程序。加强垂直管理。实施办税服务厅人员交流轮岗制度，确定了31名工作人员在主厅与主厅之间、主厅与小厅之间通过轮岗方式进行“税收业务+操作技能”的互助互学，达到促进业务的融合、促进业务操作流程规范统一的目的。同时加强管理，促进工作人员牢固树立纪律观念。学习互鉴。2018年11月，为深入学习杭州市“最多跑一次”的经验做法，聚力提升区局纳税服务工作水平，区局组织股室、分局骨干，赴杭州学习纳税服务工作；强化导税作用。按照国家税务总局《办税服务厅管理办法》全面推行《导税服务制度》，三个主厅采用流动导税与定点导税相结合模式，导税员提前介入，对涉税业务进行筛选、分流、合理引导纳税人排号，负责解答疑难问题和收集意见等工作，积极引导纳税人积极借助网上税务局和自助设备办税，提高了办税效率，大大缩短了纳税人的平均等候时间，有效降低各厅滞留时间。2018年9月以后，进厅办税比重明显下降，由17年的25.46%下降到现在的13.3%，平均等待时长由7.9分下降到6.7分，大大减轻了实体厅的拥堵状况。

【依法治税】 2018年，全局以强化执法监督、防范执法风险、提升执法水平为重点，不断夯实政策法规工作基础，扎实开展政策法规学习，推动税务干部树立法治思维。

深入开展法治宣传教育。引导干部树牢法治思维，坚定法治信仰。以点带面，提高全体税务干部依法行政水平。深入开展税务干部普法教育，开展宪法宣传教育活动，不断增强税务干部宪法意识。持续夯实法治基础。落实好法律顾问和公职律师制度，持续完善税务行政争议处置工作机制，持续抓好重大税务案件审理、行政复议、应诉等工作，依法处置好各类税务行政争议。坚持规范执法行为。强化税收规范性文件管理，从源头上规范税收执法行为。对日常执法行为中存在的违法现象坚决予以制止。认真开展税务干部违规插手涉税中介机构清理。开展“权力点治理”专项整治,重点在防范任性任意执法、创新监管方式上下功夫。

【集中注销】 为方便纳税人办理业务，优化办税服务资源，全局整合原国税、地税注销流程，针对纳税人注销难的问题，精准施策，按照“一窗受理，一份资料，一并录机，一次核查，一窗出件”的原则进行集中注销，有效提高了注销效率，进一步打通了便民服务的“最后一公里”。

压实责任，专人负责。区局高度重视，召开清税注销管理工作专题会议，成立了清税注销领导小组。领导小组由主管局长统筹部署工作，下设5个联合注销小组，每个小组配备2~3名骨干人员，专门负责注销核查业务，同时，领导小组定期深入注销办理现场，指导工作，确保清税注销业务有序高效推进。

集中办公，无缝衔接。为进一步减轻纳税人负担，全局注销业务均转移至注销核查小组。小组采取集中办公的方式，让注销小组、基层分局、纳税人无缝衔接。业务上，区局税政法制科对注销管理、清税申报所需资料进一步规范，每个流程规定办理步骤和办结日期，并按照清税注销管理规定对注销小组分别进行赋权和培训，进一步提升业务能力。

及时办结，成效显著。区局创新工作方式，根据纳税人情况不同，采取“集中+分散”的模式，由专人负责筛选，对符合条件的纳税人由即办小组一次式办结,对注销有困难的业务，转由所属分局进行核查，注销业务组根据核查结果进行网上录机再完成注销。通过以上措施，有效减少了纳税人往返税务机关和办税服务厅的时间，部分无收入和未达起征点企业的注销时间从以往将近一个月缩短到三天之内。

（撰稿：康家宝　审阅：薛新辉）

金水投资公司

【概况】 郑州市金水投资公司（简称投资公司）成立于2009年，是区委区政府大力推进投融资体制改革、增强政府经济调控能力、加快金水跨越式发展的重大举措。投资公司隶属于金水区人民政府。公司分为四部一室，分别为：投融资管理部、财务部、资产经营部、风险控制部、办公室。

【平台公司】 以中共十九大文件精神为指导，以改革创新为动力，积极做好金水区投融资体制框架内各平台公司的业务协调和政策指导，进一步理顺投融资体制，加强投资项目管理。

进一步改革投融资体制，完善公司治理结构，真正建立起“政府引导、社会参与、市场运作”的投融资体制，运用多种融资手段，实现投资主体多元化，资金来源多渠道、投资方式多样化，项目建设市场化。着力提升平台公司的造血功能，积累市场竞争经验，培养适应市场竞争的人才，实现平台公司持续健康发展。完善科学决策程序，加强投资引导监督，建立项目跟踪协调机制。

【加强学习】 加强学习，进一步健全资金监管机制，完善平台公司重大事项决策和风险防范控制机制，确保资金安全。深入开展《公司法》《会计法》等重点法律法规学习宣传，结合深化投融资体制改革的要求，把学法用法工作与普法依法治理工作结合起来，全面推进依法行政、依法理财工作。自觉接受并主动争取纪检监察等部门的监督指导，促进日常工作的提高；进一步健全国有资产管理运营机制，着力做好国有房产出租收入的监督和管理，认真做好国有资产的管理和运营，确保国有资产的保值增值。与有关方面专家就资金监管、平台公司重大事项决策和风险防范控制等方面制度进行了深入学习讨论及研究，完善了《河南省金水投资管理有限公司重大事项决策制度》《河南省金水投资管理有限公司投融资管理办法》《河南省金水投资管理有限公司银行账户审批管理办法》等文件，保证了公司制度建设。

【重点项目】 深化投融资体制改革，持续强化政府投融资公司的法人治理结构和市场主体地位，充分发挥政府资金对市场资源配置的引导作用。全区各平台公司平稳运行，积极参与全区各重点项目建设，有力推动金水区重点工作进展。2015年至2018年年底，为支持金水区棚户区改造工作设立金水区棚户区改造基金。各支基金运转正常，逐步规范了基金的使用、管理、收益及还款流程，建立风险防控机制，为棚户区改造的推进提供了资金保障。一是在基金的申请、使用上要认真测算企业前期实际投入，确保数据真实可靠，要深入了解、严把关口，确保棚改基金安全、合规使用。二是确保基金收益及项目已返还土地出让金的回收，同时做好基金向金融机构的还本付息工作。对于在棚改基金使用过程中存在不按时还款、付息的项目单位，严禁准入。

【PPP运作模式】 自财政部推广运用政府和社会资本合作模式以来，投资公司积极推进PPP模式，认真分析研究金水区各项重点工程，谋划储备项目，着力深化投融资体制改革。3月，郑州金水科教园区绿化PPP项目、郑州金水科教园区107辅道以东基础设施建设PPP项目已成功进入河南省财政厅PPP管理中心系统、财政部PPP综合信息平台系统的储备清单库。1月，投资公司对郑州市贾鲁河综合治理生态绿化工程PPP项目财政承受能力论证报告中应承担的政府支出责任进行了财政承受能力审核，审核结论为：本项目通过金水区财政可承受能力论证。

（撰稿：马腾飞　审阅：余志钦）

经济管理与监督

发展改革

【概况】 金水区计划统计局于2004年更名为金水区发展改革和统计局，现有正式在编职工82人。辖二级机构3个：金水区普查调查中心、金水区统计信息中心和金水区人民政府重点项目建设管理办公室。内设办公室、综合科、普查科、法规科、投资科、项目科、一产住户调查科、工业能源科、三产科、贸易科、社会科、服务业管理办公室与信体科12个职能科室。

（撰稿：马莉媛　审阅：张　喆）

【主要指标完成情况】 2018年以来，金水区紧紧围绕“四重点一稳定一保证”工作总格局，牢牢盯住“全面形成领跑中部城区发展决定性态势”的目标，坚持新发展理念，强力助推金水高质量发展，努力进取，克难攻坚，全区经济社会发展保持了健康稳定的良好态势。全年地区生产总值完成1378.8亿元，同比增长9.5%；第三产业增加值完成1221亿元，同比增长8.5%；一般公共预算收入完成61.4亿元，同比增长10.7%；固定资产投资同比增长10.1%；社会消费品零售总额完成730.9亿元，同比增长7%；规模以上工业增加值同比增长4.5%；城镇居民人均可支配收入46012元，同比增长8.2%；农村居民人均可支配收入26013元，同比增长8.5%；城镇登记失业率控制在4%以内。从中部城区发展来看，金水区地区生产总值总量、增速及财政总收入均位于中部城区首位，其余经济指标几乎全部位居中部城区前三。特别值得关注的是，地区生产总值在千亿级的规模上一个百亿台阶持续攀升，带动人均地区生产总值突破10万元，成功入选《2018年中国百强区发展白皮书》，综合排名第25位，为中部六省城区最高。

（撰稿：李　灿　审阅：丛东雷）

【服务业工作】 服务业发展有序，服务业增加值占地区生产总值的比重达到88.55%；现代服务业比重进一步提升，完成增加值900亿元，对经济增长贡献率达到74%；金融、商贸、高技术服务主导产业完成增加值730亿元，占全区服务业增加值的比重达到60%。坚持把构建现代产业体系作为关键任务，重点打造千亿级新兴产业集群，汇聚信息安全领先企业25家，正式挂牌省市两级信息安全示范基地；与“中关村在线”合作建设共享生态科技产业城O2O孵化器和智能体验馆，引进“英国MTL公司空气PM1.0净化实验室”等智能制造和共享应用领域企业33家；经省商务厅认定的电子商务企业达到230家，实现交易额125亿元、同比增长32%；在商务部备案的服务外包企业达到115家，全年外包合同金额突破1亿美元。“一带一路”经贸产业园挂牌运营，累计吸引注册企业166家，注册资金达34.74亿元；突出自创区示范带动，新落户省可信计算院士工作站、工业智能服务大数据河南工程实验室等一批创新引领型科研机构，59个人才（团队）入选“智汇郑州·1125聚才计划”；新增孵化器（众创空间）14家，累计达到48家，入驻企业突破1600家；积极落实“金典六策”，兑现奖补资金1.8亿元，惠及企业2000余家。

（撰稿：李　峰　审阅：丛东雷）

【重点项目建设情况】 2018年，金水区省、市、区重点项目共212个，年度计划投资727亿元，全年完成投资734亿元，占年度目标的101%，圆满完成年度目标计划。其中，金水区辖区内省重点项目17个，总投资277亿元，年度计划投资85亿元，全年完成投资81亿元，占年度目标任务的95%；市重点项目32个，总投资162.7亿元，年度计划投资47.7亿元，全年完成投资47.2亿元，占年度目标任务的99%；区重点项目163个，总投资2791亿元，年度计划投资594亿元，全年完成投资605亿元，占年度目标任务的102%。59个计划新开工项目中河南省信息安全产业示范园、关虎屯新天地等46个项目开工建设，金科·智汇谷、瀚海美尚等127个续建项目进展顺利，正弘国际广场等15个项目竣工投产，北大国际创业孵化中心项目等26个办理前期手续的项目正在加紧完善手续。

（撰稿：康　婷　审阅：范新芳）

【统计法制建设】 2018年，金水区发展改革和统计局认真制定了《金水区发展改革和统计局2018年法治宣传教育和依法治区工作方案》，完善了《法律顾问制度》《行政执法责任制考核办法》等文件，为依法行政奠定了基础。开展法治宣传，充分利用年报和定报业务培训的有利时机，通过讲解统计法律法规知识和统计执法案例，提高统计调查对象对统计法律法规的认知度，培训人员2000余人次，发放《统计法》摘录、《河南省统计管理条例》摘录和案件通报宣传彩页5000余份，收到了良好的效果。开展法制培训，2018年11名执法人员参加了全区组织的法律知识培训、考试，全部通过考试，为统计执法工作打下了坚实基础。组织辖区“四上”单位进行统计知识和统计法律法规知识培训，600余名统计人员取得合格证书。开展统计法律进党校活动，聘请市局专家，对区78名科级干部进行了统计法律法知识陪训。开展“谁执法、谁普法”宣传活动，3次组织在绿荫公园开展宪法、统计法律法规、经济普查大型宣传活动。认真组织完成防范和惩治统计造假、弄虚作假自查工作。认真组织完成“数据造假、以权谋私”自查工作。认真组织完成第三、四季度领导干部违规干预统计工作自查。开展统计执法，本着“用数据说话，为决策服务”的原则，及时召开会议贯彻国家、省、市统计执法会议精神，认真布置统计执法工作，2018年立案7起，结案7起，执法检查92起，行政指导16起，维护了统计法律法规的权威。同时，认真做好“政务服务云平台”更新录入工作和服务型执法工作。

（撰稿：海孝义　审阅：马映军）

【统计调查工作】 2018年，金水区发展改革和统计局认真开展各项专项统计调查和检测，严格按照规定程序，狠抓源头数据质量，保证统计资料准确，圆满完成了全年制度内外的各项统计调查任务、国家制度内规定的2017年年报和2018年定期报表任务及“四上”单位上报审批管理任务，高质量完成了金水区名录库更新维护工作，全面掌握了金水区第二产业、第三产业的发展规模、结构和效益等情况，建立健全基本单位名录库及数据库系统，为研究制定发展规划，提高决策及管理水平奠定基础。2018年，金水区共维护法人和产业活动单位新增、变更、注销24711条，新增法人单位5289家。同时，金水区共新增“四上”单位97家。金水区发展改革和统计局精心组织、攻坚克难，通过普查，全面更新覆盖金水区国民经济各行业的基本单位名录库、基础信息数据库和统计电子地理信息系统，建立健全特色商业区基本单位名录库。进一步夯实统计基础，健全统计工作的部门协调机制和信息共享机制，为加强和改善宏观调控，加快经济结构战略性调整、科学制定中长期发展规划提供科学准确的统计信息支持。

（撰稿：李　渊　审阅：贺淑霞）

物价管理

【概况】 金水区物价局于1984年11月成立，下设有局办公室、物价检查所、价格认证中心和价格成本监测所。

【价格监督检查】 加大价格监督检查力度，做好节前市场检查工作，结合价格举报分别对辖区的大型商场、超市、蔬菜批发市场、旅游景点等单位进行检查，引导经营者加强自律，诚信经营。春节前夕，省发改委副主任支安宇到金水区调研物价工作，实地考察了经八路农贸市场、世纪联华天旺店的市场供应和明码标价执行情况，对物价区切实做好节日稳定物价、保障供应等工作给予了肯定，并就下步工作开展作出了安排指示。

开展价格政策法规宣传活动。2018年，物价局开展了“价格服务进万家”“金水区物价局法制宣传日”“明码标价示范店宣传日”等活动，让群众对价格政策有了进一步了解。4月27日和9月27日，物价局在花园路国贸大商新玛特两次组织开展以“诚信经营，拒绝价格欺诈”为主题的价格服务宣传日活动，现场接受价格咨询及投诉10余起，发放价格知识宣传彩页5000多份。11月21日，开展了诚信体系建设进万家活动之价格诚信进医院，在金水区总医院门诊楼大厅设立了展台，通过制作展板、悬挂标语、设置咨询台、发放宣传彩页及宣传品等形式，取得了预期成效。

结合上级部门工作安排和物价区工作实际，开展专项检查工作。开展教育收费专项检查，结合上级部门工作安排和金水区工作实际，有重点的对辖区内的公办小学开展了检查；开展医疗收费专项检查，为以金水区总医院为代表的各个医疗单位开展了多次价格政策培训；开展房地产收费专项检查，解决了一起房地产商收取房屋测绘费存在争议的问题；开展停车场收费专项检查，郑州市公共停车场乱收费问题曝光后，物价局检查所成立3个检查组，全面开展停车收费专项整治，对投诉举报的热点，如省人民医院、河医周边等进行检查；开展高考期间价格专项检查，高考前夕，组织专门人员对考场周边宾馆、酒店、停车场等经营场所的价格、收费及明码标价执行情况进行检查；开展转供电督查工作，重点对河南中房物业管理有限公司、郑东物业管理有限公司、郑州军安物业管理有限公司开展了工商业、居民转供电环节检查。

根据市物价局的安排部署及全区实际情况，继续开展“创建明码标价示范店”活动，进一步加强明码标价管理，推进价格诚信建设。鼓励辖区内商家积极参与此项评比工作，为辖区明码标价工作打牢基础，开展了一年一度的郑州市明码标价示范店评选工作，辖区内选送了2个商场超市参与评比，卜蜂莲花东环路店被评为明码标价示范店，并于12月19日在该店举办了明码标价示范店宣传活动，对价格政策进行了广泛宣传，有利于推进价格诚信建设。

做好公平竞争审查工作。8月28日，由物价局牵头，金水区公平竞争审查联席会议第一次全体会议召开，区政府常务副区长杨洁、区政府办公室副主任张申参加会议，并发表讲话，对公平竞争审查重点工作提出了具体要求。组织实施建立公平竞争审查制度作为价格部门一项全新的工作，政策性强，涉及面广，缺少

9月，金水区物价局价格服务宣传日活动

10月，金水区物价局节日期间景点周边物价稳定情况巡查

成熟经验可供借鉴。

【价格举报】 严格执行24小时值班制度，大力推进以“12358全国价格举报呼叫平台”、“12358价格监管平台举报业务处理系统”为首的价格举报平台的行政执法体系建设，由专人负责接听金水区“68612358”价格举报投诉电话，密切监测“心通桥”舆情网站，严格做到发现舆情4小时内回复，5个工作日内将舆情落实情况给予答复并及时和发帖人进行互动。据统计，2018年共受理价格举报案件848起，其中来电咨询259起；“12358”举报平台立案270起；一般举报立案44起；投诉案件13起；职业举报立案26起，心通桥、ZZIC、市长热线等网络舆情立案236起。

【收费管理】 开展收费情况年度统计工作。2018年3月—5月，河南省发改委组织开展2017年度全国收费动态监管系统的录入工作，金水区物价局已按上级规定的时间准确上报了各单位的数据。

【价格鉴证】 金水区价格认证中心坚持围绕价格公共服务“一个中心”，持续打造涉嫌违纪案件、涉嫌刑事案件和涉税财物价格认定“三个品牌”，扎实开展涉案物品价格认定。2018年，共办理涉刑案件433起，标的总额636万元。有力地配合公安、检察机关打击了犯罪，为维护金水区社会稳定做出了积极贡献。5月7日，南阳路公安分局委托区物价局价格认证中心对一起故意损坏公私财物案件进行价格认定，共有11辆汽车玻璃受损，因该案件社会影响面较大，中心派专人负责，对受损车辆进行了现场勘验，并认真开展多方走访调查，最终认定标的总额为36769元，为司法机关定罪量刑提供了有力依据。

（撰稿：于 点 审阅：任海霞）

工商管理和质量技术监督

【概况】 根据《中共金水区委金水区人民政府关于印发〈金水区人民政府职能转变和机构改革实施意见〉的通知》和《郑州市金水区工商管理和质量技术监督局主要职责内设机构和人员编制规定》文件精神，设立郑州市金水区工商管理和质量技术监督局（以下简称金水区工商质监局），为区政府工作部门，是主管金水区市场监督管理、行政执法和质量技术监督行政执法的政府职能部门，位于郑州市金水区红专路40号。

2018年，围绕“放管服”改革主线，坚持目标导向、问题导向，继续推进全面从严治党，持续深化商事制度改革，全面加强事中事后监管，在推进工商登记便利化、市场监管现代化、消费维权协同化、重点工作项目化上下功夫，开拓创新，务实重干，进一步营造宽松平等的准入环境、公平竞争的市场环境、安全放心的消费环境，圆满完成了各项工作任务。共受理投诉9776次、举报2118起，案件按时签收率100%。金水区实有各类市场总量202769家（户），其中，企业家数133121家，个体商户69454户，农民合作社户数194户。新办理各类企业设立登记手续43769家（户），新办理企业股权出质设立登记99家（户），帮助企业融资79.37亿元。辖区内注册商标79171件，占郑州市注册商标总数的31.9%，其中，河南省著名商标71件，中国驰名商标6件。

【注册登记】　为推进企业登记全程电子化工作，金水区工商管理和质量技术监督局购买了高版本电脑50台、高功率无线路由器20台，申请网络专线14条，向省工商局申请，为局机关办事大厅及18个基层所每个单位配备两台打照、复印一体机，向区政府申请订购的商事登记全自助证照一体机1台。积极执行“企业注册登记全程电子化”，调整工作思路，整合行政资源，优化审批流程，提高注册登记水平，利用媒体宣传，引导鼓励企业在网上登记注册，全程电子化率达到80%以上，远超省市规定目标。二是大力压缩企业开办时间，基本实现了简单业务当天办结，复杂业务3天办结。三是认真落实改革举措。为贯彻落实好李克强总理提出的“放管服”改革“六个一”目标，即：完成企业开办时间再减少一半、项目审批时间再砍掉一半、政务服务一网办通、企业和群众办事力争只进一扇门、最多跑一次、凡是没有法律法规规定的证明一律取消等任务。根据中共中央办公厅、国务院办公厅印发的《关于深入推进审批服务便民化的指导意见》精神，金水区工商管理和质量技术监督局积极向南方发达省市学习，创新便民利企审批服务方式，加强信息化软硬件建设，与辖区专业技术公司协议订购其商事登记全业务自助一体机1台，实现了工商登记全业务网上受理、营业执照正副本一键打印的目标，同时采取了增加办事大厅窗口，增加辅导服务人员，提供全免费打印复印服务等措施，有效节约了群众业务办理的时间，提高了注册登记的办事效率，顺利完成了省委、省政府，市委、市政府关于企业开办时间压缩到2天的目标任务。省工商局局长马林青，郑州市委常委、副市长谷保中，金水区委常委、常务副区长杨洁先后到金水区工商管理和质量技术监督局调研“放管服”改革、行政审批服务便民化及压缩企业开办时间调研活动。对金水区工商管理与质量技术监督局的工作给予高度评价。

【企业信用信息公示】　克服金水区市场主体总量大、年报公示任务重等困难，夯实信用监管基础。金水区工商管理和质量技术监督局登记在册企业、个体工商户、农民专业合作社2017年度年报率分别为90.81%、91.85%、91.94%，圆满完成年报工作任务；牵头组织召开全区信息归集工作会议，与职能部门紧密配合，努力打造“全国一张网”平台；稳步推进“双随机、一公开”监管工作，推动市场主体自我约束、诚信经营。2018年金水区工商管理和质量技术监督局圆满完成“双随机”抽查的市场主体共计8439户任务。

【市场监管执法】　积极开展不正当竞争执法、打击传销、规范直销行动。办理了虚假宣传案1件，罚款20万元；排查各类市场498个，摸排“涉黑涉恶”线索3条，移交公安机关处理1条。区“扫黑除恶”督导组充分肯定了

3月7日，金水工商质监局“3·15”活动系列之一——“计量惠民”进市场

3月12日，金水工商质监局对辖区企业开展普法知识讲座

金水区工商管理和质量技术监督局“扫黑除恶”专项斗争工作；取缔无证烟商户18户，查处涉烟案件105件，涉案金额176万余元；2018年金水区新增注册商标16686件，商标有效注册数量71590件，占全市有效注册商标总数的31%，居全市第一，拥有驰名商标总数5件。积极推动国家总局商标权质押登记试点在金水区的建设；查处1件互联网上发布虚假房地产广告案件，罚没款10万元；办理商标违法案件17件，罚没款13.42万元。查处广告违法案件81件，其中，当场处罚71件，罚款25.22万元；对辖区51家广告发布单位发布的广告内容进行审查，依法对3个单位下达责令改正通知书，并对其负责人进行行政约谈；共有4个企业、3个市场、4户商户荣获2017年度郑州市文明诚信荣誉称号；有16家企业、13个市场、23户商户荣获2017年度区级文明诚信荣誉称号；积极配合推进市场外迁工作。配合区政府对辖区6个外迁市场进行执法检查和外迁宣传服务工作。

【消费维权】 积极应对12315网络平台上线运行，维权渠道呈现向线上线下双向拓展的良好态势；舆情应对能力持续提升。共接待消费者咨询13266余次。接转投诉9776件；受理接转举报2821件，处理率达到100%，预计到2018年12月30日，全局投诉举报总量将突破15000件。发布消费警示6篇，采集新闻报道20篇。建设“消费维权服务站”“12315联络站”“消费者投诉站”共计22个；开展行政约谈346次，签订承诺书289份，发放行政告知书400余份。

【商品质量监管】 先后开展各行业质量提升行动9次，约谈会1次，查办电动车组装案件1起；完成10家企业对标达标上报工作；对23家集贸市场在用计量器具进行免费检定；完成辖区内5家生产许可证获证企业的生产许可证审核工作；先后推荐3家企业开展品牌培育；协助2家企业申报郑州市市长质量奖。

【安全监管】 金水区工商管理和质量技术监督局先后开展了节日、重要会议期间及汛期特种设备安全检查监督活动。在2018年电动自行车消防安全综合治理工作中，金水区工商管理和质量技术监督局查办电动车违法组装案件1起，已没收作案工具，案件已经移送公安机关处理。此案件的查办也是金水区工商管理和质量技术监督局承担的区政府民生实事之一。查处特种设备生产经营使用单位600余家，检查电梯3000余台件，锅炉60余台件，压力容器60余台件，压力管道4个，起重机械1000余台件，厂内机动车辆10家，大型游乐设施9个，索道1个，加气站10家。发现、排除安全隐患600起，下达特种设备安全监察指令书170份，查封电梯91台件。召开特种设备安全专题会议2次，开展13次各类特种设备安全知识宣传及应急演习活动。

【大气污染防治】 以全国生态环保大会精神为指引，全力做好大气污染防治工作。依法取缔1家散煤生产、销售点，改造1家，销毁1个废弃煤炉。成立了12个督导组，对工作进行日安排、周督查、月排名。2018年共检查居民户156692户、商户49779户，排查出煤炉18个、353块型煤、20袋无主散煤，排查出的问题均已当场清理处置。

【政府信息公开】 按照“依法公开、真实公正、突出重点、注重实效、有利监督”的原则，严格执行政府信息公开条例。认真做好依申请公开工作，建立健全政府信息公开申请接收、登记、办理、审核、答复、归档等各个环节的制度规范，依法妥善做好相关工作，共处理依申请公开信件126件。

【人民来信来访】 始终把稳定安全信访工作作为头等大事，强化安全生产大排查，加大敏感领域、重点环节的监管力度。截至年底，共受理来信来访案件2204件，其中，来信678件、区政府和市局转办1481件、网上信访系统45件，结案率为100%。

【队伍建设】 突出办事窗口等重点岗位，认真开展查党建、查作风、查纪律、查进度活动；“两学一做”学习教育常态化、制度化工作扎实开展；党建工作稳步推进，党员觉悟持续提升；党风廉政建设有力推进。建立健全“明责、述责、评责、问责”的工作机制；精神文明建设扎实开展。持续开展道德讲堂、志愿服务、文明经营等创建活动；切实推进巡察整改。积极配合巡察，立行立改。制定《巡察整改实施方案》，及时整改巡察组反馈意见，确保件件有落实，事事有回音。以窗口整治为抓手，推进干部队伍建设。一是组织召开2018年度党风廉政建设工作会议和廉政谈话会。二是签订了“两个责任”、不违规收送红包、禁酒、廉洁自律、不参与“帮圈文化”等承诺书，在各个工商质监所和局机关办事大厅张贴公告，设立举报箱，公开举报电话，公开接受广大群众的监督。及时处置信访举报问题线索，共接转办理18起纪检监察投诉举报，均已办结回复。三是组织联合督查6次，下发督查建议书6次，纪检监察通报6期。四是组织金水区工商管理和质量技术监督局共145名党员、干部职工开展学习中共十九大精神、党风廉政建设知识和党章党规党纪知识测试2次。五是组织局领导班子成员、各科（室）所负责人共200余人进行5次集中学习“一岗双责”典型案例活动。

【意识形态工作】 高度重视意识形态工作，把意识形态工作纳入综合目标考评，与业务工作同部署、同落实、同检查、同考核。一是实行一把手负总责，班子成员各负其责，局党组会定期分析研判意识形态领域情况，辨析思想文化领域突出问题，对重大事件、重要情况、重要局情民意中的苗头倾向性的问题，有针对性地进行引导。二是狠抓学习教育。牢固树立“四个意识”，扎实推进“两学一做”学习教育常态化制度化，教育引导广大党员干部旗帜鲜明讲政治，筑牢信仰之基、补足精神之钙、把稳思想之舵。三是坚持正确舆论导向。积极开展书记上党课活动，牢牢掌控网络意识形态主导权，及时做好重要节点和工作时期，及时搜集、研判、处置可能引发群体性事件和社会动荡的言论。

（撰稿：鹿　璐　审阅：王　伟）

安全生产监督管理

【概况】 金水区安全生产监督管理局于2004年成立，单位性质为事业单位。2010年改为行政单位，办公地点位于郑州市东风路科技一条街政府4号办公楼。局内设办公室、综合科、安全监督管理科、法制宣传教育科，下设安全生产监察大队、金水区职业卫生监管与安全生产应急救援指挥中心2个事业单位。

【责任落实】 强化安全生产责任体系。坚持区委常委会、区政府常务会议季度研究、安委会月总结、联席单位周例会等推进机制，及时分析形势、制定措施，形成了重大情况定期会商、重大问题挂牌处置、一般隐患现场治理的局面。修订《金水区党委政府及有关部门安全生产工作职责》，制定《关于推进安全生产领域改革发展的实施意见》，按照“三管三必须”和“属地管理”原则，逐级逐层签订目标责任书；强化目标考核奖惩落实。出台《金水区安全生产阶梯目标管理办法（试行）》和《金水区安全生产“红黄”分类挂牌管理办法（试行）》，进一步明确安全生产督查督办及相关考核要求。每季度组织对街道、部门进行考评、排名，健全完善考核机制，加大安全生产责任目标过程监控。设立区级安全生产专项资金500多万元，用于支持公共隐患整治、社会宣传、重大事故隐患治理等工作；强化安全生产谈心谈话活动。全区自上而下，从区级到社区，从政府到企业，从经理到职工，全方位、全覆盖、无死角开展对话谈心，保证“四个到位”：政府领导责任到位，部门的监管责任到位，企业的主体责任到位，员工的安全意识到位。全区开展对话谈心共2720人，其中，县处级领导干部22人，各单位主要负责人84人，其他干部职工702人，对企业主要负责人进行对话谈心1912人，并要求其做好企业内部员工的对话谈心活动。

【依法监管】 狠抓重点行业领域整治行动。印发《关于在全区重点行业领域开展安全生产专项整治工作的通知》，对全行业、全领域进行“拉网式”专项治理：危险化学品领域，对辖区2家涉氨制冷企业进行14项内容的安全条件检查，审批并发放“危险化学品（无仓储）经营许可证”24家，聘请安全生产专家对辖区加油站和83家规模以上工贸行业进行专家会诊，查出隐患482处，已全部整改。利用重大危险源监控系统，对全区39家加油加气站及涉氨涉氯企业实施全方位、多角度在线监测监控。建筑施工领域，下发实施方案，多次组织对辖区所有在建工程和建筑施工工地组织开展安全生产大检查，对13个项目开展建筑施工安全生产标准化建设，建立了辖区建设工程和安置房建设工程监督台账，针对施工用电、高空坠落与施工机械等多发事故方面进行定期检查，发现整改隐患40多个，下达整改通知书20余份。消防安全领域，推进消防宣传示范一条街福元路的建设，在国贸360广场等4个大型商业综合体及河南农大、郑州七中、省实验小学等大、中、小学开展消防进军训、疏散演练及大型宣传活动28场次，扎实开展全区巡防队消防培训工作，对区级10家配备有消防车的重点单位微消站开展季度拉动考核。职业卫生领域，以“职业健康执法年”活动为依托，加强职业卫生基础建设，对64个用人单位128人进行了职业卫生培训，对29个用人单位进行了职业病危害申报。其他行业领域。在旅游、交通运输、教育、水利等方面，制定了切实方案，强化安全防范，保障了安全生产形势的持续稳定；狠抓行政执法提升。抓综合整治“百日攻坚”行动。开展为期3个月的专项治理，确保了春节、“两会”的安全稳定，全区共组织各类检查组160个，检查各类企业和单位9617家（个），打击违规违法行为5起，责令停产整顿49家（个），对古玩城花园茶城等3个重大火灾隐患单位进行挂牌督办，排查安全生产一般隐患2940处，按期整改2294处。抓“安全生产大检查大执法大督查活动”。认真研究制定实施方案，成立工作领导小组，建立“条块结合、上下联动、各负其责”的工作机制，强力推进活动开展。截至年底，全区共检查企业4403家次，发现隐患安全隐患1221处，现场整改隐患1003处，整改到位98.3%。责令停产停业整顿企业18家，9个督导组深入企业督促整改35次；狠抓安全执法“利剑-2018”专项行动。截至年底，共立案97起，处罚金额80.73万元。扎实推进金水区综合监管平台建设，视频会议系统运转正常，全区企业建档总数

4月20日，组织全局党员在会议室开展以“党建知识你比我猜”为主题的党员活动日

6月28日，金水区在凤凰城开展2018年安全生产应急救援综合演练

462家，重点监管企业107家，年度隐患建档数176个，年度检查次数451次。

【日常工作】 宣传教育培训全面覆盖。在全国第十七个安全生产月中，以“生命至上、安全发展”为主题，开展现场咨询活动，全区共展出166块宣传展板、142余条条幅，设置咨询台48个，出动10余辆宣传咨询车，向社区居民、过往群众发放6.5万余份宣传资料，受教育群众达近5.6万人。以危险化学品、建筑施工、人员密集场所为重点，开展节后生产经营单位复产复工培训，共培训1.8万余人，其他从业人员3.7万余人，组织全区安监系统160人在河南信息宾馆进行业务培训；应急救援能力有效提升。修订完善《金水区生产安全事故应急救援预案》，做好政府预案与企业预案的衔接，突出危化品、建筑施工等高危行业组织企业开展应急救援演练。6月28日在凤凰城南城组织开展全区安全生产应急救援综合演练活动，大卫城、国贸360等企业也积极组建强有力的应急队伍，通过定期组织演练，提高处置突发事件的能力。截至年底，共督促辖区152个生产经营单位进行了应急预案演练,组织大型综合性演练35次；安全生产督导成效显著。“两会”、节假日等重点时段，区主要领导带队开展视察，人大代表、政协委员定期对安全生产工作情况进行视察，区主管领导坚持每半月对建筑工地、商场、学校、养老院等人员密集场所进行督导调研，各街道、各行业部门结合实际，实现全领域、全覆盖开展隐患排查整治。金水区9个安全生产综合督导组和7个安委会督导组，不间断进行“推磨式”督导，共督查督导232次。

【风险管控】 金水区在全市安监系统工作会议、全市安全生产工作会议上，分别作了先进经验发言。危险化学品领域。以民航路加油站为试点，依托专家力量深入开展安全风险辨识、评估、管控方面和隐患排查工作，形成规范操作手册。组织辖区32家加油站负责人在民航路加油站召开现场观摩会，对试点做法进行总结提炼，在危险化学品企业全面推行双重预防机制建设。城市安全领域。以未来路街道为试点，对曼哈顿周边区域进行安全风险排查，组织开展风险辨识，评估确定风险点等级，针对人员密集、火灾隐患突出特点，制定风险点管控措施，依托4个街道应急救援站，开展全覆盖的隐患排查和综合治理，努力构建3分钟应急救援圈，初步建立城市区域安全防控体系。责任追究方面：针对济南建华建筑施工有限公司“3·6”高处坠落事故和河南华普建设工程有限公司“4·15”水泥石块高坠事故，区政府及时成立事故调查组，按照“四不放过”和“科学严谨、依法依规、实事求是、注重实效”的原则，严肃认真开展事故调查工作，并依据事故调查报告，对事故责任单位和相关责任人进行了行政处罚。

（撰稿：高　尚　审阅：邢宝丽）

食品药品监督管理

【概况】 郑州市金水区食品药品监督管理局（以下简称食药局）成立于2010年10月，2011年5月机构改革与金水区卫生局进行人员职能划转交接。原为垂直部门，2015年10月机构改革为区政府工作部门。成立了新的区食品药品监督管理局（挂区食安办牌子）、食品药品稽查大队及17个街道办事处食品药品监督管理所，同月完成了与区食安办的整合及与本级质监部门食品生产环节监管职责交接，与本级工商部门食品流通环节监管职责交接，并于2015年11月1日正式履行新的监管职责：负责食品、保健食品、药品、化妆品和医疗器械监管工作。局内设办公室、行政服务科（法规科）、食品安全协调督查科、食品监管科、药品化妆品监管科、医疗器械监管科6个科室，另设食品药品稽查大队，食品药品稽查大队内设17个食品药品监督管理所。

【食品安全监管】 一是强化主体责任落实。先后召开食品生产企业、大型商超、食用农产品批发市场、餐饮服务单位关于落实食品安全主体责任大会，重点开展大型食品超市和食用农产品批发市场落实食品安全主体责任专项治理工作，通过组织动员、专题培训、自查整改、监督督导等工作，金水区19家大型商超和2家食用农产品批发市场通过验收，9月29日，全省大型商超、食用农产品批发市场落实食品安全主体责任专项治理工作现场观摩会在金水区召开，现场观摩了大卫城，食药局强化主体责任落实工作得到了省市领导的高度评价。二是加强食品安全信息化建设。从6月初开始，食药局在辖区全面推行“溯本通”追溯系统智慧平台。为确保辖区所有农贸市场和大型商超经营者全面了解和掌握“溯本通”系统，保障食用农产品和大型商超信息化建设工作按照时间节点高标准完成，食药局有计划分批次对农贸市场和大型商超管理人员进行培训。8月底前，辖区20家农贸市场全部完成了“溯本通”商品信息录入工作，实现食用农产品追溯系统的全面覆盖。9月起，食药局开始在大型商超推行“溯本通”追溯系统智慧平台。截至年底，金水区共计2014家食品经营者注册使用“溯本通”APP，实现了“源头可溯、去向可查、风险可防、责任可究”的目标。三是持续推进“互联网+明厨亮灶”工作。8月20日下午，郑州市幼儿园食堂“互联网+明厨亮灶”建设现场会在金水区召开，向全市分享推广了金水区10家幼儿园学校食堂建设成家长放心、学生安心模式的经验。截至年底，金水区完成明厨亮灶4962家。四是加大对各项重大活动的食品安全保障力度，共计完成黄帝故里拜祖大典、省市区三级“两会”等驻会保障工作任务22项，保障餐次600余次、人员8000余人次，实现零投诉、零事件，圆满完成任务。五是以示范创建作为工作的切入点和重要抓手，发挥示范引领作用，以开展“学校及其周边食品安全专项工作”等30余项专项整治为契机，集中力量打造以大卫城为代表的市级食品安全示范街、食品安全管理示范单位，以学校周边为中心的区级食品安全示范街、示范店。截至年底，共创建市级食品安全示范单位12家，区级食品安全示范街17条，为辖区群众营造了良好的饮食消费环境。

【药品、化妆品、医疗器械监管】 以药品、化妆品、医疗器械专项整治行动为主线，加大药化械市场整顿和规范力度，始终保持高压态势，在辖区范围内开展强力度、广覆盖、高频率的执法检查，坚持打防并举，综合治

3月15日，食药局“12331”宣传活动

11月22日，金水区政协副主席刘凌云（右二）在花园路丹尼斯体验使用食品追溯系统

理。一是加大对药品生产流通环节的隐患排查，严厉查处非法渠道购进、销售回收药品行为，对进入流通领域的药品进行动态监控，严防特殊药品流入非法渠道等问题发生；开展医疗器械生产、流通、使用各环节的隐患排查，严防经营使用未经注册或备案的医疗器械产品。二是建立“药品医疗器械行政许可现场核查人员数据库”工作模式，采用随机抽调检查人员、随机选取检查对象，及时公示检查结果的方式，以疫苗产品质量、新办医疗器械为检查重点，开展疫苗隐患大排查、医疗器械“四排查四打”等近20项专项检查活动，强化药化械生产经营全过程监管。三是加强问题药品、化妆品的核查和召回工作，共传达、反馈不合格药品化妆品暂停销售、召回信息25件，涉及不合格药品205批次，不合格化妆品307批次。三是加强医疗器械注销工作，已上报拟注销企业157家。

【创建工作】　2018年，食药局继续全面贯彻落实中央和省、市创建国家食品安全示范城市工作精神，先后召开创建动员会、推进会等4次食品安全工作会议，党政同责进一步强化。同时，注重发挥食安办牵头抓总作用，督导协调金水区食安委成员单位开展创建宣传工作，利用元旦、春节等重大节假日及“食品安全宣传周”等主题宣传活动深入到街道、社区、学校和企业开展宣传活动，印发各类宣传资料9大类8万余份70万余元，创建知晓率、群众对食品安全工作认同感显著提高。另外，在原有食品安全员的基础上，又增加到200人，明确职责、量化标准、细化措施，达到了全民对食品安全的共管共治的新格局。最终，以A级水平通过顺利通过国家食品安全示范城市中期评估验收，并荣获2018年度“创建国家食品安全示范城市和建设食品安全省工作先进单位”称号。

【风险防控】　2018年，食药局聚焦群众关切，媒体、网络报道关注的焦点，投入资金400余万元，采用一个承检公司负责一个区域、一个环节、固定食品品种方法，采取食品抽样、检测全委托的方式，按照经营类别进行全覆盖监督抽检。同时，为充分发挥食品快检在食品安全监管中的作用，食药局开展包括食品安全协管员在内的快速检测业务技能大比武活动，达到了以赛促练，夯实基础的目的。截至年底，共完成食品实验室抽检6399批次，合格6306批次，合格率98.5%；快速检测11197批次，合格11151批次，合格率99.6%；抽验药物74批次；上报药品不良反应报告2634余份、医疗器械不良事件监测工作208例。

【完善监管体系】　深入贯彻落实“放管服”工作要求，扎实推进“互联网+政务服务”工作，提升行政审批效率，审批时限由7个工作日缩短为4个工作日。截至年底，共受理行政许可申请5908件，核发食品经营许可证4989件，发放“三小”备案证4849张；审核行政规范性文件325件，行政处罚案件442件,行政处罚案件合法性442件；行政诉讼案件40起，行政复议242起，行政信息公开28起，一次性告知率、限时办结率、许可事项备案率均达100%；按照优势互补、增强合力、回避关系、有利工作的原则，探索“稽查管理联动、协作机制联动、资源共享联动”的“三联动”联合稽查模式，成立稽查办案协作区，建立疑难案件研讨会制度，推行稽查办案“以案代训”制度，建立了集团案件局长督办、所长领办、队长协办、各所配合等管理模式，加强公安机关的协调配合，有效解决“行刑衔接”的问题。截至年底，共受理投诉举报2603起，已办结2510起，投诉、举报核实率、及时率、回复率达100%；共立案446起，结案446起，罚没款370.57万元，涉嫌犯罪移交20起，公安机关立案6件，刑拘3人，严厉打击了食品药品违法行为，切实保障群众饮食用药安全。

【业务学习】 加强业务学习，夯实食品药品监管基础。通过年初集中培训、全年领导中层干部领学、每周以考促训、请律师等专业人员现场指导、疑难案件每周讨论、不定时竞赛比赛，以及派人员参加国家、省、市各类有针对性的培训等形式，有计划有步骤对全体干部职工进行业务培训、答疑解惑，逐步建立了一支高素质、高效的食药监管队伍。

【党建工作】 一是扎实推进“两学一做”学习教育常态化制度化。把学习贯彻习近平新时代中国特色社会主义思想和中共十九大精神作为首要政治任务，通过以上率下带动学、宣讲解读深化学、培训教育深入学、查摆问题对标学等措施，教育引导广大党员干部牢固树立“四个意识”，坚决维护习近平总书记核心地位、维护党中央权威和集中统一领导。2018年，共召开党组会议20余次，以局党组书记带头，各分管领导为广大党员干部上党课20次。二是强化党风廉政建设，认真履行“一岗双责”。制定《党风廉政建设责任清单》，做到任务明确、责任到人，成立由党组书记任组长的党风廉政建设工作领导小组，明确党组书记是“第一责任人”，形成上下合力共抓、一级抓一级、层层落实的工作格局，共签订目标责任书28份，廉政承诺书146份。三是牢牢把握意识形态工作主动权。严格落实党组意识形态工作责任制，坚持党管意识形态工作，制定党组意识形态责任清单、整改方案，细化局党组和各支部、各科室以及监督所的具体责任。加强意识形态阵地建设。将意识形态工作和食药宣传工作有机结合起来,不断强化阵地管理，加强微信公众号、头条号等意识形态阵地建设，筑牢意识形态“根据地”，维护网络意识形态安全，管好自媒体，自觉抵制错误言论，牢牢把握舆论导向，巩固壮大主流思想舆论，为食药工作健康发展提供良好的舆论环境，传播正能量。

（撰稿：毋秀秀　审阅：李红霞）

市场管理

【概况】 郑州市市场发展局金水市场管理处位于普庆路69号，是郑州市市场发展局下设的管理区域市场的二级机构，是金水区商品批发交易市场主管部门，主要履行商品批发交易市场建设、审核和管理职责，负责标准化农贸市场建设和提升改造、市场外迁等工作。内设办公室、人事科、宣教科、效能科、市场管理科、发展规划科6个科（室），下设4个区域市场管理所。

【精细化、规范化管理】 截至年底，金水区共有各类商品交易市场64家，其中，专业市场43家，规范建设的农贸市场21家。2018年，按照市、区城市精细化管理、卫生城市管理、文明城市管理工作统一部署，认真落实全市集贸市场“双迎攻坚”成果巩固提升工作会议精神，以农贸市场为重点，积极推进城市精细化管理市场规范化管理常态化，扎实推进文明城市9项重点治理工作，巩固提升“双迎攻坚”治理成果，采取以重点治脏、治乱为主的一系列措施，取得了明显成效，全年发现问题1753处，下发督导通知书406份，整改1633处，整改率93.2%，全区21个农贸市场，环境卫生有了较大改善，商品摆放管理、水产区管理、公厕管理水平等都有较大提升，不合格活禽售卖基本停止。对设施陈旧老化、管理不规范、市民意见大的曼哈顿农贸市场关停拆除，对万邦农产品配送中心市场、陈砦蔬菜批发市场关停外迁，对14家管理相对规范、符合布局规划的农贸市场分批实施标准化改造。截至年底，全区达到标准化要求的农贸市场5个，设施基本完善、管理基本规范的农贸市场11个，2个农贸市场分别被市里评为三星级、四星级规范管理市场。

完善制度机制，加强监管工作。把市场精细化管理作为年度中心工作中的重点积极推进。为巩固“双迎攻坚”成果，促进市场规范化管理常态化，提升金水区市场精细化管理水平，根据市、区文件精神，结合金水区实际，制定了《金水区2018年城市精细化管理集贸市场常态化管理工作督导考核办法》《金水区集贸市场管理巩固提升工作方案（2018—2020年）》，将金水区“双迎攻坚”集贸市场治理工作指挥部调整为金水区集贸市场管理巩固提升工作指挥部，集中统一领导全区市场精细化管理工作，进一步明确了街道办事处对辖区市场监管的主体责任，指挥部成立4个督导组，采取明察暗访、日常督导与重点督导相结合方式，开展市场日常巡查督导，对督导中发现的问题，通过现场发放督导通知书督促整改，建立督导台账，实行销号管理。每月根据区指挥部和市级督导检查情况对市场和辖区街道办事处进行考核评分，编发工作通报，公布打分排名结果，并根据排名情况进行奖惩，对排名连续落后、问题突出的，形成专报上报相关区领导对辖区街道办事处进行约谈、组织处理。适时召开各成员单位和辖区市场参加的推进会、专题会、现场会等推进工作。

多措并举，规范管理。把坚持市场卫生大扫除作为推进市场精细化管理常态化的抓手，以郑州市开展的“全城清洁行动”为契机，动员督促全区市场积极参与，坚持每周二、五两次开展农贸市场卫生大扫除，使市场和商户养成定期清扫卫生的习惯，以此带动其他良好习惯的养成，逐步实现市场精细化管理的常态化。在全区市场积极推进“文明诚信市场”、“文明诚信商户”、“郑州市卫生先进单位”创建和“健康细胞”工程建设活动，对在创建活动中被表彰的市场给予适当奖励，激励全区市场积极争先创优。实行约谈关停制度，对存在问题严重的市场进行约谈，分批召开了被市、区各类检查中出现问题、被媒体曝光问题或问题整改不积极的市场，尤其是活禽销售问题突出市场负责人约谈会，就确保问题整改并不再出现违规做出承诺；对设施陈旧老化、管理不规范、市民意见大而又拒不整改的农贸市场上报区委区政府采取关停拆除措施。加强对农贸市场运营管理队伍特别是新建和提升改造的标准化农贸市场管理队伍建设的监管指导，把建立规范的市场管理组织机构和队伍作为标准化农贸市场验收的必备内容。建立市场问题排查整改手机APP系统监管平台，逐步实现市场监管的信息化，及时发现督促整改问题，提高监管工作效率。

不断完善激励惩戒机制。金水区委、区政府对市场精细化管理工作高度重视，不断加大资金投入，设立市场精细化管理季度奖励、星级市场年度奖励、专项奖励等3个奖项，对精细化管理突出的市场分别给予资金奖励。发挥诚信建设“红黑榜”发布制度、“星级市场”评定等奖惩手段的作用来促进市场管理效率的提高，将市、区各级督查中发现问题分别纳入诚信建设“红黑榜”、“星级农贸市场”评分。同时，强化对辖区街道办事处日常监管的考核奖惩，每月根据辖区市场得分排名情况对街道办事处进行月度精细化考核，并实行红黑旗和约谈问责制度。

【农贸市场建设和改造】 2018年，共完成新建标准化农贸市场3家，正在建设改造施工的农贸市场3家，完成了市下达金水区2018年建设和提升改造标准化农贸市场3个的目标任务，其中包括市十件重点民生实事目标任务2个。

加强组织领导和制度建设，进一步提高工作规范化程度。根据人事变动，调整了金水区农贸市场规划建设和提升改造工作领导小组成员，进一步完善了工作流程，优化了工作程序，制定了项目审核、方案评审、工程验收和施工督导等相关文件制度，使农贸市场建设及提升改造各环节工作都有章可循，避免了工作随意性与漏洞，保障了工作质量，也方便了项目方对各环节工作有更清晰的了解。严格按照既定程序、制度和《郑州市农贸市场设置与管理规范》进行资料审核、方案评审、项目验收、施工指导等各环节工作，明确参与工作的相关人员的责任，对于不符合要求的项目坚决不予通过，严控套取奖补资金行为，确保市场建设和改造质量。

明确任务，加强督导。制定了《金水区加快推进标准化农贸市场规划建设和提升改造三年行动计划》，下达了《2018年金水区农贸市场建设和提升改造目标任务分解》，明确各街道办事处的任务和项目时间节点，加强督导协调，认真组织做好对项目的现场指导，定期召开推进会、专题会交流推进工作，对工作进展情况进行通报，并将工作进展情况纳入区政府每月对相关办事处的城市精细化管理考核。

加强市场建设管理，认真落实政策规定。区政府出台文件，进一步明确了辖区办事处对农贸市场建设的监管责任，金水市场管理处对全区新建、改造农贸市场情况进行常态化巡回检查，全年对私自建设、不按标准建设的2个农贸市场分别向辖区办事处和市场下发《规范市场建设通书》，责令整改。认真落实农贸市场建设、提升改造资金奖补政策，对验收通过、资料齐全的2个农贸市场，市级奖补资金和区配套奖补资金全部拨付到位。

加强宣传学习培训。不定期组织对市场管理处和各成员单位工作人员进行政策、标准的学习培训，组织有关人员到标准化农贸市场先进市场进行实地观摩学习，以增进大家对标准化农贸市场的直观认识与提高实际操作能力。同时，加大对标准化农贸市场规划建设和提升改造政策和建设标准的宣传，印制宣传册2000余份发放给相关部门人员及市场。

【市场外迁】 2018年，市下达金水区市场外迁目标任务为6家，除天荣汽配建材港的部分区域因客观原因未彻底外迁经批准延后到2019年5月外，其他市场已经全部完成外迁,分别是陈砦蔬菜批发市场、万邦新绿地农产品配送中心、万邦茶城、桑园汽车城、郑州新金泰城灯饰广场。区领导高度重视，各相关单位齐心协力，采取一系列措施，确保了市场外迁任务较好完成。

明确任务，精心组织。结合金水区实际，制定了《金水区2018年大围合区域市场外迁工作实施方案》及《金水区2018年大围合区域市场外迁“一场一案”工作方案》，下达了2018年市场外迁工作目标任务，召开各相关办事处及单位参加的动员会安排部署，定期督查推进工作。10月24日，市政府召开大围合区域市场外迁观摩推进会后，进一步加大工作力度，区政府第一时间召开了坚决打赢市场外迁攻坚战工作推进会，成立了区长担任指挥长的市场外迁攻坚战指挥部，明确了区级、办事处级、社区级、市场级“四级”外迁责任人和时间节点。实行了“三个一”工作措施，即：一个市场成立一个外迁专项指挥部，由区级领导担任指挥长，街道办事处主要领导担任副指挥长；一个市场制定一个外迁工作方案，明确工作措施、方法步骤及完成时间；一个市场组建一支工作队伍，在每个市场都抽调了一支由街道办事处、社区（村）及工商、税务、食药、安监、消防等部门人员组成的精干力量，每天在市场内持续不断开展工作。采取多种形式宣传政策，引导、动员商户主动外迁。

加强督导，积极服务。实行“日汇总、周督查、周通报、周例会”制度，区委督查室、区政府督查室、区外迁办每周对各市场外迁进展情况进行一次现场督查，并进行公开通报；区政府每周召开一次各相关街道办事处及工商、税务、食药等有关部门参加的外迁工作点评会，全力加快工作推进；区主要领导多次对全区市场外迁工作进行现场督导调研，及时发现问题、解决问题，有力推动了全区外迁工作的顺利开展。重视舆论引导，化解矛盾，切实解决商户关心的问题，积极做好服务，加强与上级部门、其他县区沟通对接，帮助外迁市场和商户协调联系合法合规的市场承接地，将相关信息印制成册发放到每个商户手中，组织现场考察洽谈等，做到和谐有序外迁。

加强督查，巩固外迁成果。定期对完成外迁的市场进行监督检查，对出现商户回流的2个市场，组织协调相关街道办事处及时采取措施整治到位；全年未发现新建、扩建商品批发交易市场现象。

【安全生产及消防安全】 积极履行行业监管职责，认真落实各项工作部署，安全生产及消防安全工作持续向好，2018年，全区市场行业无较大以上安全生产事故发生。

持续加强安全生产及消防安全专项治理和日常检查工作。

按照统一安排，认真组织开展夏季、冬春季消防安全治理等各类专项整治活动，开展国庆、元旦、春节、“两会”期间等重要时间节点集中治理；同时做好常态化监管，依照市、区要求和部署，加强安全生产日常检查与隐患排查整改，重点加强消防设施、器材、用电、“三合一”现象、“二合一”现象、消控室值班、占用消防通道、堵塞疏散通道、违规动用明火等问题的检查。全年共排查出隐患1902处，下达《整改通知书》533份，整改隐患1713处，整改率90.06%，对照隐患排查台账，督促隐患治理，对短期无法整改到位的市场监督其落实措施确保安全；对拒不整改而又未采取保障措施的进行约谈，并分别上报区安委会、防委会采取措施。

规范监管，完善防控体系。建立完善各市场演练、宣传、教育培训、隐患排查整改台账等监管台账，对照台账督促市场认真开展相关工作；定期召开安全生产、消防安全专题会议安排部署工作，召开市场安全生产形势分析会，针对性开展工作；实施了对重大隐患市场和安全生产问题较多市场的约谈制度。认真落实安全生产、消防安全主体和监管责任制，管理处与监管人员、各市场，市场与员工及商户层层签订了目标管理责任书。督导市场制定完善相关制度和应急预案。完善预警体系、应急体系，积极推动辖区市场完善专职或义务消防队、微型消防站建设，设置独立式火灾探测报警器和简易喷淋等技防设施及火灾应急广播、必要的疏散逃生器材等物防设施。

加强宣传和培训演练。开展国务院《消防安全责任制实施办法》《企业十八项安全生产主体责任》宣讲活动，进一步明确市场主体责任和行业监管责任。印发安全生产及消防安全宣传册8000余册，督导市场方制作宣传条幅140余幅。对全区市场负责人进行了4次消防安全培训，组织市场开展126次消防演练、对商户进行了83次消防知识培训，提升自防自救能力；协调对市场消控室值班人员19人进行了认证培训。

【其他工作】 积极参与创建国家食品安全示范城市工作，配合主管部门，加强食品安全的日常监管，并有针对性地开展节日及重要时间节点食品安全专项整治工作；督促市场开办方落实食品安全主体责任，强化市场食品安全管理，积极开展食品安全自查自纠，及时消除食品安全隐患；在全区市场采取多种形式广泛宣传《中华人民共和国食品安全法》等相关法律法规，大力普及食品安全科学知识；完善食品安全追溯机制，强化商品标识检查；组织开展非洲猪瘟等专项食品安全治理工作。积极开展春季灭鼠、越冬蚊蝇的集中整治及公益广告健康发展的监管等工作；有序开展集贸市场生活垃圾分类工作；积极配合开展大气污染防治工作，加大环保宣传，组织对柴油车辆进出市场的管理、统计和办证工作，共统计柴油车992辆。及时把握菜价及供给保障管理动态，加强菜价采集统计上报工作，坚持每周5次、每次42个品类菜价统计上报市局。

（撰稿：张运领　审阅：贾大志）

审计工作

【概况】 郑州市金水区审计局成立于1984年8月，对金水区政府和郑州市审计局负责并报告工作，是区政府综合管理全区审计工作的职能部门。金水区审计局内设办公室、法制科、信息科、财政审计科、投资审计科和经济责任审计科6个科室,下设二级机构金水区经济责任审计办公室。

2018年，共开展审计(调查)项目115个，其中，财政审计1个，经济责任审计项目28个，政府投资审计项目86个，审计期间查处违规金额13639万元，管理不规范金额177204万元，审计核减政府投资项目资金7532.66万元，平均核减率9.43%。提出审计建议200余条，均被相关单位采纳。

【财政审计】 2018年，审计局围绕部门预算管理情况、行政事业单位国有资产管理现状、财务收支情况，先后对区农委、科技局、民政局等12个部门预算执行情况进行了延伸审计，涉及预算资金109466万元，通过审计重点揭示了部门预算资产管理等方面的问题。尤其在针对区国资部门对全区国有企业管理不规范、底数不清这一事实，金水区审计局通过提出有效审计建议、充分利用计算机数据分析技术，将历年来本级预算执行审计、经济责任审计、专项审计等涉及国有企业情况进行统计后移交国资部门，供其比对参考。并与国资部门共同探讨研究制定针对行政事业单位、国有企业、临时机构资产管理的相关规章制度，进一步规范国有资产管理工作。

【政府投资项目审计】 2018年，审计局共完成冠军中学建安工程、金水总医院迁建项目病房楼工程、金水区康苑居二期4~7#楼工程等86个政府投资项目竣工结算审计，报审结算总金额79904.6万元，审定金额72371.94万元，审减工程款7532.66万元，平均核减率9.43%。同时，按照区人民政府常务会议纪要〔2017〕21号的要求，自2017年6月15日起，审计局对郑州金达房地产开发有限公司承建的金水区市民公共文化服务活动中心项目进行跟踪审计，延伸审计相关勘察设计、招标代理、施工、监理及材料、设备供货等单位或个人。6月，对基坑支护及降水工程量进行现场勘测，为工程结算作好准备。11月，对该项目基建用电工程进行结算审计。通过加强对政府投资项目的审计监督管理，大力提高了财政资金使用效益。

【经济责任审计】 2018年，审计局“多审合一，一审多用”提升了经济责任审计效果，实行“五个结合”，保证经济责任审计质量。即审计与审计调查相结合、自查与抽查相结合、查账面与查实物相结合、查主管部门与所属单位相结合、查单位与查个人经济责任相结合。一审多用，放大审计结果。通过一次审计，最终出具经济责任审计报告、预算执行审计报告和几个专项审计报告，既揭示区域经济宏观管理上存在的问题，又对部门和单位微观上存在的问题进行披露，引起被审计领导干部的重视，加强整改，促进进一步提高管理。同时，加强审计整改工作，做好审计后半篇。积极响应《中共河南省委办公厅 河南省人民政府办公厅关于进一步加强审计整改工作的意见》，首先向区主管领导汇报取得支持，再对审计结束的项目进行排查摸底，法制科建立整改台账，对到期未按时整改的单位，下发限期整改通知书，然后对整改不到位的，严格落实审计整改责任，强化审计整改责任追究。

【民生资金项目审计】 高度关注民生项目审计，切实维护人民群众权益。一是按照省审计厅工作安排，3月初，审计局选派审计组赴新乡市延津县进行地方政府性债务审计调查，分别对延津县截至2017年12月底和2018年3月底政府性债务情况进行了专项审计调查。按照“摸清底数、揭示问题、防范风险、规范管理、促进发展”的总体思路，坚持统一组织领导、统一审计方案、统一标准口径、统一审计报告、统一上报结果的“五统一原则”，在圆满完成上级部门对该项工作要求的同时，帮助当地政府厘清债务举借、管理和使用中出现的新情况和新问题，帮助当地政府建立政府债务控制长效机制、从而促进防范和化解潜在风险，保障当地经济持续健康发展。二是为更好发挥审计机关在助力打好污染防治攻坚战中的监督职能作用，按照上级工作安排，审计局选派业务骨干组成10人审计调查组，赴洛阳偃师市开展环保绩效审计，进点后第一时间召开审计业务会议，同时成立临时党小组，由局长任临时党小组组长，负责临时党小组的党建工作，把业务融入党建，以党建带动业务，有力促进党建和业务工作“双提升”。环保绩效审计工作组按照省厅工作安排，紧跟省厅工作步伐，转变审计思路，创新审计方法，结合大数据审计，达到审计目标，确保审计质量，高标准、高质量完成好此次审计工作。

【审计保密工作】 为积极适应新形势保密工作要求，认真履行保密工作职能职责，牢固树立大局意识、安全意识、责任意识、纪律意识，一刻不松、一丝不漏地抓好审计保密工作。局党组高度重视，成立了保密工作领导小组，进一步明确了保密管理主体责任与成员职责及分工；组织全体干部职工认真学习保密法律法规以及习近平总书记关于保密工作的系列重要讲话精神，及时传达学习中央、审计署和区委、区政府关于保密工作的新要求以及相关文件精神。坚持通过专题学习、网络答题、知识竞赛、观看警示片、举办专题讲座、订阅杂志书籍等方式，组织广大干部职工学习保密知识，广泛开展保密宣传教育，增强干部职工保密意识；根据上级工作部署和文件精神，结合审计工作实际，先后制定一系列保密工作规章制度，切实推进保密工作规范化、制度化；由审计局办公室、信息科牵头，采取定期检查和重点抽查相结合的方式，对各科室的涉密文件、计算机、移动存储介质等使用管理情况进行检查，并将检查结果纳入年度综合目标考核，确保保密工作各项制度落到实处。

【临时工作】 2018年，审计局先后选派业务骨干参与区委巡察办对全区开展的第六轮、第七轮及第八轮巡察工作；参与区纪委公款吃喝专项检查工作；参与区纪委开展省巡视组回头看自查工作；参与区纪委“八项纪律”专项工作组、区农村财务检查、区纪委国基路柳林村工作组、区财经纪律大检查；配合区巡察办对区红十字会专项巡察工作；配合区委组织部开展软弱涣散和后进村党组织集中整顿阶段评估验收工作。参与省厅开展省有色金属地矿局经济责任审计、省卫计委原主任经济责任审计及省卫计委2017年度财政预算执行情况审计；配合市局开展2017年度本级财政预算执行情况审计及登封原市长王洪勋经济责任审计工作；参与市局对益民源公司借名征地问题专项工作小组。2018年审计局配合完成区委、区政府及上级审计机关交办的临时性任务20余项。

【党建工作】 一是扎实推进党员学习教育常态化、制度化。把加强党员学习教育与锻造纪律严明、作风过硬的干部队伍相结合，认真组织党员干部学习中共十九大精神、党章党规、习近平总书记系列重要讲话精神以及中央、省、市、区重要文件精神。2018年来，共组织集中学习45次，开展“党员主题活动日”活动12次。二是把党小组建在审计一线。坚持党的工作与审计业务工作同步开展，结合审计工作特点，将党建工作“链条”延伸到审计一线。党员干部在外开展审计时，党小组组长通过微信、QQ等工具及时向外出审计人员传达党员学习内容以及审计“八不准”纪律、准则、条例等法律法规，实现党组织“全覆盖”，充分发挥党组织战斗堡垒作用。

【队伍建设】 认真组织全体人员学习党风廉政建设有关规定和审计“八不准”纪律，邀请专家为全局审计人员上党风廉政建设案例教育课。把党风廉政建设“一岗双责”、反腐倡廉等方面的工作，作为一项政治任务、作为年度目标责任考核的一项重要内容，局领导不定期对廉政建设情况进行分析研究，采取责任到人，认真开展谈心活动。审计局党组认真落实从严治党主体责任，深入贯彻落实全区以案促改工作和“双节”廉政谈话会议精神，率先开展了“违反中央八项规定精神问题专项整治”工作及“回头看”活动、“作风建设突出问题专项整治”活动、“违规经商办企业专项治理”活动、“侵害群众利益的不正之风和腐败问题专项整治”活动。通过学习教育和相关活动的开展，审计人员的依法行政、依法从审、廉政意识进一步增强，保持了审计机关廉洁从审，洁身自好的形象，为惩防体系建设工作奠定了坚实的基础。

（撰稿：王　冰　审阅：代红梅）

投资评审

【概况】 金水区政府投资评审中心成立于2005年8月，全供事业单位，规格正科级，区政府直属部门。内设4科1室，分别为办公室，项目评审一、二、三科及项目复核科。

2018年，区评审中心共接收政府投资评审项目610个，共计报审金额596868.1万元。

【科学评审】 中心以金水区重点工程的评审为核心，坚持“项目化推进、台账式管理”，责任到人，统筹兼顾，严把节点，定期研判，力求评审项目高质量、效益最大化。2018年，共接收政府投资评审项目610个，共计报审金额596868.1万元。完成评审项目526个，共计报审金额

269253.27万元，审定金额232003.65万元，审减额37249.62万元，审减率13.83%。截至年底，正在评审的项目64个，报审金额313180.4万元,待评审项目20个，报审金额14434.43万元。

【建全评审机制】 实行评审关口前移，对项目评审早安排，早准备，早介入；建立评审约束机制，实行“三复核”制度，把质量控制的要求落实到评审程序的各个环节，做到层层把关，确保评审工作少走或不走弯路；积极探索重大疑难项目的多部门联合评审模式。保证做到项目评审无遗漏；主动加强与建设单位的沟通，进入工程现场进行实地勘查，掌握第一手资料，对重点建设工程和重大项目实行全过程跟踪，特别是严格控制中途签证，保证政府利益不受损失；根据评审工作发展新形势和新要求，完善修订《金水区政府投资评审中心委托中介造价咨询机构协审管理办法》，进一步规范中介咨询造价机构的评审行为。

【评审队伍】 中心注重部门人员的业务培训，努力打造学习型单位，建立周二学习日制度、中心组学习制度、领导干部述学制度，搭建现代化的学习平台，积极开展部门间的横向交流，精心组织业务骨干和技术人员参加省财政厅、市建委举办的评审业务培训班，进一步加强对新政策的把握和新定额的运用，通过学习培训，旨在增强评审人员的理论水平和业务能力，确保评审质量，为预算造价工作的政策解读和软硬件更新换代。

（撰稿：邓瑞娜　审阅：任宗军）

交通管理

交通运输

【概况】 郑州市金水区交通运输局位于丰庆路街道办事处水科路2号。内设机构有办公室、党建办公室、纪检监察室、安全信息科。二级机构有金水区道路运输管理局（金水区公路运输管理所由2016年8月9日更名为金水区道路运输管理局）、金水区农村公路管理所。

2018年，金水区拥有经营性运输车辆6742台（不含客车）。总吨位39858余吨；全区有农村公路23.097公里，县（区）道13.885公里、乡道1.828公里、村道7.384公里；其中县（区）道2条，分别是：鸿宝路，G107国道至黄河大堤，全长8.26公里；鸿苑路，黄河大堤至连霍高速，全长5.625公里，由区交通运输局农管所具体负责日常养护管理工作；剩余的乡（村）道路具体由兴达路街道办事处负责养护管理。

【地方公路建设与养护】 加强地方公路日常养护。在日常养护工作中，努力做到经常养护、全面养护、科学养护、文明养护。2018年，对辖区13.883公里县道进行了养护，全年整修路肩边坡59320平方米，巡路保洁4370公里，疏通边沟20320米，清理清运垃圾土方890立方米，量验166.596公里，挖补坑槽以及处理沉陷翻浆3142.4平方米，有效地提高农村公路的服务能力，确保了群众的日常出行；紧抓地方公路改建工程。来黄线，为四级公路，是沿线郭当口、来潼寨外出的主要道路，因年久失修，道路破损严重，2018年区政府投资120万元对来黄线0.8公里进行改建，经过严格评审、招标、科学施工，已建成通车；做好汛期县道的养护工作。进一步加强汛期、节假日期间对农村公路桥梁的巡查，尤其是加大重点路段、事故多发路段的巡查力度，确保辖区农村公路畅通。建立防汛抢险应急预案，落实24小时防汛值班制度，加强汛期农村公路巡逻，发现险情及时上报，确保及时排除隐患，保证行人车辆正常通行；积极做好农村公路路政巡查和养护管理工作，加强对农村公路畅通情况的路面监控，对影响交通安全的公路病害立即组织人员进行抢修，消除隐患，确保公路安全畅通。

【大气污染防治】 加强道路管养和路面保洁力度。针对车辆较多，扬尘污染严重的现状，对辖区13.883公里县道每天清扫四次；同时每天开展常态化工作巡查，对查出问题，立即整改；做好道路洒水工作。2018年，新增道路清洁机械4台，坚持24小时不间断对路面进行洒水、降尘，金水区交通运输局累计清扫路面3670余公里、洒水作业10000多公里，播撒草籽40000余平方米；开展常态化巡查工作。响应区政府、区大气办的号召，开展每周常态化巡查工作，对查出的问题，进行了整改；开展移动污染源减排措施。自11月开始在东三环连霍高速北收费口设置卡点，配合环保、交警部门执法人员狠抓柴油货车污染治理，全天24小时不间断对大型货车进行检查，对货车尾气排放不达标、使用不合规油品、尾气处理装置未安装等违法违规行为进行有效查处，引导过境车辆避开主城区行驶1000余辆。

【安全生产】　加强日常安全监管。进一步加强对辖区农村公路桥梁的巡查，尤其是加大重点路段、事故多发路段的巡查力度，确保辖区农村公路畅通；加强安全宣传，做好安全生产宣传月活动。充分利用展板、条幅、发放交通运输安全资料和彩页等宣传方式，加大宣传力度，制作宣传展板8个，悬挂条幅12条，发放安全知识手册2000余份以及大量安全生产宣传用品，逐步把安全生产向企业、向社会全面渗透；举办交通运输行业安全知识培训。金水区交通运输局2018年共组织10次专题安全生产宣传培训，共计组织道路运输企业500余家，参加人员800余人次；做好节假日期间交通运输安全生产工作。在节假日期间，督促运输企业加强对驾乘人员安全行车教育并杜绝无证驾驶、超速超载和疲劳驾驶，落实恶劣天气和春运期间的应急预案；加强水上安全监管力度，积极开展水上交通运输整治。春节、清明、端午、国庆期间抽调车辆和工作人员对辖区水域实行了全天候值班，不定时巡查，并针对黄河二桥附近游客多、人员流动大等特点，采取挂横幅，发放印制水上安全资料等方式，大力宣传水上交通突发事件应急措施、突发事件应对和安全逃生常识，面对夏季出行市民的增多，及时增设警示标志牌，提醒游玩市民注意安全。补充应急救援物资，保持设备良好状态，确保关键时刻高效率运转。5月，金水区地方海事所又联合郑州市海事局共同对黄河水域开展巡航、检查工作。共出动执法人员40余人次，海巡艇2艘、巡航100多公里，对违规停靠的船只逐一登船检查，限期整改；完善农村公路安全设施建设。投资30万元对安全附属设施进行了完善，增加标志标牌2块，标线3229平方米，闪光灯2组，减速带4条；高度重视桥梁安全。在桥梁排查工作中，严格落实一桥一卡和定期巡查制度，针对辖区5座县乡道路桥梁建立了安全台账，每周排查一次，及时反馈桥梁状况信息，发现隐患及时进行整改；扎实开展安全生产大检查暨隐患排查治理活动。2018年，共检查企业200余家，查处隐患20多处。通过多轮次的严查严改专项行动，进一步督促企业落实了安全生产主体责任，完善各项安全防范措施，避免各类安全事故发生，促进辖区安全生产状况稳定好转。

【行业服务管理】　在交通运输管理工作中，金水区交通运输局坚持以构建和谐交通为出发点，寓执法于服务之中，寓管理于服务之中，努力在管理质量、管理细节上下功夫，全面提高行业管理水平。一是提高机关办事效率，提升行政审批水平。认真落实服务承诺制，不断提升了窗口办事效率和服务水平。截至年底，共办理审批及相关业务共6576件，其中受理货运运输车辆行政审批办件2250件，办理年审业务4326件。二是开展驾培市场整治工作。年初，与辖区内机动车驾驶员培训学校签订《金水区2018年机动车驾驶员培训学校安全生产目标责任书》23份。在全区驾培市场治理整顿活动中，查处、责令停业违规驾校18家，发现违法民营驾校12家，并约谈非法驾校负责人，下达整改关停通知书12份，拆除非法报名处、门头10余处，查扣违规教练车辆4辆，取得了良好的执法效果。2018年，金水区交通运输局严格按照《驾校管理质量信誉考核评分标准》，对辖区内31家机动车驾驶员培训学校进行了考核工作，有效促进道路运输经营者依法经营、诚信服务。2018年共接到非法驾校相关投诉举报50余起，并都积极采取行动，给予相关回复。三是开展物流行业整治工作。2018年金水区交通运输局对物流行业存在的无证经营、非法从事货运站经营、货运代理和不诚信经营等予以坚决查处，共检查物流企业70余家，当场批评教育9家，对发现隐患企业及时进行了处理。四是治理超限超载工作。实行实时监控四级联动监控平台，及时通知超载业户，按照规定进行整改，截至年底，共发现违规超载车辆145辆，都已督促整改到位。五是开展质量信誉考核工作。对辖区内142家货运企业和50家物流企业开展了质量信誉考核工作，通过此项工作的开展，使辖区道路运输企业安全生产责任意识明显提高。

【“扫黑除恶”】 为切实有力推动“扫黑除恶”工作纵深发展，金水区交通运输局按要求开展一系列“扫黑除恶”活动：一是多种形式加大“扫黑除恶”宣传力度。督促辖区内运输企业采用横幅、墙体广告、滚动字幕等形式在道路运输站、货运物流站、驾校等公共场所的醒目位置悬挂、张贴“扫黑除恶”专项斗争标语；二是协同严厉打击非法营运乱象。截至年底，协助市交运委金水大队抓好交通运输、人员密集场所、重点行业领域的安全监管工作，出动执法人员80余人次，车辆32辆，查处违法违规车辆90辆；三是在驾校大力开展“扫黑除恶”宣传活动。8月13日—18日抽调工作人员对金水区域所有非法驾校拉网式排查，共发现违法民营驾校12家，并约谈非法驾校负责人，下达整改关停通知书12份。截至年底，金水区交通运输局共接到非法驾校相关投诉举报60余起，并都积极采取行动，给予相关回复。

【自身建设】 法治政府建设不断深化。为进一步深化行政审批制度改革，加快推进政府职能转变，落实全区“放管服”改革工作要求，进一步优化政务服务，金水区交通运输局在河南省政务服务网梳理三级审批服务事项共42项，但根据实际工作涉及金水区交通运输局审批服务事项共35项，涉及金水区交通运输局职能事项已向行政服务科集中；基层党组织政治功能和服务功能不断强化。金水区交通运输局以学习习近平总书记系列讲话、中共十九大精神为重点，以“两学一做”常态化为契机，狠抓政治思想及专业技能素质教育，不断提高党员干部的综合素质和能力。2018年以来共组织支部党员大会28次，支部委员会和党小组会每月不少于1次，讲党课4次，按时召开了领导干部民主生活会和党员组织生活会；廉政建设不断增强。全局党员领导干部全面落实党建工作责任制、党风廉政建设主体责任和“一岗双责”，加强日常和节假日期间监督检查，除上级纪检监察部门开展明察暗访外，对局属各单位在岗在位、作风建设等方面进行了20余次检查，检查午间饮酒共6次，并对发现的问题进行了通报和处理；作风建设，常抓不懈。强化信访调查处理力度。2018年以来，金水区交通运输局共收到“12328”交通热线、市长热线、网格化平台近170起投诉案件，接到投诉后及时进行协调处理，处理解决率达到100%。

（撰稿：刘　畅　审阅：王　峥）

城区综合交通管理

【概况】 金水区城区综合交通管理办公室成立于2012年9月，属区政府直属事业单位，位于郑州市群办路6号，下设办公室、综合整治科、宣传教育科3个科室。

【停车场建设】 2018年，金水区建成公共停车场68处，公共停车泊位10142个，其中商业配建17处，停车泊位6280个；独立运营20处，停车泊位2132个；平面临时31处，停车泊位1730个。超额完成全年目标任务。

制定出台了《金水区2018年停车场建设工作实施方案》和《金水区2018年停车场建设工作绩效考核办法》，按照各街道办事处区域空间发展情况、各自客观条件及停车需求比例，科学分配各街道办事处停车泊位建设的具体任务。

确定2018年全年均为全力推进阶段，时刻保持高效建设，不能懈怠；其中，1—3月边建设、边选址，要求各街道办事处充分利用各自土地资源条件，深挖潜力，按超出年度任务额20%的目标要求进行选址，确保12月中旬前超额完成金水区的停车场建设任务目标。

统筹金水辖区区域特点，兼顾不同的客观条件，明确针对性的建设重点。坚持政府主导停车场建设。按照国家发改委等七部委的发改委基础〔2015〕1788号、郑州市人民政府的郑政〔2015〕39号、金水区人民政府的金政〔2015〕74号文件要求，坚持政府主导，加大资金奖补，注重协调服务，鼓励和引进外资、民资共同参与开发、建设和经营停车场；重点推进高效率、高智能的立体停车场和地下停车场建设。建成天河大厦地上立体24个停车泊位、昆仑乐居地上立体20个停车泊位、福彩路晨旭路

101个泊位智能化立体车库、省体育场羽毛球馆488个泊位地下机械立体停车场等地上地下公共停车场；努力开辟地面临时公共停车场。利用青少年公园项目拆迁闲置空地资源，建成投入使用350个停车泊位的大型平面临时停车场；协调辖区公共单位，拆除北环路中州大道西南角违章建筑、清理垃圾杂物开辟平整出可容纳300个停车泊位、具备充电桩功能的公共停车场；坚持政府投资建设停车场。宣传动员辖区省市区各级政府机关、事业单位升级扩容现有地上、地下停车场，投资建设立体停车场，解决自身停车需求，方便办事群众。以地铁建设为契机，加大沿线周边可利用土地资源，建设大型平面、立体公共停车场，缓解道路停车压力。

8月8日，区委常委、宣传部部长杨林（右四）对省人民医院周边交通秩序综合治理工作进行督导

昆仑乐居立体停车场，位于红旗路花园路西南角，20个立体停车泊位，2018年5月竣工投入使用

【文明交通宣传】 金水区文明办、金水区工商质监局、金水区环保局、金水区城管局等部门，辖区交警一、四、五大队，各街道办事处坚持宣传开路，以宣传造声势，以宣传促行动，充分依托各类媒介、居民楼院、商场市场，开展了形式多样的交通秩序宣传及志愿者服务活动。2018年共开展交通文明宣传1540余次，文明宣传人数10500人，发放文明交通资料320000份。共开展文明交通志愿者活动7180余次。

金水区文明办举办“金水区道德模范故事会演暨《郑州市文明行为促进条例》宣传启动仪式”，通过小品、朗诵、快板等多种形式的节目宣传文明交通知识，引导市民群众自觉做到文明出行、文明生活。金水区教体局通过校信通、微信群等多种形式持续向广大师生家长宣传交通秩序综合治理情况，加强交通安全教育。11月23日，金水区文明办、金水区教体局、金水区城区综合交通管理办公室以及郑州市公安局交巡警一大队等多部门，在金水区纬五路第一小学联合举行金水区“小黄帽在行动”主题活动，向学生集中发放标志性交通安全警示“小黄帽”，并进行《郑州市文明行为促进条例》及交通安全宣传教育活动。12月13日上午，在经二路黄河路东北角璞丽广场开展主题为“文明出行 守交规 和谐安全伴我行”的文明交通进社区活动。

【道路交通综合整治】 围绕城区道路交通秩序综合治理工作目标任务，协调各相关部门和责任单位，联动执法，强力推进城区道路交通秩序综合治理工作持续、深入开展。

加强辖区的机动车、非机动车辆乱停乱放情况的督查，每周对辖区督查一次，全年共督查共查出问题1380余处，并下发督查通知单，督促整改；完成日报140篇，简报58篇，周报28篇，各种工作总结39篇。

各街道办事处共出动车辆4920辆，44400人次，开展整治活动4290次，共协助纠正非机动车辆违规停放共计163000辆，拖移非机动车辆47600辆。

配合交警一、四、五大队采取“三教育一采集”方式共处理停车越线，闯信号等非机动车和行人交通违法行为826000起次，采集交通违法者的详细信息并记录在案505000起次。另外劝阻403000起次，查处机动车交通违法行为662000起次。

省医周边长期以来都是上级领导和广大居民群众关注的堵点之一。整治工作开展以来，区政府多措并举，综合施治，集中整治省医周边交通秩序。一是区城管执法大队、丰产路街道城管科、交警一大队等部门，每天不间断开展联合执法，并设置固定岗，派专人盯守、劝离、劝导乱摆乱放行为。二是联合省医、交警等部门对省医门口慢车道和机动车道进行硬隔离，并合理规划非机动车停放点，规范车辆行驶。三是协调公交公司优化设置周边部分公交站点，缓解医院门口行驶车辆的交通压力。四是针对群众反映的省医周边停车场乱收费问题和“黑停车场”问题开展联合执法，严厉打击乱收费和黑车位等违法行为。截至年底，省医周边交通环境已有明显改善。

（撰稿：李超斌 审阅：张锡杰）

城乡建设与管理

国土资源管理

【概况】 金水区总面积为13665.78公顷，其中耕地1344.26公顷，园地230.06公顷，林地414.41公顷，草地71.21公顷，城镇村及工矿用地8757.57公顷，交通运输用地994.84公顷，其他土地21公顷。

【土地规划】 依据土地利用总体规划，结合科教园区合村并城项目实际，2018年通过省厅开发管理中心使用B类宅基地复垦券500亩，截至2018年4月，拆旧区复垦问题全部解决。

【耕地与基本农田保护】 从严落实耕地与基本农田保护主体责任，金水区（含郑东新区）耕地保有量3017.5公顷（45262.5亩），基本农田保护目标952公顷（14280亩）。郑州市2016年度城市建设第一批农用地转用和土地征收项目占用耕地2.9633公顷，通过2014年省厅授权购买的存量指标，实现占一补一、占优补优。

【建设用地管理】 土地资源供给质量与效率持续提高，向上申报建设用地1998.2亩，其中新增建设用地面积1510.9亩；获得省、市批准建设用地1492.1亩；城中村改造与科教园区合村并城征收集体土地1604亩；自贸区、六馆等正在实施征收的重点项目用地约680.6亩；完成土地供应约3044亩，已摘牌24宗1487.7亩，正在公示期、办理联审联批或评估等手续约1556亩。

【土地收储与处置】 完成对郑州市金水区渔场的收购，储备国有土地444亩。处置国有土地25宗，土地面积402.95亩，其中，规划调整类201.06亩，地下空间类46.07亩，企业改制类77.73

2018年金水区按各街道办事处权属边界调查的土地面积总表

表1　　单位：公顷

街道	面积	街道	面积
经八路街道	336.95	东风路街道	617.39
花园路街道	253.25	北林路街道	579.46
人民路街道	98.59	未来路街道	466.67
杜岭街街道	69.00	凤凰台街道	315.01
大石桥街道	148.77	兴达路街道	4878.86
南阳路街道	343.12	杨金路街道	2218.63
南阳新村街道	682.98	国基路街道	414.4
文化路街道	551.40	丰庆路街道	1245.38
丰产路街道	446.32		

亩，法院裁判类32.08亩，划拨供应类46.01亩。消除疑似闲置土地17宗，面积5800亩，处置率94.42%，位列全市第一。

【不动产登记】 全面深化改革取得新突破，不动产、房管、税务实行“一窗受理、并联办理、集成服务”，国土、房管、税务、财政、公证、水、电、气、暖共9个部门进驻大厅，办事群众仅需要提交一套资料，就能实现“一次办结”。截至2018年底，受理各类业务48452件，办结48452件，办结率100%，收到表扬信31封、锦旗10面，上门服务390次，群众满意率明显提升。

【土地执法监察】 重拳打击违法用地“零容忍”，行政处罚违法用地1456.3亩，没收新建建筑物和其他设施84.5亩，拆除123.5亩。2018年度卫片执法监督检查基本实现“清零”，完成整改96宗，面积503.81亩，耕地面积219.84亩，违法占用耕地面积比例为2.56%。纳入“集中整治月”31块图斑，面积410.78亩，完成整改27宗，面积375.08亩，整改率91.31%。

【信访稳定】 解答群众咨询11起，来信来访事项10件，均为上级转件（中央巡视组2件、省委巡视组1件、市局及区信访局转件7件），结案8件，按时办结率100%。

【“扫黑除恶”】 设立扫黑除恶专项斗争领导小组办公室，指定3名人员负责开展具体工作。设置有“扫黑除恶”举报箱，对外公开举报电话，建立开箱台账机制。局机关各部门按照工作职责及举报线索进行信息采集统计，定期巡查并填写巡查台账和月报。经排查梳理，2018年，上报线索1件，省厅平台转件1件，市局转件3件，区扫黑办转件6件，全部完成现场调查并按时回复完毕。

【党建工作】 11月2日，经金水区直机关工作委员会批准，原党支部改建为党总支部，总支部委员会设有书记、副书记、组织委员、纪检委员、宣传委员、统战委员、群工委员。机关党组织设立5个支部委员会，分别设有书记、组织委员和纪律委员。

（撰稿：王　雷　审阅：王文超）

住房和城乡建设

【概况】 2015年3月，组建区住房和城乡建设局，不再保留区住房保障和房地产管理局、区城乡建设局。2015年11月18日，区住房和城乡建设局主要职责内设机构和人员编制进行了明确。

【道路拆迁与建设】 2018年，金水区共列入区政府投资计划道路56条，其中办理前期手续15条，新建41条；计划年底建成通车4条。道路拆迁方面，推进了寺坡六里屯、杲村、杓袁等12个安置区周边35条区建道路及13条市建道路的附属物拆迁工作，截至年底，48条道路中，杲村路等15条道路附属物拆迁全部完成，拆迁房屋4.2万平方米，清运土方57万立方米，迁移树木3860棵，迁移绿化面积7289平方米，投入各类拆迁资金1600万元。市政道路建设方面。计划新建的41条道路中，双铺路等6条道路因安置区建设，办事处申请暂缓建设，截至年底，杲村路、浩天路等35条道路已开工，桂园南路、铁东路2条道路已建成通车，杲村路、杲村一路、浩天路已完成路床施工，基本建成；启动前期手续的15条道路也已全部完成规划设计方案，全年超额完成建设任务，全年完成形象投资1.5亿元。

【建筑工地扬尘污染治理】 2018年，金水区共有各类工地332处，全年共投入资金430余万元，覆盖防尘网520万平方米，工地内部道路硬化23万平方米，工地围挡率、车辆冲洗率、渣土密闭化运输率以及“8个100%”整治标准达标率均达到99%。一是严格落实“三员”现场管理制。金水区332处建筑工地均已配备了“三员”,其中监督员227名（其中白班129人，夜班98人），网格员351名，管理员347名。二是在“8个100%”整治标准的基础上，要求全区工地提高防尘网、车辆冲洗设施等设施标准。全年辖区工地新增6针防尘网覆盖面积11万平方米，新增封闭式车辆冲洗设施200

个、新增围挡喷淋15万米。三是进行联合现场执法，按情节轻重采取停工整顿、经济处罚、列入不良诚信名单等方式，依法监管，严肃惩治。四是将扬尘监控平台并入区级网格管理平台，建立单独板块，辖区166处建筑面积5000平方米以上及涉及土石方作业的施工工地已全部与区级扬尘监控平台实现联网。同时安排专人24小时盯守监控，发现扬尘问题第一时间通过电话、微信工作群等方式进行处理。截至年底，通过区扬尘监控平台发现问题1300个，已全部整改完毕。

【工程质量安全监督】 工程质量监督。对辖区40个在建安置房项目，约714万平方米工程进行法律法规宣贯和业务指导160余次，形成监督记录150份，下发整改通知单148份；开展外墙保温材料、电气工程质量、地下室无梁楼盖、装饰装修与安装工程等工程质量专项检查；召开了杲村路等19条道路的质量监督交底会，进行质量监督抽查30余次，下发整改通知书18份；建筑工程安全生产监管。对全区93处区管在建项目开展了基坑边坡支护专项整治、施工用电专项治理“大暗访、大排查、大治理、大执法”等专项行动9次；组织企业安全生产标准化自查自评12次；下发《安全隐患限期整改通知》80份，整治各类安全隐患380处。截至年底，辖区区管在建工程未发生一起亡人事故，全区建筑工地安全生产形势稳定。

【建筑业市场管理】 认真做好“治欠保支”工作。一年来，金水区城乡建设局认真落实“一金三制”工作要求，强化工资支付各方主体责任，全年收取工资保障金4200万元，农民工工资实名制专用账户等落实率达90%以上。大力推进装配式建筑工作。装配式建筑是郑州市2018年推行的一项建筑业升级转型的重要举措，2018年郑州市下达金水区的年度目标是新开工装配式建筑项目面积19万平方米；截至年底，金水区有2所新建中学、省人才公寓按照装配式建筑进行了设计共计50万平方米，完成率263%，超额完成任务。精心组织既有建筑节能改造工作。2018年郑州市下达金水区的既有建筑节能改造目标是119万平方米，金水区列入计划的是121万平方米，完成率达到102.7%。东风路化纤厂家属院10栋楼，共3.3万平方米，已基本完成改造。

【建设工程审批手续办理】 2018年，按照“三级十同”标准，金水区城乡建设局对审批服务事项逐项进行梳理、调整、分析，完成了与省、市审批服务事项信息化管理平台一体化的建设工作。一是安置房手续办理方面。办理了杲村滨河家园东院西院、小孟砦物华雅庭、陈寨美景美境院4处安置工程的建筑工程施工许可证及29个单体工程的质量监督登记手续；办理了35处安置房单体工程的安全施工措施备案，有力保障了安置房建设项目的顺利推进；二是市政道路手续办理方面。围绕杲村、杓袁安置房周边的建设工作，全年办理了黄家庵东路等26条市政道路的施工许可证以及丽水路等26条市政道路的质量监督登记备案、21条道路的安全施工措施备案，办理数量超过2015年以来的总和。

（撰稿：蒋小龙 审阅：荆云亮）

环境保护

【概况】 2018年，推进燃气锅炉低氮改造工作，辖区39个单位73台燃气锅炉，完成拆改44台。全年累计排查各类企业和建设项目1210家次，立案查处环境违法案件26起，下达行政处罚决定书26份。金水区环境保护局前身为金水区环保监理所，成立于1985年，属金水区建设和环境保护局二级机构。2003年，根据《关于区建设和环境保护局更名的通知》文件要求，金水区建设和环境保护局更名为金水区建设局，加挂环境保护局牌子。2007年，根据《关于“郑州市金水区环境保护局”独立设置的通知》要求，独立设置，全供事业单位，隶属区政府。2008年，根据《关于成立“郑州市金水区环境监察大队”的通知》，成立二级机构“郑州市金水区环境监察大队”，全供事业单位。2010年，根据《郑州市金水区人民政府办公室关于印发金水区环境保护局主要职责内设机构和人员编制规定的通知》规定，内设4个职能科（室）即办公室、污染防治科、自然生态与固废辐射科、环境影响评价科。2015年，根据《郑州市金水区人民政府办公室关于印发金水区环境保护局主要职责内设机构和人员编制规定的通知》规定，内设4个职能科（室）即办公室、污染防治科、行政服务科、生态辐射科。主要履行对金水区环境保护工作实施统一监督管理职责，组织拟定和监督实施金水区环境保护规划、重点区域和饮用水水源地污染防治规划；负责环境保护目标责任制工作；负责金水区重大环境问题的统筹协调和监督管理；负责从源头上预防、控制金水区环境污染和生态破坏；负责金水区环境污染防治的监督管理；负责金水区辐射、固体废物的监督管理；指导、协调、监督金水区生态保护工作；组织开展金水区环境保护执法检查活动；贯彻执行国家颁布的各类环境保护标准和技术规范；组织指导和协调金水区环境保护宣传教育工作。

【大气污染防治】 2018年，积极推进燃气锅炉低氮改造工作，辖区39个单位73台燃气锅炉完成拆改44台；完善涉VOCs企业污染防治设施，对辖区涉VOCs排放的汽修企业和印刷企业全部加装污染防治设施；从2018年11月开始对涉气工业企业污染防治工作实施“三员”（管理员、网格员、监督员）现场管理制度，辖区两批23家涉气工业企业共计73名“三员”上岗到位；加强加油站油气回收治理，共对辖区32座加油站油气回收装置进行了382次日常巡查，油气回收装置均正常运行；加强重型货车尾气检测，全年共检查柴油货车2568辆，对14辆尾气超标车辆立即责令停运整改，对10辆不合格车辆采取“环保取证、公安处罚”的模式，由交警部门处罚；加强非道路移动机械污染防治，建立日巡查制度，共对辖区内工地巡查2405次，检查非道路移动机械3061辆，清退不合格非移机械44台。

【水污染防治】 加强饮用水水源地保护区环境整治，积极完善饮用水水源地保护界标、警示标牌和宣传牌，共设立界标22个、警示标牌16个、宣传牌6个；积极推进水源地保护区调整工作，多次邀请市环保局、市城管局以及中科院专家实地察看水源地保护现状，向市政府报送了《郑州市金水区人民政府关于调整北郊地下水饮用水源地的请示》并获批同意按取消水源地开展前期论证工作，金水区北郊地下水饮用水源地编制可行性研究报告及环境评估项目工作稳步推进；加快加油站地下油罐防渗改造工作，辖区现有的34家加油站全部完成改造；加强生态水系周边工业企业监管，不定期排查辖区河流沿岸排污口，未发现偷排漏排工业废水现象。

【土壤污染防治】 按照《河南省土壤污染状况详查实施方案》要求，对重点行业企业进行了现场核查；认真落实《郑州市金水区2018年土壤污染防治攻坚战实施方案》，指导豫森蛋白和油化厂2家企业委托第三方机构开展了疑似污染地块土壤初步调查；开展固体废物大排查工作，组织对全区涉重金属排放企业和涉危险废物单位进行拉网式排查，共排查上报危废产生单位40家，未发现涉重金属排放企业和危险废

6月5日，金水区环境保护局在文化公园组织世界环境日宣传

11月，金水区环保局开展绿色宣传进校园活动

物经营单位；加强危险废物监管，对辖区危险废物产生单位进行现场检查，共出动执法人员209人次，下达限期整改通知书5家，共处罚款6.5万元。

【工业污染排放防控】 严把建设项目审批关，全年共审批新建项目17家，完成登记表备案408个，环境污染设施停运或闲置4家，出具建设项目重点污染物总量核定意见19个，所审批的建设项目均执行“环评”和“三同时”制度，投产项目全部达标排放；认真做好重点项目联审联批工作，完成2018年辖区11家省市重点项目审批。

【稳步推进第二次全国污染源普查】 认真编制金水区污染源普查工作实施方案，协调成立了普查领导小组，先后12次召开全区污染源普查工作推进部署会议及普查技术培训会。积极开展普查宣传活动，共编发宣传信息130余期、简报46期，制作发放海报6000余张，宣传页20000余张，标语、LED宣传语1000余条，在《河南日报》《郑州晚报》等纸媒刊登金水普查工作信息，并综合运用有线电视开机画面和辖区商场、高端写字楼的大型LED电子显示屏滚动播放金水普查宣传片等多种形式，开展污染源普查宣传，营造了家喻户晓的普查氛围。顺利完成3遍入户调查，并开展了普查数据系统录入、上报和审核工作，普查入户率、纸质报表填报率、互联网及专网数据录入率均达到100%。

【环境执法监管】 持续加大环境监察执法力度，严厉打击环境违法行为，累计排查各类企业和建设项目1210家次，立案查处环境违法案件26起，下达行政处罚决定书26份，罚款金额174.45975万元。同时，2018年中央环境保护督察组“回头看”交办的涉及监察大队26件和“蓝天保卫战”强化督导组交办的38件，均整改到位。积极创新环保监管模式，利用信息化技术、移动终端、大数据等科技力量，开发建设“金水区生态环境应急管控平台”，实时、全面掌控污染状况，打破过去“发现问题-处理问题”的被动执法模式，逐步上升为：“预判问题-防范问题”的全新管控模式。积极加强环境应急能力建设，联合认真组织了水污染突发事件应急演练，提升了应对突发环境事件的能力。

【环境保护宣传】 深入开展“世界环境日”“世界水日”等重大环保纪念日宣传活动，认真开展了以“绿色金水，我们在行动”为主题的“6·5”世界环境日宣传活动，全区共设置展板36块、条幅20余幅、发放宣传品6000余份。深入开展绿色宣教进校园活动，联合郑州龙门实验学校，开展了水污染防治宣讲活动。积极运用“绿色金水”官方微博进行宣传，定期更新，2018年共更新98条，收到了较好宣传成效。

【环境信访工作】 高度重视群众环境信访投诉，积极通过“12369”环保投诉热线、环保微信平台等多种渠道受理群众环境问题投诉，共接听12369环保投诉热线6047个，受理环境污染投诉问题共398件，其中本级受理179件、环保微信平台受理150件、市长热线转办65件、环境信访转办4件，做到了件件有落实，件件有回音。

（撰稿：郭雪雷　审阅：彭金亮）

城市管理

【概况】 金水区城市管理局成立于2012年6月，其前身金水区市政管理局（成立于1996年2月），是金水区人民政府一个职能部门，下设金水区市容环境卫生管理队、金水区市政设施管理养护所、金水区绿化管理所等局属单位。2018年，完成道路中修改造20条，涉及车行道11.77万平方米，人行道9800余平方米；全年累计新建绿地101.2万平方米，新植乔木5.1万株，新植花灌木10.08万株。建成5处大型开放公园。

【基础工作】 精细施工，提升辖区市政道路品质。积极配合郑州市重点市政工程建设。对涉及金水区的东明路大修改造工程两侧红线内地上附属物及土地开展征迁工作，确保了工程顺利实施。全力推进区管道路中修工程。完成2017年续建任务21条，涉及车行道13.65万平方米，人行道5.78万平方米；完成2018年道路中修改造20条，涉及车行道11.77万平方米，人行道9800余平方米；2018年度追加的54条道路中修政一街等8条道路已完工，整治车行道6.67万平方米，剩余46条道路正在招标。精细实施支路背街整治提升工作。圆满完成农科路等22条道路的支路背街整治提升，涉及车行道15.49万平方米，人行道4.53万平方米。

建绿扩绿，打造绿色金水。积极拓展绿化空间，运用见缝插绿、立体造绿、拆违扩绿等方式，全面消除黄土裸露，园林建设稳步推进，绿化养护精细提升。全年累计新建绿地101.2万平方米，新植乔木5.1万株，新植月季等花灌木10.08万株；建成开放翠园等5处大型公园，绿化面积10.4万平方米，建成开放月季园、樱花园等40个游园，绿化面积5.65万平方米；高标准超额完成第一〇三中学等12处屋顶绿化建设，屋顶绿化面积9110平方米；市民文化公园及地下空间利用项目整体方案已完成，涉及白庙村、河南金地面业有限公司及郑州〇一二八河南省粮食储备库地上附属物已拆除完毕，共拆除面积约1.7万平方米，垃圾清运工作已完成，涉及河南建隆置业有限公司地上附属物已拆除2.5万余平方米；完成3个省级园林式居住区、7个市级园林式单位及居住区的创建工作。

对标提质，推动环卫工作精细发展。环卫基础设施建设突破增量挑战。大型生活垃圾转运中心位于金水科教园区新城北路与马头岗中街口向东200米路北马头岗军用飞机场南侧，已完成项目立项及专家论证；4座小型垃圾中转站选址已完成，其中1座（西太康路中转站）已进场施工，1座（鸿宝路中转站）已完成招标，2座（鸿苑路、商城路中转站）已完成勘察设计，准备进行评审招标，积极应对解决环卫中转站缺口。大力开展“厕所革命”，创造居民如厕新环境，完成新建公厕135座，正在建设79座，升级改造公厕78座。加快采购项目实施进程。加强与评审、招标等部门的沟通协调，提高效率，规范采购行为，年内计划采购的各类环卫作业车辆、环卫作业工具和设施均已顺利完

升级改造后的普庆路公共厕所

成。实现清扫保洁质量全面提升。严格按照“以克论净”道路保洁质量考核标准，根据郑州市“城市清洁”及“路长制”工作安排部署，做好清扫保洁工作，对道路积存生活垃圾、卫生死角及时清理全力营造干净、整洁、有序的城市环境。果皮箱管理逐步加强。新增、更换新果皮箱2510个，维修果皮箱6500余次，修复果皮箱480个，补装内胆7800只；修旧利废140个，确保了道路果皮箱的完好使用。持续推进垃圾二转车置换工作。为让垃圾收运全程做到“不见天、不落地、污水不遗漏”，根据市区关于对社区生活垃圾转运车辆的管理的相关规定，金水区城市管理局组织街道办事处对辖区二转车辆开展制式车辆置换工作，向15个街道办事处发放新制式垃圾压缩车辆560辆，进一步规范了垃圾清运秩序。中转站、公厕实施精细化管理。建立长效化、精细化管理机制，对辖区公厕、环卫中转站加强管理和升级改造力度，中转站、公厕面貌显著提升。车辆维修保障能力显著提高。坚持严管细抠、节能降耗，全年维保车辆6736辆次，返修率进一步下降，维修质量进一步提高，有效保障了业务工作的正常开展。

依托试点，全面铺开垃圾分类。坚持“减量化、资源化、无害化”原则，做到政府推动、全民参与、因地制宜、有序推进，通过前期试点工作，2018年在辖区16个街道办事处、58个社区、500余个小区全面铺开，创

新建公园——翠园

建成花园路街道办事处和经八路街道办事处两大示范片区，辖区生活垃圾分类居民户覆盖率达32%，回收率达10%以上，无害化处理率达100%。

集中整治架空线缆，为进一步规范城市空间秩序，对基本具备入地条件的监控通讯线缆分批实施入地改造，对暂且不具备入地条件且影响市容市貌的散、乱、垂、断等架空通讯线缆进行归拢、捆扎和清理。累计完成线缆捆扎5万余米，以净空为标准完成线缆入地改造东风路（文化路—丰庆路）等5条路段，共1万余米。

确保城区安全度汛。在2018年的城市防汛工作中进一步建立健全防汛目标责任制、强化带班值班制度、严格雨情汛情上报制度、建立督查机制、健全抢险机制，切实做到领导到位、物资到位、措施到位、检查布置到位、安全排查到位、监督到位，整个汛期未发生重大责任事故及安全事故，圆满完成了城市防汛工作，确保了城区安全度汛。

加快推进黑臭水体治理工作。对辖区范围内金水河、熊儿河、东风渠、贾鲁河、魏河的河道进行不间断排查，累计发现问题24处，已全部整改完毕。同时，投资1200万元启动马渡污水处理设施建设。

圆满完成了清除冰雪工作。在2018年年初的清除冰雪工作中，明确划分责任区域，积极发动社会力量，全局动员、人机协同，机械为主，形成合力，累计出动环卫专业人员4000余人，专业除雪及清运车辆130余台，保障了辖区交通通畅和市容环境卫生整洁。

【聚焦重点细化管理】 持续深入推进大气污染防治工作。按照各级大气污染防治工作要求，金水区城市管理局机扫车队以抑尘

洒水、湿扫清污为主要措施，积极开展机械化清扫水冲作业，确保银行学校和血液中心监测点周边作业24小时不间断。同时，根据季节变化，道路交通情况科学作业，保证路面湿润不积水，风吹不起尘，车过不带泥。累计出动各类车辆6.9万余台次，对辖区293条道路进行水冲、洗尘、洒水抑尘作业20余万次，累计作业面积1920余万平方米，有效地抑制了道路扬尘。

强力推进铁路沿线综合整治等五项重点工作。按照“三环以内50米、三环以外100米”的标准，铁路沿线共排查无证建筑90处、7.88万平方米，截至年底已全部拆除。可绿化面积约41万平方米，绿化建设和提升方案已基本确定。涉及金水区5条生态廊道中，文化路生态廊道、北三环生态廊道、连霍高速生态廊道已建成，正在进行提升提质，107辅道生态廊道建设已全面完成，绿化面积18.6万平方米，京港澳高速生态廊道正在进行违建拆除及方案设计工作。涉及2条过境干线公路为连霍高速和京港澳高速，与生态廊道相关工作任务重叠。高速互通立交及出入口区域绕城高速出入站点和放射性道路出入市口（东三环北四环），已建立问题台账，积极整改，清理垃圾杂物1.7万立方米，覆盖防尘网49万余平方米，播撒草籽1.5万平方米。

全力开展城乡接合部环境综合整治。以治脏、治乱、治污为突破口，迅速行动，边排查边整治，硬化道路2条2.42万平方米；加强黄土裸露整治，绿化39处21万平方米，撒播草籽1.55万平方米，苫盖防尘网近45万平方米；对环境卫生进行集中清理，累计出动人员1.25万人次，车辆1800余台次，清理垃圾1.5万立方米，城乡接合部面貌显著改善。

【自身建设】　将城市管理业务工作贯穿基层党的建设。创新党建工作思路，根据中心工作的需要安排党的活动，把中心工作的难点作为党建工作的重点，把业务工作的薄弱环节作为党建工作的重要抓手，贯穿落实于党建工作的各个方面、各个环节，坚决防止和纠正“就党建抓党建”，党建与业务“两张皮”的倾向，环卫、市政、绿化等各业务领域分别制定出台了党建与业务工作相结合的实施方案。

强化党风廉政建设。严格落实党风廉政建设责任制，认真履行“一岗双责”，把党风廉政建设和反腐败工作全方位融入城市管理工作的各个环节。自觉遵守党的政治纪律、组织纪律、廉洁纪律、群众纪律、工作纪律和生活纪律；自觉抵制“帮圈文化”；严格遵守《中国共产党廉洁自律准则》。积极开展廉政警示教育，注重抓早抓小，抓苗头性、倾向性问题，针对工作纪律、工作状态、工作日饮酒、制度建设等方面开展了多次专项督查，强化问责追究，全年给予全局通报批评4人，撤职1人，调整岗位2人。累计抽查近1000名一线人员，依规清退30名，通过多种形式、多种途径，打造风清气正的城市管理队伍。

积极落实意识形态工作责任制。局党组牢牢把握正确的政治方向，严守政治纪律和政治规矩，在思想上、政治上、行动上同中央保持高度一致，局党组对金水区城市管理局意识形态工作负主体责任，切实加强对意识形态工作的领导、引导和管理，牢牢掌握意识形态工作领导权、管理权、话语权。

（撰稿：孙琳洁　审阅：马喜才）

城市管理综合执法

【概况】　2001年，金水区城市管理行政执法局成立，2010年与金水区市政局合并为城市管理执法局。2012年6月，金水区城市管理行政执法局单列重组，2017年9月30日，金水区城市管理行政执法局与金水区城市管理局合并，成立金水区城市管理局(加挂金水区城市综合执法局牌子，以下简称金水区执法局)，下设金水区城市管理执法大队，金水区执法局。

金水区执法局下设办公室、法制科、执法监督科、宣传教育科、人事劳动保障科，指挥中心、五室一庭协调办、长效办、攻坚办、停管中心等科室。金水区占道经营和突店经营整治指挥部、户外广告和门头牌匾整治指挥部、中心城区道路两侧违法建筑整治工作指挥部在金水区执法局设置，并由金水区执法局牵头开展工作，对17个街道办事处及相关单位进行督导和考评。

执法大队下设直属中队、夜班中队、综合执法中队、环卫中队，并分别向17个街道派驻执法中队，各执法中队设副科级中队长1名，主要行使住房城乡建设领域的全部行政处罚权，以及环境保护管理、工商管理、交通管理、水务管理，食品药品监管的部分行政处罚权，共梳理执法依据800余项。已初步建成“五室一庭”(公安警务室、公证服务室，法律援助室、行政调解室、检察联络室、城管巡回法庭工作联动机制。其中公安警务室下设讯问室、留滞室。

【党建工作】　金水区执法局召开“支部建设提升年”工作推进会，将支部建设工作提上日程，要求各支部书记在提升党建知识上下功夫，对中共金水区执法局机关党支部、夜班中队党支部、南阳新村中队党支部党员活动室进行装修。结合“两学一做”学习教育活动常态化制度化，利用每月21号的党员活动日，组织各党支部开展以“学习中共十九大精神”“将改革开放进行到底”等主题的党员活动日活动，提高基层党建的凝聚力和向心力。开展巡视整改专题民主生活会，开展谈心谈话工作，严格实行双重组织生活会制度，无论职务高低，全体党员都必须参与组织生活会，接受党内监督，深入开展批评与自我批评。

金水区执法局组织开展“拥抱新时代　担当新使命”学习中共十九大精神知识竞赛，22个党支部近百名党员参加考试，使党员干部真正做到学懂、学深、学透中共十九大精神。举行题为“中国梦　劳动美”暨学习贯彻中共十九大精神主题活动诵读比赛，激发党员干部的学习热情。以“深入学习贯彻中共十九大精神　领跑中部城区发展　全面建设社会主义现代化强区　推进国家中心城市建设”为主题，开展微党课比赛活动。组织党员观看《榜样3》《厉害了，我的国》等宣传片，使广大党员干部深入了解我国的发展和成绩。

金水区执法局严格落实“一岗双责”制度，组织中层以上干部签订《2018年党风廉政建设“一岗双责”目标责任书》，下发《党风廉政建设“一岗双责”工作记录本》，严格落实“一岗双责”责任。落实区纪委监委中秋、国庆等节假日期间工作要求，落实中央八项规定、城管六条禁令，严格节假日期间党风廉政建设，提醒执法局党员干部自觉抵制各类酒局圈、帮圈文化，并安排好节假日期间督查值班工作。金水区执法局制定《金水区城市综合执法局中队综合考评标准》《金水区城市综合执法局执法人员综合考核准则》《金水区城市综合执法局机关值班管理制度》和《金水区城市综合执法局关于对执法人员进行提醒、函询和诫勉的实施办法（试行）》等制度，进一步严肃工作纪律，改变工作作风。

【宣传教育】　通过党报党刊、都市纸媒、电视电台、网络新媒体集中力量宣传了除雪保障、城市精细化管理、“路长制”工作、整治夜市行动、渣土车治理、服务高考、大气污染防治、共享单车治理、停车场管理等重点工作。大力推广经八路中队执法人员赠送盲人老大爷新手机、萌娃城管系列活动等暖点新闻，全面推广拆除中州国际楼顶广告，对无证收费人员行政拘留等热点新闻，在金水区乃至郑州市产生了积极正面的影响。

金水区执法局开展以“中国梦　劳动美”为主题的中共十九大学习系列活动，举办意识形态应知应会测试。定期制作《金水执法》，加强内部信息交流，保证每月至少制作一期《金水执法》报刊，同时在服务高考、意识形态、拓展培训等重要工作节点，适时推出《金水执法》专刊。积极领取《金水时讯》等资料，发给各中队、科室学习总结，积极向《金水时讯》输送有价值的执法工作动态与信息等。及时更新城市管理执法宣传栏，活跃执法动态，更新机关文化长廊，推出高质量的精美图片，打造金水城管文化。

联系投稿各大新闻媒体，报道执法人员在城市精细化管理及大气污染防治工作中的热点、难点问题，树立执法为民的金水城管形象。各执法中队在大气污染防治工作中积极宣传挖掘典型，积极展现与维护了城管执法队员在群众心目中的正面形象，各项活动走心服务，让人民群众了解城管工作、理解执法初衷、进而

1月4日，金水区执法局东风路中队执法人员在大雪中巡查，发现有车辆车窗未关，及时通知车主

支持城管执法。

2018年，共制作13期《金水执法》，40期宣传喷绘。通过官方微博“@郑州市金水区执法局”和“金水城管执法”微信公众号发布信息556篇。各级媒体刊登正面新闻报道共541篇，其中，《郑州日报》26篇，《郑州晚报》40篇，《大河报》13篇，《东方今报》16篇，《河南商报》16篇，《金水时讯》45篇，其他电视、电台90篇，网络首发295篇，形成了正确的舆论导向和积极的宣传效果。

【占道经营管理】 按照城市精细化管理的要求，深入推进“路长制”实施，依法严查占道经营和突出店户外经营，着重治理主次干道、学校、医院、商场、车站、市场、公园绿地等重点部位的占道经营、商家突店经营行为。加强精细化管理，贯彻落实联合执法常态化，加大支路背街占道经营、突店经营的治理力度。2018年，金水区执法局累计出动执法人员86576人次，执法车辆24773台次，清理占道经营21787处，突出店外经营22359处，登记保存人力三轮车59辆，电动三轮车346辆，占道经营机动车141辆，暂扣、登记保存其他物品3533件。2018年，立案处罚占道经营案件1787件，与2017年同期相比，占道经营、突店经营案件减少636件，下降率达26.25%。

【户外广告整治】 3月，金水区执法局开展了建筑物屋顶标识招牌整治规范工作，面对拆除难度大、工作量全市最高的严峻形势，借助媒体力量，敢于“啃硬骨头”，最终完成1365处违规标识的拆除任务。继续运用城管语音追呼系统，对随意张贴小广告行为进行有效管理。组织开展对道路两侧户外广告进行整治，先易后难、逐个突破，首先对出租车停靠站、直饮水站、快速公交站闸机上的广告进行拆除。对违规张贴户外广告行为，先后对3家公司分别开出2.6万、2.4万、1万元的行政处罚，并对郑州市公交公司违规设置候车厅广告开出了10万元的罚单。2018年，金水区执法局共清理整治、清洗门头1210处，清理小广告51474处，软体条幅6573处，橱窗广告19688处，广告架626处，灯箱广告3109处，墙体广告122处，LED显示屏6501处，道旗广告713处，整治直饮水站违规广告45处，整治出租车停靠站188处，路名牌广告不雅广告14处，快速公交站22座（整治闸机内外广告），协助公交公司清理废弃公交候车厅5座，公交站牌不雅广告21处，劝离和制止街头散发小广告人员4561人次，小广告追呼系统共对3435个涉嫌违规张贴小广告号码进行追呼，共1828181338次，2018年，共立案处罚小广告案件313起,罚款金额为43660元。

【渣土车治理】 加强对2个环境改善区周边的巡查力度，加大与交警、环保、交通等部门联合执法频次。要求清运车辆要全程密闭运输、平斗运输，严防运输过程中沿途遗撒污染路面。配合开展“扫黑除恶”行动。从8月开始，紧紧围绕“要把建筑垃圾清运领域‘扫黑除恶’作为重大政治任务抓紧抓好”，配合公安部门打击整治建筑垃圾清运领域的“黑恶”势力违法犯罪，坚决打赢建筑垃圾清运领域“扫黑除恶”攻坚战。2018年，金水区执法局共处理渣土车案件332起，处以罚款172.17万元。其中，擅自处置建筑垃圾案件169起，共罚款127.62万元；运输垃圾未密封、包扎、覆盖案件126起，共罚款22.15万元；随意倾倒、抛撒建筑垃圾案件12起，共罚款5.52万元；管控期间擅自进行土石方作业案件3起，共罚款8万元；堆存、装卸作业未采取防尘措施案件13起，共罚款4.63万元；沿途遗撒建筑垃圾案件7起，共罚款4万元；将建筑垃圾、有毒害垃圾混入生活垃圾案件2起，共罚款0.25万元。

【规范养犬】 金水区执法局采取错时执法的工作模式，早上6:00至9:00，傍晚17:00至21:00，安排执法队员不间断地在游园、广场、社区和其他重点部位进行执法巡查，杜绝大型犬、烈性犬以及流浪犬只的回流及新增，依法对违规的养犬人进行教育与行政处罚。每周联合办事处、社区开展2次规范养犬行为联合执法行动，对养犬人违规遛犬、携犬进入公共场所等行为进行规劝、教育。2018年，金水区执法局共出动联合执法人员13242人次、车辆4414台次，共计检查犬类3440只，劝阻不文明遛犬行为53起，批评教育当事人53人，收容流浪犬299只，下达责令整改通知书686起，完成处罚案件340起，罚款68000元。

【大气污染防治】 金水区执法局围绕“抓重点、消盲点、树亮点”三方面，查漏补缺，开展餐饮油烟治理工作。夯实台账，全面消除油烟整治“盲点”。以各街道办事处、各社区网格为依托，进行拉网式排查，建立工作台账，同时，下沉执法队员进行再排查，确保无遗漏。截至年底，金水区共登记在册餐饮企业6808家，较2017年12月底，台账共变更及新增餐饮企业925家，已全部安装油烟净化装置，实现油烟净化装置全覆盖。科技站台助力企业整改。购入便携式油烟检测仪，进行日常油烟检测，对于问题突出，多次被投诉的饭店申请第三方检测机构进行检测。2018年申请并开展油烟检测餐饮业共计160家，其中1家不合格，经整改后复检合格。针对有环评手续、环保意识强、清洁工作到位、污染排放控制较好的中国农业银行河南省培训学校作为郑州市餐饮店标杆企业“标杆示范点”，促使全区餐饮店全面提标改造。量化考核加强执法建设。制定《金水区城市综合执法局2018年大气污染防治日常工作考核细则》，每月对各执法中队大气污染防治工作进行考核排名，对排名后三的执法中队通报批评，推动工作。2018年，金水区执法局共巡查餐饮场所58394家，发现问题2736个，发现使用燃煤炉灶3个，已全部整改，未发现露天烧烤，接餐饮油烟污染电话投诉356起，接“12369”平台餐饮油烟有奖举报219起，立案查处餐饮油烟案件20起，处罚金额9.7万元。

10月15日，金水区执法局经八路中队在纬一路张贴首张违规停车提示单

自6月工地扬尘污染处罚职责移交金水区执法局以来，将各中队扬尘案件办理情况纳入中队绩效考核成绩，对于各类转办件要从严从快处理，尤其是被财政扣款的工地，将顶格处罚。2018年，接区攻坚办、住建局、控尘办转办案件共计466起，立案查处扬尘污染案件280起，处罚金额624.53万元。

【违法建设拆除】 在违法建筑拆除工作中，金水区执法局坚持“逐步减少违建存量，严格控制新增违法建设”的工作目标，落实分包领导，明确工作任务，按照《金水区违法建设查处工作考核办法》，开展违法建筑整治工作。2018年，金水区执法局共收到新增违法建设53起，面积共计162621.31平方米。各街道办事处共上报拆除违法建设411起，共89885.92平方米。拆除2018年新增违建12起，3564.79平方米；拆除楼顶违建318起，24094.45平方米；拆除存量违建52起，54835.24平方米；拆除铁路沿线违法建设29起、7391.44平方米。违建指挥部对涉及违建的办事处共下发督办126份，涉及全区所有办事处，回复率为72%。

【共享单车管理】 金水区执法局主要采取“谈、管、拉、罚”四种措施对共享单车进行管理，在郑州市首创禁停区地图围栏，划分“禁停区”“投放区”“规范区”，在道路上设置“禁停区”和“停放区”指示牌，提醒、引导用户将自行车规范停放。同时向上级部门建议使用电子标签、对运营公司实行督查考核等方式并得到采纳，规范共享单车公司运营活动。金水区共划定金水区政府周边的东风路信息路区域、省人民医院周边区域、省委周边区域、省军区周边区域“禁停区”3个。2018年，金水区执法局共出动19413人次、3094车次；治理乱停乱放16054处，规范摆放78084辆，代为转运24504辆；各执法中队共立案查处34起，立案金额10.41万元；已结案20起，罚款6.86万元。

【停车场管理】 《郑州市下放市区停车场建设管理权工作实施方案》下发后，根据金水区委、区政府工作安排，金水区执法局承担了停车场管理职能部门。金水区执法局积极与郑州市城市管理局协调对接，深入现场实地调查，并结合学习先进地区经验，确定了“先行先试，以点带面，整体推进”的工作思路。结合金水区实际情况，委派3家公司分别安排专业人员对交通拥堵和停车供需比例严重失衡的重点路段进行详细勘察，根据位置、周边配套、交通设施及停车需求进行逐个分析，在纬四路、政七街、黄河南街、群办路、农科路、文博区域、纬一路、晨旭路、国基路、经七路、经八路、东三街等路段试点，初步划定1725个停车泊位，安装视频桩1025个，地磁15个，枪球一体机39个，视频杆39个，摄像头78个。

【规范化建设】 深入推动城管执法体制改革工作。按照省、市、区城管体制改革工作部署，稳妥、科学推进综合执法事项职权变更，执法部门机构设置等工作。积极探索研究行政职能归属和执法人员编制属性问题，推动依法行政工作。全面梳理下放职权清单。按照权责清单，明确所涉部门交接责任，明确职能定位。对下放事项的处罚权、管理权进行全面梳理和交接，确保职权下放过程不发生管理空当。梳理执法权限，在职权进一步扩大为“1+5”后，主动与编办、法制办对接，理清执法权限，梳理执法依据800余项，对全体执法人员进行业务培训，确保满足城市执法体制改革的需要。

规范执法程序，完善法制建设。不断改进各项管理制度和执法程序，提升管理效果和办案效率。严格执法责任制，推行执法办案评议考核、执法公示、执法全过程记录、重大执法决定法制审核等制度，杜绝暴力执法和选择性执法，提升执法公信力。加强组织培训。将“强基础、转作风、树形象”专项行动开展与执法队伍的技能素质学习教育有机结合，组织制定专项行动培训学习计划，把各执法中队执法人员的政治教育和业务培训纳入计划。邀请专家、学者授课研讨。5月23日，邀请郑州市法制办处长程龙到金水区执法局讲解“郑州市城市管理综合执法办法”；6月28日，邀请郑州大学法学院王红建博士来金水区执法局开展“综合执法热点”法制讲座；8月24日，邀请省法院行政庭副庭长王松、开封市龙庭区法院副院长（兼省行政法学研究会副会长）郑永强、郑州大学法学教授王红建、管城区法院行政庭庭长郭晓明等专家律师，针对共享单车治理以及停车场管理办法等问题，进行专题研讨；9月25日，市建委监察支队法制科科长赵家峰到金水区执法局培训指导城市规划建设领域执法工作。

提高标准，打造规范化执法队伍。通过星级执法队伍建设、半军事化队列训练、拓展培训等活动，切实增强了执法队员的纪律观念和组织纪律性。通过执法过程全记录、规范化文书使用、制定年度考评目标等方式，明确工作要求，打造规范化的执法队伍。严格监管协管队伍，与第三方公司负责人商讨协管队伍奖惩机制，明确协管人员工作职责，加强中队对其业务工作的指导与考核。

不断创新工作方法。首创“绿黄红”三色执法，倡导“执法、管理、服务”三位一体机制。对情节行为轻微的违法行为，初次发现下达“绿色”事前提示书，第二次下达“黄色”告诫通知书，第三次下达“红色”约谈通知书，通过多次告诫劝导，使当事人主动改正违法行为，消除危害后果；对经多次劝导无效的，再依法给予适当的处罚。受到了人民网等国家媒体的关注，得到了省住建厅、市城管局领导的肯定。研发移动数字执法。自主开发了“移动数字执法”客户端，执法人员通过移动便携设备，打开“移动数字执法”客户端，就能实现快速拍摄取证、现场调查记录相关信息上报，只需点击相应案件就可自动生成执法文书，现场打印送达，高效便民，实现了执法数字化办公，缩短了办案时间，规范了案件文书，固定了案件证据。实现案件处理的网络化、数字化、规范化、高效化。引入“检察联络室”，不断丰富完善“五室一庭”司法保障机制。根据《中共中央办公厅　国务院办公厅关于加强行政执法与刑事司法衔接工作的意见》文件精神，金水区执法局与检察院成立“检察联络室”。一方面在监督履职，纠正违法行为，提高城管领域执法效能，加强对违法犯罪行为的防范、威慑、打击等方面，发挥积极作用；另一方面，强化了行政执法与刑事司法的有效衔接，促进了依法行政和司法公正，推动了城市管理综合执法工作健康发展。

（撰稿：张莉莉　审阅：冯江波）

城市改造

【概况】　金水区城市改造办公室成立于2010年11月，前身是2004年成立的金水区城中村改造指挥部，办公地址在东风路科技一条街3号楼，属事业全供单位，正科级规格，隶属区政府，内设办公室、综合业务科、计划规划科、土地拆迁科、建设房管科和财务科6个部门。负责城中村改造、旧城改造、合村并城等全区城市改造工作的政策宣传、业务指导、综合协调和日常管理等。2018年，共完成22个项目控规批复，截至年底，金水区65个安置房项目已全部开工建设，已建成28个项目（26个项目已回迁）。

【安置房建设】　截至年底，金水区65个安置房项目已全部开工建设，已建成28个项目(26个项目已回迁)，其中，2018年建成10个项目；15个项目安置房主体已封顶；9个项目正在进行主体工程建设；13个项目正在基础施工。

【土地规划等手续办理】　一是控规批复。2018年，共完成22

徐庄回迁

庙李安置房建设

个项目控规批复，截至年底，金水区大棚户区改造项目安置区控规已全部通过市政府规划联审联批会批复。二是土地出让。2018年，全区已通过市土地联审联批会2425亩；完成7个项目1574亩土地收储，完成4个项目部分地块259亩土地出让组卷。三是安置地块“四个开工要件”办理方面。明确责任，安排专人，加快协调，全力推进安置地块用地规划证、土地证、建工证、施工证“四证”办理进度。四是改造方案批复。金水区65个大棚户区改造项目，已批复改造方案47个，2018年批复改造方案12个。

【群众回迁和安置房网签】 一是群众回迁。始终坚持把“建的好、配套全、早回迁、能办证”作为基本工作原则，按照“三年大头落地、五年全部完成”的工作目标，完成市政府2018年下达的群众回迁任务，加快安置房建成回迁，真正维护好、保障好群众的切身利益。二是安置房网签。金水区安置房网签任务6700套，已完成7072套、61万平方米；同时，配比金水区域内商品住宅网签约99万平方米。

【拆迁清零】 2018年持续完善依法保障下的充分协商、良性征收拆迁工作机制，不断加大思想动员力度，分析问题症结。截至年底，剩余搬迁遗留户的协议签订工作，已从区执法局和区国土局两个渠道启动拆迁处置程序，加快推进拆迁清零工作。

（撰稿：李　迪　审阅：郭俊伟）

房屋征收与补偿

【概况】 金水区人民政府城市建设拆迁办公室成立于1993年，于2011年更名为郑州市金水区房屋征收与补偿办公室，隶属于金水区人民政府，位于郑州市东风路科技一条街3号楼，单位下设综合科、法制科、人劳财务科、群联科、档案科及5个征收科室。

【2018年征收改造主要项目】 2018年，金水区房屋征收与补偿办公室承担的征迁工作的项目主要有：市政控制性节点（地下交通）工程、二七路太康路道路拓宽改造工程、四环线及大河路快速化工程、金水区丰产路街道西韩砦片区改造项目。

郑州市市政控制性节点（地下交通）工程。金水区辖区内有5个站点（燕庄站、姚砦站、白庙站、郑州人民医院站和大石桥站）和大石桥站（新增）项目。涉及未来路、东风路、经八路、大石桥4个办事处，需征拆房屋1303户，建筑面积约18.6万平方米，已签订协议1256户，签订协议率96%。需拆除及交付场地44处，已完成17处，完成率39%。该项目由于地处老城区情况复杂，城市建设拆迁办公室结合辖区街道办事处，逐户分析研究，多策并举，克难攻坚，主要是做好征收工作清零和场地交付工作。其中，大石桥（新增）项目涉及4个公共单位，11户住宅，征迁面积1.03万平方米，在2018年3月底确定任务，5月24日下达了《房屋征收决定》后，在城市建设拆迁办公室的统筹协调和大石桥街道主要领导的精心组织下，不到1个月的时间就完成了全部协议的签订工作，在2018年上半年的全区观摩点评会上，受到了区委通报表扬。

二七路太康路道路拓宽改造工程（原二七商业区综合管廊项目）。该项目征收范围涉及杜岭街道辖区共23处，其中，一类任务18处，已签订协议15处（拆除15处），完成率83%；三类任务5处，已进入房屋征收程序，已签订协议4处，完成率80%。

四环线及大河路快速化工程。该工程配套2019年全国少数民族运动会，要求2019年6月底主线全线通车，时间紧、任务重，在金水区辖区内线路主要涉及兴达路办事处和杨金路办事处，其中，国有土地上建筑物34处，占地约294亩；集体土地上建筑物58处，占地约605亩。截至年底，影响主线、保通路及管线迁改的60处紧急问题已解决55处，剩余5处，完成率92%。

金水区西韩砦片区改造项目区域位于经三路以西、红专路以南、红旗路以北、政七街以东，属于丰产路街道办事处。该片区共涉及国有土地住宅822户（除去烟草公司138户、邮政58户），征收总面积约10万平方米，已完成签订协议602户，签约率94%。

【征收工作举措】 按照市区两级政府加快推进中心城区市政重点工程建设的总体要求，结合金水区实际，采取“项目化推进、台账式管理”工作方法。对照各项工作确定的时限、责任人，积极推进问题解决，积极推进征迁交地。

强化协调对接。在掌握工程进度的基础上，切实发挥牵头带动作用，严格履行牵头责任，建立完善了每日巡查检查机制，积极做好对上、对下的对接协调工作，及时沟通信息、通报情况。对未启动的项目要做到主动介入，提前配合搞好前期工作，跟踪了解有关情况，并及时反馈；对正在进行的项目做好业务指导，加强与项目方、办事处的沟通联系，保障项目顺利的实施。

强化督导检查。市政重点工程推进工作领导小组实行月排名、季点评、年考核，根据《工作推进方案》制定专项督查工作计划，成立督查组，对全区市政重点工程征拆工作进行全面督查督办。积极推行“一线工作法”，每周深入项目现场，查实、查细工程征拆过程中存在的问题，梳理汇总报送区委、区政府主要领导，并及时将领导批示指示反馈相关单位。以查促改，以问题为导向，高质量、高效率推进工程进展。

在完成中心工作的基础上，金水区房屋征收与补偿办公室完善组织结构，科学分工，明确责任，更加深入的学习征收政策依据，定期组织各科室业务学习，聘请专业律师进行授课，提高业务素质，坚持依法行政。按照上级征收部门的安排部署，金水区房屋征收补偿工作将依靠大数据、“互联网+”、使用征收数字化系统在征收过程中做到公开、公平、公正，并解决群众反映的集中、突出的问题，最大限度消除矛盾，赢得群众的信任。

（撰稿：孙　飞　审阅：贯光辉）

数字化城市管理

【概况】 金水区数字化城市管理指挥中心成立于2007年10月。2008年4月至2010年12月，与区爱卫办（区创建办）合署办公，履行城市管理大督查职能。2010年12月，区数字化城市管理指挥中心职能单列，分编后，数字化城市管理指挥中心为正科级事业全供单位，现设有五科一室，分别是办公室、综合科、考评科、督查科、网络一科、网络二科。

【案件处置】 金水区数字化城市管理的数据采集区域覆盖市区面积60平方公里，辖17个街道办事处、174个社区，共有3638个万米单元网格。各街道办事处和区有关部门设立了数字化城市管理办公室，对金水区数字化城市管理指挥中心负责，在金水区指挥中心的统一指挥和监督下，实行网格化城市管理模式，做好辖区内的城市管理工作。2018年，数字化城市管理指挥中心共接收市数字化城市管理指挥中心派遣城市管理案件414873件，结案率为99.52%，按期结案率为96.87%。

【队伍建设】 金水区数字化始终致力于建设一支团结务实的领导班子队伍，不断完善领导班子例会、党支部会议、民主生活会、中心组理论学习等各项制度，全面提升班子成员的决策力和执行力。同时，认真抓好领导干部廉洁自律、反腐倡廉建设各项工作，构建风清气正的良好工作局面。在整体队伍建设中，首先是注重抓学习，提升队伍素质。工作中不断采取集中学、个人自学、座谈讨论、调研等灵活多样的形式合理安排学习时间和学习内容，拓宽干部视野，激发创新活力，提高干部理论知识和业务水平。其次，不断完善以绩效考核为核心的干部职工激励机制，把工作业绩与年度考核、干部任用紧密挂钩，最大限度地调动干部职工的积极性。

【创新措施】 一是坚持月例会制度，每月月底召开2个例会。第一个例会是单位内部案件研判例会，由班子成员和中层干部参加，重点讨论当月遇到的疑难案件，研究解决办法。第二个例会是全区数字化工作信息员例会，对当月工作进行点评，指出疑难案件、高发案件存在原因及解决措施。二是畅通问题反映解决渠道。随时接纳办事处日常工作中遇到的棘手问题，并研究解决对策，拿出解决意见或积极做好向上协调，打通机制性梗阻。例如：一些存在客观原因的案件予以核减，一些区域边界争议的案件重新划定归属权等，对区域内部争议区域进行权属界定，消除管理空白点。三是提高应急案件处置规范性。持续为城区17个街道办事处配发800余套应急护栏和反光锥，不断提高城市管理的精度与品质。四是强化督查。重点开展三个“督查”。第一对每月排名在35名以后的办事处开展全面督查，重点帮助其找出高发原因，解决“四乱案件”短板问题，摆脱成绩落后劣势。第二开展专项督查，针对每月金水区“四乱案件”落后的类别案件进行督查，强化各办事处专项整治意识。第三开展疑难案件督查。针对长期积压、久拖未决的疑难案件，召集相关责任单位现场协调鉴定，要求处置单位限期整改。五是突出服务群众，务实为民的目标导向，从2017年开始持续开展覆盖全区15个城区办事处的“携手12319、共建幸福金水”数字城管进社区、进沿街门店系列宣传活动。截至年底，已经全部完成了15个街道办事处的宣传工作。通过发放宣传手册、致市民的一封信、致广大经营商户朋友的一封信，向市民群众讲解反映问题的渠道和方式，向商户宣讲应该遵守的城市管理规定，从而加大“12319”城管服务热线宣传及群众投诉案件处理力度，使广大群众及商户真正感受到城市精细化管理的成果。

【精细化管理】 一是作为城市精细化管理领导小组成员单位，为更好落实市委、市政府以“路长制”为载体推进城市精细化管理的决策部署，自“路长制”启动以来，前期全程参与了“路长制”工作的调研、试点观摩和工作部署，并配合区委起草了《实施“一模式四体系”工作法大力推进以“路长制”为载体的城市精细化管理》《金水区路长制“一模式四体系”工作实施方案》以及《金水区“路长制”工作考核奖惩实施办法（试行）》等文件。二是作为路长制区级考核部门，为客观公正评价“路长制”工作开展情况，一方面积极主动与市级考核部门对接，提前反映

4月20日，数字化职工当志愿者摆放共享单车

6月22日，数字化全体党员慰问贫困党员，重温入党誓词

区级考核诉求，提请系统制作部门设置相应功能，避免后续考核意愿无法实现的问题。另一方面深入了解各街道“路长制”工作开展情况，拟定切合实际的考核办法，全面科学评价“路长制”工作成效，通过考核评价机制引导基层单位紧盯治理成效，不断提升城市治理水平。2018年，金水区“路长制”工作在全市9—12月4次月考核中，2次第一，1次第二，1次第四，成绩显著，城市精细化管理提升效果明显。

【考评及培训】 为做好各单位工作成效评价工作，金水区数字化城市管理指挥中心结合工作实际，进一步完善了考评体系，印发了《金水区数字化城市管理工作绩效考评方案》和《金水区数字化城市管理工作督查办法》，对考核对象、评分标准、考评方式、督查方式等做出明确规定。同时，以公平、公正为原则，以推动问题及时解决为目标，定期通报各责任单位数字化城市管理工作情况，每月进行打分排名，保障数字城管工作有序开展。为保证数字化城市管理工作水平进一步提高，对各街道办事处及相关局委的信息员进行了10次培训，定期组织内部工作人员进行业务学习，进一步强化了数字化城市管理人员的工作能力。

（撰稿：李光普　审阅：郭　丹）

郑州金达房地产开发有限公司

【概况】 郑州金达房地产开发有限公司（以下简称金达公司）成立于1994年，2014年经金水区政府研究决定，由国有企业改制成为国有投资的公司制法人企业。公司注册资金1亿元，具有房地产开发三级资质，主要负责承建金水区政府投资的金水区市民公共文化服务活动中心、郑州国际金贸港、道路、学校、保障性住房、医院等公益性项目。2018年，公司获得金水区“强投资”工作现代产业体系构建工作先进单位和交通道路建设及建筑工地扬尘治理工作先进单位称号。公司位于郑州市金水区东风路3号附3号24层。公司下设五部两室，分别为办公室、党建办公室、财务部、工程部、开发部、规划设计部、成本合约部。办公室负责公司政务日常性综合业务的管理；党建办公室负责制定公司年度党建工作计划并组织实施等相关工作；财务部负责公司财务核算管理；工程部负责在建项目的施工监督管理；开发部负责项目前期各种取证手续的办理；规划设计部负责项目的设计工作；成本合约部负责项目招投标、合同、审计及工程量的审核、预结算工作。

【重点项目】 金水区市民公共文化服务活动中心项目。一是手续方面。主要完成了市重点项目办手续审核并介入监督，人防质监备案，正式水、气、暖报装，现场结构实体检测，市规划局测量大队放验线等工作，各类手续及时高效办理。二是设计方面。完成了主体施工图设计，智能化、精装修、景观园林等分项设计，确保各分项工程无缝衔接，及时跟进。三是现场施工方面。在扬尘管控日益严格的情况下，项目克服多重不利因素，调集资源，科学组织，于5月完成了正负零以下施工工作。9月建筑主体全面封顶。年底前完成了二次结构、内部水电暖通等机电工程的管线及设备安装工作，全面启动幕墙安装工作。累计完成投资额5.5亿元。

鸿兴路中学

郑州国际金贸港项目。一是4个地块累计清运土方50万立方米，现场四周已设立8米高的高标准施工围挡2500米，总面积1.6万平方米，并按照要求进行了宣传喷绘覆盖。二是限高审批资料已上报中部战区空军后勤部，等待批复，预计2019年5月取得正式报告；完成对3号、4号地块文勘工作，文勘面积10万平方米。三是经过7轮修改及讨论，概念性方案设计已基本确定整体规划、建筑基本形态、建筑面积以及各项指标。方案设计同时，金达公司与区国土局、哈工大设计院、同济大学设计院、市规划院、市规划局、祥和电力设计院和市电力公司等7家单位进行全面深入对接高压入地方案，实现2号、3号地块全部连通，整个项目浑然一体。11月16日完成主体设计招标工作。

道路建设项目。完成桂圆南街道路建设工作，已建成投用；持续推进浩天路、杨君路等8条区管道路和宏安路、金冠路等8条市管代建道路的建设工作；新开工建设金牛路、岳砦路等12条道路；完成孟砦南街、孟砦环路等21条道路规划等前期手续。完成年度投资额17375万元。

学校建设项目。公司代建的学校项目进入建设实施的共有19个，建设总面积约66.85万平方米，其中，已竣工项目7个，续建项目3个，新开项目7个，拟开工项目2个，政府年度投资计划金额29142万元，累计完成投资23350万元。

金水区市民文化公园项目。完成了地下空间概念性方案、施工图设计及评审工作；完成了前期土质排查及部分地质勘探工作，并出具土质排查报告及地质勘探中间成果等前期工作文件；完成了围挡封闭、路面硬化等安全文明设施等施工前期准备工作，为下步开工建设提供了良好保障。

（撰稿：李腾龙　审阅：邹会芳）

金水建设综合开发有限公司

【概况】　郑州市金水建设综合开发有限公司（以下简称开发公司）成立于1988年，隶属金水区人民政府。公司位于金水区国基路106号5楼，现有职工91人。公司下设办公室、财务部、开发经营部、成本部、工程部、总工室、物业公司7个部门。其中，办公室负责公司党政日常综合业务的管理；财务部负责公司财务核算管理；开发经营部负责公司新项目的开发、在建项目的水、电、气、暖等手续的办理；成本部负责公司承建各项目的基本预算管理；工程部负责公司工程施工监督管理；总工室负责工程技术方面的审核、预决算；物业公司负责小区物业售后、维修管理。公司主要业务范围是对辖区的旧城改造和新建安置拆迁群众的房屋以及房地产开发、都市村庄改造、区政府代建工程等。公司自成立以来，先后开发了市民新村、杜岭街、西里路综合小区、区政府大楼、金紫回民安置小区、东风路科技一条街著名IT企业区、金科苑、锦华苑、东区拆迁安置工程、区信访综合楼、区教育培训中心、白庙村城中村改造安置房等工程项目。

公司现已发展为集开发、建设、融资为一体的综合性房地产开发公司。公司以良好的居住环境、严格的质量管理、完善的售后服务赢得了住户的良好口碑和信誉，并实现了承建高层建筑零的突破，在区政府和机关干部中树立了良好的企业形象，积累了丰富的开发建设经验，为承接区政府其他工程项目打下了坚实的基础。公司开发的项目多次获得市、区颁发的各种奖牌和证书。

【重点工程项目】　开发公司现承担了白庙、路砦、大铺、姜砦、王府坟、司家庄、沙口、城北路、黄家庵、财专片区共10个政府主导的安置房建设项目，因公司承担的安置房项目数量多、地块分散，为加快建设进度且便于管理，公司将上述安置房项目按地域分布就近组合，分为4个项目部,由公司指派4名项目经理对项目的手续办理、工程质量进度、项目协调等进行总负责。

白庙项目。该项目位于东风路南、文博东路西，白庙路北、文博西路东。项目总建筑面积为395713.6平方米，其中村民安置房面积352913.6平方米，富士康集团赛博数码广场商业用房面积42800平方米。项目包括7栋住宅楼及一座3层商业裙房。2015年年底开始启动了村民2424套的安置房分配工作，2016年6月中旬将剩余的公共单位部分进行了分配。项目网签工作于2018年年底已基本完成。

路砦项目。该项目位于新龙路以北、连霍高速以南、渠东路以东、高皇北路以西，隶属于国基路街道办事处，项目占地面积128.29亩，总建筑面积约为43.06万平方米，地上建筑面积30万平方米，安置村民348户，安置村民1498人。预计2019年6月完成交付。

大铺项目。该项目位于文化路与双铺路交叉口向西100米，安置区在A-1地块，隶属于东风路办事处，总建筑面积约为27万平方米，地上建筑面积约为20万平方米，安置村民463户，安置村民2157人，安置面积约19万平方米。预计竣工时间为2020年。

姜砦项目。该项目位于园田路东、东风路北、信息学院路西，隶属于东风路街道办事处。总建筑面积约为16.2万平方米，地上建筑面积约为12.3万平方米，项目一期安置村民323户，安置村民1551人，安置面积约103905.4平方米。预计竣工时间为2020年。

王府坟项目。该项目位于铁西路、黄河路、沙口路王府坟南街所围合区域，隶属于南阳路办事处。安置区总建筑面积约为15.8万平方米，地上建筑面积约为12.3万平方米，安置村民263户，安置村民910人，安置面积约8.9万平方米。预计竣工时间为2020年。

司家庄项目。该项目位于凌云路与东里路交叉口东南角，隶属于未来路办事处，项目占地面积49.54亩，总建筑面积约为25.5万平方米，地上建筑面积197408.73平方米，安置村民493户，安置村民1479人，安置面积约192420平方米。预计竣工时间为2020年。

沙口项目。该项目项目一期位于二环支路北、京广铁路西；沙口城中村改造项目二期位于金水路南、京广快速路东，隶属于大石桥办事处，项目总占地面积约52.25亩，总建筑面积约为22.1万平方米，地上建筑面积197408.73平方米，安置村民171户，安置村民653人。预计竣工时间为2020年。

城北路项目。该项目位于紫荆山路与城北路交叉口西南角，隶属于人民路办事处，项目占地面积6.04亩。总建筑面积约为2.2万平方米，安置村民211户，安置村民738人，安置面积18600平方米。预计竣工时间为

市民中心施工现场

2020年。

黄家庵项目。该项目位于金明路与畜牧路交叉口东南角，隶属于北林路街道办事处。项目一期土地面积约25.33亩，道路占地面积约6亩，项目规划建设用地面积约19.33亩，总建筑面积约9.14万平方米，地上建筑面积约7.2万平方米，安置村民149户、587人，安置面积约6.9万平方米。预计竣工时间为2020年。

财专片区项目。该项目位于俭学街与信息学院路交叉口东南角，隶属于郑州市金水区文化路街道办事处，项目占地面积约37.18亩，总建筑面积约14.4万平方米，地上总建筑面积约10.5万平方米，项目安置户数1238户，居住总人数3962人，安置住宅面积约9.96万平方米。预计竣工时间为2020年。

2018年，公司认真落实区委、区政府的决策部署，对所承建项目抢先抓早，周密安排，明确责任，稳步推进。截至年底，路砦项目完成交付工作；姜砦正在进行主体施工，局部已建至16层；大铺A2地块正在进行地下室施工，局部已施工至正负零。A1地块正在进行桩基施工；王府坟桩基施工已完成。沙口一期进度局部楼栋已建至33层；沙口二期局部已施工至地上2层；城北路已施工至地上4层；司家庄3#地块正在进行止水帷幕施工；黄家庵已施工至25层；财专项目基坑支护已完成。

（撰稿：张晓晶　审阅：王　项）

科教文卫

科学技术

【概况】 金水区科学技术局内设办公室、发展计划科、高新技术发展及产业化科、综合管理科，局下设二级机构金水区生产力促进中心。

2018年，金水区新增科技型企业264家。全年累计发放各类知识产权宣传资料5万余份，培训专业人员2000余人次。

【创新引领型企业快速增长】 2018年新增科技型企业264家，同比增长92.7%，累计达931家；推荐申报高新技术企业认定172家，预计通过认定114家；新增产值21亿元、累计达到490亿元，新增增加值5亿元，累计达到115亿元；全区收入亿元以上的高新技术企业达到30家。

【创新引领型平台建设】 积极推动山谷网安、拓普计算机、智业科技等企业在信息安全、大数据、节能减排等领域建设工程技术研究中心，现有市级以上工程技术研究中心175家，其中，国家级4家，省级68家；新组建孵化器、众创空间14家；拟资质提升22家，其中，拟提升为国家级15家，省级7家。UFO共享办公已在紫荆山商务大楼建成金水首家文化创意类众创空间。截至年底，全区各级孵化载体共48家，其中，国家级10家，省级24家，面积达70万平方米，入驻企业超过1600家。

【创新引领型人才引进】 围绕“智汇郑州·1125聚才计划”，新引进谭建荣院士团队、印遇龙院士团队、麦立强专家团队等高层次人才（团队）16个，累计达到59个。新增河南可信计算、河南省黄河勘测规划设计有限公司等院士工作站6家，累计达到40家。

【创新引领型机构】 河南华中生物技术研究院获批新型研发机构，郑州中科新兴产业技术研究院获批省级重大新型研发机构，其他信息安全类优势企业也在积极申报。黄河勘测设计研究院成为河南省创新龙头企业，累计达到3家。

【服务平台】 认真落实各类奖补政策。累计拨付“金典六策”资金5475万元，惠及企业2087家、249人；累计争取上级各类奖补资金1.4亿元，惠及项目1242个。同时组织开发了“金典六策”综合服务平台，月底前投入试运行，届时将实现科技类政策奖补申报“只跑一趟”目标。

认真开展政策宣讲。累计开展“金典六策”专题宣讲活动6场次，参与企业800余家；开展研发投入加计扣除专题宣讲3期，培训人员500余人次；开展创新创业培训活动5期，培训人员200余人次；围绕“科技活动周”“知识产权周”“中国专利周”等，开展知识产权宣讲、知识产权贯标培训等系列活动，累计发放各类知识产权宣传资料5万余份，培训人员2000余人次；召开银企对接会2次，参会企业、金融机构等超过500家。

【双创工作】 争创全国双创品牌。与天明双创合作，连续五年共同举办中国创客领袖大会，促进金水双创升级发展；与UFO共享办公合作，共同实施“金水创客200”项目，每年培养60名创客精英。

开展各类双创活动。先后主办或承办了科技活动周启动仪式暨首届郑洛新国家自主创新示范区军民科技融合创新创业大赛决赛、河南省网络安全宣传周、中科院过程工程所与郑州市科技成果对接交流会等重大活动10余次，辖区企业河南斯坦得精密仪器有限公司的“医用智能配药机”创新项目获得2018“郑创汇”国际创新创业大赛月赛一等奖，代表河南省参加了全国创新创业大赛。支持金科·智汇谷、新科技市场等创新创业综合体建设及运营，截至年底华为国内综合服务创新中心等10家创新项目相继入驻。

【产业转型】 助力打造千亿级信息安全产业集群。以信大捷安为龙头，集聚山谷网安、金明源等20余家省内信息安全龙头骨干企业和安天科技、珠海高凌等5家省外信息安全龙头企业，建成了移动信息安全关键技术国家地方联合工程实验室等5个国家级研发平台、河南省大数据安全防护专业技术研究院等11个省级创新研发平台。

加快发展虚拟/增强现实产业。与全球行业龙头企业美国奕恩公司达成合作协议，重点建设奕恩现实互动数据中心，搭建具有国际水平的技术培训中心、体验中心、研发中心和孵化中心等功能平台。依托赵沁平院士优势资源，整合灵境科技、众诚科技、幻境科技等省内领军企业，建设中原虚拟增强现实公共技术中心，积极抢占前沿技术的产业化先机。

（撰稿：赵泽普　审阅：张　戈）

教育体育

【概况】 金水区教育体育局是郑州市金水区人民政府管理教育体育工作的职能部门，现设科室12个即办公室、党建办、人事科、财务室、监察科、教育科、体卫艺科、发展计划法规科、宣传外事科、民办教育管理科、行政服务科、中小学幼儿园建设工程指挥部办公室。

2018年，累计拨付学校公用经费9020万元，作业本费209.7万元，惠及学生12.24万人。全年拨付学前教育经费323.4万元，惠及学生2156人。

【党建工作】 基层党建工作开创新局面。牢固树立“抓好党建是本职，不抓党建是失职，抓不好党建是不称职”的理念，围绕“培养什么人、怎样培养人、为谁培养人”这一根本问题，以党建工作引领教育改革发展。修订完善了《关于进一步加强全区中小学校党的建设工作的意见》，从顶层设计上，进一步明晰责任、协调推进。建立了党组成员联系党建联系点制度，有效推动了学校支部工作扎实深入开展；实施支部书记双向述职评议制度，持续强化了党支部书记的管党意识、落实管党责任；坚持“固定党日时间、统一党日主题、明确参加范围”，开展主题党日活动，增强了党性教育、突出了政治功能，有效使党员受到熏陶、得到锤炼。扎实推进“两学一做”学习教育，从严落实“三会一课”、组织生活会和民主评议党员制度，突出学习教育，注重活动成效。大力开展“创建党建品牌”活动，命名表彰10个党建优秀品牌，全面激发基层党组织的战斗堡垒作用。广泛开展“微党课”征集活动，征集的227节“微党课”以小见大、寓理于情，有效提升党员教育工作的有效性。全面开展“树标兵”活动，带动广大党员教师发挥先锋模范作用。积极理顺规范民办学校党组织关系，38个党支部、443名党员隶属中共金水区教体局直属机关委员会管理。优胜路小学荣获河南省首批中小学党建工作示范校。持续推行校长、书记“一肩挑”，进一步加强中小学校党的建设。持续完善管理干部多岗锻炼、双向流动的任用机制，从局属单位遴选副校级干部任命为局机关中层副职，安排局机关中层副职到学校任职或挂职。深入实施“双培养”机制，全年29名党员荣获各级名优骨干教师，13名骨干教师光荣入党。

【党风廉洁建设】 党风廉洁建设形成新常态。切实履行全面从严治党主体责任，严格落实党风廉政责任制和“一岗双责”，始终把纪律规矩挺在前面；严格执行民主集中制，凡“三重一大”事项，均由党组研究决定；严格落实中央八项规定精神，严防“四风”问题反弹。提高站位，敢于担当，持续巩固巡视巡察整改成果，对照省委、区委两级巡视巡察组提出的共性和个性问题，全面查找重点领域存在的短板与不足，修订完善机制，有效巩固整改成效，为金水教育改革发展提供坚强保障。

【教育资源优化配置】 学校建设升级取得新进展。新建金水区第二实验小学、艺术小学金科校区、金桂中学、回族幼儿园和改扩建丰庆路小学、利智学校加固改造工程已按期投入使用，新增132个教学班、5940个优质学位。持续推进的徐寨小学、枣庄小学、河村小学、姚店堤小学、马林小学和鸿兴路中学正在建设，55中正在进行最高限价评审。启动实施的周庄小学（二期）、任庄学校、沙门学校、金水一中已开工建设，金宝路小学、张家村学校正在进行最高限价评审，景怡路学校已完成施工图设计；改扩建新建幼儿园主体已竣工。

【教育便民惠民】 教育便民惠民呈现新面貌。全面落实义务教育经费保障机制，累计拨付学校公用经费9020万元、作业本费209.7万元，惠及学生12.24万人；拨付学前教育经费323.4万元，惠及学生2156人。发放941名建档立卡困难家庭学生资助金38.4万元，发放95名家庭经济困难儿童资助金4.75万元，发放211名大学生助学贷款155.03万元。金水区教育体育局荣获河南省生源地信用助学贷款工作考核先进单位称号。

【德育工作】 德育教育工作开辟新途径。全面开展“争做新时代好队员”系列教育活动，进一步加强少年儿童理想信念、爱国主义情怀、品德修养教育；成功举行了全区鼓管乐队展演活动，培养少先队员集体荣誉感、纪律观念和团队意识；深入开展校园文化周活动，持续推进书香校园建设；开展汉字大赛活动，有效提升师生的人文素养和语言文字水平，纬三路小学荣获河南省汉字大赛小学组一等奖。

【师资队伍】 师资队伍建设呈现新特色。坚持把师德建设摆在教师队伍建设首位，广泛开展“向李芳同志学习、争做四有好老师”“不忘初心　立德树人”等师德教育活动，促进广大教师弘扬高尚师德，潜心立德树人，金水区19人荣获郑州市师德先进个人称号、1人荣获“郑州市最美教师”称号。招聘546名新教师，补充到教学一线。委托第三方机构与全区1200名临聘教师签订劳务合同，并为其缴纳“五险”，有效稳定了教师队伍。围绕精准交流，从机制上调动学校和教师参与交流的积极性，交流教师65人。在为全区学校班主任每月发放300元专项津贴的基础上，又将其提高至每月600元。开展全区首届班主任素养大赛，带动提升班主任队伍的整体素质和专业水平。先后举办了2期名班主任工作经验交流会、5期教导（德育）主任能力提升培训和6期新任教师集中培训，促进金水区教师专业能力持续提升。在各级各类教学技能竞赛中，金水区教师荣获国家级特等奖1人、一等奖6人、二等奖2人、部级优课奖35人，省级一等奖99人、二等奖90人、三等奖17人，市级奖励303人。全区新增省、市级名优骨干教师55人。

【招生工作】 招生入学工作顺利完成。2018年，区属小学共招收一年级新生16791人，其中进城务工人员随迁子女4429人；小升初就近分配16319人，其中进城务工人员随迁子女5775人。圆满完成成人高招报名4108人，自考新生报名2929人，普通高招报名12117人，专升本报名15628人。

【体卫艺工作】 体育艺术品牌建设增添新亮点。持续推进校园足球工作，顺利举办金水区足球嘉年华活动。成功承办河南省校园足球特色学校现场会，面向全省展现了金水区校园足球工作的先进做法和典型经验。金水区教育体育局被教育部评定为国家首批“满天星”足球精英训练营。圆满完成中小学生春季田径运动会、中小学生篮球比赛等20项体育活动。艺术小学、金沙小学和南阳路二小荣获第2届全国啦啦操创意展示大会最佳创意奖。央视新闻频道跨年特别节目《年轮2018》，用10分钟现场直播报道金沙小学创意啦啦操表演，在全国范围内宣传了金水教育，广泛提升金水教育的品牌影响力和知名度。郑州市第七十六中学荣获2018年世界跳绳锦标赛4个项目第一名，并打破2项世界纪录。组织参加河南省第13届运动会，荣获足球男子乙组冠军、9个啦啦操学生组项目第一名和9枚田径项目金牌。为21个社区建设了5个社区活动中心、18条健身路径。圆满完成2018年金水区教育艺术节，组织全区师生参加16项艺术比赛。金水区女子教师合唱团荣获第四届全国教师合唱节金奖。扎实开展戏曲进校园活动，组织专业剧团进校演出61场。

12月，中央电视台跨年特别节目《年轮2018》现场直播金沙小学创意啦啦操表演

8月，金水区女子教师合唱团在第四届全国教师合唱节中荣获金奖

【教学管理工作】　教育教学质量再上新台阶。积极推进与上海教科院合作实施的金水区提升学校课程品质研究与实践项目，20所项目实验学校的课程规划全部完成，一批特色学科建设方案已完成，学校课程指南正在梳理。金水区在第三届全国中小学品质课程研讨会上作经验交流。深入推进与福建师大合作实施的金水区基础教育质量提升项目，10所新型优质实验学校已完成办学主张论证，形成建设行动方案，30名名师培养对象和100名种子教师，通过个性化的指导与跟踪研究，初步提炼了教学主张。稳步推进与北师大合作实施的“双核心”研修项目，有效提升了60名教育管理骨干人才的管理能力和业务能力。全面开展的“三个一”阅读工程项目，先后在全区范围内开展了3期阅读活动，邀请名家开展专题讲座，并深入学校与学生面对面交流；指导学校以打造“城市的文化地标和精神灯塔”为目标，建设的现代化校园阅读中心，通过“两扇门”的交互开放，既满足在校师生阅读学习需要，又满足学生家长及居民文化生活需求，已经逐步成为区域内的活动中心、教育中心和文化中心。深入开展了中小学教育教学视导工作，发现亮点，总结经验，诊断问题，驱动学校改进提升。成功承办郑州市校本课程基地校实践成果观摩研讨活动，面向全市展示金水区课程建设成果。发展中心、沙口路小学、工人第一新村小学在第五届全国数据驱动教育改进专题研讨

会上作经验交流。文化路一小、区实验小学荣获河南省中小学“书香校园”称号。

【学前教育】 学前教育普惠发展获得新成效。持续完善认定流程及方式，新认定12所普惠性民办幼儿园，全区普惠性幼儿园在园幼儿占比65.1%。积极扶持幼儿园达标升级，完成23所幼儿园等级复验和9所上等级督导评估，新增市级示范性幼儿园2所、市一级园5所、市二级园2所。对42所幼儿园开展办园行为专项督导，进一步规范办园行为。深入开展2018年学前教育宣传月活动，积极传播幼儿教师正能量。成功组织金水区首届“快乐阅读 书香童年”幼儿讲故事比赛，进一步激发幼儿阅读兴趣。

【民办教育】 民办教育实现新突破。全面落实“放管服”改革精神，持续优化审批服务，全年新审批民办小学1所、民办幼儿园2所、培训机构8个。开展民办学校优质课展评活动，促进民办学校教师互相交流、共同提升。组织开展园长沙龙、市级示范园观摩周等活动，进一步提高民办幼儿园保育水平。成功举行2018年民办教育校长论坛暨民办教育协会十周年庆典。深入开展校外培训机构专项治理行动，成立了以区政府领导为组长的专项治理领导小组，协调人社、民政、工商等部门和各办事处共同参与，累计排查校外培训机构1087家，下发治理文书1273份，督促155个合法培训机构规范办学行为，取缔31个无证培训机构。

【教育信息化】 教育信息化建设激发新动力。优胜路小学等7所学校未来教室项目建成并投入使用，教体局和文化路一小等14所学校中心机房网络升级项目正在实施，部分学校的智慧校园、网络机房标准化建设项目和金水教育云平台正在积极推进。组织3378名教师参与全国“一师一优课、一课一名师”活动，完成国家教育资源平台晒课6662节，各项数据在全市遥遥领先。

【教育督导工作】 教育督导护航工作取得新成绩。引入第三方评估公司，对全区55所学校第一轮发展规划达成情况和新一轮规划制订情况进行综合评估，并全面启动第二轮规划的实施。扎实开展责任督学随访督导，坚持问题导向、求解思维，以问题台账为抓手，强化整改落实。金水区荣获“郑州市中小学校责任督学挂牌督导工作先进集体”称号。顺利完成中小学幼儿园师资配备专项督导工作，为深化新时代教师队伍建设提供了决策依据。开展了中小学体育工作和小学科学课程实施情况专项督导，督促学校持续提升体育、科学课程教育教学质量，促进学生身心健康。

【安全稳定工作】 教育和谐平安建设得到新加强。开展青少年“学宪法、讲宪法”主题演讲比赛，组织全区9万余名学生通过全国青少年普法网，学习宪法知识。以安全教育平台为载体，利用重要时间节点，开展多类专题活动，着力加强安全教育。通过开展交通安全宣传教育活动，教育广大师生、引导广大家长文明出行，学生上放学秩序井然，有效改善了学校周边交通环境。全面推进“六员进校园”工作，协调多部门合力提升校园安全防范水平，有效保障了师生人身安全。区属12所中小学幼儿园食堂完成了“互联网+明厨亮灶”建设工程，进一步提升了学校食品安全保障水平。

（撰稿：殷翰墨　审阅：张登高）

文化旅游

【概况】 金水区文化旅游局下设办公室、纪检监察室、计财人事科、旅游产业科、社会文化科、行政审批科、法制安监科、文物科8个科室。局下属4个二级机构，即区文化馆、区图书馆、区广电中心、区文化市场综合执法大队。其中，图书馆设全国文化信息资源共享工程金水支中心，文化馆设非物质文化遗产保护中心。

【特色文化活动】 2018年，金水区文化旅游局先后组织参加郑州市2018年“民间文艺舞龙展演活动”、金水区2018年春节期间群众文化活动暨第十八届民间艺术大赛等赛事并取得了良好成绩；圆满完成了“舞台艺术进乡村、进社区”“送文化进基层”活动任务；成功举办第六届中国（郑州）国际街舞大赛，该届大赛吸引了来自美、英、德、法、韩、日等20多个国家和地区3万余名选手和20万名观众。经过6年地不懈努力，中国（郑州）国际街舞大赛已在业界拥有较强影响力，较高认知度、较广参与度，逐步形成了立足中原，走向全国，放眼世界的良好格局。此外还精心打造了精心组织2018年河南公益无限系列文化活动金水区特别专场、“出彩金水”艺术广场舞大赛等文化活动，受到了社会各界的广泛关注，得到了社会各界的高度评价，有效提升了金水区文化旅游品牌的知名度和影响力。

【文化市场管理工作】 文化旅游局负责管理的文化市场经营商户分别有：文化市场经营商户包括出版机构305家、歌舞娱乐场所60家、电子游戏22家、互联网上网营业场所144家、演出场所10家、演出团体38家、电影放映单位21家。2018年，全年共受理共受理各类审批经营项目168件，办结率达100%。在全市范围内，金水区文化市场经营商户最多，经营单位店多面广，所占比例最大，管理任务也最重。2018年，文化旅游局以打击侵权盗版、查处无证文化经营单位为重点，以“安全生产，预防为主”为主线，以规范执法程序、强化行政执法服务意识为指引，坚持深入开展各类文化市场专项行动，累计出动执法人员2996人次，检查经营场所2321家次，责令改正22家，立案查处17家，罚款11万元，下达《停止营业通知书》35家，有效促进了辖区文化市场健康有序发展。深入开展“扫黑除恶”专项斗争，与文化市场经营单位签订“积极参与‘扫黑除恶’专项斗争承诺书”，发放“扫黑除恶”专项斗争普及读本宣传册3000余册。

【公共文化服务体系建设】 一是新建基层综合性文化服务中心88个，拨付奖补资金53.2万元。二是继续开展“舞台艺术进乡村、进社区”演出活动。金水区40场目标任务已全部演出完毕。三是圆满完成全年480场农村公益数字电影放映工作，并逐一落实每场电影放映补贴。四是圆满完成“戏曲进校园”演出68场。五是2018年为每个农家书屋配备价值1100元的图书，图书均已配发到位。六是圆满完成“戏曲进校园”演出68场。

【送文化进基层】 “送文化进基层演出”惠及全民。一是金水区选派的优秀队伍在郑州市2018年“民间文艺舞龙展演”、金水区2018年春节期间群众文化活动暨第十八届民间艺术大赛、郑州市第四届“启元杯”中老年舞蹈大赛、河南省第四届中老年舞蹈大赛等重大节庆文化活动并取得优异成绩。二是免费开放公益课程丰富多彩。组织免费开放公益培训课程多达30多个门类，2600个班次，惠及群众65000余人次。其中，2018年区直机关干部兴趣组培训开展了绘画、剪纸、瑜伽、太极拳4门课程，共计开展132个班次。三是2018年文化志愿者“送文化进基层”、“红色文艺轻骑兵”演出150场和15场“非遗进社区”活动。四是“非遗”项目培训成惯例。全年开设9个“非遗”专项培训，达到291个班次。五是精心打造文化志愿者“精品演出”。文化旅游局组织辖区文化志愿者精心组织2018

9月14日，第六届中国（郑州）国际街舞大赛开幕式在省体育馆举行

凤凰台街道综合文化服务中心图书室

年河南公益无限系列文化活动金水区特别专场、“出彩金水”艺术广场舞大赛等文化活动，并将这些精品节目送到广场、社区、留守儿童学校、敬老院和工地，宣传展示了金水文化志愿者的风采，丰富了基层公共文化产品与服务供给，推动了金水区公共文化服务体系建设。

【文物及非遗保护】　金水区现有文物保护单位6处，其中，省级文物保护单位5处，市级文物保护单位1处，被纳入第三次全国文物普查不可移动文物名录未定级有19处。积极开展宣传活动,展示文化遗产保护成果。组织开展文物保护“六入”活动，成立宣传小组27支，走访各级单位177个，发放宣传册页715份。

金水区有省级“非遗”项目6项，省级传承人6人；市级“非遗”项目14项，市级传承人9人；区级“非遗”项目18项，区级传承人4人；省级传习所2个。高浮雕传拓技艺受邀参加在河南省博物院举办的为期20天的河南省传统工艺保护传承成果展。由国家古籍保护中心主办，河南省古籍保护中心、李仁清传习所、郑州市金水区文化旅游局承办的“第四期全国传拓技术培训班”于7月8日上午开幕，河南省“非遗”传承人、国家级古籍修复技艺传习中心李仁清传习所李仁清现场教授传拓技术实践，培训班颇受好评。第五批金水区区级非物质文化遗产名录项目已公布，第六批郑州市非物质文化遗产代表性项目已申报。组织金水区“非遗”项目传承人走进文化路第二小学开展“非遗进校园”为期3个月。

【图书馆工作】　一是坚持贯彻执行国家免费开放政策，全年365天对外开放，每周开放60小时，年到馆人次达28.3万余人，总借阅册次22.3万册。2018年被郑州图书馆学会评为年度先进单位。二是加工新书5700册，新购图书5600册，汇总、整理2017年报刊，共装订200册。三是开展以“学习雷锋、奉献他人、提升自己”为主题的寒暑假、爱心助考等文明志愿者服务活动，丰富青少年的课余文化生活，培养从小树立回报社会的服务意识和“奉献、友爱、互助、进步”的志愿精神。四是充分利用馆内视听多媒体资源，策划举办“迎新春优秀电影展播”“庆元宵·猜灯谜”、《中华人民共和国公共文化服务保障法》宣传、“4·23”世界读书日“中秋节诗词鉴赏”“趣味动画片”等系列主题活动，吸引了大批市民走进图书馆，营造了阅读气氛，获得群众一致好评。五是加强总分馆制建设。未来路、凤凰台、南阳新村等3个街道党群服务中心已完成24小时无人值守图书馆已开馆试运行。新建区政府办分馆，配备图书1500册。全国文化信息资源共享工程电子阅览室已实现17个街道全覆盖。

【旅游产业】　围绕区委、区政府的中心工作，按照省、市旅游局的工作部署，金水区旅游工作开展高效有序。一是重点开展春节、“五一”、“十一”节前旅游市场综合检查，确保节假日期间旅游市场的平稳有序、和谐安全。二是审核上报新办旅行社8家，增加出境资质旅行社4家，办理旅行社业务变更6家，申请注销旅行社2家，踏勘旅行社分支机构31家，受理旅游投诉案件10起，均已结案，办结率100%。三是严格对照《郑州市旅行社奖励暂行办法》，认真做好相关旅行社奖励申报材料初审工作，并报市旅游局复审。四是配合市旅游局完成郑州市第四批旅游标准化试点单位中期评估、郑州旅游年卡进社区、进高校、全国旅游监管服务平台全市培训班、辖区A级旅游景区自查及各县（市、区）交叉检查等相关工作任务，协助做好2018中国（郑州）国际旅游城市市长论坛相关工作。五是先后组织开展“5·19”中国旅游日、2018年旅游企业负责人培训班、2017年度郑州市旅行社旅游包机奖励的初审、2018年度、2019年度旅行社奖励项目预申报工作。六是积极落实2018年旅游厕所建设计划申报工作。2018年，金水区共申报改建旅游厕所1座，即郑州茶库文创产业园，该项目已建成并投入使用，等待市局验收评定。七是组织全区旅行社管理人员代表、导游人员代表300余人成功举办2018年旅游企业负责人培训班、导游员培训班。

（撰稿：白　硕　审阅：胡长卿）

医疗卫生

【概况】　金水区卫生和计划生育委员会（以下简称区卫计委），办公地点在郑州市金水区普庆路与国基路北200米路东金水总医院公共卫生服务大楼，是负责金水区卫生和计划生育工作的政府职能机构。卫计委内设8个职能科室，即办公室、中西医综合管理科（医疗服务办公室）、公共服务科、法制监督科、行政服务科、卫生应急科（艾滋病防治工作办公室）、计划生育综合管理科（流动人口服务管理办公室）、计划生育家庭发展服务科。委属二级机构10个，即金水区总医院、金水区妇幼保健所、金水区卫生计生监督所、金水区疾病预防控制中心、金水区医疗保健委员会办公室、金水区健康教育所、金水区计划生育协会、金水区出生人口性别比综合治理办公室、金水区流动人口计划生育管理办公室、金水区计划生育服务站。

【社区卫生服务中心改造】　以提升社区卫生服务中心服务能力和水平为契机，对金水辖区东风路、经八路等10个业务用房老旧、基础设施落后的社区卫生服务中心进行标准化改造。金水区财政参照市级每家50万元的补贴标准安排500万元资金，按照60%比例共300万元预拨至各中心。2018年，东风路、经八路、南阳新村、丰产路林科、北林路中心已投入使用；国基路沙门、文化路文丰、未来路、杨金路、丰庆路中心已完成迁址新建一期任务，基本完成改造任务。

【分级诊疗形成区域联合】　积极探索区域分级诊疗体系，建立以金水区总医院为中心，以解放军总医院、郑州大学第二附属医院、河南省科技大学第一附属医院等多家省内外知名医院为支撑，以社区卫生服务中心、村卫生所为辐射的三级立体化卫生信息服务网络，通过简化手续、检查检验结果互认等措施，对基层医疗机构转诊病人优先、敞开供应号源，满足社区卫生机构及下级医院转诊所需，优先安排预约转诊患者和预约患者就诊，打通双向转诊的绿色通道，保障转诊患者得到及时有效的治疗，推进分级诊疗落地。

【“三位一体”互联网医院】　积极引导二、三级医院专家下沉基层坐诊、进行技术帮扶、开展人才培养，并在分级诊疗服务网络上进行线上技术支持服务；依托金水区总医院的医联体，在各社区卫生服务中心设立了网络会诊中心，构建了区域远程医疗会诊网络，可实现基层社区与总医院的资源共享，提高了社区疑难重症救治的水平；利用互联网开展远程会诊、远程影像等医疗服务，建立互联网信息交互平台，使患者在基层就能享受到三甲医院专家团队高水平、高质量的医疗服务。

【公立医院药品采购“两票制”改革】　金水区医改办联合金水区食药局、物价局、社保局、工信局、商务局、国税局出台了《金水区公立医疗机构药品采购推行“两票制”的实施意见（试行）》。6月底，金水区公立医疗机构已全面推行药品采购“两票制”，走在了全省医疗系统的前列。

【家庭医生签约服务】　将医疗重心回归社区基层，实现有序就医、分级诊疗的服务格局，努力改善健康管理效果，提高群众满意度。一是加大履约服务。提升对老年人、慢性病人、妇女儿童等重点人群的服务，通过上门服务、电话回访、预约服务以及信息化互动等多种举措提高服务获得感。已组建签约服务团队245个，签约56.93万人，签约率44.25%，慢性病患者管理8.74万人，老年人管理12.3万人。二是建设家庭医生签约综合服务管理系统。加强涵盖家庭签约、档案查询、档案信息、健康体检等16项内容的综合服务管理系统，2018年，该系统已在所有社区卫生服务中心运行，实现了签约服务系统与基本公共卫生服务系统和his系统的互通。三是为推进家庭医生签约服务信息化建设，金水区政府投入450余万元招标采购了家庭医生签约服务信息化数据中心、电子居民健康卡系统和家庭医生数字化随访服务包。通过随访设备，家庭医生可以入户体检并开展电子化签约，进一步提升了签约服务效率。

【民生实事】 2018年，产前筛查、新生儿疾病筛查、妇女“两癌”筛查和HPV筛查等被纳入省市民生实事。按照上级的相关要求，明确职责分工，积极开展机构确定、人员备案、组织培训等工作。各筛查单位严格按照技术规范，优化服务流程并做好标本采集、登记、递送、反馈、报表上报和质控等工作，确保各项免费筛查工作顺利开展。2018年完成孕产妇免费产前超声筛查21897人，血清学检查21400人；新生儿听力障碍初筛29781人，新生儿“两病”筛查29944人，新生儿耳聋基因筛查22252人，新生儿35种遗传代谢病筛查12990人；适龄妇女宫颈癌筛查8000人，乳腺癌筛查8000人，HPV检测4500人。其中，孕产妇免费产前超声筛查和新生儿筛查均超额完成。

2018年，金水区卫计委在做好各项重点工作的基础上，迎接了国家卫生健康委员会党组成员、全国老龄办常务副主任王建军，国家卫生健康委员会体改司巡视员朱洪彪，中国残联康复部副主任纳新，副省长舒庆，全球HEARTS项目团队等领导调研考察；进行了全省县域综合医改暨公立医院综合改革会议的先进典型发言；承办了全市的家庭健康促进行动启动仪式；荣获了国家流动人口基本公共卫生计生服务均等化示范区称号，多项工作走在全市乃至全省前列。

【基层医疗卫生体系建设】 一是加强区域医联体建设，巩固与三级医院信息化对接体系，完善以二级及以上医院为依托、总医院为龙头、社区卫生服务中心为枢纽、村卫生室为基础的一体化管理模式，逐步建立基层首诊、双向转诊、急慢分治、上下联动的分级诊疗新模式。二是以家庭医生签约服务综合管理系统为基础，统筹区域医疗卫生信息资源，规划建设金水区医疗健康大数据管理系统，推动预约诊疗、线上支付、网上药房、在线互动交流、健康咨询等功能建设，逐步形成省、市、区、村多级会诊服务网络。三是加强社区基本公共卫生服务、基本医疗服务、全科医师队伍等建设，加大三级医院对基层医疗卫生机构技术帮扶协调力度，推动上级医疗机构与社区卫生服务中心联合诊室、科室和病区建立，开展常见病多发病的诊治、中医适宜技术培养和基本公共卫生服务规范业务知识培训，持续提升基层卫生服务能力。

【现代医院管理科学化】 一是统筹推进现代医院管理制度建设、公立医院薪酬制度改革和按病种收付费支付方式改革，逐步建立起现代医院管理制度及符合现代医院管理的薪酬制度，通过实施按病种收付费改革有效降低群众就医负担。二是充分利用区总医院医疗优势，探索和完善医养结合服务建设，统筹做好老年医学、宣教、康复、护理人才队伍培养及养老护理人员培训。三是全面开展金水区总医院“互联网+医疗健康”建设，探索“引大办医”“招医办院”的多元化办医模式，加强同郑州大学第二附属医院、河南省人民医院等医院在早期肿瘤、康复等领域的协同合作，加强中医药、康复治疗、脑瘫、智障等技术服务开展，建立完善远程教育、远程指导、远程诊疗等互联网技术应用，全力打造先进、全面的现代化数字医院。

【基层医疗机构中医药文化】 充分发挥中医养生、治未病优势，积极探索发展新思路、新模式，加大经费投入，完善人才配置、梯队建设及人才培养激励制度。加强基层中医馆建设，提升综合医院中医临床科室、中药房、中医药设备等能力建设。广泛开展中医文化特色宣传墙、宣传长廊等中医文化宣传，注重诊疗行为、服务方式、教学传承等中医文化推广，形成具有中医药文化特色的服务文化和管理文化，不断满足群众多元化、多层次的健康服务需求。

【统筹推进卫生健康各项发展】 加强人口数据监测工作。继续加强出生人口监测和人口形势分析，进一步提高省MIS数据库完整准确率（96%以上），降低重复率（0.3%以下）。圆满完成国家流动人口动态监测工作，采取定量调查与定性调查相结合的方式，为各级政府有关流动人口服务管理决策提供可靠翔实的数据支撑。加强疾病预防综合防控。加强手足口、结核病、精神病等各类疾病综合防控，持续开展疫苗监测、疫苗接种等工作。深入开展死因调查工作，规范死亡医学证明书管理，强化高危人群干预，积极倡导“减盐、减油、减糖”。以国家“家庭健康促进行动”项目为契机，切实加强全民健康教育，广泛宣传健康理念，推广健康生活方式，普及提高慢性病和重大传染病防控知识水平。以提质增优为先行，落实好孕产妇产前筛查、新生儿疾病筛查、新生儿听力筛查、优生优育检查和“母婴阻断”等省市民生实事工作，做好“两癌”筛查和HPV检查妇幼保健服务工作。

（撰稿：王中灵　审阅：陈晓清）

社会事业

人力资源和社会保障

【概况】 金水区人力资源和社会保障局（以下简称人社局）是金水区政府重要的职能部门，主管全区人力资源和社会保障工作。设置有6个职能科室，即办公室、法制科、人力资源科、工资福利科、就业促进科、社会保障科。9个二级机构，即人才人力资源市场、劳动保障服务管理中心、社会保险中心、劳动人事争议仲裁院、劳动监察大队、工伤认定办公室、郑州市劳动就业训练中心金水分中心、外国专家局、公务员登记管理办公室。

【城镇就业再就业】 2018年人社局依据年初工作思路，认真贯彻落实就业政策，加强社区劳动保障平台建设；清楚掌握失业人员及困难人员的就业意向，更好地促进下岗失业人员及困难人员再就业，在提高社区就业服务质量和效率的基础上，实现城镇劳动者充分就业、体面就业；进一步做好创业服务工作，落实各类创业资金扶持政策，提高创业服务水平，增强服务意识。一是"促进创业，带动就业"成效得到进一步深化。区人社局从鼓励劳动者创业出发，落实创业帮扶措施，在税费减免、小额贷款、社会保险补贴等方面给创业者提供更多的优惠政策，降低创业成本和风险。全面落实各项资金扶持政策，起到了"扶持一个企业，带动多人就业，促进区域经济增长"的作用，形成了经济发展与扩大就业的良性互动。二是就业援助专项活动扎实有效。为做好就业困难群体就业援助工作，促进就业援助制度化、经常化、社会化，全面落实再就业扶持政策，开展"就业帮扶，真情相助"春季就业援助活动。三是创新就业培训模式。技能培训上，落实"有效培训"理念，由被动培训扭转为主动培训，按需求进行培训，为失业人员再就业创造更好的条件。同时，将创业培训班开到居民的家门口，把老师请进社区，使广大群众和失业人员更加积极地参加创业培训，得到广大群众的一致好评。四是新市民和农村剩余劳动力转移就业工作明显提高。随着金水区全域城市化进程的加快，区人社局不断加强被征地、城中村改造、合村并城以后新市民和剩余劳动力的就业服务。深化新市民思想观念、就业技能等方面的教育引导，扶持有创业愿望、有创业条件的新市民积极创业，鼓励企业吸收新市民就业，实现新市民就近就地就业。

2018年，金水区新增就业31770人，完成年目标任务的105.9%；下岗失业人员实现就业9379人，完成年目标任务的146.55%；城镇登记失业率控制在4%以内。城镇"零就业家庭"动态为零。再就业培训6064人，完成年目标任务的101%；创业培训540人，完成年目标任务的100%；企业技能提升培训5178人，完成年目标任务的106%；高技能人才培训719人，完成年目标103%；农村劳动力转移培训942人，完成年目标的118%。为111家企业和70家个体工商户发放小额担保贷款18120万元和1230万元。全年就业再就业目标任务均已完成。

【大学生创业园建设】 2018年，就业促进科按照全局工作安排部署，以提高园区培育孵化能力，完善金水区大学生扶持政策为抓手，积极宣传、落实就业创业优惠政策，推动大学生创新创业高质量发展，进一步增强创业带动就业能力，努力为金水区经济社会平稳较快发展营造良好的创业就业氛围。一是规范园区管理。指导各园区建立各项规章制度及管理办法，完善各项服务功能。规范园区的日常管理，为入驻项目提供良好秩序；规范项目考核，切实掌握每个项目运行情况和发展潜力，实行优胜劣淘，把创新能力强，发展潜力大的企业引入园区，保持创业园活力；对园区工作人员进行政策培训，提高园区工作人员业务素质。金水区大学生创业园2018年累计新入孵项目116个，孵化出园项目110个，入孵项目更新率达37%。截至年底，金水区大学生创业园在孵项目总数近400个，创业人数995人，就业人数近2025人。二是提升园区培育孵化能力。指导大学生创业园拓宽服务内容，提升园区培育孵化能力。指导园区开展创业辅导、创业培训、项目路演、园区开放日等各类创业活动157场次，现场观摩受益大学生创业者15000人；指导园区项目积极参加各类赛事，共有25个项目参加“豫创未来”、14个项目参加“郑创汇”、2个项目参加“全国互联网大赛”。全年金水区大学生创业园共吸引995名大学生创业人才组成近400个大学生创业项目在园区创业，年营业额超100万的项目33个，园区累计产值超3亿元，入园项目成活率达90%以上，所有入孵项目都得到了较好的扶持和发展。为拓展入孵项目融资渠道，园区累计为入孵创业项目争取各类扶持资金500多万元、政府贴息贷款220万元，为在孵企业对接社会融资近1亿元。三是为发现优秀创业项目和人才，为大学生创业者提供展示交流的舞台，自2015年起，金水区连续三年成功举办“创赢未来”大学生创新创业大赛，总奖励扶持资金近千万元，在社会上影响大、反响好，成为金水区创新创业的一项品牌。2018年金水区顺势启动第四届比赛，设成长组和初创组2个参赛组，评选分初赛、复赛、决赛三个阶段。大赛设总奖励扶持资金303万元，单项最高50万元。在一个多月报名时间里，赛组委会共收到近300个大学生创新创业项目报名参赛。前期经过初赛评审，共有160个项目分别在2个成长组、2个初创组赛场路演。晋级决赛的80个项目将在成长、初创决赛赛场对决，最终评选出成长、初创各20个项目获奖。颁奖仪式在12月初举行。四是加大资金扶持力度，积极落实“金典六策”。按要求对2018年新增华水园区资料、合作协议等相关认定资料的收集整理工作。累计发放大学生创业园建园补助541万元，大学生创业项目房租补贴2523万元，累计为优秀项目发放奖励扶持资金700万元。

【人事管理】 人社局认真履行人事管理职能，强化公务员管理，人事制度改革逐步深化。一是高质量完成机关事业单位人才选调、招聘。组织实施了区纪委监委派驻纪检检查组行政、事业工作人员选调工作，最终拟选调70人充实到金水区纪检监察队伍中，做到人尽其才。会同区教体局组织2018年金水区招教工作，严格程序，经报名、笔试、面试等环节，顺利完成教师招聘546人，充实了教师队伍。二是清理“吃空饷”，规范工资发放。会同区审计局、区财政局等部门，组织开展了机关事业单位“吃空饷”问题长效机制建立情况督查，巩固了专项治理工作成效。规范了津补贴发放程序，明确工作职责。三是及时完成全区机关事业单位工作人员考核合格正常晋升薪级（档次）工资的审批，核定教育、卫生绩效工资总量，稳定了机关干部职工队伍。

【人才资源开发】 为了实现人才引进，实现金水区人才聚集，为金水区提供智力支持。人社局积极开展“智汇郑州”相关工作。一是实施青年人才储备计划。根据《郑州市青年人才储备计划实施细则（暂行）》精神，人社局自2018年1月2日开展以来，截至年底，共办理818人，其中，本科213人，研究生552人，博士53人。二是实施社会事业人才荟萃计划。根据《郑州市社会事业人才荟萃计划实施细则（暂行）》精神，人社局自2018年3月22日以来共审核通过辖区内18个单位上报的60条岗位需求信息，需求人数478名，其中非常紧缺393名，比较紧缺44名，一般紧缺41名。三是高层次人才分类认定。根据《郑州市高层次人才分类认定实施细则》要求，人社局自6月启动高层次人才认定工作以来，通过市级审核认定高层次人才45人，其中顶级人才3名，国家级领军人才17名，地方级领军人才8名，地方突出贡献人才17名。

【劳动关系与劳动者权益维护】人社局以维护劳动者合法权益为重点，不断提高执法和服务水平，规范劳动人事争议仲裁程序，促进劳动关系的和谐发展。一是2018年监察大队受理日常投诉举报420件，结案369件，为劳动者追讨工资、工程款4698.13万元，涉及劳动者1676人，法定期限内结案率100%；处理群发案件43件，涉及1316人，涉及工资、工程款共4032.92万元；主动监察用人单位763户，涉及劳动者18001人；书面审查用人单位2797个，涉及54578人。二是2018年劳动仲裁立案案件2374起，其中，立案受理案件648起，向申请人出具不予受理通知书1726份，使当事人可以及时到法院维护个人的合法权益。立案受理案件已解决处理620起，法定期限结案率达100%，其中，裁决案件192起，调解案件276起，撤诉案件152起，调撤率达70%。为了营造良好的用工环境，劳动仲裁在2018年度集体合同备案工作中，审核通过区域企业集体合同129份，涉及企业3559家，职工36605人；审核通过区域工资专项集体合同282份，涉及企业4953家，职工42025人；单独签订的企业集体合同共158份，涉及企业158家，职工14874人；工资专项集体合同184份，涉及企业184家，职工15187人。通过集体合同审核备案，使劳资双方权益得到保障，维护了劳动关系的和谐稳定。

（撰稿：孙雅婷　审阅：袁文蕊）

民政工作

【概况】　金水区民政局下设办公室、社会科、优抚科、基层政权科、社区建设科、民间组织管理办公室、区划地名科、婚姻登记处、社工科、社区服务中心、老龄办和行政服务科（法制科），共12个科室。

【社区建设】　金水区共有17个街道办事处、162个城市社区；在2018年第六届社区居委会换届选举结束后，共选举产生新一届社区居委会工作人员1248人，平均年龄35岁。

一是积极探索创新以居民自治为基础、多元共治为导向的社区治理工作机制。二是积极尝试将社区建设与发展社会工作和社区社会组织相结合，通过推进社工服务进社区和培育社区社会组织等方式，实现了社区建设、社会组织和社会工作的良性互动和有效衔接，逐步探索出了一条符合金水区实际的“三社联动”新路径。

【社会救助】　一是扎实推进城市低保工作。2018年7月1日城市低保标准由600元提高至630元，城市孤儿、艾滋病患者以及符合相关条件的重度残疾人都已纳入城市最低保障范围。全年累计救助城市低保家庭2.2686万人次，累计发放低保资金1357.1386万元。二是积极开展低收入家庭救助。凡是被批准的低收入家庭均可享受住房、医疗、教育和法律援助四项救助政策。医疗救助全年累计救助276人，发放医疗救助金125.4016万元。教育救助全年救助学生52人，发放教育救助金10.8万元。截至年底，全区共有低收入家庭户109户、271人。三是进一步提高特困人员供养水平。2018年7月1日起特困供养人员基本生活标准按照最低生活保障标准的1.5倍执行，新调整的特困人员供养基本生活金由每人每月900元提高至945元；照料护理标准依据特困人员生活自理能力和服务需求分为具有生活自理能力、部分和完全丧失生活自理能力三档，分别按照不低于当年最低工资标准的10%、25%和60%确定。截至2018年12月，全区共有特困人员55户、57人，其中集中供养15人，居家供养42人，集中供养率26%，全年累计发放特困人员救助供养金102.6529万元。四是完善社会救助体系。建立困难群众的临时救助制度，全年临时救助118人次，发放临时救助金54.6万元，着力缓解辖区困难群众突发的、临时的生活困难。五是开展社会救助收入认定工作。民政局承担着全区救助申请家庭的经济状况核对工作，全年累计核对救助申请家庭10206户、16264人。

【慈善事业】 大力宣传扶贫济困、诚信友爱、互帮互助、奉献社会的良好风尚。一是做好慈善宣传与救助工作。2018年，区慈善总会累计募集善款409万余元，用于慈善救助的资金共计305.8万元，累计救助困难户、孤寡老人、孤儿、贫困教师、贫困学生等困难群众1372人次。二是更好地推进慈善事业快速健康发展，继续开展“善行金水”慈善创投大赛，面向金水区招募优秀慈善公益项目，重点涵盖老年人服务、留守儿童、城市流动人口领域等。

【双拥优抚】 一是做好双拥工作。利用元旦、春节、“八一”、“9·30”等重大节日对辖区部队和优抚对象进行了广泛的走访慰问。通过走访活动的开展基本达到了全覆盖，使辖区广大优抚对象及驻军官兵充分感受到党和政府的关心与关怀，起到了良好的社会效果。二是全面落实好各项优抚政策。建立了优抚对象自然增长机制，全面落实各类优抚对象的抚恤、补助、优抚标准，按时足额发放。2018年，共为优抚对象2642人，累计发放抚恤和生活补助金共计3360.2万元;发放义务兵家属优待金635人次共计2226.2万元；发放退役士兵自主

9月14日，开展“助力脱贫攻坚　创建慈善城市——大型广场庆慈善”活动

就业金314人次，共计339.5万元。三是落实军工各项生活待遇。按照省、市相关要求及时足额将军休干部和军工的工资、津补贴及时足额发放到位，切实保障以上人员的政治待遇和生活待遇。同时金水区探索实践双拥工作与社会工作相结合开创性的开展工作，得到省、市主要领导肯定并以专题参阅文件的形式印发全省推广学习。

【社会组织管理】 2018年全年共审批成立社会组织11家，变更75家，注销3家，撤销10家。全区现有社会组织387家，民办非企业单位364家（其中，教育类303家、民政类33家、科技类5家、人劳类8家、其他类8家、卫生类7家）、社会团体23家；备案社区社会组织151家。

【社会工作】 开展政府购买专业社工服务工作，投入经费1520万元购买40个社工服务项目和50个社工服务岗位；推动辖区街道办事处使用社区服务专项经费购买100余名社工，深入社区一线开展民生服务；做好社工机构培育和监管，扶持成立1个街道级社工服务站，同时对管理运营不规范、不按时到业务主管单位参加年检的3个民办社工机构予以注销处理，全区现有民办社工服务机构21个、街道级社工站11个、行业协会1个；加强社工人才队伍建设，全区社工从业人数500多人，选拔产生金水首批“社工讲师人才”培养对象；推进全区社工行业标准化、规范化、专业化发展，制定出台《金水区党群服务中心指引手册》《金水区社会工作从业者继续教育管理办法》等一系列文件；健全组织机构设置，完成了金水区社会工作指导中心硬件装修及办公设施购置工作。

【老龄事业建设】 一是探索“家庭、社区、社会和医养结合”养老模式，实现社会化养老服务的多样化。针对老年群众“养老不离家”的传统观念和主

要活动区域在社区的特点，探索出以“居家养老为主、社区养老为辅、机构养老为补充、医养融合”的发展模式。截至年底，全区正在提供服务的居家养老服务对象140户、192人，在岗服务员103人，社区托老站98个，农村敬老院1所，民办养老服务机构2家（均为医养结合），安置老人250余人。搭建“信息、服务、就业”平台，通过12349信息平台实现社会化养老服务的规范化。二是认真落实金水区高龄津贴的发放工作。通过一年来的申请登记、逐级审核，申请并符合享受高龄津贴的老人2万余人，累计发放资金2577.29万元。三是精心组织敬老爱老系列活动。分别开展了老年人文体活动、“孝亲敬老和健康寿星”评选和“敬老月”活动，全区有3000多位老人参加，弘扬了中华民族敬老爱老助老传统美德，增强全民敬老爱老助老意识，在全社会树立良好的道德风尚，营造敬老爱老助老良好社会氛围。

【婚姻登记】 2018年，婚姻登记处始终坚持创新推行“互联网+政务服务”，贯彻“只进一扇门”“最多跑一次”群众服务理念，在全省范围内率先推广使用手机和电脑双重网上婚姻登记预约平台，全年共有2000余对新人选择预约登记；在原有10多年开展颁证服务形成良好群众口碑的基础上，研究设计出更多形式、个性化的颁证仪式，并全程实行免费，全年共为1500余对新人进行颁证服务；借力“互联网+”，采取网上调解、角色互换、场景回放、共温恋爱瞬间等方式，有针对性地为当事人提供专业对症免费的婚姻家庭服务，全年共提供500余次婚姻家庭咨询服务，现场调解90对；在大厅配置复印机，安排专人，自5月10起不再要求婚姻登记当事人提供证件复印件，由婚姻登记机关免费提供复印便捷服务；多举并措，优中做精品，不断巩固提升优质金婚服务品牌，全年共办理婚姻登记23500对，其中，结婚登记11873对，离婚登记8588对，补领结婚证2462对，补领离婚证577对；2018年婚姻登记处被评为河南省服务型行政执法示范单位，并代表全省婚姻登记机关在河南省社会事务工作会上作典型发言、经验推广。

【区划地名界管工作】 一是认真进行区划调研，为领导进行新区划决策提供有力的科学依据。二是完成了河南省地名辞典金水词条的目录编纂工作。三是积极开展《国家地名志》二至八部分的编纂工作。四是完成了辖区新修道路命名工作。五是按照平安边界创建工作要求，按时完成界线纠纷隐患排查月报、界桩管护季报和地名普查进度周（月）报等数据的上报工作。未发生因行政区域界线认定引发的边界纠纷，更没有引发恶性刑事案件、群体性械斗事件和集体上访事件。六是按照全市界线管理工作要求，从2016年3月开始，至2018年3月，与周边相邻四区，本着顾全大局、实事求是、互谅互让、友好协商的原则，全面完成了城区内边界线勘定的实地踏勘、定界、竖立界桩、外业测绘和内业资料汇总整理会签上报等全部勘界工作。七是高质量，按时完成界线联检工作。3月15日，完成了金水中牟线联合检查实施方案的制定和上报工作。10月9日—15日完成了界线、界桩及标志物的实地踏勘及检查、维护。10月22日全面完成双方政

5月16日，婚姻登记处为结婚登记的新人开展颁证服务

府联合检查报告等资料的汇总上报工作。八是按照区委、区政府和上级部门工作部署，郑州市普查办的指导，金水区从2014年7月开始，因地制宜，科学谋划，周密部署，历经动员、合理分工、精心组织、强化培训、实地走访调查、精准采集、注重审核、聘请专家深挖文化、边整理边完善边整饰、规范流程、补普等工作流程，通过了区级验收、市级核查、省级验收，于2018年11月底完成了国家验收。至此查清了金水区全域内地名及相关属性信息，对有地无名的有地名作用的地理实体进行命名，对不规范地名进行标准化处理，设置标准规范的地名标志，完善和建立了国家和金水区地名与区划数据库，建立了地名普查过程性档案。全面准确掌握地名基础数据，提高金水区地名标准化水平，为社会提供全面准确的地名信息。九是根据《河南省第二次全国地名普查成果转化规划（2015—2020年）》的通知文件精神，积极开展全区成果转化规划的前期准备工作，按照分类、分级、分批的原则，向社会提供权威、及时、准确的地名信息服务。

（撰稿：章雪娇　审阅：袁菊娜）

爱国卫生运动

【概况】　金水区爱卫办、金水区城市管理考评办公室位于群办路6号。单位内设办公室、城区科、病媒科、宣教科、法制科、秘书科、考评科及督导科。

【爱国卫生】　爱国卫生组织管理工作。一是适时调整了爱国卫生组织机构。二是将各项爱国卫生工作任务分解到各街道办事处、相关局委。三是健全了2018年的工作资料及网络组织。四是每月召开一次卫生专干会议，安排部署当月工作任务。五是于11月11—16日分2期组织全区爱卫会成员单位和各街道相关人员参加爱国卫生与城市精细化管理工作培训会。

病媒生物防制工作。一是以环境治理为重点，开展季节性、有针对性的病媒生物专项防制工作。根据不同季节的防制重点，组织各街道办事处和辖区公共单位开展集中防制越冬蚊蝇、春季灭鼠、“健康郑州灭蚊蝇行动”集中消杀活动、冬季灭鼠、灭蟑活动等多种整治活动，全年共发放宣传品、宣传资料12.8万份，投入各种防制药物8500余公斤、杀虫气雾剂160余箱、黏鼠板8500张、大小喷雾器等消杀器械500余台，清除垃圾、腐败物、卫生死角、小型积水等滋生地15000余处。二是围绕病媒生物防制开展宣传培训工作。多次组织各街道办事处业务骨干、专兼职防制人员开展以会代训、以查带训、现场培训、集中培训和分散培训等多种形式的培训活动，培训专兼职防制人员200余人次。三是对金水区2018年度市场化服务的范围、内容、标准、监督以及考评都明确了具体的目标任务和工作要求。截至年底，共检查200多个样本点，发现并落实整改问题400余处。四是联合郑州市电视台、郑州市广播电台、郑州日报社组织市级病媒生物防制市场化服务中标PCO公司，从游园、河道、居民区入手，开展公益消杀宣传活动。

健康教育和控烟工作。一是制定宣传教育相关工作方案。二是完善健康教育暨控烟工作组织网络。三是每季健康教育专栏更换技术支持及日常检查。四是于4月8日在文博广场开展以“关注小环境　共享大健康”为主题的爱国卫生月和世界卫生日集中宣传活动。五是于5月31日在金水总医院开展以“烟草和心脏病”为主题的世界无烟日集中宣传活动。

【市容环境卫生督查检查】　一是制定金水区2018年全年城区爱国卫生工作方案和计划、卫生城市管理办法等文件，督促各办事处按照方案、计划要求开展爱国卫生工作。二是实施台账式管理，建立老旧小区、无主管楼院、辖区公共单位、市容协管员分包道路、沿街门店等问题台账，对照台账进行督导工作。截至年底，台账中的问题已经基本整改到位。三是做好市容环境督导检查常态化管理。截至2018年年底累计发现问题约2631处，下发督查通知单214份，通过口头告知和微信通知629次，及时督促辖区内各办事处限时整改回复。四是持续做好城乡环境综合整治工作，城市面貌整洁有序。对金水区城乡接合部地区市容环境卫生存在问题进行督导检查，共发现问题357处，截至年底已全部整改完毕。五是大气污染防治工作。全年共开展“全城清洁”活动63次。累计整治楼院和公共单位及道路卫生9134处，累计出动人数31264人，累计出动车辆11085辆，累计清理生活垃圾39627立方米，建筑垃圾25962立方米，混合垃圾29553立方米，杂物乱堆16685处，卫生死角29938处，小广告51982处。清理道路垃圾8237立方米，公共区域清洗路面679603平方米，清理卫生死角8792多处，城乡环境整治，清理垃圾5866立方米。

【健康城市健康村镇建设】 一是制定了2018年健康城市健康村镇建设工作重点和关于申报健康单位的通知等相关文件。二是在区政府三楼多功能厅承办了郑州市“同参与共分享——健康城市建设‘郑’前行”巡回演讲活动。三是在大卫城广场举行了“同参与共分享”——健康城市建设“郑”前行·大型主题宣传活动暨“健康郑州推广使者”评选启动仪式。四是以创建“健康细胞”为抓手，从点到线上开展健康城市建设工作，打造了纬四路和顺河路2条健康一条街。五是在全区开展了“健康家庭”建设活动，经区妇联、各街道办事处层层评选推荐，确定了10户“健康示范家庭”和100户“健康家庭”。六是通过多次督促、检查、指导，经过申报、评审等程序，评选出24个区级健康单位。

【城市管理考评及城市精细化管理】 探索创新，精准发力，全面规范提升“路长制”。以“中心转移、重心下移”为指导思想，确定“与网格化管理深度融合、与道路交通秩序综合整治深度融合”的工作思路，把全区道路276条细分为891个路段，实行三级路长负责制，45名分包街道的区级领导担任一级路长，192名分包社区的街道科级干部担任二级路长，891名社区网格长担任三级路长。探索形成了“一模式四体系”工作法。“1+2+N”模式的实施，进一步延伸了工作触角、优化了人员配置、固化了组织构架。同时，坚持依靠群众，突出党建引领作用，建立了社会化参与共治体系，实现了全民共同参与；为了便于执行落实，进一步明确工作标准和流程，建立了标准化管理运行体系，实现了问题的高效精准解决；致力于各类问题的发现和解决，建立了一体化巡查执法体系，实现了问题巡查发现到位、处置解决到位、长效监管到位；为确保工作开展能够常态长效，建立了精准化考核奖惩体系，有效激发了各方力量主动参与、主动奉献的积极性。强化考评，压实责任，城市精细化管理落实力得到充分发挥。运用第三方考评，将每日采集的问题实时通过数字化平台传送相关责任单位，加快问题整改速度，确保问题整改效果；运用精准督导，由各级督察和区城考办对日常检查及上级交办、媒体曝光及群众投诉的问题进行分类建档，并及时追踪问效，确保热点难点问题第一时间结案；运用奖惩体系，将市精细办月考评成绩纳入区考核体系，建立考评权威和公正，进而实施红黑旗奖惩和扣款制度，达到鼓励先进、鞭挞后进的效果，实现城市精细化管理的科学化、制度化评价，促进工作落实。夯实路基，整肃街景，加快支路背街升级改造步伐。对22条区管支

8月，开展全城清洁活动

4月，举办金水区爱卫及精细化培训会

路背街进行全面整治，重点对架空线缆、立面脏污、坑洼主路、破损人行道等进行拉网式排查整治。并在此基础上，打造三条精品街。区城考办作为督导协调单位，全力协调相关局委、办事处，共同做好此项工作。截至年底，共投入资金9285.18万元，完成了路面整修整治、道路绿化提升、公共设施整治、城市照明整治；沿街建（构）筑物外立面治理涉及的15条道路，已完成12条，正在整治3条；架空线缆整治涉及16条道路，已完成整治12条，正在整治4条；交通秩序治理工作中，机动车停车场（位）涉及2条道路，已完成设置400个，施划非机动车停车标线24060米，治理非机动车乱停放210处；清扫路面不洁584359平方米、清理积存垃圾321立方米。全民参与，齐抓共管，营造浓厚宣传氛围。一是自6月以来，将每月第一周第二日确定为“城市精细化宣传服务日”，开展形式多样的宣传服务进社区活动。截至年底，此活动共设立宣传版面270余块、向群众发放宣传册/品4万多份、调查问卷近4000余份、现场解答疑问近6000余次。二是根据市精细办工作安排，为加强金水区宣传，形成良好的舆论氛围，对各单位先进经验和创新做法进行广泛宣传，对媒体曝光、市民投诉等重点难点问题进行汇总上报，让广大市民群众了解并参与城市管理工作，增强其主体意识、法制意识和公德意识，营造“城市是我家，清洁靠大家”的良好社会氛围。截至2018年11月22日，金水区共计上报新闻1038篇，其中，区执法局345篇为局委第一，国基路办事处150篇为各街道办事处第一。

（撰稿：程　龙　审阅：徐海伟）

民族与宗教

【概况】　金水区民族宗教事务委员会（以下简称民委）与区委统战部合署办公，区委统战部不再加挂区民族宗教事务委员会牌子，同时将区民族宗教事务委员会列为区政府工作部门，不计入区政府机构个数。下设办公室、民族科、宗教科、法制科4个科室和区属事业单位金水区清真食品管理办公室。主要职责是：贯彻落实党的民族宗教政策和国家的法律法规，切实做好少数民族及信教群众的教育、宣传、引导工作；依法维护少数民族群众、信教公民的合法权益；妥善解决民族、宗教方面的矛盾纠纷，确保民族宗教领域稳定；帮助少数民族发展经济、文化和社会事业，落实宗教的“三自”方针；行使公民民族成，更改、恢复的初审；对清真食品生产经营行业实施服务和管理；对宗教场所的设立、撤销依法登记，对宗教活动场所行政事务实施依法管理。

【新形势下民族工作】　按照关于推动民族团结进步创建活动总体部署，全年重点开展以下工作：成立以区委书记为组长的区民族宗教工作领导小组，切实加强对全区民族宗教工作的组织领导。指导各街道在辖区的民族村（社区）、宗教活动场所内外、学校周边、写字楼等地方，采取印发宣传资料、悬挂宣传标语、借用LED屏等多种形式，积极开展民族政策法规的学习宣传，切实扩大传播面、提高影响力。强化少数民族流动人口服务管理，进一步完善未来路街道少数民族便民服务中心功能，邀请回、汉族著名书画家开展“共筑中国梦”民族团结进步创建活动。采取以点带面的方法，针对学校、商场超市以及个体经营网点可能强化民族差异的名称或标识进行排查整治。持续强化清真食品市场监管，采取不间断巡查、拉网式排查相结合的方法，先后4次对近500家清真食品经营商户进行检查，收缴转让、仿冒牌证14个，责令限期整改12家、取缔6家，有效规范清真食品市场秩序。

【依法管理宗教事务】 深入开展以“学习”为主题的和谐寺观教堂创建活动，调整区宗教工作联席会议制度，进一步完善宗教工作三级网络两级责任制。利用春节、斋月等重要节日组织开展对辖区宗教活动场所走访慰问活动。认真开展国旗、宪法和法律法规、社会主义核心价值观、中华优秀传统文化“四进”宗教活动场所活动。采取抓组织领导、抓学习培训、抓排查整治三项措施，扎实开展“学习贯彻新修订《宗教事务条例》依法规范农村基督教事务专项行动”，成立区宗教工作专项办公室，进一步明确职责任务、建立完善工作机制。以新修订《宗教事务条例》为主要内容，组织区委中心组学习1次、宗教工作干部学习培训4期。

【党建工作】 完善“‘两学一做’学习计划”，采取领导领学、个人自学，学习原文、精读报告，撰写心得、座谈讨论等方法，组织全体党员学习中共十九大报告、党章和习近平新时代中国特色社会主义思想。扎实推进“党员活动日”活动，开展重温入党誓词、走进河南博物院、帮扶贫困信教群众等丰富多彩的主题活动。用足用好党员活动专项经费，克服办公条件较差的困难，在办公室加挂“党建办公室”牌子和“党员活动室”牌子，悬挂党旗、入党誓词，做到各项制度上墙，配备电脑、图书等设施和物品，利用室外走廊中的空白墙建“党员学习园地”，为支部活动的正常开展提供了坚实保障。

（撰稿：赵洪松　审阅：陶建莉）

园区建设

科教园区

【概况】 金水科教园区原名金水科教新城，成立于2011年10月，由原金水杨金产业园和金水北区合并而成，2013年初更名为金水科教园区。园区位于郑州市东北部，南接郑东新区龙湖和龙子湖区域，北至黄河南岸，西起中州大道，东至京港澳高速辅道，规划面积56平方公里，下辖2个街道、16个行政村、33个自然村。2018年，园区完成固定资产投资150亿元。正式获批河南省第二批省级现代服务业专业园区；成功纳入《中国开发区审核公告目录》（2018年版）。河南省和郑州市两级信息安全产业示范基地正式揭牌落户园区。

【招商引资】 园区围绕信息安全、共享生态科技两大千亿级产业，开展集群招商。2018年，新签约“申威处理器产业化项目”“中科安永国家级商用密码应用安全性测评实验室”“河南省云安大数据安全防护产业技术研究院”“郑州四维集团高新材料产业示范基地建设项目”“科陆电子智慧城市运营研发中心”“腾讯—金水产业互联网信息安全联合实验室项目”“国智恒北斗好年景科技有限公司”等重点项目79个，重点在谈“中部网络安全产业园”“亚欧共享生态科技产业城孵化器智能制造服务基地和F2C运营中心项目”“思爱普—金水企业智能制造云平台”“中国信息通信研究院中部创新中心”“中科郑海科技创新企业超级加速器”“金益信企业总部及研发中心”等优质项目12个，谋划在谈“IPv6新一代互联网技术开发与应用示范基地”“华拓金服数码科技集团郑州基地”等项目33个。

【项目建设】 按照“双统筹、双促进”的要求，全面加快产业项目建设速度。2018年，金科智汇谷项目主体完工，正在进行室内装饰和室外景观绿化，中科院过程所郑州分所、科陆电子智慧城市运营研发中心项目、河南省高技术创业服务中心、华清生态环境研究院等项目入场装修；河南外包产业园二期、河南信息安全产业示范基地等项目部分主体封顶；共享生态科技产业城项目2号地仓展中心进行钢架结构施工；西亚斯亚美迪国际软件园项目主体施工；清华启迪科技城、新科技市场二期、河南地理信息导航产业园一期、朗驰智能机器人科研中心等6个项目土方施工。金科智汇城项目首批地块控规方案通过初审。中以科技城、北大国际创业孵化中心、中科院过程所郑州分所等17个项目办理相关手续。

【产业集群打造】 园区高标准做好产业集群发展顶层设计，完成《信息安全产业示范基地建设发展规划》编制，起草信息安全专项政策；制定了《共享生态科技三年专案》，明确工作台账和责任分工。

信息安全产业集群方面。集聚15家信息安全龙头企业，新入驻园区的11家信息安全类企业全部实现运营。其中，郑州信大捷安信息技术股份有限公司自主研发的安全芯片已与华为、比亚迪、宇通等厂商实现合作并规模量产，山谷网安、中科安永等企业新增3个国家级研发平台，河南拓普、金明源、山谷网安等企业在移动安全、行业应用软件及基础安全应用软件方面相继承担了国家和省级等试点示范项目与产业集群重大专项。“信息安全芯片+安全软件+安全终端+安全服务”的产业链条初步形成。

共享生态科技产业集群方面。共享生态科技产业城科技生活体验馆运营良好，河南达之越跨境电商有限公司、郑州万乐达物联网科技有限公司等25家智能制造和共享应用领域企业已入孵金阳孵化器；共享生态科技产业城O2O孵化器在进行装修设计，预计2019年3月完成装修并投入运营；共享生态科技产业城项目一期工程加速推进，1.2万平方米的仓展中心将于2019年一季度建成并投入运营，并与MTL公司$PM_{1.0}$空气净化国际实验室、河南西鹿物联科技有限公司、河南云灿物联网科技等20余家企业达成合作意向。

【科技创新】　园区突出以创新引领型企业、平台、人才、机构为内涵的“四个一批”，推动创新能力实现跨越式提升。全年新增科技型备案企业60家，科技雏鹰企业10家，科技小巨人企业10家，新增高企15家。8家企业申报2018年“智汇郑州·1125聚才计划”；新增河南省可信计算院士工作站1个，中科新兴技术研究院入选河南省首批重大新型研发机构；新引入网络空间安全技术国家地方联合工程实验室等3个国家级研发平台，云计算研究与应用河南省工程实验室等6个省级研发平台，郑州市自主可控工程技术研究中心等7个市级研发平台。信大捷安入选中央网信办、国家发改委推荐的科创板上市企业候选名单。由杨金高科建设运营的“创客空间平台”被工业和信息化部认定为国家中小企业公共服务示范平台。同时，围绕“国际科技城”定位，做好对外科技合作交流，全年落地“人工智能光电雷达系统”等11个国际合作项目，搭建中以畜牧疾病防治技术联合实验室等2个国际联合实验室，“中以合作重点城市”基本确定，已与多家国际机构签订框架合作协议，共同打造全球化科技创新生态平台。

【基础设施建设】　2018年，园区在建道路34条，建设总里程42.7公里，文雅街等13条道路建成或部分建成通车，通车里程19.7公里。东三环以西区域，文雅街、文学街、通礼路、金宝路等道路建成通车，杨槐、河村、新庄等安置区和新科技市场、朗驰智能机器人等产业项目片区道路框架基本成型。东三环以东区域，围绕姚店堤、任庄、小金庄等安置区项目和金科智汇谷、西亚斯亚美迪国际软件园等产业项目，全面完成鸿宝路、鸿苑路道路修复工程，实现鸿业路、创科路等道路建成通车，渔场路、鸿典路、鸿儒路等道路加快建设。加强与中心城区互联互通，龙源路下穿连霍高速工程、龙津路连霍高速立交工程全面开工，明理路、鸿苑路与连霍高速立交工程稳步推进。园区加快完善教育、医疗、体育、文化等公共服务设施，杨槐小学建成并投入使用，科教园区第一小学、鸿兴路中学、杨金路公交场站、马林消防站建设完成，姚店堤小学等7所学校开工建设，福寿逸医养结合医院完成设计方案，科教园区科技服务中心、晴翠变电站等项目建设顺利推进。园区按照“增绿、增质、增效”的要求，大力推进生态建设，完成科教园区绿化PPP可研性批复，精细化整理绿化面积12万余平方米，加快新建成道路和杨金路两侧绿化建设，新种植行道树3500余棵，新增绿化面积1万余平方米。

【合村并城】　园区牢牢把握“以建为主、提升品质、扩大成效”阶段性任务，优化提升安置区品质，新型城镇化建设形成突破性态势。2018年新开工安置房面积4.85万平方米，河村等7个安置区项目实现封顶，建设面积120万平方米，新庄、任庄2个安置区项目完成回迁，回迁人口6000余人，并同步启动任庄安置房网签工作。杨槐、徐庄、北录庄、姚店堤、河村、马林、小金庄等7个安置区项目115万平方米已基本具备交房条件，马林安置区分房任务基本完成。宋庄、祁圪垱安置区二次拆迁已全部完成，安置人口和安置户型已经确定，修规方案、改造方案编制工作和委托代建公司招标工作已经完成。黄庄项目委托代建公司招标完成。同时，完成任庄、小金庄合村并城项目安置区地块、马头岗合村并城项目开发区地块等4宗256.92亩土地出让，小贺庄合村并城项目开发区地块1宗98.26亩已报至中原土储中心。

【规划编制】 围绕“扩空间，增后劲”发展目标，启动园区新一轮总规调整，优化布局存量规划，统筹安排增量规划，收集马头岗军用机场等重大设施的基础资料，重点实施了总规强制性内容调整必要性论证报告和总规实施评估报告的编制，已经确定总规调整初步方案。项目控规工作全面展开并稳步推进，完成13个合村并城项目、中以科技城等5个产业项目控规编制报批。围绕园区重点产业项目发展，积极推进各产业项目修规报审，中科院过程所郑州分所、河南省信息安全产业示范基地、地理信息产业导航园等项目修规方案通过专家论证会。坚持问题导向，紧盯园区项目规划建设遇到的各类问题，协调相关部门解决了中科院过程所郑州分所选址意见书核发、河南省信息安全产业示范基地建规证核发、大小贺庄合村并城项目、中都电子项目控规调整等问题。

【土地报批】 2018年，园区围绕重点项目和安置区建设，保障土地报批、供应有序推进。完成中以科技城、中科院过程所郑州分所、共享生态科技产业城、马头岗安置区等项目1100余亩土地报批，完成任庄安置区项目800余亩土地征收和任庄安置区、太极文化健康产业园等项目1096亩土地供应，积极配合并完成107辅道快速化工程、郑州东动车所改扩建工程等省市区重大项目的土地征收。

（撰稿：王文靖　审阅：庞　浩）

河南科技园区管理委员会

【概况】 河南科技园区（原河南科技市场）建成于1993年，是由金水区政府兴办的中部地区最大的电子信息技术与产品集聚区。园区占地0.98平方公里，入驻企业、商户3300余家，从业人员3.2万人。2018年园区重点项目完成固定资产投资30亿元，营业收入115亿元，同比增长15%；服务业增加值达到28亿元，同比增长13%；税收3亿元，同比增长15%。园区内企业主要从事各类品牌计算机及零配件、外设、数码、通信、元器件、监控等相关配套产品及技术的研发、调试、销售，其产品已辐射到全省及周边近20个省市，部分软件产品辐射到全国乃至国外，辐射人口达1.2亿人。

河南科技园区被河南省发展和改革委员会批准为河南省服务业特色园区——河南省电子信息产业园区；被中国电子商会批准为“中国中部电子信息产业集聚区”；被河南省商务厅批准为“河南省电子商务示范基地”；被河南省发改委批准为“金水区特色商业区。”河南科技园区在建设规模、企业数量、知名度、成交额等综合对比中位居全国同行业前列，已成为中部地区电子信息产品集散中心和技术贸易中心，被誉为“河南的中关村”“中原硅谷”。

2018年，河南科技园区加快产业升级，拓展产业集聚发展空间，形成了完整的产业链条。园区企业重点发展电子产品展示交易、电子商务、软件和信息技术；在金水科教园区开发建设的新科技市场作为园区仓储、物流、高新技术企业和规模企业的承接地，主要建设集智能化集成、电子商务、IT物流仓储、创业孵化、产品发布展销中心与一体的研发中心及配套设施。最终形成中西部地区规模最大、综合实力最强、可持续性发展活力最强的电子信息产业集聚区和物流商务密集区。

【经济指标运行监测】 做好园区主要经济指标和统计数据的监测，通过对各个大厦、市场进行拉网式排查，摸排企业底数。同时加大统计入库力度，建立金水特色商业区范围内限上、限下企业统计库，提升对企业的服务水平。2018年，园区内法人单位合计1168家，新增335家、同比增长30%；其中，限上180家，新增30家，同比增长18%；限下988家，新增305家，同比增长33%。全年预计营业收入115亿元，同比增长15%；服务业增加值达到28亿元，同比增长13%；税收3亿元，同比增长15%。

【重点项目建设】 2018年园区有7个重点项目：正弘国际广场、郑州建业凯旋广场、瀚海海尚、小铺城中村改造、姜砦城中村改造、大铺城中村改造、恒大都市广场。通过定期开展走访调研，掌握每个项目的运行情况，了解当前存在的困难和问题，以便及时予以帮助解决，推进项目建设进度。除恒大都市广场建设项目因办理前期手续未开工建设，其他项目均按正常时序进展顺利，全年累计完成投资20亿元。

【经济普查】 2018年经济普查开展以来，园区召开经济普查动员推进会并成立领导小组，抽调30名工作人员对8个普查区进行地毯式清查。同时做好经济普查宣传，在各楼宇、市场悬挂宣传条幅30条、滚动式电子屏1块、建立微信群9个、张贴宣传画26张、发放告知书6000张、发放手提袋250个、鼠标垫150个。全年入户清查共登记3893家，其中，法人单位2327个，产业活动单位48个，个体工商户1518户，通过经济普查摸清了园区家底，为园区产业转型升级和高质量发展奠定了坚实的基础。

【楼宇经济建设】 结合辖区特色商业街商户资源，突出整体经营特色，加大宣传力度，积极组织各个大厦参加明星楼宇、明星楼宇企业评选活动，并召开“河南科技园区楼宇培训会”，由专家解读楼宇发展中遇到的各类问题，提升服务质量。同时做好楼宇企业服务，把控入驻企业质量，推动楼宇向专业化过渡。2018年共培育年缴纳区级税收100万元以上楼宇2栋（含1000万元以上）；打造特色楼宇1栋。

【产业发展规划】 为应对互联网和电子商务快速发展的影响及发展空间约束，加快园区产业转型升级，着力构建现代产业体系。大力发展新零售、加快虚拟现实（VR）、共享生态科技等新兴产业发展，河南科技园区管委会组织编制《河南科技园区产业发展规划（2018—2025年）》，园区产业发展规划已经通过招投标程序。

【虚拟现实行业】 河南众诚公司开发的VR教育产品，合作学校超2000所，相关软件开发年营收突破2000万元。与北航（北京航空航天大学）合作在高职高专及中小学推广创客教室，在黄河路三小、文化路三小及77中等试点运行良好。河南灵境公司与交通警察总队合作研发VR夜间模拟驾驶器，还承载了河南省文化厅的中原VR复原项目，完成第十一届中国（郑州）国际园林博览会司马光独乐园、白居易履道坊等项目。未来生活馆投入30万元资金，新添置Makeblock机器人、智慧消防系统1套、VR头盔3套、智慧教育方案系统1套。

【信息安全】 山谷物联网安全感知预警监测平台，完成平台试运行并进行市场宣传推广应用。网络空间安全技术国家地方联合工程实验室完成验收。续建智云项目已完成需求分析、系统总体方案，概要设计、关键技术已实现。全系统编程调试和实时环境联调完成，系统升级优化完成，已进入试用阶段。

【电子商务】 用“科技市场专业市场”和“电子（IT）新产品研制及展示交易综合服务平台”为园区中小企业提供线上服务。“河南科技市场专业市场”年销售额预计达4000万元左右。“IT-par新产品新技术交易平台”上、下游商家共计3500家。“智汇城”项目是中西部智能消费电子新零售服务平台，已经规划承接商户400余家，将为下一步市场升级改造探索新的发展模式。

【创新创业】 依托园区现有4个众创空间和3家孵化器，大力推动创新创业工作，全年共开展创新创业活动60场，培训人数达900人次。新增入孵企业90家，累计在孵企业共计达330家，完成全年目标（300家）的110%。新增科技型企业10家，完成全年任务100%。申报1家高新技术企业——河南锐工电子科技有限公司。园区技术合同登记处被省科技厅评为“全省优秀登记处”，全年登记技术合同累计8.6亿元，完成全年任务100%。

【企业扶持举措】 依据“金典六策”的政策优势，给予企业大力扶持。2018年共组织园区企业开展培训会等30余场。提交申报金水区首批创新创业人才认定42

人，组织企业申报郑州市高层次人才分类认定，审核通过6名高层次人才；开展金创公司扶持的园区项目审核会7次，邀请专业人士参加评审，对园区优质项目给予资金扶持和政策指导。全年共计审核39个项目，其中15个项目通过，提供扶持资金5300万元。金创公司对灵境公司和智云数据公司共参股扶持工作扶持660万元。积极组织银企对接，为中小微企业发展中存在的融资难、融资贵问题提供融资平台。

【安全生产】 针对园区楼宇、企业的特点，严格防范安全事故发生，与各楼宇、商户签订安全生产目标责任书。筹备召开辖区各大厦安全生产工作会4次。在节假日、“两会”期间进行多次拉网式排查，对大厦每周进行一次检查和复查，共检查126人次，发现各类问题160处，当场整改104处，对其中56处问题下达了责令改正通知书，其中数码港的电梯存在安全隐患，通过多次协调已经进行更换。“安全生产月”宣传活动布设展板、条幅10份，书籍、手册、宣传彩页及扑克牌等千余份。开展消防演习逃生培训8次，吸引1000余人参与。强化了安全生产基础工作，稳定了园区安全生产总体形势。

【党建引领】 加强思想建设，落实党建责任。2018年召开党工委（扩大）会议8次，开展中心组理论学习27次，组织全体党员干部职工集中学习14次，以讲党课、学习“以案促改”、观看警示片等形式，带动党员认真学习贯彻中共十九大精神。落实一岗双责，着力推进干部队伍建设。园区党工委开展了“谈话助廉”活动，坚持“六必谈”，全年廉政谈话34次，提醒谈话5次。开展非公党建活动，增强组织凝聚力。组织开展了“拥抱新时代，担当新使命”学习中共十九大精神知识竞赛活动，园区12个两新党支部代表队积极参赛。组织开展了非公党建宣讲活动。园区组织各支部组成宣讲团开展10余次活动，宣传党的创新理论、党员先进典型事迹。

（撰稿：刘志成　审阅：刘　昭）

国家知识产权创意产业试点园区

【概况】 园区是国家知识产权局于2011年10月批准建设的全国唯一一家创意产业试点园区，由郑州市金水区人民政府具体承建，位于金水区国基路60号。2018年，园区围绕知识产权创造、保护、运用，以发展知识产权经济为引领，以“知识产权服务、工业设计、软件研发、文化创意”四大产业为主体，坚持知识产权与工业设计相结合，工业设计与实体产业相结合，市场导向与政府推动相结合，项目带动与整体推进相结合，专利运营与资本运营相结合，形成涵盖前端研发设计、中端生产加工、末端代理销售的设计创意产业链，促进产业集聚发展，增强园区竞争力、辐射带动力。中国郑州（创意产业）知识产权快速维权中心、国家知识产权局复审委第九巡回庭、国家知识产权原创认证保护中心等一批国家级平台落户，浪尖工业设计、百度云等知名企业入驻，初步形成了年产值过亿元、主导产业明晰、综合配套服务健全的国内以知识产权为引领的创意产业高地。

作为金水区经济结构调整和产业转型升级的重要支撑，园区充分发挥国家知识产权局赋予的“大胆探索、先试先行”职能，抢抓河南省自由贸易试验区、郑洛新自主创新示范区“双自区”和郑州建设国家中心城市战略机遇，以“做实平台、做优政策、做大企业、做活产业、做强园区”为主线，大力推进中部知识产权运营中心等一批重点项目建设，将政策优势、平台优势、载体优势逐步转化为产业集聚优势，力争把园区建设成为引领产业发展的先行区、国家知识产权创意产业示范区。

【河南省重点产业知识产权运营基金】 发起了河南省重点产业知识权运营基金，该基金规模3亿元，是中部地区首家提供知识产权扶持重点产业发展的专业基金，定向用于企业知识产权挖掘及开发，重点支持创意产业和新材料、电子信息等河南省重点产业发展。基金运营，最大程度发挥了政府资金引导性作用，拓宽了中小微企业融资渠道，有效盘活和推动了知识产权向科技成果转化。2018年，举办了中部知识产权投融资峰会等活动，成功与云知声签署投资协议，投资金额1000万元，其他近10个项目在谈中。

【中国郑州（创意产业）知识产权快速维权中心跨入全国快维中心第一方阵】 全国第十三家、中部首家知识产权快速维权中心，2018年围绕“提质增效”和扩大影响力开展工作，完成外观设计专利预审1264件，同比增长302%；完成专利执法案件270件，同比增长152%；备案企业242家，服务企业1400余家；中心与省维权援助中心、市中院、金水分局经侦大队等部门联合，建立知识产权协同保护机制，持续优化营商环境；引入国家知识产权出版社郑州原创认证保护中心，有效加强了知识产权前端保护。

【成功入选世界知识产权组织（WIPO）技术与创新支持中心（TISC）】 园区主动对接国家知识产权局国际司，进一步深化国际合作，积极向世界知识产权组织，申报在郑州设立“技术与创新支持中心（TISC）”。经过层层遴选，园区成功入选世界知识产权组织TISC试点单位。TISC旨在提升发展中国家专利转化运用和创新主体创新创造能力，园区的成功入选，有力促进了企业人才培养、国际合作交流及知识产权信息资源的扩充，带动了企业创新潜能和专利申请质量的提升，展现了中原地区知识产权领域国际新形象。

【全产业链服务填补河南省知识产权高端服务领域空白】 通过“政府主导、政策指导、宣传引导”，大力扶持知识产权服务业集聚，东鹏、科技通、意创等一大批国内顶尖知识产权服务机构先后入驻，实现了园区在知识产权代理服务、法律服务、信息服务、商用化服务、咨询服务和培训服务六大领域全产业链覆盖，为省内宇通客车、金龙铜管等上市企业提供专利导航、预警、评估等高端服务，填补了河南省知识产权高端服务领域的空白。2018年，提供知识产权评估服务贷款金额5.3亿元。

【重点项目推进】 HPC好莱坞泛娱乐国际文化创意产业园项目落地加速推进，先后完成了土地招拍挂、土地出让合同签订和建设用地规划许可证、不动产证的办理、土地平整及文物勘探，确定了桩基施工图、桩基单位和降水单位，已形成形象进度。

【选优招强行业龙头企业】 出台《招商企业标准》《入园企业评审办法》等6项招商制度。2018年，共洽谈对接90余家企业及项目，经筛选和考察确定包括睿信、奥凯、数造智能、嵩阳文化、意大利中心等14家入驻园区。线上园区引进杨铁钢、欧行奇等“智汇郑州·1125聚才计划”人才及团队4个，均落地园区成立公司。

【企业扶持举措】 出台《园区企业考核办法》，加速园区企业优胜劣汰；最大化释放“金典六策”“园区十条”政策红利，累计帮助企业争取各级各类奖补资金650余万元；建立集企业动态信息化综合服务平台，极大提高了服务企业效率和质量。一系列惠企政策的实施，使入园企业带动作用更加凸显，驻园企业采知孵化器通过科技部国家级众创空间认证；园区企业浪尖设计公司一举荣获中国设计智造大奖，并通过了省级工业设计中心认证；本土企业一诺工业设计通过省级高新企业和省级工业设计中心双认证，其公司设计师孙广州被评为2013—2018年度郑州市劳动模范。

【探索建立中部知识产权运营中心】 主动对接省、市政府战略安排，围绕知识产权引领产业升级的主线，紧盯知识产权运营转化的核心环节，积极谋划建设中国（中部）知识产权运营中心这一战略高地，在学习借鉴各地经验的基础上，形成了《中国郑州（中部）知识产权运营中心筹建建设方案（讨论稿）》，并已报省、市知识产权局研究。与郑州大学、河南大学等省内15所高校建立了横向联系，尝试搭建高校知识产权转化联盟。

（撰稿：苏智睿　审阅：史金奎）

滨水产业带

【概况】 金水区滨水产业带位

于郑州市城区东北部，金水区中间地带，其规划范围为：金水区境内东风渠和魏河两侧各约600米，以及文化路（北三环至魏河段）西侧约600米，即东风渠与魏河十字交叉形成的稀缺滨水地带。规划总长度17.2公里，其中，东风渠为贾鲁河至中州大道段，长11.6公里。魏河为惠济金水交界处至中州大道，长5.6公里。

2018年，滨水产业带管委会围绕项目招商、项目运行进度、产业带规划等主体工作，加大协商联系力度，抓好项目库数据更新完善，为滨水产业带长远发展打下扎实基础。

【项目招商推介】 结合辖区招商资源，积极与区商务、楼宇部门及相关街道办事处沟通协调，确定了更加符合滨水实际的招商策略。在共享招商平台的基础上，深挖细分招商资源，灵活运用招商形式，由粗放引资招商、土地招商等，逐步转变为以滨水环境、交通便利、政策优势为主的商业楼宇租赁招商。主动与建业凯旋广场、瀚海北金、正弘城（正弘国际广场）、科新苑沿路底商和B座写字楼、华润数码公园地下商业、大观音寺、瀚宇天悦等在建、现存商务楼宇业主对接，摸清招商资源基数，建立翔实的楼宇招商资源台账，并设计制作了滨水产业带招商手册。

【项目协调服务】 按照“项目化推进，台账式管理”的原则，积极主动改进工作方式，加强与项目单位的沟通交流，切实帮助项目单位解决事实问题。管委会主导协调解决了影响华润数码公园地下停车场项目进度的建筑垃圾外运问题，与相关街道办事处、规划、市政、执法、环保等职能单位沟通，在保证大气环保要求的条件下，力争把项目建设受影响程度降到最低，华润数码公园地下停车场项目临近渠西路地下车库出入口已打开，部分地下车位已向社会开放，半地下商业部分装修基本完成。

【滨水产业带项目库】 加强与相关街道的沟通联系，对滨水产业带项目库进行了更新和完善，实行台账管理。新储备了郑州市瑞景置业有限公司开发的美景美境项目、河南新瀚海置业有限公司开发的瀚海思念城项目、河南山顶房地产开发枣庄城中村改造项目、河南豫发置业有限公司开发奥克啤酒厂项目、河南省中业房地产有限公司开发的中业大厦项目等，按照项目滚动运作机制，进一步强化了项目的筹划、建设和储备。

【滨水产业带范围内规划】 通过实地查勘、走访和座谈等方式，组织协调相关部室、辖区单位对《金水区滨水产业带中长期战略发展研究》等相关规划进行讨论研究，辖区规划得到提升和优化，为滨水产业带的长远发展提供有力支撑。

【土地技术支持服务】 实地走访徐寨、枣庄等城中村改造项目、汽车北站改迁项目等，掌握项目进展情况，为项目单位做好土地、规划方面的技术支持和服务，为需要协助办理土地、规划手续的项目单位提供帮助，加快项目进度。召集职能部门、相关办事处、辖区项目单位召开座谈会，对《金水区滨水产业带中长期战略发展研究》及相关规划的可发展性、持续性等进行讨论研究，为滨水产业带的长远发展提供支撑。跟进郑州市渠北公园等新建项目，为项目单位做好土地、规划方面的技术支持和服务，为需要协助办理土地、规划手续的项目单位提供帮助，加快项目进度。

（撰稿：史忠华　审阅：郑长林）

街道

丰庆路街道

【概况】 丰庆路街道办事处位于金水区西北部，南临北环快速路，北靠大学城，西接省体育中心，东邻国基路街道办事处，辖区总面积13.8平方公里，常住人口25万人，现辖陈砦村、庙李村、西史赵村、张家村、二十里铺村、琉璃寺村、枲村7个行政村和中方园、瑞丰、北晨、四月天、安泰、丰庆佳苑、普罗旺世、水晶城、泰和、瀚宇、呈祥11个社区。辖区内有贾鲁河、东风渠、魏河等主要河流沟渠，北环快速路、国基路、三全路、连霍高速横穿东西，东风渠路、文化北路、丰庆路、索凌路纵贯南北，丰庆路办事处已形成“四纵四横”的道路网络，交通便利，地理位置优越。

2018年，丰庆路街道办事处财政收入完成5.38亿元，占目标任务的105.1%；地区生产总值完成57亿元，占目标任务的111.9%；第三产业增加值完成45.8亿元，占目标任务的104.8%；全社会固定资产投资完成85亿元，占目标任务的100.1%；社会消费品零售总额完成33.6亿元，占目标任务的85.2%；共承担省、市、区重点建设项目22项，完成投资100.7亿元，占目标任务的101%；城乡居民人均可支配收入达到32000元，占目标任务的103.2%。

【重点项目建设】 2018年，丰庆路街道办事处结合城中村改造、城区更新的有利时机，推动形成以丰庆路、文化路两纵，国基路、三全路两横的井字形产业布局。红河新天地已投入运营；枲村财富中心已完成桩基施工；轻科大厦已建至地上2层；思念文化创意产业园正在进行地基开挖；丹尼斯陈砦商业综合体已出正负零；海洋馆二期已开始试桩；汇泽时代广场已完成招商，正在进行内外装修。

【城镇化建设】 加快安置房建设，大力推动各项手续办理，同时解决各类遗留问题36个，顺利完成欧凯龙家具城拆迁协议的签订和陈砦蔬菜批发市场的外迁工作。2018年，庙李村一期安置房主体已封顶，二期安置房已全面开挖；陈砦一期安置房分配完成；张家村一期安置房桩基施工；枲村一期安置房网签工作基本完成，二期安置房全面完工进入网签阶段；二十里铺村安置房基本建成，已开始内部装修、外立面装饰和园林景观绿化。

【民生事业】 积极开展卫生计生工作，开展健康宣传活动31次，访视育龄群众6000余人次，办理生育登记服务证1630个。积极完善就业促进体系，完成失业人员技能培训125人，完成就业再就业848人，发放小额贷款40万元。调处劳资纠纷61起，为劳动者追回工资1449余万元。积极完善社会保障体系，城镇居民医疗保险新参保5761人，城乡居民养老保险新参保740人。积极开展社会救助、双拥、老龄、残疾人等工作，发放各类救助津贴240余万元。积极推进服务关口前移，在原有4个窗口的基础上，新增一个受理咨询、退伍军人登记、公租房登记3个窗口，推进政务服务“最多跑一次”，受理各类服务事项2000余件，办结率达100%。

【大气污染防治】 开展工地扬尘治理，辖区48个工地严格施工管理，做到“8个100%”，调整充实“三员”队伍，加强“三员”管理，扬尘整治巡查队实行24小时巡查，发现问题及时通知工地整改。辖区5个监控点PM_{10}累计平均值为103微克/立方米，$PM_{2.5}$累计平均值为61微克/立方米，辖区优良天数累计达到269天。开展“小散乱污”企业整治，对台账中71家企业进行再排查、再整治，跟踪督促70家汽修企业履行与正规回收公司签订的废机油回收合同，督促1家印刷企业开启VOCs回收设备，确保污染物排放达标。

【信访稳定】 抓好平安建设宣传，开展各类宣传活动10余次，重点对“扫黑除恶”、禁毒及反邪教工作进行了宣传，开展“扫黑除恶”谈心谈话96人次。抓好安全生产，召开安全生产大会4次、安监员专题会48次，开展安全生产对话谈心90人次。全年检查生产经营单位564家，排查安全隐患617处，已整改611处，限期整改6处。抓好信访稳定，接访230起，接待来访群众180起，办理巡视组交办信访案件20起、上级转送信访案件60起。做好人民调解，共调解纠纷609件，调成率99%，有效化解了基层矛盾，维护了辖区稳定。

【基层党建】 全面提升基层党建水平。完成7个村、11个社区组织换届选举。同时以村、社区换届为契机，制定了党建工作“规范、提升”四字方针，进一步规范组织、提升标准、严管党员，取得成效。完成了二十里铺村软弱涣散整顿和瀚宇社区、琉璃寺村、杲村等5个村（社区）的党群服务中心建设工作。

【党风廉政建设】 党风廉政得到全面深化。认真落实党风廉政建设主体责任和监督责任，班子成员严格落实“一岗双责”，深入开展《中华人民共和国监察法》《中国共产党纪律处分条例》学习研究。深入开展作风建设突出问题专项整治活动，全面开展自查自纠。加强监督执纪问责，严格纠正“四风”，紧盯“四风”新形式、新动向，严防“四风”反弹回潮。

（撰稿：戴　月　审阅：薛劲云）

国基路街道

【概况】 国基路街道办事处地处郑州市金水区北部，辖区总面积12.48平方公里，常住人口14.3万人，辖沙门、柳林、路砦、高皇寨、刘庄、杓袁、杨君刘7个行政村，21世纪、风雅颂、新田、琥珀名城、金印阳光、魏河、康苑居、国基、新龙银河9个社区及和昌康桥社区筹备组，党（总）支部33个。

2018年，街道公共财政收入实现4.01亿元,全社会固定资产投资完成51亿元,地区生产总值完成42亿元，社会消费品零售总额完成124.4亿元。

【城区建设】 路砦村安置区14栋住宅楼全部封顶、杓袁村安置区已有18栋安置房主体封顶；杨君刘村、刘庄村安置区部分主体分别建至23层、7层；沙门村1号安置区施工临建、护坡施工、桩基施工已完成；高皇寨村、柳林村安置房建设有序推进。

自贸区金水区块施工围挡、土地报批等工作已完成，正在进行土地征收。黄家庵北路、少林路等10条道路推进有序；完成公共服务商业配建泊位及平面临时泊位630个。以全面推行“路长制”为契机，以“全城清洁”、城乡接合部环境综合整治等为载体，积极构建“全方位管控、无缝隙覆盖、精细化管理”的城市管理体系。

【生态环境治理】 以工地扬尘、“小散乱污”、餐饮油烟等专项治理为载体，持续开展大气污染防治，辖区内各建筑工地均严格落实“8个100%”标准；积极配合贾鲁河生态水系综合治理，全面落实“河长制”，加强对辖区河道的巡查监管。

【民生保障】 新增就业386人，完成各类培训197人；调解农民工工资纠纷事件50起、涉及金额668万余元；办理城乡居民基本医疗保险1590人、养老保险234人。累计发放低保金31万余元、优抚金63万余元，采集退役军人和其他优抚对象信息530人。严格依法依规圆满完成第六届居委会、第九届村委会换届选举工作。抓好抓实意识形态工作，加强文明宣传力度，推进公共文化服务体系建设，围绕“快乐星期天”、建党97周年、改革开放40周年等主题，组织开展各类活动100余场。

【社会大局】 认真落实综治和平安建设领导责任制，大力开展扫黑除恶工作，受理调处各类社会矛盾纠纷219起；切实做好矛盾纠纷排查化解及领导接访、包案等工作，接待群众来访81起930余人次；对652个单位进行安全检查，发现一般隐患563处，现场整改398处，限期整改165处。

【基层党建】 研究出台《国基路街道关于全面加强基层组织建设的实施意见》，以“支部提升建设年”活动为抓手，在农村基层党组织推行无职党员“一编三定”，圆满完成2个后进村党组织整治工作，打造党建亮点社区1个；多种形式深入学习贯彻习近平新时代中国特色社会主义思想和中共十九大精神，组织开展“党的创新理论万场宣讲进基层”活动14场；顺利完成街道9个社区、7个村党支部换届选举工作；以“党员活动日”为载体，开展希望小学捐助、义务献血等活动。持续抓好党风廉政建设和反腐败工作各项任务的落实，认真贯彻执行中央八项规定，营造风清气正的良好环境。进一步强化思想教育，严明工作纪律，加大效能督查，街道工作作风进一步转变。

（撰稿：马莹莹　审阅：田　波）

经八路街道

【概况】 经八路街道办事处位于金水区中南部，始建于1954年，是省委、省军区及众多省直机关办公、生活所在地。辖区东起花园路,与丰产路街道办事处、花园路街道办事处相邻；西至东三街、黄河北街,与大石桥街道办事处、南阳路街道办事处相连；北承红专路，与文化路街道办事处相依；南临金水河，与杜岭街道办事处相望。总面积3.44平方公里，共有11个社区、55个网格，常住人口11.8万人，流动人口3万多人。辖区公共单位81个，两新党组织47个，自管党员2328名，流动党员105名。

辖区地理位置优越，金水河由西至东流经辖区南部；交通便利、出行便捷，金水路、花园路、文化路、黄河路等25条市主次干道交错构成辖区道路交通网，38条公交线路穿梭其中；现代服务业、新兴第三产业发展快；餐饮、休闲、娱乐设施完善；商业服务环境良好，极大方便了居民群众的日常生活。

【城市管理】 2016年以来，辖区由于人口密度大、老旧居民区集中、门面房众多、管理乏力等原因，造成城市管理排名提升慢。为破解这一难题，2018年初街道党工委借助组织调整的有利时机，配齐配强城市管理力量，从城市管理的体制机制入手，调整管理模式、运转方式，注重问题导向，加强对路面问题的督查整改，打破长期落后的局面，第二、第三季度排名均位居全区前三。

全市路长制管理模式实施后，街道发挥党建优势，召开辖区党员、居民、单位、门店近1000人参加的工作安排会，组织动员其投入到路长制管理中来，半年来1.5万人次辖区居民参与其中，城市面貌进一步提升。在11月开始的“路长制”月排名中，街道连续两次进入全市前十，成为全区唯一一个连续获得红旗单位称号的单位。

做好大气污染防治工作。辖区13处工地全部严格落实“六个到位”“8个100%”“两个禁止”要求，“三员”24小时在岗履职；460家餐饮企业油烟净化器安装使用率达100%，4吨以上的8台锅炉已全部完成低氮改造。网格化管理工作进一步扎实推进，全年网格排查、督查发现、接收市长热线问题6136个、解决5979个，办结率97.4%，1—11月排名均位居全区前三。

经八路26、27、28号院的老旧楼院进行改造，街道抽调78人，用3天时间对440户居民进行入户走访、征求意见；结合群众意见，组织工商、公安、执法、食药等部门开展联合执法，对院内21处违章建筑、私搭乱建，8处住改商进行彻底整治。在楼院改造临时党支部的带领下，小区内86名党员投入到改造工作中，主动监督，为探索党建引领下的楼院自治打下了基础。

【信访稳定】 信访稳定开创新局面。街道对辖区29个信访户展开全面的排查，深入了解信访人的真实诉求，广泛宣传“三到位一处理”（合理诉求帮助解决到位、不合理诉求思想教育到位、生活困难帮扶到位，行为违法的依法处理）的信访工作精神。通过困难帮扶、召开信访工作听证会、综合协调省信访部门、配合公安机关等方式，使辖区信访形势打开新局面，街道党工委做好信访工作的决心和举措，2018年没有1例进京非访事件。

【民生服务】 经八路街道办事处在做好对贫困群众帮扶的同时，采取民情面对面大走访的方式，走访辖区居民3.7万余户，了解掌握居民诉求，并且提出相应解决办法。在5月份召开的党建工作代表大会第3次会议上通过为民实事6项决议，为群众安装了排椅、晾衣架、大型室内外儿童游乐设施、老年人紧急呼叫器等设施，真正普惠辖区群众，得到广大居民的欢迎和认可，也为街道为民服务探索了方向。

【劳动安全保障】 经八路街道办事处在有序推进各项重点工作、中心工作落实的基础上，各项社会事业也取得了长足发展。走访慰问到位——重大节假日慰问军烈属、贫困党员群众、低保家庭、计生特扶家庭等1115人次，将党和政府的温暖送到居民家中。帮扶到位——举办招聘会，妥善追讨处理拖欠农民工工资15起、涉及金额79万余元，为小微企业提供无息贷款、促进民营经济健康发展，为11416名群众落实各项计生奖励扶助政策、进行孕前免费优生健康检查、为残疾人发放护理补贴、生活补贴、临时救助金等，及时受理、上报公租房申请资料878份，按时发放高龄补贴469万元等，一系列关爱行动将党和政府的关怀送到百姓身边。护航到位——开展法律宣传活动，排查调解各类矛盾纠纷；注重宣传教育，营造浓厚的“扫黑除恶”工作宣传氛围；联合多个职能部门排查检查人员密集场所和危房，及时消除安全隐患；剪除飞线1220余根、在楼院和道路两侧新增充电桩2010孔，满足群众充电需求。

【党的建设】 以社区党组织成功换届为起点，街道党的建设迈入新的发展阶段。11个社区党组织支委成员的增加，为党建工作注入了新的力量，“支部建在连上”这一做法成功被复制进网格，53个三级网格全部建立了网格党支部，对辖区2380名直管党员进行了直接分包。通过入户走访、关心关爱，提升党员对组织工作的认可，使得党员组织生活参与率达到空前的高度，社区党组织凝聚力明显增强。街道机关党支部组织生活也更加严格，拉近了党员之间的距离，增进了了解、提高了互信，工作中的协作更加默契，工作成效明显提升。区域化党建在2017年的基础上进一步深化，111个党组织与党工委签订共建协议，主动分包了辖区94户困难群众。逢年过节的走访慰问、平日里的嘘寒问暖，使困难群众对党组织的关爱心存感激；区域化党组织成员之间交流更加频繁，对街道党工委的信任、依赖更加显著，参与街道建

3月22日，区委书记陈宏伟（右一）带队到省委社区检查指导“两委”换届工作

设的热情更加高涨。2018年开展的两季“微心愿”征集活动，在很短时间内就被党员和党组织争抢一空，25个家庭的“微心愿”得以圆梦。全年街道先后接待中央组织部组织二局、省委、市委以及全省各地党建调研、参观团90个。

【党风廉政建设】　认真履行全面从严治党主体责任。严格执行民主集中制议事决策制度，所有重大问题和重要事项，都提请党工委会议适时研究；党工委书记与班子成员明确分工，签订党风廉政建设“一岗双责”责任书；强化街道纪工委的监督执纪职能，率先完成纪工委书记“三转”工作；认真开展以案促改、“帮圈文化”专项排查工作、违规经商专项治理工作，加大对街道中心工作落实情况、党风廉政建设“一岗双责”、作风纪律等方面的督查力度，传导压力、保持高压，时刻绷紧廉洁自律这根弦。成立派出街道监察专员办公室，聘请11名社区廉情监督员，有效防止群众身边的“微腐败”，打通党风监督的“最后一公里”。

抓好巡视巡察整改落实。结合省委第一巡视组巡视金水反馈意见，街道认真对照、举一反三，将问题整改作为最大的政治任务，成立了街道巡视整改工作领导小组，下设10个专项小组，切实加强对省委第一巡视组巡视金水区反馈意见整改落实工作的组织领导；结合实际制定了切实可行的方案，同时根据十一届区委六轮巡察出现的共性问题，建立问题台账，落实整改责任。

（撰稿：章　艳　审阅：房建设）

文化路街道

【概况】　文化路街道办事处位于金水区中北部，辖区面积约5.57平方公里，下辖14个社区居民委员会，1个行政村（关虎屯村），常住人口5.6万人，流动人口2.3万人。辖区内有54个公共单位，河南农业大学、郑州个大学工学院等8所大中专院校，河南省农科院、河南省社科院等5个科研单位坐落其间，是金水区科研文教中心。

2018年，文化路街道办事处实现地区生产总值120亿元，同比增长10.6%；固定资产投资126亿元，完成目标任务的126.8%；社会消费品零售总额49.2亿元，同比增长7%；9个省市区重点项目投资38亿元，完成目标任务的105.5%；第三产业增加值完成106亿元，同比增长8.7%；引进域外资金7亿元，占全年目标任务的64%。外贸进出口完成3.97亿美元，占全年目标的45.2%。全年引进域外境内资金13.4亿元人民币，实际利用外资2100万美元，进出口总额完成4.82亿美元。地方公共财政预算收入6.68亿元。

【经济建设】　持续推进“支柱产业带动新兴产业”战略，把发展现代金融商贸、高新技术创新、产业园区培育等作为新的增长点，不断完善现代产业体系结构。统筹发挥东风路正弘城、花园路丹尼斯两大商圈在产业布局、营商业态方面的区位优势，辐射带动农科路、动物园、万达金街、省博物院等周边形成集商务楼宇、特色街区、餐饮服务、商贸百货于一体的四大产业，引领街道经济实现新的飞跃。仅两大商圈全年就实现营业收入150亿元，直接带动经济增长1.2个百分点，实现2.1万余人就业，为社会提供就业岗位6000余个。

深入实施“引入、培育、发展、提升”发展战略，积极推进产业链招商、行业招商、协会招商、联盟招商，引进河南中新百川新能源有限公司、及时雨消防科技有限公司等总部企业7家；正弘城项目全面开业创收，成功促成香港特别行政区政府驻河南联络处落户建业凯旋广场。辖区33栋重点楼宇，共吸引入住企业7333家，完成全口径税收10.13亿元，完成区级税收2.3亿元。

【城市建设与管理】　坚持以项目建设统领经济社会发展，以“项目化推进、台账式管理”推动项目实施，承接正弘国际广场、东关虎屯新天地等“四重点＋民生”重大项目9个，完成投资33.09亿元，超过目标任务8个百分点。东关虎屯新天地项目、361街坊片区改造项目有序推进，正弘城、建业凯旋广场项目开业创收，经五路17号院街坊改造项目全面启动，城市建设持续释放强劲动能。

坚持以城市精细化管理“路长制”工作为契机，以交通综合整治和市容市貌大提升为抓手，以城市精细化管理美化、净化、亮化、绿化、文化、常态化为要求，倾力打造农科路示范街，以点带面促进辖区市容环境大提升、大变样。持续实施城市环境提升工程，深入推进“路长制”工作，规范非机动车停车区、完善商户联治、公众有效监督、示范街环境整治等，有效解决城市管理中“脏、乱、差”等突出问题；持续开展“全城清洁”行动，加强违法建设拆除工作。开展各类集中行动100余次，清理小广告、乱贴乱画等18000余处，拆除违建20处，1450平方米，完成绿化面积61900平方米，新建停车场2个，提供停车位1645个，市容市貌进一步改善。

持续深化“绿水青山就是金山银山”的发展理念，坚持网格巡查、零点夜查、暗访督查和督促整改的工作机制，深入开展环境污染防治宣传、“6·5”世界环境日宣传等活动和“环保宣传示范社区”创建、“散乱污”企业整治取缔等工作，严格落实建筑工地一岗三员工作责任制，构建齐抓共管监管机制，切实保障大气污染防治工作有效落实；全力推行“河长制”工作，强化河道管理，保护生态文明；深入实施道路绿化、楼顶绿化、拆墙透绿等工程，扩大绿化面积，提升辖区整体景观。

【社会管理服务】 坚持“琐事不出网格、小事不出社区、大事不出街道”的原则，以“社会管理功能不断完善、为民服务水平不断提高”为目标，持续深化政务服务平台联合深度，搭建集网格信息、数字化管理、技防监控等资源共享的综合管理平台，有效解决辖区内环境卫生、交通秩序、老旧小区整治等群众关注的热点问题1984件，处置率达100%，实现了各类问题的统一受理、集中研判、及时交办、限时办结。

11月，郑东新区观摩团观摩“农科路”路长制工作示范街

【平安建设】 坚持科级干部接访、矛盾排查化解和信访联席会议等制度，妥善处置群众反映的热点难点问题，全年共接待群众来访300余次，排查调处各类矛盾纠纷289起，调处成功率达到100%。加大安全生产监督检查力度，全年共组织开展安全隐患专项整治行动30余次，检查楼宇企业、购物商场、娱乐场所等1639家，消除事故隐患151起，安全生产形势持续平稳。强化立体化治安防控体系，依法防范和严厉打击各类违法犯罪活动，严厉打击邪教组织，营造了安全稳定的社会环境。

【基层党建】 坚持以区域化党建为统揽，以“智库”服务体系为载体，以党建联席会议为抓手，以“协商议事、共驻共建、双向服务、考核评议”四项机制为保障，通过上下联动，组织联建，队伍联管，资源联享，服务联办，党群联治，从封闭运行、自我服务向开放运行、共同服务转变，实现了党建责任清晰化、组织架构网格化、党员管理常态化、基础保障规范化、公共服务多元化、民主自治活力化，形成了以党建为引领，经济发展、城市管理、公共服务、民生改善，相互衔接、互为支撑的共驻共建新格局。全年共组织中心组学习9次，举办“科级干部讲党课”10次，为辖区“两新”党组织宣讲基层党建知识5场，开展各类文化活动80余场，“两新”企业共提供服务清单111项，开展各类志愿活动30余次，发动志愿者1500余人次参与活动。与此同时，圆满完成了社区（村）“两委”换届工作，成立了纪检监察专员办公室，配齐配强纪检监察专干。

【社会民生事业】　民生改善释放红利，社会保障普惠大众。街道坚持满足人民日益增长的美好生活需要，坚持以创业带动就业，实现就业再就业2161人；分类施保低保、低收入189户家庭；为45户计生特困特扶家庭发放帮扶资金30000余元；围绕“健康老人”和“失能老人”服务项目，组织开展各类关爱活动380余次，20000余名老人受益。726个便民服务网点全年共为辖区居民提供各类服务1.4万余次，累计向社区托老站、残疾人康复站、社区卫生服务站等惠民工程投入资金300余万元，让群众得到更多看得见、摸得着的实惠。

宣传及精神文明建设成效显著。坚持共建共享美好家园的理念，持续深化群众性精神文明创建活动，先后组织开展以“红色文艺轻骑兵”“快乐星期天”“我们的节日”等为主题的群众文化活动36场，开展“党的创新理论万场宣讲进基层”活动9场，参与党员群众3500余人次，满足不同层次群众的政治文化需求，进一步丰富了辖区居民群众的业余生活。舆情信息和网络监控等工作，全年共办理网民诉求、市长热线、区长热线及市区ZZIC交办件共计2663起，通过积极协调上级有关部门，主动采取有效措施，顺利处置了市民关心的热点、难点问题，处置率达到100%。

（撰稿：任　远　审阅：申晓东）

7月4日，区委书记陈宏伟（右一）走访慰问困难老党员

人民路街道

【概况】　人民路街道办事处成立于1961年9月，地处金水和管城两区交界处，由辖区主干道人民路而得名。四邻分别为未来路街道办事处、花园路街道办事处、杜岭街办事处和管城区。辖9个社区居民委员会，分别为人民路社区、紫荆山路社区、工人新村社区、顺河路第一社区、顺河路第二社区、顺河路第三社区、水文局社区、东里路社区和金紫伊苑社区。

辖区面积1.52平方公里，有常住人口3.7万余人，流动人口4000余人。除汉族外，还有回、满、维吾尔、壮族等少数民族。辖区内驻国家直属单位有水利部黄河水利委员会、中国建筑第七工程局；驻省属单位有河南省环境保护厅、河南省中医学院第一附属医院、河南省话剧团、河南黄河河务局；驻市属单位有郑州市升达艺术馆、郑州歌舞剧院等。其中位于人民路的丹尼斯总店是在郑州较早出现的量贩式大型百货超市。辖区交通便利、基础设施完善，北依紫荆山公园和金水滨河公园，是比较理想的人居地带。

2018年人民路街道办事处完成一般预算收入3.43亿元，增速2.7%；地区生产总值107.12亿元，增速10.5%；第三产业增加值59.19亿元，增速10.5%；建筑业总产值263亿元，固定资产投资2.11亿元，占年度目标的140.9%；社会消费品零售总额160.78亿元，增速11.9%；省、市、区重点项目2.55亿元，占年度目标的102.0%；外贸出口1383万美元，占年度目标的124%；实际利用外资100万美元，占年度目标的5%。

【税源经济体系建设】 对辖区1.5平方公里进行深耕细作，明晰经济结构优化工作思路。时时跟踪完善税源信息管理系统，深入开展第四次全国经济普查，共摸排辖区1297家（个）企事业单位和1525户个体工商户，更新完善动态台账，准确掌握企业税收、固投、产值等情况，理清思路，找出短板，挖掘新的经济增长点。以UFO.WORK共享办公——紫荆山“新工作方式提案店”成立为契机，探索共享办公发展新模式，11月16日，金水区新阶层人士统战工作实践创新基地在此处揭牌，为辖区经济发展增添新动力。

【重点项目建设】 郑州商都历史文化区宫殿区工程金水区项目自2016年12月29日正式启动征收后，聚全办合力，集思广益，克难攻坚，顺利推进。该项目文物勘探已结束，待国家文物局批复后进行全面发掘。同时，与建设部门加强沟通，紧盯商都历史文化区建设进度，提早着手谋划，增强发展内涵，推动周边经济和文化的繁荣。

城北路打通及棚户区改造项目东至紫荆山路，西至工一街，南至金水与管城两区交界处，北至北关大街。该项目区域内有成套住宅177户，棚户35户，建筑面积14636.86平方米，文物发掘已结束，加快安置房建设，争取道路打通同步开工，早日完成群众回迁工作。南仓变电站建设中，国省电力公司已进场施工。东里路34号院旧房改造项目，建筑总面积12万平方米，已启动文物全面发掘，场内道路硬化完成。

11月7日，区委常委、组织部部长时博（左二）到人民路街道调研基层党建及重点项目建设

【城市管理】 “路长制”工作全面深入推进，以网格为基础，落实“一模式四体系”工作法。将辖区15条主次干道划分为35条责任路段，并将沿街商户、公共单位、地铁站点、共享单车站点的管理员纳入到路长的补充力量，成为路长制责任单位，凝聚合力，共同推动市容环境、沿街立面、道路秩序等综合整治。8月在全市“路长制”工作观摩中，顺河路段作为全区示范点接受领导视察。同时，坚决做好大气污染防治、扬尘治理、“小散乱污”整治、河长制等工作，新建公厕2座，绿地20000平方米，楼顶绿化500平方米，辖区4个工地按照“8个100%”整治达标，升级改造燃气锅炉3台。

【网格化为民服务】 依托网格落实各项惠民政策，新增就业1824人，培训下岗失业200人，城镇居民医疗保险310个，完成小额担保贷款850万元，城镇居民养老保险110个，年审就业失业登记证225本；完成97户低保家庭、7户低收入家庭的审核，上报申请公租房135件，发放高龄补贴160.15万元。开展“扫黑除恶”专项行动，加大信访矛盾纠纷排查力度，共排查化解社会矛盾纠纷7起，接待受理群众来信来访17件次，办理区转办、交办案件11件。签订消防安全目标责任书1108份，开展安全专项整治17次，排查出消防安全隐患360余处，下达整改通知书19份，并已全部整改到位，联合消防部门开展安全生产教育培训26

次，拆除清理存在安全隐患的楼顶建筑物1900平方米，有效防止了安全事故的发生，辖区人民群众的安全指数得到提升。

【党组织建设】　坚持中心组理论学习和干部职工学习制度，采取集中学习、个人自学、专题研讨、辅导讲座等多种形式，重点抓好中共十九大精神、省市区党代会、全会等精神的宣传贯彻。2018年，组织开展“万场宣讲进基层”活动3期，党的创新理论进基层活动4场，累计培训党员干部千余人次；依托“主题党员活动日”及纪念建党97周年系列活动，开展“学习中共十九大精神”主题教育活动，党员干部知识素养不断提高。

加强社区党建阵地建设，通过与驻区单位共建、选址新建、租赁等方式，累计投入资金500余万元，对顺河路第一社区等7个社区党群服务中心进行标准化建设；整合辖区资源，建设街道大党建“智库”，与48家公共单位、非公企业达成资源共享，街道27个“大工委”及社区“大党委”成员单位累计认领服务项目80余个，服务群众上万次。

【党风廉政建设】　对照党风廉洁建设相关要求，严格落实街道党工委主体责任和纪工委监督责任，制定落实“两个责任”清单，将“两个责任”细化、量化、具体化。以巡视巡察整改、优化经济发展环境专项整治、“小金库”专项清理等活动为契机，强化监督执纪问责，切实抓早抓小，防患于未然，营造风清气正的政治环境。

（撰稿：王永胜　审阅：张晓戈）

花园路街道

【概况】　花园路街道办事处位于金水区东部，辖区东起东明路，西至花园路，南起金水路，北至黄河路，面积3平方公里，是河南省人大、省政协等省级机关和省直机关所在地，辖区共有人口76904人，由10个社区组成，分别是省供销社社区、通信花园社区、省卫生厅社区、甲院社区、农业院社区、工业院社区、省民航社区、戊院社区、省水利厅社区、省银行社区。

花园路街道办事处位于省直单位行政区，地理位置特殊，土地稀缺，可利用资源少，辖区经济以第三产业为主。辖区各项基础设施和城市功能比较完善，金融、商务、商业等现代服务业和生活性服务业有机交融。辖区内有省建设银行、省人保等金融、保险机构总部，各类商业银行分支、网点密集分布，西北角的金融广场可以提供方便快捷高效集中的金融服务。广汇国贸、经纬大厦、新闻大厦等一批商务楼宇业务发达，对辖区经济发展起到了十分重要的支撑作用。

花园路辖区还是郑州市高端餐饮、高档住宿及各类高档消费的核心集聚地，有全省星级最高、服务设施最完善、服务水平最高的中州皇冠假日酒店、索菲特国际饭店、民航大酒店等高档酒店群，有以西湖春天、威威娱乐广场、space酒吧、上上酒吧为代表的高档餐饮娱乐场所，山河宾馆、长城饭店、府苑食府、知青村、国旅、中青旅等不同层次的酒店、餐饮、旅游休闲、娱乐场所和服务机构星罗棋布，还有迁郑后最早成立的正道花园商厦以及纬四路服装市场、纬四路农贸市场等，生活条件十分便利。

2018年，花园路街道完成地区生产总值934.93亿元，同比增长10.1%；完成第三产业增加值92.94亿元，同比增长9.9%，社会消费品零售总额38.26亿元，同比增长9.6%；完成一般财政预算收入20.02亿元；省市区重点项目完成37.3亿元，占目标任务104.6%。

【经济建设】　召开楼宇企业座谈会。召开楼宇企业暨纳税企业座谈会，广泛宣讲“金典六策”，出台小额贷款办理、招工等优惠举措，吸引更多的企业投资经营。

开展“税源清查”活动。联合税务部门以网格为单位开展“税源清查”活动，进一步澄清税源底数，对排查出的漏征漏管户及时协调税务机关进行登记。

全力推进重点项目建设。辖区共有省、市、区重点项目3个。其中，嘉里中心项目建筑工程规划许可证已办理，住宅部分开工许可证已办理，现场已实质性开工，正在进行基坑建设；河南影视大厦项目建筑规划许可证已办理。

扎实推进重点工程建设。辖区涉及轨道2号线、轨道5号线和紫荆变电站等市政重点工程。其中，轨道5号线花园路站已完成总施工量的90%，预计2019年5月竣工；轨道2号线黄河路站安置房项目安置房项目正在进行混凝土支撑施工。

【城市精细化管理】　扎实推进路长制管理。按照“路格集合”的原则，突出党建引领，推动社会共治，扎实推进路长制管理。2018年，在市精细化管理考核排名位居前列，市数字化考核排名中共获得9次前三名，有13条道路被评为红旗路段，荣获郑州市第四季度爱国卫生红旗单位。

有序推进生活垃圾分类工作。以“健康生活　生态社区”为主线，有序推进生活垃圾分类工作，省民航社区垃圾分类及厨余变宝项目受到国家住建部、省住建厅的认可。

老旧片区建设提质。作为全区老旧片区提质示范区唯一试点，完成0.4平方公里围合区概念性规划设计。以纬二路26号院老旧小区提质改造为突破口实施百城建设提质工程，有效改善老旧小区基础设施。同时对其他6个老旧小区同步实施改造提升，切实改善居民生活环境。

【公共服务】　选优配强社区两委。坚持“强队伍、打基础、利长远”的工作原则，采取“三个三分之一”的选人办法，选优配强社区干部队伍。

社区公益创投项目有序运行。依托社区社会组织服务中心，培育孵化符合社区治理需求的各类公益性、服务性社区社会组织44家，成员1500余人，征集社区自治、社区环保、助老服务、青少年服务等公益创投项目25个，2018年共开展各类服务活动260余场次，服务辖区居民12500余人次。

深化为老服务。依托街道老年大学，建立老年大学专用微信公众号和网站，实现线上教学与线下教学相结合；制定老年大学志愿服务积分制，激励更多学员参与到老年大学志愿服务活动中来。2018年，累计服务9700余人次，总服务时长20200小时。

【民生保障】　加大劳动和社会保障力度。2018年，实现城镇新增就业再就业人数2118人，新办理“就业失业登记证”348个，居民医疗保险1182人，失业人员技能培训204人，完成小额贷款1940万元；帮扶救助各类优抚对象178户，新申请公租房共计100户，登记退伍军人5296人。

做好卫计管理与服务。2018年，共办理生育登记服务证441个，独生子女父母光荣证107个，举办健康讲堂12次，完成孕前检查180对，完成家庭医生签约15701人。

全力维护辖区安全。与辖区2320家生产经营单位签订《目标管理责任书》，认真开展百日攻坚行动、节后复产复工、安全生产谈心谈话、电动车集中整治等活动，筑牢安全防线。

做好信访稳定工作。发挥街道、社区、基础网格三级矛盾化解网络作用，全面做好重点人员的稳控和矛盾排查化解工作，全年未发生赴省进京非访现象。

深入推进“扫黑除恶”专项斗争。通过构建街道大联防群，开展“扫黑除恶”暨平安创建集中宣传活动，积极营造“扫黑除恶　人人参与；平安建设　人人满意”的浓厚氛围，进一步提升公众安全感。

【基层党建】　实施五个一百工程。创新开展了“五个一百”（中共十九大精神百讲、习近平思想百谈、志愿服务百团、结对帮扶百对、花园榜样百人）系列活动。全年共开展百讲百谈206次，引导共建单位与辖区124个困难家庭结成帮扶对子，成立街道志愿服务总队统辖110支志愿服务队伍，评选传承家风、邻里互助、热心公益、建功立业等各类“花园榜样”100名。

加强区域共建共治。依托“契约化、项目化、常态化”的区域党建工作机制，推动成员单位间组织共建、资源共享、党员共管、活动共办、事务共商，实现各方力量和资源的互联、互补、互动、互助；在全省率先探索举行街道社区代表大会，搭建民意表达平台，推动基层民主协商自治；深化星级楼组创建活动，带动社区居民、公共单位共同参与创建，推动区域共建共治共享。2018年，共新创楼组49个，续创楼组201个，星级楼组覆盖率达到60%。

扎实做好巡视整改工作。按照“主动认领、领导带头、立行立改、统筹兼顾”的整改原则，制定《花园路街道巡视整改落实工作方案》，明确街道党工委书记为巡视巡察整改第一责任人，实施挂图作战，对有条件立即整改的，即知即改，务求成效；对情况较复杂的，明确时限，有序推进整改，确保整改一个，销号一个，不留死角。

（撰稿：吴冬冬　审阅：崔海东）

杜岭街道

【概况】　杜岭街道办事处成立于1961年8月，是金水区的南大门，辖人民路以西、西太康路以北、铭功路以东、金水河以南，成不规则的多边形，辖区内有大小街道9条，其中西里路、北二七路和西太康路为主干道，公交路线四通八达，总面积0.9平方公里，下辖7个社区，大小楼院及平房区46个，居民户数5764户，在辖区居住的人口数17310人。

辖区内有公共单位18家，其中主要有郑州市政协、郑州市公安局、金水第一公安分局、郑州幼师、郑州师范附属小学、金水区新建幼儿园、郑州百货大楼、郑州市购书中心、天河大酒店、广州大酒店等。

2018年，杜岭街道办事处突出招商引资源头引进和项目建设的产业支撑作用，保证经济稳步增长。完成区级财政收入7731万元，实现地区生产总值26.06亿元，同比增长9.8%；社会消费品零售总额25.89亿元，同比增长12.7%；第三产业增加值25.65亿元，同比增长9.2%；城镇居民可支配收入4.54万元，同比增长9%。

【城区建设】　太康路旧城改造项目安置房预计2019年启动群众回迁；张砦街片区改造项目控规、修规及安置房设计方案正在编制，全力推进安置房的各项手续办理；二七商业区综合管廊项目涉及辖区26个点位，剩5个点位正接力协商，确保时间节点内完成拆迁任务；丹尼斯拆迁遗留户成功消化2户。

【城市管理提升】　积极探索城市管理长效机制，深入开展背街小巷治理、楼顶治理、“全城清洁”等活动。以“路长制”工作为契机，通过实施分块管理、网格到人、责任到人的方式，开展车辆管理、卫生整治、占道清理等工作，完成22辆制式垃圾清运二转车规范化管理，共清理占道经营4000余处，整治户外广告和门头牌匾825处，乱贴乱画4600处，粉刷楼体12000平方米，清运垃圾1500立方米。

以优化生态环境为重点，先后组织大型环保宣传活动3次，通过悬挂条幅、发放宣传手册、利用公共电子显示屏滚动播放环保标语等方式，宣传环保理念，提高居民环保意识。同时，严格按照“8个100%”要求，落实“三员”责任制，定期网格巡查、联合督查、夜班巡查等方式，对辖区工地严查重管，全面落实大气污染防治工作要求，城区空气质量持续向好。

【民生服务】　2018年杜岭街道办事处在收入形势十分严峻的情况下，资金最大限度向民生领域倾斜。全力帮扶各类困难群众，走访慰问特殊群体686户，送去慰问品、慰问金39.9万元；发放残疾人生活补贴、护理补贴111人次共计17.81万元；高龄津贴1632人次共计56.04万元；优抚对象生活补贴61人共计59.01万元。新增就业1223人，新增居民医保124人，办理居民养老19人。创建丹尼斯大卫城流动人口示范化企业，流动人口综合管理率达到100%。

积极创新社区建设亮点工作，投入资金20万元，在全区首创性地实施了“民意乐享”居民提案工作，陆续启动了杜岭社区大学、水电维修服务、宠物之家服务、助老为小服务等“金点子”项目14个，培育了老年模特队、启航艺术团、兰亭书画社等9个志愿者服务队，提升了居民生活质量；投入资金42万元，逐步实施了基础设施改善、文化墙彩绘等老旧楼院“一院一景”项目12个，提升了居民生活品质。

【社会综合治理】　不断提升网格化管理实效，联合交警支队、执法中队等职能部门，集中对丹尼斯大卫城、郑州市百货大楼等交通乱点进行整顿，清理违规停放电动车（自行车）3000辆，有效改善了辖区交通环境。同时，强化网格化管理平台、数字化城市管理平台及治安防控平台等多领域的信息联动，实现问题的统一受理、集中研判、及时交办、限时办结。全年共排查各类问题1399起，解决问题1398起，处置率达99.9%，一大批群众关心的热点难点问题得到有效解决。

积极应对城市发展新形势下的各类社会矛盾，坚持领导接访、矛盾排查化解和信访联席会议等制度，正确对待和妥善处理群众反映的热点难点问题，共接待群众来访260人次；排查并成功调解各类矛盾纠纷21起，居民满意率达100%；坚持不懈地开展安全隐患排查整治，检查施工工地、人员密集场所等123次，消除事故隐患161起，安全生产形势持续平稳。全力做好“扫黑除恶”专项斗争工作，强化立体化治安防控体系，辖区各类刑事、治安案件发案率较2017年大幅下降，居民安全感进一步提升。

【党的建设】 坚持以高质量的党建工作助推街道经济社会高质量发展，全面落实新时代党的建设总要求，各级党组织战斗堡垒作用和党员先锋模范作用得到充分发挥，党建统领全局工作成效明显。全年召开街道党工委会议18次，大工委及非公党建联席会8次，党组织书记述职评议会3次，真正落实了“书记抓、抓书记”的党建工作责任制，层层压实了管党治党主体责任。

深入推进“支部建设提升年”“逐社区观摩、整街道推进”等工作，增强了支部自身建设。通过明确会议主题、流程、内容，严肃规定动作等措施，科学规范了“三会一课”等党内组织生活制度。开展党课映客直播、万名党员进党校、中共十九大精神宣讲、观看专题教育片等学习教育活动29次，“党建＋志愿”系列活动186场，提升了直管党员政治素质。

投入资金130万元，先后改（扩）建3个社区办公用房共计680平方米，建成并投入使用睦邻中心、党员驿站等党群活动中心共计740平方米，切实强化了党建阵地建设。

通过全面排查辖区497家“两新”组织，派驻党建指导员11人次，新建“两新”党组织1个，引导辖区“两新”组织整合各类党建资源，推动了党的建设从“有形”覆盖，到“有效”覆盖的转变。

认真开展了主题研讨、专题讲座等活动40余次，切实提升了意识形态工作水平。依托党员驿站、党群服务中心等党建阵地，积极开展“迎国庆”“快乐星期天”等主题活动60余场，唱响主旋律、大力弘扬社会主义核心价值观。强力推进“文明单位”创建工作，发挥文明单位示范带动作用，受到了社会各界和各级报刊媒体的大力宣传。同时，认真开展了舆情信息和网络监控等工作，全年共办理网民诉求、市、区ZZIC交办件共计1555起，综合协调处置了1180起市民关心的热点、难点问题，375起移交有关职能部门处置，成功处置率达到100%。

【廉政建设】 严抓“一岗双责”责任制落实。按照“一把手负总责、分管领导直接负责”的要求，从党政一把手到班子成员，都对所管范围内的党风廉政建设负起责任，并贯彻到工作的方方面面。成立街道巡视巡察整改领导小组，严格整改落实省委巡视、区委巡察反馈意见指出的问题，做到整改“任务、措施、时限、责任领导、责任人”五明确，逐一落实整改。针对巡视巡察中指出的共性个性问题，进一步修订完善考勤、请销假等制度，加强对干部职工的工作纪律、考勤和办事流程落实情况等方面的监督，真正以巡视巡察整改促街道纪律作风再转变。

深入开展了街道“代表双活动日”“代表接待选民日”等活动，组织代表、委员考察各项工作14次，落实各类意见建议24条，充分发挥人大代表监督和政协委员参政议政的工作职能，为街道重大决策提供重要参考依据。正确引导辖区郑州佛学社、西太康路基督教堂2个宗教场所依法依规开展宗教活动。重点打造了街道青年之家，先后承办了团省委的社工宣传服务月启动仪式、“青年大学习”主题座谈会等活动。

（撰稿：王凯旋　审阅：全凤　李晓华）

南阳路街道

【概况】 南阳路街道办事处位于金水区西部,东三街北段16号，因临近辖区主干道南阳路而得名。辖区东至黄河北街，西至二环道及朱屯以东，南至岗杜街北至寺坡村、孟砦南街，面积3.42平方公里，地势西北高东南低。

南阳路办事处辖区主要路段：南阳路段（岗杜街—太极公馆以南）、黄河路段（岗杜北街—黄河路下穿铁路桥）、沙口路段（金水路铁路桥以北—农业路高架以南）、二环道（二环道以西至下穿桥中心线）。辖区共有10个社区，55个网格，159个居民楼院，33846户，常住人口84862人，流动人口11117人。有回、满、壮、土家、蒙古、瑶、朝鲜、布依、侗族9个少数民族。拥有河南省红十字血液中心、郑州市政管理处等公共单位。辖区商业网点密集，有大中型饭店几十余家，大中型便民超市10家。有南阳路、沙口路、黄河路、卫生路等大小街道21条，交通便利，22、23、27、30等公交车从辖区通过。

2018年，全年税收任务3.22亿元，实际完成税收3.24亿元。全社会固定资产投资目标总量19.7亿元，实际完成21.20亿元，占目标任务的107.6%；社会消费品零售总额全年完成19.06亿元，同比增长-8.5%；全年完成地区生产总值54.7亿元，同比增长9.9%。完成第三产业增加值53.88亿元，同比增长9.3%；省、市、区重点项目年度计划投资30.29亿元，实际完成30.75亿元，完成目标任务的101.4%；外贸进出口额目标2612万美元，引进域外境内资金12亿元。外贸进出口额完成2474.46万美元,占全年任务的94.73%；域外境内招商引资完成12.70亿元。

【重点项目建设】 寺坡、六里屯城中村及周边连片改造项目：安置房于2015年9月正式启动建设，A01地块4栋安置房已封顶；A03地块连片安置区7#楼建至十三层，8#楼建至九层，9#楼建至二十一层；K02-01地块建至地下一层。大孟砦城中村改造项目:安置房已全部封顶，其中F-01地块三栋安置住房正在进行配套工程地下施工；G-01地块安置开发混合地块，七栋住房二次结构砌体已完成。王府坟城中村改造项目：村庄建筑物拆除完毕，垃圾二次清运已完成，土方已清运95%；施工单位已进场，正在进行桩基施工；按土地征收报批手续，指挥部正在准备相关资料。农业路高架项目：除3处涉铁公共单位正在由铁路局进行统筹安排还建，其余已全部完成。红专路市政管网铺设征迁项目：南阳路以东至天明路以西路段沿线拆迁完毕，施工单位已进场施工，施工段为丰乐路海滩街段。

【城市精细化管理】 在贯彻落实金水区“1+2+N”城市管理模式的基础上，创新出了“三级路长”“三包精细”“四大体系”“五措并举”的“3345工作法”。

高标准打造“路长制”示范街、以点带面。对辖区黄河路路段进行高标准整治，制作“三包、四清、四规范”治理标准公示牌，一店一牌安装到户；实施10户轮值组长制度，实现商户自管自治，相互监督，整体提升；开展“五星级”商户、党员示范店评比活动，通过选优树典、示范带动，激励带动更多社会力量参与“路长制”工作。多措并举、长效管理。通过第三方督察考评、智慧化宣传规范发动社会力量参与、日巡查、周例会、月考核全力做好路长制长效管理。

提出“一抓二建三融合”城市管理暨老旧社区管理思路，对老旧小区物业管理进行创新，为10个社区、112个无主管楼院引入物业公司进驻管理。

积极推进垃圾分类工作，按照市、区关于垃圾分类的统一部署，制定《南阳路街道办事处垃圾分类工作方案》，并成立了领导小组，选定了7个社区为试点区域，按要求有序推进该项工作。

【环境综合治理】 汽修行业治理。联合各社区督促各汽修企业办理环评备案，建立工作台账，不定期巡视，监督各汽修厂使用环保涂料，督促安装使用废气回收装置。同时，要求各企业签订《危险废物回收合同》并集中处

9月13日，区委书记陈宏伟（中一）、区长魏东（左二）观摩路长制建设

理危险废物。

工地综合治理。进行24小时值守，确保出现问题能第一时间有人发现、治理和上报；加大对建筑工地巡查力度，发现问题及时反馈、及时整改到。辖区11个在建工地全部达到“8个100%”标准要求。

油烟净化治理整治。对辖区各单位（门店）的油烟净化口安装使用情况进行不间断的排查并登记造册，并要求对油烟净化器定期进行清洗，辖区内有300个单位餐饮店，安装使用率达到100%。

持续做好大气污染防治。开创大气污染防治工作“片巡制”4+3+2+1工作模式，将“四元联动”“三类对象”“两种问题”“一个目标”有效结合，切实推动大气污染防治工作扎实有效。

【社会民生服务】 以党群服务中心建设为重点，着力提升便民服务能力。按照整体项目推进措施和时间节点，党群服务中心二次装修正在进行中，相关科室与职能部门对接各功能馆室的建设。

逐步完善社会保障体系。全年实现新增城镇就业再就业2233人，帮助失业人员实现再就业458人，就业困难人员再就业126人，农村劳动力职业技能培训完成32人，新增高技能人才40人；小额担保贷款完成1020万元，企业信用度年审工作完成90家，均超额完成全年目标任务。

做好卫生计生工作，扎实开展流动人口卫生计生基本公共服务均等化、清理清查等。全年常住人口91124人，其中已婚育龄妇女19496人；共办理一孩、二孩生育服务证163份，三孩生育证3份，期限内出生310人。

稳步推进民生事业。细致做好低保、低收入社会救助工作，共核查统计低保家庭172户，213人，低收入家庭16户，42人；认真落实优抚对象政策，积极开展高龄老人补助津贴申请和退伍兵登记。辖区共有优抚对象143人，信息认证率100%。共申请高龄老人津贴1977人，登记退伍军人3800人，已全部完成审核及系统录入。

着力开展住房保障工作。2018年，全年受理公共租赁住房申请申报242户，对19户经济适用住房申请户进行变更，并对513户已申请保障性住房户进行了年审。

【平安建设】 安全生产方面。落实“党政同责、一岗双责”制。成立了南阳路街道办事处安全生产、防火安全委员会，并制定了《南阳路街道办事处安全生产职责分工》（征求意见稿），每月初召开安委会工作例会；明确安全生产主体责任。年初街道与社区、村组及所有生产经营单位分别签订了《安全生产、消防安全目标责任书》，共签订安全目标责任书1863份。并将辖区内89家人员密集场所列为重点监管单位，建立一企一档。同时根据个别生产经营单位经营周期短，变更比较快，每个网格长按照辖区实际情况及时变更、签订目标责任书，另新签订596家。

信访稳定方面。认真落实“分级负责，归口管理”和“谁主管，谁负责”的信访工作原则。2018年办事处领导班子共接访290余人次，受理信访案件8起，当场解决案件5起。办事处信访办共受理办结各类网上交办、来信来访的信访案件及矛盾纠纷42起；通过多种方式对“扫黑除恶”专项行动工作的意义、打击重点进行宣传；设置举报箱，公开举报电话，畅通信息渠道；同时结合街道自身职能，以发生在群众身边的“涉黑涉恶”行为为整治重点，多次联合公安机关召开联席会议，配合公安部门积极排查处置，据公安部门提供的信息，南阳路公安分局成功打掉一个涉恶团伙。

【党组织建设】　狠抓资源整合，强化党性教育。结合社区建设、社区服务、社区活动等需求，运用好“一征三议两公开”工作法，围绕“两学一做”学习教育要求，把党章党规、理论政策等知识融入党员活动日系列活动当中，充分运用现代远程教育等手段和党报党刊、广播电视、信息网络等媒介，拓展党员教育培训途径，引导党员自主学习。

落实从严治党要求，优化党员管理。以“组织关系理顺、参学党员不少”为目标，采取自查、核查等方式，对街道基层党组织党员在册、缴纳党费、参加组织生活等情况进行全面排查和核实，从源头上理清党员组织关系；严肃党内生活，深化作风建设。把严肃党内政治生活作为深化作风建设的关键性举措，引导党员干部牢固树立“四种意识”，着力营造管党治党浓厚氛围；严格党内组织生活制度，规范基层党组织“三会一课”、组织生活、谈心谈话、党性分析、保密管理等党内政治活动基本程序，通过制度规范确保党内政治生活规范、确保全年无泄密事件发生。

（撰稿：轩冰冰　审阅：杨　雪）

12月25日，党支部组织冬至包饺子活动

大石桥街道

【概况】　大石桥街道办事处成立于1984年，位于金水区西南部，东与经八路街道办事处接壤，南隔金水河与二七区相接，西与中原区相望，北与南阳路街道办事处为邻，办公地址设在优胜南路3号院11号楼。面积约1.9平方公里，呈不规则的东西长方形状，下设9个社区。

2018年，街道共组织完成公共财政预算收入1.18亿元，占全年任务91.3%，同比增长-1.4%。地区生产总值45.28亿元，同比增长9.9%；第三产业增加值累计完成44.92亿元，同比增长8.8%；省、市、区重点项目完成3.47亿元，占目标104.2%；社会消费品总额累计完成22.01亿元，同比增长11.5%。

【市政节点工程】　沙口村改造项目安置房建设施工有序进行，项目进展顺利。郑州市市政控制性节点（地下交通）工程项目已完成协议签订554户，签订率为96.18%，已拆除房屋18000平方米；郑州市市政控制性节点（地下交通）工程新增项目，除工商银行（涉及大型仪器设备多，手续复杂）协议未签订外，均已完成协议签订。

【城市管理】　“脏乱差”整治效果明显，依托社区网格，开展垃圾专项整治、“四乱”专项整治、“全城清洁”等活动，共清理积存垃圾920辆，粉刷外立面墙体500平方米。“路长制”全面铺开，将街道所辖19条道路按社区划分为39个责任路段，制作安装78块“路长制”公示牌；投入资金11.62万元，对停车标志、标线进行增补，规范停车位；以“健康路、优胜南路”为示范街道，把中小学校及沿街商户代表纳入特色“路长”，推动精品示范道路创建工作在全辖区铺开。停车场建设任务超额完成，辖区停车场建设任务数150个，已完成临时停车位50个，在建停车位557个，任务完成率达405%。

【民生工程】 社会保障服务更优化。新建成社区托老站1家，帮助困难居民申请落实大病救助等各类救助补贴47.7万元，采集退役军人和其他优抚对象信息686人；全年共为53名参战、涉核人员发放生活补助金38.3万元；为57名伤残军人发放伤残金112.82万元。发放生育登记服务证283人，持续开展“新家庭计划——家庭发展能力建设”项目试点工作；组织举办春季招聘会、校园招聘会，实现新增就业1866人，完成年任务100.86%，天下城社区被评为河南第二批省星级充分就业社区；新申请公租房187户，经适房变更15户；受理农民工拖欠工资案件14起，为农民工讨回工资16.72万元，农民工合法权益得到维护。

【平安稳定建设】 推动“扫黑除恶”专项斗争宣传全覆盖，开展各项宣传活动40余次；社区巡防队协助公安机关抓获各类违法犯罪嫌疑人21名，破获案件10起，为群众做好事73件。全年未发生重大群体性事件和突出信访事件，社会治安秩序良好。全面落实安全生产责任制，安全生产目标责任书签订率达100%；集中开展安全生产综合整治百日攻坚行动等排查整治行动16次，联合南阳路公安分局等开展联合执法行动20余次，下达整改指令书1100份，开展事故应急演练30余次，常态化检查确保辖区安全稳定。

【组织建设】 党建工作。圆满完成社区“两委”换届选举，深入推行“两级备案”“三个公示”，进一步规范落实“三会一课”制度，认真召开巡视、巡察专题民主生活会、“提高党性修养、争做合格党员”组织生活会，抓好党建活动阵地建设，深化推进“逐社区观摩”活动，坚持“党员活动日”制度，持续开展丰富多彩的党建活动。全年共开展各项党建活动148次，拍摄制作的电教片《老兵的自白》，被选入市委组织部优秀电教片进行展播；通过街道微信公众服务平台开展网上党务实务培训，每周对学习内容进行点名提问或测试；每周一集中开展政治学习，党工委书记每季度审查一次学习笔记；组织到先进兄弟单位参观学习，持续举办“万名党员进党校充电计划”培训班，坚持政治理论学习提升党员干部职工的政治理论素养；开展超标配备办公用房、“帮圈文化”等专项清查活动，成立大石桥街道监察专员办公室，进一步加强了纪律监督检查。以群众文化活动和宣传为依托，抓好党管意识形态宣传，开展快乐星期天等各项活动，在《郑州日报》等报刊媒体发表报道418篇，充分发挥了党建引领功能，传播正能量，弘扬主旋律。

民主政治建设。2018年，街道党工委坚持以学习交流提素质，以制度建设为保障，先后组织代表学习6次，并开展座谈、调研等活动3次；利用代表之家和工作站组织活动50余次，共组织4次集中考察，有针对性地向上级反映建议与解决实际问题汇总意见与建议40条。

群团工作。新组建辖区企业工会24家，签订工资集体协商

8月7日，组织“万名党员进党校”活动

172家，新增工会会员240余人；积极推进“青春家园”建设，开展各类青年志愿者活动。

【巡视巡察整改】　高度重视各级党委巡视巡察整改工作，坚持“严、快、实”的标准，对发现反馈的问题立即整改。对省委第一巡视组巡视发现的问题，街道认真落实各项整改措施。对区委第一巡察组巡察发现的4大类45个问题，已经制定整改方案和整改台账，明确责任领导、责任人及责任部门，细化整改措施，按照时间节点有序扎实整改，坚决保证问题整改到位。

（撰稿：杨　崇　审阅：宋　锋）

南阳新村街道

【概况】　南阳新村街道办事处位于金水区西北部，成立于1961年10月，东至丰庆路，南至南阳路38号太极公馆小区，西至嵩山路北段，北至兴隆铺热电厂刘寨工业园区，呈不规则的南北长方块状,总面积约7.8平方公里，现辖12个社区居民委员会，共有居民5.27万余户、14.3万余人,是金水区面积较大、人口较多的街道之一。辖区属于以铁路运输、机械和食品加工为主的老工业区，是郑州市铁路局所辖的“三北”（北站、机北、辆北）所在地。随着市场经济体制的完善和社会的变革，辖区90%的企业处于倒闭、半倒闭和停产状态，因此，街道呈现改制企业多、下岗职工多、弱势群体多“三多”局面，民生问题较为突出。按照市、区网格化管理的总体部署，街道全面实行网格化管理，实现社会服务“零距离”、社会管理“全覆盖”、居民诉求“全响应”的新局面。

2018年，街道完成区级财政收入1.72亿元，同比增长18.39%，占全年总任务的102.06%；引进域外境内资金完成全年任务的100%；固定资产投资完成101.5%；社会消费品零售总额完成13.96亿元，同比增长12.8%；重点项目建设目标完成4.10亿元，占目标100.12%。

【城市建设与管理】　安置房建设。小孟砦村安置房于10月31日分配完毕；岳砦村安置房于3月18日正式回迁。基础设施建设。地铁三号线建设项目搬迁完成；农业路快速通道工程除涉及郑州市铁路局的3处房产需签订搬迁协议外，其余均已完成。公共停车泊位新增500个。

开展以“路长制”为载体的城市精细化管理。明确辖区道路路长责任人，打造天明路段、农业路段两条“路长制”精品街；重新规划辖区道路停车线；开展“全城清洁”50次，清理垃圾7000余立方米；拆除标识标牌65处；整治一公里示范街门面房167间。

【大气污染防治】　成立工地巡查专责小组，24小时不间断巡查；按照“8个100%”标准实时监控工地；开展第二次全国污染源普查；中央第一环保督查组“回头看”督办的天明路15号院和沙口路28号驴肉汤以及蓝天保卫战督办的京广人和汽修都已整改到位。

【党群服务中心建设】　建立以绿城社工为主导，“绿城社工+彩虹社工”联动运作的工作团队，启动社区党群连心桥项目，开展活动46期；成立党群办公室，党群服务中心已于11月20日试运营；积极完善运营模式及管理模式。

【社会民生事业】　接管省市退管人员10018人、安置退伍士兵到专项岗位31人；办理离退休人员省内外异地认证347人；完成全民养老催缴80余万、全民医保1466人；更新企业台账1610家。

受理公租房申请680份，完成配租审核345余户；落实最低生活保障待遇261人，申请医疗救助金15.51万元、低保金172万余元、伤残金148.50万元、参战涉核人员生活补助45.26万元、“三属”定期抚恤金19.82万元、高龄津贴194.11万元。

【信访稳定】　大力运用法治思维和法治方式化解信访问题。2018年受理群众来信来访35件次，区交办案件15起，区政法委交办3起。对省、市信访部门交办的信访报果案件及时报果，做到了件件有着落，事事有交代。坚持日报告制度（短信或电话），要求及时报送当天信访稳定工作动态。继续大力有效的开展领导接访活动。

【党的建设】 组织开展“逐社区观摩、整街道推进”活动；严格执行双重组织生活制度；深入开展“支部建设提升年”，推进党支部建设的规范提升；推广“星级楼组”创建和党建“智库”体系建设机制；排查辖区3434家非公有制企业基本情况，推进“两新”组织覆盖率，严把发展党员政治关；开展“万名党员进党校充电计划”，深化拓展“党员活动日”“政治生日”等机制；投入96万余元对社区服务中心进行了改造提升，强力推进服务阵地建设；开展庆祝建党97周年系列活动。

（撰稿：杜玉阁　审阅：梁　艳）

丰产路街道

【概况】 丰产路街道办事处成立于2000年5月18日，地处郑州市城区东北部，辖花园路、政七街以东，东风渠、农业路以南，中州大道以西，黄河路、纬五路以北，东与郑东新区相连，南临花园路街道办事处，西接文化路街道办事处，北连北林路街道办事处。现辖16个社区、1个村民委员会和14个村民组，总人口约10余万人。

2018年，丰产路街道办事处完成地区生产总值161.43亿元，同比增长9.8%；财政任务为6.28亿元，实际完成6.47亿元，占全年任务的103.2%。完成第三产业增加值151.74亿元，同比增长9.8%；完成固定资产投资40.28亿元，占全年目标106%；完成重点项目投资66.82亿元，占全年目标89.5%。完成社会消费品零售总额315.86亿元，同比增长7.1%；完成规模以上工业增加值同比增长31.0%；城乡居民人均可支配收入4.78万元，同比增长8.4%。完成域外境内资金11.67亿元，占全年目标110.0%；完成全口径吸收外资0.03亿美元；完成外贸进出口总额3.25亿美元，占全年目标102.7%。

【重点项目工程】 2018年丰产路街道办事处共有10个区级重点项目。其中，续建项目7个，新开工项目3个。2018年重点项目投资目标74.65亿元，全年累计完成重点项目投资66.82亿元，占目标的89.5%。完成新开工项目2个，开工率66.6%。郑州金运置业有限公司天境广场建设项目：累计完成年度投资3亿元，占目标的100%。常砦城中村改造项目:累计完成年度投资5.6亿元，占目标的103.7%。枣庄城中村改造安置区建设:累计完成年度投资5亿元，占目标的100%。押砦城中村改造安置区建设：累计完成年度投资11亿元，占目标的100%。押砦开发区建设项目:累计完成年度投资21.91亿元，占目标的73.5%。西韩砦城中村改造安置区建设：累计完成年度投资5亿元，占目标的100%。东韩砦城中村改造安置区建设：累计完成年度投资1.95亿元，占目标的100%。东韩砦开发区建设项目：累计完成年度投资1.95亿元，占目标的100%。张砦村、杜岭新村城中村改造安置区建设：累计完成年度投资5.6亿元，占目标的100%。张砦杜岭新村开发区建设项目:累计完成年度投资2.76亿元，占目标的95.0%。

【城中村改造】 丰产路街道涉及城中村改造项目7个。常砦项目安置地块三5#、9#楼桩基施工完成；6#楼地下三层施工完成；7#楼正负零施工；10#楼筏板施工；11#楼五层结构施工。押砦项目A–02安置开发混合地块已开工，支护工程已完成。土方外运工程已完成95%，桩基施工完成68%。枣庄项目控规方案在市长联审联批会顺利通过；安置区土方共计出土约73%；C、F、G桩基施工已完成，8#、9#灌注桩施工完成55%。东韩砦土地手续方面已完成土地确权和预登记；规划手续已完成控制性详细规划专家评审，已取得控规批复。6月22日完成联审联批会上会；B–02地块（1~8号楼、地下车库）土方清运完成12万立方米、安置区支护工程完成10%。张砦杜岭项目拆迁和垃圾清运已完成，土地确权已完成，控规得到市政府批复，A–01安置地块修规正在区规划局审核中；改造方案已上区政府会；A–01安置地块文探、地勘已完成，环评已经备案，土方开挖合同已经签订，基坑支护方案已完成设计。西韩砦项目控规已批复，人防、抗震、环保、消防预审已完成，国有土地上房屋征收搬迁补偿协议近期签订3户，剩余13户，完成率93%。

【城市管理】 实行交警、城管、执法一体化的联合巡查整治机制，对财富广场、苏荷中心、社保大厦等重点区域规划停车区域、规范非机动车停放，并对共享单车划定禁投区，提高道路通畅度。2018年，共疏导乱停乱放非机动车3万余辆。巡查并整治突店经营和占道经营共6000余起，清理乱堆放垃圾杂物2000余处，清除户外小广告3000余处，联合拆除违建60余处，清理并拖离“僵尸车”累计共50余辆。

统筹协作、精准发力，抽调精干力量，联合交警、交巡、市容协管员对璞丽中心附近的黑停车场进行依法取缔。共拖离10余辆机动车，悬挂禁停告示牌20余块，分流摆放900余辆共享单车供市民骑行，使周边交通秩序得到明显改善。

通过加大宣传力度，分发宣传页，派专人盯守，联合执法等形式对省医周边机动车乱收费、非机动车乱停放、违章建筑等现象进行集中治理。安排共享单车公司拖离堆积车辆，规划省医周边非机动车停放区域，拆除省医周边违章建筑，确保省医周边交通道路畅通。

三级路长及各路段长“定人、定时、定责任”，设置“道路管理责任公示牌”，对巡查发现问题以“自发自处”的模式处置。结合市、区考核评比结果，在“路长制”评比中获得红、黑旗的路段，路段所在的相关社区及负责人相应记红、黑旗一次，并进行通报，且在当月绩效考核和网格评比中给予加分和扣减。

强化大气污染治理，严格按照“8个100%”要求，做好工地扬尘治理，持续开展“零点夜查”工作，由街道科级领导带队进行炉灶、露天烧烤和餐饮油烟的日常巡查，发现问题及时处理，对辖区东风渠（中州大道—经三路段）开展日常巡查、督查，建立黑臭水体台账，未出现新增排污口。

【社会民生】 社保就业再就业全年任务2150人，已完成2150人，完成全年任务的100%；下岗失业人员再就业任务360人，已完成360人，完成全年任务的100%；就业困难人员就业任务100人，已完成100人，完成全年任务的100%；小额贷款全年任务1300万元，已完成770万元，完成全年任务的59%；农民工返乡创业任务30人，已完成30人，完成全年任务的100%；持续开展日常监察、投诉举报和专项整治工作，进一步规范企业用工行为，妥善处置劳动保障重大违法案件查处和群体性事件，累计解决农民工工资1396060元；发放独生子女父母光荣证89人，国家特别扶助享受总人数59人，其中，失独31人，伤残28人。独生子女计划生育养老计生补贴享受总人数90人。城镇独生子女父母奖励扶助共计5471人。

【社会治理】 落实“党政同责”和“一岗双责”责任制，开展安全生产宣传教育活动8次，推动企业责任落实；排查企业1102家，发现安全隐患43处，全部处置；多部门联合整治违规充电并清理楼道隐患3246处；积极化解群众矛盾纠纷，认真落实并顺利完成信访稳定保障工作各项任务，信访稳定工作未发生一起非访、集访。

【党建活动】 一是严格执行党的政治生活制度。结合“两学一做”学习教育，全年组织召开8次党工委会专题研究基层党建工作，召开街道区域化党委会3次、社区区域化党委会80余次，党建工作代表大会1次，组织支部书记述职2次，建立重点党建工作任务清单32项，科级领导带队深入村、社区督促落实“三会一课”、党员活动日等工作，并带头讲党课。各支部认真扎实开展组织生活会，街道班子领导参与支部活动，过好双重组织生活，民主评议党员，严肃执行党内政治生活制度。二是完成党费收缴。各基层党支部按照最新党费收缴管理规定完成党费收缴工作，所收党费已上缴区委组织部，无垫付、截留、挪用、贪污党费的现象。三是坚持标准，严格程序，按照发展党员工作程序严把入口关，按照组织规定程序把关审核，全年发展党员26名。并抽调精干力量，成立工作指导小组，对中共十八大以后入党党员资料进行梳理审查。

（撰稿：郑李君　审阅：姚文波）

东风路街道

【概况】 东风路街道办事处位于金水区西北部，东临渠西路，南到双铺路，西至南阳路，北接北三环，辖区总面积6.5平方公里，下辖17个社区，3个行政村，71个公共单位，143个居民楼院，常住人口130237人，流动人口17431人。辖区有河南财经政法大学文北校区、郑州轻工业学院等高等院校，河南省中医院第二附属医院、河南省煤炭医院等大型医疗机构，科技市场、百脑汇、硅谷广场等IT产业，是金水区科研、文化、信息、物流相对聚集的区域，也是中共金水区委、区人民政府、金水区人民检察院等区级机关所在地。辖区环境优美，拥有郑州市最大的公共绿地——中州绿荫广场。交通便利，28条道路、30余条公交线路纵横交错，为市民出行创造便利条件。

2018年，东风路街道办事处公共财政预算收入完成4.3亿元，完成目标的102%；固定资产投资完成28.6亿元,完成目标的113.2%；社会消费品零售总额实现62.6亿元，省、市、区重点项目完成投资43.2亿元，完成目标的103%。

【重点项目及棚户区改造】 完成双铺路两侧红线范围内附属物拆迁、评审等事项；推进地铁7号线和8号线换乘点白庙站地铁拆迁。小铺村城中村改造项目、姜砦村连片改造项目、大铺村连片改造项目进展顺利。小铺项目8栋安置房已封顶，其中安置区5、6、7号楼完成外墙装饰施工和水电安装，安置区9、10号楼与安开混合区A、B、C座进行外墙装饰、门窗及水电安装施工；姜砦项目A2地块安置房出正负零，最高建至16层；大铺项目A2地块桩基施工完成，进行筏板及地下室施工，A1地块进行土方开挖及护坡喷浆施工；十二里屯村开祥御龙城二期安置房及紫檀华都村集体安置房、地铁安置房完成网签任务，共网签1365套。

【城市精细化管理】 推行“路长制”工作。依托“1+2+N”工作模式，建立社会参与共治体系，开展符合东风路街道的管理模式“三联三评”。“三联”即路长重点联系公共单位，社区重点联合职能部门，城市管理员重点联动商户门店；“三评”即问题讲评、示范选评、宣传促评。共治理非机动车乱停放1368处，立面整治1900平方米，门头牌匾整治128处，选出文明诚信商户28家，党员示范店5个。整治支路背街。采取上门入户宣传，督促商户做好“门前五包”，积极协调公共单位、商场、物业等相关部门，对辖区内小广告、橱窗广告、门头牌匾、污损破旧墙体立面进行全面清洁、整改。整治交通秩序。与“路长制”工作相结合，采取“一疏二堵三规范”措施，先后4次约谈4家共享单车公司，规范共享单车的投放和停放，交通秩序得到好转。整治楼顶杂物。建立楼顶杂物台账，宣传与行动并重，共清理楼顶杂物乱堆放及积存垃圾等293余处，约2000立方米。拆除违法建设。对辖区135个楼院进行详细排查，并建立台账，宣传与执法并重，共拆除楼顶违建90余处，面积3975.24平方米。

【优化辖区环境】 依托网格化管理，对工地开展日排查、夜巡查,督促工地严格按照8个100%标准施工，做好扬尘治理工作；加强对室外喷涂、切割、焊接以及餐饮油烟净化装置使用情况的检查，确保依规经营，按要求使用。采取日常监督与加大执法力度相结合，以高压态势推进渣土车治理，加大对无证营运的“黑车”和乱倒乱撒的渣土车的查处力度。优化城市环境，提升城市品质，每周定期组织开展“清洁家园”义务劳动，开展病媒生物防制，助力城市环境进一步美化。完成公厕选址13处，进场施工6处；完成公共服务和商业配建停车场6个，平面临时停车场3个，共计477个泊车位；街道共有45个老旧小区，其中5个开始升级改造。

【民生事业】 以群众健康需求为导向，依托社区卫生服务中心，在各社区开展家庭医生签约服务，做到服务人群底数清，需求人员数量明，为进一步开展好健康教育和健康促进、慢性病防治及治疗，孕婴保健服务等打好基础。完成家庭医生签约15416

户，46136人。

做好计划生育奖扶及流动人口卫生计生。全年共有3360人享受到60岁独生子女父母奖扶，其中特别扶助44人，独生子女父母奖励费3352人。先后开展了“把健康带回家”为主题的流动人口均等化服务活动，举办健康教育大讲堂活动，利用节假日开展对流动人口的关怀、关爱、救助帮扶、慰问等。

实现新增城镇就业再就业人员2434人，失业人员再就业292人，完成申请小额担保贷款2020万元，失业技能培训完成276人，城镇登记失业率控制在4%以内。举办4次招聘会，提供就业信息2200余条，岗位7000多个，达成签约意向1500余人，现场签约700多人。累计受理拖欠劳动者工资案件30余件，为200余名劳动者挽回拖欠工资、社会保险等各类经济损失达500余万元。

【辖区综合治理】 深入推进“扫黑除恶”专项斗争。街道成立扫黑除恶专项斗争领导小组，全方位排查“涉黑涉恶”问题线索，及时与公安部门对接研判，按照“有黑扫黑、无黑除恶、无恶治乱”的工作要求，进一步净化辖区环境，维护发展稳定大局；指导各单位、各部门加大宣传力度，畅通线索举报途径，动员全民参与，形成浓厚工作氛围，提高对黑恶势力的震慑力。

处置老旧楼院文化路83号院房屋裂缝险情。险情发生后街道组织人员和群众一起开展自救，最终确保148户居民群众全部安全撤离，后根据区政府决定，与居民签订了《拆迁征收补偿安置框架协议》，为问题的彻底解决做实前期基础工作。

推动3个房地产楼盘遗留问题化解。经过与多部门多次沟通协调，弘润幸福里项目水电报批手续已基本完成，工作有了新进展；外运项目，区相关领导亲自带队到北京外运总部沟通协调形成意见，工作取得新的突破；科创项目，经过领导小组与经开区工作组的多次沟通协商并达成一致意见，下步有望实施一次性化解方案。

全年共排查安全问题1520处，现场整改1435处，限时整改85处，已完成83处，整体完成率99.86%。视频监控系统实现辖区所有主次干道、重点单位、物业小区、无主管楼院及商场学校等全覆盖。

群众有所呼，党委政府有所应，街道全年通过网上信访系统共接案61起，办结58起，办结率达95%，全年回复处理市长热线各类问题688件。全年街道共完成中央巡视组交办案件57件，省委巡视组交办案件12件，办结率全部达到100%。

【党风廉政建设】 贯彻落实中央、省市纪委“三转”工作要求，10月19日为金水区监察委员会派出东风路街道监察专员办公室举办揭牌仪式，按标准打造谈话室、清风茶社等纪检监察办公场所，挑选政治素质高，业务能力强的3人作为纪检监察专干，又根据工作实际，分别从17个社区、3个村聘请共计20名廉情监督员。

层层签订《党风廉政建设“一岗双责”目标责任书》78份，提醒各级领导层层开展廉政谈话230余人次，压实街道、社区、村各级领导党风廉政建设“一岗双责”工作；先后开展“违反中央八项规定精神回头看”“帮圈文化”等专项整治，着重做好严禁工作日饮酒日常排查及婚丧喜庆、外出学习考察备案等各项日常工作，促使街道党风政风风清气正。

坚持监督执纪与教育警醒相结合。监督：在村（居）委员会换届工作中，街道严把质量关、程序关，及时回应群众关切，确保选举工作公开透明公平公正顺利进行。换届结束后，专门召开村组干部任前廉政谈话会，向当选村干部提出工作要求，帮助村干部牢固树立规矩意识，底线意识。针对农村财务管理制度不完善的情况，先后制定《东风路街道村级财务管理办法》等8项制度并汇编成册，进一步规范民生资金、三资管理。执纪：街道将执纪工作与“扫黑除恶”、巡视整改、大气污染防治等重点工作相结合，不断拓宽监督平台，畅通监督渠道。警醒：利用微信、飞信平台共发送廉政提醒类信息110余条。突出抓住春节、清明、“五一”、端午等时间节点，召开专题廉政谈话会，严防“假日腐败”；及时通报违纪违法典型案例开展以案促改。

【党的建设】 街道将ISO 9001

国际质量管理认证标准导入基层党建工作，建立ISO党建质量管理体系，打造ISO党建质量管理平台，推行基层党建工作质量标准化管理，成为全省首家实现党建认证单位。通过对党建工作的实时跟踪、监控和考核，实现党员日常管理服务的科学化、精细化，为基层党建提供了标准，助力党建插上“信息化”翅膀。

持续推动“一支部一品牌”创建。打造出一批如文化绿城社区“红色先锋·益起前行”，轻院社区“香香姐服务社”，文北社区“益同行”健康之路，同乐花园社区“青春·家苑”等叫得响的东风党建品牌。

先后开展手抄党建知识读本、举行党建知识考试，组织中共十九大知识竞赛等活动，确保“两学一做”学习教育常态化制度化落到实处。先后组织召开“提高党性修养，做合格党员”组织生活会和巡视整改专题民主生活会，开展“逐社区观摩、整街道推进、整区提升”活动，形成“党性体检”常态机制。结合“党的创新理论万场宣讲进基层”“万名党员进党校”活动，落实意识形态工作一岗双责，共计教育培训党员3600余人次，其中入党积极分子68人。认真落实“三会一课”制度、党员活动日制度、“双重组织生活制度”等，以ISO 9001党建质量管理平台为依托，指导各支部开展党课学习78次、召开支委会301次、党员大会110次、党小组学习372次，开展党员活动日活动151次。

以街道“大工委”、社区“大党委”工作机制为基础，持续深化城市基层党建格局，挖掘辖区单位、行业党组织资源，发挥其独特优势，成立“红色联盟”服务圈，让“单位人”走出单位，实现资源共享、组织联建。

在路长制工作中，街道以区域化党建“红盟”为载体，通过与共建单位签订“区域化党建红盟单位认领路段承诺书”，由“红盟”单位结合自身特色对所认领路段进行管理。注重发挥党员志愿者队伍及直管党员的力量，通过“党员上路”“积分评比”“夺旗争星”等活动，唤醒普通党员的身份意识和责任意识，助力“路长制”工作向纵深推进。

组织人员对12822家非公企业和社会组织开展排查，对排查出有党员的非公企业和社会组织，加强党建指导，对党务人员加强业务能力培养，共成立耶鲁外语培训学校、棒拇指艺术培训中心、目明远见医疗器械有限公司等24个两新党组织，着力提升非公企业和社会组织党组织覆盖率。

（撰稿：栾振涛　审阅：董丽霞）

未来路街道

【概况】　金水区未来路街道办事处建于2002年，位于郑州市城区东部，以辖区主干道未来路而得名，东与郑东新区CBD（中央商务区）隔路相望，南与管城区紧密相连，承东接西，联南贯北，是金水区的东大门。

2018年，未来路街道办事处地方公共财政预算收入完成6.03亿元，同比增长31.09%，超全年任务8764万元。地区生产总值111.2亿元，同比增长10.4%；第三产业增加值完成103.8亿元，同比增长10%；社会消费品零售总额完成31.6亿元，同比增长10.5%；固定资产投资完成26.5亿元，占全年目标任务的188.2%；重点项目完成投资超20亿元，占全年目标任务的110%以上。外贸进出口额完成2.18亿美元，占目标81%；引进域外境内资金超10亿元，超额完成全年目标任务。

【楼宇经济】　辖区27栋商务楼宇，入驻企业4257家，入驻率92.03%，从业人员56040人，完成楼宇区级纳税2.9亿元；举办“金水区楼宇经济发展专项扶持政策宣讲会”和金水区“金典六策”产业扶持政策大型宣传推介会，开展“楼宇企业服务年”活动，培育全口径税收亿元以上楼宇6幢。

【城市精细化管理】　以精细化管理为目标，辖区环境明显改善。大棚户区改造。聂庄片区村民已回迁，各项遗留问题基本解决到位；黑朱庄改造安置房分配3939套，60户门面房分配40户；司家庄2#、3#地块工程进度有序推进，土地确权资料已上报；燕庄遗留问题处置方案正在

曼哈顿广场商圈

新鑫花园老旧小区加装电梯改造

完善。

“路长制”推行。以“三纵三横一示范”精品道路建设为载体，大力打造玉凤路、纬四路、英协路精品示范道路，实施“一模式四体系”工作法，在33条道路全面推行“路长制”，设立一级路长4名，二级路长11名，三级路长25名，合理划分路段101个，设立路长公示牌、“路长制”智慧平台、道路驿站等。全年共粉刷墙面5000余平方米，施划非机动车停车线40000余米，修补路1000余处，整治小广告3000余处，整治突店、占道经营2000余处。

“健康细胞”建设工程。深入推进“健康纬四路　幸福千万户”活动，以线带面，创建并打造出精品示范道路1条，健康步道、健康文化长廊各1条，门头牌匾精品示范街1条，申报健康社区3个，评选明星店铺2家。

百城建设提升工程。拆除违法建设面积929平方米，楼顶私搭乱建4处395.4平方米，完成251栋楼、1321立方米垃圾杂物清理工作；预计在3年内完成16个老旧楼院改造工作，已整治提质试点楼院2个。

【生态环境建设】　大气污染防治。以“示范工地”创建为载体，辖区14个建筑工地严格落实“八个百分之百”要求，签订渣土车清运承诺书9份，非道路移动机械承诺书10份；全国第二次污染源普查共清查生活源锅炉36台，已完成低氮改造5台，工业源锅炉5台已全部完成改造，排查工业源企业55家；重点对就餐人数达到500人以上的饭店、酒店进行监控监管，及时更新完善600余家油烟净化器安装清洗台账；排查整治“小散乱污”企业18家。“河长制”工作。建立河长制巡河制度，对金水河、熊儿河未来段进行巡查280余次，解决问题17个。城市生态系统建设。新建游园选址7处，新建绿地62641平方米，新植乔木3095株，新植月季等花灌木6042株，完成楼顶绿化639平方米，确定垃圾分类试点社区3个。

【市政重点工程建设】　道路建设工程。商城路、玉凤路、英协路、福元路等道路完成复浇；东明路大修涉及周边建筑物征收和拆除基本完成。轨道交通建设。郑州市市政控制性节点（地下交通）工程姚寨站聂庄地块已交付，签订征收协议24户，剩余4户已送达征补决定书。停车场建设完成泊位780个，公厕选址已完成19处，开始建设6处。

【民生保障服务】　劳动保障。

城镇新增就业再就业人数1980人，下岗失业转就业307人；各类就业培训346人次；居民医疗保险新增参保983人，养老保险新增90人；联合人社局在辖区举办大型招聘会6场，累计参加招聘会企业300余家，接纳求职4246余人次；申请小额担保贷款650万元。

办理生育登记服务1005份，再生育审批3人；MIS系统人口基本信息完整准确率97.26%，流动人口综合管理率95%；60岁以上独生子女父母奖励扶助对象2808人，扶助金额314万余元；建成母婴设施配置3家；开办老年餐桌，200多名70岁以上老人享受爱心服务；高标准完成国家流动人口动态监测专项工作。

选举产生97名居委会委员和7名村委会委员，社区新推选居民小组长295名，居民代表649名，楼栋长383名；燕庄村新推选村民小组长18人，村民代表238人；完成51户公租房家庭的实物配租审核和126户保障性住房家庭的初审上报；享受高龄补贴老年人913人，新建社区日间照料中心（托老站）1个；“郑州慈善日”募集捐款30余万元；申请慈善救助10万余元；启动2018年“多元参与　精准服务”政府购买服务项目；退役军人信息采集3326人。

【平安建设】　围绕全国“两会”及中央、省委巡视组巡查期等重大敏感时期，开展排查10余次，掌握不稳定因素64起；领导接访197次，其中书记、主任各接访37次；办理各类转送、网上信访系统、交办案件1743起。

金色港湾社区“老年小餐桌”

共召开安全生产重点会议18次，工作例会34次，专题培训人数达150余人；持续开展“百日攻坚”“安全生产大检查大执法大督查”“安全生产月”等活动，签订目标责任书2250份，签订率100%，累计排查大小生产经营场所1068家，排查隐患297处，已整改到位262处；投入安全生产经费20余万元；建设微型消防站4个，配备消防员12人，着力打造“3分钟安全圈”，构建“1+4+N”安全体系。

依托网格平台处置办结各类案件25030起，办结率99%；成立扫黑除恶工作领导小组，收到举报线索10条，已全部移交至公安部门；辖区230个监控布点已完成，设立1个总控中心，8个分中心；组织开展法治宣传活动10次，发放宣传材料8000余份，参与活动达800余人次。

【党建提升】　完成11个社区和

未来路街道党群服务中心（和谐号）大厅

燕庄村党总支部委员会换届工作，燕庄村18个村民小组党支部选举工作；摸底排查非公企业党建情况4000余家，新成立两新党支部5个，发展党员17名；未来路街道党群服务中心“和谐号”和“梦想号”相继建成并投入使用；每季度组织开展“逐社区（村）观摩”活动；组织各社区（村）、机关党支部党员召开“提高党性修养 争做合格党员”专题组织生活会；筹备并召开街道第一届党建工作代表居民代表商户代表大会；围绕“六个一”、“七一建党”、党员活动日等主题开展活动100余次；开展“未来大家谈”“万名党员进党校”“党的创新理论万场宣讲进基层”等党员教育培训活动30余次，累计参训人员3000余人次

（撰稿：屈梦媛 审阅：刘 蓉）

北林路街道

【概况】 北林路街道办事处于2002年8月9日成立，位于金水区城区东北部。所辖区域为北环路、八一路以南，东风渠以北、以东，中州大道以西，东西长、南北窄，呈不规则扇形，花园路、经三路、环城快速路交错期间，交通便利，素有郑州北大门之誉。辖区面积6.7平方公里，下设11个社区居民委员会，1个行政村（马李庄村），4个自然村（马李庄、桑园、徐砦、黄家庵）；人口10万余人，其中流动人口3万人。

2018年，北林路街道办事处完成财政收入3.18亿元，完成率100%；实现地区生产总值97.59亿元，同比增长10%；第三产业增加值75.78亿元，同比增长9.5%；固定资产投资47.9亿元，完成率116.7%，同比增长60%；引进域外境内资金11.24亿元，完成率107%；实际吸收外资1800万美元，完成率112%；外贸进出口9400万美元，完成率103%；社会消费品零售总额43.53亿元，同比增长11.1%；重点项目建设81.88亿元，完成率100.6%，同比增长173%；建筑业总产值237亿元，完成率124%，同比增长45%；培育区级税收百万级以上楼宇7栋。

【辖区建设与管理】 以“路长制”为载体，以“全城清洁”活动为抓手，以正在开展的“绣花”行动为契机，举全办之力，不断创新工作方法，深化长效管理机制，强化巡查力度，持续开展占道及突出门店经营、户外广告门头治理、违章建筑、生活垃圾清运等市容市貌综合整治，辖区面貌得到明显改善。4个城中村率先完成全区拆迁清零目标，拆除面积达64632平方米；安置区均已完成建筑体量的30%，各项手续办理基本完成，其中马李庄村安置房全部封顶。完善生态环境污染防治、重污染天气应急处置长效机制，围绕银行、学校环境改善区，开展24小时全天候、无缝隙动态监控，常态化监管，辖区空气质量在严管严控中明显好转。

【社会民生】 以保障和改善民生为重点，加大资金向民生倾斜力度。广电社区养老服务中心已投入使用，服务老人800人次；申请低保户41户，办理各类特殊人群生活补贴670余人，年审绿城通老年卡2000余个，办理公租房申请212件，新增城镇就业1662人，再就业培训268人，办理小额担保贷款410万元。

【社会治理】 严格落实领导日接访等制度，完善矛盾纠纷多元化解机制，以“共建共治共享平安和谐北林”活动为主线，以信访积案化解“春风行动”为载体，引导群众依法、理性、有序、文明信访，有效化解了徐砦村239号院电网改造、省教育学院家属院物业收费不一等8起矛盾纠纷。完善沟通机制，加强与检察、公安、司法等部门的协作配合，做好“涉黑涉恶”宣传和线索摸排收集。注重安全意识宣传，坚持网格长日巡查、安监办周抽查、多部门不定期联合整治的措施，重点做好电动车飞线充电、占压消防通道、建筑工地施工等各类安全隐患排查整治工作，安全目标责任书、消防目标责任书签订率达100%，群众安全感和满意度不断提升。

【党的建设】 始终把基层党建摆在突出位置，完善党管意识形态责任制，通过开展年度支部书记述职、中层干部述职述廉、廉政谈话等形式，不断把全面从严治党引向深入。依托“三力支撑、六联齐动”机制，通过开展

建党97周年“九个一”主题系列活动、召开中共北林路街道第一届党建代表大会、构建党建“智库”服务体系、实施“一支部一特色”党建品牌工程、“逐社区观摩、整街道推进”活动，进一步健全完善街道“大工委”和社区“大党委”工作机制，努力实现“组织建设共抓、党员人才共育、辖区发展共谋、困难群众共帮、党建资源共享”的共建共享目标。11个党（总）支部基本完成硬件升级。

【党风廉政建设】 认真贯彻落实党工委主体责任，全面落实党委主体和纪委监督“两个责任”，在抓好各项工作的同时，时刻紧绷“廉洁从政，廉洁用权”这根弦，将党风廉政建设与个人述职述廉相结合、组织考核与党员干部评议相结合，积极与科室、社区（村组）负责人签订党风廉政建设责任书，构建人人有责、一级抓一级、层层抓落实的党风廉政建设责任网络。

强化督促检查，深入落实“八项规定”，严格执行党内监督各项制度，持之以恒的纠正“四风”，坚持不懈的加强作风建设，狠抓廉洁从政教育，在中秋节、元旦、春节等重大节日及重要工作开展前，分别与分管领导、中层干部进行廉政谈话，不断强化党员干部的廉洁自律意识。

成立巡视整改领导小组，并下设10个专项小组，坚持周例会制度，对巡视反馈的4个方面47项问题，分类制定整改措施，逐项建立整改台账，对已完成的整改任务，适时组织“回头看”，巩固整改成果，防止问题反弹；对没有彻底解决的问题，严格按照整改方案，加强督促检查，确保按时整改到位；对需较长时间整改的事项，加力、加劲、加措施，坚持一抓到底，坚决完成整改，取得了阶段性成效。

（撰稿：张　骅　审阅：李　科）

凤凰台街道

【概况】 凤凰台街道办事处位于金水区东南部，东靠中州大道，北到熊儿河，西南至管城区界，与未来路相接，郑汴路穿境而过，总面积4.5平方公里，常住人口3.6万人，流动人口4万人。办事处下设5个社区（建业城市花园社区、英协社区、省检察院社区、南航新村社区、凤凰城社区）和3个行政村（凤凰台村、张庄村、王庄村）。辖区内有河南省高级人民检察院、武警河南公安边防总队、郑州市公安局特巡警支队等多家公共单位；有郑州市建材大世界、凤凰城建材市场、郑州灯具城等多家专业批发市场。

2018年，凤凰台街道财政收入任务2.32亿元，实际完成2.46亿元，超全年任务1246万元，同比增长13.7%；全社会固定资产投资完成10.07亿元，占目标143.9%；社会消费品零售总额完成20.12亿元，同比增长12.5%；第三产业增加值累计完成27.92亿元，同比增长9.5%。地区生产总值累计完成29.14亿元，同比增长10.2%。重点项目建设目标累计完成17.62亿元，占目标105.5%。完成实际利用外资3600万美元，占全年任务的102.9%；外贸出口完成5875万美元，占全年任务的297%；引进域外境内资金10.37亿元，占全年任务的109%。新签约项目2个，分别为有家装饰总部建设项目、凤凰幸福城商业综合体项目，总项目投资预计达到20亿元。

【辖区建设与管理】 大棚户区改造及重点项目建设，各项目累计完成投资17.62亿元。张庄城中村改造项目，D-4、C-3、D-3地块的“不动产权证书”和“建设用地规划许可证”已办完，地质勘查、文物勘探工作已结束。项目桩基已经施工完毕，正在进行土方开挖，一号院1号楼负一层主体结构钢筋模板施工完成，6号楼垫层防水施工完毕，2号楼主楼土方开挖完成70%；凤凰台村城中村改造项目，已累计网签4550套，安置住宅面积36.0879万平方米。在全区新增安置房的1000套网签任务中，办事处完成了765套。

城市精细化管理。以“路长制”为载体，提升城市精细化管理水平。坚持“三化三提”理念（党建引领常态化、提升党员服务意识，道路街景精品化、提升城区形象品味，志愿服务多样化、提升道路治理水平），围绕“六心”主线（宣传深入人心、夯实责任上心、共建共治齐心、督查考核用心、表彰奖励开心、畅通有序舒心)，依托网格化管理，采取“因路施策”、“一路一策”方式，实现一路一景。促使辖区60%的道路均达到示范标准，共完成路面复浇道路4条，美化墙体1500平方米，规划道路非机动车停车线400余处；开展楼顶整治工作，楼顶绿化3000平方米，建成楼顶健身场所480平方米；“门前五包责任书”签订率达到98%以上；完成11处公厕勘查选址，有5座公厕正在建设中；新增停车泊位868个；新建绿地6万平方米，新植乔木3000株，新植花灌木5000株，建成小游园3个。

市政重点工程建设。轨道交通3、4、5号拆迁工作已完成，各线路标段正在有序施工，5号线占用交运集团土地赔偿款已支付，交运集团1号库和4号库已办理房产证注销证明。

【产业发展】　特色街及商圈建设。凤凰茶文化广场共投入资金600万元，用于步行街的绿化改造和茶文化博物馆建设，新增商户41家，新增从业人员460人。楼宇建设及培育。辖区楼宇企业共缴纳区级税收8199.73万元，完成年纳税百万目标商务楼宇4幢、培育年缴纳全口径税收亿元以上楼宇1幢（升龙环球广场）。引进郑州舶航通用航空有限公司、郑州银河寄卖有限公司、河南福乐缘文化传播有限公司、郑州星雅信息科技有限公司等企业入驻辖区。

【生态建设】　打好生态环境保护攻坚战，实行全方位宣传，全天候盯防，无缝隙巡查，24小时应急。成立大气污染防治工作领导小组，制定工作方案，建立健全重污染天气应急机制、联席会商机制、督察奖惩机制等，明确职责分工，层层落实责任，确保工作扎实开展。同时，要求各施工单位制定治理方案，主要负责人亲自挂帅，落实大气污染防治全覆盖，不留盲区、最大限度减少污染。辖区12处工地均按要求执行“8个100%”标准；覆盖黄土裸露98万平方米；查处经营性使用燃煤58处，收缴并销毁燃煤炉具67个；道路硬化5000平方米；严格落实“河长制”管理机制，加强河长巡河，建立工作台账，对河道排污口建立台账管理制度，形成常态化管理；对辖区沿街商户、单位、居民楼院要进行排查，发现排污，立即处理，确保按期完成截污任务；整改完成中央、省市区环保督导组督交办的问题85处；省检察院社区被评为“市级绿色社区”，正在申报“省级绿色社区”；全力保障城区PM_{10}、$PM_{2.5}$平均浓度值。

【社会管理和信访稳定】　信访稳定。认真开展矛盾纠纷排查，及时掌握群众的思想动态，对排查出来的问题建立排查台账、包人包案、限期解决，将各类矛盾纠纷消化吸收在基层。特别是针对王庄村城中村改造过程中出现的问题，办事处多次组织开发商、村两委开展三方会谈，约谈相关人员，全力协调推进。2018年，共完成中央、省委巡视组交办案件10批19件次；网上信访信息系统办理各类案件224件次；圆满完成了各级“两会”、中央和省委巡视、“八一”、“中非合作论坛北京峰会”等重要时期的信访保障任务。

社会综合治理。先后多次开展集中整治行动，有效降低辖区重点区域发案率；对辖区学校、幼儿园进行责任划分，明确到人，在校园门口开展爱心岗活动，并加强周边的治安巡逻。截至年底，累计为群众办好事260余件，调解矛盾纠纷156起。平安建设集中宣传20次，平安建设各类宣传版面30块。开展巡消宣传活动40次，发放宣传页7000余份。二是成立凤凰台街道办事处扫黑除恶专项斗争工作领导小组，制定下发工作实施方案，定期召开“扫黑除恶”会议，确保党员干部积极性，建立健全主要领导干部抓“扫黑除恶”专项斗争工作情况台账，专人负责，同时，把“涉黑涉恶”腐败问题纳入巡视巡察工作内容，把“扫黑除恶”同反腐败斗争和基层“拍蝇”相结合。截至2018年年底，共制作大型户外墙体宣传6处，固定宣传栏11处，隔离宣传版面20块，印制各类宣传资料7000份，LED500余块。

防范和处理邪教。组织宣传反邪教警示教育集中宣传活动，每月宣传1次上报信息；组织各社区专干进行业务学习培训，针对辖区原有1名涉及邪教人员进行入户走访、摸底、谈话。

安全生产。强化安全监管，

先后开展烟花爆竹禁售禁放、整治辖区私拉乱接电线、安全生产月等专项行动，签订《安全消防工作目标责任书》2580份，签订率100%；累积排查企业安全隐患企业904家，发现隐患253处，累计整改到位253处，已全部整改。

人民调解工作。共调解各种矛盾纠纷128件次，调解成功126多件，调解成功率98%以上；上交书面调解卷宗80份，口头调解协议48份等，有效地化解了基层矛盾，维护了辖区稳定。

社区矫正。加强矫正对象的日常管理，逐人建档，每月对社区服刑人员开展点验及例会、走访，定期组织公益劳动和教育矫正，并对每一名社区服刑人员的手机安装司法通及社区矫正定位终端系统，进行正常电子监控管理，防止矫正对象的脱管、漏管。

依法治区。以“法律进学校”“法律进乡村”“法律进企业”“法律进机关”“法律进社区”“法律进单位”为载体，促进“法律六进”活动全面、深入、务实发展，深入到各单位开展以普法为主题的法律宣传咨询活动。

【社会事业】 社区建设。落实住宅小区物业管理全覆盖，纳入物业管理37个；纳入低保家庭27户，发放低保金254600元；申请高龄津贴共78人；申请公租房87人，已批准85人；发放低保、低收入家庭、困难群众临时救助金47506元；开展阳光家园计划，为辖区重度残疾人、重度精神患者监护人提供居家托养服务及“以奖代补”资金；完成950名退役军人的信息登记；对金盛物资公司家属院、市政家属院和凤凰台东花园进行老旧小区改造，工程总进度完成50%。

换届选举。坚持把党的领导、依法依规和严肃纪律贯穿换届选举全过程，确保换届选举风清气正。经过4个月的努力，圆满完成5个社区、3个村“两委”换届选举工作。

卫生和计划生育。一是出生人口性别比趋于平衡，免费出生缺陷一级干预工作完成目标人群的80%，免费孕前优生健康检查服务率100%，合理增补含叶酸营养素接受率80%。二是开展生殖健康进家庭优质服务活动，免费药具获得率达100%，计生宣传品入户率达100%；生育服务证登记发放群众满意率达100%，流动人口综合管理率达95%，流动人口已婚育龄妇女免费康检率达100%；基层群众自治合格村已达到90%，示范村达到60%以上；计划生育特殊家庭联系人制度覆盖落实率100%；城乡各项计划生育奖励扶助政策落实率100%。三是组织3000余名常住育龄妇女开展免费康检；联合社区卫生服务中心，开展60岁以上老年人免费体检和适龄人群“两癌”筛查工作。四是历时2个月圆满完成国家卫计委对凤凰台街道办事处建业社区、南航社区抽出40户流动人口的检测任务。

教育方面。积极推动构建社区教育工作领导小组，建设1~2个示范教育社区，加强社区教师队伍建设，积极开展社区教育活动。落实全民健身计划;积极配合教体局进行无证幼儿园、培训机构的整治，定期联合执法；新成立建业社区大学1所。

城镇新增就业。一是就业再就业890人、再就业人员55人、困难人员就业20人，小额贷款任务已完成850万元。二是完成再就业技能培训、创业培训等共计248人，均超额完成全年任务；三是召开招聘会。4月28日，在省检察院社区举办送岗位进社区大型综合招聘会，提供优质岗位3800多个，达成就业意向455人。

便民服务。一是完成“五单一网”制度改革各项工作任务及“放管服”工作的各项安排。二是定期组织业务科室对窗口及便民服务站工作人员进行相关业务知识培训，提升人员素质，并不定期巡查。发现问题及时解决。

农产品质量安全。实现对辖区门店疏导点进行全覆盖监管，截至2018年年底共完成辖区农产品抽样检测31011个，完成全年目标任务的103%，共发现农药残留超标3个，销毁果蔬约12.5公斤。

公共机构节能。切实采取措施，认真做好节能督查和数据统计工作，实现水、电、天然气能耗消耗逐步降低，公务预留车辆耗油严格按照标准执行，并严格执行车辆按尾号每周停开一天制度。

（撰稿：樊一迪　审阅：李朝欣）

杨金路街道

【概况】 杨金路街道办事处位于中州大道以东，连霍高速以北，北临贾鲁河。辖区面积20.88平方公里，下辖杨槐、河村、新庄、徐庄、马林、周庄、马头岗、大贺庄、小贺庄9个行政村，常住人口2.5万人，16个党支部。区域内有良好的生态条件和文化资源优势。中州大道贯通南北、杨金路连接东西，贾鲁河自西向东横穿境内。杨金路是金水科教园区发展的起步区，是金水创新发展的主战场。办事处自成立以来，坚持服务园区、企业、群众，加强干部队伍建设，努力建设绿色、科技、智慧、人文新杨金。

2018年，全年地方公共财政预算收入完成2.28亿元，增速10.1%。实现地区生产总值13.87亿元，增速9.19%。第三产业增加值完成9.11亿元，增速5.6%。全社会固定资产投资总量完成85.6亿元，占全年目标任务的61.3%。省、市、区重点项目完成136.2亿元，占全年目标任务的100.4%。农民人均纯收入增速8.5%。外贸进出口完成550万美元，境内域外资金完成9.65亿元人民币。

【合村并城】 自拆迁清零工作开展以来，办事处迎难而上，克难攻坚，共拆除村庄拆迁遗留户29户、起步区企业7家、村外临建等215处，清理树木2000余棵，基本完成郑州东动车所改扩建工程、省青年人才公寓等项目地面附属物清理。12月，完成杨槐村、徐庄村、马林村3个行政村安置房一期回迁工作，共计安置人数5289人，房屋6018套，面积50余万平方米。

【重点项目建设】 配合科教园区，大力助推辖区重点项目发展。其中，中部港企业总部基地、华中生物技术研究院等项目已完成附属物清理；共享生态科技城已完成过渡仓地块拆迁工作，其他区域正在进行征迁；新增重点项目省青年人才公寓地块附属物已清理到位。郑州东动车所改扩建工程、晴翠变电站、慧科环路等31条道路打捆项目、迎宾路与连霍高速立交工程、龙源路与连霍高速下穿工程等项目已经施工，支线路网及绿化项目同步开展。贾鲁河绿化方面。全年清理贾鲁河沿岸建筑垃圾12万余立方米、生活垃圾8000余立方米、混合土16万余立方米。

【安全生产与信访稳定】 通过社会化管理信息平台累计采集车辆乱停放、非法生产等各类问题140起，协调解决135起。排查辖区防火、防盗、电路等安全隐患300余处，现场成功解决排除安全隐患280处，限期整改并整改完成安全隐患问题20处。2018年，共接待受理群众来访93起、12批、785人次，办理省市区转送案件46件,已办结42件。妥善化解,帮助农民工追讨欠薪1600余万元。

【社会保障事业】 2018年办理新生儿参保及新参保人员206人，完成城乡居民基本养老保险新参保缴费165人，完成城镇新增就业人数116人，完成失业人员再就业20人，帮助就业困难人员实现就业5人。办理就业失业登记证22人，困难认定7人，新增失业转就业16人。完成失业人员技能培训125人,农村劳动力技能培训35人，排查高技能人才40人，返乡农民工创业完成26家。社会化管理接管退休人员93人，建立了“企业退休人员社会化管理服务台账”。

【城市精细化管理】 杨金路街道办事处信息平台共采集各类案件1152件，上报区级及以上办理解决问题1027件，解决率达89.1%；积极转办“三非”问题1050个，推进“三非”问题整治905个，整治处置率86.2%。着力治理渣土车运输、车辆乱停放、垃圾随意倾倒，及时协调处理数字化派遣投诉案件，案件处置率达100%，规划停车位725个。高度重视生态建设工作。按照第二次全国污染源普查工作要求，完成对辖区100余家企业的摸底排查工作，并对符合要求的41家生产性企业进行登记上报；与辖区69家建筑公司签订扬尘治理目标责任书，明确扬尘治理目标任务；37个工地安装PM_{10}监控设备并接入郑州市建筑工地远程监控中心，随时监控防治措施落实；累计覆盖6针防尘网约60万平方米；铁腕查处取缔“小散乱污”企业23家，坚决保卫生态环境不容破坏。

【基层党建】 2018年，杨金路街道办事处全面加强基层组织建设，统筹各领域党建工作，推动党建宣传调研工作，促进经济社会协调发展。重视基层组织建设。组织开展学习贯彻中共十九大精神系列活动和职工读书学习活动，开展干部教育专题讲座8期；完成“干部脱产培训量化指标”和“党政干部网络培训量化指标”；远程教育站点的管理维护顺利进行，按要求组织开展教学活动，站点开机率达100%；制作上报反映先进基层党组织或优秀共产党员的党员电教课件2部。

统筹各领域党建工作。非公有制经济和社会组织党建，深入实施“321”工程，对辖区两新组织，特别是商圈市场、互联网企业等新兴领域进行全面排查、定位建档，覆盖率达到100%，排查出党员122人，占从业人数的2%，非公企业已建立党组织3个。

（撰稿：田 增 审阅：李伟霞）

兴达路街道

【概况】 兴达路街道办事处位于金水区东北部，北依黄河、东临中牟、南接郑东新区、西连金水区杨金路街道办事处、惠济区花园口镇，辖7个行政村、19个自然村、52个村民组，常住人口1.9万人，区域面积39.07平方公里，其中集体土地面积3.37万亩。

2018年，兴达路街道办事处地方一般公共预算收入完成1.48亿元，增速23.4%；固定资产投资完成全年目标的56.1%；省、市、区重点项目完成61.75亿元，占目标的100.6%；地区生产总值完成12.84亿元，同比增长9.1%；第三产业增加值完成9.89亿元，同比增长8.5%；社会消费品零售总额完成6.28亿元，同比增长3.5%。

【安置房建设】 任庄社区第一批安置房分配结束，共安置拆迁群众278户、1283人，分配住房1028套、10.26万平方米，二期分房已启动；小金庄社区安置房一期分配前期准备工作已基本完成，拆迁群众回迁安置稳步推进；任庄小金庄安置区土地完成招拍挂，进入土地手续办理阶段；姚店堤、北录庄安置区已竣工并完成预验收手续，安置房分配及安置用地招拍挂手续办理持续推进。

【社会治理】 2018年，进一步深化网格内问题排查处置机制，认真落实例会研判、联合执法工作制度，促进条块深度融合，对重大、疑难问题进行重点、专项整治。全年共接访129起，立案16起，结案12起，剩余4起正在调查办理，中央巡视组、省委巡视组交办3起案件，均已办结。排查整治各类隐患43处，整改率100%，安全生产保持平稳运行态势。

【社会民生服务】 城乡居民基本养老保险和城镇居民基本医疗保险。全年办理城乡居民基本养老保险580人，为286名辖区居民群众办理了城镇居民医疗保险。同时，对各村已办理过养老保险享受到待遇及暂未享受到待遇的相关人员进行核实并公示。

民政救助服务。做好辖区低保户认定、审核、管理及信息平台录入，辖区共有低保户7户，特困户7户，共发放资金6万元，慈善救助9人，救助金19000元。深入开展农民工工资排查整顿，全年协调农民工维权事件69起，涉及人数1093人，为农民工讨要工资1779万元。育龄妇女3060人，2018年共出生263人，流动人口管理率97%。

【大气污染防治攻坚】 实行最严格的生态环境保护机制，不断强化工地扬尘防控，辖区32个在建工地全部纳入“8个100%”动态监管，累计下达整改通知780余份，全部整改到位；实现“小散乱污”排查整治日常化、常态化，2018年新发生“小散乱污”回潮11起，已全部“两断三清”；312个上级环保督查转办件全部整治到位，重点领域污染得到有效治理，全年优良天数为164天，同比减少1天。

（撰稿：宋建庆 王 璐 审阅：路 莹）

附录

荣誉

2018年度综合工作考核优秀单位（33个）

街道组：未来路街道、北林路街道、文化路街道、国基路街道、丰庆路街道

区直一组：区委办公室（区委机要局、区国家保密局）、区人大常委会机关、区政府办公室（区法制办、区外侨办、区自贸办）、区政协机关、区纪委监察委（区委巡察办）、区人武部（区国教办）、区委组织部（区直机关党工委、区绩效办）、区委宣传部（区文明办）、区委统战部（区民宗委、区台办、区工商联）、区委政法委（区综治办）、区总工会、区机构编制委员会办公室、区人民法院、区人民检察院

区直二组：金水科教园区管理委员会、区教育体育局、区发展改革和统计局、区人力资源和社会保障局、国家知识产权创意产业试点园区管理委员会、区财政局（金水投资公司）、区城市管理行政执法局、区农业农村工作委员会、区科学技术局、区信访局、区安全生产监督管理局、区城市改造办公室、区国土资源局、区直属机关事务管理局

2018年度综合工作考核先进单位（30个）

街道组：凤凰台街道、花园路街道、东风路街道、经八路街道、杨金路街道、人民路街道、南阳路街道

区直一组：共青团金水区委员会、区妇女联合会、区科学技术协会、区委老干部局、区委党校

区直二组：区卫生和计划生育委员会、区司法局、区民政局、区工商管理和质量技术监督局、区住房和城乡建设局、区审计局、区社会公共管理办公室、河南科技园区管理委员会、区楼宇经济建设工作领导小组办公室、区政府采购中心、区环境保护局、区政务服务中心、区文化旅游局、区城市管理局、区房屋征收与补偿办公室、区爱国卫生运动委员会办公室（城考办）、区数字化城市管理指挥中心、区投资评审中心

优质服务奖单位（17个）

国家税务总局河南省税务局第三税务分局

国家税务总局郑州市税务局第一税务分局

国家税务总局郑州市税务局第一稽查局

国家税务总局郑州市金水区税务局

金水规划分局

金水区消防救援大队

金水路公安分局

东风路公安分局

丰产路公安分局

柳林公安分局

未来路公安分局

南阳路公安分局

文化路公安分局

市场管理处

郑州交巡警一大队

郑州交巡警四大队

郑州交巡警五大队

金水区经济发展重要贡献奖单位（30个）

一等奖（5个）：

郑州丹尼斯百货有限公司

郑州万科美景中城房地产开发有限公司

河南圣鸿置业有限公司

郑州上尤置业有限公司

信和（郑州）置业有限公司

二等奖（10个）：

泰宏建设发展有限公司

中国建筑第七工程局有限公司

河南省通信工程局有限责任公司

郑州宝岛商贸有限公司

郑州之星汽车销售服务有限公司

中原豫资投资控股集团有限公司

中国联合网络通信有限公司河南省分公司

黄河勘测规划设计有限公司

河南广播电视台

河南省人民医院

三等奖（15个）：

郑州思念食品有限公司

河南新华印刷集团有限公司

河南省防伪保密印刷公司（河南省邮电印刷厂）

郑州市公共交通总公司

河南建业足球俱乐部股份有限公司

河南日报报业集团有限公司

河南城发环境股份有限公司

河南德茗投资有限公司

河南东泰电子科技有限公司

郑州大学综合设计研究院有限公司

河南省建筑设计研究院有限公司

河南省信息咨询设计研究有限公司

河南省水利勘测设计研究有限公司

郑州万达文华酒店管理有限公司

河南郑州建国饭店有限公司

2018年度全区各单位获奖情况

全区各单位获得市委、市政府及以上奖励共计154项

一、北林路街道

全国文明单位（鑫苑社区）（中央精神文明建设指导委员会）

全国最美志愿服务社区（全国宣传推选学雷锋志愿服务“四个100”先进典型活动组委会）

省级文明单位（中共河南省委、河南省人民政府）

社会主义核心价值观建设示范点（中共河南省委宣传部）

河南省综合减灾示范社区（恒升社区）（河南省减灾委员会、河南省民政厅）

2017年度环境污染防治攻坚战先进单位（中共郑州市委、郑州市人民政府）

先进基层党组织（中共郑州市委）

二、东风路街道

全国民主法治示范村（轻院社区）（中华人民共和国司法部、中华人民共和国民政部）

河南省党员教育电视片《归途》观摩交流活动二等奖（中共河南省委组织部）

全省“十星”人民调解委员会（同乐社区）（河南省司法厅）

先进基层党组织（宋砦村党组织）（中共郑州市委）

2017年度郑州市城市精细化管理暨城乡管理考评工作先进单位（郑州市人民政府）

三、经八路街道

2017年度省级安全生产工作先进单位（河南省人民政府安全生产委员会）

省级档案工作示范社区（军区社区）（河南省档案局）

市级文明单位（中共郑州市委、郑州市人民政府）

市级先进基层党组织（中共郑州市委）

四、文化路街道

全国流动人口动态监测调查优秀单位（国家卫生和计划生育委员会）

先进基层党组织（博物院社区）（中共郑州市委）

五、南阳新村街道

市级文明单位（中共郑州市委、郑州市人民政府）

六、花园路街道

节水型单位（河南省水利厅）

全省科普社区创建活动示范单位（河南省科学技术厅）

河南省档案工作示范社区（农业院社区）（河南省档案局）

先进基层党组织（中共郑州市委）

七、大石桥街道

全省先进基层党校（中共河南省委宣传部）

省级充分就业社区（天下城社区）（河南省人力资源和社会保障厅）

河南省农村科普宣传工作先

进单位（河南省科学技术协会）

舞动中原河南省第四届中老年舞蹈节目二等奖（河南省舞蹈家协会）

八、人民路街道

郑州市文明社区（水文局社区）（中共郑州市委、郑州市人民政府）

市级文明单位（中共郑州市委、郑州市人民政府）

2017年度“爱国卫生杯”金杯（郑州市人民政府）

九、杜岭街道

河南省“五四”红旗单位（共青团河南省委）

2018年度省安全生产月先进单位（河南省人民政府安全生产委员会）

十、丰产路街道

先进基层党组织（经三路商圈）（中共郑州市委）

十一、未来路街道

国家2017—2018年流动人口健康促进场所和健康家庭建设示范企业（国家卫生和健康委员会）

2018年国家家庭健康促进行动项目（中国计划生育协会办公室）

河南省计划生育工作先进单位（河南省人民政府）

河南省农村科普宣传工作先进单位（河南省科学技术协会）

2015—2017年度深化全国文明城市创建工作先进集体（中共郑州市委、郑州市人民政府）

先进基层党组织（中共郑州市委）

十二、凤凰台街道

2018年国家家庭健康促进行动项目（中国计划生育协会办公室）

河南省农村科普宣传工作先进单位（河南省科学技术协会）

十三、国基路街道

2017年度新型城镇化工作先进集体（中共郑州市委、郑州市人民政府）

市级文明单位（风雅颂社区）（中共郑州市委、郑州市人民政府）

十四、丰庆路街道

2017年度新型城镇化工作先进集体（中共郑州市委、郑州市人民政府）

十五、杨金路街道

河南省农村科普宣传工作先进单位（河南省科学技术协会）

十六、兴达路街道

省级先进基层党校（中共河南省委宣传部）

十七、区委办公室

2017年度全省党委系统信息工作先进单位（河南省委办公厅）

2017年度全省党内法规工作先进单位（河南省委办公厅）

2017年度郑州市党政密码工作先进单位（中共郑州市委、郑州市人民政府）

2017年度郑州市综合工作优秀单位（中共郑州市委、郑州市人民政府）

2017年度郑州市经济社会发展目标考核先进单位（中共郑州市委、郑州市人民政府）

十八、区人大常委会机关

河南省人大宣传工作先进集体（河南省人大常委会办公厅）

十九、区政府办

2017年度全市防范和处置非法集资工作先进单位（郑州市人民政府）

二十、区政协机关

《协商论坛》宣传工作先进单位（政协河南省委员会办公厅）

二十一、区纪委区监委

全省纪检监察信息工作优秀单位（中共河南省纪委办公厅）

二十二、区人武部

先进团级党委（中共河南省军区委员会）

二十三、区委组织部

《大爱至慈》被中组部表彰为第十四届全国党员教育电视片观摩交流活动典型事迹片一等奖（中组部）

《归途》被省委组织部表彰为河南省党员教育电视片观摩交流活动二等奖（河南省委组织部）

2017年度郑州市综合工作优秀单位（中共郑州市委、郑州市人民政府）

二十四、区委宣传部

2017—2018年度形式政策宣传教育工作先进单位（中央宣传部宣传教育局、时事报告杂志社）

“文明河南-欢乐中原”群众文化活动组织工作突出单位（中共河南省委宣传部）

二十五、区法院

全国法院审判管理优秀业务单位（最高人民法院）

全省信访维稳工作先进集体（河南省高级人民法院）

全省法院先进集体（河南省高级人民法院）

2017年度全省行政审判工作

先进集体（河南省高级人民法院）

2017年度全省法院信息工作表现突出基层法院（河南省高级人民法院）

2017年度全省法院案例工作先进集体（河南省高级人民法院）

2017年度全市防范和处置非法集资工作先进集体（郑州市人民政府）

二十六、区检察院

2018年度全国检察宣传先进单位（检察日报社）

2017年度全省查办职务犯罪工作先进基层单位（河南省人民检察院）

河南省青年文明号（河南省人力资源和社会保障厅、共青团河南省省委）

河南省巾帼文明岗（河南省妇女联合会）

二十七、区总工会

2017年度财务工作先进单位（河南省总工会）

2017年度职工互助保障工作优秀单位（中国职工保险互助会）

二十八、共青团金水区委

2018年青年之家主体活动优秀项目（团中央基层组织建设部）

2017年全省示范性青年之家（共青团河南省委组织部）

二十九、区妇联

2017—2018年度妇联宣传工作读书活动优秀组织奖（河南省妇女联合会）

三十、区科协

2018年全国科普日表扬活动“低碳行、科普游、探寻郑州古文明”活动（中国科协办公厅）

2018年全国科普日表扬活动“郑州市社区科普大学有氧健身操比赛展示”活动（中国科协办公厅）

2018年度河南省全国科普日优秀组织单位（河南省科学技术协会）

2017年度河南省青少年科学素质知识竞赛优秀组织奖（中共河南省委宣传部、河南省教育厅、河南省科学技术协会）

第32届河南省青少年科技创新大赛优秀组织奖（河南省科学技术协会、河南省教育厅）

2018年河南省农村科普宣传工作先进单位（河南省科学技术协会）

三十一、区老干部局

2018年海峡两岸儿童绘画书法优秀组织单位（河南省关心下一代工作委员会、河南省宋庆龄基金会）

三十二、区红十字会

全国红十字会防灾避险知识竞赛最佳组织一等奖（中国红十字总会办公室）

三十三、区信访局

全省信访事项复查复核工作成绩突出单位（河南省人民政府信访事项复查复核委员会）

2017年度全市信访工作先进单位（中共郑州市委、郑州市人民政府）

先进基层党组织（中共郑州市委）

三十四、区城改办

2017年度新型城镇化工作先进区（中共郑州市委、郑州市人民政府）

三十五、区卫计委

开展流动人口基本公共卫生计服务均等化示范区（国家卫生和计划生育委员会）

2017年度全国生育状况抽样调查优秀单位（国家卫生健康委员会办公厅）

流动人口健康促进示范企业（国家卫生和计划生育委员会人口计划生育服务管理司）

2018年度改善医疗服务示范单位（国家卫生健康委员会医政医管局《健康报社》）

巾帼文明岗（河南省妇女联合会）

2017年度省计划生育协会先进单位（河南省计生协会）

2017年度流动人口计划生育协会先进单位（河南省计生协会）

2018年度省计生协宣传工作先进单位（河南省计生协会）

河南省卫生计生系统第二届”健康中原展风采-健康扶贫惠民生”摄影、微视频大赛一等奖（河南省卫生和计划生育宣传教育中心）

三十六、区农委

河南省农产品质量安全区（河南省人民政府食品安全委员会）

2018年河南省农药检定系统先进集体（河南省农药检定站）

郑州市依法行政示范单位（郑州市人民政府）

三十七、区财政局

2018年度全市先进基层党组织（中共郑州市委）

三十八、区人社局

郑州市构建和谐劳动关系工

作先进集体（郑州市人民政府）

郑州市就业创业及社会保险工作先进区（郑州市人民政府）

三十九、区教体局

全国义务教育发展基本均衡县（市、区）（国务院教育督导委员会）

2018年全国青少年校园足球“满天星”训练营（中华人民共和国教育部）

全国青少年五好小公民主题教育读书活动“红旗飘飘，引我成长”先进集体（教育部关心下一代工作委员会）

全国新世纪小学数学2017年度微课大奖赛优秀组织单位（教育部北京师范大学基础教育课程研究中心、新世纪小学数学教材编委会）

“新时代之声”第四届全国教师合唱节金奖（中国合唱协会）

第三十三届全国青少年科技创新大赛优秀科技教育创新学校（文化绿城小学）（由中国科协、教育部、科技部、生态环境部、体育总局、知识产权局、自然科学基金会、共青团中央、全国妇联等9部门组成的第33届全国青少年科技创新大赛组织委员会）

2017年度河南省生源地信用助学贷款工作考核优秀单位（河南省教育厅、国家开发银行股份有限公司河南省分行）

2018海峡两岸儿童绘画书法优秀作品展优秀组织单位（河南省关心下一代工作委员会、河南省宋庆龄基金会）

河南省中小学校党建工作示范校（优胜路小学）（河南省教育厅）

2017年河南省青少年科学素质知识竞赛优秀组织奖（文化绿城小学）（中共河南省委宣传部、河南省精神文明建设指导委员会办公室、河南省教育厅、共青团河南省委、河南省全民科学素质工作领导小组、河南省科学技术协会）

2018年青少年科学调查体验活动全国推广示范学校（文化绿城小学）（河南省科学技术协会、河南省教育厅、河南省发展和改革委员会、河南省精神文明建设指导委员会办公室、共青团河南省委）

河南省防震减灾科普示范学校（经三路小学）（河南省地震局、河南省教育厅、河南省科学技术厅）

河南省中小学书香校园（金水区实验小学、文化路一小）（河南省教育厅）

河南省中小学德育工作先进集体（优胜路小学）（河南省教育厅）

首批河南省中小学创客教育示范校（文化绿城小学）（河南省教育厅）

河南省第三批中小学心理健康教育示范校（黄河路第一小学）（河南省教育厅）

河南省优秀少先队集体（文化路一小）（河南省人力资源和社会保障厅、河南省教育厅、共青团河南省委）

河南省第三批五好关工委（文化路一小）（河南省教育厅关心下一代工作委员会）

先进基层党组织（文化绿城小学党支部）（中共郑州市委员会）

四十、区发展改革和统计局

2017年度生态建设工作先进单位（中共郑州市委、郑州市人民政府）

2017年度郑州市产业发展工作先进单位（中共郑州市委、郑州市人民政府）

2017年度服务业和建筑业发展综合考核先进集体（郑州市人民政府）

2017年度郑州市重点项目建设工作先进集体（郑州市人民政府）

四十一、区民政局

2017年度国家综合减灾示范社区（未来路银基花园）（国家减灾文员会、国家民政部）

2018年度河南省综合减灾示范社区（北林路金基社区）（河南省减灾委员会、河南省民政厅）

2018年度河南省社会组织管理先进单位（河南省社会组织管理局）

第三批河南省服务型行政执法示范点（河南省法治政府建设领导小组办公室）

省级三星级军休服务管理机构（河南省民政厅）

四十二、区城市管理局

第十一届中国（郑州）国际园林博览会筹办工作先进集体（中共郑州市委、郑州市人民政府）

四十三、区城市管理行政执法局

“强基础、转作风、树形象”先进单位（中华人民共和国住房和城乡建设部办公厅）

四十四、区安监局

2017年度安全郑州创建工作先进集体（郑州市人民政府）

四十五、区司法局

全国民主法治示范社区（轻院社区）（司法部）

2017年度河南省优秀法律援助中心（河南省司法局）

全省十星人民调解委员会（同乐花园社区）（河南省司法厅）

四十六、区审计局

河南省债务审计先进单位（河南省审计厅）

四十七、区科技局

河南省知识产权强县工程示范区（河南省知识产权局）

四十八、区工商质监局

2017年度市场主体年报工作先进集体（河南省工商行政管理局）

四十九、区爱卫办（城考办）

郑州市城市精细化管理暨城乡管理考评工作先进集体（郑州市人民政府）

五十、区楼宇办

中国楼宇经济服务创新城区（中国楼宇经济成都峰会组委会）

五十一、金水科教园区管委会

2018年国家网络安全宣传周活动先进单位（中央宣传部、中央网信办）

河南省信息安全产业示范基地（河南省工信委）

省级现代服务业专业园区（河南省发改委）

“两快”组团新区先进单位（郑州市人民政府）

郑州市五强专业园区（郑州市人民政府）

五十二、创意产业园区管委会

全国知识产权系统人才工作先进集体（国家知识产权局）

快速维权工作考核全国第一（国家知识产权局）

2018年度知识产权培训基地考核优秀单位（河南省知识产权局）

2018年河南省中小学社会实践教育基地（河南省教育厅）

2018年省级工业设计产业园（河南省工业和信息化委员会）

2018年度河南省科普教育基地影响力第四名（河南省科学技术协会）

郑州市“五快”专业园区（郑州市人民政府）

2018年区人大常委会文件

金水区人民代表大会常务委员会关于金水区第十三届人民代表大会第二次会议召开时间的决定

金人常〔2018〕1号

2018年1月18日

金水区人民代表大会常务委员会关于金水区监察委员会副主任、委员任命和宪法宣誓程序的决定

金人常〔2018〕2号

2018年1月18日

金水区人民代表大会常务委员会任免名单

金人常〔2018〕3号

2018年1月23日

金水区人民代表大会常务委员会关于印发《金水区人大常委会2018年工作要点》的通知

金人常〔2018〕4号

2018年3月15日

金水区人民代表大会常务委员会关于批准金水区人民政府2018年政府投资项目年度计划的决议

金人常〔2018〕5号

2018年3月15日

金水区人民代表大会常务委员会关于接受沈新得同志辞去金水区第十三届人民代表大会代表职务的决定

金人常〔2018〕6号

2018年3月15日

金水区人民代表大会常务委员会关于接受李志强同志辞去金水区第十三届人民代表大会常务委员会委员职务的决定

金人常〔2018〕7号

2018年3月15日

金水区人民代表大会常务委员会任免名单

金人常〔2018〕8号

2018年3月15日

金水区人民代表大会常务委员会任免名单

金人常〔2018〕9号

2018年3月15日

金水区人民代表大会常务委员会任免名单

金人常〔2018〕10号

2018年3月15日

金水区人民代表大会常务委员会任免名单

金人常〔2018〕11号

2018年3月15日

金水区人民代表大会常务委员会关于许可公安机关对金水区第十三届人民代表大会代表杨顺合采取强制措施的决定

金人常〔2018〕12号

2018年3月28日

金水区人民代表大会常务委员会任免名单

金人常〔2018〕13号
2018年5月31日
金水区十三届人大常委会第十一次会议对区人民政府《关于金水区招商引资工作情况的报告》的审议意见

金人常〔2018〕14号
2018年5月31日
金水区十三届人大常委会第十一次会议对区人民政府《关于河南科技园区发展情况的报告》的审议意见

金人常〔2018〕15号
2018年5月31日
金水区十三届人大常委会第十一次会议对区人民检察院《关于侦查监督工作情况的报告》的审议意见

金人常〔2018〕16号
2018年5月31日
郑州市金水区人民代表大会常务委员会关于批准金水区2017年度财政决算的决议

金人常〔2018〕17号
2018年7月31日
金水区十三届人大常委会第十二次会议对区人民政府《关于金水区2018年上半年国民经济和社会发展计划执行情况的报告》的审议意见

金人常〔2018〕18号
2018年7月31日
金水区十三届人大常委会第十二次会议对区人民政府《关于金水区2017年度财政决算和2018年上半年财政收支预算执行情况的报告》的审议意见

金人常〔2018〕19号
2018年7月31日
金水区十三届人大常委会第十二次会议对区人民政府《关于金水区2017年度本级预算执行和其他财政收支的审计工作报告》的审议意见

金人常〔2018〕20号
2018年7月31日
金水区十三届人大常委会第十二次会议对区人民政府《关于〈中华人民共和国安全生产法〉实施情况的报告》的审议意见

金人常〔2018〕21号
2018年7月31日
金水区十三届人大常委会第十二次会议对区人民政府《关于〈中华人民共和国大气污染防治法〉实施情况的报告》的审议意见

金人常〔2018〕22号
2018年7月31日
金水区十三届人大常委会第十二次会议对区人民政府《关于金水区中小学综合实践活动课程开展情况的报告》的审议意见

金人常〔2018〕23号
2018年7月31日
金水区人大常委会关于郑州市第十五届人民代表大会代表选举结果的报告

金人常〔2018〕24号
2018年9月20日
金水区人民代表大会常务委员会关于批准金水区人民政府调整2018年度财政收支预算的决议

金人常〔2018〕25号
2018年11月29日
金水区人民代表大会常务委员会关于表彰2018年度人大代表优秀建议批评和意见的决定

金人常〔2018〕26号
2018年11月29日
金水区人民代表大会常务委员会关于表彰2018年度办理代表建议批评和意见先进单位的决定

金人常〔2018〕27号
2018年11月29日
金水区人民代表大会常务委员会关于表彰2017—2018年度优秀人大代表的决定

金人常〔2018〕28号
2018年11月29日
金水区人民代表大会常务委员会关于调整金水区十三届人大常委会代表资格审查委员会组成人员的决定

金人常〔2018〕29号
2018年11月29日
金水区人民代表大会常务委员会任免名单

金人常〔2018〕30号
2018年11月29日
金水区十三届人大常委会第十四次会议对区人民政府《关于金水区国民经济和社会发展第十三个五年规划纲要实施中期评估报告》的审议意见

金人常〔2018〕31号
2018年11月29日
金水区十三届人大常委会第十四次会议对区人民政府《关于金水区依法行政工作开展情况的报告》的审议意见

金人常〔2018〕32号
2018年11月29日
金水区十三届人大常委会第十四次会议对区人民政府《关于金水区大棚户区改造安置房建设工作情况的报告》的审议意见

金人常〔2018〕33号
2018年11月29日

郑州市人民政府令

第223号

《郑州市地方志工作规定》业经2017年11月2日市人民政府第76次常务会议审议通过，现予公布，自2017年12月22日起施行。

市　长　程志明

2017年11月21日

郑州市地方志工作规定

第一条　为了继承和发扬中华民族优秀文化传统，全面、客观、系统地编纂地方志，规范和加强地方志管理，科学、合理开发利用地方志资源，发挥地方志服务经济社会发展的作用，根据国务院《地方志工作条例》和《河南省地方志工作规定》，结合本市实际，制定本规定。

第二条　本市行政区域内地方志的组织编纂、管理、开发利用和宣传推广工作，适用本规定。

第三条　本规定所称地方志，是指市、县（市、区）、乡镇（街道）编纂的地方志书和地方综合年鉴。

地方志书，是指全面客观系统记述本行政区域自然、政治、经济、文化和社会的历史与现状的资料性文献。

地方综合年鉴，是指系统记述本行政区域自然、政治、经济、文化和社会等方面情况的年度资料性文献。

第四条　市、县（市、区）人民政府应当加强对本行政区域地方志工作的领导，将地方志工作纳入国民经济和社会发展规划、政府年度工作任务，所需经费列入本级财政预算。

第五条　市、县（市、区）地方史志编纂委员会由本级有关领导及相关部门负责人组成，负责本行政区域地方志工作的统筹规划、组织协调、督促指导。

市、县（市、区）地方史志工作机构在本级地方史志编纂委员会的领导下，主管本行政区域的地方志工作，负责对承担编纂任务的单位进行业务指导和督查。

第六条　市、县（市、区）地方史志工作机构应当根据省地方志编纂总体工作规划，拟定本行政区域地方志编纂工作规划，经本级人民政府批准后组织实施，并报上一级地方史志工作机构备案。

市、县（市、区）地方史志工作机构按照本行政区域地方志编纂工作规划制定编纂方案，确定编纂体例、编写分工、资料收集等内容。

第七条　以市、县（市、区）行政区域名称冠名的地方志书、地方综合年鉴，由本级地方史志工作机构组织编纂，其他组织和个人不得编纂。地方志书每二十年编纂一次，地方综合年鉴每年编纂一次，均应公开出版。

以乡镇（街道）行政区域名称冠名的地方志书、地方综合年鉴，由乡（镇）人民政府、街道办事处适时组织编纂。

第八条 按照编纂方案承担编纂任务的国家机关、人民团体、企事业单位和其他社会组织，应当将地方志工作列入年度工作计划，明确负责编纂工作的机构和人员，保障工作条件。

承担编纂任务的单位，应当在规定的时间内按照要求完成地方志初稿编纂任务，并对所编纂的地方志稿件的质量负责。

第九条 编纂地方志应当全面客观，存真求实。地方志书、地方综合年鉴应当观点正确、体例严谨、资料翔实、文风端正。

第十条 地方志编纂人员实行专兼职相结合。专职编纂人员应当具备相应的专业知识和文字能力，并可以依照国家规定参加专业技术职称评定。兼职编纂人员应当由有关方面专家、学者和其他适合从事地方志编纂的人员担任。专职兼职编纂人员应当经过地方志编纂业务培训。

科研单位、高等院校和其他组织应当支持科研人员、专家学者参与地方志编纂。

第十一条 地方志的编纂内容和过程应当公开。

地方史志工作机构应当广泛听取公民、法人和非法人组织对地方志编纂工作的意见、建议。

地方志的编纂内容涉及争议事项的，地方史志工作机构应当征求有关专家、学者或者单位的意见，提出修改方案，报本级人民政府审定。

第十二条 以市、县（市、区）行政区域名称冠名的地方志书，由本级地方史志工作机构组织评审，报上一级地方史志工作机构审查验收合格后，方可公开出版。乡镇（街道）志由乡（镇）人民政府、街道办事处组织评审，经县（市、区）地方史志工作机构审查验收合格后，方可公开出版。

以市、县（市、区）、乡镇（街道）行政区域名称冠名的地方综合年鉴，经本级人民政府批准后方可公开出版。

第十三条 已通过审查验收的地方志书和经批准的地方综合年鉴，未经审查验收机构或者批准机关同意，任何组织和个人不得擅自更改。

第十四条 地方志书、地方综合年鉴应当在出版后三个月内向上一级地方史志工作机构备案，并向市、县（市）方志馆无偿提供馆藏书。

第十五条 鼓励国家机关、人民团体、企事业单位和其他社会组织编纂部门志、行业志、专业志及相应年鉴。市、县（市、区）地方史志工作机构应当给予业务指导。

部门志、行业志、专业志及相应年鉴应当在出版后三个月内向本级地方史志工作机构备案。

鼓励有条件的村（社区）编纂村（社区）志书、年鉴。村（社区）志书、年鉴由乡（镇）人民政府、街道办事处负责组织评审，报县（市、区）地方史志工作机构审查验收。

第十六条 市、县（市、区）人民政府应当建立地方志资料年报制度和大事月报制度。

市、县（市、区）地方史志工作机构负责确定地方志资料年报和大事月报承报单位，并根据工作需要进行调整。

第十七条 地方志资料年报和大事月报承报单位，应当按照有关规定，向市、县（市、区）地方史志工作机构报送相关资料。

地方志资料年报承报单位提供的地方志年报资料，应当包括主体资料、人物资料、专题资料、图片资料和附录资料等，资料内容应当客观真实、全面系统。

大事月报承报单位提供的月报资料，应当包括自然、经济、政治、文化、社会等方面发生的月度大事、要事。

第十八条 市、县（市、区）地方史志工作机构可以向国家机关、人民团体、企事业单位和其他社会组织以及个人征集文字、图表、照片、音像、电子文本、实物等各种地情资料，有关单位和个人应当对所提供资料的真实性负责。

征集的资料应当由市、县（市、区）地方史志工作机构集中统一管理，妥善保存。

第十九条 市、县（市、区）地方史志工作机构应当将已出版的地方志通过网络、电视、广播、报刊等媒体向社会推介。

市、县（市、区）地方史志工作机构应当建立本级地情网站和地方志数据库，开拓社会用志途径。

公民、法人和非法人组织可以免费利用地情网站、数据库查阅地方志资料。

第二十条 市、县（市）人民政府应当建立方志馆，用于地方志和其他地情文献的收藏保护、展览展示、信息服务、宣传教育、文化交流等，并将其纳入本级公共文化服务体系，向社会免费开放。

鼓励单位和个人向方志馆捐赠地情资料。

第二十一条 在地方志工作中作出突出成绩和贡献的单位和个人，根据国家、省政府有关规定给予表彰和奖励。

地方志成果可以依照有关规定参与优秀社会科学成果评奖。

第二十二条 市、县（市、区）地方史志工作机构应当建立健全目标考核责任制度和督查通报制度，对本行政区域地方志工作进行考核和督查，并通报考核和督查情况。

第二十三条 违反本规定，有下列行为之一的，由本级人民政府地方史志工作机构督促限期改正；逾期不改正的，由本级人民政府通报批评：

（一）承担编纂任务的单位不按照规定完成编纂任务的；

（二）承担资料年报、大事月报任务的单位不按照规定完成任务的；

（三）擅自编纂、出版地方志书和地方综合年鉴的；

（四）未按规定将已出版的志书、年鉴报送备案的。

第二十四条 地方史志工作机构及其工作人员违反本规定，有下列行为之一的，由所在单位或者其他有权机关责令改正，对直接负责的主管人员和其他直接责任人员依法给予行政处分：

（一）故意在地方志编纂中加入虚假资料的；

（二）故意将征集的地方志资料和编写的地方志文稿据为己有的；

（三）将地方志稿作为个人著作发表的；

（四）地方志书和地方综合年鉴经审查验收合格后，擅自更改其内容的。

第二十五条 郑州航空港经济综合实验区、郑东新区、郑州经济技术开发区、郑州高新技术产业开发区等区域内地方志的组织编纂、管理、开发利用和宣传推广工作，由其管理委员会参照本规定执行。

第二十六条 市、县（市、区）地方史志工作机构应当将地方史编写纳入工作范畴，统一规划、统一管理。地方史的编写工作，参照本规定执行。

第二十七条 本规定自2017年12月22日起施行。

索　引

说明：

本索引为主题词索引。

主题词索引标目按汉语拼音音序排列，标目后数字为页码，页码后a、b、c分别表示为该页的左、中、右栏。

主题词索引

A

B

C

D

F

G

H

J

R

S

T

W

X

Y

Z